2023

PEDRO REBELLO
BORTOLINI

Recuperação Judicial dos Grupos de Empresas

Aspectos Teóricos e Práticos da Consolidação Processual e Substancial

DE ACORDO COM A **LEI 11.101/2005**, SEGUNDO A REFORMA OPERADA PELA **LEI 14.112/2020**

Dados Internacionais de Catalogação na Publicação (CIP) de acordo com ISBD

B739r Bortolini, Pedro Rebello
Recuperação judicial dos grupos de empresas: aspectos teóricos e práticos da consolidação processual e substancial / Pedro Rebello Bortolini. - Indaiatuba, SP : Editora Foco, 2023.

480 p. ; 16cm x 23cm.

Inclui bibliografia e índice.
ISBN: 978-65-5515-729-1

1. Direito. 2. Direito empresarial. 3. Recuperação judicial. I. Título.

2023-226   CDD 346.07   CDU 347.7

Elaborado por Vagner Rodolfo da Silva - CRB-8/9410

Índices para Catálogo Sistemático:

1. Direito empresarial 346.07
2. Direito empresarial 347.7

PEDRO REBELLO
BOLTOLINI

Recuperação Judicial dos Grupos de Empresas

Aspectos Teóricos e Práticos da Consolidação Processual e Substancial

DE ACORDO COM A
LEI 11.101/2005,
SEGUNDO
A REFORMA
OPERADA PELA
LEI 14.112/2020

2023 © Editora Foco
Autor: Pedro Rebello Bortolini
Diretor Acadêmico: Leonardo Pereira
Editor: Roberta Densa
Assistente Editorial: Paula Morishita
Revisora Sênior: Georgia Renata Dias
Capa Criação: Leonardo Hermano
Diagramação: Ladislau Lima e Aparecida Lima
Impressão miolo e capa: DOCUPRINT

DIREITOS AUTORAIS: É proibida a reprodução parcial ou total desta publicação, por qualquer forma ou meio, sem a prévia autorização da Editora FOCO, com exceção do teor das questões de concursos públicos que, por serem atos oficiais, não são protegidas como Direitos Autorais, na forma do Artigo 8º, IV, da Lei 9.610/1998. Referida vedação se estende às características gráficas da obra e sua editoração. A punição para a violação dos Direitos Autorais é crime previsto no Artigo 184 do Código Penal e as sanções civis às violações dos Direitos Autorais estão previstas nos Artigos 101 a 110 da Lei 9.610/1998. Os comentários das questões são de responsabilidade dos autores.

NOTAS DA EDITORA:

Atualizações e erratas: A presente obra é vendida como está, atualizada até a data do seu fechamento, informação que consta na página II do livro. Havendo a publicação de legislação de suma relevância, a editora, de forma discricionária, se empenhará em disponibilizar atualização futura.

Erratas: A Editora se compromete a disponibilizar no site www.editorafoco.com.br, na seção Atualizações, eventuais erratas por razões de erros técnicos ou de conteúdo. Solicitamos, outrossim, que o leitor faça a gentileza de colaborar com a perfeição da obra, comunicando eventual erro encontrado por meio de mensagem para contato@editorafoco.com.br. O acesso será disponibilizado durante a vigência da edição da obra.

Impresso no Brasil (01.2023) – Data de Fechamento (01.2023)

2023

Todos os direitos reservados à
Editora Foco Jurídico Ltda.
Avenida Itororó, 348 – Sala 05 – Cidade Nova
CEP 13334-050 – Indaiatuba – SP

E-mail: contato@editorafoco.com.br
www.editorafoco.com.br

SOBRE O AUTOR

PEDRO REBELLO BORTOLINI

Doutor e Mestre em Direito Comercial pela USP. Especialista em Direito Societário pela FGV LAW. Bacharel em Direito pela PUC/SP. Professor de cursos de especialização da Escola Paulista da Magistratura e da Escola da Magistratura do Paraná. Membro colaborador da Fundação Carlos Chagas, compondo a banca examinadora de inúmeros concursos públicos. Juiz de Direito do Tribunal de Justiça de São Paulo. Foi Juiz de Direito do Tribunal de Justiça do Paraná e advogado em São Paulo.

À minha esposa, meus filhos, meus pais e ao meu saudoso avô Afranio.

PREFÁCIO

O livro de Pedro Rebello Bortolini dedica-se a analisar um dos temas mais difíceis do direito empresarial: a disciplina jurídica dos grupos societários.

É bem verdade que o livro tem como tema principal a regulação jurídica dos grupos no campo do direito da recuperação judicial. Mas, como as obras clássicas, não se restringe à análise conjuntural do direito posto. Procura situar o fenômeno dos grupos em uma lente mais ampla, como é necessário para, a partir dela, focar especificamente nas questões próprias à recuperação judicial.

A obra, agora à disposição do leitor, resulta da tese, sob a orientação do Professor Mauro Rodrigues Penteado, que Pedro defendeu perante a Faculdade de Direito da Universidade de São Paulo, quando obteve, com louvor da banca examinadora, da qual tive a honra de participar, o relevante título acadêmico de Doutor.

Trata-se de trabalho acadêmico em nível de excelência, porque aborda com profundidade enciclopédica o tema, sem perder de vista os dados da realidade, retratada em vasta e exaustiva pesquisa empírica, com percuciente análise da jurisprudência.

Bem por isso, este livro configura inegável contribuição para o desenvolvimento da recuperação judicial no Brasil, ao indicar diretrizes para a compreensão de um tema tão complexo quanto os grupos societários.

A doutrina, ao iluminar temas complexos, exerce papel fundamental. O direito aplicado, que resulta da atuação dos juízes, sobretudo em questões empresariais, deve almejar segurança e previsibilidade, valores fundamentais na busca do desenvolvimento. O Brasil, quanto a esse ponto, tem muito a evoluir, pois é muito comum, nos mais variados campos do direito, a variedade de decisões judiciais, muitas vezes assistemáticas, o que acaba resultando em um sistema de difícil compreensão e baixa previsibilidade.

Pedro, em seu livro, inicia a análise de forma segura, ao situar a evolução da disciplina do grupo de empresas na recuperação judicial no Brasil. O livro aponta com profundidade a evolução da doutrina e, sobretudo, da jurisprudência a respeito dessa matéria, abordando os seus mais diferentes aspectos: o juiz competente, o litisconsórcio, a chamada consolidação substancial. E termina o tópico com a análise da reforma promovida pela Lei 14.112, de 2020.

No segundo tópico, o livro aborda a consolidação processual em todos os seus aspectos relevantes. De forma muito feliz, o livro inicia a análise do tema situando ao leitor em relação ao fenômeno dos grupos societários. Assim, Pedro analisa a integração econômica, a subordinação de interesses e os limites do que se pode, ou não, considerar como atos abusivos, ou lesivos ao interesse das sociedades, isoladamente consideradas. A partir daí, segue-se interessante análise do tema sob o enfoque do direito comparado. Com isso, estão lançadas as bases seguras para a análise de todos os pontos relevantes no direito brasileiro, dentre os quais: (i) os pressupostos do litisconsórcio na recuperação judicial; (ii) o juízo competente; (iii) o juízo de admissibilidade; (iv) o deferimento do processamento da recuperação judicial; (v) a verificação de créditos; (vi) o plano de recuperação; e (vii) os critérios para sua aprovação. A análise é sempre empreendida com os olhos voltados para a realidade empírica e para a jurisprudência, atributo que assegura a utilidade concreta e pragmática das reflexões trazidas pelo livro. Não há como terminar a leitura deste tópico sem que se tenha uma visão abrangente e completa do tema da consolidação processual no direito brasileiro.

O terceiro tópico dedica-se a estudar a consolidação substancial. Novamente, Pedro não deixa ao largo de uma análise profunda nenhum tema relevante. Dada a confusão ainda muito comum sobre a matéria, este tópico se inicia com o estudo do direito comparado, fundamental para entender a origem casuística e pragmática do instituto, que acabou ganhando regulação expressa no direito positivo brasileiro. Novamente, essa organização da exposição é feliz, porque lança bases seguras para o estudo que segue, então, focando nos aspectos mais relevantes do tema no direito brasileiro.

O livro procura analisar a natureza jurídica da consolidação substancial. Dedica-se a essa tarefa, porém, não como um exercício de pura academia, mas porque da qualificação jurídica do instituto seguem-se conclusões operacionais concretas, nos tópicos que seguem.

A abordagem da consolidação substancial parte de uma compreensão profunda do fenômeno dos grupos. Por isso, o livro não se resume a um tipo de análise, encontrado com mais frequência, que se limita a identificar a consolidação substancial com o fenômeno da desconsideração da personalidade jurídica, derivada do abuso de personalidade ou de confusão patrimonial. Há um tópico específico (3.8.6), cuja leitura é altamente recomendada, que cuida das diferenças entre consolidação substancial e desconsideração da personalidade jurídica.

O livro é ainda muito feliz ao abordar a consolidação substancial na recuperação judicial de forma sistemática com o que ocorre no caso de falência. Há, sem dúvida, uma forte relação de interdependência entre esses dois momentos da crise da empresa, o que torna imperioso que a regulação jurídica da consolidação substancial, na recuperação judicial, deva ser coerente, sistemática, coordenada, com a regulação jurídica deste mesmo fenômeno na falência. Pedro analisa com muita propriedade essa correlação que, embora fundamental, é muitas vezes deixada em segundo plano, ou mesmo esquecida.

Ainda, não se pode deixar de mencionar a qualidade e profundidade da análise dos requisitos estabelecidos para a consolidação substancial no direito positivo vigente. O livro passa por cada um dos requisitos com segurança e profundidade, o que o torna um instrumento fundamental para iluminar a interpretação dessas normas, que ainda representam novidade no sistema jurídico brasileiro.

Muito interessante, ainda, a análise sobre a chamada *consolidação substancial voluntária*. Aqui o livro aborda posições já encontradas na doutrina, mas traz uma contribuição inovadora, ao trazer uma visão específica e singular a respeito do tema.

No tópico final, após guiar o leitor de forma segura por todos os aspectos relevantes da matéria objeto do estudo, o livro lança reflexões críticas e contribuições efetivas para o aprimoramento da disciplina da matéria.

Numa passagem, já na conclusão, que vale ser transcrita, Pedro resume, com lucidez, algumas das dificuldades a serem enfrentadas, em face do direito brasileiro vigente: "A imposição da consolidação substancial só será legítima quando a intensidade da confusão das esferas jurídicas dos devedores impedir que eles sejam identificados como centros de interesses autônomos, tornando inviável a negociação entre eles e os credores nos termos convencionais (isto é, com o respeito do poder de autodeterminação de cada devedor e dos seus respectivos conjuntos de credores). Se tal situação será evidente em determinados casos, na maioria das vezes exigirá uma avaliação complexa, sempre demandando cuidadosa ponderação das vantagens e desvantagens da medida. O legislador, todavia, não forneceu maiores critérios para balizar a decisão do juiz acerca da adequação da consolidação substancial e, ainda por cima, prestou um enorme desserviço ao condicionar o expediente a requisitos que não denotam nada além da mera existência de um grupo, sem nenhuma utilidade para identificar a ocorrência de confusão patrimonial ou de desvio de finalidade".

Diante de uma disciplina jurídica carente de clareza e previsibilidade, sobreleva a importância de obras de doutrina, como a que agora o leitor tem a felicidade de ter às mãos. Por isso, não se tem dúvida em afirmar que este livro constitui contribuição fundamental para aprimorar a compreensão do tema e apontar diretrizes para a evolução da sua regulação pelo sistema jurídico brasileiro.

Eduardo Secchi Munhoz

AGRADECIMENTOS

Este livro é o resultado, com algumas adaptações, da tese apresentada para a obtenção do título de Doutor em Direito Comercial pela Faculdade de Direito da Universidade de São Paulo.

Agradeço ao meu orientador, Professor Mauro Rodrigues Penteado, pela atenção e apoio dispensados, bem como a todo corpo docente da Universidade de São Paulo nas pessoas dos Professores Eduardo Secchi Munhoz, Rachel Sztajn, Paulo Fernando Campos Salles de Toledo, Francisco Satiro de Souza Júnior e Paula Andrea Forgioni, que ministraram as aulas da pós-graduação que serviram de inspiração para este trabalho. Todos me dispensaram valorosa atenção, compartilhando da larga experiência acadêmica e sobretudo profissional, particularmente importante para um trabalho em direito comercial.

Agradeço aos membros da banca examinadora, Professores Mauro Rodrigues Penteado, Eduardo Secchi Munhoz, Rachel Sztajn, Adriana Valéria Pugliesi, Marcus Elidius Michelli de Almeida e Luciana Pires Dias pelos apontamentos e contribuições que permitiram importantes reflexões e o aperfeiçoamento deste trabalho.

Agradeço aos Professores José Engrácia Antunes, Carlos Molina Sandoval, Héctor José Miguens e Javier Armando Lorente, bem como ao magistrado espanhol Manuel Marquina Álvarez, pela gentileza de disponibilizarem acesso às suas obras esgotadas e de difícil importação, bem como pelos generosos comentários e reflexões que contribuíram para o desenvolvimento desta obra.

Agradeço, na pessoa dos Drs. Filipe Antônio Marchi Levada e Gustavo Lacerda Franco, a todos os amigos e colegas que contribuíram com ideias, críticas e observações.

Agradeço ao Dr. Paulo Benedito Lazzareschi, por me franquear acesso à sua esplêndida biblioteca, e aos funcionários da biblioteca do Tribunal de Justiça de São Paulo, pela presteza e empenho com que sempre atenderam todas as solicitações.

Agradeço, finalmente, aos meus queridos familiares, notadamente à minha esposa e filhos, pela compreensão e apoio incondicional que me permitiram a dedicação a este trabalho.

ABREVIATURAS E SIGLAS

ABJ – Associação Brasileira de Jurimetria

Ag. – Agravo

AGC – Assembleia Geral de Credores

AgInt – Agravo Interno

AgRg – Agravo Regimental

AI – Agravo de Instrumento

AktG – *Aktiengesetz* (Lei das Sociedades por Ações da Alemanha)

Ap. – Apelação

AREsp – Agravo em Recurso Especial

Art. – Artigo

Câm. – Câmara

Câm. Esp. Fal. Recup. Jud. – Câmara Especial de Falência e Recuperações Judiciais do TJSP

Cap. – Capítulo

c.c. – Cumulado com

CC – Código Civil de 2002

CC – Conflito de Competência

CDEIC – Comissão de Desenvolvimento Econômico, Indústria, Comércio e Serviços

Cf. – Conforme

CF – Constituição da República Federativa do Brasil

CFT – Comissão de Finanças e Tributação

Coord. – Coordenador

CPC – Código de Processo Civil

Des. – Desembargador

Dir. – Direito

DJE – *Diário da Justiça Eletrônico*

DL – Decreto-lei

ECF – Escrituração Contábil Fiscal

Ed. – Edição
Ed. – Editor
E.g. – *Exempli gratia*
Emb. Decl. – Embargos de Declaração
EPP – Empresa de pequeno porte
Fal. – Falência
Gedec – Grupo de Estudos de Direito das Empresas em Crise da Faculdade de Direito da USP
GT – Grupo de Trabalho
I.e. – *Id est*
Inc. – Inciso
InsO – Insolvenzordnung (Código de Insolvência alemão, de 05.10.1994)
INSOL – International Association of Restructuring, Insolvency & Bankruptcy Profesionals (Associação Internacional dos Profissionais de Reestruturação, Insolvência e Falência)
j. – Julgado em
Jud. – Judicial
LINDB – Lei de Introdução às Normas do Direito Brasileiro
LRF – Lei de Recuperação de Empresas e Falências
LSA – Lei das Sociedades por Ações
Ltda. – Limitada
ME – Microempresa
MEI – Microempreendedor individual
Min. – Ministro
nº – Número
NEPI – Núcleo de Estudos de Processos de Insolvência da PUC-SP
Org. – Organizador
p. – Página
P. ex. – Por exemplo
Priv. – Privado
Proc. – Processo
Prof. – Professor
PUC – Pontifícia Universidade Católica

RDBMC – *Revista de Direito Bancário e do Mercado de Capitais*
RDM – *Revista de Direito Mercantil, Industrial, Econômico e Financeiro*
Recup. – Recuperação de empresa
Rel. – Relator
REsp – Recurso Especial
RExt – Recurso Extraordinário
RT – Revista dos Tribunais
S.A. – Sociedade Anônima
SEBRAE – Serviço Brasileiro de Apoio às Micro e Pequenas Empresas
seg. – Seguintes
SPE – Sociedade de Propósito Específico
STF – Supremo Tribunal Federal
STJ – Superior Tribunal de Justiça
t. – Tomo
T. – Turma
TJDF – Tribunal de Justiça do Distrito Federal
TJGO – Tribunal de Justiça de Goiás
TJMG – Tribunal de Justiça de Minas Gerais
TJMT – Tribunal de Justiça de Mato Grosso
TJPR – Tribunal de Justiça do Paraná
TJRJ – Tribunal de Justiça do Rio de Janeiro
TJRS – Tribunal de Justiça do Rio Grande do Sul
TJSP – Tribunal de Justiça de São Paulo
UNCITRAL – Comissão das Nações Unidas para o Direito Comercial Internacional (United Nations Commission on International Trade Law)
USP – Universidade de São Paulo
v. – Volume
v.g. – *Verbi gratia*

SUMÁRIO

SOBRE O AUTOR V

PREFÁCIO IX

AGRADECIMENTOS XIII

ABREVIATURAS E SIGLAS XV

INTRODUÇÃO XXVII

1. A EVOLUÇÃO DA RECUPERAÇÃO JUDICIAL DOS GRUPOS DE EMPRESAS NO BRASIL 1
   1.1 Consolidação substancial: a exceção que virou regra 1
   1.2 A jurisprudência em formação – resgate histórico 4
        1.2.1 Cabimento do litisconsórcio ativo na recuperação judicial 5
        1.2.2 A composição do polo ativo na recuperação judicial do grupo 16
             1.2.2.1 Obrigatoriedade de incluir todas as empresas do grupo no polo ativo 16
             1.2.2.2 Empresa sem atividade regular há mais de dois anos 20
             1.2.2.3 Empresa que, individualmente, não está em crise 20
             1.2.2.4 Empresa inativa 22
             1.2.2.5 Empresa estrangeira 24
             1.2.2.6 Sociedade de propósito específico 26
        1.2.3 O juízo competente para a recuperação judicial do grupo 27
        1.2.4 O plano apresentado pelo grupo 32
        1.2.5 A consolidação substancial 40
             1.2.5.1 O *leading case* 41
             1.2.5.2 Cabimento, competência e efeitos 44
             1.2.5.3 Consolidação substancial parcial 53

    1.2.5.4 Sociedades de propósito específico 55

    1.2.5.5 Momento processual 56

  1.2.6 Efeitos do litisconsórcio na convolação em falência 57

 1.3 A reforma promovida pela Lei 14.112, de 24 de dezembro de 2020 60

  1.3.1 História do processo legislativo da Lei 14.112/2020 61

  1.3.2 O desenvolvimento da consolidação substancial no processo legislativo 67

  1.3.3 Resumo da disciplina da recuperação judicial dos grupos na Lei 14.112/2020 73

2. A CONSOLIDAÇÃO PROCESSUAL 77

 2.1 A integração econômica e a subordinação de interesses nos grupos de fato 77

  2.1.1 Grupos de direito e grupos de fato 79

  2.1.2 A integração entre as sociedades – os vasos comunicantes 84

  2.1.3 Direção unitária nos grupos de fato – a conciliação dos interesses do grupo 85

  2.1.4 Nem tudo é abuso 91

  2.1.5 A subordinação de interesses como solução para a crise do grupo ... 92

 2.2 Noção de consolidação processual e notícia do direito estrangeiro 95

  2.2.1 Itália 96

    2.2.1.1 *Legge Fallimentare* (Lei 267/1942) 96

    2.2.1.2 *Legge Prodi Bis* (Decreto Legislativo 270/1999) 97

    2.2.1.3 *Legge Marzano* (Decreto-lei 347/2003, convertido na Lei 39/2004) 98

    2.2.1.4 *Codice della crisi d'impresa e dell'insolvenza* (Decreto Legislativo 14/2019) 99

  2.2.2 Argentina 101

  2.2.3 Conclusões preliminares 106

 2.3 Conceito e denominação 106

 2.4 O litisconsórcio na recuperação judicial 108

  2.4.1 Fundamentos e objetivos 108

  2.4.2 Cabimento, requisitos e composição do polo ativo 116

		2.4.2.1	Requerimento conjunto por dois ou mais devedores	117
		2.4.2.2	Preenchimento individual dos pressupostos legais por todos os devedores..	118
			2.4.2.2.1 A inconstitucional exigência de mais de dois anos de atividade regular...................................	121
		2.4.2.3	Existência de um grupo..	129
		2.4.2.4	Controle societário comum	133
		2.4.2.5	Repercussão da crise..	136
	2.4.3	Classificação	139
		2.4.3.1	Quanto à obrigatoriedade	140
		2.4.3.2	Quanto ao regime de tratamento...	146
		2.4.3.3	Quanto ao momento de formação	147
2.5	Juízo competente	151
	2.5.1	Anterior pedido de falência enseja a prevenção?............................	155
2.6	Requisitos da petição inicial...	157
2.7	Juízo de admissibilidade	160
	2.7.1	Constatação prévia...	163
	2.7.2	A AGC pode rever a admissão da consolidação processual?	175
2.8	Coordenação dos atos processuais	176
2.9	Deferimento do processamento da recuperação judicial............................	178
2.10	Administrador judicial..	181
2.11	Comitê de credores...	182
2.12	A verificação dos créditos..	184
2.13	O plano de recuperação	186
	2.13.1	Sentido da expressão "meios de recuperação independentes e específicos"..	191
	2.13.2	A racionalidade econômica dos meios de recuperação	198
	2.13.3	Espécies de planos de recuperação	203
		2.13.3.1	Planos individuais isolados..	204
		2.13.3.2	Planos individuais coligados...	205
			2.13.3.2.1 Planos coligados por subordinação	207
			2.13.3.2.2 Planos coligados por dependência	208

    2.13.3.3 Plano único 210

      2.13.3.3.1 Conceito 211

      2.13.3.3.2 Requisitos específicos 215

      2.13.3.3.3 Conteúdo.. 215

      2.13.3.3.4 Independência dos devedores 217

      2.13.3.3.5 Planos idênticos.. 218

      2.13.3.3.6 Plano único e solidariedade 218

      2.13.3.3.7 Concomitância de plano único e de planos individuais 218

      2.13.3.3.8 Aprovação do plano único 219

      2.13.3.3.9 Efeitos do descumprimento 219

      2.13.3.3.10 Por que os devedores escolheriam um plano único? 220

      2.13.3.3.11 Plano único e consolidação substancial voluntária... 223

    2.13.3.4 Plano unitário 224

  2.13.4 Formalidades e prazo para apresentação 224

2.14 Assembleia geral de credores 226

  2.14.1 Convocação 227

  2.14.2 Dispensa 228

  2.14.3 Composição e forma de deliberação 229

2.15 Concessão da recuperação judicial 231

  2.15.1 Quórum de aprovação do plano 231

  2.15.2 O *cram down* e o abuso do direito de voto 232

  2.15.3 Controle judicial do plano 245

    2.15.3.1 Controle judicial da subordinação de interesses entre os devedores... 248

      2.15.3.1.1 A proibição do favorecimento entre sociedades agrupadas... 248

      2.15.3.1.2 Ilicitude dos motivos determinantes 250

      2.15.3.1.3 Negócio jurídico nulo, anulável ou irregular?... 252

      2.15.3.1.4 A excepcionalidade da intervenção do juiz 257

  2.15.4 Consequências da aprovação ou rejeição do plano 260

2.16 Descumprimento do plano e convolação em falência............................... 262

3. A CONSOLIDAÇÃO SUBSTANCIAL				265
3.1	Origem e noção da consolidação substancial			265
3.2	Panorama da consolidação substancial no direito estrangeiro			268
	3.2.1	Estados Unidos		273
		3.2.1.1	A jurisdição norte-americana em matéria falimentar	274
		3.2.1.2	Origem e desenvolvimento jurisprudencial da consolidação substancial	284
			3.2.1.2.1 Sampsell v. Imperial Paper & Color Corp (1941)	286
			3.2.1.2.2 Drabkin v. Midland-Ross Corp. (In re Auto-Train Corp., Inc.) – o "teste" Auto-Train	288
			3.2.1.2.3 Union Sav. Bank v. Augie/Restivo Baking Co., Ltd. (1988) – o "teste" Augie/Restivo	290
			3.2.1.2.4 Grupo Mexicano de Desarrollo, S.A. v. Alliance Bond Fund (1999)	291
			3.2.1.2.5 *In re* Owens Corning (2005) – o "teste" Owens Corning	292
		3.2.1.3	Espécies e efeitos da consolidação substancial	293
		3.2.1.4	Institutos correlatos à consolidação substancial	295
			3.2.1.4.1 Consolidação processual (*joint administration*)	295
			3.2.1.4.2 Desconsideração da personalidade jurídica (*piercing the corporate veil*)	296
			3.2.1.4.3 *Turnover*	296
			3.2.1.4.4 Subordinação equitativa (*equitable subordination*)	297
	3.2.2	Países que disciplinaram a consolidação substancial		298
		3.2.2.1	Argentina	299
		3.2.2.2	Colômbia	300
		3.2.2.3	Austrália	300
		3.2.2.4	Espanha	302
		3.2.2.5	Irlanda	304
3.3	Conceito e denominação			304
3.4	Classificação			306

3.5   Natureza jurídica 307

    3.5.1   A consolidação substancial como remédio de equidade 307

    3.5.2   A consolidação substancial como negócio jurídico 310

3.6   Dificuldades e paradoxos da consolidação substancial 310

    3.6.1   A consolidação substancial na liquidação 311

    3.6.2   A consolidação substancial na reorganização 313

    3.6.3   Conflitos de interesses entre os devedores 315

3.7   Fundamentos 319

    3.7.1   As exceções à limitação da responsabilidade nos grupos 319

    3.7.2   Crise do grupo e crise da estrutura grupal 325

    3.7.3   Confusão patrimonial e corresponsabilidade 326

    3.7.4   A unidade do grupo sob a ótica dos credores 328

    3.7.5   Efeitos de segunda ordem 331

    3.7.6   Conclusão: a consolidação substancial deve ser excepcional 333

3.8   A consolidação substancial no direito brasileiro 335

    3.8.1   Competência para autorizá-la 339

        3.8.1.1   Possibilidade de revisão pela AGC? 342

    3.8.2   Requisitos 343

        3.8.2.1   Devedores em recuperação judicial sob consolidação processual 344

        3.8.2.2   Devedores integrantes do mesmo grupo econômico 345

        3.8.2.3   Interconexão de ativos ou passivos 346

        3.8.2.4   Confusão de ativos e passivos 347

        3.8.2.5   Outros requisitos cumulativos 352

            3.8.2.5.1   Existência de garantias cruzadas 355

            3.8.2.5.2   Relação de controle ou de dependência 356

            3.8.2.5.3   Identidade total ou parcial do quadro societário 356

            3.8.2.5.4   Atuação conjunta no mercado entre os postulantes 358

    3.8.3   Critérios determinantes 359

        3.8.3.1   Excepcionalidade 360

	3.8.3.2	Excessivo dispêndio de tempo ou de recursos	361
3.8.4	Efeitos da consolidação substancial na recuperação judicial	364
	3.8.4.1	Unificação patrimonial putativa	364
	3.8.4.2	Conservação das personalidades jurídicas individuais	365
	3.8.4.3	Consolidação substancial parcial	366
	3.8.4.4	Extinção das garantias fidejussórias e dos créditos intragrupo	366
	3.8.4.5	Preservação das garantias reais	368
	3.8.4.6	Mudança de vetor e permissão de subordinação de interesses	368
	3.8.4.7	Deliberações unificadas	370
3.8.5	O plano unitário	371
	3.8.5.1	Competência	371
	3.8.5.2	Conteúdo do plano	373
		3.8.5.2.1 Requisitos gerais	374
		3.8.5.2.2 Requisitos específicos	375
		3.8.5.2.3 Meios de recuperação	375
		3.8.5.2.4 Solidariedade	376
		3.8.5.2.5 Ordem dos pagamentos	377
	3.8.5.3	Prazo para apresentação	378
	3.8.5.4	Convocação e dispensa da AGC	379
	3.8.5.5	Composição da AGC e deliberação	380
	3.8.5.6	Consequências da aprovação ou rejeição do plano unitário	381
	3.8.5.7	Descumprimento do plano unitário	381
	3.8.5.8	Semelhanças e diferenças entre o plano unitário e o plano único	383
3.8.6	Diferenças entre a consolidação substancial e a desconsideração da personalidade jurídica	384
3.8.7	A consolidação substancial na falência	385
	3.8.7.1	Convolação em falência por rejeição do plano unitário ...	385
	3.8.7.2	Convolação em falência por descumprimento do plano unitário	386

3.8.7.3 O litisconsórcio passivo na ação de falência 387

3.8.7.4 Extensão da consolidação substancial e reunião de processos de falência 387

3.8.8 Aspectos processuais 388

3.8.8.1 Momento 388

3.8.8.2 Contraditório e direito de defesa 390

3.8.8.3 Natureza do ato judicial 391

3.8.8.4 Recurso cabível 391

3.9 Consolidação substancial voluntária 392

3.9.1 A posição de Sheila Neder Cerezetti 393

3.9.2 A posição de outros autores 394

3.9.3 A consolidação voluntária como negócio jurídico processual 397

3.9.4 A posição defendida nesta obra 399

3.9.4.1 O respeito à separação patrimonial não inviabiliza uma solução global 400

3.9.4.2 Obstáculos decorrentes do regime de governança dos grupos 401

3.9.4.3 Outros obstáculos de ordem pública 402

3.9.4.4 Outra concepção de consolidação substancial voluntária – uma possível conciliação 404

CONSIDERAÇÕES CONCLUSIVAS 407

1. A evolução da jurisprudência e a reforma da lei concursal 407

2. Consolidação processual 408

2.1 Pressupostos 409

2.2 Reflexos sobre o procedimento 410

2.3 Plano de recuperação e independência patrimonial 410

3. Consolidação substancial 413

3.1 Consolidação substancial voluntária 416

3.2 Reflexões finais 416

REFERÊNCIAS 421

INTRODUÇÃO

Até a recente edição da Lei 14.112, de 24 de dezembro de 2020, o diploma concursal brasileiro[1] tratava o devedor somente sob perspectiva unitária[2], ignorando os grupos de empresas. Havia, pois, um descompasso entre lei e realidade, pois as interações entre as sociedades que compõem um grupo frequentemente exigem, por razões econômicas e jurídicas, que a crise que as atinge seja tratada de forma conjunta.

Por isso, mesmo à falta de disciplina normativa específica, introduzida apenas com a Lei 14.112/2020, foram se tornando cada vez mais comuns pedidos de recuperação judicial ajuizados por empresas em litisconsórcio ativo, expediente amplamente acolhido pelos tribunais para atender à realidade particular dos grupos empresariais, mas cuja técnica ainda não se encontra totalmente dominada[3].

---

1. Lei 11.101, de 9 de fevereiro de 2005, parcialmente modificada pelas Leis 11.127, de 28 de junho de 2005, 11.196, de 21 de novembro de 2005, 12.873, de 24 de outubro de 2013, pela Lei Complementar 147, de 7 de agosto de 2014, e pela Lei 14.112, de 24 de dezembro de 2020.
2. Da mesma forma que fazia a imensa maioria das legislações estrangeiras, conforme pontua Sheila Neder Cerezetti: "Estudos de direito comparado bem indicam que a esmagadora maioria dos ordenamentos não conta com regras explícitas sobre a disciplina da crise de grupos societários (cf. Christoph G. Paulus, Group Insolvencies – Some Thoughts About New Approaches. *Texas International Law Journal* 42 (2007), p. 820, e Vanessa Finch, *Corporate Insolvency Law*: Perspectives and Principles, 2. ed. Cambridge, 2009, p. 583)" (Parecer não publicado, datado de 17.10.2016, apresentado no processo de recuperação judicial do grupo VIVER, processo 1103236-83.2016.8.26.0100, tramitado na 2ª Vara de Falências e Recuperações Judiciais de São Paulo. p. 5). Nesse mesmo sentido, confiram-se Erasmo Valladão e Marcelo Adamek (*Assembleia geral de credores*. São Paulo: Quartier Latin, 2022. p. 41). Consulta feita pelo autor deste trabalho, em abril de 2022, à legislação das principais economias mundiais sugere um movimento global para a regulamentação da insolvência dos grupos empresariais, que já conta com alguma disciplina nos diplomas concursais de Estados Unidos, Alemanha, França, Itália, Espanha, Holanda, Áustria, Portugal, Bélgica, Finlândia, Austrália, México, Argentina, Colômbia e Uruguai. O conteúdo dessa regulamentação, porém, varia bastante de um para outro: enquanto alguns se limitaram a disciplinar a insolvência transnacional de grupos multinacionais, outros contam com sofisticada disciplina acerca da consolidação processual, e apenas uma minoria trata da consolidação substancial entre empresas (Espanha, Argentina, Colômbia e Austrália). Não foram localizadas disposições relevantes acerca da insolvência dos grupos nos diplomas concursais de China, Japão, Índia, Inglaterra, Irlanda, Bulgária, Suíça, Rússia, Chile, Paraguai, Peru, Equador, Bolívia e Venezuela, que seguem tratando o devedor sob a perspectiva unitária. Exposição mais detalhada da legislação de cada um desses países pode ser conferida nos itens 2.2 e 3.2.
3. Foi somente dez anos depois da edição da Lei 11.101/2005 que as particularidades e complexidades da recuperação judicial em litisconsórcio ativo passaram a receber maior atenção da doutrina e dos Tribunais. A esse respeito, uma pesquisa realizada pelo Grupo de Estudos de Direito das Empresas em Crise (Gedec) da Faculdade de Direito da USP apurou que, mesmo nas varas de falência de São Paulo, Capital, o deferimento do processamento conjunto da recuperação judicial de duas ou mais empresas era feito, na grande maioria dos casos, sem análise alguma sobre a justificativa apresentada

A reunião, num único processo, dos pedidos de recuperação judicial de duas ou mais empresas exige especial consideração sobre a autonomia da personalidade jurídica de cada um dos devedores e a limitação das suas responsabilidades.

No tratamento da crise que atinge o *grupo*, a unidade[4] da empresa plurissocietária, enquanto realidade *econômica*, pode se colocar em choque com a pluralidade das personalidades jurídicas (autônomas) dos seus integrantes[5], enquanto realidade *jurídica*[6], problema identificado pelos estudiosos do direito societário[7] e que alcança especial dimensão e importância no âmbito do direito concursal.

A limitação da responsabilidade, como se sabe, é o propulsor das companhias e um dos pilares do capitalismo moderno[8], pois permite a captação de recursos para

---

para o litisconsórcio ativo (cf. NEDER CEREZETTI, Sheila Christina; SATIRO, Francisco. A silenciosa "consolidação" da consolidação consubstancial. *Revista do Advogado*, São Paulo, n. 131, p. 220, out. 2016).

4. Decorrente da *direção econômica unitária* à qual se submetem os seus integrantes, traço característico fundamental dos grupos de sociedades (cf. MUNHOZ, Eduardo Secchi. Estrutura de governo dos grupos societários de fato na lei brasileira: acionista controlador, administrador e interesse de grupo. In: CASTRO, Rodrigo Rocha Monteiro de et al. (Coord.). *Direito empresarial e outros estudos em homenagem ao Professor José Alexandre Tavares Guerreiro*. São Paulo: Quartier Latin, 2013. p. 271).

5. Conforme Irit Mevorach, "groups come about in different permutations and they often present a tension between the economic reality whereby they operate as a single entity and the legal position which allows them to be split into separate legal persons" (*os grupos surgem em diferentes variantes e muitas vezes apresentam uma tensão entre a realidade econômica pela qual operam como uma entidade única e a posição legal que lhes permite serem divididos em pessoas jurídicas separadas*) (INSOL Europe's proposals on groups of companies (in cross-border insolvency): a critical appraisal. *International Insolvency Review*, 3. ed., v. 21, p. 183, 2012; tradução livre).

6. A *teoria da realidade jurídica* (mais frequentemente denominada de *teoria da realidade técnica*) predomina na doutrina contemporânea para justificar a existência da pessoa jurídica enquanto entidade autônoma, com existência e vontade distintas das dos seus membros (cf. LOTUFO, Renan. In: CAMBLER, Everaldo Augusto (Coord.). *Curso avançado de direito civil*: parte geral. 2. ed. São Paulo: Ed. RT, 2003. v. 1. p. 108). A essa teoria teria se filiado o Código Civil de 2002, em seu artigo 45 (cf. TARTUCE, Flávio. *Manual de direito civil*. São Paulo: Método, 2011. p. 115).

7. "[...] construído historicamente sobre o dogma da autonomia societária, o direito societário tradicional não deixa qualquer espaço de dúvida: cada sociedade comercial constitui uma entidade juridicamente autónoma, dotada da sua esfera jurídica activa e passiva própria (personalidade jurídica), não podendo ser imputado aos seus sócios o respectivo passivo social (responsabilidade limitada). Todavia, tornou-se rapidamente ostensivo que a transposição automática e acrítica destes clássicos 'standards' de responsabilidade – concebidos que foram primacialmente para o caso da empresa unissocietária ('rectius', para a regulação das relações entre sociedades independentes e os respectivos sócios singulares) – à nova realidade da empresa multissocietária – na qual uma sociedade(-mãe) está em condições de controlar a vida e gestão das sociedades(-filhas) em cujo capital participa – conduz inevitavelmente a resultados insatisfatórios, quando não inadmissíveis, impondo-se por isso o desenvolvimento de novos 'standards' jurídicos alternativos" (ENGRÁCIA ANTUNES, José. Estrutura e responsabilidade da empresa: o moderno paradoxo regulatório. *Revista da Escola de Direito de São Paulo*, São Paulo, v. 1, n. 2, p. 39, 2005).

8. A propósito do tema, confira-se interessante relato histórico feito por John Micklethwait e Adrian Wooldridge, editores da *The Economist*, acerca da evolução das companhias e da sua importância para o acentuado desenvolvimento havido nos últimos séculos (*A companhia*: breve história de uma ideia revolucionária. Tradução S. Duarte. Rio de Janeiro: Objetiva, 2003).

o desenvolvimento de atividade econômica com a limitação dos riscos do negócio ao capital investido. A divisão do objeto empresarial em múltiplas sociedades, por sua vez, consiste num passo além, viabilizando a compartimentalização dos riscos assumidos pelo grupo, em benefício não apenas das empresas e seus acionistas, mas também dos fornecedores de cada uma das sociedades (até por simplificar a avaliação para a concessão do crédito, com redução dos custos de transação).

Cuida-se de via de mão dupla: assim como a atribuição de certa atividade a determinada sociedade resguarda do seu eventual insucesso as demais componentes do grupo, tal compartimentalização também protege os acionistas[9] e credores dessa sociedade do eventual insucesso do restante do grupo.

Daí que, no processamento conjunto da recuperação judicial de duas ou mais sociedades integrantes de um grupo, seria de esperar estrita observância da autonomia jurídica e patrimonial existente entre elas[10], de modo que os seus respectivos credores não fossem indistintamente tratados como titulares de créditos contra um mesmo e único ente com patrimônio indiviso.

Essa solução, no entanto, construída segundo o dogma da independência das sociedades, produz resultados insatisfatórios em determinados casos, sobretudo porque o regime jurídico e a própria dinâmica dos grupos, sejam eles de fato ou de direito, não respeitam a separação que justificaria a existência de personalidades jurídicas e patrimônios distintos entre os seus membros, revelando-se assim um paradoxo[11].

Análise mais cuidadosa do fenômeno revela que a autonomia das personalidades jurídicas das empresas de um grupo não lhes garante completa independência, nem jurídica nem econômica.

Conquanto a personalidade jurídica estabeleça um nexo separado de imputação de relações jurídicas, ela não promove o isolamento absoluto entre sociedade e sócios em todos os contextos[12], tampouco entre sociedades ligadas por laços de controle ou coligação. A personalidade jurídica se comporta como uma barreira semipermeável[13] que mantém fora da sociedade uma parte dos di-

---

9. Para facilitar a exposição, o termo "acionista" será utilizado indistintamente para designar a figura do sócio de todos os tipos societários, inclusive da sociedade limitada.
10. Mesmo nos chamados "grupos de direito", cujos integrantes se subordinam a uma convenção comum, "cada sociedade conservará personalidade e patrimônios distintos", segundo reza o artigo 266 da Lei das S.A.
11. Cf. DINIZ, Gustavo Saad. *Grupos societários*: da formação à falência. Rio de Janeiro: Forense, 2016. p. 53-55.
12. Cf. PARGENDLER, Mariana. *The fallacy of complete corporate separateness*. p. 1. Disponível em: https://ssrn.com/abstract=3994854. Acesso em: 10 fev. 2021.
13. Nesse sentido, Mariana Pargendler compara a personalidade jurídica a uma *membrana semipermeável* (*The fallacy of complete corporate separateness*, cit., p. 3).

reitos e responsabilidades imputáveis aos demais integrantes do grupo, enquanto permite a passagem de outra parte.

O regime jurídico aplicável aos grupos, como será visto ao longo deste trabalho, produz inúmeras exceções à limitação de responsabilidades e à independência patrimonial entre as sociedades, que logicamente geram repercussão de ordem econômica (na medida em que o patrimônio de uma empresa fica exposto às dívidas da outra). Isso também ocorre por obra das próprias sociedades, que contratualmente se obrigam pelas prestações umas das outras, estabelecendo uma solidariedade aparentemente antagônica à compartimentalização de riscos que justificaria a segregação da atividade da empresa em entidades dotadas de patrimônios distintos.

Especialmente quando as diferentes sociedades se submetem ao mesmo controlador, dificilmente elas se comportam de modo completamente indiferente umas às outras[14]. Dados os ganhos de sinergia gerados pela coordenação de esforços e o compartilhamento de recursos, existe uma forte tendência de que entre elas se estabeleça algum grau de integração econômica, que, no limite, pode fazer com que uma empresa seja completamente dependente da outra.

Essa integração tanto pode decorrer de negócios licitamente entabulados entre as sociedades (*i.e.*, celebrados em obediência às regras de governança dos grupos[15]) como da indevida subordinação de interesses entre elas. Como se sabe, as normas que visam impedir o favorecimento de uma sociedade do grupo em prejuízo da outra[16] costumam ser ineficientes para impedir que elas sejam dirigidas segundo os interesses do controlador[17], sendo relativamente frequentes

---

14. A esse respeito, Eduardo Secchi Munhoz acentua que, na prática, "os controladores das sociedades integrantes dos grupos não agem de acordo com a teoria exposta em manuais de direito, comportando-se como partes integrantes de unidades absolutamente distintas e independentes. Bem ao contrário, no dia a dia de suas atividades, agem de forma coordenada, buscando o atendimento de objetivos comuns, que fazem sentido da perspectiva de uma política empresarial global" (Estrutura de governo dos grupos societários de fato na lei brasileira, cit., p. 291).
15. Embora existam diversas acepções de "governança" (vide CORDEIRO, António Menezes. A crise planetária de 2007/2010 e o governo das sociedades. *Revista Semestral de Direito Empresarial*. Rio de Janeiro, n. 4, p. 191-193), a expressão foi empregada neste trabalho em referência ao conjunto de regras que disciplinam o controle e administração das sociedades agrupadas.
16. O artigo 117, § 1º, "a", da Lei das S.A. dispõe ser modalidade de abuso de poder "orientar a companhia para [...] levá-la a favorecer outra sociedade, brasileira ou estrangeira, em prejuízo da participação dos acionistas minoritários nos lucros ou no acervo da companhia, ou da economia nacional". Por sua vez, o artigo 245 da mesma lei prescreve que "os administradores não podem, em prejuízo da companhia, favorecer sociedade coligada, controladora ou controlada, cumprindo-lhes zelar para que as operações entre as sociedades, se houver, observem condições estritamente comutativas, ou com pagamento compensatório adequado; e respondem perante a companhia pelas perdas e danos resultantes de atos praticados com infração ao disposto neste artigo".
17. Ineficiência que não existe apenas no Brasil, mas é sentida quase que universalmente. Tanto assim que, sem conseguir evitar e reagir de modo eficaz aos prejuízos experimentados pelas sociedades controladas,

os casos em que as diferentes sociedades integrantes do grupo operam como se fossem a mesma entidade.

Tais fatores colocam em xeque os fundamentos da teoria societária clássica, especialmente no contexto da crise, cujo enfrentamento frequentemente não se adéqua à consagrada fórmula "uma pessoa, um patrimônio, uma insolvência" (*eine Person, ein Vermögen, eine Insonlvenz*)[18], exigindo expedientes capazes de lidar com o grupo segundo a unidade que lhe é peculiar, com a viabilização de soluções coordenadas ou conjugadas pelas sociedades que o integram. Situações excepcionais poderão até mesmo justificar, ademais, que elas sejam tratadas como uma única entidade, com patrimônio indiviso, mediante o emprego da consolidação substancial.

Resumidamente, é esse o pano de fundo do presente trabalho, que resulta de tese de doutorado em direito comercial realizado na Faculdade de Direito da Universidade de São Paulo sob a orientação do Professor Livre-Docente Mauro Rodrigues Penteado. A obra, que adota a estrutura de um manual, está dividida em três capítulos, que abordam o tema tanto sob o aspecto material quanto processual.

O *primeiro capítulo* expõe a evolução do tratamento da recuperação judicial dos grupos pela jurisprudência desde a edição da Lei 11.101/2005 até a reforma operada pela Lei 14.112/2020. Foram analisados e catalogados os acórdãos do Tribunal de Justiça de São Paulo e do Superior Tribunal de Justiça acerca da matéria, com indicação das inúmeras divergências entre os julgados, notadamente quanto à concepção do que seria esse mecanismo, seus efeitos, bem como sobre os requisitos e critérios que justificariam sua adoção. Em seguida, foi historiado o processo legislativo que resultou na disciplina legal sobre a recuperação dos grupos introduzida pela Lei 14.112/2020.

O *segundo capítulo* trata da consolidação processual, buscando conciliar a disciplina da recuperação judicial com o regime de governança aplicável aos grupos (tanto os de direito quanto os de fato), de modo a viabilizar a formulação de soluções conjuntas ou conjugadas entre os devedores integrantes de um grupo que não importem a consolidação substancial, nem dela dependam.

---

sócios minoritários e credores, alguns (poucos) países, como a Alemanha, optaram por instituir um direito especial dos grupos de empresas, que atribui às sociedades dominantes, em certa medida, o direito de emitirem instruções vinculantes às sociedades dominadas, ainda que em prejuízos destas, porém tutelando de modo particular os seus interesses, dos sócios minoritários e dos seus credores (cf. COUTINHO DE ABREU, Jorge Manuel. Reformas e contrarreformas no direito das sociedades. *RDM*, São Paulo, n. 163, 2012. p. 24).

18. Cf. HIRTE, Heribert. Towards a Framework for the Regulation of Corporate Groups' Insolvencies. *European Company and Financial Law Review*, v. 5, p. 214. 2008.

A título introdutório, foram estudados os limites da direção unitária nos grupos de fato, examinando-se a possibilidade de conciliação entre os interesses do grupo e os interesses particulares dos seus membros, bem como a influência da repercussão da crise (do grupo) sobre as noções de comutatividade e pagamento compensatório adequado (Art. 245 da LSA) nas operações *intercompany*. Por outro lado, foi exposta a forma como ordenamentos estrangeiros disciplinaram os procedimentos de reorganização dos grupos a partir da mera consolidação processual, permitindo aos devedores a formulação de soluções conjuntas ou conjugadas, inclusive por meio de plano único, com preservação da sua independência patrimonial e, sobretudo, do poder de influência dos seus respectivos credores na deliberação sobre as propostas.

Em seguida, foram analisados, segundo a perspectiva da Lei 14.112/2020, os principais aspectos dos pedidos de recuperação judicial formulados em litisconsórcio (cabimento, requisitos e composição do polo ativo), bem como os seus reflexos sobre o procedimento (competência, juízo de admissibilidade, deferimento do processamento da recuperação, nomeação do administrador judicial, formação do comitê de credores, verificação dos créditos), em especial quanto à formulação do plano de recuperação e a deliberação dos credores.

No tocante à composição do polo ativo, provoca-se a reflexão sobre a inconstitucionalidade da exigência temporal de dois anos de atividade regular para o recurso à recuperação judicial, requisito de duvidosa justificativa econômica, sem correspondência no direito estrangeiro e que já vem sendo parcialmente afastado pelos tribunais nas ações sob consolidação processual, mas por razões que implicam confusão entre a pluralidade jurídica e unidade econômica dos grupos, com injustificável desconsideração da autonomia jurídica das sociedades agrupadas.

Em relação ao plano, propõe-se nova interpretação da expressão "meios de recuperação independentes e específicos" contida no § 1º art. 69-I, de modo a acomodar, no âmbito da mera consolidação processual, operações conjuntas ou coordenadas entre os devedores sem incorrer na consolidação substancial. Prossegue-se expondo a importância da estrutura do(s) plano(s) para viabilizar soluções adequadas para a crise das empresas agrupadas (em que a crise de uma afeta a outra) sem descuidar das regras que disciplinam e limitam a subordinação de interesses nos grupos, bem como do direito dos conjuntos particulares de credores de cada devedor influenciar o resultado da deliberação sobre a aprovação da recuperação.

Sob essa premissa, buscou-se demonstrar a possibilidade da formulação de planos coligados (por subordinação ou dependência), bem como de plano único, concebido como uma proposta conjunta dos devedores, e não como mera instrumentalização de planos individuais num único documento. Neste ponto, foram expostas as formas particulares de aprovação de cada tipo de plano e examinadas as consequências do seu descumprimento, dentro e fora do prazo de fiscalização.

Encerra-se o segundo capítulo com a análise dos limites da intervenção judicial na apreciação do(s) plano(s) dos devedores agrupados, com considerações acerca do abuso do direito no âmbito da recuperação dos grupos, bem como das consequências jurídicas das operações realizadas entre sociedades agrupadas em violação do art. 245 da LSA., tema sobre o qual a doutrina nacional é escassa.

O *terceiro capítulo* trata da consolidação substancial, buscando expor as dificuldades de transpor esse mecanismo, originalmente pensado para liquidação, para o procedimento de reorganização das empresas em grupo, bem como os aparentes paradoxos que a medida encerra em relação à independência jurídica (e patrimonial) entre as sociedades (concebida para a segregação de risco) e a sua mitigação, em benefício dos próprios devedores, para resolver um problema que eles mesmos criaram por terem desrespeitado os limites das suas respectivas personalidades jurídicas.

Procedeu-se à atualização do direito estrangeiro, com exposição sobre como as principais economias de cada continente vêm tratando a matéria, com particular atenção aos Estados Unidos, destacando-se as diferenças que impedem a transposição da experiência norte-americana para o direito brasileiro sem profundos temperamentos.

A obra segue analisando os fundamentos autorizadores da consolidação substancial, procurando distinguir as múltiplas exceções legais e contratuais ao regime de separação de responsabilidades entre as sociedades agradas das circunstâncias que efetivamente determinam a consolidação de patrimônios. Distinguindo-se a crise do grupo da crise da estrutura grupal e com considerações quanto aos efeitos de segunda ordem provocados pelo emprego generalizado do mecanismo, procurou-se demonstrar que a consolidação substancial se reserva a situações excepcionais, em que as sociedades não funcionam como centros autônomos de imputação, tornando impossível ou inviável a adoção de soluções pontuais para lidar com o abuso da personalidade jurídica.

Definidas tais premissas, relativas à compreensão do instituto em caráter universal, passou-se a apreciá-lo segundo a disciplina normativa atualmente constante da lei concursal brasileira, a fim de determinar os requisitos e critérios que autorizam o emprego da consolidação substancial e a competência para determiná-la. Em seguida foram investigados os efeitos da consolidação substancial, entre os quais se destacam a ineficácia temporária da separação dos patrimônios dos devedores, limitada aos fins do processo recuperacional e com a preservação das suas respectivas personalidades, e a mudança de vetor que autoriza a subordinação dos interesses individuais das sociedades agrupadas em prol da preservação do grupo e da maximização dos ativos, segundo o que for definido pelo plano unitário.

Dedicou-se especial atenção ao plano unitário, com reflexões quanto à competência para formulá-lo, seu conteúdo, forma da aprovação e as consequências da sua rejeição ou descumprimento (dentro e fora do período de fiscalização). Também foi examinada a finalidade do plano unitário para além da superação da crise, enquanto instrumento de recomposição das sociedades como centros autônomos de imputação, reescrevendo os contornos das respectivas responsabilidades individuais, de modo a evitar a perpetuação da disfunção societária que deu causa à consolidação substancial.

Analisando-se, finalmente, os aspectos processuais da consolidação substancial e os contornos da sua aplicação na falência, encerra-se o terceiro capítulo com a investigação da possibilidade de operar-se a consolidação substancial por convenção entre os devedores e seus respectivos conjuntos de credores (consolidação substancial voluntária). Com reflexões sobre os óbices legais que impediriam que a adoção de medida com os mesmos efeitos da consolidação substancial determinada pelo juiz, propõe-se uma nova concepção de consolidação voluntária.

Na conclusão da obra, são resumidas as ideias e proposições do autor acerca das questões acima referidas, ponderando-se sobre as dificuldades práticas que envolvem a correta aplicação da consolidação substancial, bem como sobre os motivos que podem levar ao emprego excessivo (e indevido) desse mecanismo excepcional.

1
A EVOLUÇÃO DA RECUPERAÇÃO JUDICIAL DOS GRUPOS DE EMPRESAS NO BRASIL

1.1 CONSOLIDAÇÃO SUBSTANCIAL: A EXCEÇÃO QUE VIROU REGRA

A consolidação substancial consiste numa técnica segundo a qual, em processos de falência ou de reorganização, os patrimônios distintos das sociedades integrantes de um grupo são considerados, para determinadas finalidades, como se constituíssem um único patrimônio indiviso, com a mitigação ou superação da autonomia existente entre as personalidades jurídicas dessas sociedades. Trata-se, em princípio, de um mecanismo de adoção excepcional, reservado apenas aos casos de insuperável embaralhamento jurídico entre as sociedades, que não permite distinguir os direitos e responsabilidades individualmente imputáveis a cada uma delas.

A despeito da gravidade dessa medida, que subverte um dos pilares fundamentais do direito societário, os primeiros dez anos da Lei 11.101/2005 registram número impressionante de casos em que a consolidação substancial foi implementada, mesmo sem previsão normativa que autorizasse e, na maioria das vezes, sem que tivesse sido deferida pelo juiz ou consentida pelos credores[1].

A falta de familiaridade dos operadores do direito com processos de insolvência de grupos[2] e a ausência de disciplina específica sobre o assunto (que só foi introduzida pela Lei 14.112/2020) contribuíram para que a consolidação

---

1. Cf. NEDER CEREZETTI, Sheila. Reorganization of corporate groups in Brazil: substantive consolidation and the limited liability tale. *Int. Insolvency Review*, 2021. p. 8. DOI: 10.1002/iir.1410.
2. O direito concursal, por todas as suas especificidades e complexidades, é ramo pouco conhecido pela maior parte dos operadores do direito, inclusive juízes, promotores e a imensa maioria dos advogados, que não costumam atuar com habitualidade em processos de recuperação judicial e falência. As dificuldades decorrentes dessa situação ficaram ainda mais evidentes por ocasião da edição da Lei 11.101/2005, que promoveu verdadeira revolução na disciplina das empresas em crise, tanto do direito material quanto do direito processual, rompendo com um regime que vigorava fazia mais de meio século e introduzindo uma sistemática particularmente complexa.

substancial fosse silenciosamente[3] implementada a partir da mera admissão do litisconsórcio ativo na recuperação judicial[4].

Ao ajuizar a recuperação judicial, era muito comum que os devedores apresentassem a relação das suas dívidas sem diferenciar os credores de cada um deles, ou que o próprio administrador judicial conduzisse o procedimento de verificação dos créditos sem fazer essa distinção. Seguia-se então a formulação de planos de recuperação unificados, que tratavam do pagamento das dívidas dos diversos devedores de forma indistinta, os quais eram submetidos a uma única assembleia de credores[5] (tudo, repita-se, sem autorização judicial alguma e, em boa parte dos casos, sem que os principais atores do processo se dessem conta do que estava ocorrendo).

Pesquisa conduzida pelo Observatório da Insolvência[6], que analisou processos de recuperação judicial distribuídos em todas as comarcas do Estado de São Paulo no período de janeiro de 2010 a julho de 2017 (1.194 processos)[7], apurou que pouco mais de 20% das ações foram ajuizadas em litisconsórcio ativo (270 processos), admitido em cerca de 95% dos casos. Considerando apenas os processos em que houve alguma AGC (203), a consolidação substancial ocorreu em mais de 80% dos casos[8]. Entre estes, a medida foi implementada sem decisão em quase 90% das vezes[9].

---

3. Cf. NEDER CEREZETTI, Sheila Christina; SATIRO, Francisco. A silenciosa "consolidação" da consolidação consubstancial, cit.
4. Pesquisa realizada pelo Grupo de Estudos de Direito das Empresas em Crise (Gedec), da Faculdade de Direito da USP, que analisou processos de recuperação judicial iniciados entre 1º de setembro de 2013 e 1º de outubro de 2015 nas duas varas de falência que então havia na comarca de São Paulo, apurou que, entre os 41 pedidos de recuperação judicial formulados por grupos de empresas, a cumulação de autores foi admitida em 32 casos, sendo que em apenas quatro ocorreu a diferenciação entre o deferimento da consolidação processual e a consolidação substancial. Esse estudo foi realizado entre outubro de 2015 e junho de 2016, e seus resultados foram divulgados no artigo "A silenciosa 'consolidação' da consolidação consubstancial", acima citado.
5. Cf. NEDER CEREZETTI, Sheila Christina; SATIRO, Francisco. A silenciosa "consolidação" da consolidação consubstancial, cit., p. 222.
6. O Observatório da Insolvência é uma iniciativa do Núcleo de Estudos de Processos de Insolvência (NEPI) da PUC-SP em parceria com a Associação Brasileira de Jurimetria (ABJ), coordenada pelos Professores Marcelo Barbosa Sacramone, Marcelo Guedes Nunes, Ivo Waisberg, Fernando Corrêa e Julio Trecenti.
7. A coleta dos dados, inicialmente realizada entre fevereiro e junho de 2018, foi atualizada entre outubro e dezembro de 2009. A metodologia e o resultado completo da pesquisa podem ser consultados em SACRAMONE, Marcelo Barbosa; NUNES, Marcelo Guedes (Coord.). *Direito societário e recuperação de empresas*: estudos de jurimetria. São Paulo: Foco, 2022. p. 3-41.
8. Esse percentual foi de 79,7% em processos que tramitaram em varas comuns e de 89,1% em processos que tramitaram nas varas especializadas em falência da Capital.
9. Nas varas especializadas na capital de São Paulo (onde se esperaria haver análise mais criteriosa), a consolidação substancial foi implementada, sem decisão, em 92% dos processos, índice superior até mesmo àquele verificado nos feitos que tramitaram em varas comuns (87,6%).

As cortes somente começaram a perceber o que estava se passando (e a compreender a noção de consolidação substancial) contemporaneamente à publicação, em 2015, de artigo da Professora Sheila Neder Cerezetti que tratou da interação do direito societário com a recuperação judicial dos grupos[10].

Nesse trabalho seminal, de grande difusão nos meios acadêmico e forense, a autora expôs o conceito de consolidação substancial, sua origem, fundamentos e aplicação no direito norte-americano, demonstrando que ela não era uma consequência automática do ajuizamento da ação em litisconsórcio (que implicava mera *consolidação processual*), nem deveria ser implementada de forma indiscriminada, muito menos sem prévia autorização do juiz ou concordância dos credores.

A partir de então, o tema da consolidação substancial ganhou exponencial interesse dos tribunais brasileiros, sobretudo por conta dos pedidos de recuperação judicial formulados por grandes grupos de sociedades (OGX, OAS, Rede Energia, PDG, Viver, OI, Odebrecht, entre outros) em decorrência do agravamento da crise e dos reflexos da operação "Lava-Jato".

Em pesquisa fonética realizada pelo autor deste trabalho em agosto de 2017 na base de dados da Imprensa Oficial do Estado de São Paulo, que reúne todas as publicações feitas no *Diário Oficial* de São Paulo desde maio de 1891, foram encontrados 125 resultados para os termos "consolidação substancial" ou "consolidação substantiva", sendo o mais antigo de 28.09.2015. Renovada a pesquisa em março de 2021, houve 1.392 resultados, o que corresponde a aumento de mais de 11 vezes em menos de quatro anos. Procedeu-se, ainda, a idêntica pesquisa na base de dados das decisões e acórdãos do Tribunal de Justiça de São Paulo, que obteve, em agosto de 2017, apenas 60 resultados, sendo os mais antigos relativos a agravos de instrumento[11] julgados em 31.08.2015. Já a renovação da pesquisa feita em março de 2021 gerou 482 resultados, isto é, oito vezes mais.

Mesmo depois que os tribunais passaram a diferenciá-la da consolidação processual (esta resultante do mero litisconsórcio passivo), a consolidação subs-

---

10. CEREZETTI, Sheila Neder. Grupos de sociedades e recuperação judicial: o indispensável encontro entre direitos societário, processual e concursal. In: YARSHELL, Flávio Luiz; PEREIRA, Guilherme Setoguti J. (Coord.). *Processo societário II*. São Paulo: Quartier Latin, 2015. p. 735-789. Na pesquisa bibliográfica realizada pelo autor da presente obra, foi encontrado um único trabalho nacional anterior acerca do tema. Publicado em 1998, Gilberto Deon Corrêa Júnior havia exposto a teoria da consolidação substancial no direito norte americano (A consolidação substantiva no direito norte-americano. *Revista da AJURIS*, Porto Alegre, n. 73, p. 320-335, 1998).
11. Interpostos contra decisão proferida na recuperação judicial do grupo OAS (TJSP, 2ª Câmara Reservada de Direito Empresarial, AI 2094999-86.2015.8.26.0000, AI 2084379-15.2015.8.26.0000, AI 2094999-86.2015.8.26.0000, rel. Des. Carlos Alberto Garbi, todos julgados em 31.08.2015). Registra-se, contudo, que a menção ao termo "consolidação substantiva" consta apenas do relatório dos acórdãos.

tancial continuou sendo largamente adotada, no mais das vezes deferida apenas porque os devedores integravam um grupo, sem maior rigor técnico ou reflexão quanto à sua compatibilidade com o direito societário ou sobre os seus reflexos no mercado de crédito.

Assim, ao menos até a edição da Lei 14.112/2020, o mecanismo que deveria ser uma exceção, reservado aos casos de insuperável confusão entre os devedores, acabou se tornando a regra nas recuperações judiciais dos grupos, ao arrepio dos direitos dos credores e dos princípios mais elementares do direito societário.

1.2 A JURISPRUDÊNCIA EM FORMAÇÃO – RESGATE HISTÓRICO

Contemporaneamente ao início da vigência da Lei 11.101/2005, passaram a funcionar no Tribunal de Justiça do Estado de São Paulo varas e câmaras especializadas em processos concursais. Somando-se isso ao fato de o Estado de São Paulo concentrar o maior número e as principais empresas do País, as decisões do Tribunal paulista passaram a nortear a aplicação da nova lei concursal pelas cortes dos demais Estados. Por tais razões, pode-se afirmar que a evolução da jurisprudência do Tribunal de Justiça de São Paulo retrata, com fidelidade, a história da aplicação da Lei 11.101/2005 em todo o País.

Por esse motivo, sem menosprezar a importância das contribuições de todos os demais tribunais brasileiros para o desenvolvimento do direito concursal[12], decidiu-se, por razões metodológicas, concentrar o enfoque desta pesquisa na jurisprudência paulista[13] e do Superior Tribunal de Justiça, por competir a este o papel de uniformizar a interpretação da lei federal[14]. Ressalta-se, ainda, que todos os julgados analisados são anteriores à Lei 14.112/2020, que entrou em vigor apenas em 23 de janeiro de 2021.

A jurisprudência desses tribunais revela que a compreensão das implicações decorrentes do processamento conjunto da recuperação judicial das empresas integrantes de um grupo ocorreu lenta e paulatinamente, suscitando vários questionamentos, que podem ser divididos em quatro grandes temas.

---

12. Notadamente o Tribunal de Justiça do Rio de Janeiro, que também conta com varas especializadas em direito de empresa e foi responsável pela condução de processos de recuperação judicial que tiveram enorme repercussão no País, como os das empresas VARIG e OI.
13. Foram objeto da pesquisa os acórdãos das Câmaras Especiais de Falência do Tribunal de Justiça de São Paulo, posteriormente convertidas em Câmaras Reservadas de Direito Empresarial, proferidos entre os anos de 2005 e 2020.
14. Constituição Federal, artigo 105, III, "c".

O primeiro deles diz respeito ao próprio cabimento do litisconsórcio ativo na recuperação judicial e à composição do polo ativo[15]. O segundo refere-se à definição do juízo competente, quando os principais estabelecimentos dos devedores se localizam em comarcas distintas. O terceiro, aos efeitos do litisconsórcio sobre o procedimento, notadamente sobre a nomeação do administrador judicial, a verificação dos créditos, a formulação do plano e a deliberação sobre ele. O quarto, e mais complexo de todos, trata da consolidação substancial.

Essas questões se desdobram em tantas outras, de sorte que a pesquisa jurisprudencial serviu ao propósito de desvendar quais foram, na prática, as principais dificuldades ou as controvérsias relativas à recuperação judicial dos grupos de empresas. Trata-se de estudo particularmente relevante para compreender os pontos objeto de debate, a pertinência das soluções trazidas pela reforma promovida pela Lei 14.112/2020, bem como as questões que ainda carecem de disciplina normativa.

1.2.1 Cabimento do litisconsórcio ativo na recuperação judicial

As primeiras decisões da Câmara Especial de Falência do Tribunal de Justiça de São Paulo sobre a recuperação judicial dos grupos de empresas cingiram-se a examinar a possibilidade de haver ou não a formação do litisconsórcio ativo, ante a ausência de previsão legal a esse respeito na redação original da LRF.

A primeira vez que o Tribunal se deparou com o tema foi em maio de 2008, quase três anos depois de a LRF ter entrado em vigor. Foi na recuperação judicial do grupo Editora Três, em julgamento de agravo de instrumento interposto contra a decisão que havia deferido o processamento da recuperação judicial ajuizada conjuntamente por múltiplos devedores. O recurso, porém, não foi conhecido[16]

---

15. Não se desconhece que, para parte da doutrina, não seria tecnicamente preciso falar em "parte", "autor" ou em "polo ativo" no processo de recuperação judicial, por não envolver relação processual polarizada, na qual os litigantes ocupam posições antagônicas em torno de uma lide. Alguns doutrinadores chegam até mesmo a defender que a recuperação judicial encerra procedimento de jurisdição voluntária (cf. DIDIER JÚNIOR, Fredie et al. A recuperação judicial como jurisdição voluntária: um ponto de partida para estruturação do procedimento. *Revista do Ministério Público do Estado do Rio de Janeiro*, Rio de Janeiro, n. 79, p. 119-142, 2021). Sem entrar no mérito dessa discussão e por razões estritamente didáticas, entendeu-se inexistir prejuízo à utilização dessas expressões ("autor", "parte" e "polo ativo") para se referir ao devedor ou à sua posição processual na ação de recuperação judicial.
16. GRUPO EDITORA TRÊS. "Agravo de instrumento – Recuperação judicial – Deferimento do processamento. O momento de determinar o processamento da recuperação judicial não é a oportunidade de ser apreciada a viabilidade ou não do pedido, mas, tão só, o de constatar o juiz se o pleito vem acompanhado da documentação exigida no art. 51 da Lei 11.101, de 9 de fevereiro de 2005 (art. 52). Agravo não conhecido. [...] Indeferir o processamento da recuperação judicial requerida pela agravada ou a inclusão dela como requerente do benefício implica a mesma consequência prática: exclusão da agravada do processo. No entanto, a simples inclusão da agravada como uma das requerentes da recuperação judicial caracteriza-se como simples despacho de mero expediente, não sujeito a recurso"

por se entender que o ato judicial atacado configuraria despacho de mero expediente[17], e não decisão interlocutória[18], de modo que não seria agravável[19]. De acordo com o voto do relator, Desembargador Lino Machado, "a simples inclusão da agravada como uma das requerentes da recuperação judicial caracteriza-se como simples despacho de mero expediente, não sujeito a recurso". Assim, mesmo sem ter o seu cabimento apreciado pela corte, o litisconsórcio acabou sendo admitido na prática, já que não se determinou o seu desfazimento.

Alguns meses depois, a mesma câmara indeferiu a formação do litisconsórcio ativo por entender que as empresas que formularam conjuntamente o pedido de recuperação judicial não constituíam um grupo econômico, nem de fato nem de direito[20]. Embora ainda não fossem conhecidos os conceitos de

---

(TJSP, Câm. Esp. Fal. Recup. Jud., AI 9047406-20.2007.8.26.0000, rel. Des. Lino Machado, origem: 2ª Vara de Falência de São Paulo, j. 07.05.2008).

17. Nos primeiros anos de vigência da Lei 11.101/2005, a Câmara Especial de Falência e Recuperações Judiciais do Tribunal de Justiça de São Paulo entendia que o ato judicial que deferia o processamento da recuperação judicial tinha natureza jurídica de despacho de mero expediente, de modo que não seria recorrível: "[...] O despacho que apenas defere o processamento da recuperação judicial é irrecorrível, pois não se trata de decisão interlocutória, visto que não resolve qualquer questão incidente (cf. art. 162, § 2, do CPC), apenas impulsiona o processo, sendo despacho de mero expediente" (TJSP, Câm. Esp. Fal. Recup. Jud, AI 0115206-92.2005.8.26.0000, rel. Des. Romeu Ricupero, origem: 2ª Vara de Falências de São Paulo, j. 03.05.2006). No mesmo sentido, confiram-se: AI 9045188-53.2006.8.26.0000, rel. Des. Pereira Calças, j. 06.12.2006; AI 9050672-15.2007.8.26.0000, rel. Des. Pereira Calças, j. 31.10.2007; e AI 0113530-41.2007.8.26.0000, rel. Des. Boris Kauffmann, j. 27.02.2008.

18. Essa intepretação só foi revista em março de 2009, a partir de quando a Câmara Especial de Falência e Recuperações Judiciais do Tribunal de Justiça de São Paulo passou a reconhecer que aquele ato tem natureza de decisão interlocutória: "Agravo de Instrumento. Recuperação Judicial. Pronunciamento judicial que apenas defere o processamento da recuperação judicial. Recurso pretendendo a revogação do deferimento [...]. Alteração do entendimento que proclamava a irrecorribilidade do ato previsto no artigo 52 da Lei 11.101/2005. Agravo conhecido. [...] Como se vê, apesar de, aparentemente, tratar-se de despacho de simples expediente ou ordinatório, em rigor, dele poderão advir diversos prejuízos para os credores, sendo possível ainda que dele derive malferimento à Lei 11.101/2005, que é de ordem pública [...] Não permitir que a agravante tenha seu inconformismo apreciado por esta Corte de Justiça, obrigando-a a aguardar a eventual deliberação da Assembleia-Geral de Credores em data futura, inegavelmente, poderá implicar-lhe gravame, que, por isso, enseja a recorribilidade da aludida decisão. Por tais motivos, reformulo meu posicionamento anterior para admitir a recorribilidade do pronunciamento judicial que defere o processamento da recuperação judicial, com supedâneo no artigo 51 da Lei 11.101/2005, reconhecendo sua inegável natureza de decisão interlocutória, passível de causar gravame aos credores ou terceiros interessados, bem como afrontar à Lei de ordem pública, a ensejar a intervenção do Ministério Público" (TJSP, Câm. Esp. Fal. Recup. Jud., AI 0057528-17.2008.8.26.0000, rel. Des. Pereira Calças origem: 1ª Vara de Falências de São Paulo, j. 04.03.2009).

19. O entendimento de que o ato judicial que defere o processamento da recuperação judicial seria despacho de mero expediente derivou, em especial, do equivocado aproveitamento da orientação firmada pela Súmula 264 do Superior Tribunal de Justiça, editada na vigência do Decreto-lei 7.661/1945, que previa ser irrecorrível o ato judicial que apenas mandava processar a concordata preventiva.

20. GRUPO CONDUPOWER. "Recuperação de empresas – Litisconsórcio ativo (requerimento feito por três empresas conjuntamente) – inadmissibilidade – As três empresas têm endereços diferentes, CNPJ (MF)'s diferentes, sócios diferentes, empregados diferentes, credores diferentes, além do que, em relação a cada uma delas, quando existe obrigação acessória, a responsabilidade é de pessoas físicas

consolidação processual e substancial, especulou-se que a tramitação conjunta dos procedimentos de recuperação judicial de empresas distintas poderia ensejar a indevida ingerência dos credores de uma na aprovação ou rejeição da recuperação judicial da outra[21]. Decidiu-se que seria "inadmissível a realização de assembleia-geral única, com credores de uma empresa tendo voz e voto no plano de recuperação de outra, na qual não figura como credor", embora disso não resultasse a proibição da apresentação de plano único[22] de recuperação por todas as devedoras.

Enfim, em março de 2009, o Tribunal paulista proferiu seu primeiro acórdão admitindo o cabimento do litisconsórcio ativo[23]. Na recuperação judicial do grupo AGRENCO[24], decidiu-se que a existência de um grupo de fato autorizava a postulação conjunta pelos seus integrantes.

A Corte continuou reticente, contudo, quanto ao litisconsórcio ativo formado por empresas cujos principais estabelecimentos se situavam em Municípios

---

diferentes – Nada, absolutamente nada demonstra sequer a existência de um grupo de fato sendo que uma das requerentes nem tem endereço na Comarca de Itatiba, onde se pretende o processamento do benefício legal – Agravo de instrumento não provido" (TJSP, Câm. Esp. Fal. Recup. Jud., AI 9065794-34.2008.8.26.0000, rel. Des. Romeu Ricupero, origem: 2ª Vara Judicial de Itatiba, j. 29.10.2008).

21. De acordo com o voto do relator, Desembargador Romeu Ricupero, "[...] é evidente, como salientado pelo r. despacho agravado, 'que a unidade do procedimento, com credores diferentes de várias sociedades, mas com única proposta de recuperação, faria com que o credor, de apenas uma das pessoas jurídicas, interferisse, ainda que indiretamente, na recuperação judicial das outras', o que ocorreria mesmo não existindo relação obrigacional entre ele, credor votante, e as demais sociedades apresentantes do plano".

22. Ressalvou-se que, "mesmo com procedimentos separados, nada impede que as três requerentes apresentem único plano de recuperação, correndo o óbvio risco de não ser aprovado em um dos procedimentos, com a consequente decretação da quebra".

23. Data desse mesmo ano (2009) artigo de autoria de Ricardo Brito Costa defendendo o cabimento do litisconsórcio ativo na recuperação judicial, sendo esse um dos primeiros textos a respeito do tema (Recuperação judicial: é possível o litisconsórcio ativo? *Revista do Advogado*, São Paulo, n. 105, p. 174-183, 2009).

24. GRUPO AGRENCO. "Agravo de Instrumento. Recuperação Judicial. Pronunciamento judicial que apenas defere o processamento da recuperação judicial. Recurso pretendendo a revogação do deferimento, sob a alegação central de não exercício regular da atividade empresária pela recuperanda há mais de dois anos no momento do pedido. Ato que tem a natureza de decisão interlocutória com potencial para causar gravame aos credores e terceiros interessados, além de poder afrontar a lei de ordem pública. Alteração do entendimento que proclamava a irrecorribilidade do ato previsto no artigo 52 da Lei 11.101/2005. Agravo conhecido. [...] O requisito do artigo 48, *caput*, da Lei 11.101/2005, 'exercício regular das atividades empresariais há mais de dois anos no momento do pedido de recuperação judicial', não exige inscrição na Junta Comercial por tal período mínimo. Integrando a requerente da recuperação judicial grupo econômico existente há 15 anos, e sendo constituída há menos de dois anos mediante transferência de ativos das empresas do grupo para prosseguir no exercício de atividade já exercida por tais empresas, é de se ter como atendido o pressuposto do biênio mínimo de atividade empresarial no momento do pedido. Agravo conhecido e desprovido, mantida a decisão que deferiu o processamento da recuperação judicial" (TJSP, Câm. Esp. Fal. Recup. Jud., AI 0057528-17.2008.8.26.0000, rel. Des. Pereira Calças, origem: 1ª Vara de Falências de São Paulo, j. 04.03.2009).

ou Estados diversos[25], por entender que, nesse caso, o processamento conjunto poderia dificultar a participação dos credores na assembleia geral[26].

Na recuperação judicial do grupo ECIMEX[27], ajuizada por três sociedades distintas, cada uma delas com sede social em diferentes Estados da Federação

---

25. Como bem observado por Ricardo Brito Costa (Recuperação judicial, cit., p. 178-179), a circunstância de os integrantes do grupo terem seus principais estabelecimentos situados em comarcas diferentes consistia num dos principais argumentos contra a admissão do litisconsórcio ativo na recuperação judicial, já que a competência do juiz falimentar tem natureza absoluta, ao passo que a formação do litisconsórcio facultativo fundado na afinidade de questões tem como requisito fundamental que o mesmo juízo seja competente para a apreciação da causa em relação a todos os litisconsortes. Ainda assim, esse argumento não prevaleceu por se entender que a competência, no caso, deveria ser definida segundo o local onde se situasse o principal estabelecimento do grupo (vide item 1.2.3. O juízo competente para a recuperação judicial do grupo).
26. "Agravo de instrumento. Recuperação judicial requerida em litisconsórcio por duas sociedades empresárias distintas, cada uma delas com sede social em comarcas diversas. Alegação de serem integrantes do mesmo grupo econômico. Decisão que determina a emenda da inicial em razão da inviabilidade do litisconsórcio ativo. Natureza contratual da recuperação judicial que impõe se facilite a presença dos credores na assembleia-geral para examinar o plano da devedora. A distância entre os estabelecimentos principais das empresas requerentes causa dificuldades incontornáveis à participação dos credores, notadamente os trabalhadores, nos conclaves assembleares realizados em comarcas distintas. Princípio da preservação da empresa e da proteção aos trabalhadores, ambos de estatura constitucional que, se em conflito, elevem ser objeto de ponderação para a prevalência do mais importante. Tutela dos trabalhadores em razão da hipossuficiência. Manutenção da decisão que repeliu a possibilidade do litisconsórcio ativo no caso vertente, mantida a possibilidade da emenda da inicial para que cada uma das empresas requeira a medida recuperatória individualmente, observada a regra da competência absoluta do art. 3º, da LRF. Precedente da Câmara." "Manutenção da liminar para obstar a suspensão do fornecimento de serviços de telefonia por débitos anteriores ao requerimento da recuperação, que se sujeitam aos efeitos da recuperação judicial. Agravo provido, em parte, revogado o efeito suspensivo, com determinação de imediato processamento da recuperação judicial" (TJSP, Câm. Esp. Fal. Recup. Jud., AI 0346981-05.2009.8.26.0000, rel. Des. Pereira Calças, origem: 2ª Vara Cível de Cotia, j. 15.09.2009).
27. GRUPO ECIMEX. "Apelação. Recuperação judicial requerida em litisconsórcio por três sociedades empresárias distintas, cada uma delas com sede social em Estados diversos da Federação (São Paulo, Minas Gerais e Bahia). Alegação de serem integrantes do mesmo grupo econômico. Deferimento do processamento da recuperação judicial. Posterior constatação da inviabilidade do processamento da medida em litisconsórcio ativo, em face da existência de credores distintos, domiciliados em Estados diferentes. Reconhecimento da incompetência absoluta do juízo original onde foi requerida inicialmente a recuperação judicial. Extinção do processo, sem resolução do mérito, por força do indeferimento da inicial. Matéria de ordem pública, sobre a qual não ocorre preclusão nas instâncias ordinárias. Soberania da assembleia-geral de credores restrita à deliberação sobre o plano de recuperação judicial, mas não sobre pressupostos ou condições da ação. Natureza contratual da recuperação judicial que impõe se facilite a presença dos credores na assembleia-geral para examinar o plano da devedora. A grande distância entre os estabelecimentos principais das empresas requerentes causa dificuldades incontornáveis à participação dos credores, notadamente os trabalhadores, nos conclaves assembleares realizados em Estados diversos da federação. Princípio da preservação da empresa e da proteção aos trabalhadores, ambos de estatura constitucional que, se em conflito, devem ser objeto de ponderação para a prevalência do mais importante. Tutela dos trabalhadores em razão da hipossuficiência. Extinção do processo de recuperação judicial, sem resolução do mérito, mantida, situação que não impede que cada uma das empresas requeira a medida recuperatória individualmente, observada a regra da competência absoluta do art. 3º, da LRF. Apelo das empresas desprovido" (TJSP, Câm. Esp.

(São Paulo, Minas Gerais e Bahia), o Desembargador Manoel de Queiroz Pereira Calças ponderou que "a empresa em crise econômico-financeira que pretende obter sua recuperação judicial não pode criar obstáculos, no caso praticamente invencíveis, e exigir que, por facilidades processuais, haja um único processo, em um mesmo juízo". Afirmou, ainda, que a pretensão do grupo chegava "às raias da litigância de má-fé" por exigir que os trabalhadores se deslocassem de outros estados para poder participar da AGC[28].

Esse entendimento inicial, porém, não prevaleceu. A partir do ano 2010, a mera circunstância de as empresas do grupo estarem sediadas[29] ou possuírem o principal estabelecimento[30] em comarcas diversas não foi mais reputada sufi-

---

Fal. Recup. Jud., Ap. 9184284-78.2009.8.26.0000, rel. Des. Pereira Calças, origem: 3ª Vara Cível de Itu/SP, j. 09.06.2009).
28. O Tribunal de Justiça do Rio de Janeiro também já indeferiu a formação do litisconsórcio na recuperação judicial em razão de as empresas do grupo estarem sediadas em Estados diversos: "Agravo de instrumento. Recuperação judicial. Quatro empresas com o mesmo sócio administrador. Sedes em estados diversos. Litisconsórcio ativo. Óbices de ordem prática e legal. Recurso interposto contra decisão, que em sede de recuperação judicial, exclui do polo ativo as segunda, terceira e quarta requerentes. Lei 11.101, de 2005, que se refere ao devedor, no singular, sem qualquer referência a diferentes empresas devedoras de um mesmo grupo econômico, sendo certo que estas conservam personalidade própria e independente, assim como patrimônios distintos. Normas de Direito Civil e Processual Civil aplicáveis apenas se adequadas aos institutos tratados na legislação pertinente. Necessidade de estudo individualizado de cada sociedade, a fim de evitar prejuízo aos credores. Precedentes do Superior Tribunal de Justiça. Manutenção da decisão agravada, que acertadamente vislumbra dificuldades no processamento conjunto de recuperação judicial de diferentes sociedades. Negativa de seguimento do recurso, na forma do *caput* do artigo 557, do CPC" (TJRJ, 21ª Câmara Cível, AI 0026062-24.2013.8.19.0000, rel. Des. Denise Levy Tredler, j. 22.05.2013).
29. "Recuperação judicial. Requerimento feito por duas empresas, em litisconsórcio ativo. Admissibilidade. Foro competente já definido em anterior Conflito Negativo de Competência. Empresa por quotas de responsabilidade limitada que nasceu de uma cisão da empresa que é sociedade anônima. Aquela tem como objeto social a locação de maquinário para obras públicas desta última, que se tornou sua principal cliente. Assim, o destino de uma está umbilicalmente ligado ao futuro da outra. [...] A questão do litisconsórcio ativo é mais delicada, eis que, confessadamente, a agravante Araguaia tem sede estatutária em São Carlos e a agravante POLLO em São Paulo, sendo que a primeira tem filial em Diadema, que seria o principal estabelecimento de ambas, visto que 'nela se encontra praticamente todo o seu corpo administrativo, o principal do seu ativo e onde se realizam os maiores negócios, posto ter como objeto social obras públicas e possuir como seus principais clientes as prefeituras da região do ABDC e de São Paulo' (fl. 6). Consta que a segunda nasceu de uma cisão da primeira e a POLLO tem por objeto social a locação de maquinário para obras públicas da Araguaia, que se tornou sua principal cliente. Assim, o destino de uma estaria umbilicalmente ligado ao futuro da outra (fl. 10)" (TJSP, Câm. Esp. Fal. Recup. Jud., AI 9031514-03.2009.8.26.0000, rel. Des. Romeu Ricupero, origem: 3ª Vara Cível de Diadema, j. 06.04.2010).
30. "Recuperação judicial. Competência. Unidades industriais existentes em outros estados. Propositura em comarca onde situados os principais credores e concentradas informações financeiras, contábeis e de recursos humanos. Sociedades que atuam de maneira coordenada, tendo a crise atingido as principais empresas do grupo. Apresentação de único plano de recuperação, já aprovado e homologado. Admissibilidade, na espécie. Princípio da preservação da empresa. Recurso conhecido e desprovido" (TJSP, Câm. Esp. Fal. Recup. Jud., AI 0007217-51.2010.8.26.0000, rel. Des. Elliot Akel, origem: 8ª Vara Cível de São José do Rio Preto, j. 23.11.2010).

ciente[31] para obstar a tramitação da recuperação judicial em litisconsórcio ativo, concluindo-se que a necessidade de tratar a crise do grupo de forma conjunta (dado o destino de uma empresa estar "umbilicalmente ligado ao futuro da outra"[32]) prepondera sobre as eventuais dificuldades impostas à participação dos credores[33].

O litisconsórcio ativo passou então a ser amplamente admitido pelo Tribunal de Justiça de São Paulo[34] sempre que ventilada a existência de grupo econômico[35], único requisito sobre o qual se formou aparente consenso da jurisprudência[36]. No mais das vezes, porém, bastava que os devedores indicassem qualquer elemento

---

31. GRUPO TÊXTIL ITATIBA. "Agravo de instrumento. Recuperação judicial. Litisconsórcio ativo. Possibilidade. Precedentes desta Câmara que reconheceram a possibilidade, em tese, de pedido de recuperação judicial em litisconsórcio ativo, desde que presentes elementos que justifiquem a apresentação de plano único, bem como a posterior aprovação de tal cúmulo subjetivo pelos credores. Pedido formulado por três sociedades empresárias distintas, detidas direta ou indiretamente por dois irmãos. Grupo econômico de fato configurado. Estabelecimento de uma das sociedades em cidade e estado diversos. Irrelevância no caso concreto, principalmente em razão desta empresa não possuir empregados. Ausência de credores trabalhistas fora da Comarca de Itatiba. Administrador judicial que demonstra a relação simbiótica das empresas. Pedido de litisconsórcio ativo que atende à finalidade última do instituto da recuperação judicial (superação da crise econômico-financeira das empresas). Decisão reformada. Agravo provido." (TJSP, 1ª Câmara Reservada de Direito Empresarial, AI 0281187-66.2011.8.26.0000, rel. Des. Pereira Calças, origem: 2ª Vara Cível de Itatiba, j. 26.06.2012).
32. Expressão utilizada pelo Des. Romeu Ricupero no voto proferido no Agravo de Instrumento 9031514-03.2009.8.26.0000. *Vide* nota de rodapé n. 29.
33. "Recuperação Judicial – Formação inicial de litisconsórcio ativo – Possibilidade – O fato de algumas das agravadas terem sede em outras comarcas e outros Estados da Federação, por si só, não constitui óbice para a formação de litisconsórcio ativo por sociedades empresárias integrantes de um mesmo grupo econômico, de fato ou de direito [...]" (TJSP, 2ª Câmara Reservada de Direito Empresarial, AI 2048229-98.2016.8.26.0000, rel. Des. Caio Marcelo Mendes de Oliveira, origem: 2ª Vara de Falências de São Paulo, j. 15.08.2016).
34. GRUPO INEPAR. "Agravo de Instrumento. Pedido de Recuperação Judicial. Deferido o pedido de recuperação de 9 empresas, componentes do mesmo grupo econômico. Inconformismo. Alegação de litisconsórcio existente para causar confusão de ativos e passivos. Não demonstração de qualquer dado concreto a amparar a tese do agravante. Recorrente que, ademais, tem a sua sede em São Paulo. Nega-se provimento, prejudicado o regimental." (TJSP, 1ª Câmara Reservada de Direito Empresarial, AI 2183899-79.2014.8.26.0000, rel. Des. Enio Zuliani, origem: 1ª Vara de Falências de São Paulo, j. 29.04.2015).
35. Todos os julgados encontrados se referem a grupos de fato. Na pesquisa realizada na plataforma do Tribunal de Justiça de São Paulo, não foi encontrada nenhuma recuperação envolvendo grupos de direito, que continuam sendo raros no País (*vide* nota de rodapé n. 35 do Cap. 2). Supõe-se, contudo, que a orientação teria sido a mesma em casos envolvendo grupos de direito.
36. Antônio Aires, Celso Xavier e Maria Isabel Fontana afirmam, porém, que essa avaliação costuma ser feita meramente a partir de elementos formais, sem verificação efetiva da existência dos requisitos necessários à configuração de um grupo econômico: "Rotineiramente, o Judiciário defere o processamento do pedido conjunto de diversas sociedades sem perquirir se, realmente, há a configuração de grupo econômico, bastando ao Juízo meros elementos formais como a propriedade conjunta e a centralização da administração em uma sociedade *holding* para que se prossiga dessa forma a recuperação judicial, muitas vezes com consequências danosas aos credores" (Recuperação judicial e falência de grupo econômico. In: ELIAS, Luis Vasco. *10 anos da Lei de Recuperação de Empresas e Falência*: reflexões sobre a reestruturação empresarial no Brasil. São Paulo: Quartier Latin, 2015. p. 65).

de conexão entre eles para que o litisconsórcio fosse deferido, sem maior análise dos elementos que identificam a existência de um grupo econômico[37].

Em rara ocasião, decidiu-se que a mera coincidência dos sócios e até mesmo a existência de garantias entre as sociedades postulantes da recuperação judicial não seriam suficientes para a configuração de um grupo econômico, que exigiria vínculo de dependência ou coordenação entre os seus integrantes[38]. Noutro caso, o Tribunal rejeitou a formação do litisconsórcio por reconhecer a ocorrência de fraude na composição do polo ativo, com a inclusão de empresa que não pertencia ao grupo, requerida com base em operação societária realizada poucos dias antes do ajuizamento do pedido de recuperação judicial[39].

---

37. Nesse sentido: "Recuperação Judicial – Agravo de Instrumento – Insurgência contra decisão que, afirmando ser incabível o processamento conjunto do pedido de recuperação judicial relativo às sociedades autoras, determinou a indicação de uma apenas para figurar no polo ativo do pedido – Possibilidade de litisconsórcio ativo, em recuperação judicial, a despeito da ausência de previsão na Lei 11.101/2005, mediante a aplicação, em caráter subsidiário, do CPC, em de caso de sociedades integrantes de grupo econômico, de direito ou de fato, ante a ausência de vedação na Lei de Falências e Recuperações Judiciais, autorizando a solução da questão mediante o emprego dos métodos de integração das normas jurídicas – Hipótese de crise econômico-financeira de grupo econômico que pode vir a afetar as sociedades que dele participam, dada a ligação entre elas existente – Processamento em conjunto que atende aos princípios da celeridade, da economia processual e da preservação da empresa – Reforma da decisão agravada – Recurso provido, com ratificação da medida liminar concedida, com antecipação de tutela" (TJSP, 2ª Câmara Reservada de Direito Empresarial, AI 2153600-51.2016.8.26.0000, rel. Des. Caio Marcelo Mendes de Oliveira, origem: Vara Única de Artur Nogueira, j. 28.04.2017). No mesmo sentido e afirmando que, havendo um grupo econômico de fato, a ausência de unificação dos procedimentos poderia comprometer a eficiência do processo recuperacional, tendo em vista a possibilidade de decisões conflitantes: "[...] Assim, a formação do litisconsórcio ativo, na hipótese, foi corretamente deferida, uma vez que restou demonstrada a existência do grupo econômico de fato, considerando-se, ainda, que o ajuizamento separado das ações de recuperação de cada uma das empresas interligadas, comprometeria a própria eficiência do processo recuperacional, afetando o possível soerguimento do grupo econômico, tendo em vista que haveria a possibilidade de serem proferidas decisões conflitantes" (TJSP, 2ª Câmara Reservada de Direito Empresarial, AI 2126030-22.2018.8.26.0000, rel. Des. Maurício Pessoa, origem: Vara Única de Embu-Guaçu, j. 27.08.2018).
38. GRUPO GEOSONDA. "Recuperação judicial – Litisconsórcio ativo indeferido – Grupo econômico de fato não demonstrado – Ausência de comprovação de entrelaçamento de atividades e interesses – Efetiva coligação ou relação de controle entre as empresas não demonstrada – Suspensão de protestos – Cabimento – Previsão legal de uma novação – Recurso parcialmente provido. [...] As agravantes são, na verdade, pessoas jurídicas diversas, com patrimônio e funcionários próprios, tendo estabelecimentos principais situados em comarcas diversas e atividades muito diferentes. [...] Não restou demonstrado um entrelaçamento de atividades, mas, ao contrário, todos os elementos colhidos são demonstrativos da ausência deste entrelaçamento, sendo certo que não basta, para caracterização do grupo, a igualdade de sócios e o fato de uma constar como avalista de título emitido por outra. Resta ausente, enfim, um vínculo de dependência ou coordenação na cadeia produtiva, não verificada a subsistência de um liame entre atividades e administração. [...] O proposto litisconsórcio ativo, tal qual exposto na decisão recorrida, esbarra na realidade econômica, atinente à organização das empresas envolvidas, o que não permite sua admissão" (TJSP, 1ª Câmara Reservada de Direito Empresarial, AI 2008174-71.2017.8.26.0000, rel. Des. Fortes Barbosa, origem: 1ª Vara Cível de Cotia, j. 01.03.2017).
39. "Agravo de Instrumento. Recuperação Judicial. Deferimento de recuperação conjunta de empresas integrantes de grupo econômico. Decisão reformada. Conexidade e coordenação de atividades entre

Também vale ser mencionada decisão proferida na recuperação judicial do grupo OAS. Em substancioso voto, o Desembargador Carlos Alberto Garbi discorreu, com propriedade, sobre os fundamentos legais[40] que autorizavam o litisconsórcio ativo (mesmo à falta de previsão específica na Lei 11.101/2005), bem como sobre os requisitos justificadores do pedido conjunto, notadamente a existência de um grupo e a comunhão de direitos e obrigações entre os seus membros[41].

---

empresas não caracterizada. Favor legal que não pode ser concedido na espécie. Recurso provido. [...] Causa mesmo espécie, de resto, que a agravada Amora tenha passado a 'integrar' o grupo econômico pouco antes da impetração do requerimento de recuperação. Além disso, o objeto da empresa é a prestação de serviços de assessoria e consultoria financeira, o que nada tem a ver com as atividades das outras impetradas. Então, embora possível em tese a formação de litisconsórcio ativo em recuperação judicial, há necessidade de coordenação de atividades das litisconsortes" (TJSP, 2ª Câmara Reservada de Direito Empresarial, AI 2164872-13.2014.8.26.0000, rel. Des. Campos Mello, origem: 1ª Vara Cível de Itapevi, j. 29.02.2016).

40. Decorrente aplicação subsidiária do Código de Processo Civil de 1973 (determinada pelo artigo 189 da Lei 11.101/2005), cujo artigo 46, I, admitia a formação do litisconsórcio quando houvesse "comunhão de direitos e obrigações relativamente à lide".

41. GRUPO OAS. "Recuperação judicial. Litisconsórcio ativo. Dez empresas do mesmo grupo empresarial que integram o polo ativo do pedido. Omissão na Lei 11.101/2005. Previsão de aplicação subsidiária do CPC. Litisconsórcio ativo na recuperação judicial. Doutrina omissa. Jurisprudência nacional escassa. Admissibilidade, todavia, no Tribunal. Tendência de sedimentação da questão nas Câmaras Especializadas de Direito Empresarial do Tribunal. Recuperação judicial. Litisconsórcio ativo facultativo (art. 46, inc. I, do CPC). Comunhão de interesses e obrigações entre as agravadas. Reconhecimento no caso. [...]. Decisão que deferiu o processamento da recuperação judicial das dez agravadas sem qualquer ilegalidade ou irregularidade. Decisão mantida. Recurso não provido, prejudicado o Agravo Interno. [...] Pediram os recorrentes [...] que seja determinado o processamento em separado e autônomo das recuperações judiciais de cada uma das empresas que integram o pedido [...] A Lei 11.101/2005 não previu a possibilidade do litisconsórcio ativo no pedido recuperacional, mas é inequívoco que as normas estatuídas no Código de Processo Civil em vigor são aplicadas de forma subsidiária aos processos regidos por aquele referido normativo. Nesse sentido dispõe o art. 189, da LFRJ: 'Aplica-se a Lei 5.869, de 11 de janeiro de 1973 – Código de Processo Civil, no que couber, aos procedimentos previstos nesta Lei'. [...] É certo que a admissibilidade do litisconsórcio ativo no pedido de recuperação judicial não foi objeto de estudo e de pesquisa pela Doutrina que surgiu após a vigência da nova lei falimentar. Aqueles que se propuseram a examinar e a escrever sobre a Lei 11.101/2005 não se atentaram para a possibilidade de pluralidade ativa no pedido recuperacional, possivelmente pela absoluta ausência de paradigma jurisprudencial, mesmo decorridos dez anos da vigência da nova lei. [...] No caso verifica-se que o pedido de formação de litisconsórcio pelas recuperandas está evidentemente fundamentado no inciso I, do referido art. 46, que trata da hipótese de litisconsórcio quando 'houver comunhão de direitos e obrigações relativamente à lide'. [...] E o exame dos autos revela que a comunhão de direitos e obrigações entre as agravadas está bem caracterizada a justificar a manutenção do litisconsórcio ativo por elas pleiteado. As agravadas reconheceram fazer parte de um grupo empresarial de fato denominado Grupo OAS. [...] Vê-se que a integração das empresas recuperandas em grupo empresarial – embora não seja o único requisito – é fator decisivo na admissão da pluralidade do polo ativo da recuperação judicial, consoante se verifica, ademais, da jurisprudência anotada que, embora faça exame casuístico, demonstra essa referido ponto em comum [...] Como visto, no grupo empresarial tem-se a reunião de esforços de todos os participantes na consecução do fim comum, situação que demonstra, de per si, a forte vinculação entre as empresas, que bem se amolda na comunhão de interesses exigida no art. 46, inc. I, do Código de Processo Civil" (TJSP, 2ª Câmara Reservada de Direito Empresarial, AgRg 2084295-14.2015.8.26.0000, rel. Des. Carlos Alberto Garbi, origem: 1ª Vara de Falências de São Paulo, j. 31.08.2015).

Na mesma toada, a 2ª Câmara Reservada de Direito Empresarial do Tribunal de Justiça de São Paulo, considerando os potenciais reflexos do litisconsórcio ativo sobre o direito material, ponderou que se deve exigir "justificativa idônea para o processamento de recuperações conjuntas, com todas as implicações que traz para os credores, dado o entrelaçamento em tese do universo de relações jurídicas obrigacionais de cada um dos devedores". Por isso, o litisconsórcio ativo deve ficar

> [...] restrito às situações em que demonstrada a existência, em razão da intensidade do vínculo que as une, de influências recíprocas entre as sociedades requerentes do benefício legal, integrantes de um mesmo grupo econômico seja de fato ou de direito no interior do qual as dificuldades individuais acabam repercutindo em todos os componentes do grupo, tudo a evidenciar que a superação do momento de crise econômico-financeira somente poderá ser alcançada através do esforço conjunto dos membros do ente coletivo[42].

Foi com base nesse mesmo raciocínio que, na recuperação judicial do grupo SCHAHIN, foi determinada a exclusão do polo ativo de algumas empresas estrangeiras do grupo. Entendeu-se, em suma, que não houve demonstração bastante de afinidade jurídica ou de fato que justificasse a formação do litisconsórcio, sobretudo porque a recuperação da empresa operacional brasileira não correria o risco de ser prejudicada pelas ações movidas contra as sociedades estrangeiras[43].

No entanto, esses e outros poucos julgados não refletem a jurisprudência como um todo. O que se viu, na prática, foi o generalizado deferimento do litisconsórcio[44], sem fundamentação acerca da necessidade ou conveniência da

---

42. TJSP, 2ª Câmara Reservada de Direito Empresarial, AI 2123667-67.2015.8.26.0000, rel. Des. Fabio Tabosa, origem: 2ª Vara de Falências de São Paulo, j. 16.11.2015.
43. GRUPO SCHAHIN. "Agravo de instrumento. Recuperação judicial. Litisconsórcio. Empresas que não se ligam ao braço de atividade do Grupo a que especialmente se vincula a exploração do único ativo que se reconhece hoje existente e sobre o qual, reconhecidamente, se apoiou inclusive o plano apresentado. Ausência de demonstração de potencial afetação do negócio pela excussão de garantias em face das empresas cuja reinclusão no feito se pretende. Decisão mantida. Recurso desprovido. [...] Com efeito, não há, pela diversidade dos ramos de atuação das empresas, uma forçosa participação unitária na recuperação. Tampouco o que se justificaria pela potencialidade da convolação, sempre possível, conforme o caso e requisitos próprios, a extensão ou desconsideração. Anote-se também que operações *intercompany* e que ocasionalmente fazem destas empresas verdadeiramente credoras de outras do grupo não justificam, por si, o litisconsórcio. A bem dizer, no caso ele se definiu a partir da verificação das empresas que se ligam ao braço de atividade do Grupo a que especialmente se vincula a exploração do único ativo que se reconhece hoje existente e sobre o qual, reconhecidamente, se apoiou inclusive o plano apresentado, isto é, a exploração de navio-sonda objeto de afretamento à Petrobras. É em meio a este contexto que se deve examinar a pretensão recursal" (TJSP, 2ª Câmara Reservada de Direito Empresarial, AI 2096693-90.2015.8.26.0000, rel. para o acórdão: Des. Claudio Godoy, origem: 2ª Vara de Falências de São Paulo, j. 13.03.2017).
44. Já se deferiu a ampliação do polo ativo do processo, com a inclusão de nova empresa do grupo, até mesmo depois de deferido o processamento da recuperação judicial (TJSP, 2ª Câmara Reservada de Direito Empresarial, AI 2011652-82.2020.8.26.0000, rel. Des. Grava Brazil, origem: 2ª Vara Cível de Itu, j. 12.05.2020).

unificação dos procedimentos, ou calcada apenas em razões genéricas ou rasas, que não apontavam, concretamente, por que a recuperação judicial de uma empresa dependia da recuperação da outra[45].

Registra-se, por fim, que outras cortes também admitiam a formação de litisconsórcio ativo na recuperação judicial de grupos de empresas, tais como os Tribunais de Justiça do Rio de Janeiro[46], Minas Gerais[47], Paraná[48], Rio Grande do Sul[49] e Goiás[50], mesmo tendo o Superior Tribunal de Justiça manifestado posição contrária numa das suas únicas decisões sobre o tema:

---

45. No caso da recuperação judicial do grupo TINER, a consolidação processual foi admitida apenas porque as empresas postulantes da recuperação judicial tinham os mesmos administradores: "Grupo econômico formado em relação às empresas remanescentes. Empresas que têm mesma origem e apresentam quadros administrativos comuns, compostos por integrantes da mesma família. Esta coincidência nos quadros de administração das empresas redunda na participação dos membros da família Varela nas decisões financeiras, de gestão e operação do Grupo, o que sugere, minimamente, a existência de sociedades coligadas. Consolidação processual admitida" (TJSP, 2ª Câmara Reservada de Direito Empresarial, AI 2178269-37.2017.8.26.0000, rel. Des. Alexandre Marcondes, origem: 1ª Vara de Falências de São Paulo, j. 12.11.2018).
46. "Recuperação judicial de empresas. Três sociedades. Grupo econômico de fato, onde uma delas é responsável pela produção e as demais pela venda das mercadorias. [...] Litisconsórcio ativo que se mostra possível, diante da ausência de prejuízos aos credores e da possibilidade de manutenção da atividade econômica, fonte de renda e de empregos. [...] O surgimento dos grupos econômicos de fato está ligado à dinâmica do mercado e à sua globalização, as quais fazem com que os empresários busquem fórmulas mais ágeis e eficazes de garantir lucro e alcançar parte significativa de consumidores. [...] Neste contexto, o litisconsórcio ativo pode facilitar o acordo entre as recuperandas e os credores, viabilizando o pagamento dos débitos, nos prazos estabelecidos. Nega-se provimento ao recurso" (TJRJ, 8ª Câmara Cível, AI 0049722-47.2013.8.18.0000, rel. Des. Flávia Romano de Rezende, j, 04.02.2014).
47. "Agravo de instrumento. Recuperação judicial. Identidade de sócios, aportes bancários e credores. Configuração de grupo econômico de fato. Recuperação judicial. Possibilidade [...] Diante da identidade de sócios, aportes bancários recíprocos, credores e mesmo administrador das empresas Agravantes, evidencia-se a existência de grupo econômico de fato, o que autoriza o processamento da recuperação judicial em litisconsórcio ativo [...]" (TJMG, 1ª Câmara Cível, AI 106137/2014, rel. Des. Adilson Polegato de Freitas, j. 31.03.2015).
48. "Recuperação judicial. Decisão que determina a exclusão da agravante do polo ativo da lide. Grupo econômico de fato confirmado pelo laudo de constatação prévia juntado aos autos. Formação de litisconsórcio ativo na recuperação judicial. Possibilidade. Precedentes da corte. Medida que vai inclusive ao encontro dos interesses dos credores. Decisão reformada. Agravo de instrumento provido" (TJPR, 17ª Câmara Cível, AI 0003462-46.2020.8.16.0000, rel. Des. Fernando Paulino da Silva Wolff Filho, j. 30.11.2020).
49. "Agravo de Instrumento. Recuperação Judicial. Litisconsórcio Ativo. Possibilidade. Considerando que as sociedades empresárias devedoras formem grupo econômico de fato, tenham administração comum e sede nesta Capital, não há óbice legal para o processamento conjunto da recuperação judicial" (TJRS, 5ª Câmara Cível, AI 70049024144, rel. Des. Gelson Rolim Stocker, j. 25.07.2012).
50. "Agravo de instrumento. Recuperação judicial. [...] Grupo econômico de fato. Litisconsórcio ativo. Possibilidade. [...] III – A formação do litisconsórcio ativo na recuperação judicial, a despeito da ausência de previsão na Lei 11.101/2005, é possível, em se tratando de empresas que integrem um mesmo grupo econômico (de fato ou de direito) [...]" (TJGO, 1ª Câmara Cível, AI 5967-83.2012.8.09.0000, rel. Des. Roberto Horácio de Rezende, j. 12.06.2012).

No presente juízo de cognição limitada, a assertiva, sem maiores fundamentações, de que a formação de litisconsórcio ativo em pedido de recuperação judicial não ofereceria maiores prejuízos aos credores, ou que obstaria, por si só, o correlato édito falencial, no sentir deste signatário, não guarda a melhor exegese sobre a questão. Pode-se antever óbices de ordem prática e, principalmente, legal para a conformação de litisconsórcio ativo em pedido de recuperação judicial. [...] Assim, apenas o estudo individualizado da empresa recuperanda, considerados inúmeros fatores, como o patrimônio, capital de giro, créditos e débitos, dentre outros, permite a confecção de um plano pormenorizado e viável de pagamento a seus credores. Tampouco se revelaria correto submeter determinado credor às condições de pagamento propostas por empresa com a qual não manteve qualquer relação jurídica, no bojo de ação proposta em foro absolutamente diverso daquele em que situado o principal estabelecimento de seu devedor. Tais circunstâncias, em princípio, não atendem aos interesses dos credores. A lei de regência, por sua vez, não contempla tal possibilidade, referindo-se ao devedor sempre na forma singular. Nesse jaez, impende anotar que as normas de processo civil e civil são aplicáveis à falência e à recuperação judicial, desde que sejam consentâneas aos institutos tratados na Lei n. 11.105/2005. No caso, a formação de litisconsórcio ativo, em tese, refoge das supracitadas finalidades encerradas na recuperação judicial. Assinala-se, ainda, que a formação de grupos econômicos, prevista na Lei de Sociedades anônimas, dá-se mediante a combinação de recursos ou esforços das sociedades envolvidas, tendo por desiderato viabilizar a realização dos respectivos objetos, ou a participação em atividades ou empreendimentos comuns. Em qualquer circunstância, entretanto, cada empresa conservará autonomamente sua personalidade e seu patrimônio, nos termos do artigo 266, do referido diploma legal. Tal autonomia, como assinalado, ganha relevância no bojo de uma recuperação judicial. Nessa ordem de ideias, a responsabilização do grupo econômico por débito assumido por um de seus integrantes demanda previsão legal específica, tal como se dá na legislação trabalhista e tributária, ou, mesmo, na civil, no caso de fraude, hipótese, inequivocamente, diversa da tratada nos autos. Assim, não se constata, no presente juízo de cognição sumária, plausibilidade da tese encampada no recurso especial. Ademais, conforme noticia e comprova o ora requerente, a falência das empresas componentes do grupo econômico denominado Naoum restou decretada em 29.11.2012 (fls. 54/62), o que revela a insubsistência dos fatos que deram suporte à decisão ora objurgada[51].

É preciso ponderar, no entanto, que essa decisão isolada do Superior Tribunal de Justiça foi proferida no âmbito de uma medida cautelar, ajuizada para o fim de revogar efeito suspensivo atribuído a recurso especial interposto contra acórdão do Tribunal de Justiça de Goiás que houvera indeferido a formação do litisconsórcio ativo. Logo, o exame da matéria ocorreu de maneira perfunctória, já que a discussão definitiva somente seria feita por ocasião do julgamento do recurso especial (que não houve). Ademais, pelos próprios fundamentos da decisão, é possível entrever que, ao discutir o cabimento do litisconsórcio, a Corte Superior estava tratando, na verdade, da consolidação substancial.

---

51. STJ, 4ª Turma, Medida Cautelar 20.733, rel. Min. Raul Araújo, j. 07.10.2014.

1.2.2 A composição do polo ativo na recuperação judicial do grupo

A admissão do pedido de recuperação judicial em litisconsórcio suscitou diversos questionamentos, muitos deles ligados à composição do polo ativo, que foram objeto das decisões expostas a seguir.

1.2.2.1 Obrigatoriedade de incluir todas as empresas do grupo no polo ativo

Uma questão em relação à qual se instaurou relevante dissídio jurisprudencial diz respeito à suposta necessidade de todas as empresas do grupo integrarem o polo ativo do processo de recuperação judicial formulado conjuntamente.

A maioria das decisões reconhece que, mesmo proposta a recuperação judicial em litisconsórcio, não é obrigatória a inclusão de todas as empresas do grupo no polo ativo do processo, por se tratar de hipótese de litisconsórcio facultativo.

Foi o que se decidiu, primeiramente. nas recuperações judiciais dos grupos H-BUSTER[52] e GOLFO BRASIL[53]. Em seguida, no mesmo sentido, vieram as decisões proferidas nas recuperações dos grupos NAKA[54] e SCHAHIN[55], entre

---

52. GRUPO H-BUSTER. "Recuperação Judicial. Decisão que defere o processamento de recuperação judicial (art. 52 da LRF). [...] Em primeiro lugar, não há na Lei 11.101/05 qualquer norma que obrigue todas as empresas integrantes de um grupo empresarial, de direito ou de fato, a ingressar com o pedido de recuperação judicial. A formação do litisconsórcio ativo é admissível, mas não é obrigatória" (TJSP, 1ª Câmara Reservada de Direito Empresarial, AI 0134168-85.2013.8.26.0000, rel. Des. Alexandre Marcondes, origem: 3ª Vara Cível de Cotia, j. 07.11.2013).
53. GRUPO GOLFO BRASIL. "Não existe o apontado litisconsórcio necessário, uma vez que nem todas as empresas de um mesmo grupo econômico podem se encontrar em situação de crise, ou mesmo ter credores" (TJSP, 1ª Câmara Reservada de Direito Empresarial, AI 2105167-84.2014.8.26.0000, rel. Des. Francisco Loureiro, origem: 3ª Vara Cível de Campinas, j. 25.09.2014).
54. GRUPO NAKA. "Recuperação Judicial. Alegação de que há grupo econômico que abrange as recuperandas. Litisconsórcio ativo. Inobrigatoriedade. Autonomia jurídica que permanece. Inexistência de automática solidariedade entre as componentes do grupo. [...] Não resta dúvida que a criação de grupo não faz desaparecer a autonomia jurídica e nem implica automática solidariedade entre as diversas sociedades. Além disso, a existência de grupo de fato, como revela a própria denominação, exige a prova da existência de tal relação jurídica, o que não se encontra demonstrado de modo seguro nos autos. No caso concreto, as agravadas pleitearam a concessão do benefício da recuperação judicial, ao passo que algumas integrantes do suposto grupo econômico de fato não figuraram como litisconsortes ativas. Não há nos autos prova de confusão patrimonial entre as sociedades do mesmo grupo, aptas a ensejar a determinação de inclusão daquelas na recuperação. Assim, diante da ausência de automática solidariedade entre as sociedades e, estando algumas delas saudáveis financeiramente, não há como acolher o pleito da credora agravante. O litisconsórcio ativo entre as diversas pessoas jurídicas de um mesmo suposto grupo econômico de fato é de natureza facultativa e não necessária. Não se vê razão fática ou jurídica para determinar *ex officio* a sua inclusão no polo ativo da demanda, impondo-lhes a fórceps regime de recuperação judicial que não desejam" (TJSP, 1ª Câmara Reservada de Direito Empresarial, AI 2067513-29.2015.8.26.0000, rel. Des. Francisco Loureiro, origem: 2ª Vara de Falências de São Paulo, j. 20.05.2015).
55. GRUPO SCHAHIN. "O que não é juridicamente possível é obrigar o ingresso de outras sociedades à recuperação das agravadas, sem a sua concordância, embora, é evidente, estejam elas sujeitas a res-

outros[56], valendo destacar julgamento havido na recuperação do grupo OAS, que se debruçou sobre vários aspectos do litisconsórcio ativo. Com base no exame da doutrina e jurisprudência até então produzida, reconheceu-se que, independentemente de eventual solidariedade entre as empresas, esse litisconsórcio é facultativo,

> [...] vez que as recuperandas poderiam vir a Juízo separadamente e o resultado da recuperação judicial de cada uma das empresas poderá ser diferente, tudo dependendo do quanto decidido na Assembleia Geral de Credores e do que ocorrer no curso do processamento do pedido[57].

Também já se rejeitou a ocorrência de litisconsórcio ativo necessário sob o fundamento de que "o pedido de recuperação judicial é faculdade, e o processo de recuperação judicial é, essencialmente, um foro de negociação entre o devedor e seus credores". Por isso,

> [...] cabe à requerente propor os termos de sua recuperação judicial, e aos credores avaliarem se são ou não aceitáveis. Caso discordem dos termos propostos, inclusive no que tange às sociedades abrangidas ou não pela proposta de reestruturação apresentada, podem os credores rejeitar o plano de recuperação judicial[58].

Ainda, em abalizada decisão proferida na recuperação judicial do grupo ODEBRECHT, o Tribunal de Justiça de São Paulo decidiu que, a par de não ser possível obrigar todas as empresas do grupo a integrarem o polo ativo do processo de recuperação, não compete aos credores definir a composição do polo ativo:

> Por se tratar de litisconsórcio facultativo (e simples), não há obrigatoriedade de que todos os membros do grupo econômico sejam parte do polo ativo, mas apenas aqueles em situação financeira precária. [...] Não se pode deixar de mencionar que não cabe ao credor decidir a composição do polo ativo da recuperação judicial, incluindo ou excluindo empresas de acordo com seus interesses, pois apenas o próprio grupo econômico pode avaliar a situação financeira e viabilidade econômica de cada um de seus membros [...]. As recuperandas poderiam ter

---

ponder com seu patrimônio, no caso de insucesso do pedido" (TJSP, 2ª Câmara Reservada de Direito Empresarial, AI 2106998-36.2015.8.26.0000, rel. Des. Caio Marcelo Mendes de Oliveira, origem: 2ª Vara de Falências de São Paulo, j. 13.03.2017).

56. "[...] O litisconsórcio ativo, em caso de recuperação judicial, resguardados entendimentos em sentido contrário, deve ser facultativo, tendo em vista não ser prudente, em exame superficial, impor decisões uniformes para todas as empresas nos casos em que demonstrada a existência de grupo econômico. Com efeito, as peculiaridades e autonomia de cada uma das empresas que compõem grupos econômicos vai contra a ideia do processamento conjunto do pedido de recuperação judicial" (TJSP, 1ª Câmara Reservada de Direito Empresarial, AgInt 2170560-14.2018.8.26.0000, rel. Des. Azuma Nishi, origem: 1ª Vara de Tietê, j. 24.10.2018).
57. TJSP, 2ª Câmara Reservada de Direito Empresarial, AgRg 2084295-14.2015.8.26.0000, rel. Des. Carlos Alberto Garbi, origem: 1ª Vara de Falências de São Paulo, j. 31.08.2015.
58. TJSP, 2ª Câmara Reservada de Direito Empresarial, AI 2022642-69.2019.8.26.0000, rel. Des. Grava Brazil, origem: 2ª Vara de Paulínia, j. 29.07.2019.

optado (embora ao que tudo indique de maneira contraproducente) ter distribuído, individualmente, 21 pedidos de recuperação judicial, de forma autônoma. Ora, caso isso fosse feito, poderia algum credor requerer a recuperação judicial de alguma outra empresa do grupo? A toda evidência que não. O regime da recuperação judicial é distinto da falência, onde é possível, uma vez decretada a falência, estender-se os efeitos desta para outras empresas. Em outras palavras, se os credores entendem que há alguma fraude na recuperação judicial, podem deliberar contra a aprovação do plano ou pela convolação da recuperação judicial em falência [...], mas não "estender os efeitos da recuperação judicial" para outras empresas. Isso quer dizer que é sujeito ativo da recuperação judicial, com legitimidade para a sua postulação, o devedor (empresa/empresário), nos termos do art. 48 da Lei n. 11.101/2005 [...]. Os credores podem, porém, decidir pela falência ou a requerer [...], tendo para isso a legitimidade ativa, concorrente com a do próprio devedor, que pode pedir a autofalência [...]. Por isso, e em razão da própria estrutura societária existente, não há que se falar na inclusão de todas as empresas do Grupo Odebrecht, lembrando tratar-se do maior conglomerado empresarial do país, com mais de 100 empresas, com atuação em diversas áreas de atividade, com filiais em todo território nacional e no exterior, cujo patrimônio é superior ao PIB de muitos países. Anote-se que existem outras empresas desse grupo empresarial que estão em recuperação judicial em outras Comarcas, não constando que o agravante, por exemplo, tenha postulado nelas a "extensão da recuperação judicial para todo o grupo"[59].

Mesmo em caso de aparente fraude (no qual se estaria promovendo um esvaziamento da devedora, com a transferência dos seus ativos e funcionários para outras empresas do grupo), o Tribunal entendeu que o juízo não poderia determinar a ampliação do polo ativo da recuperação judicial, estendendo o pedido a outras empresas, pois a solução cabível nesse caso seria a decretação da falência:

> [...] a falta do devedor para com deveres éticos e a deturpação dos objetivos da recuperação não autorizam que permaneça impune ou que se amplie o alcance subjetivo da recuperação de modo a contornar o desvio de conduta e aumentar a possibilidade de sucesso do plano; é, simplesmente, causa para a frustração da recuperação[60].

A partir de 2019, no entanto, houve uma guinada do entendimento que até então prevalecia na Corte paulista, com algumas decisões que passaram a deferir

---

59. TJSP, 1ª Câmara Reservada de Direito Empresarial, AI 2150872-32.2019.8.26.0000, rel. Des. Alexandre Lazzarini, origem: 1ª Vara de Falências de São Paulo, j. 24.06.2020.
60. "[...] Recuperação judicial. Recuperanda em mora quanto ao cumprimento das obrigações previstas no plano aprovado. Existência de indícios, apontados pela Administradora, de desvio de patrimônio para outras empresas integrantes de grupo econômico de fato, criando situação de confusão patrimonial. Esvaziamento paulatino da recuperanda, inclusive com transferência de funcionários a essas empresas. Administradora que requereu a decretação da quebra, hipótese negada pelo Magistrado. Determinação por outro lado de extensão da fiscalização a essas empresas, bem como de arresto de bens de propriedade delas e dos respectivos sócios. Descabimento. Impossibilidade de extensão de ofício da recuperação a quem não a tenha requerido voluntariamente. Inexistência no ordenamento da figura da recuperação passiva. Perspectiva de fraude que não autoriza a ampliação subjetiva da recuperação, mas que, em tese, justificaria a convolação em falência" (TJSP, 2ª Câmara Reservada de Direito Empresarial, AI 2085290-56.2017.8.26.0000, rel. Des. Fabio Tabosa, origem: 2ª Vara de Falências de São Paulo, j. 25.09.2017).

a inclusão compulsória de outras empresas no polo ativo da recuperação judicial pelo fato de integrarem o mesmo grupo dos devedores.

Apesar da fundamentação sucinta, decidiu-se, num primeiro caso, que a existência de "disfunção societária na condução dos negócios do grupo", com a demonstração de "confusão patrimonial e da existência de movimentação de recursos entre as empresas", justificava a inclusão de empresa do mesmo grupo econômico no polo ativo do processo de recuperação judicial[61].

A segunda vez que o Tribunal determinou a inclusão forçada de empresa no polo ativo ocorreu na recuperação judicial do grupo DOLLY. Nesse caso, entendeu-se que, havendo confusão patrimonial entre as empresas integrantes do grupo – que justificava a imposição da consolidação substancial pelo juiz –, o litisconsórcio seria necessário, e não meramente facultativo[62].

---

61. "Recuperação judicial. Decisão determinando a inclusão de empresa do mesmo grupo econômico no polo ativo da demanda. Agravo de instrumento da recuperanda cuja inclusão se determinou. Hipótese dos autos em que a consolidação substancial, efetivamente, se justifica, dada a demonstração de confusão patrimonial e da existência de movimentação de recursos entre as empresas. Com efeito, a consolidação substancial é obrigatória, e deve ser determinada pelo juiz, 'após a apuração de dados que indiquem disfunção societária na condução dos negócios das sociedades grupadas, normalmente identificada em período anterior ao pedido de recuperação judicial' (Sheila C. Neder Cerezetti). Decisão agravada confirmada. Agravo de instrumento desprovido. [...] Inicialmente, cumpre ressaltar que, *data venia*, ao menos em análise superficial e perfunctória, a que cabe para o presente momento processual, o caso *sub judice*, diferentemente das hipóteses de consolidação substancial voluntária e de desconsideração da personalidade jurídica, parece representar situação de consolidação substancial obrigatória, que cumpre ao juiz determinar verificando a existência de verdadeira 'disfunção societária' na condução dos negócios do grupo" (TJSP, 1ª Câmara Reservada de Direito Empresarial, AI 2050662-70.2019.8.26.0000, rel. Des. Cesar Ciampolini, origem: 9ª Vara Cível de Campinas, j. 07.08.2019).

62. GRUPO DOLLY. "Agravo de instrumento – Recuperação judicial – Decisão que determinou a inclusão da empresa Ecoserv Prestação de Serviços de Mão de Obra Ltda. no polo ativo do processo principal do Grupo Dolly, 'sob pena de reconsideração da decisão de processamento da recuperação judicial de todo o grupo e indeferimento da petição inicial por falta de litisconsórcio ativo necessário'. Elementos consistentes que atestam a formação de grupo empresarial de fato [...] Embora a legitimidade ativa seja resguardada ao devedor diante do caráter facultativo do pedido recuperacional, evidenciado com o termo 'poderá' inserto no artigo 48 da Lei 11.101/05, a consolidação substancial obrigatória se baseou na existência de grupo econômico de fato (envolvendo a empresa 'Ecoserv'). Nessa esteira, fica claro que a consolidação substancial obrigatória poderá ser imposta pelo Juízo, de 'ofício', quando for constada a confusão entre os ativos e passivos das devedoras pertencentes ao mesmo grupo econômico ou esquema fraudulento. [...] Como se verifica, são pujantes os elementos fáticos e jurídicos (interdependência econômica, unidade negocial e confusão patrimonial) a atestarem que a empresa 'Ecoserv' integra o Grupo econômico 'Dolly'. Nesse passo, nos termos da manifestação da administradora judicial, 'a inclusão em caráter de litisconsórcio ativo necessário trata-se de verdadeira questão de ordem pública, podendo ser conhecida *ex officio*, uma vez que visa tutelar o próprio Poder Judiciário, impedindo que seja utilizado como mero joguete para superação de uma 'seletiva' crise financeira dentro do Grupo Dolly'; do contrário se estaria a autorizar uma escolha seletiva, pelo Grupo recuperando, das empresas a compor o polo ativo da recuperação em curso com o objetivo espúrio de se desvincular dos expressivos débitos tributários e trabalhistas" (TJSP, 2ª Câmara Reservada de Direito Empresarial, AI 2170879-45.2019.8.26.0000, rel. Des. Maurício Pessoa, origem: 2ª Vara de Falências de São Paulo, j. 30.01.2020).

Finalmente, em março de 2020, o Tribunal de Justiça referendou decisão que, em face da existência de um grupo econômico, determinou a reunião dos processos de recuperação judicial de duas empresas distintas, com a inclusão das demais empresas integrantes do grupo no polo ativo do processo[63].

1.2.2.2 Empresa sem atividade regular há mais de dois anos

Como pressuposto subjetivo da recuperação judicial, o artigo 48, *caput*, da LRF exige que o devedor, no momento do ajuizamento da ação, exerça regularmente suas atividades há mais de dois anos.

Porém, na recuperação judicial do grupo AGRENCO[64], a Câmara Especial de Falências do Tribunal de Justiça de São Paulo, a par de admitir o litisconsórcio ativo, entendeu que o pedido poderia ser integrado por empresa do grupo que não atendia esse pressuposto.

Embora a empresa Agrenco Bioenergia Indústria e Comércio de Óleos e Biodiesel Ltda. tivesse sido constituída menos de dois anos antes do pedido, decidiu-se que ela poderia compor o polo ativo porque integrava grupo econômico com mais de 15 anos de existência e porque "a atividade constante de seu objeto social já era exercida por outras empresas do referido grupo econômico".

1.2.2.3 Empresa que, individualmente, não está em crise

A recuperação judicial, por definição legal[65], tem por objetivo viabilizar a superação da situação de *crise* econômico-financeira do devedor. Entretanto, no

---

63. "Recuperação judicial – Decisão que reconheceu a existência de grupo econômico, determinando a reunião de dois processos, com ordem de inclusão no polo ativo das demais sociedades integrantes do grupo, além de renovação de prazos e apresentação de plano único de recuperação e nova lista de credores – Inconformismo de um dos credores quirografários – Não acolhimento – Aditivo ao plano aprovado (em outubro de 2018), na recuperação da AVANT (arrendatária), e plano aprovado (em maio de 2019), nos autos da recuperação de Plásticos Itaquá (arrendador) – Ambas as deliberações não foram homologadas pelo i. Juízo *a quo* – Desde o início do trâmite da recuperação da AVANT, havia sinais de que o arrendamento ajustado entre ela e Plásticos Itaquá não seria válido perante terceiros, tanto que diversas decisões judiciais já reconheceram a responsabilidade solidária, em diversas obrigações de naturezas trabalhistas e cíveis – No contexto, a consolidação de ativos e passivos de todas as devedoras e a apresentação de plano unitário vão ao encontro dos interesses dos credores – [...] – Decisão mantida – Recurso desprovido, na parte conhecida" (TJSP, 2ª Câmara Reservada de Direito Empresarial, AI 2151632-78.2019.8.26.0000, rel. Des. Grava Brazil, origem: 2ª Vara Cível de Itaquaquecetuba, j. 10.03.2020).
64. TJSP, Câm. Esp. Fal. Recup. Jud., AI 0057528-17.2008.8.26.0000, rel. Des. Pereira Calças, origem: 1ª Vara de Falências de São Paulo, j. 04.03.2009.
65. Artigo 47 da Lei 11.101/2005: "A recuperação judicial tem por objetivo viabilizar a superação da situação de crise econômico-financeira do devedor, a fim de permitir a manutenção da fonte produtora, do emprego dos trabalhadores e dos interesses dos credores, promovendo, assim, a preservação da empresa, sua função social e o estímulo à atividade econômica".

caso de a crise atingir um grupo de empresas, o Tribunal de Justiça de São Paulo decidiu, em várias ocasiões, que o litisconsórcio ativo poderia ser integrado por empresa que, individualmente, não se encontrava em situação de crise.

Na recuperação judicial do grupo EDITORA TRÊS, o Tribunal entendeu que a circunstância de uma das empresas do grupo *estar em dia com as suas obrigações*[66] não obstava sua permanência no polo ativo do processo de recuperação judicial, ponderando, todavia, que a pertinência da sua participação deveria ser decidida pelos credores[67].

Já no caso do grupo GOMES LOURENÇO, decidiu-se que nem todas as empresas que compõem o polo ativo do processo de recuperação precisam estar em situação de crise, bastando que ela atinja *o grupo*[68]. Nessa mesma linha, na

---

66. Note-se, todavia, que é possível uma empresa estar em "crise" mesmo não estando ainda insolvente. O pressuposto objetivo da recuperação – que é a situação de crise econômico-financeira (LRF, art. 47) – é mais amplo do que a insolvência, a insolvabilidade, a cessação de pagamentos ou a impontualidade (a esse respeito, confira-se o item 2.4.2.5).
67. GRUPO EDITORA TRÊS. "Agravo de Instrumento – Recuperação Judicial – Deferimento do processamento em relação às outras empresas componentes do mesmo grupo econômico. E aos credores que incumbe aprovar ou não o plano, como proposto ou com alterações, com exclusão ou inclusão da sociedade componente do mesmo grupo econômico que esteja em dia com suas obrigações financeiras [...]. Agravo desprovido. [...] A r. decisão agravada concedeu a recuperação judicial às empresas componentes do mesmo grupo econômico. Postula a agravante 'que se determine a exclusão da sociedade Três Participações Ltda. do polo ativo da demanda, uma vez que não se encontra em crise econômico-financeira e se determine às outras Agravadas que apresentem um novo Plano de Recuperação Judicial, absolutamente segregado e independente'. [...] No entanto, como vem sendo visto, é aos credores que incumbe aprovar ou não o plano, como proposto ou com alterações, com exclusão ou inclusão da sociedade componente do mesmo grupo econômico que esteja em dia com suas obrigações financeiras, pois se o grupo econômico tem uma unidade de administração e constitui-se numa pequena 'federação' de empresas, as quais se associam em torno da empresa coletiva assim formada, sua recuperação judicial pode estar subordinada à consideração unitária de suas componentes. A validade desta afirmação pode ser apurada se se pensar na inclusão das componentes do mesmo grupo econômico no polo passivo da relação processual, se os credores pugnam por sua falência" (TJSP, Câm. Esp. Fal. Recup. Jud., AI 9041423-06.2008.8.26.0000, rel. Des. Lino Machado, origem: 2ª Vara de Falências de São Paulo, j. 01.04.2009).
68. GRUPO GOMES LOURENÇO. "Recuperação judicial. Grupo Gomes Lourenço. Decisão que indefere o processamento de recuperação judicial de empresas de mesmo grupo, em litisconsórcio ativo. [...] Aglutinação das sociedades recuperandas em grupo de fato. A apresentação das empresas ao mercado traz, portanto, importante indicativo da formação do grupo econômico de fato. Isto se afirma em razão da origem comum das empresas, decorrentes da Construtora Gomes Lourenço, o que justifica, ainda hoje, a participação de membros da família Lourenço como acionistas ou quotistas das empresas do grupo, os quais, inclusive, atuam como diretores ou conselheiros. Esta coincidência nos quadros de administração das empresas redunda na participação dos membros da família Lourenço nas decisões financeiras, de gestão e operação do Grupo, o que sugere, minimamente, a existência de sociedades coligadas. Esta situação de interdependência favoreceu, inclusive, a realização de operações financeiras com garantias cruzadas. Coincidência dos quadros de administração e a interpenetração de garantias financeiras que justificam o reconhecimento de grupo de fato. Neste cenário, no qual se vê claramente a formação do grupo de fato, não se exigia, respeitado o entendimento em contrário, a crise financeira de todas as empresas inseridas no polo ativo da demanda, sendo suficiente a crise

recuperação judicial do grupo OAS, a Corte entendeu que não apenas as empresas em dificuldade, mas também aquelas ligadas a outras que enfrentam dificuldade, poderiam aderir ao pedido[69]. Em nenhum desses casos, todavia, foi esclarecido se as empresas que não estavam em crise poderiam realmente ser afetadas, e de que forma, pela crise do grupo.

1.2.2.4 Empresa inativa

Observou-se ser muito comum a inclusão de empresas inativas no polo ativo das recuperações judiciais ajuizadas em litisconsórcio, ou seja, de empresas que, embora não formalmente encerradas, já não exerciam atividade alguma.

Nesses casos, a jurisprudência do Tribunal de Justiça de São Paulo novamente carece de uniformidade.

Na recuperação judicial do grupo ARALCO, por exemplo, o Tribunal de Justiça de São Paulo determinou a exclusão de empresa inativa do polo ativo da recuperação ajuizada em litisconsórcio. Como a recuperação judicial se prestaria à *manutenção* da atividade econômica, decidiu-se que o instituto não se aplica a empresas sem atividade alguma, mesmo que integrantes de um grupo econômico[70].

---

financeira do Grupo. [...] Recurso parcialmente provido apenas para admitir o litisconsórcio ativo. Embargos de declaração prejudicados" (TJSP, 2ª Câmara Reservada de Direito Empresarial, Emb. Decl. 2165440-24.2017.8.26.0000, rel. Des. Alexandre Marcondes, origem: 2ª Vara de Falências de São Paulo, j. 12.11.2018).

69. GRUPO OAS. "[...] O que justifica o litisconsórcio na recuperação judicial é a necessidade de superação das dificuldades das empresas. Portanto, somente aquelas que se encontram em dificuldades, ou ligadas a outras que enfrentam dificuldades, devem participar da recuperação" (TJSP, 2ª Câmara Reservada de Direito Empresarial, AgRg 2084295-14.2015.8.26.0000, rel. Des. Carlos Alberto Garbi, origem: 1ª Vara de Falências de São Paulo, j. 31.08.2015).

70. GRUPO ARALCO. "[...] a recuperação judicial é instituto criado pela Lei 11.101/2005 com o intuito de permitir a recomposição econômico-financeira da sociedade empresária em dificuldade, cuja preocupação é manter, sempre que possível, a manutenção da fonte produtora, do emprego dos trabalhadores e dos interesses dos credores, ou seja, tem um âmbito social. Empresa inativa não condiz com o espírito da lei. A empresa em atividade é que merece toda a atenção da lei, pois com o seu exercício vem a produção de bens e serviços e justifica-se a manutenção da fonte produtora, posto que proporciona emprego aos trabalhadores e dela se pode extrair recursos para o pagamento de credores. Constatação de que a empresa agravante fechou suas portas, estando inativa. Recuperação judicial. Não cabimento. Sentença mantida. Agravo desprovido. [...] No caso em testilha, a magistrada de piso acertadamente excluiu da recuperação judicial a empresa agravante Laboratório Farmacêutico Caresse Ltda. após a informação do oficial de justiça de que referida empresa estaria fechada e inativa (o mesmo motivo de exclusão também das outras empresas do referido administrador), o que não se coaduna com o espírito da LFRJ, eis que é a 'atividade da empresa' que a lei busca proteger, da qual deflui a produção de bens e serviços, encontrando a justificativa para a manutenção da fonte produtora, bem como a manutenção dos empregos e sua função social" (TJSP, 2ª Câmara Reservada de Direito Empresarial, AI 2048858-43.2014.8.26.0000, rel. Des. Ramon Mateo Júnior, origem: 2ª Vara Cível de Araçatuba, j. 09.09.2015).

A mesma orientação foi adotada na recuperação judicial do grupo ITAIQUARA. Ao excluir do polo ativo empresas inoperantes havia vários anos, a Corte destacou que a recuperação judicial só tem lugar para empresas viáveis, "com real atividade empresarial a ser preservada e que, momentaneamente, não têm condições de suportar o passivo", ao passo que a "mera suposição de futura atividade empresarial [...] não autoriza a concessão da medida"[71].

Já na recuperação do grupo TERMAQ, decidiu-se em sentido oposto, entendendo-se que a inatividade de determinada empresa não justifica a sua exclusão do polo ativo, uma vez demonstrada sua integração ao grupo econômico por laços de controle[72].

---

71. GRUPO ITAIQUARA. "Recuperação Judicial. Indeferimento do processamento do pedido com relação às sociedades que se encontram inoperantes há mais de 3 (três) anos, sem qualquer movimentação ou funcionários. Embora a documentação societária colacionada demonstre que provavelmente integram o grupo empresarial em recuperação, se não há dúvida de que atualmente encontram-se inoperantes – ausentes atividade empresarial ou empregos a preservar –, o processamento da recuperação já deve logo indeferido, a fim de evitar o uso malicioso do *stay period*. Recuperação judicial que só tem lugar para empresas viáveis, com real atividade empresarial a ser preservada e que, momentaneamente, não têm condições de suportar o passivo. Mera suposição de futura atividade empresarial que não autoriza a concessão da medida. Indeferimento mantido. [...] Não se ignora, no caso dos autos, de que é provável que as sociedades excluídas integrem o grupo empresarial em recuperação, pois os documentos societários colacionados dão conta, mesmo, da comunhão de acionistas, sócios e dirigentes, verificando-se, ainda, a existência de garantias cruzadas nos contratos de crédito exibidos. Contudo, tal constatação, embora recomendasse o deferimento do processamento da recuperação em consolidação processual (litisconsórcio ativo), não é capaz de afastar a questão prejudicial antes anunciada, sobre a impossibilidade de se conferir o benefício da recuperação judicial a empresas que não registram receitas desde pelo menos o exercício de 2016, sem operação e funcionários há mais de 3 (três) anos" (TJSP, 2ª Câmara Reservada de Direito Empresarial, AI 2272968-49.2019.8.26.0000, rel. Des. Araldo Telles, origem: Vara Única de Caconde, j. 31.05.2020).
72. GRUPO TERMAQ. "[...] Cuida-se de Agravo de Instrumento, com pedido de efeito ativo, tirado de decisão (fls. 53/57 destes autos digitais) que, nos autos do pedido de recuperação judicial apresentado pelas ora agravantes, deferiu o processamento da recuperação em favor de Termaq Terraplanagem Construção Civil e Escavações Ltda. e Hefec Construções e Logística Ltda., porém indeferiu o pedido quanto à Usilix Ambiental Ltda. [...] O Juízo indeferiu o processamento da moratória em relação a USILIX forte no argumento de que a empresa não apresenta atividade e que, desse modo, não havia premissa lógica à concessão da recuperação. Ocorre que, compulsando os autos, é possível verificar um fato relevante, qual seja, a composição societária de USILIX, que tem como sócia majoritária a empresa TERMAQ (fls. 22/23 destes autos digitais). Foi deferido pedido de recuperação da empresa TERMAQ, controladora titular de nada menos do que 96% (noventa e seis por cento) do capital social de USILIX. Esse fato, por si só, é indício suficiente à conclusão de que é verossímil a alegação de que as empresas realmente pertencem a um mesmo grupo econômico. Disso decorre que o processamento da recuperação judicial de TERMAQ deve beneficiar a USILIX, que, repito, tem como sócia majoritária a TERMAQ. [...] Deve ser destacado que neste momento inicial apenas e tão somente se defere o processamento do pedido de recuperação judicial. O momento de maior investigação sobre a possibilidade e viabilidade dos pedidos de recuperação é a assembleia geral de credores, ou impugnações apresentadas em prazo previsto em lei. Diante de tal cenário, deve ser deferido o processamento do pedido de recuperação judicial deduzido por USILIX AMBIENTAL LTDA." (TJSP, 1ª Câmara Reser-

Em outro caso de muito destaque, relativo à recuperação judicial do grupo AVIANCA, a Corte decidiu excluir a *holding* operacional porque não estava em atividade e porque não foi demonstrada a necessidade da sua integração ao polo ativo para o sucesso da recuperação[73].

Por outro lado, na recuperação judicial do grupo TERRA FORTE, decidiu-se que mesmo *holding* não operacional (que não exerce diretamente atividade econômica) pode integrar o pedido de recuperação judicial formulado conjuntamente pelo grupo[74].

1.2.2.5 Empresa estrangeira

Na recuperação judicial do grupo SCHAHIN, o Tribunal de Justiça de São Paulo admitiu que fosse incluída no polo ativo empresa estrangeira, mesmo não sendo possível ao Juízo brasileiro decretar a sua falência, motivo reputado insuficiente para desautorizar a pretendida consolidação processual[75].

---

vada de Direito Empresarial, AI 2231362-46.2016.8.26.0000, rel. Des. Francisco Loureiro, origem: 3ª Vara Cível de Praia Grande, j. 02.08.2017).

73. GRUPO AVIANCA. "Agravo de Instrumento – Recuperação Judicial – Empresas aéreas – Decisão de processamento em litisconsórcio ativo – Possibilidade, desde que atendidos os requisitos legais – Minuta recursal que defende a extinção do feito em relação à *holding* operacional sob fundamento de tratar-se de mera estratégia para blindagem patrimonial dos sócios acionistas [...] Decisão de processamento afastada em relação à *holding* coagravada – Agravo provido. [...] É de solar impacto a informação trazida pelas agravantes acerca da inexistência de atividade, tratando-se meramente de *holding* operacional e, portanto, não abrangida pela benesse da recuperação judicial [...]. O que se observa dos autos é a genérica indicação de 'grupo econômico de fato' suscitada pelas recuperandas e os importantes indicativos trazidos pelas agravantes acerca do não preenchimento dos requisitos legais para o litisconsórcio ativo no caso dos autos" (TJSP, 2ª Câmara Reservada de Direito Empresarial, AI 2017605-61.2019.8.26.0000, rel. Des. Ricardo Negrão, origem: 1ª Vara de Falências de São Paulo, j. 08.04.2019).

74. GRUPO TERRA FORTE. "Recuperação judicial [...] Grupo empresarial – Reconhecimento – Litisconsórcio ativo configurado – Decisão mantida – Recurso desprovido. [...] O litisconsórcio ativo foi deferido com o claro e inequívoco escopo de permitir o soerguimento e a reorganização de todo o grupo empresarial integrado pelos recorridos. Não há elementos atuais para que se saiba se será (ou não) proposta uma consolidação substancial, mas a integração patrimonial entre as pessoas envolvidas no procedimento concursal instaurado é noticiada e, mesmo ausente atividade operacional da '*holding*', a manutenção da Jodil Participações Ltda. no processo se justifica sem dúvida" (TJSP, 1ª Câmara Reservada de Direito Empresarial, AI 2103948-60.2019.8.26.0000, rel. Des. Fortes Barbosa, origem: 1ª Vara Cível de Campinas, j. 03.07.2019).

75. GRUPO SCHAHIN. "Recuperação Judicial – Deferimento do processamento de pedido de recuperação judicial em relação a sociedade estrangeira – Possibilidade – Hipótese em que não há vedação legal, e, sim, omissão legislativa, a autorizar a aplicação dos métodos de integração normativa – Demonstração de que o grupo econômico do qual faz parte a sociedade estrangeira recuperanda se encontra em crise econômico-financeira – Empresa estrangeira proprietária de ativos do grupo [...] Inicialmente, é de se destacar que, ao excluir determinadas pessoas jurídicas do âmbito de aplicação da Lei de Falências e Recuperações Judiciais, o legislador pátrio o fez, expressamente, no artigo 2º da referida lei, dispositivo que não contempla, entre seus incisos, as sociedades estrangeiras. [...] E, por força do que reza o princípio da legalidade, positivado no artigo 5º, II, da Constituição Federal, não

Nesse mesmo sentido já decidiu o Tribunal de Justiça do Rio de Janeiro, admitindo a integração de empresas estrangeiras no polo ativo das recuperações judiciais dos grupos OGX[76] e SETE BRASIL[77], mesma orientação adotada pela decisão que admitiu a extensão dos efeitos da recuperação judicial do grupo OI[78] a subsidiárias holandesas[79].

---

há como negar a possibilidade de aplicação do disposto na Lei 11.101/2005, independentemente do que preceitua o artigo 11 da Lei de Introdução às Normas de Direito Brasileiro, inclusive em relação às sociedades estrangeiras ante a ausência de vedação nesse sentido na primeira. De mais a mais, a alegada impossibilidade de decretação da falência de sociedade estrangeira, ainda que integrante de grupo econômico brasileiro, de per si, não se revela suficiente para obstar o processamento de seu pedido de recuperação judicial, mediante a flexibilização, no que for necessário, da legislação de regência, à luz do princípio da instrumentalidade das formas, em nome dos objetivos maiores que tutela, de ordem constitucional, que sobrepujam, à evidência, os supostos óbices procedimentais levantados pelos agravantes. Diante disso, não se pode falar que a pretensa impossibilidade de decretação da falência da sociedade estrangeira em recuperação judicial traduz hipótese de ausência de sanção, de sorte a colocá-la em situação privilegiada, em relação às sociedades recuperandas nacionais. E aqui abre-se um parêntesis, pois seria possível estender a falência (eventual) à sociedade estrangeira, bastando que a pretensão seja dirigida à Corte estrangeira, observadas as particularidades da legislação local" (TJSP, 2ª Câmara Reservada de Direito Empresarial, AI 2106998-36.2015.8.26.0000, rel. Des. Caio Marcelo Mendes de Oliveira, origem: 2ª Vara de Falências de São Paulo, j. 13.03.2017).

76. "Agravo de instrumento. Recuperação judicial de empresas. Interlocutória que deferiu o processamento do requerimento das duas primeiras agravantes, que têm sede no Brasil, rejeitando, contudo, a postulação das terceira e quarta recorrentes, ambas com sede na República da Áustria. Irresignação. Rejeição da recuperação conjunta que não se afigura sustentável. [...] Sociedades empresárias estrangeiras, notoriamente subsidiárias, que apenas constituem a estrutura de financiamento de sua controladora nacional, servindo como veículo das empresas brasileiras, visando a emissão de 'bonds' e recebimento de receitas no exterior. Configuração de um grupo econômico único, em prol de uma única atividade empresarial, consistente na exploração e produção de petróleo e gás natural em território nacional. Ausência de manifestação dos credores contrária a um plano comum de recuperação judicial. Legislação austríaca sobre insolvência que admite o reconhecimento dos efeitos do processo de insolvência estrangeiro, quando o centro de principal interesse do devedor (COMI) está localizado no Estado estrangeiro e o processo é, em essência, comparável ao austríaco. Estudo de viabilidade anexado aos autos. Falta de previsão normativa quanto à aplicação do instituto da recuperação judicial além dos limites territoriais que, se não o autoriza, por outro lado, não o veda. Lacunas legislativas decididas de acordo com a analogia, os costumes e os princípios gerais do direito (art. 4º da Lei de Introdução às Normas do Direito Brasileiro). [...] Necessidade de reforma da lei de recuperação judicial, extrajudicial e falência do empresário e da sociedade empresária, colimando tratar da insolvência transnacional. Provimento do recurso, confirmando-se o deferimento do efeito suspensivo ativo, para revogar a interlocutória agravada e determinar o processamento conjunto da recuperação judicial das agravantes" (TJRJ, 14ª Câmara Cível, AI 0064658-77.2013.8.16.0000, rel. Des. Gilberto Guarino, j. 19.02.2014).
77. TJRJ, 22ª Câmara Cível, AI 0034171-22.2016.8.19.0000, rel. Des. Carlos Eduardo Moreira da Silva, j. 07.02.2017.
78. 7ª Vara Empresarial do Rio de Janeiro, processo 0203711-65.2016.8.19.0001 (cf. ESTEVEZ, André; KLÖSS, Caroline. Recuperação judicial de grupos: apontamentos sobre a consolidação processual e substancial na reforma da Lei 14.112/2020. p. 7. Disponível em: https://www.tjrs.jus.br/ novo/centro-de-estudos/wp-content/uploads/sites/10/2021/04/RECUPERACAO-JUDICIAL-DE-GRUPOS.pdf. Acesso em: 28 abr. 2022).
79. Em parecer não publicado datado de agosto de 2016, Alfredo de Assis Gonçalves Neto defendeu a possibilidade de as sociedades subsidiárias integrais da OI, constituídas sob as leis da Holanda e nesse país sediadas, integrarem o polo ativo do pedido de recuperação da sua controladora, ajuizado no

1.2.2.6 Sociedade de propósito específico

Tratando-se de grupos envolvendo sociedades de propósito específico (SPEs) destinadas à realização de empreendimentos imobiliários, a jurisprudência é conflitante em diversos aspectos, a começar pela própria possibilidade de tais empresas (cuja atividade se encerra com a conclusão do empreendimento ao qual se destinam) se valerem da recuperação judicial (que se presta à manutenção da atividade econômica)[80].

A primeira decisão do Tribunal de Justiça de São Paulo sobre o tema foi proferida na recuperação judicial do grupo VIVER[81]. Entendeu-se, em síntese, que as sociedades de propósito específico *com patrimônio de afetação*, mesmo que integrantes de um grupo econômico, não poderiam requerer recuperação judicial, por se submeterem a regime patrimonial especial. Por isso, deveriam ser excluídas do polo ativo[82].

Rio de Janeiro. Nesse mesmo sentido, admitindo a adesão de empresas estrangeiras no polo ativo da recuperação judicial ajuizada em litisconsórcio, confira-se Sérgio Campinho (Recuperação judicial: consolidação processual e substancial. Parecer. *Estudos e pareceres*. Rio de Janeiro: Processo, 2021. p. 336-337).

80. A doutrina tem dado especial atenção ao tema. Sheila Neder Cerezetti, Gustavo Lacerda Franco e Gabriela de Oliveira Junqueira sustentam que as sociedades incorporadoras dotadas de patrimônio de afetação podem requerer a recuperação judicial, inclusive em litisconsórcio ativo. Além disso, sem aprofundar o tema, afirmam que seria possível a consolidação substancial (NEDER CEREZETTI, Sheila et al. A recuperação judicial de sociedades de incorporação imobiliária com patrimônio de afetação. In: WAISBERG, Ivo et al. (Coord.). *Transformações no direito da insolvência*: estudos sob a perspectiva da reforma da Lei 11.101/2005. São Paulo: Quartier Latin, 2021. p. 81-104). No mesmo sentido, porém recusando a possibilidade de ocorrer a consolidação substancial, "salvo se comprovado contexto de homogeneidade de situações nas quais eventual consolidação poderá obter condição mais benéfica à reestruturação de operação", é o posicionamento de João Oliveira Rodrigues Filho (Reflexões sobre a recuperação judicial de sociedades de propósito específico e de patrimônios de afetação. In: YARSHELL, Flávio Luiz; PEREIRA, Guilherme Setoguti J. (Coord.). *Processo societário III*. São Paulo: Quartier Latin, 2018. p. 344). Confiram-se, ainda: VIEIRA, Aline Mirna Barros. A teoria da consolidação nas recuperações judiciais de grupos econômicos de incorporação imobiliária, observadas as alterações advindas da Lei 14.112/2020. In: LUCCAS, Fernando Pompeu. *Reforma da Lei de Falências*: reflexões sobre direito recuperacional, falimentar e empresarial moderno. São Paulo: Ed. RT, 2021. p. 207-222; e MIRANDA, Cláudio Luiz de; DI BIASE, Nicholas Furlan. A recuperação judicial de incorporadoras imobiliárias à luz do regime do patrimônio de afetação. *Revista de Direito Recuperacional e Empresa*, v. 4, p. 1-24, 2017.

81. GRUPO VIVER. "Recuperação judicial. Pedido conjunto entre incorporadoras controladoras de grupo econômico e sociedades de propósito específico (SPEs) constituídas para a condução dos empreendimentos imobiliários, algumas delas com patrimônios de afetação vinculados ao empreendimento respectivo. Agravo de banco-credor para exclusão dessas últimas. [...] não cabe cogitar de recuperação judicial no tocante a sociedades de propósito específico com patrimônio de afetação, pelo que fica provido o recurso para efeito de exclusão de todas elas" (TJSP, 2ª Câmara Reservada de Direito Empresarial, AI 2236772-85.2016.8.26.0000, rel. Des. Fabio Tabosa, origem: 2ª Vara de Falências de São Paulo, j. 12.06.2017).

82. Destaca-se, neste caso, parecer de Sheila Neder Cerezetti sustentando que consolidação substancial das SPEs, a despeito da constituição de patrimônio de afetação, seria obrigatória (Parecer não publicado

Na recuperação judicial do grupo TINER, a Corte foi além, afirmando que as SPEs constituídas para a realização de empreendimentos imobiliários, ainda que não dotadas de patrimônio de afetação, estão protegidas das dívidas gerais do incorporador "pelo modelo legal decorrente da própria incorporação imobiliária, do qual se extrai, em regra, autonomia e autossuficiência, características que afastam a inserção das SPEs no âmbito da recuperação judicial requerida pelo incorporador[83].

Entretanto, na recuperação judicial do grupo URPLAN, decidiu-se em sentido diametralmente oposto, admitindo-se a participação de sociedades de propósito específico no polo ativo do processo em razão de *não possuírem patrimônio de afetação*. Como justificativas para a formação do litisconsórcio, foram destacadas a integração das SPEs e sua relação de dependência e subordinação perante controladora comum, todas submetidas à mesma administração, em regime de caixa único, com o mesmo corpo de funcionários, identidade ou similitude do objeto social e a prestação de garantias cruzadas[84].

1.2.3 O juízo competente para a recuperação judicial do grupo

Admitido o litisconsórcio ativo entre empresas sediadas ou estabelecidas em comarcas diferentes, passou-se a discutir qual seria o juízo competente, nesse caso, para o processamento da recuperação judicial do grupo.

A partir da regra contida no artigo 3º da LRF[85], o Tribunal de Justiça de São Paulo estabeleceu que a competência deveria ser definida em função do local onde

---

datado de 17.10.2016). Em sentido oposto se manifestou Francisco Satiro em parecer relativo à recuperação judicial da Incorporadora Atlântica, defendendo que as SPEs não poderiam compor o polo ativo e, muito menos, ser alcançadas pela consolidação substancial (Parecer não publicado datado de 30.11.2016).

83. TJSP, 2ª Câmara Reservada de Direito Empresarial, AI 2178269-37.2017.8.26.0000, rel. Des. Alexandre Marcondes, origem: 1ª Vara de Falências de São Paulo, j. 12.11.2018.

84. GRUPO URPLAN. "[...] Tal entrelaçamento e comunhão de direitos e obrigações, geridos e controlados pela URBPLAN, impõem o tratamento e processamento conjunto da recuperação judicial, considerando, em especial, o fato de que eventual quebra de uma sociedade afetará inevitavelmente a saúde financeira de outra. Ainda que se considere que o credor de uma empresa saudável (não sujeita à recuperação judicial) não pode ser obrigado a se submeter à moeda da recuperação judicial, na hipótese em debate é de se considerar que, não havendo pagamento, a garantia oferecida afetará o patrimônio de outra, do mesmo grupo. [...] Em terceiro lugar, no caso em debate, não há indicativo de que as sociedades em recuperação (ao menos a maioria delas) ostentem o perfil ou tenham natureza jurídica de 'sociedade de propósito específico', com patrimônio de afetação" (TJSP, 2ª Câmara Reservada de Direito Empresarial, AI 2187122-98.2018.8.26.0000, rel. Des. Sérgio Shimura, origem: 1ª Vara de Falências de São Paulo, j. 08.04.2019).

85. "Art. 3º É competente para homologar o plano de recuperação extrajudicial, deferir a recuperação judicial ou decretar a falência o juízo do local do principal estabelecimento do devedor ou da filial de empresa que tenha sede fora do Brasil."

se situa o principal estabelecimento *do grupo*[86]. Entretanto, as decisões sobre o tema adotaram critérios diferentes para determinar qual seria esse estabelecimento.

Na recuperação judicial do grupo CBAA, composto por unidades industriais situadas em diversos Estados, reputou-se admissível a propositura da ação no foro do local onde se situavam os seus principais credores e eram concentradas as suas informações financeiras, contábeis e de recursos humanos, uma vez que nenhuma das suas unidades industriais, situadas em diversos Estados, destacava-se como principal estabelecimento do grupo[87].

Extrai-se do voto do relator o entendimento de que o juízo deveria ser o do local onde se encontrava o estabelecimento economicamente mais relevante (*i.e.*, aquele que concentrava o maior volume de negócios). Porém, não sendo possível fazer essa determinação, admitiu-se a competência do foro do estabelecimento que denotava maior relevância *estratégica ou gerencial* para o grupo, assim identificado como o do lugar onde se concentravam suas informações financeiras, contábeis e de recursos humanos, bem como seus principais credores[88].

Já na recuperação judicial do grupo H-BUSTER, a Câmara Especial de Falências e Recuperações Judiciais do Tribunal de Justiça de São Paulo decidiu em sentido diametralmente oposto, entendendo que a competência deveria ser determinada

---

86. "Conflito Negativo de Competência – Ação de Recuperação Judicial – Juízo da 3ª Vara Cível de Diadema que remete os autos à 3ª Vara Cível de São Carlos sob a alegação de que lá tramitava pedido de falência contra as autoras – Recebendo os autos o juízo da 3ª Vara de São Carlos, determinou livre distribuição da ação alegando que o pedido de falência que havia foi extinto por desistência do autor, tendo sido contemplada a 1ª Vara Cível de São Carlos, que, inconformada, propôs este conflito negativo de competência – Aplicação do art. 3º da Lei 11.101/2005, que determina a competência do principal estabelecimento do devedor, que conforme informação do próprio autor da ação de recuperação judicial, em petição acostada a este conflito, é seu estabelecimento de Diadema. Julga-se procedente o conflito e competente o Juízo suscitado da 3ª Vara Cível de Diadema" (TJSP, Câmara Especial, Conflito de Competência 0220562-37.2009.8.26.0000, rel. Des. Eduardo Gouvêa, j. 28.09.2009).
87. GRUPO CBAA. "Recuperação judicial. Competência. Unidades industriais existentes em outros estados. Propositura em comarca onde situados os principais credores e concentradas informações financeiras, contábeis e de recursos humanos. [...]" (TJSP, Câm. Esp. Fal. Recup. Jud., AI 0007217-51.2010.8.26.0000, rel. Des. Elliot Akel, origem: 8ª Vara Cível de São José do Rio Preto, j. 23.11.2010).
88. "'A lei falimentar determina que o requerimento da Recuperação Judicial, assim como o de falência, se processe no local do estabelecimento principal, entendendo-se como tal não a sede estatutária ou contratual da sociedade empresária devedora, a que vem mencionada no respectivo ato constitutivo, nem o estabelecimento maior, física ou administrativamente falando. Principal estabelecimento, para fins de definição de competência para o direito falimentar, é aquele em que se encontra concentrado o maior volume dos negócios da empresa; é o mais importante do ponto de vista econômico' (Fábio Ulhoa Coelho, 'in' *Comentários à Nova Lei de Falências e de Recuperação de Empresas*. 2. ed. Editora Saraiva, p. 28). [...] Não se ignora que o grupo empresarial, postulante da recuperação, congrega unidades industriais espalhadas por outros Estados da federação, além de São Paulo. Contudo, impossível afirmar, ao menos segundo os elementos constantes dos autos, que alguma dessas unidades destaca-se significativamente entre todas a ponto de ser considerada como principal estabelecimento da recuperanda, de modo que a propositura do pedido na Comarca de origem, dadas as circunstâncias expostas pelo administrador, mostra-se admissível" (Trecho do voto do Des. Elliot Akel no julgamento do AI 0007217-51.2010.8.26.0000).

exclusivamente em função do local onde funcionava o seu centro decisório (Cotia/SP), mesmo que o estabelecimento economicamente mais relevante do grupo estivesse situado em outra localidade (Manaus/AM), onde se concentrava a maior parte dos seus ativos, da receita operacional e dos funcionários[89].

O mesmo critério foi adotado nas recuperações judiciais dos grupos CARVOVALE[90], PDG[91] e MILLO[92]. Nesses casos, o Tribunal de Justiça de São Paulo

---

89. GRUPO H-BUSTER. "Pedido de Recuperação Judicial – Pedido formulado em conjunto pelas empresas por H-BUSTER SÃO PAULO INDÚSTRIA E COMÉRCIO S/A, com sede em Cotia-SP e por H-BUSTER DA AMAZÔNIA INDÚSTRIA E COMÉRCIO S/A, com sede em Manaus-AM – Litisconsórcio ativo admitido – Competência para o processamento do pedido de recuperação judicial – Declinação da competência para o foro da Comarca de Manaus-AM com base no critério de porte econômico, por ser naquela cidade em que o grupo de empresas concentra a maior parte de seus ativos, aufere a maior parte de sua receita operacional e onde possui o maior número de funcionários – Centro decisório do grupo, contudo, situado na Comarca de Cotia-SP – Exegese do art. 3º da Lei 11.105/05 – Precedentes do STJ e do TJSP – Principal estabelecimento correspondente ao local de onde emanam as principais decisões estratégicas, financeiras e operacionais do grupo de empresas – Competência do foro da Comarca de Cotia-SP para o processamento do pedido de recuperação judicial Agravo provido" (TJSP, 1ª Câmara Reservada de Direito Empresarial, AI 0080995-49.2013.8.26.0000, rel. Des. Alexandre Marcondes, origem: 3ª Vara Cível de Cotia, j. 21.05.2013).
90. GRUPO CARVOVALE. "Recuperação Judicial – Grupo de sociedades – Competência para o processamento – Principal estabelecimento – Local de onde emanam as principais decisões estratégicas, financeiras e operacionais do grupo de empresas – Competência do foro da Comarca da Capital – Agravo provido. [...] Para a definição da competência atinente ao processamento de um procedimento concursal, como é o caso de uma recuperação judicial, é necessário verificar, nos termos do artigo 3º da Lei 11.101/2005, onde está localizado o centro de atividades da empresa, seu principal estabelecimento, de onde emanam os comandos destinados à organização de toda a atividade econômica e é mantido, na maior parte das ocasiões, relacionamento negocial com terceiros. A competência, neste caso, é absoluta e pode ser declinada de ofício, devendo mirar o ponto central de negócios do empresário, a sede administrativa (João Pedro Scalzilli, Luis Felipe Spinelli e Rodrigo Tellechea, *Recuperação de Empresas e Falência*, Almedina, Coimbra, 2016, pp. 124-5; Sérgio Campinho, *Falência e Recuperação de Empresa*, Renovar, Rio de Janeiro, 2006, p. 36)" (TJSP, 1ª Câmara Reservada de Direito Empresarial, AI 2254760-22.2016.8.26.0000, rel. Des. Fortes Barbosa, origem: 2ª Vara Cível de Caçapava, j. 01.03.2017).
91. Neste caso se reconheceu a competência do foro do local onde se situava o centro decisório do grupo, inclusive para processar a recuperação de SPE que tinha por objeto a construção de empreendimento em outra cidade: "Recuperação judicial. Grupo PDG. Agravo de instrumento contra decisão que rejeitou a exceção de incompetência. Pretensão do agravante, compromissário-comprador de unidade imobiliária, à exclusão de SPE vinculada ao empreendimento por ele adquirido. O agravante pode eventualmente ser afetado pela recuperação judicial requerida e daí se extrai a legitimidade e interesse recursal, que justificam, assim, o conhecimento do recurso. Matérias de ordem pública. Preliminares afastadas. SPE que se submete ao controle do Grupo PDG, fato, por sinal, confirmado pelo próprio recorrente. Sede da *holding* que deve ser o foro competente para o julgamento do pedido de recuperação judicial. Local onde se centram as decisões fundamentais do Grupo. Precedente do E. STJ. Consolidação processual e litisconsórcio. Questões preclusas, que não foram impugnadas pelo agravante no precedente recurso interposto. Consolidação processual que não implica em consolidação substancial, questão ainda não decidida na recuperação judicial. Decisão agravada mantida. Recurso desprovido" (TJSP, 2ª Câmara Reservada de Direito Empresarial, AI 2158495-21.2017.8.26.0000, rel. Des. Alexandre Marcondes, origem: 1ª Vara de Falências de São Paulo, j. 25.06.2018).
92. GRUPO MILLO. "Recuperação Judicial – Grupo de sociedades – Competência para o processamento – Principal estabelecimento – Local de onde emanam as principais decisões estratégicas, financeiras e operacionais do grupo de empresas – Competência do foro da Comarca de São Bernardo do Campo

decidiu que a competência para o processamento da recuperação judicial do grupo seria definida em função do local de onde emanam as principais decisões estratégicas, financeiras e operacionais do grupo.

Nas recuperações judiciais dos grupos WOW[93] e PEM[94], por sua vez, verificou-se a coincidência entre o local do centro decisório e daquele que concentrava a parte das atividades econômicas, de modo que não houve maior dificuldade para definir o foro competente. Ainda assim, a partir da leitura dos votos dos julgamentos, constata-se que, no primeiro caso, a Corte deu mais importância ao lugar que concentrava a atividade econômica, enquanto, no segundo, priorizou o lugar onde se fazia a gestão das empresas. E a coincidência acima referida foi invocada, em ambos, apenas para reforçar a conclusão sobre a definição do principal estabelecimento do grupo.

Nas duas oportunidades em que enfrentou a questão, o Superior Tribunal de Justiça decidiu que o juízo competente para processar a recuperação judicial requerida em litisconsórcio ativo deve ser definido segundo o lugar onde se localiza o estabelecimento economicamente mais relevante do grupo.

Nesse sentido, decidiu que a recuperação judicial do grupo STEMAC devia ser processada em Itumbiara/GO, onde estava "centralizado o maior volume de negócios nacionais e internacionais do grupo", e não em Porto Alegre, local da sede

---

– Agravo conhecido e desprovido" (TJSP, 1ª Câmara Reservada de Direito Empresarial, AI 2058042-81.2018.8.26.0000, rel. Des. Fortes Barbosa, origem: 9ª Vara Cível de São Bernardo do Campo, j. 07.06.2018).

93. GRUPO WOW. "Recuperação judicial. [...] Competência da Comarca de Caçapava para o presente processo recuperacional. Relevância do principal estabelecimento do devedor, isto é, o mais importante economicamente. Doutrina de Luís Felipe Spinelli, Manoel Justino Bezerra Filho e jurisprudência do STJ. Provas de que o maior parque fabril das recuperandas está situado em referido Município, representando a maior parte das operações econômicas do grupo. Manifestação da administradora judicial, ademais, atestando tratar-se de relevante centro de tomada de decisões administrativas das sociedades" (TJSP, AI 2140280-94.2017.8.26.0000, rel. Des. Cesar Ciampolini, origem: 1ª Vara Cível de Caçapava, j. 11.04.2018).

94. GRUPO PEM. "Recuperação Judicial – Decisão de deferimento do processamento – Tempestividade dos embargos declaratórios opostos na origem – Competência para o processamento – Principais estabelecimentos das recuperandas – Local de onde emanam as principais decisões – Competência do Juízo de origem mantida [...] Para a definição da competência atinente ao processamento de um procedimento concursal, como é o caso de uma recuperação judicial, é necessário verificar, nos termos do artigo 3º da Lei 11.101/2005, onde está localizado o centro de atividades da empresa, seu principal estabelecimento, de onde emanam os comandos destinados à organização de toda a atividade econômica e é mantido, na maior parte das ocasiões, relacionamento negocial com terceiros. [...] De fato, os elementos disponíveis, fornecidos a partir do requerimento de recuperação judicial, permitem afirmar, formalmente e de acordo com os assentamentos registrários, que os principais estabelecimentos mantidos pelas sociedades (centro de atividades) estão localizados na Comarca de Santana de Parnaíba, bem como é esse o lugar em que são tomadas decisões atinentes à gestão" (TJSP, AI 2101203-10.2019.8.26.0000, rel. Des. Fortes Barbosa, origem: 1ª Vara de Santana de Parnaíba, j. 03.07.2019).

estatuária, onde se desempenhavam "atividades meramente administrativas"[95], mesmo que ali se encontrasse a grande maioria dos credores[96].

Noutro caso, o Superior Tribunal de Justiça decidiu que a competência para o processamento da recuperação judicial do grupo ELETROSOM deveria ser determinada em função da sua empresa mais importante, assim reputada aquela que "realiza o maior número de negócios e movimenta o maior volume de ativos". Entretanto, como a atividade da maior empresa do grupo estava pulverizada pelo País, entendeu-se que o juízo competente seria o do lugar da sua sede[97].

---

95. Ressalva-se que, neste caso, o Tribunal ponderou que não haveria provas de que tais atividades administrativas envolvessem as principais decisões estratégicas e negociais do grupo.
96. GRUPO STEMAC. "Agravo Interno no Conflito de Competência. Recuperação Judicial. Principal Estabelecimento do Devedor. 1. Esta Corte, interpretando o conceito de 'principal estabelecimento do devedor' referido no artigo 3º da Lei 11.101/2005, firmou o entendimento de que o Juízo competente para processamento de pedido de recuperação judicial deve ser o do local em que se centralizam as atividades mais importantes da empresa. 2. Hipótese em que o grupo empresarial transferiu-se para a cidade de Itumbiara-GO, onde centralizou suas principais atividades empresariais, não havendo falar em competência do local da antiga sede estatutária – Porto Alegre-RS – para o processamento do pedido de recuperação judicial. 3. Agravo interno não provido. [...] Esta Corte, interpretando o conceito de 'principal estabelecimento do devedor' referido no artigo 3º da Lei 11.101/2005, firmou o entendimento de que o Juízo competente para processamento de pedido de recuperação judicial deve ser o da comarca onde se centralizam as atividades mais importantes da empresa. Aplicando-se tal entendimento à hipótese em comento, não há como se concluir que o núcleo vital do grupo empresarial seja o da antiga sede de Porto Alegre-RS. Conforme as informações apuradas pelo próprio Juízo suscitante, é no enorme parque fabril, transferido desde o ano de 2014 para a cidade de Itumbiara-GO, que foi centralizado o maior volume de negócios nacionais e internacionais do grupo, restando à sede gaúcha atividades meramente administrativas. Aliás, nem mesmo há provas de que as supostas atividades administrativas que restaram na sede gaúcha envolvam as principais decisões estratégicas e negociais do grupo, conforme alega o agravante. Assim, considerando que na cidade de Itumbiara-GO atualmente se localiza o parque fabril – principal ativo do grupo empresarial –, onde foi centralizada toda a sua produção e de onde emanam todas as suas relações negociais, não se pode vislumbrar, na hipótese, que a sede localizada em Porto Alegre-RS ainda possa ser considerada como a que desempenha as atividades empresariais mais importantes. Desse modo, não se tratando de atividade empresarial uniformemente pulverizada em localidades distintas, a antiga sede estatutária não atrai a competência para processamento da recuperação judicial, haja vista a notória reestruturação havida em 2011 e concretizada em 2014. Esclareça-se, por oportuno, que não se ignora a alegação do agravante de que a maior parte dos credores do grupo se encontram na Comarca de Porto Alegre-RS, onde há, inclusive, um enorme passivo trabalhista. No entanto, tal fato não tem o condão de alterar a competência instituída no artigo 3º da Lei 11.101/2005. Ante o exposto, nego provimento ao agravo interno" (STJ, 2ª Seção, AgInt no CC 157.969/RS, rel. Min. Ricardo Villas Bôas Cueva, j. 26.09.2018).
97. GRUPO ELETROSOM. "Conflito de Competência. Processual Civil. Pedido de recuperação judicial ajuizado na Comarca de Catalão/GO por grupo de diferentes empresas. Alegação da existência de grupo econômico. Declinação da competência para a Comarca de Monte Carmelo/MG. Foro do local do principal estabelecimento do devedor. Artigo 3º da Lei 11.101/05. Precedentes. 1. Trata-se de conflito de competência suscitado pelo juízo de direito da 2ª Vara de Monte Carmelo-Mg em face do Tribunal de Justiça do Estado de Goiás, nos autos de pedido de recuperação judicial formulado por quatro empresas, em litisconsórcio ativo, com a particularidade de que cada uma delas explora atividade empresária diversa e de forma autônoma, inclusive com estabelecimentos próprios. [...] 3. O art. 3º da Lei n. 11.101/05, ao repetir com pequenas modificações o revogado artigo 7º do Decreto-Lei 7.661/45, estabelece que o Juízo do local do principal estabelecimento do devedor é o competente para

Como se vê, não existe uniformidade dos critérios utilizados para definir o juízo competente para processar a recuperação judicial requerida em litisconsórcio ativo, às vezes determinada em função do grupo como um todo, outras vezes em razão da sua empresa mais importante. E a própria definição do principal estabelecimento, num caso ou noutro, ora enfoca sua relevância econômica, ora se prende à sua importância gerencial ou administrativa.

1.2.4 O plano apresentado pelo grupo

Embora o termo "consolidação substancial" somente tenha sido empregado pelo Tribunal de Justiça de São Paulo em decisões proferidas a partir do ano de 2015, é certo que o fenômeno jurídico que essa expressão designa já vinha sendo submetido ao exame da Corte ao menos desde 2008, ano em que a Câmara Especial de Falência e Recuperações Judiciais do Tribunal de Justiça de São Paulo começou a se deparar com recursos que tratavam da possibilidade de as litisconsortes apresentarem, em conjunto, um plano consolidado de recuperação, frequentemente chamado de "plano único", mas correspondente ao que a Lei 14.112/2020 agora denomina de "plano unitário"[98].

---

processar e julgar pedido de recuperação judicial. 4. A Segunda Seção do Superior Tribunal de Justiça, respaldada em entendimento firmado há muitos anos no Supremo Tribunal Federal e na própria Corte, assentou clássica lição acerca da interpretação da expressão 'principal estabelecimento do devedor' constante da mencionada norma, afirmando ser 'o local onde a 'atividade se mantém centralizada', não sendo, de outra parte, 'aquele a que os estatutos conferem o título principal, mas o que forma o corpo vivo, o centro vital das principais atividades do devedor" (CC 32.988/RJ, rel. Min. Sálvio de Figueiredo Teixeira, DJ de 04.02.2002). [...] 6. Todavia, a partir das informações apresentadas pelas autoridades envolvidas e também das alegações das partes interessadas, a controvérsia estabelecida não está relacionada propriamente ao critério escolhido pelo legislador, mas na sua aplicação à específica hipótese dos autos. 7. Considerando o variado cenário de informações que constam dos autos, notadamente a de que a ELETROSOM S/A é a maior sociedade do grupo, e que sua atividade é pulverizada pelo país, deve ser definido como competente o juízo onde está localizada a sede da empresa, ou seja, o juízo da Comarca de Monte Carmelo/MG. [...] Diante desse variado cenário de informações e dos documentos que constam dos autos, penso que apenas duas circunstâncias permitem, de fato, a realização de um juízo seguro acerca da definição do local do principal estabelecimento de devedor para os fins do artigo 3º da Lei 11.101/05. A primeira delas é a de que a ELETROSOM S/A é a empresa de maior importância entre aquelas que formularam o pedido de recuperação, melhor dizendo, é a que realiza o maior número de negócios e movimenta o maior volume de ativos. Quanto a esse ponto, aliás, não dissentiram nenhuma das partes que se manifestaram nos autos até aqui. A segunda, da qual também não há qualquer tipo de controvérsia, até porque existe comprovação documental no sentido (e-STJ fl. 22), é a de que, segundo o estatuto social, a sede da ELETROSOM S/A fica localizada na cidade de Monte Carmelo/MG. Nesse contexto, consideradas as peculiaridades do caso concreto, a determinação da competência do juízo da comarca de Monte Carmelo/MG, melhor atende ao critério estabelecido pelo artigo 3º da Lei 11.101/05" (STJ, 2ª Seção, CC 146.579/MG, rel. Min. Paulo de Tarso Sanseverino, j. 09.11.2016).

98. Com a reforma promovida pela Lei 14.112/2020, passou-se a designar de "plano único" aquele apresentado em conjunto pelos devedores no âmbito da recuperação judicial sob consolidação processual sem consolidação substancial. Por outro lado, a lei denominou de "plano unitário" aquele apresentado

O tema se relaciona intimamente com a consolidação substancial porque, muitas vezes, o plano de recuperação apresentado tratava os devedores como se fossem uma mesma entidade, sem distinguir a situação particular de cada um deles nem os seus respectivos credores. Assim, a formulação de plano unitário pode implicar a consolidação substancial.

O primeiro acórdão do Tribunal a esse respeito foi proferido na recuperação judicial do grupo Editora Três, no julgamento de agravo interposto contra decisão que havia admitido (ou não proibiu) que as devedoras apresentassem plano unitário.

Dessa feita, a Corte entendeu que o juízo da recuperação não poderia indeferir o plano ou determinar aos devedores a apresentação de planos separados, cabendo-lhe simplesmente convocar a assembleia geral de credores para deliberar sobre o plano apresentado[99], ressalvada aos credores descontentes a possibilidade de recorrer de eventual decisão homologatória do plano, inclusive para arguir irregularidade na forma de colheita dos votos[100].

O Tribunal de Justiça de São Paulo voltou a apreciar o tema na recuperação judicial do grupo DELTA, novamente deferindo a apresentação de plano de recuperação com a unificação do tratamento dos credores, mas destacando a particularidade de que, naquele caso, o plano previa que as empresas integrantes do grupo seriam fundidas (circunstância que justificaria o tratamento conjunto)[101].

---

quando deferida a consolidação substancial. No entanto, as decisões anteriores à reforma legislativa, na maior parte das vezes, empregaram a expressão "plano único" para se referir àquilo que a lei passou a denominar de plano unitário. Para fins didáticos, a fim de facilitar a compreensão do tema, preferiu-se, ao longo do texto, adotar a nova denominação legal para designar o plano que trata os devedores como se formassem uma única entidade ("plano unitário"), mesmo quando se mencionam decisões que empregaram, com esse mesmo sentido, a expressão "plano único".

99. "Agravo de instrumento – Recuperação judicial – Litisconsórcio ativo – Plano de recuperação único. Tendo havido impugnação ao plano apresentado pelas devedoras, em litisconsórcio ativo, não cabe ao juiz outra coisa senão convocar a assembleia geral de credores para o exame da questão. Agravo conhecido e desprovido" (TJSP, Câm. Esp. Fal. Recup. Jud., AI 9072159-07.2008.8.26.0000, rel. Des. Lino Machado, origem: 2ª Vara de Falências de São Paulo, j. 19.11.2008).

100. De acordo com o voto do relator, Desembargador Lino Machado, "a homologação do plano que venha a ser aprovado pode ser objeto de recurso da parte prejudicada, o qual pode abranger arguição de irregularidade formal supostamente acontecida na colheita dos votos".

101. GRUPO DELTA. "Recuperação judicial. Litisconsórcio ativo. Duas empresas que constituem um grupo econômico de fato e familiar, instaladas no mesmo local, e com Plano de Recuperação Judicial já apresentado e que considerou as empresas como constituindo o Grupo Delta, com unificação de quadros e de todos os processos administrativos e industriais, prevendo-se, expressamente, na cláusula 10.3, que, nos termos do inciso II do art. 50 da Lei 11.101/05, no curso da recuperação judicial, sofrerão as empresas processo de fusão, com a possibilidade da cessão de cotas do capital social da empresa resultante do processo. Ademais, processamento em litisconsórcio ativo já deferido há mais de um ano. Agravo de instrumento provido" (TJSP, Câm. Esp. Fal. Recup. Jud., AI 0188755-62.2010.8.26.0000, rel. Des. Romeu Ricupero, origem: 3ª Vara Cível de Limeira, j. 19.10.2010).

Nas decisões seguintes, a Corte passou a afirmar que o fato de a recuperação judicial ter sido ajuizada em litisconsórcio ativo autorizava a apresentação de plano unitário pelas empresas devedoras, porém sem esclarecer se essa providência seria obrigatória ou meramente facultativa[102].

Essa questão passou a ser enfrentada a partir da decisão proferida na recuperação judicial do grupo ÁGUA DE CHEIRO, na qual se reconheceu que a formulação de plano unitário seria decorrência *necessária* do pedido de recuperação judicial em litisconsórcio ativo[103]. Noutras palavras, uma vez que as empresas do grupo optassem pelo ajuizamento conjunto do pedido de recuperação, não poderiam apresentar planos individuais, estando obrigadas à formulação de plano unitário.

O mesmo entendimento foi adotado nas recuperações judiciais dos grupos SIFCO, TÊXTIL ITATIBA e OAS, mas com base em fundamentos diversos.

No caso do grupo SIFCO, alguns credores se insurgiram contra a formulação de plano unificado argumentando que ele não respeitava as peculiaridades de

---

102. "Recuperação judicial. [...] Sociedades que atuam de maneira coordenada, tendo a crise atingido as principais empresas do grupo. Apresentação de único plano de recuperação, já aprovado e homologado. Admissibilidade, na espécie. Princípio da preservação da empresa. Recurso conhecido e desprovido. [...] Ocorre que apesar de juridicamente independentes, as sociedades em recuperação sempre atuaram, segundo a recuperanda, de maneira coordenada, tendo a crise econômica atingido as principais empresas do grupo. Incluídas em contexto comum, há de se considerar a possibilidade de soerguimento das sociedades integradas de fato mediante um único plano de recuperação, aliás, já aprovado e homologado. Observadas as peculiaridades do caso, não seria razoável, a meu sentir, aniquilar o resultado já alcançado no feito de origem, reputando-o nulo sem notícia de efetivo prejuízo à comunidade de credores" (TJSP, Câm. Esp. Fal. Recup. Jud., AI 0007217-51.2010.8.26.0000, rel. Des. Elliot Akel, origem: 8ª Vara Cível de São José do Rio Preto, j. 23.11.2010). No mesmo sentido: "RECUPERAÇÃO JUDICIAL. Litisconsórcio ativo. Apresentação de plano único pelas recuperandas. Possibilidade. Caracterização de grupo econômico de fato. Comprovação de relação de interdependência entre as empresas do grupo. Análise da documentação apresentada pelas recuperandas. Necessidade, a fim de viabilizar o processamento da recuperação. Prazo de suspensão das ações e execuções ajuizadas contra as recuperandas que só tem início com o deferimento do processamento da recuperação pelo juízo *a quo*. Decisão reformada. Recurso provido, com determinação" (TJSP, 2ª Câmara Reservada de Direito Empresarial, AI 2116130-54.2014.8.26.0000, rel. Des. Tasso Duarte de Melo, origem: 1ª Vara Cível de São José dos Campos, j. 13.11.2014).
103. GRUPO ÁGUA DE CHEIRO. "Agravo de instrumento. Recuperação judicial. [...]. Litisconsórcio ativo. Possibilidade. Precedentes. [...]. Apresentação de plano único de recuperação judicial. Necessidade. Eventuais distorções dos créditos individuais que devem ser apreciadas e corrigidas caso a caso. Decisão mantida. Agravo a que se nega provimento. [...] O processamento da recuperação judicial das agravadas em litisconsórcio também não encontra qualquer óbice, e é, inclusive, recomendável, com fundamento no princípio da preservação da empresa, haja vista a existência de grupo econômico, a fim de possibilitar o soerguimento de todas as sociedades dele integrantes. [...] Por fim, devem as agravadas apresentar apenas um plano de recuperação, conforme determinado pelo juiz 'a quo', tendo em vista que, caracterizado o grupo econômico, o patrimônio comum é garantia dos credores, devendo eventuais distorções nos créditos individuais ser apuradas casuisticamente" (TJSP, 1ª Câmara Reservada de Direito Empresarial, AI 2178366-42.2014.8.26.0000, rel. Des. Pereira Calças, origem: 2ª Vara de Falências de São Paulo, j. 09.12.2014).

cada empresa, nem distinguia os seus respectivos credores. Por isso, requereram "a apresentação de novos planos separados por pessoa jurídica recuperanda – ainda que sejam idênticos ou inter-relacionados". A pretensão, contudo, foi rejeitada pelo Tribunal com base no singelo argumento de que, dada a relação de interdependência entre as empresas do grupo, a individualização pretendida causaria "tumulto processual"[104].

Já na recuperação judicial do grupo TÊXTIL ITATIBA[105], a Corte assentou que a necessidade da formulação de plano unitário é que autorizaria o pedido conjunto de recuperação judicial (e não o contrário). Segundo o voto condutor, o litisconsórcio ativo na recuperação judicial seria cabível "desde que presentes elementos que justifiquem a apresentação de plano único".

Esse mesmo raciocínio parece ter orientado a decisão proferida pelo Tribunal na recuperação judicial do grupo OAS. Aqui também se indeferiu o pleito de credores pela apresentação de planos separados sob o fundamento de que, "admitido o litisconsórcio ativo entre as empresas recuperandas, por conta da comunhão de interesses e obrigações reconhecida, não há razão justificante para a apresentação de planos separados, porquanto a pluralidade ativa somente tem proveito acaso as massas sejam mantidas unidas"[106].

Tal entendimento foi levado ao limite na recuperação do grupo AGRENCO, na qual se decidiu que nem mesmo eventuais alterações do plano unitário poderiam tratar as devedoras de forma individualizada, porque isso implicaria "desfazimento dissimulado do litisconsórcio", além de contrariar a pretensão das próprias recuperandas de que fossem consideradas como um todo[107].

---

104. GRUPO SIFCO. "Recuperação Judicial. Litisconsórcio ativo. Plano único, lista única, assembleia única. Alegação, por alguns credores, de necessidade de individualização dos planos, com lista própria e realização de assembleia com os respectivos credores. Decisão mantida. Separação do processamento das recuperações que causaria tumulto processual. Descabimento na hipótese. Caracterização de grupo econômico de fato. Unicidade de direção e relação de interdependência entre as empresas do grupo. Precedentes. Recurso desprovido" (TJSP, 1ª Câmara Reservada de Direito Empresarial, AI 2215135-49.2014.8.26.0000, rel. Des. Teixeira Leite, j. 25.03.2015).
105. TJSP, 1ª Câmara Reservada de Direito Empresarial, AI 0281187-66.2011.8.26.0000, rel. Des. Pereira Calças, origem: 2ª Vara de Itatiba, j. 26.06.2012. Curioso observar que, nesse mesmo julgado, reputou-se "imprescindível que a relação de credores discrimine qual empresa do grupo é devedora, sob pena de inevitável confusão patrimonial", preocupação de certa forma contraditória com a admissão de plano único, mormente por não ter sido determinado que o plano fosse submetido a assembleias distintas.
106. TJSP, 2ª Câmara Reservada de Direito Empresarial, AgRg 2084295-14.2015.8.26.0000, rel. Des. Carlos Alberto Garbi, origem: 1ª Vara de Falências de São Paulo, j. 31.08.2015. Vale registrar, porém, que o plano que veio a ser apresentado tratou as recuperandas e seus respectivos credores de forma distinta, conforme se registrou no julgamento do AI 2041079-66.2016.8.26.0000, rel. Des. Carlos Alberto Garbi, j. 31.10.2016.
107. AGRENCO. "Recuperação judicial. Suspensão da realização de assembleia de credores. Fracionamento ou desmembramento do plano de recuperação judicial. Litisconsórcio ativo facultativo. Necessidade de que a alteração do plano já aprovado e homologado observe a mesma fórmula adotada anteriormente.

Assim, as alterações só poderiam ser feitas em relação a todos os devedores, indistintamente[108].

Por seu turno, na recuperação do grupo SINA, o Tribunal decidiu que, diante do entrelaçamento das empresas integrantes do grupo, que se apresentam a terceiros como um todo unitário, a formulação de plano unificado deveria ser a regra, admitindo-se a apresentação de planos separados apenas excepcionalmente, em casos de fraude[109].

Decisão mantida. Recurso desprovido. [...] As agravantes argumentam não persistir solidariedade passiva entre si, não podendo tal espécie de responsabilidade patrimonial ser presumida, tendo o plano conjunto pretérito derivado de uma atuação de antigos administradores em conflito de interesses com as próprias sociedades. Enfatizam a necessidade do tratamento segregado dos credores de cada uma das empresas. [...]. A recuperação judicial promovida pelas agravadas foi requerida em agosto de 2008, tendo, desde então, a partir de pedido formulado por todas elas, com a formação de litisconsórcio ativo, sido permitida uma atuação conjunta, com a elaboração, a apresentação, a aprovação e a homologação de um plano consolidado. [...] Assim, como constou da decisão atacada, foi apresentado um plano único, para a recuperação de todo o grupo empresarial, congregado o conjunto dos credores das quatro sociedades envolvidas, tendo ocorrido sua aprovação e homologação judicial. É pretendido um aditamento ao plano anteriormente aprovado e homologado, não se cogitando de um plano totalmente novo, como se fosse possível desconhecer o que já se passou desde o início do procedimento concursal. [...] As recuperandas atuam em litisconsórcio facultativo ativo (artigo 46, incisos I e IV do CPC) e sempre pretenderam ser consideradas como um todo, como um grupo empresarial, de molde que sua atuação conjunta e coordenada pudesse ensejar o sucesso na reformulação de sua atividade, não se justificando, à primeira vista, fórmulas individuais e que desconsideram tudo quanto foi realizado no presente procedimento concursal. A recuperação judicial ostenta a natureza de ação constitutiva, reorganizando e remodelando, a partir de uma novação, os débitos acumulados por um dito devedor e vinculados a uma atividade empresarial, não sendo viável, decorridos mais que cinquenta meses, alterar toda a conformação da relação processual e propor a desconsideração do que foi feito, reiniciando-se o procedimento, com o desfazimento dissimulado do litisconsórcio. Soma-se não ser afirmada uma solidariedade, mas, isso sim e considerando a vontade inicialmente externada pelas recorrentes [...]. Nesse sentido, a decisão proferida merece ser mantida, sendo imprescindível que o plano único seja alterado, também, de maneira una" (TJSP, 1ª Câmara Reservada de Direito Empresarial, AI 0120853-87.2013.8.26.0000, rel. Des. Fortes Barbosa, origem: 1ª Vara de Falências de São Paulo, j. 07.11.2013).

108. Conclusão ratificada no julgamento de agravo de instrumento interposto por determinados credores, que defendiam o cabimento da alteração do plano de recuperação, para que a situação de cada recuperanda fosse tratada de forma individualizada (TJSP, 1ª Câmara Reservada de Direito Empresarial, AI 0131122-88.2013.8.26.0000, rel. Des. Fortes Barbosa, origem: 1ª Vara de Falências de São Paulo, j. 06.02.2014).

109. GRUPO SINA. "Recuperação Judicial. Litisconsórcio ativo. Decisão que determina o processamento conjunto, em consolidação substancial, das recuperações de três empresas que integram grupo econômico (Grupo SINA). Manutenção. Insurgência ao argumento de que seria necessária a individualização dos planos, a ser votados exclusivamente pelos credores de cada devedora. Discussão sobre a elaboração de plano único, a ser votado em Assembleia conjunta. Possibilidade, desde que as empresas integrantes do grupo econômico assumam a roupagem de um grande bloco, com potencial de transmitir a terceiros a impressão de que se trata de um todo unitário. [...] Se no caso concreto constatar o juiz ou este Tribunal que realmente ocorreu abuso de direito, ou manipulação de votos, poderá ser determinada a elaboração de planos e assembleias separadas. A exceção da fraude e da má-fé não pode ser tomada como regra, sem alegação e demonstração real e objetiva de sua ocorrência" (TJSP, 1ª Câmara Reservada de Direito Empresarial, AI 2248169-44.2016.8.26.0000, rel. Des. Francisco Loureiro, origem: 1ª Vara de Falências de São Paulo, j. 31.05.2017).

Foi somente no final de 2015 que a suposta obrigatoriedade do plano unitário começou a ser revista[110]. Nos termos do voto condutor, da lavra do Desembargador Fabio Tabosa[111], decidiu-se que o litisconsórcio não enseja, automaticamente, a admissão de plano unitário, cuja formulação dependeria de prévia autorização dos credores em assembleia, por implicar confusão patrimonial entre as recuperandas e diluição do poder de voto dos credores. Na mesma decisão – diga-se, muito bem fundamentada – também se afirmou que a elaboração de plano unitário de recuperação judicial

> [...] presta-se, em última análise, a abusos e tem o condão de gerar graves distorções no tocante à situação dos credores de alguma das sociedades recuperandas, por primeiro diluindo o peso de suas participações na composição dos quóruns de votação e prestando-se inclusive a comprometer a legitimidade das deliberações assembleares, conforme venham tomadas, e depois, no plano da renegociação objetiva das obrigações, interferindo nas condições originárias dos negócios jurídicos por eles celebrados com as devedoras independentemente da situação econômico-financeira efetivamente apresentada por cada uma delas. De todo modo, deferido o processamento do pedido recuperacional conjunto, entende este Relator que a elaboração de plano de recuperação judicial único, justamente por propiciar confusão patrimonial entre as recuperandas e diluir o poder de voto dos credores, sujeitando-os a deliberações tomadas pelo universo de credores das agravadas independentemente de qual era efetivamente a devedora originária, não deve em princípio ser aceita pelo Poder Judiciário, somente podendo ser deferida se aprovada pelos credores próprios de cada uma das recuperandas. Nesses termos, as autoras devem, em princípio, elaborar planos recuperacionais individuais e apresentá-los em juízo; caso, em assembleia, os credores entendam que a superação do momento de crise econômico-financeira será alcançada mais facilmente através da adoção de medidas conjuntas por parte das devedoras, aí então se abrirá a possibilidade de formulação de um único plano de recuperação judicial[112].

Já na recuperação judicial do grupo RENUKA, o Tribunal foi ainda mais incisivo. Mesmo admitindo a formação do litisconsórcio, determinou desde

---

110. Registra-se que, alguns meses antes, no julgamento do agravo de instrumento interposto contra a decisão que homologou a recuperação judicial do grupo REDE ENERGIA, o Desembargador Ricardo Negrão havia proferido voto rejeitando o plano consolidado apresentado pelas recuperandas, por entender que implicava violação da paridade entre os credores, além de incorrer em "falta de clareza em relação à indicação individualizada de cada crédito em relação à respectiva devedora". Por maioria de votos, no entanto, o recurso não foi conhecido (TJSP, 2ª Câmara Reservada de Direito Empresarial, AI 2060533-37.2013.8.26.0000, rel. designado Des. José Reynaldo, origem: 2ª Vara de Falências de São Paulo, j. 10.04.2015).
111. Na mesma linha do voto *vencido* que veio a proferir no julgamento do AI 2041079-66.2016.8.26.0000, envolvendo o grupo OAS. Ali, além de se posicionar contrariamente à admissão de plano único, observou que, naquele caso específico, o plano apresentado seria único apenas na aparência, já que tratou da situação de cada devedora e dos seus respectivos credores de forma particular.
112. TJSP, 2ª Câmara Reservada de Direito Empresarial, AI 2123667-67.2015.8.26.0000, rel. Des. Fabio Tabosa, origem: 2ª Vara de Falências de São Paulo, j. 16.11.2015.

logo que cada devedora apresentasse seu próprio plano, "com absoluto respeito à autonomia patrimonial de cada frente de atividade"[113].

A partir de então, algumas decisões começaram a perfilhar o entendimento de que a formulação de plano unitário não seria efeito *processual* do litisconsórcio, nem consistiria na razão justificadora do processamento conjunto da recuperação judicial de múltiplos devedores, cabível mesmo quando se pretenda tratar a situação de cada um deles de forma particular, ainda que conjugada.

Como exemplo, deve ser citado importante julgamento havido na recuperação do grupo SCHAHIN[114]. Aqui o Tribunal manteve, por seus próprios fundamentos, a decisão do Juiz da 2ª Vara de Falências e Recuperações Judiciais de São Paulo, Dr. Marcelo Barbosa Sacramone, que distinguiu os casos de litisconsórcio que exigem planos de recuperação separados daqueles que requerem a formulação de um único plano:

> Duas situações devem ser diferenciadas, nesse aspecto. Uma primeira situação de existência de grupo de fato, cujas sociedades possuem participação relevante entre si. Nos grupos de

---

113. GRUPO RENUKA. "Recuperação Judicial – Formação inicial de litisconsórcio ativo – Possibilidade – Aplicação subsidiária do Código de Processo Civil aos procedimentos previstos na Lei de Recuperações Judiciais e Falências, dentre os quais as normas que tratam do litisconsórcio – Grupo empresarial que, assumidamente é 'composto, basicamente, de duas grandes estruturas: o braço Renuka do Brasil, localizado em São Paulo, e o braço Renuka Vale do Ivaí, localizado no Paraná' – Necessidade de respeito à autonomia patrimonial e negocial de cada frente de atividade – Determinação, em sede liminar, para apresentação de planos de recuperação judicial distintos, para que eles sejam analisados separadamente por seus respectivos credores – Medida que já foi cumprida, tendo os planos sido homologados pelo D. Juízo *a quo* – Decisão reformada em parte – Recurso parcialmente provido. [...]. O objetivo do presente agravo de instrumento, portanto, não é contestar a possibilidade de litisconsórcio ativo ou do processamento conjunto de recuperações judiciais, mas sim apenas garantir que: (i) não serão processadas conjuntamente as recuperações judiciais de dois grupos distintos; e (ii) além de separados os processamentos conjuntos por grupo, que tais processamentos conjuntos, não previstos em lei e desenvolvidos pela jurisprudência, sejam conduzidos sem violação à regra da maioria prevista na LFRE isto é: nas duas recuperações judiciais (da Renuka do Brasil e da Vale do Ivaí) os respectivos planos deverão ser votados e aprovados pela maioria dos credores de cada sociedade do grupo considerada individualmente. [...] meu voto dá parcial provimento ao recurso, apenas para deferir o processamento em conjunto da recuperação judicial do Grupo Renuka, com a ressalva de que cada braço do Grupo (Renuka do Brasil S.A e Renuka Vale do Ivaí) deverá apresentar seu próprio plano de recuperação judicial, que deverá ser analisado separadamente por seus respectivos credores, com absoluto respeito à autonomia patrimonial de cada frente de atividade" (TJSP, 2ª Câmara Reservada de Direito Empresarial, AI 2262705-94.2015.8.26.0000, rel. Des. Caio Marcelo Mendes de Oliveira, origem: 1ª Vara de Falências de São Paulo, j. 28.11.2016).

114. GRUPO SCHAHIN. "Recuperação Judicial – Insurgência contra decisão que determinou que a Assembleia Geral de Credores deveria ser única, com votação de um plano único por quadro de credores consolidado e sem distinção entre os credores da mesma classe, ainda que titulares de créditos em face de pessoas jurídicas distintas e integrantes do mesmo grupo, sob o argumento de que se tratava de litisconsórcio necessário das sociedades integrantes do Grupo Schahin – Confirmação da decisão agravada – Evidência de caixa único nas operações empresariais – Recurso improvido" (TJSP, 2ª Câmara Reservada de Direito Empresarial, AI 2009147-60.2016.8.26.0000, rel. Des. Caio Marcelo Mendes de Oliveira, origem: 2ª Vara de Falências de São Paulo, j. 27.03.2017).

fato, as personalidades jurídicas de cada um dos integrantes do grupo é preservada e cada qual deve orientar-se pela preservação de sua autonomia e tutela de seu interesse social. Nessa primeira situação, a relação jurídica estabelecida entre a pessoa jurídica integrante do grupo e o credor é estabelecida com base na maximização dos interesses dos próprios agentes da relação jurídica. A autonomia da personalidade perante as sociedades do mesmo grupo garante que o credor possa aferir os riscos da contratação diretamente com base no capital social da contraparte, bem como assegura que eventual situação de crise de outra pessoa jurídica integrante do grupo não contamine as demais, eventualmente em situação financeira sadia. Diante desse primeiro caso, as dívidas de todo o grupo ou das demais sociedades que o integram não devem ser consolidadas num quadro geral de credores único, bem como não devem ser submetidas a um único plano de recuperação. A autonomia das personalidades jurídicas implica o tratamento diferenciado do risco contratado por cada um dos credores, os quais não podem ser assim igualados. A aglutinação das referidas personalidades jurídicas distintas num único feito, nessa hipótese, é apenas medida de economia processual. Como consequência, os planos devem ser separados para cada pessoa jurídica, ainda que integrem um único documento, e cada qual deverá ser votado por seus próprios credores. [...] Situação diversa ocorre quando, no interior do grupo, as diversas personalidades jurídicas não são preservadas como centros de interesses autônomos. Nessa hipótese, há confusão patrimonial em sua atuação conjunta e as diversas pessoas jurídicas do grupo exercem "suas atividades sob unidade gerencial, laboral e patrimonial" [...]. Diante da confusão entre as personalidades jurídicas dos integrantes, a reestruturação de um dos integrantes do grupo depende da reestruturação dos demais. Por seu turno, as relações contratadas perante terceiros revelam não apenas uma pessoa jurídica contratante, mas não raras vezes evidenciam um comportamento do próprio grupo como um todo, ainda que a contratação tenha sido realizada com apenas uma das pessoas jurídicas integrantes. A consolidação substancial implica a apresentação de plano unitário e do tratamento igualitário entre os credores componentes de cada classe, ainda que de diferentes pessoas jurídicas integrantes do grupo. Por consequência, a votação do referido plano será feita em único conclave de credores[115].

Outra decisão merecedora de destaque foi proferida na recuperação judicial do grupo UTC[116], que teve o mérito de propor uma distinção entre "plano único" e "plano unitário", este último reservado à consolidação substancial:

Tem-se, portanto, quatro possíveis panoramas em se tratando de recuperação judicial de grupos societários: primeiro, apresentação de planos individuais de cada devedora e que serão votados pelos seus respectivos credores; segundo, plano único prevendo a independência de cada devedora e com votação também individual; terceiro, plano unitário (consolidação substancial completa) com previsão de comunhão de ativos e passivos das devedoras; quarto, planos individuais para alguns devedores, cuja maioria dos credores não concordou com a consolidação substancial, e plano unitário para os grupos em que houve concordância da maioria pela comunhão de ativos e passivos (consolidação substancial parcial do grupo).

---

115. 2ª Vara de Falências e Recuperações Judiciais de São Paulo, proc. 1037133-31.2015.8.26.0100, decisão proferida em 19.01.2016.
116. TJSP, 2ª Câmara Reservada de Direito Empresarial, AI 2072604-95.2018.8.26.0000, rel. Des. Araldo Telles, origem: 2ª Vara de Falências de São Paulo, j. 30.07.2018.

É possível notar que, desde que o Tribunal incorporou a noção de consolidação substancial, houve o deslocamento da discussão do campo processual para o material. Se antes se debatia se a apresentação de plano único decorria ou não da formação do litisconsórcio ativo, agora se discute se essa medida é exigida por conta ou para os fins da consolidação substancial.

Foi justamente esse o cerne de julgamento havido na recuperação do grupo TOMÉ[117], no qual se decidiu que, uma vez deferida a consolidação substancial, não se justificaria a formulação de planos separados para cada devedora. No mesmo sentido foi a decisão proferida na recuperação judicial do grupo MELFLEX[118], em que se afirmou que, estando a consolidação substancial autorizada por conta da confusão patrimonial e interconexão entre as empresas integrantes do grupo, a individualização dos planos seria "contraproducente".

1.2.5 A consolidação substancial

Sabe-se que a consolidação substancial consiste em considerar múltiplos devedores como se formassem uma única entidade. Sabe-se, ainda, que a consolidação substancial foi largamente aplicada nas recuperações judiciais processadas em litisconsórcio, ainda que, muitas vezes[119], ela tenha ocorrido de modo não explícito[120] ou sem autorização do juiz nem aprovação dos credores[121].

---

117. TJSP, 1ª Câmara Reservada de Direito Empresarial, AI 2165772-54.2018.8.26.0000, rel. Des. Alexandre Lazzarini, origem: 4ª Vara Cível de São Bernardo do Campo, j. 17.10.2018. Nesse mesmo sentido, confira-se: TJSP, 1ª Câmara Reservada de Direito Empresarial, AI 2169476-75.2018.8.26.0000, rel. Des. Alexandre Lazzarini, origem: 8ª Vara Cível de Campinas, j. 04.12.2018.
118. TJSP, AI 2107166-96.2019.8.26.0000, rel. Des. Fortes Barbosa, origem: 1ª Câmara Reservada de Direito Empresarial, 1ª Vara Cível de Cotia, j. 17.07.2019.
119. Confira-se o item 1.1, notadamente os resultados das pesquisas realizadas pelo Grupo de Estudos de Direito das Empresas em Crise e pelo Observatório da Insolvência.
120. Prática que os Professores Francisco Satiro e Sheila Cerezetti batizaram de *consolidação substancial silenciosa*: "a análise dos processos de primeira instância demonstra que a consolidação substancial, ainda que reconhecidamente distinta da processual, em geral, por inércia dos envolvidos, desta decorre de maneira quase automática" (A silenciosa "consolidação" da consolidação consubstancial, cit., p. 217).
121. Registra-se a existência de recurso que tinha por objeto a insurgência de determinado credor contra a suposta "consolidação substancial silenciosa" que estaria ocorrendo em processo de recuperação judicial de múltiplos devedores. O credor argumentou que as recuperadas agiam como se houvesse sido requerida a consolidação substancial, razão pela qual pediu que a aplicação desse instituto fosse afastada. O Tribunal não conheceu do recurso, por ausência de interesse recursal, mas determinou que o juízo de primeiro grau se manifestasse sobre o cabimento ou não da consolidação substancial, dado que as recuperandas já haviam apresentado um plano único: "Agravo de instrumento – Recuperação Judicial – Decisão recorrida que deferiu o processamento da recuperação judicial das devedoras, em litisconsórcio ativo – Credor que impugna suposta 'consolidação substancial silenciosa' – Inexistente deliberação a respeito da consolidação substancial – Incabível, portanto, o exame da questão neste momento processual, sob pena de supressão de instância – Necessidade de pronunciamento do D. Juízo de origem acerca do cabimento, ou não, da consolidação substancial, considerando-se que as

O estudo da jurisprudência revela que, de fato, os Tribunais levaram algum tempo para identificar e compreender esse instituto, que ainda hoje não se acha totalmente dominado.

Dada a omissão legislativa acerca da recuperação dos grupos e a falta de familiaridade dos operadores do direito com a matéria, não raramente as decisões proferidas pelo Tribunal de Justiça de São Paulo foram contraditórias em relação a outras proferidas pelo mesmo órgão julgador, às vezes até no mesmo caso, tornando difícil compreender a orientação jurisprudencial prevalecente.

Além disso, enquanto algumas decisões enfrentaram o tema de forma direta e explícita (especialmente aquelas mais recentes, que passaram a definir os efeitos da consolidação substancial, bem como a determinar as hipóteses em que ela seria admissível), outras o fizeram apenas de forma indireta ou implícita, com base no exame de questões secundárias, porém intrinsecamente relacionadas com a consolidação substancial, como a apresentação de plano unitário de recuperação ou o procedimento de deliberação dos credores (se em assembleia única ou em assembleias separadas).

Tudo isso torna desafiador o trabalho de sistematização das decisões judiciais acerca da consolidação substancial, justamente porque o efeito principal desse expediente – que implica desconsiderar ou mitigar a independência patrimonial das empresas – acaba sendo produzido em várias situações, mesmo à falta de determinação expressa para que os devedores sejam tratados como se fossem uma única entidade.

1.2.5.1 O leading case

Embora muitas decisões já houvessem se debruçado sobre as implicações de considerar o grupo como uma única entidade, desconsiderando ou mitigando a independência patrimonial das empresas que o compõem (sobretudo para fins de formulação do plano de recuperação), foi na recuperação judicial do grupo OAS[122] que o Tribunal de Justiça de São Paulo passou a tratar do tema segun-

---

recuperandas já apresentaram um plano único – Recurso não conhecido, com determinação" (TJSP, 2ª Câmara Reservada de Direito Empresarial, AI 2081943-44.2019.8.26.0000, rel. Des. Maurício Pessoa, origem: 6ª Vara Cível de São Caetano do Sul, j. 28.06.2019).

122. A expressão "consolidação substantiva" primeiro apareceu no julgamento de agravos que visavam à ampliação do polo ativo (TJSP, 2ª Câmara Reservada de Direito Empresarial, AI 2094999-86.2015.8.26.0000, AI 2084379-15.2015.8.26.0000, AI 2094999-86.2015.8.26.0000, rel. Des. Carlos Alberto Garbi, todos julgados em 31.08.2015). Depois, com o nome de "consolidação substancial", reapareceu no julgamento dos agravos interpostos contra a decisão que homologou o plano de recuperação (TJSP, 2ª Câmara Reservada de Direito Empresarial, AI 2020686-23.2016.8.26.0000, 2023011-68.2016.8.26.0000, AI 2026392-84.2016.8.26.0000, AI 2025533-68.2016.8.26.0000, AI 2025896-55.2016.8.26.0000, AI 2026189-25.2016.8.26.0000, AI 203833-83.2016.8.26.0000, AI

do a designação[123] que lhe foi dada pelo direito norte-americano (*substantive consolidation*), traduzida para o vernáculo como "consolidação substancial" ou "consolidação substantiva".

Apesar de algumas críticas à adoção da expressão estrangeira[124], ela efetivamente caiu no gosto local[125], passando a ser largamente empregada nas decisões judiciais proferidas nas recuperações judiciais dos grupos. Entretanto, o estudo da jurisprudência revela que a consolidação substancial foi referida para designar as mais diversas práticas, o que torna a compreensão do novo instituto ainda mais difícil.

Na recuperação judicial do grupo OAS[126], entendeu-se que, uma vez admitido o litisconsórcio, também se justificaria a consolidação substancial, que foi implementada *exclusivamente para fins de deliberação* sobre plano de recuperação, já que, neste caso, o próprio plano distinguia a situação de cada devedora e seus respectivos credores[127]. Mesmo reconhecendo que o procedimento implicava a diluição do poder de voto de alguns credores, concluiu-se pela sua validade na medida em que o plano foi aprovado pela assembleia geral de credores:

> [...] a consolidação substancial e a consolidação subjetiva da deliberação resultaram da votação livre dos credores (voluntária). As recuperandas deliberaram apresentar um plano único, conjunto, para todas as empresas e o fizeram procurando observar a autonomia de cada uma delas e peculiaridades que envolvem as empresas e seus credores, especialmente os ativos que cada uma delas tem e que podem responder pelas obrigações. Embora o plano tenha feito distinção entre a situação dos credores e as empresas devedoras, sem promover a efetiva consolidação

---

2040299-29.2016.8.26.0000, AI 2041409-63.2016.8.26.0000, AI 2041314-33.2016.8.26.0000, AI 2040738-40.2016.8.26.0000, AI 2041512-70.2016.8.26.0000, AI 2041542-08.2016.8.26.0000, AI 2040805-05.2016.8.26.0000, AI 2041079-66.2016.8.0000, AI 2040831-03.2016.8.26.0000, AI 2041618-32.2016.8.26.0000, AI 2040940-17.2016.8.26.0000 e AI 2055046-81.2016.8.26.0000, rel. Des. Carlos Alberto Garbi, todos julgados em 31.10.2016).

123. O que ocorreu, em grande medida, por influência do artigo da Professora Sheila Cerezetti denominado Grupos de sociedades e recuperação judicial: o indispensável encontro entre direitos societário, processual e concursal. In: YARSHELL, Flávio Luiz; PEREIRA, Guilherme Setoguti J. (Coord.). *Processo societário II*. São Paulo: Quartier Latin, 2015. p. 735-789.

124. Entre elas, confira-se a observação feita pelo Desembargador Ricardo Negrão no julgamento de recurso oriundo da recuperação judicial do grupo GOMES LOURENÇO: "Há uma confusão entre litisconsórcio ativo e deliberação única. São coisas distintas que a novel jurisprudência batizou solenemente com os pomposos rótulos de 'consolidação processual' e 'consolidação substancial'. Preferível utilizar os termos já consolidados em nosso direito, sem a necessidade de criação de novas expressões" (TJSP, 2ª Câmara Reservada de Direito Empresarial, AI 2198113-36.2018.8.26.0000, rel. Des. Ricardo Negrão, origem: 2ª Vara de Falências de São Paulo, j. 25.02.2019).

125. Tanto assim que acabou sendo incorporada à reforma do diploma concursal promovida pela Lei n. 14.112/2020, que introduziu na Lei n. 11.101/2005 a Seção IV-B ao Capítulo II, denominada "Da Consolidação Processual e da Consolidação Substancial".

126. TJSP, 2ª Câmara Reservada de Direito Empresarial, AI 2041079-66.2016.8.26.0000, rel. Des. Carlos Alberto Garbi, j. 31.10.2016.

127. Procedimento que o relator, Desembargador Carlos Alberto Garbi, entendeu consistir numa espécie de consolidação substancial *parcial*, que também denominou de "consolidação subjetiva".

substancial, a sua votação foi promovida pela massa indistinta de credores. Sobre este ponto recai parte das impugnações dos credores. Não há dúvida de que a unificação ou consolidação dos credores de todas as empresas em recuperação para votação de um plano que distingue a situação das empresas representa admitir que os credores votam sobre o interesse de todos. Há neste caso inevitável diluição do poder de voto dos credores. Todavia, não se mostra ilícita essa consolidação subjetiva. [...] Com efeito, ao admitir a existência de um Grupo empresarial e as complexas e recíprocas relações entre as empresas em recuperação, impõe-se como consequência admitir também que o interesse da massa de credores é comum, o que legitima o voto de cada um dos credores sobre todo o plano, ainda que particularizada a situação das empresas. Não poderia ser diferente diante do risco presente de que a votação em separado poderia determinar a rejeição do plano de uma parte das empresas e a própria falência. Não é necessário mais do que isso para perceber que a falência de uma das empresas, com fortes ligações com as demais [garantias cruzadas, créditos, ativos comuns etc.], poderia levar todo o Grupo à falência, em detrimento de todos os credores [...].

A decisão tomada nesse caso, porém, não foi unânime, dela divergindo o Desembargador Fabio Tabosa por entender que, a despeito do litisconsórcio, o plano de recuperação deveria ser submetido, separadamente, ao conjunto de credores de cada um dos devedores. Além disso, rejeitou a ideia de que o procedimento adotado teria sido referendado pela assembleia geral de credores, uma vez que a deliberação sobre o plano foi desde logo realizada de maneira unificada, sem prévia oportunidade de aprovação sobre a forma de votação no âmbito de conclaves restritos aos credores de cada devedora:

> [...] no voto vencido deste signatário, havia sido consignada a necessidade, em princípio, de apresentação de planos separados, por não implicar o litisconsórcio ativo, de forma automática, a desconsideração da personalidade das empresas formadoras do grupo de fato, com unificação de suas relações obrigacionais. Mais que isso, se advertira para a necessidade de respeito aos quóruns de deliberação no âmbito de cada empresa, de modo a não prejudicar a efetiva expressão de cada crédito, seja em relação à devedora correspondente seja no tocante aos demais credores da mesma empresa, chamando-se a atenção para a indesejável hipótese de manipulação da situação individual dos credores, com sua consideração englobada, a partir da singela remissão à existência de grupo econômico. E, no entanto, o que se viu em concreto, ao ensejo da votação do plano ora em discussão, foi justamente a concretização, de forma agravada, desses temores. Não é exato dizer, com a devida vênia, e ao contrário do que consta no douto voto condutor, tenha havido deliberação majoritária dos credores em prol da ocorrência de consolidações substancial e "subjetiva". Na verdade, nem houve consolidação substancial, nem por outro lado houve qualquer deliberação majoritária dos credores em torno da forma de apresentação do plano, ou dos critérios de votação, visto já terem eles, credores, sido postos ante uma situação consumada de plano a um só tempo não consolidado e por outro lado com votação unificada nesse contexto, já se manifestaram em um cenário de diluição dos votos e portanto sem possibilidade de qualquer questionamento no tocante à representatividade real dos créditos quanto às efetivas devedoras.

Ademais, nos termos do voto divergente, a unificação dos credores apenas para fins de deliberação sobre o plano nem sequer configuraria a consolidação substancial, sendo a medida de todo modo inadequada, dado que o plano formulado tratou a situação de cada empresa e dos seus respectivos credores de forma particular:

> Insista-se não ter havido consolidação substancial alguma. Embora o conceito em questão não seja uniforme na doutrina, pode-se entendê-lo, no âmbito da recuperação judicial, como a unificação no plano do direito material das relações obrigacionais envolvendo credores diversos de empresas que venham a requerer conjuntamente a recuperação, tudo de modo a fazer com que passem todas a responder, em conjunto, perante a massa de credores, superando-se os limites das relações singulares (na prática, desconsiderando-se a separação de personalidades jurídicas). Não é o que se tem no caso presente. O plano apresentado, muito embora a enganosa aparência de unidade proporcionada pela submissão indistinta da massa de credores no tocante a determinadas regras gerais de conduta (de resto perfeitamente passíveis de integração, se o caso, de diversos planos separados), não se pode dizer um plano essencialmente conjunto, visto que no tocante ao fundamental, vale dizer, os meios de recuperação propriamente ditos, a situação de cada recuperanda foi tratada de forma separada, com manutenção das barreiras obrigacionais, seguindo cada qual a responder tão somente perante seus credores originais e por outro lado ostentando, esses últimos, créditos oponíveis tão somente às devedoras com quem diretamente contrataram (diversamente do inevitável entrelaçamento das situações jurídicas que se preconizara no julgamento do anterior agravo de instrumento, fruto da estreita comunhão de interesses entre todas as empresas). Além do mais, a própria novação de cada um dos créditos foi feita de forma desigual, sem consideração de qualquer uniformidade entre credores de cada empresa integrantes de mesmas classes, observando-se critérios totalmente distintos de pagamento das dívidas renegociadas e reforçando-se com isso a noção de que essencialmente os planos foram na verdade separados. [...] No mais, o que o douto voto condutor chamou de "consolidação subjetiva" não corresponde a uma efetiva consolidação obrigacional, mas apenas à unificação dos credores para efeito de votação, coroamento da distorção aqui salientada, visto que, preservadas as esferas obrigacionais originárias, simplesmente não havia sentido para que se imiscuíssem, em termos de deliberação, as situações dos credores, em nítido prejuízo desses.

1.2.5.2 Cabimento, competência e efeitos

Solução semelhante à da recuperação judicial do grupo OAS foi adotada no caso do grupo SINA. Aqui se deferiu a consolidação substancial por conta da "significante identidade e insuficiente separação entre as empresas do mesmo grupo econômico", com a apresentação de plano unitário de recuperação, submetido à deliberação da massa indistinta dos credores de todas as litisconsortes. Todavia, esse plano conferia preferência ao pagamento dos credores de determinada empresa do grupo, inserida no polo ativo para o fim de permitir a recuperação das demais. Daí que, na prática, a consolidação substancial se deu apenas para fins de deliberação sobre o plano[128].

---

128. GRUPO SINA. "Recuperação judicial – Plano aprovado em assembleia de credores – Princípio da paridade de credores que não foi infringido – Plano de recuperação judicial uno – Consolidação

Já no caso do grupo SCHAHIN[129], deferiu-se a consolidação substancial para a formulação de plano unitário de recuperação, "sem distinção entre os credores da mesma classe, ainda que titulares de créditos em face de pessoas jurídicas distintas e integrantes do mesmo grupo", bem como para que esse plano fosse submetido a uma única assembleia geral de credores, composta pelos credores de todas as devedoras.

Referendando, por seus próprios fundamentos, a decisão do Juiz Paulo Furtado de Oliveira Filho, titular da 2ª Vara de Falências de São Paulo, o Tribunal entendeu que essas medidas não seriam consequência automática do ajuizamento da recuperação judicial em litisconsórcio ativo[130], mas eram justificadas, no caso, em razão de as devedoras possuírem participações recíprocas, com a prestação de garantias cruzadas nas obrigações contraídas perante terceiros, além de se valerem de caixa único. A esses fundamentos o voto condutor acrescentou que

---

substancial das recuperandas que formam o Grupo Sina – Estipulação sobre o pagamento dos credores trabalhistas que não contraria o disposto no artigo 54 da Lei 11.101/2005 – Suspensão motivada do cumprimento do plano em relação à agravante – Existência de investigação criminal – Formação de reserva de capital a impedir o prejuízo da credora – Homologação mantida – Recurso desprovido. [...] como reconhece a agravante, foi deferida a consolidação substancial das empresas integrantes do grupo Sina, não se podendo individualizar o ativo e o passivo de uma determinada recuperanda, uma vez que foi apresentado um plano de recuperação judicial único ou conjunto, no qual foram observadas a autonomia e as peculiaridades atinentes às empresas e a seus credores, destacando-se os ativos de titularidade de cada uma delas para responder pelas obrigações. [...] Em decisão datada de 7 de novembro de 2016 e contra a qual não foi interposto recurso, o Juízo 'a quo' expôs, de maneira bastante detalhada e fundamentada, os motivos pelos quais haveria de ser admitida, no caso concreto, a consolidação substancial, presente significante identidade e insuficiente separação entre as empresas do mesmo grupo econômico, formado um bloco único de atuação e potencializada unidade para fins de responsabilidade patrimonial, anunciada confusão patrimonial. Assim, ainda que se verifiquem eventuais diferenças de tratamento, o escopo é o de criar igualdade aos credores em situações diversas, atendendo seu interesse comum, sobretudo diante dos reflexos inevitáveis da manutenção de um grupo econômico no âmbito de execuções singulares, não se olvidando que a matéria foi levada à assembleia de credores e foi aprovada, não sendo possível cogitar-se, inclusive, ao contrário do proposto, de manobra para direcionar a assembleia e atingir os quóruns legais, prejudicando os credores das demais recuperandas" (TJSP, 1ª Câmara Reservada de Direito Empresarial, AI 2164956-09.2017.8.26.0000, rel. Des. Fortes Barbosa, origem: 1ª Vara de Falências de São Paulo, j. 25.04.2018).

129. GRUPO SCHAHIN. "Recuperação Judicial. Insurgência contra decisão que determinou que a Assembleia Geral de Credores deveria ser única, com votação de um plano único por quadro de credores consolidado e sem distinção entre os credores da mesma classe, ainda que titulares de créditos em face de pessoas jurídicas distintas e integrantes do mesmo grupo, sob o argumento de que se tratava de litisconsórcio necessário das sociedades integrantes do Grupo Schahin. Confirmação da decisão agravada. Evidência de caixa único nas operações empresariais. Recurso improvido" (TJSP, 2ª Câmara Reservada de Direito Empresarial, AI 2009147-60.2016.8.26.0000, rel. Des. Caio Marcelo Mendes de Oliveira, origem: 2ª Vara de Falências de São Paulo, j. 27.03.2017).

130. Cuja formação, segundo a mesma decisão, justificar-se-ia por medida de economia processual, configurando a chamada "consolidação processual". Ademais, havendo respeito à autonomia das empresas integrantes do grupo, caberia a elas a apresentação de planos de recuperação separados, a serem submetidos apenas aos seus respectivos credores, mesmo no âmbito de uma recuperação judicial processada em litisconsórcio ativo.

a pretensão de alguns credores de que fossem apresentados planos separados decorreria de *evidente egoísmo*[131].

Na recuperação do grupo SINA[132], igualmente se determinou a consolidação substancial para fins de formulação de plano unitário e deliberação unificada pelos credores de todas as devedoras. Além disso, afirmou-se que esse proceder deveria ser a regra nas recuperações judiciais envolvendo grupos de empresas[133], reservando-se a formulação de planos e assembleias separados apenas excepcionalmente, para os casos de fraude e má-fé[134].

---

131. "[...] Muitas vezes se diz que os objetos sociais diferenciados de sociedades do grupo não poderiam dar ensejo a um plano de recuperação aglutinado para as diversas sociedades, mas isso nem sempre corresponde à verdade. [...] E o que se vê sobre essa discussão tão amiúde trazida por credores de sociedades em recuperação judicial é a seguinte proposição: se os ativos de determinada empresa os favorecem, ou na hipótese dela apresentar resultado positivo, propõe-se plano separado, só votado por eles. Caso contrário, a proposta é de plano único. Daí bem se vê que a argumentação da petição do agravo peca pelo evidente egoísmo, sem respaldo técnico-jurídico para o seu acolhimento" (TJSP, 2ª Câmara Reservada de Direito Empresarial, AI 2009147-60.2016.8.26.0000, rel. Des. Caio Marcelo Mendes de Oliveira, origem: 2ª Vara de Falências de São Paulo, j. 27.03.2017).

132. GRUPO SINA. "Recuperação Judicial. Litisconsórcio ativo. Decisão que determina o processamento conjunto, em consolidação substancial, das recuperações de três empresas que integram grupo econômico (Grupo SINA). Manutenção. Insurgência ao argumento de que seria necessária a individualização dos Planos, a ser votados exclusivamente pelos credores de cada devedora. Discussão sobre a elaboração de Plano único, a ser votado em Assembleia conjunta. Possibilidade, desde que as empresas integrantes do grupo econômico assumam a roupagem de um grande bloco, com potencial de transmitir a terceiros a impressão de que se trata de um todo unitário. Precedentes das Câmaras Reservadas de Direito Empresarial desta Corte. Empresa FAS aderiu à moratória, após deliberação tomada em Assembleia Geral de Credores de SINA INDÚSTRIA e SINA COMÉRCIO. Recuperação da empresa FAS é mera decorrência de deliberação da comunidade de credores, os quais reconheceram inequivocamente a existência de grupo econômico, e disso decorre a possibilidade de as devedoras apresentarem Plano único. Eventual abuso de direito, ou manipulação de votos, pode levar à elaboração de planos distintos e de Assembleias separadas. Distorções de créditos individuais podem ser apreciadas e corrigidas, mediante análise do caso concreto, e não de modo hipotético. Recurso desprovido" (TJSP, 1ª Câmara Reservada de Direito Empresarial, AI 2248169-44.2016.8.26.0000, rel. Des. Francisco Loureiro, origem: 1ª Vara de Falências de São Paulo, j. 31.05.2017).

133. Segundo o voto condutor: "Este E. Tribunal, por meio de suas Câmaras Reservadas de Direito Empresarial, tem sustentado a possibilidade de determinar o processamento de recuperações judiciais, em consolidação substancial, nos casos em que as empresas integrantes do grupo econômico assumam a roupagem de um grande bloco que comumente é conhecido como 'Grupo', com potencial de transmitir a terceiros a impressão de que, na verdade, trata-se de um todo unitário. Não se trata de situação jurídica fixada *a priori*, mas sim à luz das circunstâncias de cada caso concreto e do grau de interdependência das pessoas jurídicas integrantes do grupo econômico. É certo que essa veste jurídica gerará impactos, como se verifica no caso em tela, no tocante à responsabilização patrimonial e à própria realização da assembleia".

134. Ainda de acordo com o voto condutor: "Não desconheço a posição defendida pelo Desembargador Fabio Tabosa, em voto divergente no caso do Grupo OAS, no qual se sustentou que apresentar único plano de recuperação judicial seria forma de possibilitar eventuais abusos e de gerar graves distorções em relação à situação dos credores de algumas das sociedades que integram um mesmo grupo. Não vejo razão, porém, para considerar de modo abstrato a possibilidade da ocorrência de fraudes ou manipulações como argumento para coibir a consolidação substancial. Se no caso concreto constatar o juiz ou este Tribunal que realmente ocorreu abuso de direito, ou manipulação de votos, poderá ser

Decisão oposta foi tomada na recuperação judicial do grupo TOMÉ[135], afirmando-se que a consolidação substancial deveria ser a exceção, e não a regra, além de depender de decisão fundamentada[136], já que não poderia ser implementada implicitamente pelo mero deferimento do processamento da recuperação judicial em litisconsórcio ativo.

O voto condutor desse julgamento, da lavra do Desembargador Fortes Barbosa, discorreu sobre a diferença entre a consolidação *substancial* e a consolidação *processual*, esta decorrente da mera admissão do litisconsórcio ativo. Destacou, ainda, que a consolidação processual visa promover a economia de recursos e a cooperação entre as devedoras e seus respectivos credores, para maior eficiência do esforço de superação da crise econômica que atinge o grupo:

> Não há dúvida de que a consolidação substancial corresponde a um mecanismo muito mais abrangente do que uma simples consolidação processual, diferenciando-se de um simples litisconsórcio ativo. O procedimento concursal ganha em sofisticação e a posição dos credores é alterada, com implicações evidentes na composição do futuro plano (unificado e não, mais individual), na forma de votação das matérias levadas à assembleia de credores e na posição assumida por estes credores diante de cada devedor e entre si. O trâmite da recuperação com a consolidação de ativos e passivos de vários devedores componentes de um mesmo grupo econômico, mesmo ausente específica regra positivada e tal qual admitido por numerosos julgados, pode se tornar, até mesmo, obrigatório diante de uma confusão patrimonial ex-

---

determinada a elaboração de planos e assembleias separadas. A exceção da fraude e da má-fé não pode ser tomada como regra, sem alegação e demonstração real e objetiva de sua ocorrência".

135. GRUPO TOMÉ. "Recuperação judicial – Consolidação processual tida como deferida – Ausência de necessário pronunciamento explícito – Alteração procedimental que não pode ser pressuposta diante da gravidade de suas consequências – Preclusão consumativa descaracterizada – Decisão recorrida anulada – Recurso parcialmente provido. [...] Dá-se, por isso, provimento parcial ao presente agravo, com o fim de que anulada a decisão recorrida, seja proferida uma nova pelo Juízo 'a quo', dirimindo, explicitamente, a questão posta e atinente à admissão da consolidação substancial discutida" (TJSP, 1ª Câmara Reservada de Direito Empresarial, AI 2032440-88.2018.8.26.0000; rel. designado Des. Fortes Barbosa, origem: 4ª Vara Cível de São Bernardo do Campo, j. 20.06.2018).

136. Na recuperação judicial do grupo VIGNIS, o Tribunal de Justiça de São Paulo anulou decisão que havia deferido a consolidação substancial por entender que a medida não havia sido suficientemente fundamentada, especialmente no tocante à relação de dependência entre as devedoras: "Para o reconhecimento da consolidação substancial, é imprescindível estar devidamente comprovada a associação e interligação entre as empresas envolvidas na recuperação judicial, com base em elementos fáticos que demonstrem a relação de interdependência entre as sociedades, que não se subsume exclusivamente à participação societária, a ponto de a segregação de qualquer uma delas inviabilizar o próprio plano e a continuidade dos negócios. [...] No caso concreto, a r. decisão agravada não apontou os motivos pelos quais entendia estar-se diante de hipótese consolidação substancial, não bastando mera remissão à manifestação do administrador judicial, a fls. 1172/1184 dos autos de origem, que também não contém maiores esclarecimentos sobre a relação de dependência entre as empresas [...] A consolidação substancial, por se tratar de medida excepcional, deve estar fundamentada [...] Portanto, a hipótese é de parcial provimento do recurso, para que a r. decisão agravada seja anulada parcialmente, para que sejam expostos os motivos e fundamentos pelos quais a consolidação substancial das sociedades Vignis deve ser admitida [...]" (TJSP, 1ª Câmara Reservada de Direito Empresarial, AI 2166480-07.2018.8.26.0000, rel. Des. Alexandre Lazzarini, origem: 2ª Vara de Jaguariúna, j. 08.05.2019).

plícita (com aplicação do artigo 114 do CPC de 2015) e gera consequências muito graves e que condicionam o trâmite de toda a recuperação judicial, sendo seu escopo a economia de recursos e a cooperação de todas empresas envolvidas para uma maior eficiência em sua atuação diante de uma situação de crise econômica e financeira. Uma unificação procedimental ampla precisa derivar, no entanto, de maneira explícita, da afirmação da unidade gerencial, da integração patrimonial ou da simbiose do objeto social dos devedores, que buscam superar uma conjuntura desfavorável em conjunto, reunindo suas forças e conformando uma interdependência, não se admitindo a utilização da consolidação substancial como forma artificial de simples diluição de créditos. Nesse sentido, a superação da mera consolidação processual e a adoção da consolidação substancial não constituem o resultado da aplicação de uma regra geral, mas, isso sim, uma excepcionalidade, o que impõe seja proferida uma decisão especificamente motivada, não podendo ser admitido um simples deferimento implícito e decorrente da admissão de um litisconsórcio ativo, pois isso pode, simplesmente, implicar numa consolidação processual.

Nesse mesmo caso, porém em outro julgamento, a Corte também decidiu que a consolidação substancial deveria ser obrigatoriamente determinada pelo juiz, independentemente de autorização dos credores, em razão da estreita relação operacional, obrigacional e financeira entre as empresas do grupo, com a prestação de garantias cruzadas[137], bem como por haver confusão patrimonial entre elas, inclusive por conta da utilização de um caixa comum. Decidiu-se ainda que, uma vez operada a consolidação substancial, não se justificaria a realização de assembleias ou planos separados, tampouco a apresentação de listas de credores segregadas por recuperanda, salvo no caso de abuso de direito ou manipulação de votos[138].

---

137. Acerca das "garantias cruzadas", já se decidiu que elas seriam indicativas de confusão patrimonial, também justificando a consolidação substancial porque os credores por ela beneficiados (e, portanto, conhecedores da existência do grupo empresarial) teriam "o peso de seus votos exponencialmente aumentado em caso de apresentação de planos independentes ou de votação individualizadas. Nesse cenário, fica evidente o prejuízo do restante dos credores que não possuem o mesmo poder de barganha para obtenção de garantias cruzadas que justamente desrespeitam a autonomia da personalidade" (GRUPO MORENO. TJSP, 2ª Câmara Reservada de Direito Empresarial, AgInt 2262738-45.2019.8.26.0000, rel. Des. Ricardo Negrão, origem: Vara Única de São Simão, j. 29.06.2020).

138. GRUPO TOMÉ. "Agravo de instrumento. Recuperação judicial. Consolidação substancial. Reconhecimento fundamentado. Decisão mantida. 'Eventual abuso de direito ou manipulação de votos pode levar à elaboração de planos distintos e de assembleias separadas, mas não há nos autos prova em tal sentido neste momento. Eventuais distorções de créditos individuais podem ser apreciadas e corrigidas, mas não com base em meras suposições. Precedentes. Recurso não provido. [...] o reconhecimento de consolidação substancial encontra-se justificado [...]. Nesse sentido, destacam-se [...]: a) confirmação por perícia quanto à existência de unidade gerencial e integração patrimonial entre as empresas requerentes, [...] sendo administradas pelo mesmo grupo de pessoas, no mesmo endereço e com estreita relação operacional, obrigacional e financeira, inclusive com garantias trocadas entre elas, em especial, as concedidas a instituições financeiras' [...]; e b) a necessidade de reunião de forças, diante da interdependência, para 'a superação do estado de crise das recuperandas e a satisfação dos créditos em geral'. Com efeito, a r. decisão agravada encontra-se em consonância à perícia preliminar realizada nas empresas recuperandas pela administradora judicial, que constatou a confusão de caixa e patrimonial, como houve a conclusão da necessidade de recuperação conjunta. [...] Portanto, [...] tem-se por não

Idêntica conclusão foi adotada na recuperação judicial do grupo MEL-FLEX, entendendo-se que a confusão patrimonial, societária e administrativa entre as empresas "não viabiliza solução individual para cada uma das devedoras, conduzindo, isso sim, a uma solução única e conjugada". Por isso, determinou-se a consolidação substancial para que as devedoras apresentassem plano unitário, a ser submetido à deliberação dos credores de todas elas numa única assembleia[139].

Ainda na mesma linha, registra-se a decisão proferida na recuperação judicial do grupo CARMEN STEFFENS[140]. Além de invocar a disfunção societária e a confusão patrimonial como justificativas para a imposição da consolidação substancial pelo juiz (até mesmo de ofício), acrescentou a circunstância de as recuperandas já serem vistas pelo próprio mercado como uma única empresa[141].

---

justificada a realização de Assembleias separadas e nem a apresentação de planos separados e listas de credores segregadas por empresa recuperanda e mesmo a realização de dois cenários de votação (o que só traria confusão), de modo que, não havendo elementos que infirmem os fundamentos da r. decisão agravada, que concluiu, fundamentalmente, pela ocorrência de consolidação substancial entre as recuperandas, deve esta ser mantida" (TJSP, 1ª Câmara Reservada de Direito Empresarial, AI 2165772-54.2018.8.26.0000, rel. Des. Alexandre Lazzarini, origem: 4ª Vara Cível de São Bernardo do Campo, j. 17.10.2018). No mesmo sentido, confira-se: TJSP, 1ª Câmara Reservada de Direito Empresarial, AI 2169476-75.2018.8.26.0000, rel. Des. Alexandre Lazzarini, origem: 8ª Vara Cível de Campinas, j. 04.12.2018.

139. GRUPO MELFLEX. "Recuperação judicial – Consolidação substancial indeferida – Constatação em perícia prévia – Apresentação de um plano de recuperação único – Cabimento – Mistura patrimonial confessada e que não viabiliza soluções individualizadas para as devedoras – [...] – Decisão reformada – Recurso provido. [...] Com efeito, comprovada a existência de um grupo empresarial, caracterizadas, além da confusão patrimonial, a interconexão das empresas, a administração única, a utilização dos mesmos departamentos, mobiliários, máquinas e equipamentos, o entrelaçamento e a mistura de ativos, o caixa conjunto e a coincidência de sócios, mostra-se contraproducente a individualização dos planos, com votação, em separado, pelos credores de cada uma das devedoras. Como confessa a parte recorrente, há uma mistura de patrimônio, que não viabiliza solução individual para cada uma das devedoras, conduzindo, isso sim, a uma solução única e conjugada, superando uma simples consolidação processual" (TJSP, AI 2107166-96.2019.8.26.0000, rel. Des. Fortes Barbosa, origem: 1ª Câmara Reservada de Direito Empresarial, 1ª Vara Cível de Cotia, j. 17.07.019).

140. GRUPO CARMEN STEFFENS. "Recuperação judicial. Decisão determinando a consolidação substancial de empresas do grupo econômico no polo ativo da reestruturação. Agravo de instrumento de credor. Hipótese dos autos em que a consolidação substancial, não apenas se justifica, dada a ausência de autonomia jurídica das devedoras, a demonstração de confusão patrimonial e a existência de movimentação de recursos entre as empresas, como também se mostra obrigatória, devendo ser determinada de ofício pelo juiz "após a apuração de dados que indiquem disfunção societária na condução dos negócios das sociedades grupadas, normalmente identificada em período anterior ao pedido de recuperação judicial" (Sheila C. Neder Cerezetti). Decisão agravada mantida. Recurso desprovido [...] assim se faz em casos em que os ativos e os passivos são vistos, antes e depois da insolvência, pelos *players* do mercado, como pertencentes a um só ente, ente que compra, vende, fabrica, toma empréstimos, paga salários e comercia; um único ente que empreende, enfim" (TJSP, 1ª Câmara Reservada de Direito Empresarial, AI 2140850-75.2020.8.26.0000, rel. Des. Cesar Ciampolini, origem: 3ª Vara Cível de Franca, j. 25.09.2020).

141. No mesmo sentido: GRUPO TREVISAN. "Recuperação judicial – Consolidação substancial deferida – Grupo econômico de fato – Oferecimento de garantias cruzadas, identidade de caixa, uso da

Na recuperação judicial do grupo UTC[142], por sua vez, entendeu-se que a consolidação substancial ocorre "quando os ativos e passivos de mais de um devedor são considerados para o pagamento de todos os credores, indistintamente". Porém, mesmo à vista da confusão societária e patrimonial explícita entre as devedoras, a implementação da consolidação substancial dependeria da aprovação da maioria dos credores de cada uma delas[143], em votações separadas[144].

Assim também se decidiu na recuperação judicial do grupo SOARES MENDONÇA, registrando-se que a admissão da consolidação substancial sem concordância dos credores implicava "a subversão do instituto, prejudicando aqueles que têm o seu crédito garantido pelo patrimônio de uma ou outra sociedade, até então com independência patrimonial reconhecida"[145].

---

mesma sede administrativa, terra para plantio e maquinários, no exercício de atividade empresarial idêntica – Apresentação ao mercado como um bloco único de atuação – Apresentação de um plano de recuperação único – Cabimento – Decisão mantida – Recurso conhecido e desprovido" (TJSP, 1ª Câmara Reservada de Direito Empresarial, AI 2021976-34.2020.8.26.0000, rel. Des. Fortes Barbosa, origem: Vara Única de São Sebastião da Grama, j. 30.07.2020).

142. GRUPO UTC. "[...] Recuperação Judicial. Recurso tirado contra decisão que acolheu pedido da credora para determinar que os credores de cada uma das devedoras, em votações separadas, deliberem sobre a consolidação substancial, com a aprovação ou não de plano unitário e comunhão de ativos e passivos. Decisão acertada. Admissão do litisconsórcio ativo que não encaminha, obrigatoriamente, à consolidação substancial. Necessidade de anuência da maioria dos credores de cada uma das devedoras, sob pena de subversão do instituto. Precedente da Câmara nesse sentido. Recurso desprovido. [...]" (TJSP, 2ª Câmara Reservada de Direito Empresarial, AI 2072604-95.2018.8.26.0000, rel. Des. Araldo Telles, origem: 2ª Vara de Falências de São Paulo, j. 30.07.2018). No mesmo sentido, confira-se: TJSP, 2ª Câmara Reservada de Direito Empresarial, AI 2063915-28.2019.8.26.0000, rel. Des. Araldo Telles, origem: 7ª Vara Cível de São José do Rio Preto, j. 11.02.2020.

143. De acordo com o voto condutor, somente depois de obtida essa aprovação é que o plano unitário (que traduz a consolidação substancial) poderia ser submetido à deliberação dos credores, novamente de forma segregada: "andou bem o i. magistrado ao determinar que caberá aos credores de cada uma das recuperandas e a necessidade de tal anuência foi por mim destacada em inúmeros julgados –, em votações separadas (tal providência está garantida com a apresentação, pela Administradora Judicial, de relação segregada dos credores em 12 grupos ...), decidir sobre a consolidação substancial, de modo que, se aprovada por todos os credores das sociedades integrantes do Grupo UTC, deve ser votado o plano unitário apresentado, ou, acaso aprovado apenas com relação a algumas ou nenhuma delas, que se faça a necessária adequação" (TJSP, 2ª Câmara Reservada de Direito Empresarial, AI 2072604-95.2018.8.26.0000, rel. Des. Araldo Telles, origem: 2ª Vara de Falências de São Paulo, j. 30.07.2018).

144. No mesmo sentido, confira-se: "Agravo de instrumento. Recuperação judicial. A existência de grupo econômico não implica no deferimento da consolidação substancial. Matéria sujeita à deliberação dos credores em assembleia. Votação individualizada, a fim de respeitar a autonomia das recuperandas e vontade dos credores. Recurso provido em parte" (TJSP, 1ª Câmara Reservada de Direito Empresarial, AI 2225216-81.2019.8.26.0000, rel. Des. Alexandre Lazzarini, origem: 1ª Vara de Falências de São Paulo, j. 13.05.2020). E também: TJSP, 1ª Câmara Reservada de Direito Empresarial, AI 2261973-74.2019.8.26.0000, rel. Des. Alexandre Lazzarini, origem: 1ª Vara de Falências de São Paulo, j. 29.07.2020.

145. TJSP, 2ª Câmara Reservada de Direito Empresarial, AI 2197397-38.2020.8.26.0000, rel. Des. Araldo Telles, origem: 3ª Vara Cível de Carapicuíba, j. 16.10.2020.

Já na recuperação do grupo ODEBRECTH[146], o Tribunal afirmou que a consolidação substancial tanto poderia ser deferida pelo juiz, independentemente de prévia manifestação dos credores, quanto determinada por deliberação dos credores[147]. Neste último caso, porém, as votações deveriam ser separadas (ou seja, realizadas de forma distinta, pelos conjuntos de credores de cada uma das devedoras).

Confira-se, finalmente, o posicionamento do Desembargador Ricardo Negrão, contrário à consolidação substancial e, em especial, à submissão dos credores de devedores diferentes a uma única assembleia:

> Não há razão para obrigar os credores de uma e de outra empresa desse grupo a aceitarem maior sacrifício do que aquele que suportariam na tramitação individual da recuperação da

---

146. GRUPO ODEBRECHT. "Agravo de instrumento. Recuperação judicial. A existência de grupo econômico não implica no deferimento da consolidação substancial. Deliberação dos credores em assembleia. Votação única e consolidada. Reforma. Votação individualizada, a fim de respeitar a autonomia das recuperandas e vontade dos credores. Recurso provido. [...] É certo que este Relator entende possível o deferimento da consolidação substancial pelo Juízo Recuperacional, sem a obrigatoriedade de manifestação prévia dos credores, nas hipóteses em que está caracterizado o Grupo Econômico, ou seja, quando 'de maneira explícita, da afirmação da unidade gerencial, da integração patrimonial ou da simbiose do objeto social dos devedores, que buscam superar uma conjuntura desfavorável em conjunto, reunindo suas forças e conformando uma interdependência, não se admitindo a utilização da consolidação substancial como forma artificial de simples diluição de créditos' (AI 2032440-88.2018.8.26.0000, Rel. Des. Fortes Barbosa, j. 20.06.2018). No caso, o magistrado não deferiu a consolidação substancial, mas determinou que os credores deliberassem sobre a questão em AGC, porém, de maneira consolidada. Ora, se não houve apreciação da matéria pelo Juízo, não há que se impor a realização de Assembleia Geral de Credores como se deferimento houvesse. Por essa razão, impõe-se o acolhimento do presente recurso, a fim de que a questão seja apreciada pelos credores de cada uma das recuperandas, que exercerão seu direito de aprovar ou não a consolidação substancial na exata medida do seu crédito" (TJSP, 1ª Câmara Reservada de Direito Empresarial, AI 2262371-21.2019.8.26.0000, rel. Des. Alexandre Lazzarini, origem: 1ª Vara de Falências de São Paulo, j. 04.03.2020).
147. Decisão em sentido semelhante foi proferida na recuperação judicial do grupo MASIPACK. Aqui, o Tribunal reverteu a decisão de primeiro grau que havia deferido a consolidação substancial por entender inexistirem provas de abuso da personalidade jurídica. Entretanto, ressalvou a possibilidade de a medida ser implementada mediante deliberação dos credores em assembleia: "Recuperação judicial requerida por três empresas. Decisão que determinou a consolidação substancial. Agravo de instrumento de banco credor. Na consolidação processual há litisconsórcio ativo, com a condução conjunta de recuperações judiciais de devedoras que compõem um grupo societário, sem eliminação da independência patrimonial. Na consolidação substancial, diferentemente, há reunião de ativos e passivos das litisconsortes. Pode ser voluntária, quando os credores assim deliberarem em assembleia, ou obrigatória, nos casos em que houver abuso de personalidade. Doutrina de Sheila C. Neder Cerezetti. Hipótese dos autos em que as recuperandas pleitearam apenas a consolidação processual, não havendo provas de abuso de personalidade jurídica que ensejasse a consolidação substancial. Cabimento, portanto, apenas da consolidação processual, ressalvada a possibilidade de os credores deliberarem em assembleia pela consolidação substancial voluntária. Decisão agravada reformada. Agravo de instrumento provido" (TJSP, 1ª Câmara Reservada de Direito Empresarial, AI 2028810-87.2019.8.26.0000, rel. Des. Cesar Ciampolini, origem: 2ª Vara Cível de São Bernardo do Campo, j. 23.10.2019).

empresa em que figuram como credores. E, há de se considerar que num grupo econômico, sempre haverá algumas empresas que deixaram decorrer o tempo certo para ajuizarem seu pedido e já não há mais condições de atender aos requisitos para pleitear sua recuperação judicial (LRE, art. 105). Se assim é, ao misturar sociedades sem viabilidade econômica para o pedido recuperatório que se encontra em estado falimentar, portanto e sociedades que não se encontram em crise econômico-financeira o pedido incidirá em dupla violação ao espírito da lei recuperatória: permitirá processar pedido de recuperação de empresa em estado falimentar (nesse estado seus credores não autorizariam a pretensão) e, ao mesmo tempo, permitirá que empresa que não se encontra em crise-econômica valer-se dos benefícios legais, unicamente para atender outra empresa de seu grupo econômico, em detrimento de seus credores que, a rigor, poderiam valer-se das execuções individuais para recuperação de seus créditos. Com esses fundamentos, conclui-se que as dívidas de todo o grupo não devem ser consolidadas único plano de recuperação. A autonomia das personalidades jurídicas impede sejam igualados os riscos contratados por cada um dos credores. Na r. decisão recorrida assegurou-se o direito de voz e voto de acordo com seu crédito. Portanto, em complemento, assegura-se a reunião dos dois pedidos [de distintas empresas] num único feito como medida de economia processual e determina-se que os planos sejam apresentados por cada pessoa jurídica, ainda que integrem um único documento, cada qual a ser votado por seus próprios credores. Isso não viola a consolidação processual já autorizada por esta Corte e atende aos interesses dos credores, uma vez que a assembleia a ser realizada deliberará sobre propostas mais transparente e didática. [...] O que não se pode admitir é que a devedora em crise econômica tome a iniciativa de propor a alguns credores excluídos os não sujeitos à recuperação judicial oportunidade para manifestarem-se sobre sua pretensão, o que pode resultar em redução do patrimônio de uma sociedade desse grupo, sua devedora em execução singular. E, em geral, pretende-se esse resultado numa assembleia conjunta de todos os credores, indistintamente (!!!), dando margem à violação do direito da Maioria titulado por cada um dos conjuntos de credores sociais[148].

O mesmo entendimento foi ratificado em outra decisão, na qual acrescentou que "a consolidação substancial, instrumento procedimental norte-americano, de pouco uso na origem, a depender da moldagem que se dê à deliberação de credores, tende a privilegiar credores de uma massa objetiva em detrimento de credores de outra empresa do mesmo grupo econômico ou de

---

148. "Recuperação judicial simultânea – Grupo econômico – Consolidação substancial – Decisão que autorizou voto em separado, sob o fundamento de não ter sido apreciado em definitivo a questão da consolidação substancial no Colegiado – Pretensão de reforma – Cabimento – Assegurada a reunião das distintas empresas num único feito como medida de economia processual – Determinação de que os planos sejam apresentados por cada pessoa jurídica, ainda que integrem um único documento, cada qual a ser votado por seus próprios credores – As dívidas de todo o grupo não devem ser consolidadas num único plano de recuperação, sob pena de desnaturação do instituto – A autonomia das personalidades jurídicas impede que sejam igualados os riscos contratados por cada um dos credores – Não há razão para obrigar os credores de uma e de outra empresa do Grupo a aceitarem maior sacrifício do que aquele que suportariam na tramitação individual da recuperação da empresa em que figuram como credores – Agravo provido neste ponto. [...]" (TJSP, 2ª Câmara Reservada de Direito Empresarial, AI 2072701-95.2018.8.26.0000, rel. Des. Ricardo Negrão, origem: 2ª Vara de Falências de São Paulo, j. 25.02.2019).

fato". Assim, como os interesses dos credores não seriam homogêneos, imperava a necessidade de as deliberações sobre os planos de recuperação ocorrerem de forma separada[149].

1.2.5.3 Consolidação substancial parcial

Na quase totalidade dos casos, a consolidação substancial foi determinada em relação a todos os litisconsortes, existindo também alguns julgados que chegaram até mesmo a estender a medida a outras empresas do grupo que nem sequer integravam o polo ativo do processo de recuperação[150].

---

149. GRUPO GOMES LOURENÇO. "RECUPERAÇÃO JUDICIAL – Decisão judicial sobre o plano ou planos apresentados por grupo econômico ou de fato – Determinação de que, após instalada a AGC a consolidação substancial seja levada à deliberação dos credores de cada uma das devedoras, separadamente – Pretensão de credora ao reconhecimento da possibilidade de votação única acerca da deliberação substancial e dos demais aspectos do plano de recuperação judicial – Impropriedade – Matéria deliberada anteriormente pela Câmara em julgamentos precedentes – Determinação colegiada à apresentação de planos autônomos para cada recuperanda e apresentação da relação de credores individuais para fins de quórum de instalação e votação dos respectivos planos em assembleia de credores – Fundamentos apresentados ora realçados para demonstrar que a consolidação substancial, instrumento procedimental norte-americano, de pouco uso na origem, a depender da moldagem que se dê à deliberação de credores, tende a privilegiar credores de uma massa objetiva em detrimento de credores de outra empresa do mesmo grupo econômico ou de fato – Interesses dos credores não homogêneos – Necessidade de deliberação em separado como já julgado anteriormente – Recurso não provido. Dispositivo: negaram provimento ao recurso" (TJSP, 2ª Câmara Reservada de Direito Empresarial, AI 2050747-56.2019.8.26.0000, rel. Des. Ricardo Negrão, origem: 2ª Vara de Falências de São Paulo, j. 17.06.2019).

150. "Recuperação judicial – Decisão que reconheceu a existência de grupo econômico, determinando a reunião de dois processos, com ordem de inclusão no polo ativo das demais sociedades integrantes do grupo, além de renovação de prazos e apresentação de plano único de recuperação e nova lista de credores – Inconformismo de um dos credores quirografários – Não acolhimento – [...] – No contexto, a consolidação de ativos e passivos de todas as devedoras e a apresentação de plano unitário vão ao encontro dos interesses dos credores [...] – Decisão mantida – Recurso desprovido, na parte conhecida" (TJSP, 2ª Câmara Reservada de Direito Empresarial, AI 2151632-78.2019.8.26.0000, rel. Des. Grava Brazil, origem: 2ª Vara Cível de Itaquaquecetuba, j. 10.03.2020). No mesmo sentido: "Recuperação judicial. Decisão determinando a inclusão de empresa do mesmo grupo econômico no polo ativo da demanda. Agravo de instrumento da recuperanda cuja inclusão se determinou. Hipótese dos autos em que a consolidação substancial, efetivamente, se justifica, dada a demonstração de confusão patrimonial e da existência de movimentação de recursos entre as empresas. Com efeito, a consolidação substancial é obrigatória, e deve ser determinada pelo juiz, 'após a apuração de dados que indiquem disfunção societária na condução dos negócios das sociedades grupadas, normalmente identificada em período anterior ao pedido de recuperação judicial' (Sheila C. Neder Cerezetti). Decisão agravada confirmada. Agravo de instrumento desprovido. [...] Inicialmente, cumpre ressaltar que, *data venia*, ao menos em análise superficial e perfunctória, a que cabe para o presente momento processual, o caso *sub judice*, diferentemente das hipóteses de consolidação substancial voluntária e de desconsideração da personalidade jurídica, parece representar situação de consolidação substancial obrigatória, que cumpre ao juiz determinar verificando a existência de verdadeira 'disfunção societária' na condução dos negócios do grupo" (TJSP, 1ª Câmara Reservada de Direito Empresarial, AI 2050662-70.2019.8.26.0000, rel. Des. Cesar Ciampolini, origem: 9ª Vara Cível de Campinas, j. 07.08.2019).

Algumas vezes, porém, foi deferida uma *consolidação substancial parcial*, relativamente a apenas uma parte dos autores da recuperação judicial, porém sem excluir os demais devedores do polo ativo[151].

Na recuperação judicial do grupo HEBER, por exemplo, permitiu-se a apresentação de dois planos de recuperação, sendo o primeiro relativo a uma única devedora e o segundo, unificado, relativamente às demais empresas do grupo. Ao final, foram realizadas duas assembleias, uma composta pelos credores da devedora segregada e a outra pelos credores das outras empresas do grupo[152].

Já na recuperação judicial do grupo GOMES LOURENÇO – em que a consolidação substancial foi submetida à aprovação dos credores em deliberações separadas –, a medida foi aprovada pela maioria dos credores de todas as devedoras, à exceção de uma. Por isso, concedeu-se a recuperação às devedoras que lograram obter a concordância dos credores (operando-se a consolidação substancial apenas entre elas), extinguindo-se o feito em relação à empresa cujos

---

151. "Recuperação judicial – Deferimento do processamento em consolidação substancial – Exame concreto da composição do litisconsórcio ativo diante dos elementos disponíveis – Sociedade voltada para a administração de bens – Ausência de entrelaçamento entre as atividades de 'Pouso Alegre Comercial e Agropecuária S/A' e as desenvolvidas pelas demais autoras já reconhecida em momento anterior – Elementos autorizadores do processamento da recuperação judicial das demais autoras em consolidação substancial – Decisão reformada – Recurso provido em parte" (TJSP, 1ª Câmara Reservada de Direito Empresarial, AI 2063906-66.2019.8.26.0000, rel. Des. Fortes Barbosa, origem: 1ª Vara de Falências de São Paulo, j. 07.08.2019).

152. GRUPO HEBER. "Recuperação Judicial. Recurso tirado contra r. decisão que acolheu pedido das devedoras para permitir a votação de dois planos de recuperação, segregando a Concessionária SPMAR S/A das demais recuperandas e incumbindo os credores de cada uma delas, em votações separadas, da decisão sobre a consolidação substancial, com a aprovação ou não de plano unitário e comunhão de ativos e passivos. Decisão acertada. Admissão do litisconsórcio ativo que não encaminha, obrigatoriamente, à consolidação substancial. Necessidade de anuência da maioria dos credores de cada uma das devedoras, sob pena de subversão do instituto. Precedente da Câmara nesse sentido. Recurso desprovido. [...] Tem-se, portanto, quatro possíveis panoramas em se tratando de recuperação judicial de grupos societários: primeiro, apresentação de planos individuais de cada devedora e que serão votados pelos seus respectivos credores; segundo, plano único prevendo a independência de cada devedora e com votação também individual; terceiro, plano unitário (consolidação substancial completa) com previsão de comunhão de ativos e passivos das devedoras; quarto, planos individuais para alguns devedores, cuja maioria dos credores não concordou com a consolidação substancial, e plano unitário para os grupos em que houve concordância da maioria pela comunhão de ativos e passivos (consolidação substancial parcial do grupo). [...] E, em cumprimento à r. decisão recorrida – que não foi suspensa por este relator –, foram realizadas duas assembleias de credores, no mesmo dia 18.9.2018, mas em horários diferentes, uma com os credores da SPMAR (11hs) e outra com os credores das sociedades remanescentes do Grupo Heber (15hs), o que encaminhou, como se verá adiante, para a conclusão referida anteriormente como sendo o quarto panorama. [...] Ora, se a pretensão recursal é, exatamente, a consolidação substancial total, com a comunhão de ativos e passivos da SPMAR com as demais sociedades remanescentes, tendo a medida sido rejeitada pela totalidade dos credores da primeira, não pode ser acolhida pelo Poder Judiciário" (TJSP, 2ª Câmara Reservada de Direito Empresarial, AI 2198596-66.2018.8.26.0000, rel. Des. Araldo Telles, origem: 1ª Vara de Falências de São Paulo, j. 15.05.2020).

credores desaprovaram a consolidação substancial[153]. Isso porque essa empresa, além de não estar em situação de crise, possuía apenas dois credores, de classes diferentes, situação que não autorizaria a concessão da recuperação judicial[154].

1.2.5.4 Sociedades de propósito específico

Anota-se, ainda, dissídio jurisprudencial acerca do cabimento da consolidação substancial no âmbito da recuperação judicial de sociedades de propósito

---

153. GRUPO GOMES LOURENÇO. "[...] Agravo de instrumento Recuperação judicial – Requerimento ajuizado por apenas uma empresa e posteriormente aditado para a tramitação simultânea em relação a outras cinco empresas – Importante embate envolvendo a possibilidade de consolidação processual ou substancial, inclusive nesta jurisdição – Determinação colegiada que permitiu o trâmite em consolidação processual e facultou à AGC a deliberação acerca da consolidação substancial, mediante a individualização das massas para maior capacidade de deliberação e transparência – Plano aprovado em consolidação substancial, excluída a empresa PST Energias, ora recorrente – Superveniente extinção do processo em relação à empresa excluída – [...] – Decisão de extinção sem análise de mérito mantida – Agravo desprovido. [...] Portanto, uma vez constatado que a agravante não preenche os requisitos para pleitear a recuperação judicial, haja vista que a mera indicação de grupo econômico não é suficiente para tal finalidade, não há justificativa para sua manter no polo ativo da recuperação judicial. Ultrapassa a legalidade manter em recuperação judicial uma empresa que não se encontra em crise econômico-financeira, unicamente, para atender aos interesses de outras empresas do mesmo grupo econômico, especialmente, diante da constatação de que tais empresas estão em situação falimentar, conforme constatado nos demais recursos apreciados. Na mesma hermenêutica das conclusões expressas pelo Juízo Recuperacional ao prolatar a decisão de extinção sem análise de mérito, entende-se que a autonomia das personalidades jurídicas impede que sejam igualados os riscos contratados por cada um dos credores de massas distintas. Rememore-se a distinção prevista no art. 50, § 4º do Código Civil. Evidentemente, caso constatado desvio de finalidade, confusão patrimonial, desnaturado estará o objetivo legal de preservar a função social da empresa. Necessário observar, ainda, importante aspecto envolvendo a recorrente e seu expressivo credor Infrabrasil. Mencionado credor deixa claro em suas manifestações nos autos a plena discordância em relação ao plano apresentado, de maneira que, caso autorizada a manutenção do recorrente no polo ativo e realizada nova deliberação assemblear, iminente a hipótese de convolação em falência (Lei n. 11.101/2005, art. 56, § 4º). Portanto, sob nenhum fundamento, haveria razão para reforma da r. decisão neste aspecto, de maneira que o decreto de extinção em relação à PST é mantido" (TJSP, 2ª Câmara Reservada de Direito Empresarial, AgInt 2235894-58.2019.8.26.0000, rel. Des. Ricardo Negrão, origem: 2ª Vara de Falências de São Paulo, j. 01.07.2020).
154. A esse respeito, confira-se a seguinte decisão proferida pelo Juiz da 2ª Vara de Falências e Recuperações Judiciais de São Paulo, Dr. Paulo Furtado de Oliveira Filho: "O processo deve ser extinto em relação à PST porque a recuperação judicial não se destina a solucionar crise econômico-financeira quando o devedor tem apenas um credor, ou, ainda, um único credor em cada classe. [...] Como o processo de recuperação judicial é destinado à 'superação dos obstáculos representados pela livre negociação simultânea com vários credores' e que o 'princípio da maioria dentro de cada classe é imprescindível', de modo a permitir que a 'cooperação entre os credores' prevaleça sobre interesses individuais, conclui-se que o pedido de recuperação judicial PST não é o meio processual adequado para a solução de sua alegada crise econômico-financeira, pois a PST tem apenas um credor na classe II e IV, não há a necessária dificuldade de negociações simultâneas com vários credores para a superação da crise, não há maiorias a serem obtidas para a solução da crise, não há uma coletividade de credores a ser levada em consideração em relação aos interesses individuais de cada credor, enfim, há uma manifesta incompatibilidade entre a situação da PST e um procedimento de natureza coletiva, cabendo à devedora negociar individualmente com os seus dois únicos credores os meios para solucionar o seu endividamento" (proc. 1003823-78.2016.8.26.0268).

específico (SPEs), constituídas para a realização de empreendimentos imobiliários. Na recuperação judicial do grupo VIVER, por exemplo, a medida foi considerada inadmissível[155] em função da expressa incomunicabilidade ressalvada pelo legislador quanto às dívidas do incorporador, ou mesmo daquelas de outros patrimônios de afetação (relativas a outras incorporações em andamento). Por outro lado, o expediente acabou sendo autorizado na recuperação do grupo PDG[156].

1.2.5.5 Momento processual

Outra questão de interesse diz respeito ao momento processual adequado para determinar-se a consolidação substancial, bem como para os credores deduzirem eventual oposição à implementação dessa medida.

No caso do grupo ABENGOA, por exemplo, o Tribunal de Justiça de São Paulo reputou prematura a discussão acerca da consolidação substancial por ocasião do deferimento do processamento da recuperação judicial, negando provimento ao recurso interposto por credor que pretendia fosse desde logo rejeitada a sua aplicação[157].

---

155. GRUPO VIVER. "Recuperação judicial. Pedido conjunto entre incorporadoras controladoras de grupo econômico e sociedades de propósito específico (SPEs) constituídas para a condução dos empreendimentos imobiliários, algumas delas com patrimônios de afetação vinculados ao empreendimento respectivo. Agravo de banco-credor para exclusão dessas últimas. Pertinência. Instituto da recuperação judicial que, dadas as características das incorporações imobiliárias e a singular posição nelas ocupada pelos adquirentes de unidades (residenciais ou não), inclusive quanto à natureza do direito correspondente (direito ao recebimento das unidades, e não de natureza pecuniária), não se compatibiliza com situações dessa ordem, estando pendentes as obras. [...] assiste razão ao agravante quando aponta incompatibilidade da própria recuperação judicial com a disciplina jurídica dos patrimônios de afetação. [...] parece claro que, em função da expressa incomunicabilidade ressalvada pelo legislador quanto a outras dívidas do incorporador, ou mesmo daquelas de outros patrimônios de afetação (fruto de outras incorporações em andamento), jamais se poderia cogitar, mesmo que se admita a recuperação, da hipótese de consolidação substancial, que acaba por derrubar as barreiras formais entre pessoas jurídicas e patrimônios, unificando, como se se tratasse de uma única empresa, as posições de credores e devedores em geral. [...]" (TJSP, 2ª Câmara Reservada de Direito Empresarial, AI 2236772-85.2016.8.26.0000, rel. Des. Fabio Tabosa, origem: 2ª Vara de Falências de São Paulo, j. 12.06.2017).
156. GRUPO PDG. "Agravo de instrumento. Recuperação judicial. Plano aprovado. Já autorizada, por acórdão anterior, a inclusão das SPEs no polo ativo da recuperação. Patrimônios de afetação claramente excluídos do feito recuperatório. [...] Consolidação substancial, no caso, que se autoriza [...]" (TJSP, 2ª Câmara Reservada de Direito Empresarial, AI 2086727-98.2018.8.26.0000, rel. Des. Claudio Godoy, origem: 1ª Vara de Falências de São Paulo, j. 25.03.2019).
157. GRUPO ABENGOA. "Recuperação Judicial. Recurso interposto por credor contra a decisão que deferiu o processamento da recuperação judicial das agravadas. [...] Ausência, na hipótese, de consolidação substancial, apenas processual. Recurso desprovido. [...] De resto, quanto à consolidação substancial, tal como assentei no exame liminar do recurso, a discussão ainda é prematura. É que, apesar da dúvida do agravante a respeito da concessão de consolidação processual ou substancial, não se registrou, na origem, deliberação a respeito da segunda. A formação do litisconsórcio ativo, na hipótese, evidentemente, foi corretamente deferida, pois o processamento separado das ações de

Já na recuperação do grupo PDG, a Corte reputou extemporânea a oposição de um credor à consolidação substancial por ter sido formulada somente por ocasião da homologação do plano. Assentou-se, na ocasião, que a impugnação deveria ter sido deduzida quando do deferimento do processamento da recuperação judicial[158].

1.2.6 Efeitos do litisconsórcio na convolação em falência

Além de permitir o processamento conjunto da recuperação judicial de múltiplos devedores – para viabilizar a superação da crise do grupo –, a admissão do litisconsórcio ativo, segundo algumas decisões, teria o efeito de vincular os devedores ao mesmo destino.

Nesse sentido, o Tribunal de Justiça de São Paulo já decidiu que, se as empresas do grupo optaram por formular o pedido de recuperação em litisconsórcio ativo, a "aprovação do plano relativamente à empresa isolada [...] é irrelevante". Por isso, manteve a sentença que decretou a falência de todo o grupo, inclusive da única empresa em relação à qual o plano de recuperação fora aprovado pelos credores[159].

Noutro caso, o Tribunal também manteve o decreto de falência imposto a todas as empresas do grupo em razão de o pedido de recuperação judicial

---

recuperação de cada uma das sociedades, essencialmente interligadas, certamente comprometeria o soerguimento do grupo. No entanto, o que se extrai da decisão ora recorrida, de deferimento do processamento da recuperação, é apenas a consolidação processual, ausente qualquer deliberação a respeito da apresentação de plano ou da realização de assembleia de credores unos, tampouco do comprometimento, de uma pela outra, das obrigações sujeitas ao processo recuperatório" (TJSP, 2ª Câmara Reservada de Direito Empresarial, AI 2020208-44.2018.8.26.0000, rel. Des. Araldo Telles, origem: Vara Única de Santa Cruz das Palmeiras, j. 08.04.2019).

158. "[...] seja como for e o que cabe novamente reiterar, o momento adequado para questionar quer a inclusão de empresas do polo ativo, quer a consolidação substancial, não é decerto aquele sucessivo à própria homologação do plano único, mas sim o do deferimento do processamento da recuperação" (TJSP, 2ª Câmara Reservada de Direito Empresarial, AI 2086727-98.2018.8.26.0000, rel. Des. Claudio Godoy, origem: 1ª Vara de Falências de São Paulo, j. 25.03.2019).

159. "Agravo de instrumento. Decisão que decretou a falência diante da reprovação do plano de recuperação judicial. Pretensão dos agravantes de reapresentação do plano com alterações que não encontra respaldo na lei. Alegação de que a discussão sobre a classificação dos créditos com garantia real não afeta o resultado da assembleia (art. 39, § 2º da Lei n. 11.101/05). Aprovação do plano relativamente à empresa isolada que é irrelevante, se o pedido de recuperação foi realizado em litisconsórcio ativo por todas as pessoas jurídicas integrantes do grupo recuperando. Agravo desprovido. Agravo regimental. Decisão liminar que negou efeito suspensivo ao agravo de instrumento interposto. Recurso prejudicado. [...] Por fim, com relação à empresa Munte, não podem agora os agravantes pretender o deferimento isolado da recuperação em relação a ela se optaram por realizar pedido de recuperação em litisconsórcio ativo, incluindo todas as pessoas jurídicas do grupo" (TJSP, Câm. Esp. Fal. Recup. Jud., AI 0585237-96.2010.8.26.0000, rel. Des. Pereira Calças, origem: 2ª Vara de Falências de São Paulo, j. 01.03.2011).

ter sido formulado em litisconsórcio. Segundo o voto condutor, a pretensão de determinadas devedoras de serem excluídas do decreto falimentar configuraria *venire contra factum proprium*, já que foram elas próprias que decidiram requerer a recuperação judicial em conjunto, devendo, portanto, "sujeitar-se a todos os seus efeitos, sejam eles positivos ou negativos"[160].

Essas decisões, entre outras, evidenciam o costume do Tribunal de Justiça de São Paulo de ignorar a independência patrimonial entre os devedores, tratando-os como uma única entidade, pelo simples fato de a recuperação judicial ter sido requerida conjuntamente, em litisconsórcio ativo.

Ora, se cada empresa, mesmo que integrante de um grupo, conserva personalidade e patrimônio distintos[161], o mero pedido conjunto de recuperação judicial não deveria ser suficiente para produzir efeitos materiais sobre as devedoras, especialmente no que toca à responsabilidade patrimonial de cada uma em face dos seus respectivos credores.

Porém, não é isso que se observa na prática. Muito pelo contrário: o conjunto das decisões do Tribunal de Justiça de São Paulo indica certa predisposição da Corte a desconsiderar a separação entre as empresas do grupo, como se essa devesse ser a regra e não a exceção.

O caso do grupo HOMEX é emblemático nesse sentido. Aqui, a recuperação judicial do grupo foi convolada numa única falência. Sem determinar a aglutinação das massas falidas das devedoras, ou apontar elementos que indicassem possível confusão patrimonial, o juízo de primeiro grau deixou de ordenar a separação dos procedimentos de liquidação de cada uma das recuperandas.

Ainda assim, o Tribunal indeferiu pedido formulado por credor para que houvesse o desmembramento das falências de cada pessoa jurídica integrante do grupo. Mesmo admitindo que "a criação do grupo não faz desaparecer a autonomia jurídica e nem implica automática solidariedade entre as diversas sociedades", a Corte afirmou que o requerimento do credor seria "prematuro e açodado [...] antes de se conhecer o grau de simbiose e, especialmente, de confusão patrimonial entre as sociedades do mesmo grupo"[162].

---

160. "Agravo de Instrumento. Recuperação judicial convolada em falência. Pretensão de exclusão de determinadas pessoas jurídicas do decreto falimentar. Impossibilidade. Pessoas jurídicas que, em litisconsórcio com outras empresas do mesmo grupo, deduziram pedido de recuperação judicial. Empresas que pleitearam a recuperação judicial e, assim sendo, devem sujeitar-se a todos os seus efeitos, sejam eles positivos ou negativos, sob pena de inegável ofensa ao princípio do 'venire contra factum proprium' [...]. Recurso não provido" (TJSP, 2ª Câmara Reservada de Direito Empresarial, AI 0080712-60.2012.8.26.0000, rel. Des. Roberto Mac Cracken, origem: 1ª Vara de Falências de São Paulo, j. 16.10.2012).
161. Lei 6.404/1976, artigo 266.
162. GRUPO HOMEX. "[...] Alega o Banco Pan, em síntese, que a decisão agravada, ao decretar a quebra de vinte e seis pessoas jurídicas do mesmo grupo de empresas (Grupo Homex), deixou de especificar

No caso do grupo AGRENCO, cuja recuperação judicial foi convolada em falência, a Corte confirmou a formação de um único quadro de credores, composto indistintamente pelos credores de todas as devedoras (na prática, autorizou a consolidação substancial, mesmo sem empregar o termo). Embora também tenha sido invocada a ocorrência de confusão patrimonial, infere-se do voto condutor que a medida foi determinada muito pelo fato de que, desde o início do processo, as litisconsortes foram tratadas como se fossem uma única empresa[163].

Destacou-se a "prática de atos conjuntos no curso de todo o procedimento de recuperação judicial", com a formulação de "um plano único, para a recuperação de todo o grupo empresarial, congregado o conjunto dos credores das quatro sociedades envolvidas, confessando as sociedades o entrelaçamento de interesses e a subsistência de um liame em sua atividade e administração". Daí a conclusão de que, "com a quebra [...], a conjuntura se mantém, justificando-se a formação de um único quadro de credores", a fim de "harmonizar sua situação com a realidade fática e a promover, da maneira mais efetiva, a *pars condictio creditorum (sic)*"[164].

---

se a arrecadação e a formação do quadro geral de credores será única, ou, ao contrário, separadamente para cada uma das falidas. Afirma a necessidade de haver desmembramento das falências, em razão da autonomia das personalidades jurídicas das vinte e seis sociedades, com ativos e credores distintos. Argumenta que cada um dos credores concedeu crédito levando em conta a situação financeira específica de uma ou de algumas das pessoas jurídicas integrantes do grupo Homex, razão pela qual não podem ser todos os ativos e todos os passivos aglutinados, pena de beneficiar alguns credores e prejudicar outros. [...] Tal como fixei na decisão que negou a liminar de efeito ativo, não vejo razão para desde logo determinar o desmembramento de uma falência de grupo de sociedades em vinte e seis falências distintas. Isso porque não se conhece ainda o grau de interdependência, as relações internas, os créditos existentes entre as diversas pessoas jurídicas e, em especial, a confusão patrimonial existente entre elas. [...] Não resta dúvida que a criação de grupo não faz desaparecer a autonomia jurídica e nem implica automática solidariedade entre as diversas sociedades. 4. No caso concreto, as próprias devedoras, ao formularem o pedido conjunto de recuperação judicial em litisconsórcio ativo, revelaram a profunda relação existente entre as diversas pessoas jurídicas. Diversas das pessoas jurídicas, aparentemente, foram constituídas como sociedades de propósito específico, para o fim de lançamento de empreendimentos imobiliários em diversas cidades e Estados da federação. Não somente o controle das quotas sociais, mas, segundo exame inicial, os próprios ativos, consistentes de imóveis nos quais seriam realizados os empreendimentos imobiliários, foram transferidos pela sociedade *holding* HOMEX BRASIL. Prematuro e açodado o pedido de desmembramento em vinte e seis falências diferentes, antes de se conhecer o grau de simbiose e, especialmente, de confusão patrimonial entre as sociedades do mesmo grupo" (TJSP, 1ª Câmara Reservada de Direito Empresarial, AI 2181105-85.2014.8.26.0000, rel. Des. Francisco Loureiro, origem: 1ª Vara de Falências de São Paulo, j. 11.03.2015).

163. Confiram-se, a propósito, estas outras decisões proferidas na recuperação judicial do grupo AGRENCO, todas concedendo às devedoras tratamento unitário: TJSP, Câm. Esp. Fal. Recup. Jud., AI 0057528-17.2008.8.26.0000, rel. Des. Pereira Calças, origem: 1ª Vara de Falências de São Paulo, j. 04.03.2009; TJSP, 1ª Câmara Reservada de Direito Empresarial, AI 0120853-87.2013.8.26.0000, rel. Des. Fortes Barbosa, origem: 1ª Vara de Falências de São Paulo, j. 07.11.2013; e TJSP, 1ª Câmara Reservada de Direito Empresarial, AI 0131122-88.2013.8.26.0000, rel. Des. Fortes Barbosa, origem: 1ª Vara de Falências de São Paulo, j. 06.02.2014.

164. GRUPO AGRENCO. "Recuperação judicial convolada em falência. Determinação da formação de um único quadro de credores. Litisconsórcio ativo facultativo. Confusão patrimonial confessa.

É curioso observar que, embora a decisão esteja fundamentada no princípio do tratamento igualitário dos credores, a consolidação substancial, na prática, beneficiou determinados credores em prejuízo de outros. Tanto assim que alguns deles se insurgiram contra a formação de quadro único, argumentando que, por conta dessa medida, nada receberiam. Apesar disso, a Corte manteve o seu entendimento, ponderando que a pretensão dos credores implicaria "reversão do que já havia sido estabelecido", desafiando a "seriedade de atos pretéritos, muitos já consolidados"[165].

1.3 A REFORMA PROMOVIDA PELA LEI 14.112, DE 24 DE DEZEMBRO DE 2020

Quando a doutrina e a jurisprudência finalmente passaram a identificar e debater os reflexos do litisconsórcio ativo, fez-se coro para que a recuperação dos grupos de empresas, inclusive a consolidação substancial, fosse disciplinada pela lei concursal[166].

Os grupos de estudo[167] compostos para debater a reforma da Lei 11.101/2005 passaram, assim, a propor normas para estabelecer critérios mais seguros e

---

Julgamentos precedentes. Decisão mantida Recurso desprovido. [...] O agravante se insurge contra a determinação da formação de um único e específico quadro de credores para as quatro sociedades submetidas a concurso e enfatiza a necessidade de separação do patrimônio de cada uma das pessoas jurídicas, dado que a avaliação de risco de crédito foi feita separadamente, tendo em conta a estrutura patrimonial de cada uma das empresas. Afirma que a decisão proferida agride a paridade de tratamento assegurada aos credores e pede a reforma do 'decisum'. [...] Ora, em consonância com os julgamentos antecedentes, não é viável desconsiderar a realidade consolidada durante o trâmite da recuperação judicial, a partir da formação do litisconsórcio ativo facultativo e da consideração do grupo econômico formado pelas quatro sociedades empresárias enfocadas como um todo único. A formação de quadro de credores separados para cada uma das sociedades implicaria na desconsideração das transferências patrimoniais confessadas e na prática de atos conjuntos no curso de todo o procedimento de recuperação judicial, o qual foi, frise-se, foi iniciado no ano de 2008. [...]. Ao contrário do proposto pelo recorrente, a confusão patrimonial é confessa e a providência ordenada conduz a um tratamento único para todos os credores, de molde a harmonizar sua situação com a realidade fática e a promover, da maneira mais efetiva, a 'pars condictio creditorum'" (TJSP, 1ª Câmara Reservada de Direito Empresarial, AI 2035507-37.2013.8.26.0000, rel. Des. Fortes Barbosa, origem: 1ª Vara de Falências de São Paulo, j. 06.02.2014).

165. TJSP, AI 0167226-79.2013.8.26.0000, 1ª Câmara Reservada de Direito Empresarial, rel. Des. Fortes Barbosa, origem: 1ª Vara de Falências de São Paulo, j. 06.02.2014.

166. Confiram-se, entre outros: PAIVA, Luiz Fernando Valente de. Dez anos de vigência da Lei 11.101/2005: é hora de mudança? In: ELIAS, Luis Vasco. *10 anos da Lei de Recuperação de Empresas e Falência*: reflexões sobre a reestruturação empresarial no Brasil. São Paulo: Quartier Latin, 2015. p. 255-256; e TOLEDO, Paulo Fernando Campos Salles de. A necessária reforma da Lei de Recuperação de Empresas. *Revista do Advogado*, São Paulo, n. 131, 2016. p. 174.

167. Dentre os quais se destaca o Grupo de Trabalho (GT) do Ministério da Fazenda para a reforma da Lei de Recuperação de Empresas e Falências, formado por advogados, juízes, promotores, administradores judiciais e acadêmicos especialistas em direito falimentar.

objetivos para o processamento dos pedidos de recuperação formulados em litisconsórcio ativo.

A matéria acabou sendo, enfim, disciplinada pela Lei 14.112, de 24 de dezembro de 2020, que entrou em vigor apenas em 23 de janeiro de 2021, trinta dias depois da sua publicação oficial[168].

1.3.1 História do processo legislativo da Lei 14.112/2020

A Lei 14.112/2020 foi editada a partir do Projeto de Lei 6.229/2005, de autoria do Deputado Medeiros, que se limitava a propor a alteração do § 7º do artigo 6º da Lei 11.101/2005, para que os créditos tributários passassem a ser submetidos à recuperação judicial, com suspensão das execuções fiscais.

Durante a sua longa tramitação na Comissão de Desenvolvimento Econômico, Indústria, Comércio e Serviços (CDEIC) da Câmara dos Deputados, diversos outros projetos lhe foram apensados, a saber:

(i) Projeto de Lei 7.604/2006, de autoria do Deputado Luiz Carlos Hauly, que propunha a alteração de alguns artigos da Lei 11.101/2005, notadamente para eliminar a correção monetária do plano especial de recuperação judicial para microempresas e empresas de pequeno porte, bem como permitir a prorrogação do *stay period*;

(ii) Projeto de Lei 4.130/2008, de autoria da Deputada Elcione Barbalho, e o Projeto de Lei 4.359/2008, de autoria do Deputado Carlos Bezerra, ambos propondo a alteração do artigo 71 da Lei 11.101/2005, para que a recuperação judicial das microempresas e empresas de pequeno porte passasse a sujeitar todos os seus credores e não apenas os quirografários;

(iii) Projeto de Lei 4.586/2009, também de autoria do Deputado Carlos Bezerra, que visava submeter à recuperação judicial os créditos garantidos por cessão fiduciária de títulos de crédito;

(iv) Projeto de Lei 5.089/2009, de autoria do Deputado Ronaldo Caiado, que propunha excluir da recuperação judicial as dívidas com vencimento em até trinta dias depois da data do pedido;

(v) Projeto de Lei 5.704/2009, de autoria da Comissão Especial destinada ao exame e avaliação da crise econômico-financeira do setor agropecuário, que propunha excetuar da recuperação judicial determinados créditos de titularidade de agricultores; e

(vi) Projeto de Lei 6.367/2009, de autoria do Deputado Carlos Bezerra, que propunha a alteração do texto do artigo 6º da Lei 11.101/2005 para tornar inequívoco que não poderiam prosseguir as execuções dos créditos trabalhistas que tivessem sido objeto de novação no âmbito da recuperação judicial, mesmo depois de decorrido o *stay period*.

No âmbito na CDEIC, esses projetos de lei foram relatados pelo Deputado João Maia, que formulou diversos pareceres. O último deles foi apresentado

---

168. De acordo com a *vacatio legis* definida pelo artigo 7º da Lei 14.112/2020.

em maio de 2011, opinando-se pela aprovação dos Projetos de Lei 6.229/2005, 7.604/2006 e 4.130/2008, nos termos do substitutivo, e pela rejeição dos Projetos de Lei 4.359/2008, 4.586/2009, 5.089/2009, 5.704/2009 e 6.367/2009.

Segundo o texto substitutivo proposto pelo relator, seriam alterados apenas os artigos 6º, § 7º, 49, *caput*, 52, § 4º, e 71, I e II, bem como revogados o artigo 57 e os §§ 3º e 4º do artigo 49 da Lei 11.101/2005, fundamentalmente para que todos os créditos tributários passassem a se sujeitar à recuperação judicial.

Com a aprovação do parecer pela CDEIC, os projetos seguiram, em maio de 2011, para a Comissão de Finanças e Tributação (CFT), onde permaneceram praticamente parados por cerca de sete anos.

Nesse período, foram apensados diversos outros projetos de lei visando alterar a Lei 11.101/2005, quais sejam:

(i) Projeto de Lei 7.976/2014, de autoria do Deputado Carlos Bezerra, que pretendia sujeitar as cooperativas ao sistema da Lei 11.101/2005;

(ii) Projeto de Lei 140/2015, de autoria do Deputado Jerônimo Goergen, que propunha conferir prioridade, na falência, ao pagamento dos créditos de agricultores e fornecedores de matéria-prima;

(iii) Projeto de Lei 2.212/2015, de autoria do Deputado Heitor Schuch, que visava conferir privilégio especial, na falência, aos créditos das pessoas naturais fornecedoras de matéria-prima para a atividade industrial;

(iv) Projeto de Lei 3.110/2015, de autoria do Deputado Cleber Verde, que objetivava permitir a ampliação dos prazos do *stay period* e para aprovação do plano de recuperação;

(v) Projeto de Lei 4.593/2016, de autoria do Deputado Carlos Bezerra, com a finalidade de estender o regime da recuperação judicial e extrajudicial e da falência aos devedores não qualificados como empresas, inclusive as cooperativas;

(vi) Projeto de Lei 5.781/2016, de autoria do Deputado Simão Sessim, que pretendia estender a aplicação da Lei 11.101/2005 às empresas públicas e sociedades de economia mista, excetuadas apenas aquelas que prestem serviços essenciais ou não explorem atividade econômica;

(vii) Projeto de Lei 6.150/2016, do Deputado Mário Heringer, que objetivava estender a aplicação da Lei 11.101/2005 às cooperativas e entidades beneficentes de assistência social;

(viii) Projeto de Lei 6.862/2017, de autoria do Deputado Carlos Bezerra, que propunha alterar a redação do § 4º do artigo 6º da Lei 11.101/2005 para que o prazo de 180 dias do *stay period* passasse a ser contado em dias úteis;

(ix) Projeto de Lei 7.044/2017, também de autoria do Deputado Carlos Bezerra, que visava acrescentar o artigo 53-A à Lei 11.101/2005, para permitir aos acionistas da companhia devedora participar da fase prévia à elaboração do plano de recuperação judicial;

(x) Projeto de Lei 7.209/2017, novamente de autoria do Deputado Carlos Bezerra, que pretendia conceder às microempresas e empresas de pequeno porte em recuperação judicial o direito de parcelar o pagamento das suas dívidas em 36 prestações mensais, iguais e sucessivas, corrigidas monetariamente e acrescidas de taxas de juros de 12% ao ano ou equivalentes à taxa SELIC, prevalecendo a que lhes fosse mais favorável;

(xi) Projeto de Lei 8.252/2017, de autoria do Deputado Rubens Pereira Júnior, que propunha permitir ao juízo da recuperação convocar audiência de repactuação, entre outras providências, para que a empresa em recuperação e seus credores pudessem repactuar créditos decorrentes de contratos que contenham cláusula de irrevogabilidade ou irretratabilidade;

(xii) Projeto de Lei 8.924/2017, também de autoria do Deputado Carlos Bezerra, que propunha alterar os artigos 6º e 49, § 1º, da Lei 11.101/2005, para atribuir aos coobrigados, fiadores e obrigados de regresso o mesmo regime de proteção conferido ao devedor em recuperação judicial;

(xiii) Projeto de Lei 9.722/2018, de autoria do Deputado Rubens Bruno, que visava estender o alcance da Lei 11.101/2005 a todos os agentes econômicos, além de promover atualizações e adaptações de diversos artigos (1º, 2º, 3º, 17, 22, 24, 41, 45, 49, 50, 58, 60, 63, 67, 68, 69, 84, 158, 159 e 189);

(xiv) Projeto de Lei 10.220/2018, de autoria do Poder Executivo, que visava atualizar diversos dispositivos da legislação referente à recuperação judicial, à recuperação extrajudicial e à falência do empresário e da sociedade empresária;

(xv) Projeto de Lei 10.858/2018, de autoria do Deputado Augusto Carvalho, que pretendia modificar o inciso III do artigo 51 da Lei 11.101/2005, para que o pedido de recuperação judicial passasse a ser instruído com a relação completa de todos os credores do devedor, sujeitos ou não à recuperação judicial, inclusive fiscais, visando conferir aos credores conhecimento completo e adequado da situação econômico-financeira do devedor;

(xvi) Projeto de Lei 10.859/2018, de autoria do Deputado Augusto Carvalho, que visava acrescentar parágrafo ao artigo 6º da Lei 11.101/2005, para que os atos de constrição determinados em execuções fiscais promovidas contra o devedor passassem a se sujeitar ao crivo do juízo da recuperação;

(xvii) Projeto de Lei 11.000/2018, de autoria do Deputado Augusto Carvalho, que propunha acrescentar parágrafo ao artigo 35 da Lei 11.101/2005, para obrigar que as alterações do plano de recuperação judicial homologado fossem submetidas à aprovação da assembleia geral de credores.

Merece especial destaque o Projeto de Lei 10.220/2018, encaminhado pelo Poder Executivo ao Congresso Nacional em 10.05.2018, ainda no governo do ex-Presidente Michel Temer. Nele se identifica a gênese da disciplina normativa da recuperação judicial dos grupos de empresas positivada pela Lei 14.112/2020.

Incorporando, em grande medida, as soluções propostas pelo Grupo de Trabalho (GT) do Ministério da Fazenda, tratou-se do primeiro projeto de lei a abordar especificamente a recuperação judicial dos grupos, prevendo regras acerca da consolidação processual e substancial[169].

Criou-se grande expectativa pela sua aprovação, tanto pelo fato de constituir iniciativa do Governo quanto pelo aparente interesse do Congresso Nacional em dar-lhe andamento. Tanto assim que, dias depois da apresentação do projeto, o

---

169. Importante mencionar, porém, que o Projeto de Lei 10.220/2018 contém significativas diferenças no tocante à disciplina da consolidação substancial, conforme será exposto detalhadamente adiante.

Presidente da Câmara dos Deputados, Rodrigo Maia, determinou a criação de comissão especial destinada a analisá-lo, nos termos do artigo 34, II, do Regimento Interno da Casa, expediente ordinariamente utilizado nos casos em que se pretende conferir celeridade a uma proposta, por dispensar a tramitação nas Comissões Permanentes[170].

Entretanto, por conta das dificuldades políticas enfrentadas pelo Governo Federal no período, não houve empenho para a aprovação do Projeto de Lei 10.220/2018, que acabou sendo temporariamente abandonado. Nem sequer foi instalada a comissão especial cuja criação fora determinada pelo Presidente da Câmara, o que somente ocorreu depois de requerimento apresentado pelo Deputado Hugo Leal em março de 2019.

O Plenário da Câmara dos Deputados então aprovou, em outubro daquele mesmo ano, pedido formulado pelos líderes dos partidos para que o projeto de reforma da lei concursal passasse a tramitar em regime de urgência, nos termos do artigo 155 do Regimento Interno da Casa.

Vale também mencionar que, ainda no ano de 2019, foram apresentados outros seis novos projetos que visavam alterar a Lei 11.101/2005, a saber:

(i) Projeto de Lei 3.164/2019, de autoria do Deputado Valtenir Pereira, que objetivava alterar o *caput* do artigo 7º da Lei 11.101/2005, para expressamente vedar ao administrador judicial a prerrogativa de constituir ou revisar negócios jurídicos pretéritos do devedor, ou desconstituí-los em relação aos créditos habilitados;

(ii) Projeto de Lei 4.270/2019, de autoria do Deputado Major Vitor Hugo, com o objetivo de incluir novo parágrafo no artigo 49 da Lei 11.101/2005, para excetuar da recuperação judicial os créditos de titularidade de agricultores decorrentes do fornecimento de produtos agropecuários ocorrido até trinta dias antes do pedido de recuperação judicial;

(iii) Projeto de Lei 5.631/2019, de autoria do Deputado Fabiano Tolentino, que objetivava promover diversas alterações nos artigos 49, 50, 52 e 163 da Lei 11.101/2005, para, entre outras providências, (a) clarificar que somente se sujeitam à recuperação judicial os créditos decorrentes de fatos geradores anteriores ao pedido de recuperação judicial, independentemente da data de eventual acordo, de sentença prolatada ou de seu trânsito em julgado; (b) submeter à recuperação judicial do produtor rural ou sociedade rural os créditos existentes na data do pedido, inclusive aqueles constituídos mais de dois anos antes da data de inscrição no Registro Público de Empresas; e (c) acrescentar documentos a serem apresentados pelo devedor no pedido de recuperação extrajudicial;

---

170. Segundo o artigo 34, II, do Regimento Interno da Câmara dos Deputados, as Comissões Especiais são constituídas para dar parecer sobre proposições que versarem matéria de competência de mais de três Comissões que devam pronunciar-se quanto ao mérito. Nesse caso, pelo menos metade dos membros titulares da Comissão Especial será constituída por membros titulares das Comissões Permanentes que deveriam ser chamadas a opinar sobre a proposição em causa (§ 1º). Caberá à Comissão Especial o exame de admissibilidade e do mérito da proposição principal e das emendas que lhe forem apresentadas (§ 2º).

(iv) Projeto de Lei 5.760/2019, de autoria do Deputado Carlos Bezerra, que pretendia alterar os artigos 102 e 103 da Lei 11.101/2005, para estabelecer novas regras de inabilitação do falido e de gestão da massa falida;

(v) Projeto de Lei 5.823/2019, de autoria do Deputado Carlos Henrique Gaguim, que pretendia acrescentar o artigo 167-A à Lei 11.101/2005 para permitir que o devedor e seus credores se valessem de Comitês de Resolução de Disputas (*"Dispute Boards"*) como método de solução consensual de conflitos; e

(vi) Projeto de Lei 5.916/2019, de autoria do Deputado Luiz Lima, que pretendia alterar a Lei 11.101/2005, o Decreto-lei 73/1966, a Lei 5.764/1971, a Lei 7.565/1986, a Lei 9.656/1998 e a Lei 12.767/2012, com a finalidade de atualizar a legislação de recuperação judicial e falência de empresas, de modo a ampliar o âmbito de sua incidência.

Enfim, na sessão do Plenário da Câmara dos Deputado realizada em 27.11.2019, o Deputado Hugo Leal, designado relator no âmbito da Comissão Especial, apresentou parecer acerca dos trinta projetos de lei (acima referidos) que versavam sobre a alteração da lei concursal.

O relator opinou pela aprovação parcial dos Projetos de Lei 3.110/2015, 6.862/2017, 7.044/2017, 9.722/2018, 10.858/2018, 10.859/2018, 11.000/2018, 5.760/2019 e 5.916/2019 e pela aprovação integral do Projeto de Lei 10.220/2018, na forma do substitutivo, com a rejeição de todas as demais propostas.

Sem deliberação da matéria pelo Plenário nas sessões que ocorreram entre novembro de 2019 e março de 2020 (embora estivesse na pauta), o Deputado Hugo Leal apresentou, em 05.08.2020, o "Parecer de Plenário n. 1", com novo substitutivo. Acolhendo contribuições de juristas e especialistas em direito falimentar[171], bem como sugestões recebidas de outros deputados e dos líderes dos partidos, o novo substitutivo propôs alterações pontuais[172] em relação ao texto do substitutivo anterior, inclusive da regra que disciplina a consolidação substancial[173].

---

171. O relator do projeto, Deputado Hugo Leal, assim justificou a apresentação do novo substitutivo: "Após a apresentação de nosso último parecer em Plenário, com Substitutivo, no dia 27 de novembro de 2019, tivemos a oportunidade de discutir a matéria em várias reuniões que mantivemos com as assessorias e as Lideranças do partidos políticos representados nesta Casa, sendo que, além de sugestões recebidas dos eminentes colegas e Líderes, foram-nos também encaminhadas ricas e importantes contribuições de juristas e especialistas nos estudos do direito falimentar e da Lei 11.101/05, que se mostraram da maior importância e justificam a apresentação deste novo Parecer, com novo Substitutivo anexo, contendo as seguintes alterações em seus arts. 6º, 6º-C, 22, 50, 56, 58-A, 67, 69-J; 73, 104 e 163 da Lei 11.101/05; 10-A e 10-C da Lei 10.522, de 19 de julho de 2002; inclusão de uma nova Seção II-A, com seus arts. 20-A a 20-D; o art. 6º do Substitutivo; supressão do § 6º do art. 49, do art. 54-A, do parágrafo único do art. 69-F; e supressão com consequente renumeração do inciso V do art. 83, todas as supressões são relacionadas a itens incluídos pelo PL na forma do Substitutivo que ora apresentamos anexo".
172. Constou do "Parecer de Plenário n. 1": "Torna-se imprescindível consignar aqui que as presentes modificações são pontuais e de estilo, bem como objetivam adequar o texto base do parecer, já apresentado em 27 de novembro passado, com a finalidade de evoluir sua consonância sistemática com o texto do Substitutivo então apresentado".
173. Alterações que serão especificadas no item seguinte.

Nos debates da matéria no Plenário da Câmara dos Deputados, foram apresentadas 19 emendas pelos parlamentares. Apenas uma delas, a Emenda 15, apresentada pelo Deputado Luiz Phillipe de Orleans e Bragança, versava sobre a recuperação judicial dos grupos de empresas. Basicamente, pretendia suprimir a regra que permitiria a consolidação substancial, sob o argumento de que essa medida

> [...] acabava com o regime de separação patrimonial entre diferentes pessoas jurídicas e responsabilidade limitada dos sócios de sociedades empresárias, dois dos principais elementos do direito societário e de importância incomensurável para que potenciais investidores analisem o risco a que estarão expostos caso resolvam financiar determinada empresa.

Sua emenda, porém, não prevaleceu. Em 18.08.2020, o Deputado Hugo Leal apresentou o "Parecer de Plenário n. 2", opinando pelo acolhimento de algumas emendas dos parlamentares, mas não daquela sobre a recuperação judicial dos grupos. Desse parecer resultou a Subemenda Substitutiva Global de Plenário ao Projeto de Lei 6.229/2005, que nada modificou a disciplina da consolidação processual e substancial prevista no substitutivo de 05.08.2020.

Assim, em 26.08.2020, o projeto de reforma da lei concursal foi levado à votação do Plenário da Câmara dos Deputados, em turno único. Restou então aprovada a Subemenda Substitutiva Global de Plenário. Finalmente, depois da deliberação sobre os destaques, que não tratavam da consolidação processual ou substancial, aprovou-se a redação final[174], assinada pelo Relator do projeto na Comissão Especial, Deputado Hugo Leal.

Em 02.09.2020, a Câmara dos Deputado enviou o projeto de lei aprovado ao Senado Federal, onde passou a tramitar sob o n. 4.458/2020.

No Senado Federal, o projeto de lei não foi distribuído a nenhuma comissão, sendo apreciado diretamente pelo Plenário da Casa, onde foram apresentadas, entre 10.09.2020 e 25.11.2020, 65 emendas, nenhuma delas sobre a recuperação judicial dos grupos de empresas. O projeto de lei e as respectivas emendas de Plenário foram então relatados pelo Senador Rodrigo Pacheco, que, por parecer

---

174. No tocante à consolidação processual e substancial, a redação final aprovada, sem modificação substancial do conteúdo da Subemenda Global Substitutiva: (i) corrigiu equívoco em remissão contida no § 1º do artigo 69-G (excluindo a equivocada referência nele contida ao artigo 52); (ii) aprimorou a confusão na redação do artigo 69-J (que exigia, para a consolidação substancial, a concorrência da hipótese prevista no inciso I com pelo menos duas hipóteses previstas nos incisos II a V), incorporando ao *caput* o requisito contido no inciso I, já que exigido em todas as situações; e (iii) modificou a redação do § 2º do artigo 69-L para deixar claro que o plano unitário nele referido diz respeito àquele previso no *caput* do artigo, isto é, ao plano unitário que deve ser apresentado pelos devedores uma vez que tenha sido admitida a consolidação substancial.

proferido em 25.11.2020, opinou pela aprovação da proposta encaminhada pela Câmara dos Deputados, nos termos da subemenda que apresentou.

Particularmente em relação à recuperação judicial dos grupos de empresas, o Senador Rodrigo Pacheco assim justificou a pertinência da consolidação processual e substancial:

> Ao criar regras sobre consolidação processual e sobre consolidação material, o projeto dificulta a realização de fraudes contra credores por separação patrimonial fantasiosa. Esta solução é pertinente porque facilita a caracterização da confusão patrimonial entre as empresas do devedor.

Na própria sessão do dia 25.11.2020, o Plenário do Senado Federal aprovou, nos termos do parecer do Senador Rodrigo Pacheco[175], o Projeto de Lei 4.458/2020, que seguiu para sanção presidencial em 04.12.2020.

Enfim, na edição extra do *Diário Oficial da União* de 24.12.2020, foi publicada a Lei 14.112, que alterou as Leis 11.101/2005 e 10.522/2002. Com *vacatio legis* de trinta dias, a nova lei entrou em vigor no dia 23.01.2021.

Nos termos da Mensagem 752, o Presidente da República, Jair Bolsonaro, vetou o acréscimo dos §§ 10 e 13 ao artigo 6º, do artigo 6-B e do artigo 50-A, bem como a alteração do parágrafo único do artigo 60 e do § 3º do artigo 66, todos da Lei 11.101/2005. Vetou, ainda, a alteração do artigo 11 da Lei 8.929/1994.

Nenhum dos vetos, todavia, alcançou os artigos que versavam sobre a recuperação judicial dos grupos de empresas. De toda forma, vale mencionar que a grande maioria dos vetos presidenciais acabou sendo rejeitada pelo Congresso Nacional em sessão plenária realizada em 17.03.2021. Em síntese, foram mantidos apenas o veto ao acréscimo do § 10 ao artigo 6º da Lei 11.101/2005 e o veto ao acréscimo do parágrafo único ao artigo 11 da Lei 8.929/1994.

1.3.2 O desenvolvimento da consolidação substancial no processo legislativo

A estrutura normativa da recuperação judicial dos grupos de empresas, introduzida pela Lei 14.112/2020, derivou direta e fundamentalmente do anteprojeto de lei elaborado pelo GT do Ministério da Fazenda, que tratou da matéria a partir da proposição de regras sobre a consolidação processual e substancial.

---

175. Votou-se em separado uma única emenda, que previa a perpetuação da responsabilidade do falido pelas obrigações trabalhistas da massa mesmo depois de encerrada a falência. Referida emenda, contudo, foi rejeitada.

Embora a redação de algumas dessas regras tenha sido modificada até se chegar ao texto final da Lei 14.112/2020, a estrutura proposta pelo anteprojeto do GT do Ministério da Fazenda foi mantida.

As normas sobre a consolidação processual e sobre os efeitos processuais e materiais da consolidação substancial constantes da Lei 14.112/2020, correspondentes ao artigos 69-G, 69-H, 69-I, 69-K e 69-L da lei concursal vigente, reproduzem as regras propostas pelo anteprojeto do GT do Ministério da Fazenda, com diferenças de redação que não são dignas de nota.

As únicas regras criadas pela Lei 14.112/2020 que diferem substancialmente daquelas previstas nesse anteprojeto são as constantes do artigo 69-J, acrescentado à Lei 11.101/2005, que versa sobre o cabimento, requisitos e procedimento para a decretação da consolidação substancial.

Ao longo do processo legislativo, essas regras foram significativamente modificadas até se chegar às normas efetivamente introduzidas no ordenamento pela Lei 14.112/2020. Essa evolução é particularmente interessante, pois, de certa forma, traduz as várias correntes de pensamento identificadas na doutrina e, especialmente, na jurisprudência, consoante o estudo feito no título anterior.

A maior diferença entre o anteprojeto do GT do Ministério da Fazenda e a Lei 14.112/2020 no tocante à disciplina da consolidação substancial é que o anteprojeto previa regra que autorizava que a medida fosse implementada por acordo entre devedores e credores, ao passo que a lei não contém regra equivalente, limitando-se a prever a consolidação substancial por determinação do juiz.

De acordo com o *caput* do artigo 69-D do anteprojeto do GT, sem equivalente na Lei 14.112/2020, o pedido de recuperação judicial sob consolidação processual poderia ser acompanhado de proposta de consolidação substancial de ativos e passivos de devedores quando a medida se mostrasse indispensável à superação da crise econômico-financeira[176]. Nesse caso, os credores de cada devedor integrante do polo ativo do processo de recuperação judicial deliberariam sobre a proposta de consolidação substancial de forma independente[177], em assembleias distintas, cabendo ao juiz deferi-la caso a proposta fosse aprovada em todas as assembleias[178], obedecido o quórum previsto no artigo 42 da Lei 11.101/2005, ou ainda quando tivesse sido aprovada por ao menos uma das assembleias e contasse com a manifestação favorável de credores representantes de pelo menos

---

176. Conforme o § 4º do artigo 69-D do Anteprojeto do GT, a formulação da proposta de consolidação substancial não impedia que fosse imediatamente deferido o processamento da recuperação judicial sob consolidação processual, quando atendidos os requisitos legais.
177. § 1º do artigo 69-D do Anteprojeto do GT.
178. § 2º do artigo 69-D do Anteprojeto do GT.

dois terços do valor de todos os créditos presentes nas assembleias, sendo de pelo menos um quinto na assembleia que a desaprovou[179].

Essas regras tinham a evidente intenção de evitar que a deliberação sobre a consolidação substancial fosse cometida a uma única assembleia, indistintamente composta pelos credores de todos os devedores, proceder verificado em inúmeros casos que implicava evidente distorção da ideia de uma consolidação substancial voluntária.

Com efeito, as decisões judiciais que atribuíam a deliberação da matéria a uma única assembleia, composta pelos credores de todos os devedores, em alguma medida já operavam, por via oblíqua, a consolidação substancial, contrariando a lógica de que a determinação sobre o cabimento e conveniência da medida caberia aos credores.

Entretanto, as regras constantes do artigo 69-D do anteprojeto do GT – que previam a consolidação substancial mediante proposta dos devedores e deliberação dos credores – foram abandonadas por ocasião da apresentação do Projeto de Lei 10.220/2018, de autoria do Poder Executivo, que, como já referido, consistiu na primeira proposição de lei a tratar da recuperação judicial dos grupos de empresas.

O Projeto de Lei 10.220/2018 se limitou a prever a consolidação substancial por determinação do juiz[180], e o fez nas mesmas hipóteses previstas no anteprojeto do GT, quando se constatasse (i) confusão entre ativos ou passivos dos devedores que torne impossível identificar a sua titularidade sem excessivo dispêndio de tempo ou recursos, ou (ii) envolvimento dos devedores em fraude que justifique a implementação da medida.

Com efeito, esta seria a redação do artigo 69-E conforme o anteprojeto do GT:

> Art. 69-E. Independentemente da proposta referida no art. 69-D, o juiz determinará a consolidação substancial de ativos e passivos de devedores do grupo quando, admitida a consolidação processual, constatar:
>
> I – confusão entre ativos ou passivos dos devedores a ponto de não ser possível identificar a titularidade de ativos ou a responsabilidade por obrigações sem excessivo dispêndio de tempo ou recursos; ou
>
> II – envolvimento dos devedores em esquema fraudulento que imponha consolidação substancial.

Já para o Projeto de Lei 10.220/2018, o texto do dispositivo equivalente era o seguinte:

---

179. § 3º do artigo 69-D do Anteprojeto do GT.
180. Ou seja, independentemente de proposta dos devedores ou aprovação dos credores.

Art. 69-M. O juiz determinará, de ofício, a consolidação substancial de ativos e passivos de agentes econômicos integrantes do mesmo grupo econômico que estejam ou não em recuperação judicial, quando constatar:

I – confusão entre ativos ou passivos dos devedores, de modo que não seja possível identificar a sua titularidade sem excessivo dispêndio de tempo ou recursos; ou

II – envolvimento dos devedores em fraude que imponha consolidação substancial.

§ 1º O enquadramento em qualquer hipótese prevista no caput implicará, para todos os fins, a desconsideração da personalidade jurídica dos agentes econômicos envolvidos e a apuração de responsabilidade criminal.

§ 2º A aplicação do disposto neste artigo em relação a terceiro que não esteja na recuperação judicial sob consolidação processual observará o incidente de desconsideração da personalidade jurídica previsto na Lei 13.105, de 2015 – Código de Processo Civil, permitida a instauração de ofício pelo juiz e ressalvada a suspensão do processo.

Como se vê, o Projeto de Lei 10.220/2018 se desviou do anteprojeto do GT, por determinar a desconsideração da personalidade jurídica das empresas do grupo do devedor em relação às quais fosse aplicada a consolidação substancial, previsão que não havia no anteprojeto e que, ademais, confunde institutos que são tecnicamente distintos.

Além disso, o projeto de lei permitia que o juiz estendesse a consolidação substancial a empresas integrantes do mesmo grupo econômico do devedor que não estivessem em recuperação judicial[181], isto é, mesmo aquelas que não integrassem o polo ativo do processo de recuperação[182]. No anteprojeto do GT, essa extensão só poderia ser determinada por requerimento de algum credor, do administrador judicial ou do Ministério Público, mediante a instauração de "incidente de responsabilização solidária"[183].

---

181. A previsão visava pacificar a controvérsia jurisprudencial instaurada em torno do tema. Enquanto alguns julgados admitiam a extensão da consolidação substancial a empresas do grupo do devedor que não estavam em recuperação judicial, outros rejeitavam peremptoriamente essa possibilidade (*vide* item 1.2.2.1).

182. Para o Projeto de Lei 10.220/2018, a implementação da consolidação substancial em relação a terceiro que não estivesse em recuperação judicial dependeria da instauração do incidente de desconsideração da personalidade jurídica previsto no Código de Processo Civil, que poderia ser determinada pelo juiz de ofício ou a requerimento (art. 69-M, § 2º).

183. Artigo 69-F [do Anteprojeto do GT]. "No prazo de 10 (dez) dias, contado da publicação da decisão que determinar a consolidação substancial nos termos do art. 69-E, qualquer credor, o administrador judicial ou o Ministério Público poderá requerer a instauração de incidente de responsabilização solidária em face de agente econômico integrante do grupo e que não esteja em recuperação judicial. § 1º A instauração do incidente será imediatamente comunicada ao distribuidor para as anotações devidas. § 2º A instauração do incidente não suspenderá o processo de recuperação judicial. § 3º O requerimento deve demonstrar que o agente econômico cuja responsabilização é postulada se envolveu em prática referida no inciso I ou II do art. 69-E desta Lei. § 4º Instaurado o incidente, o agente econômico será citado para manifestar-se e requerer as provas cabíveis no prazo de 15 (quinze) dias. § 5º Concluída a instrução, se necessária, o incidente será resolvido por decisão interlocutória e, sendo procedente, terá como efeito a responsabilidade solidária do agente econômico pelo passivo

Nenhuma das soluções, porém, acabou vingando: tanto a previsão sobre a desconsideração da personalidade jurídica quanto a regra que permitia estender a consolidação substancial a outras empresas do grupo que não estivessem em recuperação judicial acabaram sendo abandonadas pelo substitutivo apresentado pelo Deputado Hugo Leal na sessão do Plenário da Câmara dos Deputados realizada em 27.11.2019.

No tocante à disciplina da recuperação judicial dos grupos de empresas, esse substitutivo adotou quase integralmente o texto proposto pelo Projeto de Lei 10.220/2018, exceção feita à regra sobre as hipóteses, requisitos e procedimento para a decretação da consolidação substancial, que passou a ter a seguinte redação:

> Art. 69-J. O juiz poderá, excepcionalmente, independentemente da realização de assembleia, autorizar a consolidação substancial de ativos e passivos dos devedores integrantes do mesmo grupo econômico que estejam em recuperação judicial sob consolidação processual, quando constatar a interconexão e a confusão entre ativos ou passivos dos devedores, de modo que não seja possível identificar a sua titularidade sem excessivo dispêndio de tempo ou recursos, cumulativamente com, no mínimo, dois dos seguintes requisitos:
>
> I – existência de garantias cruzadas;
>
> II – relação de controle ou dependência;
>
> III – identidade total ou parcial do quadro societário; e
>
> IV – a atuação conjunta no mercado entre as postulantes.
>
> Parágrafo único. A aplicação do disposto no caput deste artigo é condicionada à demonstração da existência de benefícios sociais e econômicos que justifiquem a aplicação da consolidação substancial.

Comparando-se o artigo acima transcrito à regra constante do Projeto de Lei 10.220/2018, depreende-se que o texto do substitutivo de 27.11.2019 acentuou o caráter excepcional da consolidação substancial. Além disso, embora tenha deixado de mencionar explicitamente a possibilidade de a consolidação substancial ser deferida de ofício, tornou claro que sua implementação não será submetida à assembleia geral de credores.

O substitutivo também excluiu a possibilidade de a consolidação substancial ser determinada meramente por conta do envolvimento dos devedores em fraude e estabeleceu outros requisitos para a sua implementação.

---

sujeito à recuperação judicial. § 6º Instaurado o incidente e até 5 (cinco) dias da publicação da decisão que o resolver, o agente econômico poderá requerer ingresso no processo de recuperação judicial do grupo, mediante a apresentação da documentação a que se refere o art. 51 desta Lei. § 7º Deferido o pedido a que se refere o § 6º, a recuperação judicial do agente econômico será automaticamente processada em consolidação substancial com a dos demais devedores do grupo que estiverem nesta situação".

Como requisitos obrigatórios, o substitutivo exigia que houvesse: (i) interconexão e confusão entre ativos ou passivos dos devedores (de tal modo que seja impossível identificar a sua titularidade sem excessivo dispêndio de tempo ou de recursos); e (ii) a demonstração da existência de benefícios sociais e econômicos que justificassem a aplicação da consolidação substancial.

A par desses dois requisitos, exigidos em todos os casos, a consolidação só poderia ser autorizada se também fosse verificada a concorrência de ao menos duas de outras quatro circunstâncias que identificariam a simbiose entre os devedores, correspondentes à existência de: (i) garantias cruzadas entre eles; (ii) relação de controle ou dependência; (iii) identidade total ou parcial dos seus respectivos quadros societários; e (iv) atuação conjunta no mercado.

Então, na sessão do Plenário da Câmara dos Deputado realizada em 05.08.2020, o Deputado Hugo Leal, por meio do "Parecer de Plenário n. 1", apresentou novo texto substitutivo, que novamente alterou a regra sobre a consolidação substancial, para que passasse a ter a seguinte redação:

> Art. 69-J. O juiz poderá, excepcionalmente, independentemente da realização de assembleia, autorizar a consolidação substancial de ativos e passivos dos devedores integrantes do mesmo grupo econômico que estejam em recuperação judicial sob consolidação processual, somente quando constatar a presença da hipótese prevista no inciso I deste artigo cumulativamente com a presença das hipóteses descritas em ao menos dois dentre os incisos II a V abaixo:
>
> I – a interconexão e a confusão entre ativos ou passivos dos devedores, de modo que não seja possível identificar a sua titularidade sem excessivo dispêndio de tempo ou recursos;
>
> II – existência de garantias cruzadas;
>
> III – relação de controle ou dependência;
>
> IV – identidade total ou parcial do quadro societário; e
>
> V – a atuação conjunta no mercado entre as postulantes.

A única diferença relevante desse novo texto foi excluir o parágrafo único do artigo 69-J, que condicionava a aplicação da consolidação substancial à demonstração da existência de benefícios sociais e econômicos que a justificassem. De resto, o requisito da interconexão e confusão entre ativos ou passivos foi movido do *caput* para o inciso I, porém continuou sendo exigido em todos os casos.

Essa confusa redação – que exigia, para a consolidação substancial, a concorrência da hipótese prevista no inciso I com pelo menos duas hipóteses previstas nos incisos II a V – foi corrigida por ocasião da redação final, aprovada pelo Plenário da Câmara dos Deputados na sessão realizada em 26.08.2020.

De sorte que o texto aprovado pela Casa foi o seguinte:

Art. 69-J. O juiz poderá, de forma excepcional, independentemente da realização de assembleia geral, autorizar a consolidação substancial de ativos e passivos dos devedores integrantes do mesmo grupo econômico que estejam em recuperação judicial sob consolidação processual, apenas quando constatar a interconexão e a confusão entre ativos ou passivos dos devedores, de modo que não seja possível identificar a sua titularidade sem excessivo dispêndio de tempo ou de recursos, cumulativamente com a ocorrência de, no mínimo, 2 (duas) das seguintes hipóteses:

I – existência de garantias cruzadas;

II – relação de controle ou de dependência;

III – identidade total ou parcial do quadro societário; e

IV – atuação conjunta no mercado entre os postulantes.

Sem sofrer nenhuma alteração no âmbito do Senado Federal, o texto acima reproduzido corresponde ao da norma que acabou sendo finalmente introduzida no ordenamento pela Lei 11.112/2020.

1.3.3 Resumo da disciplina da recuperação judicial dos grupos na Lei 14.112/2020

Com *vacatio legis* de trinta dias contados da sua publicação oficial[184], a Lei 14.112/2020 entrou em vigor no dia 23 de janeiro de 2021, incluindo a Seção IV-B no Capítulo III da Lei 11.101/2005, que passou a disciplinar a consolidação processual e a consolidação substancial no âmbito da recuperação judicial.

A matéria passou a ser regulada pela introdução dos artigos 69-G a 69-I, que versam sobre a consolidação processual, e dos artigos 69-J a 69-L, que cuidam da consolidação substancial.

Apropriando-se da terminologia do direito norte-americano, a Lei 14.112/2020 denominou de "consolidação processual" o processamento conjunto da recuperação judicial de dois ou mais devedores em litisconsórcio ativo, que poderá ser requerido pelas empresas que atendam os requisitos previstos na lei[185] e "integrem grupo sob controle societário comum" (art. 69-G, *caput*). O processamento conjunto competirá ao "juízo do principal estabelecimento entre os dos devedores" (art. 69-G, § 2º), que, ao admitir o pedido, nomeará um único administrador judicial (art. 69-H).

O deferimento da consolidação processual pelo juiz (*i.e.*, a admissão do litisconsórcio ativo na ação de recuperação judicial) acarretará "a coordenação

---

184. Conforme o artigo 7º da Lei 14.112/2020.
185. Devendo cada um dos devedores, por ocasião do pedido conjunto de recuperação judicial, apresentar individualmente a documentação prevista no artigo 51 da Lei 11.101/205, consoante disposto no § 1º do artigo 69-G, introduzido pela Lei 14.112/2020.

de atos processuais", mas garantida "a independência dos devedores, dos seus ativos e dos seus passivos" (art. 69-I, *caput*). Eis aí, portanto, a principal distinção em relação à consolidação substancial, pois a mera consolidação processual não afeta a independência entre os devedores nem suas respectivas relações creditícias, não comprometendo, portanto, a autonomia patrimonial dos litisconsortes.

Por isso, mesmo que seja "admitida a apresentação de plano único", os devedores deverão propor "meios de recuperação independentes e específicos para a composição dos seus passivos" (art. 69-I, § 1º), ao passo que "os credores de cada devedor deliberarão em assembleias-gerais de credores independentes" (art. 69-I, § 2º), cujos quóruns de instalação e deliberação "serão verificados, exclusivamente, em referência aos credores de cada devedor", elaborando-se atas distintas para cada um dos conclaves (art. 69-I, § 3º).

Consectário da independência entre os devedores na consolidação processual é que ela "não impede que alguns devedores obtenham a concessão da recuperação judicial enquanto outros tenham a falência decretada" (art. 69-I, § 4º), caso em que "o processo será desmembrado em tantos processos quantos forem necessários" (art. 69-I, § 5º).

A independência patrimonial entre os devedores, todavia, poderá ser afastada mediante a consolidação substancial, que será excepcionalmente determinada pelo juiz, independentemente da realização de assembleia geral de credores, quando forem constatadas a interconexão e a confusão entre ativos ou passivos dos devedores, de modo que não seja possível identificar a sua titularidade sem excessivo dispêndio de tempo ou de recursos, cumulativamente com a ocorrência de, no mínimo, duas das seguintes hipóteses: (i) existência de garantias cruzadas; (ii) relação de controle ou de dependência; (iii) identidade total ou parcial do quadro societário; e (iv) atuação conjunta no mercado entre os postulantes (art. 69-J).

O deferimento da consolidação substancial implica, em síntese, tratar os ativos e passivos dos devedores subordinados à consolidação processual "como se pertencessem a um único devedor" (art. 69-K, *caput*). Além disso, a consolidação substancial "acarretará a extinção imediata de garantias fidejussórias e de créditos detidos por um devedor em face de outro" (art. 69-K, § 1º). Entretanto, resguardam-se dos seus efeitos as garantias reais dos credores, que não serão afetadas salvo mediante expressa concordância dos seus respectivos titulares (art. 69-K, § 2º).

Uma vez que tenha sido admitida a consolidação substancial, os devedores apresentarão "plano unitário", que discriminará os meios de recuperação a serem empregados "e será submetido a uma assembleia-geral de credores para a qual serão convocados os credores dos devedores" (art. 69-L, *caput*).

Isso significa que o plano será votado, conjuntamente, pelos credores de cada uma das empresas consolidadas, sem divisão ou fracionamento, considerando-se todos como credores de uma mesma e única entidade, com patrimônio indiviso. Assim, os quóruns de instalação e deliberativos serão computados em relação a tal conjunto, aplicando-se a essa assembleia as regras ordinárias de deliberação e homologação previstas na lei para a votação do plano de recuperação (art. 69-L, § 1º).

A aprovação do plano autoriza a concessão da recuperação judicial às empresas do grupo. Porém, caso o plano venha a ser rejeitado, haverá então a convolação da recuperação judicial em falência de todos os devedores sob consolidação substancial (art. 69-L, § 1º).

2
A CONSOLIDAÇÃO PROCESSUAL

2.1 A INTEGRAÇÃO ECONÔMICA E A SUBORDINAÇÃO DE INTERESSES NOS GRUPOS DE FATO

Entre as razões que justificam a reunião de múltiplos devedores num único processo de recuperação judicial, a principal decorre da necessidade de atender à realidade econômica dos grupos de empresas[1], em que as múltiplas personalidades jurídicas dos seus integrantes compõem *uma única grande empresa*[2], funcionando de modo integrado[3] segundo uma direção econômica unitária[4]. Nesse tipo de estrutura, os interesses individuais das sociedades acabam sendo, em maior ou menor grau, subordinados ou afetados pelos interesses do grupo[5] (*interesse di grupo*[6]).

---

1. FLORES SEGURA, Marta. *Los concursos conexos*. Pamplona: Civitas, 2014. p. 45.
2. *Diante de grupos societários, o economista sabe que, embora neles se articule uma pluralidade de fracionamentos, está na presença de uma única grande empresa*. No original: "Frente a los grupos societarios el economista sabe que, aunque articulada en su interior una pluralidad de fraccionamientos está ante la presencia de una única gran empresa" (GALGANO, Francesco. La empresa de grupo. In: ROITMAN, Horacio (Coord.). *Los grupos societarios*: dirección y coordinación de sociedades. 2. ed. Bogotá: Universidad del Rosario, 2012. p. 33; tradução livre).
3. OLIVEIRA, Ana Perestrelo de. *Manual de corporate finance*. 2. ed. Coimbra: Almedina, 2017. p. 238.
4. Ensinando que a direção unitária constitui o elemento central de identificação do grupo, confiram-se, entre outros: DI MAJO, Alessandro. *I gruppi di imprese tra insolvenze e diritto societario*. Torino: Giappichelli, 2012. p. 21-30; EMBID IRUJO, José Miguel. Algunas reflexiones sobre los grupos de sociedades y su regulación jurídica. *RDM*, São Paulo, n. 53, p. 18-40, 1984; ARRIBA FERNÁNDEZ, María Luisa de. *Derecho de grupos de sociedades*. Madrid: Civitas, 2004. p. 84. Para Sérgio Campinho, independentemente da forma ou do instrumento de estruturação das relações entre as sociedades formadoras do grupo econômico, não haverá grupo sem que haja direção econômica unitária (In: TOLEDO, Paulo Fernando Campos Salles de (Coord.). *Comentários à Lei de Recuperação de Empresas*. São Paulo: Ed. RT, 2021. p. 507). Em sentido contrário, sustentando que o vínculo determinante da existência dos grupos não é a direção unitária, mas o poder de controle, confira-se Vio, Daniel de Avila. *Grupos societários*. São Paulo: Quartier Latin, 2016. p. 195-198.
5. Interesses que, para Jorge Lobo, "muitas vezes não coincidem nem com o interesse perseguido pela sociedade dominante, nem com os propósitos das sociedades dominadas" (Grupos de sociedades. *Revista dos Tribunais*, São Paulo, n. 636, 1988. p. 28). Disso resultaria, segundo assinala Alessandro di Majo, um aparente conflito entre o interesse da sociedade controladora e o das sociedades controladas, interesse esse que, por outro lado, harmoniza-se com os objetivos do grupo como um todo e, portanto, com o próprio interesse do grupo (*I gruppi di imprese tra insolvenze e diritto societario*, cit., p. 21-22). Por outro lado, Jorge Manuel Coutinho de Abreu critica, com propriedade, a ideia de que

A formação dos grupos de sociedades é fenômeno[7] representativo da evolução do capitalismo[8], decorrendo do próprio modo de expansão da atividade empresária[9]. Por conta dos enormes benefícios decorrentes desse tipo de estrutura organizacional, como a economia de escala e o aumento da eficiência produtiva, operacional e de gestão, os grupos assumiram o papel de ator central[10] do sistema econômico.

Dividem-se em *grupos de subordinação*[11] (cujos integrantes se encontram numa relação vertical, de dependência hierárquica, da qual deriva a direção

    o interesse do grupo possa ser tomado como um interesse comum às sociedades que o integram, ou mesmo superior aos respectivos interesses particulares. Sustenta que "os grupos de sociedades não paritários não são agrupamentos coordenados para a consecução de fins comuns, antes se baseiam em relações de subordinação (fáticas e de direito) paras fins (fundamentalmente) unilaterais (da 'cabeça do dono'); nem são novas entidades (jurídicas) de grau superior com interesses próprios, diferentes e superiores aos das entidades agrupadas. O 'interesse do grupo', faltando salvaguardas legais para as sociedades dominadas, seus credores e sócios minoritários, traduzir-se-á afinal em interesse da sociedade dominante; mesmo a promoção de interesses de uma ou outra sociedade dominada servirá, em última instância, a estratégia ganhadora da sociedade dominante" (COUTINHO DE ABREU, Jorge Manuel. Reformas e contrarreformas no direito das sociedades. *RDM*, São Paulo, n. 163, 2012. p. 25).

6. Confira-se, a propósito do tema, SCOGNAMIGLIO, Giuliana. Interesse sociale e interesse di grupo. *Quaderni di Giurisprudenza Commerciale*, Milano: Giuffré, p. 115-134, 2009.
7. Sobre esse fenômeno, confira-se HOPT, Klaus J. Groups of companies: phenomenon, agency problems, and regulation. In: GORDON, Jeffrey N.; RINGE, Wolf-Georg. *The Oxford handbook of corporate law and governance*. Oxford: Oxford University Press, 2018. p. 603.
8. Os grupos de empresas se expandiram além das fronteiras nacionais, passando a operar, simultaneamente, em diversos países. Sobre esse fenômeno e os reflexos da insolvência de grupos multinacionais (a chamada *cross-border insolvency*), confira-se CAMPANA FILHO, Paulo Fernando. *A recuperação judicial dos grupos societários multinacionais*: contribuição para o desenvolvimento de um sistema jurídico brasileiro a partir do direito comparado. 2013. Tese (Doutorado) – Faculdade de Direito, Universidade de São Paulo, São Paulo, 2013.
9. Francesco Galgano observa que o grupo societário não é criação legislativa, mas fruto da imaginação empresarial (La empresa de grupo, cit., p. 12). No mesmo sentido, ponderando ser o grupo de empresas a forma natural de evolução do modo de expansão da atividade empresária mais do que uma estratégia prévia e meticulosamente elaborada, confira-se CASTELLÕES, Leonardo de Gouvêa. *Grupos de sociedades*. Curitiba: Juruá, 2008. p. 91.
10. Comentando sobre esse fenômeno, confira-se a lição de Engrácia Antunes: "A frieza dos números não deixa senão espaço para uma conclusão: o átomo cedeu progressivamente o seu lugar à molécula, tendo a fisionomia da prática empresarial contemporânea deixado de ser fielmente retratada pela sociedade individual e isolada (empresa unissocietária) para passar a vir refletida essencialmente na emergência de grupos societários (empresa de grupo ou empresa plurissocietária), que assim se tornou verdadeiramente no 'ator central do nosso sistema econômico'" (ENGRÁCIA ANTUNES, José. Estrutura e responsabilidade da empresa: o moderno paradoxo regulatório. *Revista da Escola de Direito de São Paulo*, São Paulo, v. 1, n. 2, 2005. p. 36).
11. "Dizem-se grupos de subordinação aqueles em que várias sociedades ficam, como o próprio nome indica, *subordinadas* à orientação de uma outra sociedade, que passa a determinar os rumos das respectivas atividades empresariais. Do ponto de vista econômico, nos grupos de subordinação, há uma orientação única, necessariamente seguida pelas sociedades subordinadas, seja em prol do interesse da sociedade dominante, seja em prol de um interesse global do grupo" (MUNHOZ, Eduardo Secchi. *Empresa contemporânea e o direito societário*: poder de controle e grupos de sociedades. São Paulo: Juarez de Oliveira, 2002. p. 277).

econômica unitária[12]) e *grupos de coordenação* (formados a partir de uma relação horizontal entre os seus membros, sendo a direção econômica exercida em comum, sem dependência societária[13]).

À vista dos propósitos deste estudo, serão abordados apenas os primeiros, que têm no poder de controle seu elemento unificador[14], já que a lei concursal brasileira excluiu[15] do âmbito da sua aplicação os consórcios[16], modalidade nacional dos grupos de coordenação[17].

2.1.1 Grupos de direito e grupos de fato

No Brasil, por inspiração do modelo alemão[18], os grupos de subordinação foram submetidos a uma disciplina bipartida[19], que estabelece regimes jurídicos diferentes conforme seja a natureza do vínculo[20] entre seus membros.

De um lado figuram os *grupos de direito*[21] (ou "grupos de sociedades", na denominação dada pelo artigo 265, *caput, d*a Lei das S.A.), formados e regidos por uma convenção, que regula a combinação de recursos e esforços entre as sociedades para a realização dos respectivos objetos ou a participação em atividades e empreendimentos comuns[22]; de outro estão os *grupos de fato*, constituídos a partir das relações

---

12. OLIVEIRA, Ana Perestrelo de. *Manual de grupos de sociedades*. Coimbra: Almedina, 2017. p. 17.
13. OLIVEIRA, Ana Perestrelo de. *Manual de grupos de sociedades,* cit., p. 18.
14. COMPARATO, Fábio Konder. *O poder de controle na sociedade anônima*. 3. ed. Rio de Janeiro: Forense, 1983. p. 28.
15. Artigo 2º, II, da LRF.
16. Acerca da disciplina jurídica dos consórcios, confira-se: PENTEADO, Mauro Rodrigues. *Consórcios de empresas*. São Paulo: Livraria Pioneira, 1979.
17. São exemplos de grupos de coordenação o *groupement d'intérêt économique*, do direito francês, e o agrupamento complementar de empresas, do direito português (cf. MUNHOZ, Eduardo Secchi. *Empresa contemporânea e o direito societário,* cit., p. 117). Determinadas modalidades de *joint ventures*, do direito anglo-saxão, também constituem grupos de coordenação. É o caso das *non-corporate joint ventures*, que resultam da união das empresas em prol da consecução de um objetivo comum, porém sem a constituição de uma nova entidade dotada de personalidade jurídica.
18. COMPARATO, Fábio Konder. Os grupos societários na nova Lei de Sociedade por Ações. *Ensaios e pareceres de direito empresarial*. Rio de Janeiro: Forense, 1978. p. 200.
19. Outros modelos encontrados no direito estrangeiro são: o *modelo orgânico*, que considera apenas a participação societária para determinar a submissão ao regime dos grupos de empresas, definido de um modo geral e abrangente, independentemente de qualquer convenção destinada à sua formação (MUNHOZ, Eduardo Secchi. *Empresa contemporânea e o direito societário,* cit., p. 119); e o *modelo tipológico*, que descreve de forma exaustiva as hipóteses que encerram a configuração dos grupos de sociedades (PRADO, Viviane Muller. Grupos societários: análise do modelo da Lei 6.404/1976. *Revista Direito GV*, São Paulo, v. 1, n. 2, 2005. p. 23).
20. PRADO, Viviane Muller. Grupos societários, cit., p. 11.
21. Designação dada pela doutrina para o "grupo de sociedades" disciplinado nos artigos 265 a 277 da Lei das S.A., em oposição aos chamados grupos de fato, que seriam todos os demais.
22. De acordo com Jorge Lobo, "a convenção deverá, de forma minuciosa, completa, precisa e clara, prever as relações entre as sociedades agrupadas, de modo a permitir a combinação de recursos e esforços, a

de controle ou coligação entre as sociedades, ou mesmo por influências externas[23]. São definidos por exclusão[24], compreendendo todos os agrupamentos de sociedades que não adotam a forma disposta em lei para a constituição de grupo de direito[25].

De acordo com esse modelo dual, a subordinação dos interesses de uma sociedade aos interesses de outra ou aos do grupo só seria admitida nos grupos de direito[26], nos limites e na forma da convenção grupal[27]. Nos grupos de fato, por

---

subordinação dos interesses de uma sociedade aos de outra, ou do grupo, e a participação em custos, receitas ou resultados de atividades ou empreendimentos comuns. Assentando a convenção, as transferências de lucros ou de prejuízos, sob as mais variadas formas, serão lícitas e oponíveis aos sócios ou acionistas das sociedades filiadas; fixando a convenção, a sociedade de comando, em benefício do grupo ou de sociedade do grupo, poderá favorecer a uma determinada sociedade em benefício das outras; estabelecendo a convenção, à sociedade de comando será facultado impor qualquer tipo de contrato ou dar qualquer tipo de instrução às sociedades do grupo" (*Grupo de sociedades*. Rio de Janeiro: Forense, 1978. p. 116).

23. Mauro Rodrigues Penteado anota que o poder de controle disciplinado pela Lei das S.A. *interna corporis*, em função da titularidade das ações, "não esgota o extenso rol de condições e meios através dos quais tal poder se manifesta e é exercido, *externa corporis*. O controle externo pelos credores é um desses meios" (Disposições preliminares. In: SOUZA JUNIOR, Francisco Satiro; PITOMBO, Antônio Sérgio de Moraes (Coord.). *Comentários à Lei de Recuperação de Empresas e Falência*. São Paulo: Ed. RT, 2005. p. 73). Ainda a propósito do tema, confira-se a nota de rodapé n. 234.

24. MUNHOZ, Eduardo Secchi. *Empresa contemporânea e o direito societário*, cit., p. 119.

25. Embora seja comum identificar os grupos de fato como sendo apenas aqueles previstos no Capítulo XX da Lei das S.A., que versa sobre sociedades coligadas, controladoras e controladas, assiste razão a Ligia Paula P. Pinto Sica ao observar que "a letra da lei não contempla todas as hipóteses de real agrupamento de empresas, inclusive parece ignorar a existência de muitos arranjos empresariais" (A disciplina dos grupos empresariais e a Lei de Recuperação de Empresas em crise e Falências: um convite à jurisprudência. In: NEDER CEREZETTI, Sheila; MAFFIOLETTI, Emanuelle Urbano (Coord.). *Dez anos da Lei 11.101/2005*. São Paulo: Almedina, 2015. p. 110).

26. Lei das S.A., artigo 276.

27. A doutrina ordinariamente pressupõe que, num grupo de direito, sempre haveria permissão para total e irrestrita subordinação de interesses entre as sociedades que o integram. Egberto Lacerda Teixeira e José Alexandre Tavares Guerreiro chegam a sustentar que as disposições do artigo 245 da LSA seriam incompatíveis com os grupos de sociedades, já que "o favorecimento de sociedades, vedado no art. 245, é permitido no grupo e [...] a comutatividade exigida pelo mesmo artigo nas obrigações entre as sociedades coligadas, controladas e controladoras deixa de ser obrigatória, quando tenham elas celebrado e aprovado convenção grupal, devidamente submetida ao Registro do Comércio" (*Das sociedades anônimas no direito brasileiro*. São Paulo: José Bushatsky, 1979. v. 2. p. 709). A mesma posição é seguida, entre outros autores, por Nelson Eizirik (*A Lei das S/A comentada*. São Paulo: Quartier Latin, 2011. v. 3. p. 527) e José Waldecy Lucena (*Das sociedades anônimas*: comentários à Lei. Rio de Janeiro: Renovar, 2012. v. 3. p. 1015). Entretanto, à luz da autonomia privada, da liberdade contratual e dos próprios termos do art. 266 da LSA – que prevê que as relações entre as sociedades serão estabelecidas na convenção de grupo, conservando cada sociedade personalidade e patrimônio distintos –, deve-se admitir que a convenção de grupo poderá estabelecer níveis diversos de subordinação, seja para autorizá-la de forma ampla, seja para restringi-la a determinadas operações ou impor quaisquer outras limitações. Concorda-se, pois, com Daniel de Avila Vio quando afirma que "a simples celebração da convenção de grupo não afasta integral e automaticamente a disciplina do grupo de fato. [...] Mesmo no grupo de direito, o afastamento da incidência do disposto nos arts. 245 e 246 será sempre excepcional e limitado ao que a convenção dispuser a respeito" (*Grupos societários*, cit., p. 321).

outro lado, todas as sociedades estão vinculadas à consecução dos seus interesses sociais particulares[28].

Essas regras, aplicáveis a todos os tipos societários[29], visam à proteção dos sócios minoritários e dos credores das sociedades agrupadas[30], e da sua violação decorre a responsabilidade dos administradores e do controlador pelos danos que causarem à companhia prejudicada em razão da indevida subordinação dos seus interesses particulares aos interesses de outra sociedade ou aos do próprio grupo[31].

Ocorre que, passados mais de quarenta anos da edição da Lei das S.A., os grupos de direito nunca vingaram[32]. Por motivos ligados à ineficiência desse modelo[33], à falta de mecanismos eficientes para tutela dos direitos dos acionistas minoritários, bem como à inexistência de incentivos ou desincentivos econômicos

---

28. Viviane Muller Prado afirma que, nos grupos de fato, "o interesse da sociedade isolada deve ser respeitado, sob pena de configurar abuso do poder de controle e conflito de interesses (arts. 246 e 115). Por outro lado, os administradores não podem atuar em prejuízo da companhia, favorecendo sociedade coligada, controladora ou controlada, devendo sempre observar condições comutativas nas operações entre sociedades ou providenciar pagamento compensatório adequado (art. 245)" (Grupos societários, cit., p. 12). Eduardo Secchi Munhoz, por sua vez, ensina que "o interesse social pode ser entendido como a diretriz a ser necessariamente seguida pelo controlador e pelos administradores da sociedade isolada, estando na base da teoria do desvio de poder, adotada pelo direito societário para a proteção dos minoritários e dos terceiros credores" (Desconsideração da personalidade jurídica e grupos de sociedades. *RDM*, São Paulo, n. 134, 2004. p. 44).
29. Como o Código Civil não disciplina a subordinação de interesses entre sociedades em grupo, aplicam-se à sociedade limitada as normas da Lei das S.A., seja de forma supletiva, caso assim previsto no contrato social (Código Civil, art. 1.053, parágrafo único), seja pelo recurso à analogia (LINDB, art. 4º).
30. Conforme a exposição de motivos do Projeto de Lei das Sociedades por Ações, "para proteção de acionistas minoritários e credores, os artigos 246 e 247 [correspondentes aos arts. 245 e 246 da LSA] proíbem a administradores de sociedades controladoras o uso de seu poder para favorecer sociedade coligada, controladora ou controlada. As operações entre as sociedades devem manter condições estritamente comutativas, como entidades isoladas. O § 2º do artigo 247 procura assegurar condições para que os acionistas minoritários prejudicados por atos ilegais de administradores de sociedade possam pedir a proteção judicial dos seus direitos".
31. Essa disciplina é bem resumida por Sheila Neder Cerezetti: "as sociedades filiadas em grupo de direito podem subordinar seus interesses de forma livre nos termos da convenção grupal, as sociedades alinhadas por participações societárias relevantes não gozam da mesma prerrogativa. Os administradores destas últimas não podem, por exemplo, privilegiar interesse de sociedade coligada, controlada ou controladora. A eles são impostos os tradicionais deveres de conduta que lhes determinam atuar sempre no interesse da companhia por eles gerida. Eventuais operações entre as sociedades do grupo de fato devem necessariamente observar condições comutativas ou garantir pagamento compensatório adequado à parte prejudicada. A desobediência a este mandamento gera responsabilidade dos mesmos administradores por perdas e danos ocasionados à companhia (art. 245). Além disso, não só os administradores, mas também a sociedade controladora deve observar os deveres gerais impostos àquele que detém o poder-dever de controle. A infração do disposto nos artigos 116 e 117 acarretará o dever de reparar os danos causados à sociedade controlada" (Grupos de sociedades e recuperação judicial: o indispensável encontro entre direitos societário, processual e concursal. In: YARSHELL, Flávio Luiz; PEREIRA, Guilherme Setoguti J. (Coord.). *Processo societário II*. São Paulo: Quartier Latin, 2015. P. 740).
32. Como previram Fábio Konder Comparato e Rubens Requião ao comentar o anteprojeto da Lei das S.A. (Anteprojeto de Lei de Sociedades por Ações. *RDM*, São Paulo, n. 17, 1975. P. 106).
33. Confira-se Eduardo Secchi Munhoz (*Empresa contemporânea e o direito societário*, cit., p. 279-289).

suficientes[34] para a celebração da convenção de grupo, apenas uma parcela mínima[35] dos grupos em atividade no País se qualifica como "grupo de sociedades", na acepção técnica do termo (LSA, art. 265).

Talvez esteja aí o embrião, ou pelo menos o fator determinante de boa parte das confusões existentes em torno dos grupos: não bastassem as dificuldades de ordem universal[36] para a compreensão e a disciplina dos grupos de empresas, no Brasil essas dificuldades são agravadas pela dissociação entre a forma idealizada pelo legislador para a organização e o funcionamento dos grupos e o modo como essas coisas efetivamente ocorrem na prática empresarial[37].

A própria denominação dada pela doutrina para distinguir os grupos conforme o vínculo entre os seus membros seja contratual (grupos de direito) ou decorrente de um poder de fato (grupos de fato)[38], a par de inconvenientemente evocar

---

34. Para uma análise econômica dos motivos que levam à inexpressiva formação de grupos de direito no Brasil, confira-se AZEVEDO, Luís André N. de Moura. O paradoxo da disciplina legal dos grupos de direito no Brasil sob uma perspectiva de direito e economia. In: ARAÚJO, Danilo Borges dos Santos Gomes de; WARDE JR., Walfrido Jorge (Org.). *Os grupos de sociedades*: organização e exercício da empresa. São Paulo: Saraiva, 2012. p. 177-194.
35. Pesquisa realizada por Daniel de Avila Vio em 02.10.2012 ganhou destaque no meio acadêmico por apontar que o número de grupos de direito não seria insignificante, diferentemente do que se imaginava (*Grupos societários*, cit., p. 333). Ao prefaciar a referida obra, Erasmo Valladão registrou a própria surpresa com esse número, que traduzia o sentimento geral dos profissionais da área: "O autor fez uma pesquisa junto à Receita Federal, tendo encontrado 428 inscrições ativas, duas inscrições suspensas e 330 inscrições baixadas relativas a grupos de direito. Eu imaginava que não passassem de 10…". O resultado dessa pesquisa, porém, foi contestado por Daniel Ochsendorf Portugal, que obteve da Receita Federal a relação completa das entidades que haviam se cadastrado como grupos de direito, apurando que quase todas o fizeram por equívoco. A relação compreendia associações, cooperativas, consórcios, partidos políticos e organizações religiosas, bem como sociedades limitadas e anônimas que não eram vinculadas a nenhuma convenção de grupo. Além disso, o autor apontou aparente confusão entre os códigos designativos dos grupos de direito referidos pela pesquisa contestada. Ao final, afirmou que, com base nos dados coletados, inclusive perante a CVM, puderam ser identificados apenas seis grupos de direito em operação no País, a saber, os grupos WEG, MASTER COMUNICAÇÃO, KSL, DARCY PACHECO, TERMACO e ITAUTEC PHILCO, ressalvada a eventual existência de outros grupos sem o devido registro na Receita Federal (Dados empíricos sobre os grupos de sociedades de direito de subordinação. *Res Severa Verum Gaudium*, Porto Alegre, v. 5, n. 1, p. 124-154, 2020).
36. O tema dos grupos de empresas é universalmente espinhoso por conta das múltiplas dificuldades de conciliar as especificidades de um fenômeno que desafia os dogmas do direito societário, num cenário em que a unidade convive com a pluralidade (em que vários formam um, sob determinados aspectos e para certas finalidades, mas continuam sendo vários, sob outros aspectos e para outras finalidades), em que a autonomia convive com a dependência, nos mais variados graus, em que responsabilidade se descola da propriedade e vice-versa.
37. A exigir especial cuidado no recurso à literatura estrangeira, que, no mais das vezes, trata do fenômeno dos grupos segundo realidade diversa.
38. A Lei das S.A. não utiliza as denominações "grupo de direito" ou "grupo de fato". Ao referir-se ao primeiro, utiliza as expressões "grupo de sociedades" ou "grupo", ao passo que o segundo não conta com designação específica. Aliás, conforme já sustentaram Arnoldo Wald e Nelson Eizirik, os grupos de fato nem sequer poderiam, por força do artigo 267, parágrafo único, da Lei das S.A., usar designação

as chamadas "sociedades de fato" (coisa completamente diversa[39]), contribui para a impressão de que o grupo de fato seria, em algum nível, desconforme ao direito[40].

Essa concepção equivocada acaba sendo reforçada pela circunstância de, em muitos casos, os grupos de fato efetivamente atuarem de modo disfuncional, em decorrência do abuso da personalidade por parte dos seus membros. É bastante comum que as sociedades sejam forçadas a atuar em prejuízo dos seus interesses particulares, sem compensação, para atender aos interesses do controlador ou do grupo (algo que ordinariamente se atribui à ineficiência dos mecanismos de controle e de responsabilização[41] e ao regime de administração social[42]). Tudo isso alimenta o preconceito em relação aos grupos[43].

---

com a palavra "grupo" (A designação "grupo de sociedades" e a interpretação do art. 267 da Lei das S/A. *RDM*, São Paulo, n. 54, p. 51-66, 1984).

39. Apesar de não haver consenso da doutrina quanto à sua exata definição, são normalmente referidas por "sociedades de fato" aquelas constituídas sem prova escrita. Atualmente, acham-se compreendidas na "sociedade em comum" disciplinada nos artigos 986 e seg. do Código Civil (cf. FRANÇA, Erasmo Valladão Azevedo e Novaes. *A sociedade em comum*. São Paulo: Malheiros, 2013. p. 112).

40. Algo visto com frequência em manifestações de todo tipo, inclusive em decisões judiciais, que enxergam os grupos de fato com considerável dose de preconceito, como se, de algum modo, ao recusarem a celebração de uma convenção de grupo, eles encerrassem algum tipo de corrupção do sistema jurídico.

41. A esse respeito, Sheila Neder Cerezetti ensina que a realidade empresarial "demonstra que grupos de fato são utilizados não apenas para os fins bem atendidos pelo regramento legal, mas também como técnica de subordinação de interesses, sem que as sociedades prejudicadas caso a caso recebam compensação adequada pela submissão sofrida". Pondera, ainda, que "esta maneira de utilizar os grupos de fato apenas se perpetua devido à indevida condescendência com as práticas ilegais de subordinação de interesses sem compensação, às dificuldades de tutela dos prejudicados por meio de soluções reparadoras e às próprias regras que disciplinam a administração social e que permitem seja ela faticamente concebida como representante do acionista controlador" (Grupos de sociedades e recuperação judicial, cit., p. 742-743). Em trabalho mais recente, a autora reforçou tais afirmações, sintetizando os três principais fatores que levam à ascensão e disseminação dos usos abusivos dos grupos empresariais: "1. undue leniency with the illegal practices; 2. the hurdles for interested parties accessing legal remedies; and 3. the structure of directors' duties in Brazil, where management is often seen as an extension of the controlling shareholder". (*1. leniência indevida com as práticas ilegais: 2. obstáculos para as partes interessadas terem acesso aos remédios legais; e 3. a estrutura dos deveres dos administradores no Brasil, onde a administração é muitas vezes vista como uma extensão do acionista controlador*) (Reorganization of corporate groups in Brazil: substantive consolidation and the limited liability tale. *Int. Insolvency Review*, 2021. p. 11-19. DOI: 10.1002/iir.1410, 2021; tradução livre).

42. Nesse sentido, Eduardo Secchi Munhoz observa que os mecanismos de controle previstos no ordenamento pátrio são incapazes de garantir que as sociedades integrantes de grupo de fato atuem apenas segundo os seus próprios interesses particulares: "nos grupos de fato da lei brasileira, os administradores ficam diante de uma difícil escolha: descumprir o comando legal, ficando sujeitos à responsabilização civil, ou cumpri-lo à sua plenitude, ficando expostos ao risco de destituição, pela inobservância das diretrizes emanadas dos administradores da sociedade dominante ou do grupo. Não se tem dúvida em afirmar que, na maioria das vezes, preferem os administradores a segunda escolha, pois, enquanto a ameaça de destituição é concreta e iminente, a apuração de sua responsabilidade civil é menos provável. Nessa matéria, parece claro que a lei societária preconiza uma solução incompatível com os imperativos da ordem econômica" (Desconsideração da personalidade jurídica e grupos de sociedades, cit., p. 44).

43. Conforme Sheila Neder Cerezetti, *os efeitos colaterais negativos do uso irrestrito de grupos de fato também podem ser observados, pois o preconceito contra a técnica organizacional aumentou. A*

2.1.2 A integração entre as sociedades – os vasos comunicantes

A solução para esse problema, ou para lidar com os grupos de fato, de um modo geral, não passa por tratar as sociedades deles integrantes como se fossem completamente independentes (jurídica ou economicamente) uma da outra. Porque não são.

Recusar a existência de integração ou relação de dependência econômica/gerencial entre as sociedades integrantes de um grupo de fato é desconhecer a realidade[44] das empresas e, em última análise, negar a função socioeconômica típica da própria existência dos grupos[45].

Os *vasos comunicantes*[46] entre as sociedades fazem com que a interferência de uma na outra ocorra de modo estrutural[47], não se podendo ignorar que o próprio ordenamento admite diversas exceções à separação das responsabilidades dos integrantes dos grupos (estabelecidas pela lei, no tocante a certas relações jurídicas, ou pelo contrato, como pela concessão de garantias intragrupo)[48], que produzem reflexos tanto de ordem jurídica quanto econômica.

---

questão é que, em vez de essas críticas afetarem apenas os casos em que o abuso estava efetivamente presente, os usos legítimos também passaram a ser malvistos e associados a práticas questionáveis (no original: "negative side-effects of the unrestricted use of de facto groups can also be observed, as prejudice against the organizational technique rose. The issue is that instead of these criticisms affecting solely the cases where abuse was effectively present, legitimate uses were also frowned upon and associated with questionable practices") (Reorganization of corporate groups in Brazil, cit., p. 11; tradução livre).

44. Fábio Konder Comparato categoricamente proclama que "a confusão patrimonial, em maior ou menor grau é inerente a todo grupo econômico. O interesse individual de uma sociedade é sempre subordinado ao interesse geral do complexo de empresas agrupadas. Com isto, são praticamente inevitáveis as transferências de ativo de uma sociedade a outra, ou uma distribuição proporcional de custos e prejuízos entre todas elas" (*O poder de controle na sociedade anônima*, cit., 3. ed., p. 356).
45. Cf. MUNHOZ, Eduardo Secchi. Estrutura de governo dos grupos societários de fato na lei brasileira: acionista controlador, administrador e interesse de grupo. In: CASTRO, Rodrigo Rocha Monteiro de et al. (Coord.). *Direito empresarial e outros estudos em homenagem ao Professor José Alexandre Tavares Guerreiro*. São Paulo: Quartier Latin, 2013. p. 288.
46. Expressão metafórica empregada por Claude Champaud, que compara os elos existentes nos grupos de empresas a estruturas hidráulicas formadas por tubulações interconectadas (Les méthodes de groupement des sociétés. *Revue Trimestrielle de Droit Commercial*, Paris, Sirey, n. 4, 1967. p. 1021). Na prática empresarial, são infindáveis os possíveis elos existentes entre as empresas de um grupo, que geralmente envolvem a comunicação de recursos materiais e humanos, o compartilhamento de informações, sistemas de gerenciamento comuns ou interconectados, a corresponsabilidade por obrigações financeiras etc. Nos mais diversos graus, esses fatores promovem a interpenetração dos agentes econômicos vinculados ao grupo, produzindo a interferência de uns sobre os outros.
47. Seja no aspecto patrimonial, seja no organizativo, a interferência na autonomia da pessoa jurídica nos grupos de sociedades é de natureza estrutural (cf. MUNHOZ, Eduardo Secchi. Desconsideração da personalidade jurídica, cit., p. 41).
48. Confira-se o item 3.7.1.

2.1.3 Direção unitária nos grupos de fato – a conciliação dos interesses do grupo

Tampouco parece correta a conclusão de que, à falta da convenção prevista no artigo 265 da Lei das S.A., a submissão do grupo a uma direção unitária – que existe na prática[49] – necessariamente ocorra à margem da lei[50], ou de que as sociedades que o integram devem se comportar de modo completamente alheio aos interesses do grupo.

A própria lei excepciona a possibilidade de os administradores realizarem operações em bases não comutativas entre sociedades unidas por relação de controle ou coligação desde que, nesse caso, ocorra pagamento compensatório adequado (Lei das S.A., art. 245)[51]. Daí se pode concluir, desde logo, que a proibição da subordinação de interesses no grupo de fato, extraída dos artigos 115, 117, § 1º, e do próprio artigo 245 da Lei das S.A., não é absoluta[52].

Ademais, ao disciplinar o abuso do controlador e sua responsabilidade pelo favorecimento indevido de outra sociedade (arts. 115, 117, § 1º, "a", e 246), ou ao proibir as sociedades do grupo de contratarem entre si em bases não comutativas, ou sem a devida compensação (art. 245), a lei subordina a ilicitude à existência de prejuízo efetivo ou potencial à companhia. Logo, ausente prejuízo, seria possível a subordinação de interesses entre as sociedades, mesmo num grupo de fato[53].

---

49. Embora seja possível haver poder de controle sobre diferentes entidades sem submetê-las a uma direção unitária, não é isso o que normalmente ocorre.
50. Modesto Carvalhosa é categórico ao afirmar que "nos grupos de fato, ou seja, naqueles que não se submetem a uma convenção de grupo (art. 265), não pode haver qualquer forma de sujeição de uma sobre as outras, não podendo uma sociedade exercer influência dominante sobre as demais" (*Comentários à Lei de Sociedades Anônimas*. 5. ed. São Paulo, Saraiva, 2014. v. 4, t. 2. p. 63). No mesmo sentido, referindo-se aos grupos de fato, Viviane Muller Prado pondera que "o nosso sistema não permite propriamente uma direção econômica unificada", ou que "o direito societário brasileiro não contempla a possibilidade da unidade econômica dos grupos" (Grupos societários, cit., p. 12 e 19).
51. Lei das S.A., artigo 245. "Os administradores não podem, em prejuízo da companhia, favorecer sociedade coligada, controladora ou controlada, cumprindo-lhes zelar para que as operações entre as sociedades, se houver, observem condições estritamente comutativas, *ou com pagamento compensatório adequado*; e respondem perante a companhia pelas perdas e danos resultantes de atos praticados com infração ao disposto neste artigo".
52. Nelson Eizirik reconhece que "pode existir uma deliberação desvantajosa para a companhia integrante do grupo, tomada por sua acionista controladora, desde que haja a adequada compensação" (*A Lei das S/A comentada*, cit., p. 361).
53. Com base nessa interpretação dos referidos dispositivos legais, Eduardo Secchi Munhoz defende que "a lei brasileira não adotou uma visão estrita do interesse social nos grupos de fato. Elas abrem espaço para o reconhecimento do interesse de grupo, como objetivo legítimo a ser perseguido pelo controlador e administradores das sociedades agrupadas, possibilitando, assim, a integração empresarial" (Estrutura de governo dos grupos societários de fato na lei brasileira, cit., p. 288).

O direito alemão[54] é ainda mais claro ao permitir às sociedades detentoras de participações majoritárias "o exercício de uma influência dominante sobre as participadas num sentido prejudicial aos interesses destas últimas, desde que tal exercício seja pontual e os prejuízos para estas daí derivados sejam compensados"[55] – *Aktiengesetz* (*AktG*), § 311 (1)[56]. Essa compensação, ademais, não precisa ser necessariamente em pecúnia, podendo ocorrer pela concessão de alguma vantagem em contrapartida à desvantagem[57] suportada.

A ilicitude, e o consequente dever de indenizar os danos dela decorrentes, ocorrerão somente se não for promovida essa compensação, em sentido amplo, até o final do exercício social – *AktG*, § 317 (1). Além disso, a controladora ficará dispensada de realizar a compensação se se entender que um administrador diligente, cumpridor dos seus deveres para com a sociedade independente, também teria realizado determinada transação ou se abstido de praticá-la mesmo sem a influência dominante da controladora – *AktG*, § 317 (2).

Apesar da inexistência de dispositivos legais equivalentes na lei societária brasileira, o entendimento que rejeita qualquer possibilidade de direção unitária nos grupos de fato decorre de uma visão binária, em termos de tudo ou nada, como se só pudesse haver autonomia total ou controle absoluto[58]; como se a con-

---

54. Comentário breve sobre a disciplina dos grupos da lei societária alemã e sua evolução legislativa pode ser conferido em KOPPENSTEINER, Hans-Georg. Os grupos no direito societário alemão. *Miscelâneas do Instituto de Direito das Empresas e do Trabalho*, Coimbra: Almedina, n. 4, p. 7-33, 2006.
55. Engrácia Antunes, José. *Os grupos de sociedades*: estrutura e organização jurídica da empresa plurissocietária. 2. ed. Coimbra: Almedina, 2002. p. 74.
56. *AktG*, § 311 (1). *Quando não houver acordo de controle, a empresa controladora não poderá usar sua influência para instigar uma sociedade por ações ou sociedade limitada a celebrar um negócio jurídico prejudicial a ela, ou tomar ou abster-se de medidas que resultem em desvantagem, a menos que as desvantagens sejam compensadas.* No original: "Besteht kein Beherrschungsvertrag, so darf ein herrschendes Unternehmen seinen Einfluß nicht dazu benutzen, eine abhängige Aktiengesellschaft oder Kommanditgesellschaft auf Aktien zu veranlassen, ein für sie nachteiliges Rechtsgeschäft vorzunehmen oder Maßnahmen zu ihrem Nachteil zu treffen oder zu unterlassen, es sei denn, daß die Nachteile ausgeglichen warden". A tradução desse dispositivo foi feita a partir da versão em inglês disponível no *site* do Ministério da Justiça da Alemanha em: https://www.gesetze-im-internet.de/englisch_aktg/englisch_aktg.html#p0070. Acesso em: 22. nov. 2021).
57. A doutrina alemã anota que uma das maiores dificuldades de efetivar essa disciplina está em identificar e quantificar os prejuízos sofridos pela sociedade dependente em razão de algo que fez ou deixou de fazer por conta da influência da sociedade dominante: "Este regime que, à primeira vista, parece eficaz, comporta ainda deficiências importantes relacionadas com as dificuldades que a noção de desvantagem transporta em certos casos, como p.e. a reorientação da produção ou renúncia de um mercado em troca de um outro. Mesmo se uma desvantagem, que pressupõe sempre a comparação de um estado real com uma evolução hipotética, puder ser verificada, resta ainda o problema da quantificação" (KOPPENSTEINER, Hans-Georg. Os grupos no direito societário alemão, cit., p. 17-18).
58. Engrácia Antunes sublinha que "autonomia total ou controle absoluto representam apenas os polos extremos de 'continuum' de infinitas possibilidades e variantes de distribuição do poder de direção no contexto das relações entre o vértice grupal e sociedades constituintes [...]. A realidade situa-se sempre, movediçamente, algures entre estes dois polos" (Estrutura e responsabilidade da empresa, cit., p. 49).

secução do interesse particular de cada sociedade implicasse negar o interesse do grupo, ou o atendimento do interesse do grupo ensejasse, necessariamente, prejuízo do interesse particular.

Havendo várias ações e estratégias possíveis, poderá o controlador, mesmo que limitado pela vedação à subordinação de interesses entre as sociedades, optar por aquelas que convergem para a consecução do interesse do grupo (*i.e.*, ações que aproveitam as potencialidades da atuação coordenada das sociedades dominadas sem se desviar dos interesses individuais de cada uma delas), a fim de maximizar os resultados para todos os envolvidos, inclusive os minoritários e credores, que são, em última análise, aqueles que a lei visa proteger ao proibir o controlador e os administradores de agirem em prejuízo dos interesses da companhia[59].

Isso não é outra coisa senão promover a direção unitária, ainda que de forma limitada[60]. Consequência do poder de controle, a direção unitária não pressupõe *prejuízo* dos interesses particulares das sociedades integrantes do grupo, que é o *limite* do exercício da influência dominante do controlador nos grupos de fato[61].

Conclui-se, assim, que o direito brasileiro autoriza a controladora a definir a direção econômica unitária do grupo de fato, conquanto de forma distinta daquela aplicável aos grupos de direito e *significativamente limitada*. Neste caso,

> [...] a existência e o exercício de uma direção unitária nos grupos fácticos viverão sempre balizados pela estrita observância dos princípios jurídico-societários mais gerais em matéria de governo e administração da sociedade independente [...]; isto significa que uma sociedade detentora de participações majoritárias apenas poderá utilizar a influência dominante daí resultante como instrumento de criação e organização de uma direção unitária para o conjunto das sociedades participadas, se e na estrita medida em que tal direção se mostre compatível com o respeito da autonomia da gestão e do interesse próprio de cada uma destas sociedades[62].

O que se pretende deixar claro é que a subordinação de interesses – no sentido de haver prejuízo do interesse da controlada em benefício da estratégia do controlador para o grupo – não é requisito da direção unitária, embora potencialize o seu exercício (como pode legitimamente ocorrer nos grupos de direito, nos quais

---

59. *Vide* nota de rodapé n. 30.
60. Concorda-se com Viviane Muller Prado quando afirma que "a obrigação legal de não atuar em conflito com os interesses sociais representa um limite ao exercício da direção unitária e coordenada das atividades das sociedades do grupo" (Grupos societários, cit., p. 19). Entretanto, esse limite não exclui a existência de direção econômica unitária, discordando-se da mesma autora quanto a esse ponto (*vide* nota de rodapé n. 50).
61. Lei das S.A., artigos 115, 117, § 1º, "a", e 245.
62. Engrácia Antunes, José. *Os grupos de sociedades*, cit., p. 74-75.

se admite essa subordinação, mediante a imposição de instruções vinculantes às sociedades dominadas, mesmo que prejuízo dos seus interesses particulares).

Por outro lado, a direção econômica unitária nos grupos de fato tem fundamento, escopo e modo de execução diversos dos vistos nos grupos de direito. Enquanto nestes o poder de direção econômica unitária resulta da convenção de grupo, naqueles a controladora goza de um poder de fato, decorrente das próprias relações societárias, que é exercido a partir do controle das matérias sujeitas à assembleia geral das sociedades controladas e pela eleição dos administradores destas[63] (os quais, no caso do Brasil, são obrigados a observar os acordos de acionistas no tocante ao exercício do poder de controle[64]).

Também é preciso ter em mente que a própria integração da sociedade ao grupo influencia na definição do que seria seu interesse particular. Tratando-se de uma sociedade completamente independente, é possível que a realização ou não de determinada operação atenda ao seu interesse individual. Porém, estando essa mesma sociedade ligada a outras, numa relação de grupo, talvez a realização dessa mesma operação não lhe seja tão interessante quanto a de outros que são mais vantajosos justamente por conta da relação com o grupo[65].

Logo, para definir se um ato da controlada, praticado por conta da influência dominante da controladora, deu-se em prejuízo do seu interesse individual, não se deve considerar aquela empresa como se fosse absolutamente independente (porque não é), mas levar em conta sua integração ao grupo e o modo como ela é capaz de contribuir para a consecução dos seus objetivos particulares. Nesse caso, deixar de aproveitar as vantagens decorrentes da integração ao grupo, viabilizada pela direção unitária, é que poderia, em última análise, contrariar os interesses particulares da sociedade controlada.

---

63. Cf. Engrácia Antunes, José. *Os direitos dos sócios da sociedade-mãe na formação e direcção dos grupos societários*. Porto: Universidade Católica Portuguesa, 1994. p. 146.
64. Lei das S.A., artigo 118.
65. Imaginem-se, por exemplo, duas empresas absolutamente iguais, atuantes no mesmo segmento e com os mesmos recursos, que precisam decidir o local em que instalarão uma nova planta, em consideração ao custo do escoamento da sua produção. Porém, enquanto a primeira é uma empresa completamente autônoma, sem vínculo algum com nenhuma outra empresa, a segunda integra um grupo, do qual também participa uma terceira empresa, que também precisa se valer do mesmo meio de escoamento da produção. Nesse caso, a primeira empresa (isolada) poderia preferir o local "A" ao local "B", por ser economicamente menos custoso considerando o volume da sua produção individual (assim, o interesse particular da empresa isolada seria mais bem atendido se a empresa fosse instalada no local "A"). Já para a segunda empresa, apesar de ser em tudo idêntica à primeira, poderia ser mais interessante o local "B", por se situar perto de outra empresa do grupo, o que lhes permitiria dividir os custos desse escoamento, com o aproveitamento do correspondente ganho de escala. Vê-se, assim, que a própria noção de interesse particular é modificada pela integração da empresa a um grupo, sobretudo em razão dos ganhos de sinergia viabilizados por esse tipo de estrutura.

O interesse do grupo então funcionaria, no âmbito dos grupos de fato, como espécie de *fator de otimização*, que pode[66] ser perseguido pelas sociedades integrantes *tanto quanto possível*, desde que de forma que não prejudique os seus próprios interesses particulares e esteja alinhado a eles[67].

Não existe nessa estratégia comprometimento dos interesses individuais de cada sociedade (o que é vedado), mas uma *conciliação* de interesses[68], que visa

---

66. Engrácia Antunes menciona doutrina alemã que defende existir, mesmo no âmbito dos grupos de fato, um *poder-dever* por parte dos órgãos da sociedade controladora de direção relativamente ao grupo inteiro. Os partidários dessa teoria advogam que "a realização do fim do ente social (obtenção de lucros) não constitui um simples objetivo programático mas uma máxima jurídico-societária fundamental a que se encontra subordinada a atuação de todos os órgãos do ente corporativo, vinculando assim os órgãos de administração ao dever de empregar todos os recursos sociais disponíveis com vistas à consecução daquele fim. Pelo que aos administradores da sociedade participante estaria assim vedada uma administração meramente 'financeira' das participações detidas (orientada pelo escopo de uma simples rentabilização dos capitais investidos e percepção dos respectivos dividendos anuais), impondo-se-lhes antes prosseguir com uma administração 'estratégica' das mesmas, através da utilização articulada e unitária dos poderes de domínio e controle social que estas lhes atribuem, direta ou indiretamente, sobre a condução dos negócios sociais das sociedades participadas, designadamente de molde a assegurar que tal condução se faça da forma mais conveniente e proveitosa para os interesses da própria sociedade participante" (ENGRÁCIA ANTUNES, José. *Os direitos dos sócios da sociedade-mãe na formacção e direcção dos grupos societários*, cit., p. 149-150).
67. Ideia que se aproxima, de certa forma, da doutrina *Rozenblum*, construída a partir da célebre decisão francesa que, ao apreciar (e rejeitar) o recurso de um administrador de várias sociedades distintas que havia sido condenado pela prática de crime decorrente do suposto favorecimento de uma em prejuízo dos interesses da outra, reconheceu que a ilicitude da conduta deveria ser avaliada no contexto da política do grupo e das compensações entre os seus integrantes. De acordo com essa decisão, para escapar da tipificação penal decorrente da realização de transações financeiras intragrupo, *a assistência financeira prestada pelos dirigentes de fato ou de direito de uma sociedade a outra sociedade do mesmo grupo na qual possuem interesse, direto ou indireto, deve ser ditada num interesse econômico, social ou financeiro comum, apreciado em relação a uma política elaborada para todo o grupo e não deve ser privado de contrapartida nem quebrar o equilíbrio entre os respectivos compromissos das várias empresas envolvidas, ou exceder as possibilidades financeiras daquela que suporta o encargo*. No original: "[...] pour echapper aux previsions des articles 425 (4º) et 437 (3º) de la loi du 24 juillet 1966, le concours financier apporte, par les dirigeants de fait ou de droit d'une societe, a une autre entreprise d'un meme groupe dans laquelle ils sont interesses directement ou indirectement, doit etre dicte par un interet economique, social ou financier commun, apprecie au regard d'une politique elaboree pour l'ensemble de ce groupe, et ne doit ni etre demuni de contrepartie ou rompre l'equilibre entre les engagements respectifs des diverses societes concernees, ni exceder les possibilites financieres de celle qui en supporte la charge" (Corte de Cassação de Paris, Apelação 84-91.581, rel. Le Gunehec, j. 14.02.1984; tradução livre). Análise dessa decisão, seus antecedentes históricos e o desenvolvimento da doutrina *Rozenblum* podem ser conferidos em: Julie Craste (*La* summa divisio *des sûretés pour soi et des sûretés pour autrui*. 2020. Tese (Doutorado) – Universidade de Paris I – Panthéon-Sorbonne, Paris, 2020. p. 61-62); Charley Hannoun (*Le droit et les groupes de sociétés*. Paris: Librairie Générale de Droit et de Jurisprudence, 1991. p. 90-97); e Viviane Muller Prado (*Conflito de interesses nos grupos societários*. São Paulo: Quartier Latin, 2006. p. 190-200).
68. Sheila Neder Cerezetti pondera que, nos grupos de fato, não existe autorização legal para a *irrestrita submissão* de uma sociedade, de modo que eles "seriam empregados sempre que a composição das partes não demandasse subordinação constante de interesses individuais, mas permitisse o *alinhamento de condutas*, decorrente do exercício do direito de voto e do poder de controle, sem que se cogitasse de pressuposto inafastável de superação da independência das sociedades envolvidas" (Grupos de

à obtenção de ganhos para todos os envolvidos. Ganhos que vão além daqueles diretamente visados por determinada operação, porquanto o fortalecimento do grupo como um todo também beneficia indiretamente as sociedades isoladamente consideradas, potencialmente contribuindo para o aparecimento de novas oportunidades de negócios e o aumento do crédito de modo geral (tanto por conta da identificação de cada sociedade com o grupo quanto pela capacidade de prestação de garantias entre os seus membros).

Definida a direção unitária em torno do interesse do grupo, desde que em conciliação e em promoção dos interesses individuais, não haveria abuso do poder de controle, nem o controlador estaria obrigado a indenizar as empresas controladas por eventuais prejuízos experimentados pela imposição de uma estratégia malsucedida[69].

Nesse caso talvez se pudessem empregar critérios semelhantes àqueles adotados para apreciar a conduta dos administradores[70] (segundo aquilo que é conhecido como *business judgement rule*[71]), verificando-se se o controlador

---

sociedades e recuperação judicial, cit., p. 741-742). A autora parece admitir, portanto, algum nível de submissão entre as sociedades integrantes de um grupo de fato, bem como a conciliação (ao menos pontual) das suas estratégias.

69. O que se dá, repita-se, na forma prevista em lei, mediante o controle das matérias nas assembleias gerais das sociedades controladas e, indiretamente, pela eleição dos administradores desta.

70. Cabem aqui as lições de Calixto Salomão Filho, para quem o direito brasileiro permite ao controlador exercer a efetiva administração dos negócios sociais: "O sistema foi elaborado em torno da figura do acionista controlador, verdadeiro centro decisório da sociedade. Inclusive a distribuição de competências e a construção orgânica da sociedade são elaboradas com base na presunção de existência de um sócio 'soberano'. Nesse sentido pode ser entendida a criação de um órgão como o Conselho de Administração, representativo exclusivamente dos interesses dos acionistas e por eles exclusivamente composto. A ele foram atribuídas algumas das competências mais importantes, como a fixação da orientação dos negócios sociais (art. 142, 1) e a nomeação, destituição e fixação das atribuições dos diretores (art. 142, II). Através do Conselho de Administração atribui-se ao acionista controle da possibilidade de pessoalmente ou através de fiduciários administrar diretamente os negócios sociais" (Comparato, Fábio Konder; Salomão Filho, Calixto. *O poder de controle na sociedade anônima*. 6. ed. Rio de Janeiro: Forense, 2014. p. 453). Nessa mesma linha, Sheila Neder Cerezetti afirma que as próprias regras que disciplinam a administração social das companhias permitem que ela seja faticamente concebida como representante do acionista controlador. Como exemplo dessas regras, cita o artigo 122, II, da Lei das S.A., que permite a demissão *ad nutum* de conselheiros e diretores, e o artigo 118, §§ 8º e 9º, que contempla a submissão dos administradores aos acordos de acionistas (Grupos de sociedades e recuperação judicial, cit., p. 743).

71. Conforme Marcelo Adamek, "a 'business judgment rule' constitui uma regra norte-americana de origem jurisprudencial, pela qual os tribunais têm se recusado a sindicar o mérito das decisões tomadas pelos administradores no desempenho de suas tarefas. Por ela, os tribunais limitam-se a verificar se, diante das particularidades do caso concreto, a decisão tomada pelos administradores resultou de um processo decisório razoável e bem-informado (*reasonable decisionmaking process*), mas sem apreciar o mérito da decisão em si, ou seja, sem verificar se a decisão tomada foi a mais consentânea, ressalvados, é claro, os casos de decisões evidentemente equivocadas" (*Responsabilidade civil dos administradores de S/A (e as ações correlatas)*. São Paulo: Saraiva, 2009. p. 129).

agiu de maneira diligente e razoável[72], em atenção aos interesses particulares das sociedades afetadas, visando à maximização dos resultados para todas aquelas submetidas à sua influência dominante[73].

Em resumo, conclui-se que a integração entre as empresas não é proibida. E a direção unitária não é estranha ao fenômeno dos grupos de fato, nem do ponto de vista fático, nem do ponto de vista legal.

Ausente a convenção do grupo, o que existe são limitações jurídicas[74] ao exercício da direção unitária, que não permitem o sacrifício do interesse individual das sociedades em prol de outros interesses sem a devida compensação. Ao controlador, todavia, é permitido orientar[75] as empresas de modo convergente, no intuito de promover ganhos maiores para todos os envolvidos, desde que respeitados esses limites.

2.1.4 Nem tudo é abuso

Devem ser debelados os exagerados preconceitos[76] contra os grupos, muitas vezes fundados na equivocada premissa de que a integração[77] e a dependência

---

72. O direito alemão faz semelhante aproximação, ao estabelecer que, mesmo nos casos em que a operação desvantajosa para a sociedade controlada ocorrer por influência da sociedade controladora, esta ficará dispensada de conceder-lhe qualquer compensação se, em igual situação, um administrador prudente e zeloso de uma sociedade independente também tivesse realizado o negócio – *AktG*, § 317 (2). A desvantagem, nesse caso, "compreende-se como resultado de um comportamento que o administrador de uma SA independente não teria tido, se tivesse agido com a diligência apropriada" (KOPPENSTEINER, Hans-Georg. Os grupos no direito societário alemão, cit., p. 17).
73. Questão, contudo, que extrapola os limites deste trabalho, seguramente merecendo reflexões e estudos mais aprofundados.
74. Segundo Engrácia Antunes, trata-se de um *poder restrito*, "no sentido de que constituirá sempre um poder balizado pelas normas jurídico-societárias imperativas reguladoras do funcionamento da sociedade individual e das máximas orientadoras da atuação dos respectivos órgãos sociais, máxime as relativas ao interesse social [...]; pelo que tal poder de direção, a existir e a ser exercido pela sociedade-mãe, sempre o terá de ser necessariamente na estrita observância do interesse social próprio de cada sociedade-filha, ao qual jamais se poderá substituir o interesse da sociedade-mãe ou do grupo como um todo" (*Os direitos dos sócios da sociedade-mãe na formacção e direcção dos grupos societários*, cit., p. 149-150).
75. O que só pode ocorrer, repita-se, por meio da deliberação das matérias submetidas à assembleia geral das sociedades controladas e, indiretamente, pela indicação de administradores alinhados com a estratégia do grupo, e não por meio de instruções vinculantes, como ocorre nos grupos de direito.
76. Segundo Sheila Neder Cerezetti, a utilização do grupo de fato como técnica de organização da empresa acarreta "infeliz preconceito contra as estruturas legalmente previstas das sociedades controladora, controlada e coligada. Não raro se presenciam afirmações pouco adequadas em termos genéricos, ainda que próprias a algumas situações concretas, de reprovação moral à estruturação empresarial plurissocietária". Adverte, porém, que "a crítica deveria ser feita apenas aos específicos casos em que subterfúgios são empregados para descumprimento das normas que disciplinam as relações entre sociedades de mesmo grupo" (Grupos de sociedades e recuperação judicial, cit., p. 744).
77. Ana Perestrelo de Oliveira ensina que "a atividade de direção do grupo dá origem, tipicamente, a um fenômeno de integração econômica e empresarial das operações das empresas envolvidas, permitindo

econômica entre sociedades de um grupo de fato constituiriam, *ipso facto*, uma anomalia jurídica, sempre envolvendo desvio de finalidade ou confusão patrimonial. Exige-se que o fenômeno seja estudado de acordo com o que ele é, despindo-se de julgamentos morais sobre certos comportamentos dos empresários que não têm necessariamente o propósito de infringir a lei ou de burlar as limitações impostas pela adoção de estruturas grupais não qualificadas como grupos de direito[78].

Se é certo que existem casos de abusos, de desvio de finalidade e confusão patrimonial – a exigir tratamento sancionatório específico –, assim não se pode tachar todo e qualquer tipo de integração existente entre as empresas de um mesmo grupo, que se desenvolve de forma natural e orgânica, mesmo à margem de uma convenção: o compartilhamento de informações e de recursos humanos e materiais, os empreendimentos conjuntos e os negócios entre as empresas, inclusive a prestação de garantias, podem, dependendo das circunstâncias, constituir legítima expressão da direção unitária, sem necessariamente importar burla ao regime jurídico que disciplina a relação entre sociedades integrantes de um grupo de fato.

2.1.5 A subordinação de interesses como solução para a crise do grupo

Trazendo o tema para o contexto do processo concursal, uma premissa fundamental a ser estabelecida é a de que a recuperação judicial *não derroga as regras de governança dos grupos*[79], nem concede poderes extraordinários ao controlador,

---

falar no grupo como unidade econômica (a 'empresa de grupo', *Konzernunternehmen*), dotada de um sistema de objetivos unitário e, tendencialmente, de uma unidade de planeamento e decisão" (*Manual de grupos de sociedades*, cit., p. 15).

78. Não se ignora que, na prática societária brasileira, não são raros os abusos cometidos pelos controladores, que efetivamente exercem sua influência dominante sem consideração alguma para com os interesses particulares das sociedades controladas, credores e *stakeholders*. Entretanto, essa disfunção jurídica não coloca no plano da ilegalidade toda e qualquer estratégia empresarial resultante da direção econômica unitária que envolva sociedades reunidas num grupo de fato.

79. A respeito das relações entre o direito societário e a recuperação judicial e com consistente fundamentação, Ricardo Tepedino anota que, à exceção dos poucos casos em que a LRF incursiona no tema do governo das sociedades (como para admitir determinadas operações societárias como meios de recuperação ou autorizar o afastamento dos administradores), "em nada mais a lei falimentar se imiscui no regramento dado pelo direito societário – antes, expressamente o respeita. Desse modo, uma análise desapaixonada da Lei de Falências – o que nem sempre ocorre – convence de que as regras próprias de cada um desses ramos continuam autônoma e individualmente regendo as relações jurídicas postas sob seus cuidados". Ao final, o autor enfaticamente conclui: "não possui o princípio maior da recuperação judicial, enunciado no art. 47 da LRF, nenhum poder de fazer tábula rasa do direito dos sócios da devedora, ou de quem quer que seja, consistindo a exegese hipertrófica desse dispositivo num elemento de desagregação do sistema traçado pelos dois ramos do direito" (O direito societário e a recuperação judicial. In: VENÂNCIO FILHO, Alberto et al. (Org.). *Lei das S.A. em seus 40 anos*. Rio de Janeiro: Forense, 2016. p. 587 e 599).

que continua sendo obrigado a respeitar os limites do exercício da direção unitária (sejam aqueles mais amplos, estabelecidos por eventual convenção, sejam limites mais estreitos, decorrentes do regime jurídico aplicável aos grupos de fato). Dentro desses limites, porém, o controlador poderá orientar as sociedades, inclusive no âmbito da recuperação judicial por elas ajuizada conjuntamente.

No âmbito da *crise* que atinge o grupo de fato, essa lógica explica e legitima a formulação de um plano conjunto ou de planos coordenados entre os seus membros. Proposições que resultem em compromissos recíprocos, inclusive de socorro entre os devedores, poderão ser justificadas quando as prestações propostas no plano de recuperação estiverem alinhadas tanto com o objetivo de recuperação do grupo quanto com a recuperação de cada sociedade individualmente considerada (aliás, é possível que tal esforço coordenado entre as empresas do grupo seja indispensável para viabilizar a preservação individual de cada uma delas).

Sob essa perspectiva, poder-se-ia até mesmo admitir o sacrifício particular de determinado membro do grupo em favor dos demais, desde que seja devidamente compensado e isso não inviabilize a sua própria manutenção, especialmente se a superação da crise do grupo for indispensável à preservação do devedor que se sacrifica pelos demais (caso em que esse seu sacrifício particular tende a reverter, ainda que indiretamente, em favor dele mesmo).

A própria identificação do interesse particular das sociedades e a determinação da comutatividade nas operações entre elas exigem consideração ao contexto da crise do grupo, ao passo que a noção de "pagamento compensatório adequado", previsto no artigo 245 da LSA, poderá justificar interpretação extensiva, não restrita à compensação pecuniária nem dependente da exata mensuração do proveito econômico[80] correspondente ao sacrifício[81].

Uma visão muito limitada do que seria o "interesse da companhia" (LSA, art. 115) e da determinação do "pagamento compensatório adequado" (LSA, art. 245), sem consideração à repercussão da crise no grupo, poderá operar contra os

---

80. Abordando tema ainda pouco explorado pela doutrina brasileira, Daniel de Avila Vio rejeita a ideia de que o "pagamento compensatório adequado" corresponda ao dever de ressarcimento em dinheiro em favor da sociedade prejudicada, como decorreria, à primeira vista, do artigo 245 da Lei das S.A., ponderando, por outro lado, que ele "deve se consubstanciar em ganho econômico efetivo, específico e mensurável para a companhia prejudicada, não se admitindo referências genéricas a benefícios de sinergia, imagem ou perspectivas de lucratividade" (*Grupos societários*, cit., p. 264-265).
81. O novo Código de Insolvência da Itália parece acolher essa ideia ao prever que credores dissidentes e acionistas poderão se opor à concordata do grupo se demonstrarem que ela enseja prejuízo a determinada sociedade. Ainda assim, caberá ao tribunal homologar a concordata se concluir que o plano único ou os planos coligados concedem aos credores possibilidade de satisfação pelo menos igual à que teriam na hipótese de liquidação, e que eventuais prejuízos causados para os devedores individualmente considerados estão suficientemente compensados pelas vantagens decorrentes do acordo do grupo (art. 285, §§ 3 a 5).

valores que as normas visam proteger, produzindo resultados jurídicos e econômicos disfuncionais, especialmente se inviabilizar a concessão de recuperação judicial quando essa solução for economicamente mais eficiente do que a falência.

As restrições às operações entre as sociedades de um grupo visam proteger elas próprias, seus acionistas e credores. Logo, não faz sentido algum que essas restrições operem contra os seus próprios interesses, submetendo-os a prejuízos potencialmente maiores do que aqueles que seriam suportados caso tais operações fossem realizadas.

Num grupo formado pelas sociedades "A" e "B", em que "A" é completamente dependente de "B" (p. ex., por se tratar do único consumidor da sua produção), poderá ser do interesse particular da primeira socorrer a segunda, ainda que sem correspondente contrapartida financeira, quando o prejuízo incorrido com essa ajuda for menor do que aquele que seria suportado com a paralisação das atividades de "B", que fatalmente importaria paralisação das atividades de "A".

Numa perspectiva global, a eventual desvantagem suportada num negócio específico (p. ex., via cessão gratuita de insumos, concessão de crédito em condições facilitadas, perdão ou assunção de dívidas etc.) poderá ser justificada pela própria manutenção da sua atividade (quando de outro modo isso não seria possível).

De certa forma, a sujeição ao sistema concursal favorece o controle do equilíbrio das relações entre as sociedades do grupo, na medida em que elas deixam de se submeter apenas ao arbítrio do controlador ou dos administradores, passando a depender da aprovação dos credores.

Desde que seja respeitado o poder de determinação dos conjuntos de credores de cada devedor[82], como deve ocorrer ordinariamente, é razoável supor que os credores só aprovarão negócios entre as empresas do grupo, ainda mais com desvantagem para aquela contra a qual detêm o seu crédito, se fizerem sentido do ponto de vista econômico, isto é, se tais negócios conferirem aos ativos do devedor um valor maior do que aquele que poderia ser obtido na falência. Por outro lado, se a exploração de uma sociedade por outra for exagerada, ainda em benefício dos interesses do grupo, a tendência é que os credores da sociedade prejudicada rejeitem essa solução.

Essa compreensão é de fundamental importância para tratar adequadamente a crise da empresa plurissocietária, seja para garantir o direito subjetivo à recu-

---

82. Note-se que, num cenário de consolidação substancial, em que os credores de todos os devedores deliberam em conjunto, esse mecanismo de controle do respeito aos interesses particulares de cada sociedade acaba enfraquecido ou desparecendo.

peração judicial, seja para aplicar de modo apropriado os mecanismos desenvolvidos para lidar com as dificuldades econômico-financeiras que repercutem no grupo, especialmente quando ausente a imposição da consolidação substancial.

2.2 NOÇÃO DE CONSOLIDAÇÃO PROCESSUAL E NOTÍCIA DO DIREITO ESTRANGEIRO

A consolidação processual tem a ver com a submissão de dois ou mais devedores a um mesmo procedimento concursal ou com a reunião de procedimentos separados, que passam a tramitar de modo conjugado. A característica fundamental da consolidação processual é a coordenação desses procedimentos, sejam eles de liquidação ou de reorganização das empresas do grupo.

O mero deferimento da consolidação processual não afeta as relações jurídicas entre os devedores ou entre eles e os seus credores, diferentemente do que ocorre com a consolidação substancial, expediente que, a grosso modo, permite tratar os patrimônios individuais dos devedores como se pertencessem a uma única entidade.

Disso não decorre que a consolidação substancial seja pressuposto ou consequência inevitável da formulação soluções conjugadas ou unificadas entre os devedores, que poderão ser implementadas mesmo no contexto da mera consolidação processual, desde que respeitados os limites das personalidades de cada um deles e os direitos dos seus respetivos conjuntos de credores[83].

Entre os países que disciplinaram a consolidação processual no âmbito dos procedimentos de insolvência dos grupos de empresa – estabelecendo mecanismos para a formulação de soluções conjugadas entre os devedores, inclusive por meio de plano único – destacam-se Itália e Argentina, cujo direito auxilia a compreensão do instituto sob investigação e das possibilidades que ele encerra, além de fornecer uma perspectiva comparativa com as soluções adotadas pelo direito brasileiro.

O direito italiano é de particular interesse para os fins deste trabalho, haja vista que, a par da sua histórica influência sobre o nosso direito de empresa[84], contém vasta legislação sobre os concursos envolvendo grupos de empresas.

---

83. Especialmente o direito de influenciar o resultado da deliberação sobre o plano, com base na natureza e no valor dos seus respectivos créditos, tomados em consideração aos passivos de cada devedor individualmente considerado.
84. Concebido, no Código Civil de 2002, a partir da teoria da empresa do Código Civil italiano de 1942. Para uma perspectiva histórica e crítica da influência italiana no direito comercial brasileiro, confira-se FORGIONI, Paula A. *A evolução do direito comercial brasileiro*: da mercancia ao mercado. 2. ed. São Paulo: Ed. RT, 2012. p. 47-75.

Desde o final da década de 1970, a Itália já vinha tratando do assunto em diplomas esparsos e, com a recente edição do *Codice della crisi d'impresa e dell'insolvenza*, em 2019, que revoga a octogenária lei falimentar de 1942, passa a disciplinar a concordata preventiva de grupo.

A Argentina, por sua vez, possui um dos mais antigos diplomas falimentares do mundo a prever e regular soluções concursais para a crise dos grupos[85]. Além disso, a proximidade geográfica e o perene estado de crise econômica a aproximam da realidade brasileira, o que justifica a escolha do seu direito para ilustrar a disciplina estrangeira em matéria de consolidação processual.

2.2.1 Itália

A Itália possui extenso e complicado arcabouço legislativo em matéria concursal, convivendo com diversas leis que estabelecem procedimentos diferentes para o soerguimento da empresa em crise.

Além da universalmente conhecida *Legge Fallimentare*, de 1942, de caráter geral e maior abrangência – agora substituída pelo novo *Codice della crisi d'impresa e dell'insolvenza* –, foram editadas outras leis para fazer frente às sucessivas crises enfrentadas pelo país, como a *Legge Prodi*, de 1979, a *Legge Prodi Bis*, de 1999, e a *Legge Marzano*, de 2003, especificamente destinadas a promover a superação da insolvência de grandes empresas, com dispositivos que tratavam especificamente dos grupos ou conglomerados empresariais.

2.2.1.1 Legge Fallimentare (Lei 267/1942)

A lei de falências italiana, editada em 1942, nada previa sobre os processos concursais envolvendo grupos de empresas. Aliás, até a reforma da legislação societária italiana promovida pela "Lei Vietti" (*Legge* n. 366/2001), não havia disciplina organizada acerca dos grupos de empresas, que eram tratados de forma fragmentada em leis esparsas.

Foi somente a partir do final da década de 1970 que o ordenamento jurídico italiano passou a se ocupar das implicações concursais decorrentes da crise dos grupos de empresas, como se deu a partir da edição da primeira "Lei Prodi", de 1979.

---

85. Uma das principais inovações da *Ley de Concursos y Quiebras*, Lei 24.522, de 07.08.1995, foi justamente a disciplina do concurso preventivo de grupos de empresas, regulamentação que, ao tempo da sua edição, encontrava muito poucos precedentes no direito comparado (cf. JUNYENT BAS, Francisco; MOLINA SANDOVAL, Carlos A. *Ley de Concursos y Quiebras comentada*. 2. ed. Buenos Aires: Abeledo Perrot, 2009. t. 1. p. 436).

Mesmo à falta de previsão na *Legge Fallimentare*, por muito tempo se debateu sobre a admissibilidade da concordata preventiva dos grupos de empresas[86].

A jurisprudência, no entanto, acabou se firmando contra o seu cabimento, embora concedesse aos integrantes dos grupos a possibilidade de formular proposta conjunta no âmbito das suas respectivas concordatas[87].

2.2.1.2   Legge Prodi Bis (Decreto Legislativo 270/1999)

A *Legge Prodi*[88], de 1979, foi editada em período de dificuldade para muitas empresas italianas, visando evitar uma possível cadeia de falências que afetaria a economia do país. Com esse propósito, criou um procedimento denominado de *amministrazione straordinaria delle grandi imprese in crisi* (isto é, a administração extraordinária de grandes empresas em crise)[89].

Embora cuidasse do fenômeno da macroempresa, a lei de 1979 não continha nenhum dispositivo que tratasse especificamente das empresas organizadas sob a forma de grupo, o que passou a existir apenas com a edição do Decreto Legislativo 270/1999, conhecido como "*Legge Prodi Bis*".

Esse decreto modificou a sistemática da *amministrazione straordinaria* para, entre outras coisas: (i) dar nova definição ao conceito de "grande empresa", limi-

---

86. *Lembramos que, no passado, não faltaram tentativas da jurisprudência para lidar com a questão dos grupos de empresas com referência à concordata preventiva, reafirmando que a insolvência de uma empresa pertencente a um grupo deve ser verificada exclusivamente com base na sua própria situação econômica e patrimonial e confirmando o princípio da autonomia e da personalidade jurídica distinta de cada empresa, embora sem excluir a configurabilidade de um plano conjunto de recuperação.* No original: "Ricordiamo che, in passato, non erano mancati i tentativi della giurisprudenza di affrontare il tema dell'aggregazione delle imprese societarie con riferimento all'ammissione al concordato preventivo ribadendo che l'accertamento dell'insolvenza di un'impresa appartenente ad un gruppo va solto con esclusivo riferimento alla sua situazione economica patrimoniale e confermando il principio dell'autonomia e della distinta personalità giuridica dele singole società, pur non escludendosi la configurabilità di un piano di risanamento congiunto" (LO CASCIO, Giovanni. *Il concordato preventivo*. 10. ed. Milano: Giuffrè, 2017, p. 114; tradução livre).
87. Foi esse o entendimento firmado pela Corte de Cassação da Itália [em Cass. n. 20559, j. 13.10.2015]. Resumidamente, a mais alta instância do Poder Judiciário italiano decidiu que a concordata de grupo não era viável por carecer de disciplina que regulasse a competência, as formas de recurso, a nomeação dos órgãos e a formação das classes e das massas. Além disso, as propostas dos devedores deveriam respeitar sua própria competência, sem ensejar a confusão entre as empresas (cf. LO CASCIO, Giovanni. *Il concordato preventivo*, cit., p. 114).
88. Trata-se da *Legge* n. 95/1979, tendo sido assim batizada em homenagem ao Ministro da Indústria da Itália Romano Prodi, que à época capitaneou sua edição. Depois passou a ser conhecida como a "primeira Lei Prodi", já que, em 1999, foi editado o Decreto Legislativo 270/1999, também capitaneado por Romano Prodi, que por isso passou a ser conhecido como a "segunda Lei Prodi" ou "*Legge Prodi bis*".
89. Diferentemente da concordata preventiva da *Legge Fallimentare*, o procedimento de administração extraordinária dispunha de mecanismos de superação da crise do devedor que independiam, em certa medida, da concordância dos seus credores.

tando a aplicação do instituto a empresas com mais de duzentos trabalhadores e cujas dívidas não fossem inferiores a dois terços do total dos ativos do balanço e das receitas anuais de vendas e serviços do último exercício financeiro (art. 2); e (ii) limitar o excesso de discricionariedade das medidas até então adotadas para viabilizar a recuperação da empresa, estabelecendo que ela deveria ser obtida, alternativamente, mediante a venda de complexos empresariais, com base em um programa para continuar os negócios por um período não superior a um ano ("programa para a venda de complexos empresariais"), ou por reestruturação econômico-financeira, com base em um programa de recuperação com prazo não superior a dois anos ("programa de reestruturação") (art. 27).

Além disso, a segunda Lei Prodi disciplinou o procedimento de administração extraordinária para os grupos de empresas. Iniciada pelo "processo-mãe", a administração extraordinária poderá ser estendida a outras empresas do mesmo grupo, assim entendidas aquelas que controlam ou são controladas, direta ou indiretamente, pela empresa sujeita ao processo-mãe, inclusive no caso de controle externo, não decorrente da participação societária.

As empresas do grupo serão admitidas na administração extraordinária se apresentarem perspectivas concretas de recuperação do equilíbrio econômico das atividades empresariais, ou quando a administração unitária da insolvência no âmbito do grupo for adequada para facilitar a consecução dos objetivos do procedimento devido às conexões econômicas ou produtivas entre as empresas, ainda que essas empresas não preencham os requisitos para se submeterem à administração extraordinária de forma autônoma.

Se o decreto que declara aberto o "processo-mãe" for proferido após a sentença de falência de uma empresa do grupo, o tribunal que declarou a falência poderá ordenar sua conversão em administração extraordinária, caso isso seja necessário para o tratamento da insolvência do grupo, e desde que a liquidação dos ativos ainda não tenha sido concluída.

2.2.1.3 Legge Marzano (Decreto-lei 347/2003, convertido na Lei 39/2004)

O Decreto-lei 347/2003, depois convertido na Lei 39/2004 (conhecido como *Legge Marzano*[90]), foi editado para fazer frente à crise da Parmalat, criando um procedimento de administração extraordinária supostamente mais célere e menos burocrático do que o previsto na Lei Prodi, visando à reestruturação de

---

90. Em referência a Antonio Marzano, então Ministro da Atividade Produtiva da Itália (2º Governo Berlusconi).

empresas com pelo menos quinhentos funcionários e dívidas não inferiores a trezentos milhões de euros.

De acordo com ele, a administração extraordinária poderá ser estendida a outras empresas do grupo (art. 3, § 3), viabilizando-se a satisfação dos credores até mesmo por meio de uma proposta única de concordata, sem prejuízo da autonomia dos respectivos ativos e passivos dos devedores (art. 4-bis, § 1 e 2). Além disso, poderão ser autorizados a venda e o uso de ativos e estabelecimentos de empresa do grupo para a sua reestruturação (art. 5, § 1).

2.2.1.4 Codice della crisi d'impresa e dell'insolvenza (Decreto Legislativo 14/2019)

Em 2019, foi editado o *Codice della crisi d'impresa e dell'insolvenza* (Decreto Legislativo 14/2019)[91], que substitui a *Legge Fallimentare*, de 1942. O novo Código, porém, ressalva a aplicação de leis especiais em matéria concursal, notadamente aquelas que versam sobre a *amministrazione straordinaria delle grandi imprese* (2ª Lei Prodi e Lei Marzano)[92].

O Código passa a admitir expressamente que empresas integrantes do mesmo grupo, desde que tenham o principal centro de interesse na Itália, possam requerer a concordata preventiva em litisconsórcio ativo (art. 284, § 1), o que não afeta a autonomia dos seus respectivos patrimônios (art. 284, § 3).

A competência para o processamento da concordata preventiva do grupo será do juízo onde se encontra o principal centro de interesse do grupo, assim considerado o local onde são exercidas sua administração e coordenação. Na impossibilidade dessa determinação, a competência será estabelecida em função do principal centro de interesse da empresa do grupo com maior passivo (art. 286, § 1).

---

91. Depois de sucessivas ampliações da *vacatio legis*, o novo Código italiano entrou definitivamente em vigor no dia 15.07.202, conforme previsto pelo Decreto PNRR 2, de 30.04.2022. Entretanto, algumas das disposições transitórias do Código já haviam entrado em vigor pouco tempo depois da sua publicação. Entre elas estavam artigos que: (i) disciplinam o registro e habilitação dos profissionais que exercerão as funções de curador, comissário judicial ou liquidante; (ii) modificam regras sobre direito de empresa e direito societário constantes do *Codice Civile*; e (iii) alteram as regras de competência para o processamento dos procedimentos de *amministrazione straordinaria* previstos na 2ª Lei Prodi e na Lei Marzano (antes determinada segundo o local da principal sede da empresa), que passa a se submeter à mesma regra aplicável aos procedimentos concursais regulados pelo Código (art. 27, § 1). Agora, a competência é definida segundo o lugar do principal centro de interesses do devedor, que, para as pessoas jurídicas, presume-se coincidente, em regra, com o lugar da sua sede legal resultante do registro da empresa.
92. Porém, o novo diploma alterou as regras de competência para o processamento dos procedimentos de *amministrazione straordinaria* previstos na 2ª Lei Prodi e na Lei Marzano, antes determinada segundo o local da principal sede da empresa, que passou a se submeter à mesma regra aplicável aos procedimentos concursais regulados pelo próprio Código (art. 27, § 1).

Haverá a nomeação de um único comissário para todas as empresas do grupo (art. 286, § 2), que poderão oferecer plano único ou planos coligados para a satisfação dos seus credores. Além disso, o plano (único ou coligado) deverá ser adequado para permitir a recuperação e o reequilíbrio geral da situação financeira de cada uma das empresas do grupo (art. 284, § 5).

O plano poderá prever a liquidação de algumas empresas e a continuidade das atividades de outras (art. 285, § 1), além da transferência de ativos e da celebração de negócios entre elas (art. 285, § 2), dependendo sempre da aprovação dos seus respectivos credores.

Os credores de cada uma das empresas que requererem a concordata, divididos por classes – se essa subdivisão for exigida por lei ou pelo plano –, votam simultânea e separadamente acerca da proposta apresentada pela empresa devedora. O acordo do grupo só será aprovado se obtida a adesão da maioria, na forma da lei, entre os credores de cada devedor (arts. 109 e 286, § 5). Ressalva-se, porém, que as empresas pertencentes ao grupo que possuam crédito em face de outra admitida no procedimento não terão direito de voto na deliberação sobre o plano (art. 286, § 6).

A doutrina italiana anota que a votação separada afirma o princípio da autonomia patrimonial entre as empresas do grupo. No entanto, não existe regra que permita superar a reprovação dos credores de alguma empresa. Assim, se não forem alcançadas as maiorias exigidas para a aprovação relativamente a determinado devedor, deve-se reputar reprovada a concordata de todo o grupo[93].

Por outro lado, em sendo os planos aprovados, ressalva-se aos credores dissidentes a possibilidade de se opor à concessão da concordata por conta de eventuais efeitos prejudiciais decorrentes da subordinação de interesses entre as sociedades do grupo (art. 285, § 3). A mesma faculdade é reservada aos acionistas, que poderão objetar a homologação da concordata se demonstrarem que ela implica prejuízo para as sociedades devedoras não suficientemente compensado (art. 285, § 5).

No primeiro caso, o tribunal deverá homologar a concordata se concluir, com base numa avaliação global do plano único ou dos planos coligados, que os credores poderão ser satisfeitos em medida não inferior ao que obteriam com a liquidação da empresa singular (art. 285, § 4). No segundo, a oposição dos acionistas poderá ser superada se o eventual prejuízo causado à sociedade individualmente considerada puder ser excluído em consideração às vantagens compensatórias decorrentes do plano do grupo (art. 285, § 5).

---

[93]. Cf. GIORDANO, Andrea; TEDESCHI, Claudia. *Commentario al Codice della crisi d'impresa e dell'insolvenza*, cit., p. 1202.

Por fim, a lei dispõe que o acordo aprovado e homologado não poderá ser resolvido ou anulado quando as condições para a resolução ou anulação ocorrerem apenas com relação a uma ou algumas empresas do grupo, a menos que a implementação do plano seja significativamente comprometida também para outras empresas (art. 286, § 7).

2.2.2 Argentina

Na Argentina, o direito concursal é regido, fundamentalmente[94], pela *Ley de Concursos y Quiebras* (Lei 24.522, de 9 de agosto de 1995), que foi parcialmente alterada pelas Leis 25.563/2002, 25.589/2002, 26.086/2006, 26.684/2011 e 27.170/2015. Nela estão disciplinados os procedimentos de *concurso preventivo* (equivalente à nossa recuperação judicial), *acuerdo preventivo extrajudicial* (equivalente à nossa recuperação extrajudicial) e *quiebra* (equivalente à nossa falência).

Na disciplina do concurso preventivo e da falência, existem dispositivos que tratam especificamente dos grupos de empresas, permitindo o tratamento unificado da crise que atinge os seus integrantes.

O artigo 65, *caput*, da *Ley de Concursos y Quiebras* admite expressamente a formulação do pedido de concurso preventivo[95] em litisconsórcio ativo, por duas ou mais pessoas físicas ou jurídicas que integrem, de forma permanente, um "conjunto econômico". Segundo a doutrina, a lei não criou um novo ente, mas disciplinou os casos em que a atividade empresária é exercida, conjuntamente, por mais de uma pessoa, física ou jurídica, que atuam segundo uma unidade econômica[96].

---

94. Entre outras normas que também disciplinam aspectos do direito concursal argentino, registram-se as Leis 25.563, de 14 de fevereiro de 2002, e n. 23.898, de 23 de outubro de 1990.
95. O concurso preventivo, no direito argentino, corresponde a procedimento que visa à superação da crise do devedor mediante acordo judicial com a maioria dos credores, cuja aprovação implica a novação de todas as dívidas a ele sujeitas.
96. [...] *a lei não criou um novo ente de direito que se denomina 'grupo econômico' e, portanto, este não é uma pessoa jurídica, mas um* modus operandi *negocial de outros entes. Em uma palavra, o grupo consiste numa unidade de empreendimento levada a cabo por várias pessoas físicas ou jurídicas, ou seja, unidade econômica e pluralidade jurídica. A característica do fenômeno dos grupos de sociedades consiste precisamente nisso, uma mesma empresa gerida por várias sociedades*. No original: "[...] la ley no ha creado un nuevo ente de derecho que se nomine 'grupo económico', y, por ende, éste no es una persona jurídica, sin un modus operandi negocial de otros entes. En una palabra, el grupo consiste en una unidad de emprendimiento llevada a cabo por varias personas físicas o jurídicas, o sea, unidad económica y pluralidad jurídica. La característica del fenómeno de los grupos de sociedades consiste precisamente en eso, una misma empresa es gestionada por varias sociedades" (JUNYENT BAS, Francisco; MOLINA SANDOVAL, Carlos A. *Ley de Concursos y Quiebras comentada*, cit., t. 1, p. 351; tradução livre).

Não existe na lei, todavia, definição do que sejam esses "conjuntos econômicos", expressão que abarca diversos tipos de agrupamento[97], como aqueles que resultam de vínculos societários entre as empresas[98], ou de bases contratuais, como contratos de união, de integração ou distribuição, e até mesmo sociedades de fato[99].

Para a admissão do pedido de concurso preventivo por um "conjunto econômico", deverão ser expostos os fatos em que se funda a existência do grupo e sua exteriorização, com a demonstração do preenchimento de outros requisitos[100].

Exige-se, em primeiro lugar, que o grupo seja composto por diversos sujeitos dotados de personalidade jurídica própria, correspondentes a diferentes centros de imputação. A lei não discrimina nem ressalva quem pode integrar o grupo, que tanto pode ser composto por pessoas naturais quanto por jurídicas, demandando-se apenas que todos os integrantes estejam legalmente habilitados para, individualmente, requerer o próprio concurso preventivo.

Assim, mesmo que integrem um grupo econômico, seguradoras e instituições financeiras, além de outras entidades que não se submetem ao concurso preventivo, não poderão figurar no polo ativo do processo de concurso preventivo. Por outro lado, os garantidores do devedor, ainda que não integrem o mesmo grupo econômico, poderão requerer que o seu próprio pedido de concurso preventivo tramite conjuntamente com o do garantido (art. 68). Não se trata de ampliação do polo ativo do concurso formulado pelo garantido, mas de deslocamento da competência para processar o concurso requerido pelo garantidor, cuja tramitação ocorrerá de forma conjugada com aquele.

Também se exige que os integrantes do grupo, conquanto dotados de certo grau de autonomia, atuem de acordo com a direção determinada para todo o grupo. Como visto, cuida-se de requisito correspondente à própria definição conceitual dos grupos de empresas, cujos entes convergem para o atendimento dos objetivos do agrupamento, sob perspectiva unitária.

---

97. A doutrina argentina identifica, porém, os seguintes elementos que caracterizam a noção de grupos econômicos: (1) pluralidade de pessoas (pluralidade de centros de imputação); (2) a existência de controle de um ente sobre o outro (que podem ser de diversos tipos); (3) unidade de direção; e (4) o interesse do grupo (cf. JUNYENT BAS, Francisco; MOLINA SANDOVAL. *Ley de Concursos y Quiebras comentada*, cit., t. 1, p. 436-440).
98. Inclusive, mas não somente, as *sociedades de sociedades* (correspondentes ao que, no direito brasileiro, denomina-se por "grupo de direito"), sendo regidas por um "acordo de colaboração", equivalente à nossa convenção de grupo.
99. Cf. JUNYENT BAS, Francisco; MOLINA SANDOVAL, Carlos A. *Ley de Concursos y Quiebras comentada*, cit., t. 1, p. 438.
100. Cf. JUNYENT BAS, Francisco; MOLINA SANDOVAL, Carlos A. *Ley de Concursos y Quiebras comentada*, cit., t. 1, p. 439-444.

Exige-se, finalmente, que esse agrupamento seja dotado de "permanência" e de "exteriorização". A *permanência* é avaliada, fundamentalmente, pela forma como é exercido o controle e definida a direção unitária do grupo. Trata-se de requisito verificado casuisticamente, valendo notar que a união meramente circunstancial não autoriza o concurso preventivo em grupo[101]. Já a *exteriorização* demanda que a existência do grupo seja de conhecimento geral, e não de apenas algumas pessoas. Liga-se ao requisito da permanência, pois "a prova de uma exteriorização prolongada do grupo traz implícita a permanência requerida pela lei"[102].

Conforme Pablo D. Heredia[103], a exteriorização da existência do grupo pode ser demonstrada pelas demonstrações financeiras (que discriminam a participação de uma sociedade em outra), pela existência de uma sede operacional comum ao grupo, pelas garantias cruzadas entre os seus membros, pela publicidade comum, pela copropriedade de bens utilizados para o exercício da atividade, pela existência de órgãos de administração, execução e fiscalização comuns, pela similitude dos objetos sociais etc.

Importante ressaltar que a formulação do pedido de concurso preventivo em grupo consiste em mera *faculdade*, pois os seus integrantes, se assim lhes convier, também podem requerer o concurso preventivo separadamente.

Optando-se pelo concurso em grupo, porém, não será possível limitar o litisconsórcio ativo a determinados integrantes. Nesse caso, o pedido de concurso preventivo deverá, necessariamente, compreender todos os integrantes do grupo, mesmo aqueles que não estejam em situação de crise (art. 65, parágrafo único).

Entretanto, para que o pedido seja admitido, basta que um dos integrantes esteja em estado de cessação de pagamentos[104], desde que esse estado possa afetar os demais integrantes (art. 66). Assim, não é necessário que a insolvência de um dos integrantes do grupo já tenha contaminado os demais membros, desde que exista a *possibilidade* de afetá-los. Essa possibilidade, contudo,

> [...] deverá ser avaliada séria e razoavelmente, pois: i) permitiria o abuso do processo concursal, vedado pelo ordenamento concursal (Código Civil, art. 1.071)[105]; ii) se trata de uma exceção

---

101. Cf. JUNYENT BAS, Francisco; MOLINA SANDOVAL, Carlos A. *Ley de Concursos y Quiebras comentada*, cit., t. 1, p. 441-442.
102. No original: "[...] la prueba de una exteriorización prolongada del grupo trae implícita la permanencia requerida por la ley" (JUNYENT BAS, Francisco; MOLINA SANDOVAL. *Ley de Concursos y Quiebras comentada*, cit., t. 1, p. 442; tradução livre).
103. HEREDIA, Pablo D. *Tratado exegético de derecho concursal*. Buenos Aires: Ábaco, 2000. t. 1. p. 432.
104. Correspondente ao pressuposto objetivo para a formulação do pedido de concurso preventivo em grupo.
105. Registre-se que a citação menciona o artigo 1071 do Código Civil argentino de 1869 – editado segundo o esboço do Código Civil elaborado por Teixeira de Freitas –, que veio a ser revogado pelo Código Civil de 2015. Com impressionante vanguardismo, referido artigo dispunha o seguinte acerca do abuso do

à regra geral (insolvência) e que, como tal, deve ser interpretada restritivamente; iii) é o que decorre da inteligência do preceito normativo[106].

Satisfeitos os requisitos mencionados, o juiz deferirá o processamento do pedido de concurso preventivo em grupo. No entanto, o pedido será liminarmente indeferido se a existência do grupo econômico não for suficientemente comprovada, ou se for dele omitido algum dos seus integrantes.

A competência para o processamento do concurso preventivo requerido pelos grupos econômicos é atribuída ao juízo que seria competente para o processamento do concurso requerido pelo integrante com ativos mais relevantes, de acordo com os valores constantes do último balanço (art. 67, § 1º).

O procedimento do concurso preventivo em grupo também possui algumas particularidades, a começar pela designação da *mesma sindicatura* para todos os devedores (art. 67, § 2º), ainda que seja exercida conjuntamente por mais de uma pessoa (art. 253, último parágrafo). Além disso, haverá *processos distintos* para cada um dos membros do grupo, mas que tramitarão de forma conjunta (art. 67, § 3º).

Do mesmo modo, a *verificação dos créditos* em face de cada um dos membros do grupo também se processa separadamente, embora deva observar os mesmos prazos. Ela resultará na formulação de um único quadro geral de credores ("informe general"), que será complementado com a relação consolidada dos ativos e passivos do grupo (art. 67, § 3º).

A formulação do quadro geral consolidado não significa, porém, que os créditos serão considerados como se fossem detidos em face de uma única entidade (a consolidação aqui significa apenas a reunião, num único documento, dos quadros gerais de credores de cada concursando), valendo ainda observar que os credores de quaisquer dos integrantes do grupo poderão impugnar as habilitações de crédito formuladas pelos credores dos demais membros (art. 67, § 4º).

Ao dispor sobre a proposta de acordo preventivo – equivalente ao nosso plano de recuperação –, a lei argentina prevê que os concursados poderão

---

direito: *O exercício regular de um direito próprio ou o cumprimento de uma obrigação legal não configurará ato ilícito. A lei não protege o exercício abusivo de direitos. Será considerado como tal quem contrariar os fins que aquela tinha em vista ao reconhecê-los ou quem ultrapassar os limites impostos pela boa-fé, a moral e os bons costumes.* No original: "*El ejercicio regular de un derecho propio o el cumplimiento de una obligación legal no puede constituir como ilícito ningún acto. La ley no ampara el ejercicio abusivo de los derechos. Se considerará tal al que contraríe los fines que aquélla tuvo en mira al reconocerlos o al que exceda los límites impuestos por la buena fe, la moral y las buenas costumbres*" (tradução livre).

106. No original: "Vale aclarar que esta 'posibilidad' deberá valorarse seria y razonablemente, pues: i) permitiría el abuso del proceso concursal, proscripto por el ordenamiento concursal (art. 1071, CCiv.); ii) se trata de una excepción a la regla general (insolvencia) y por ende de interpretación restrictiva; iii) es la inteligencia del precepto" (JUNYENT BAS, Francisco; MOLINA SANDOVAL. *Ley de Concursos y Quiebras comentada*, cit., t. 1, p. 45; tradução livre).

formular propostas individuais para cada membro do grupo ou uma proposta unificada para todos os seus integrantes (art. 67, § 5º), as quais serão submetidas à deliberação dos credores[107].

As *propostas individuais*, que versarão apenas sobre as dívidas de cada empresa, serão aprovadas se aceitas pelos seus respectivos credores, observada a maioria ordinariamente exigida pelo artigo 45 da *Ley de Concursos y Quiebras*. Sua rejeição pelos credores de um dos devedores não prejudica o deferimento do concurso preventivo aos demais e, portanto, não implica a decretação da quebra daqueles integrantes cujas propostas de acordo preventivo tiverem sido aprovadas (art. 67, § 8º).

Já a *proposta unificada* tratará o passivo dos integrantes do grupo de forma conjunta (art. 67, § 5º) e será aprovada se: *(a)* for aceita pelos conjuntos de credores de todos os membros do grupo, considerados separadamente e observada a maioria ordinariamente exigida pelo artigo 45; ou *(b)* for aceita pelos credores representantes de pelo menos 75% do valor total dos créditos que conferem direito de voto e de pelos menos 50% em cada classe de credores, considerando-se os créditos em face de todos os integrantes do grupo[108], indistintamente[109] (art. 67, § 6º).

A rejeição da proposta unificada implicará a decretação da quebra de todos os integrantes do grupo, ocorrendo o mesmo se vier a ser decretada a quebra de quaisquer membros durante a fase de cumprimento do acordo preventivo[110] (art. 67, § 7º).

---

107. Ressalva-se que os créditos detidos por um integrante do grupo em face do outro, ou seus cessionários, não conferem direito de voto da deliberação sobre a proposta de acordo preventivo (art. 67, § 9º).
108. Por isso, a categorização dos créditos, por ocasião do processo de verificação, também será feita tomando-se por base todos os devedores, como se compartilhassem o mesmo patrimônio. Cuida-se de discriminação necessária para a apuração do quórum de aprovação da proposta unificada.
109. A aprovação segundo esse quórum alternativo, embora percentualmente mais rigoroso, acaba operando algo parecido com a consolidação substancial prevista no direito brasileiro, em que a deliberação sobre o plano unitário é submetida ao conjunto indistinto de todos os devedores.
110. Existe acentuada disputa na doutrina argentina acerca dos efeitos da formulação da proposta unificada. Para uma primeira corrente, como a rejeição ou o descumprimento dos termos da proposta unificada implica a falência de todos os proponentes, este evento ensejaria a responsabilidade solidária de cada um dos devedores pelas dívidas dos demais. Essa é a posição de Rafael M. Manóvil (*Grupos de sociedades en el derecho comparado*. Buenos Aires: Abeledo-Perrot, 1998. p. 1154). Carlos A. Molina Sandoval, por sua vez, sustenta que, se o passivo é tratado unificadamente, cada devedor deve assumir o pagamento das suas próprias obrigações e garantir as obrigações correspondentes aos outros devedores. Ademais, essa garantia seria implícita, decorrente da norma que determina a quebra de todas as empresas em razão do descumprimento do plano, sendo desnecessário que seja assumida formalmente (*Concurso preventivo del garante*. Buenos Aires: Depalma, 2000. p. 210). Em sentido oposto, Guillermo Marcos afirma que, do mero fato de os devedores terem formulado proposta unificada, não se pode inferir que eles teriam assumido a condição de fiadores uns dos outros, nem que isso ensejaria solidariedade em relação às dívidas de todo o grupo (*Concurso en caso de agrupamiento*: concurso del garante. Propuesta unificada. Consecuencias. Disponível em: http://www.estudiomarcos. com.ar/descargas/

De um modo geral, todavia, a lei resguarda a independência dos integrantes dos grupos econômicos, determinando que a decretação da quebra de um deles não se estende aos demais membros, salvo nas hipóteses previstas no artigo 161, que tratam de confusão patrimonial e desvio de finalidade (art. 172). Se isso ocorrer, a falência de uma empresa poderá ser estendida aos demais integrantes do grupo, ensejando a formação de massa única (art. 167).

2.2.3 Conclusões preliminares

Da análise dos ordenamentos de Argentina e Itália podem ser extraídas algumas conclusões importantes para a compreensão do tema em estudo.

A primeira delas é a de que a mera tramitação conjunta ou conjugada dos processos de insolvência envolvendo dois ou mais devedores não enseja a consolidação substancial.

A segunda conclusão – e mais importante – é a de que a consolidação processual, mais do que permitir a tramitação simultânea de diversos concursos e reduzir custos, fornece as condições necessárias para que possam ser entabuladas soluções conjugadas ou unificadas para a crise do grupo (ambos os ordenamentos admitem a formulação de proposta ou plano único), que não implicam desconsiderar a independência patrimonial nem dependem de alterar o poder de determinação dos conjuntos particulares de credores de cada devedor sobre os seus respectivos acervos.

2.3 CONCEITO E DENOMINAÇÃO

Com a edição da Lei 14.112/2020, que introduziu o artigo 69-G na Lei 11.101/2005, a formação do litisconsórcio ativo na recuperação judicial passou a ser expressamente admitida pelo diploma concursal[111] sob a denominação de "consolidação processual", emprestada do direito norte-americano[112].

Para o direito brasileiro, a consolidação processual refere-se, basicamente, ao conjunto de regras que disciplinam o processamento conjunto da recuperação judicial de dois ou mais devedores, integrantes de um mesmo grupo econômico sob controle societário comum, que ocupam, de forma simultânea, a mesma posição processual (portanto, em litisconsórcio).

---

trabajos/Concurso%20del%20garante.%20Quiebra%20y%20propuesta%20unific ada. pdf. Acesso em: 10 mar. 2022).
111. Embora já fosse amplamente admitido pela jurisprudência, com base no Código de Processo Civil. *Vide* item 1.2.1.
112. *Vide* item 3.2.1.

A lei poderia, sem nenhum prejuízo, ter designado o instituto pelo que é (litisconsórcio), já que ele não corresponde a uma figura processual nova. Entretanto, o novo termo tem certa conveniência para ressaltar a distinção entre a mera formação do litisconsórcio (que resulta na consolidação processual) e a chamada consolidação substancial, coisas que são completamente diferentes, mas que vinham sendo frequentemente confundidas[113].

Pode-se argumentar, ainda, que a consolidação processual tem dimensão mais ampla que o litisconsórcio, pois, enquanto este corresponde ao fenômeno que designa a pluralidade subjetiva em algum dos polos do processo, aquela corresponde a todo o conjunto de regras acerca da tramitação do processo de recuperação judicial em que figuram como autores duas ou mais empresas, com disposições sobre competência, nomeação de administrador judicial, formulação do plano, composição da assembleia geral de credores etc. (LRF, arts. 69-G a 69-I).

A mera consolidação processual, contudo, não produz nenhum efeito material sobre as relações creditícias ou sobre a independência patrimonial dos devedores submetidos à recuperação judicial (LRF, art. 69-I), diferentemente do que ocorre na consolidação substancial, que faz com que os ativos e passivos de devedores sejam tratados como se pertencessem a um único devedor (LRF, art. 69-K).

Entretanto, a consolidação processual e a consolidação substancial não são exatamente opostas, nem excludentes, mas complementares, já que a consolidação substancial só poderá ser determinada se houver sido deferido o processamento da recuperação judicial sob consolidação processual (art. 69-J). Além disso, mesmo que determinada a consolidação substancial, subsistirá a coordenação de atos decorrente da consolidação processual, ainda que com significativas modificações das regras quanto ao plano de recuperação e à forma de deliberação dos credores.

Assim, tanto poderá haver *consolidação processual sem consolidação substancial* como *consolidação processual com consolidação substancial*, com a diferença de que, no

---

113. A esse respeito, confira-se a crítica do Desembargador Ricardo Negrão à adoção da denominação *consolidação processual* para designar o litisconsórcio ativo na recuperação judicial: "A expressão 'consolidação processual' recentemente cunhada alhures é totalmente desprovida de fundamento teórico ou técnico; ou há litisconsórcio necessário ou não há. O Projeto de Lei n. 10.220/2018, que altera a Lei n. 11.101/2005, em seu art. 69-J traz essa expressão para permitir que 'os devedores que atendam aos requisitos previstos nesta lei e que integrem grupo sob controle comum poderão requerer recuperação judicial sob consolidação processual'. Novidade desnecessária porque a doutrina e a legislação de 1945 há muito admitiam o processamento simultâneo de pedidos de devedores em estado de crise econômico-financeira (v. art. 180 do Decreto-lei n. 7.661/45). Se compreendido que 'consolidação processual' nada mais é do que processamento simultâneo de pedidos recuperatórios de empresas sob o mesmo controle societário, a crítica deste Relator restringirá ao neologismo, despiciendo e atécnico" (TJSP, 2ª Câmara Reservada de Direito Empresarial, AI 2072701-95.2018.8.26.0000, rel. Des. Ricardo Negrão, origem: 2ª Vara de Falências de São Paulo, j. 25.02.2019).

segundo caso, ativos e passivos de devedores serão tratados como se pertencessem a um único devedor, com as consequências procedimentais e materiais daí decorrentes.

2.4 O LITISCONSÓRCIO NA RECUPERAÇÃO JUDICIAL

O litisconsórcio corresponde ao fenômeno processual designado pela pluralidade de sujeitos do lado ativo ou passivo da relação processual. Na recuperação judicial, esse fenômeno ocorre quando dois ou mais devedores ajuízam a ação em conjunto, o que é admitido e regulado pelos artigos 69-G a 69-I da LRF, no âmbito da chamada "consolidação processual".

2.4.1 Fundamentos e objetivos

Embora a estrutura de grupo tenha, entre suas principais funções[114], a segregação de riscos[115] (dada a independência patrimonial dos seus integrantes[116]), a integração econômica entre as sociedades[117] e as exceções ao regime

---

114. A adoção da estrutura de grupo pode ter várias funções, como fomentar a expansão do poder de dominação econômica, permitindo o exercício do controle sobre grandes massas de capital com investimento reduzido, como ocorre nas estruturas piramidais (COMPARATO, Fábio Konder. Os grupos societários na nova Lei de Sociedade por Ações, cit., p. 195), conferir vantagens tributárias, tornar mais eficiente o processo de alienação dos ativos, aperfeiçoar a gestão empresarial (transformando-se cada atividade em centros de custos e de lucro distintos), facilitar a integração e a diversificação da produção e viabilizar a exploração empresarial simultânea em diferentes países, facilitar o atendimento das suas exigências legais específicas etc. (CASTELLÕES, Leonardo de Gouvêa. *Grupos de sociedades,* cit., p. 92).
115. Conforme Francesco Galgano, *o primeiro objetivo da formação de um grupo aponta para a chamada diversificação de riscos; ou seja, à separação dos riscos relacionados a cada um dos setores ou a cada um dos mercados. Cada sociedade do grupo é, em relação a terceiros, um sujeito de direitos distinto de qualquer outra sociedade do mesmo grupo. Cada uma é responsável pelas dívidas por ela contraídas, mas não é responsável pelas dívidas contraídas pelas demais sociedades.* No original: "El primer objetivo de la formación de un grupo apunta a la denominada diversificación de los riesgos; es decir, a la separación de los riesgos conexos a cada uno de los sectores o a cada uno de los mercados. Cada sociedad del grupo es, frente a terceros, un sujeto de derecho distinto de cualquier otra sociedad del mismo grupo. Cada una es responsable de las deudas por ella asumidas, pero no lo es de las deudas asumidas por las otras sociedades" (La empresa de grupo, cit., p. 15; tradução livre). Deve-se ponderar, no entanto, que tais afirmações devem ser recebidas com reserva, haja vista as inúmeras exceções, inclusive legais, que fazem com que uma empresa do grupo responda pelas dívidas da outra, mesmo mantendo patrimônio segregado, tema que será exposto no item 3.7.1.
116. Viviane Muller Prado observa que a "dependência econômica em razão do poder decisório unificado [...] não retira a personalidade jurídica de cada uma das sociedades que formam o grupo e, por consequência, elas permanecem com organizações e patrimônios independentes. É justamente a independência patrimonial e a não confusão de responsabilidades da controladora e das demais sociedades controladas que fazem desta forma de concentração empresarial o instrumento para a redução dos riscos na expansão dos negócios" (Análise do fenômeno dos grupos de empresas na jurisprudência do STJ. *RDBMC,* São Paulo, n. 40, 2008, p. 97).
117. Que pode ocorrer das mais diversas formas, desde o mero compartilhamento de informações e de recursos humanos e materiais até empreendimentos conjuntos e intricadas relações contratuais, inclusive com a prestação de garantias.

de limitação e de separação de responsabilidades acabam fazendo com que a crise de uma repercuta sobre as outras, em menor ou maior grau, sendo até mesmo capaz de comprometer a higidez de todo o grupo (por conta do chamado efeito dominó[118]).

A solidariedade contratualmente estabelecida entre as sociedades do grupo por meio de "garantias cruzadas"[119], muito frequente nas relações mantidas com instituições financeiras[120], encerra uma das hipóteses mais evidentes de repercussão da crise individual sobre o grupo, dado que a inadimplência de uma empresa exigirá das demais honrar a prestação em falta, o que pode comprometer a higidez financeira de todas elas, ou mesmo prejudicar o desenvolvimento da cadeia produtiva.

Existem, porém, infinitas circunstâncias capazes de propagar a crise entre as empresas do grupo.

---

118. *Vide* NEDER CEREZETTI, Sheila Christina. Grupos de sociedades e recuperação judicial, cit., p. 748. Comentando sobre esse mesmo efeito, Erasmo Valladão e Marcelo Adamek anotam que, espraiando-se a crise de uma sociedade sobre as demais, "ainda há os problemas decorrentes de danos de imagem e de abalo de crédito que colhem as outras: a insolvência da controladora ou de uma controlada não afeta apenas ela própria, senão todas as sociedades agrupadas pela perda de confiança na sua capacidade de mercado. Além disso, cláusulas de vencimento antecipado, garantias cruzadas, empréstimos entre sociedades do grupo, centro de custos unificados e *cash pool*, entre outros, fazem com que o aceiro da separação patrimonial não mais atue e seja capaz de evitar a propagação do incêndio" (*Assembleia geral de credores*. São Paulo: Quartier Latin, 2022. p. 41).
119. São chamadas de "garantias cruzadas", em sentido amplo, as garantias prestadas entre duas ou mais empresas integrantes de um mesmo grupo econômico, segundo os mais diversos arranjos, como garantias prestadas pela *holding* em favor das suas subsidiárias, destas em favor da *holding*, ou entre as próprias subsidiárias. Não raramente, esse arranjo acaba tornando essas empresas garantidoras umas das outras, de forma recíproca, de modo que cada uma delas responde, individualmente, pelas dívidas de todas as demais.
120. *Naturalmente, os credores importantes (e, entre estes, principalmente os bancos) não concedem crédito a sociedades com escasso capital, senão na presença de garantias, reais ou pessoais, oferecidas por seus integrantes. Nos grupos de sociedades, estas garantias, como as garantias da sociedades-mãe em favor das sociedades-filhas (ou de uma sociedade-filha em favor de outra sociedade-filha), possibilitam um desenvolvimento notável. Assim, à ampliação da limitação de responsabilidade se contrapõe, de fato, a distinção entre diferentes credores. A responsabilidade limitada dos sócios (e, entre eles, das sociedades controladoras) é válida frente aos credores fracos, que não podem reivindicar garantias para seus créditos, o que não ocorre em relação aos credores fortes, amparados pelas garantias oferecidas pelos sócios (e controladoras)*. No original: "Naturalmente, los acreedores importantes (y entre estos, principalmente los bancos), no dan crédito a sociedades con capital exiguo sino em presencia de garantías, reales o personales, ofrecidas por sus integrantes. En los grupos de sociedades, estas garantías, como garantías de la sociedad madre a favor de las sociedades hijas (o de una sociedad hija a favor de otra sociedad hija), presentan un notable desarrollo. Así, a la expansión de la limitación de la responsabilidad se contrapone, de hecho, la distinción entre una serie diversa de acreedores. La responsabilidad limitada de los socios (y, entre estos, de las controlantes) es válida frente los acreedores débiles, que no pueden pretender garantías para sus créditos, lo que no acontece frente a los acreedores fuertes asistidos por las garantías que les ofrecieron los socios (y las controlantes)" (GALGANO, Francesco. La empresa de grupo, cit., p. 16-17; tradução livre).

Numa estrutura de concentração *vertical*, em que as empresas atuam em diferentes fases do processo produtivo, a crise da empresa que fornece matéria-prima, por exemplo, pode comprometer a produção das empresas que a aproveitam, do mesmo modo que a crise da empresa aproveitadora da matéria-prima pode fazer com que a fornecedora não tenha para quem destinar sua produção.

Em estruturas *horizontais*, nas quais as sociedades exercem atividades similares, a crise de uma delas pode abrir espaço para a dominação do mercado por empresas rivais, com prejuízo para todo o grupo.

Tratando-se de estruturas *conglomeradas* (nas quais as empresas atuam em setores diversos)[121], o prejuízo de determinada subsidiária – com impacto sobre o retorno esperado pela *holding* – pode comprometer a alocação de recursos que se previa fazer em outra sociedade integrante do grupo, com eventual prejuízo para as atividades desta.

As hipóteses acima são meramente exemplificativas e não se restringem às estruturas de concentração a que foram relacionadas. Dada a pluralidade[122] do fenômeno dos grupos e as suas inesgotáveis conformações[123], seria impossí-

---

121. MUNHOZ, Eduardo Secchi. Estrutura de governo dos grupos societários de fato na lei brasileira, cit., p. 272.
122. Como bem observa Maria do Rosário Palma Ramalho, "a primeira dificuldade que se nos depara na aproximação aos fenômenos de colaboração societária reside na sua delimitação. Esta dificuldade de delimitação fica a dever-se a razões extrajurídicas atinentes ao surgimento destes fenômenos, à sua heterogeneidade e à diversidade de funções por eles prosseguidos" (*Grupos empresariais e societários: incidências laborais*. Coimbra: Almedina, 2008. p. 71).
123. *As estruturas dos grupos empresariais podem ser simples ou altamente complexas, envolvendo várias subsidiárias integrais ou de propriedade parcial, subsidiárias operacionais, subsubsidiárias, sub*-holdings, *empresas de serviços, empresas inativas, diretorias cruzadas, participações acionárias e assim por diante. Podem também envolver outros tipos de entidades, como sociedades de propósito específico (SPE),* joint ventures, offshores, *fundos de rendas e parcerias. [...] O grau de autonomia financeira e gerencial em grupos empresariais pode variar consideravelmente. Em alguns grupos, os membros podem ser entidades comerciais ativas, com responsabilidade primária por seus próprios objetivos de negócios, atividades e finanças. Em outros, as decisões estratégicas e orçamentárias podem ser centralizadas, com os membros do grupo operando como divisões de um negócio maior e exercendo pouca autonomia dentro da unidade econômica coesa*. No original: "Enterprise group structures may be simple or highly complex, involving numbers of wholly or partly owned subsidiaries, operating subsidiaries, subsubsidiaries, sub-holding companies, service companies, dormant companies, cross-directorships, equity ownership and so forth. They may also involve other types of entity, such as special purpose entities (SPE), joint ventures, offshore trusts, income trusts and partnerships. [...] The degree of financial and decision-making autonomy in enterprise groups can vary considerably. In some groups, members may be active trading entities, with primary responsibility for their own business goals, activities and finances. In others, strategic and budgetary decisions may be centralized, with group members operating as divisions of a larger business and exercising little independent discretion within the cohesive economic unit" (United Nations Commission on International Trade Law – UNCITRAL. *Legislative Guide on Insolvency Law*. Part three: Treatment of enterprise groups in insolvency, United Nations Publication, 2012. p. 7-8; tradução livre).

vel definir todos os casos em que a crise de uma empresa pode atingir, total ou parcialmente, o grupo econômico do qual faz parte (mesmo que as sociedades conservem sua independência, sem incorrer em desvio de finalidade ou confusão patrimonial).

Ademais, raramente a repercussão da crise sobre o grupo decorre de um único fator. No mais das vezes, múltiplas circunstâncias concorrem para a produção desse efeito, tornando difícil ou mesmo impossível restringir a crise à sociedade (ou sociedades) em que ela teve origem. Por isso, a solução da crise do grupo pode depender de mecanismos de reequilíbrio econômico-financeiro que levem em conta as *características peculiares*[124] da empresa plurissocietária[125]. Caso a recuperação judicial seja eleita como meio para superação da crise do grupo, sua viabilização exigirá que o *processo* seja capaz de lidar, de modo adequado e eficiente, com essa situação particular, em que as dificuldades econômico-financeiras de um devedor repercutem sobre os outros.

Segundo conhecida lição, o processo não é um fim em si mesmo[126], mas instrumento para a consecução do direito material[127]. Embora o direito subjetivo[128] à recuperação judicial seja titulado individualmente por cada empresa que satisfaça os pressupostos legais, a instrumentalização desse direito no contexto da crise do grupo só será possível, em muitos casos, se o processo permitir que a negociação com os credores seja feita de forma conjugada.

---

124. Segundo Sheila Neder Cerezetti, "a realidade [...] demonstra que a boa estruturação de soluções a dificuldades econômico-financeiras depende, em muitos casos, da existência de instrumentos atentos às características peculiares daqueles que participam de bloco de concentração econômica" (Grupos de sociedades e recuperação judicial, cit., p. 735).
125. Conforme leciona Sérgio Campinho, "a dimensão da crise econômico-financeira do grupo econômico é o vetor a orientar o alcance da medida conjunta a ser implementada para a sua restruturação. A solução conjunta é, em diversos casos, não apenas uma questão de conveniência, mas um imperativo para se superar a crise grupal" (CAMPINHO, Sérgio. In: TOLEDO, Paulo Fernando Campos Salles de (Coord.). *Comentários à Lei de Recuperação de Empresas*, cit., p. 512).
126. Cf. BIAVATI, Paolo. *Argomenti di diritto processuale civile*. Bologna: Università di Bologna, 2016. p. 61.
127. No mesmo sentido, Fredie Didier Jr. assevera que "o processo não é um fim em si mesmo, mas uma técnica desenvolvida para a tutela do direito material. O processo é a realidade formal – conjunto de formas preestabelecidas. [...] A separação entre direito e processo – desejo dos autonomistas – não pode implicar um processo neutro em relação ao direito material que está sob tutela" (*Curso de direito processual civil*: teoria geral e processo de conhecimento. 11. ed. Salvador: Juspodivm, 2009. p. 64).
128. Direito que, em linhas gerais, presta-se a viabilizar a superação da crise econômico-financeira, garantindo ao devedor a prerrogativa de submeter os seus credores a uma negociação coletiva, realizada segundo regras predeterminadas, que vinculam todos eles – *i.e.*, os credores sujeitos à recuperação – à solução que venha a ser aprovada pela maioria.

Daí a necessidade do processamento conjunto e simultâneo das recuperações judiciais de múltiplos devedores[129], preferencialmente[130] mediante a formação do litisconsórcio[131].

O fundamento remoto da formação do litisconsórcio na recuperação judicial consiste, portanto, na repercussão da crise entre os integrantes do grupo, por conta da sua integração econômica; já o seu *fundamento próximo* repousa na conveniência administrativa[132] do processamento conjunto e simultâneo dos procedimentos que poderiam ser individualmente instaurados por cada devedor. Seu *objetivo*, por outro lado, é permitir uma solução harmônica[133] e eficiente[134] para a crise do grupo, favorecendo a economia processual[135], a fim de viabilizar a preservação da empresa e a maximização dos ativos dos devedores.

A consolidação dos procedimentos de recuperação judicial, ademais, não ocorre apenas em benefício dos devedores, mas também em proveito da coleti-

---

129. Expediente que não implica atribuir personalidade jurídica ao grupo: *Pode-se adotar um tratamento específico do grupo mesmo mantendo intacta a consideração do grupo como uma soma de várias pessoas jurídicas independentes ou um agregado de sujeitos, sem pretender personalizá-lo de algum modo.* No original: "Puede adoptarse un tratamiento específico del grupo incluso manteniendo intacta la consideración del grupo como una suma de varias personas jurídicas independientes o un agregado de sujetos, sin pretender en modo alguno una personalización del mismo" (FLORES SEGURA, Marta. *Los concursos conexos*, cit., p. 50; tradução livre).
130. Alternativamente à formação do litisconsórcio, resultado equivalente poderia ser obtido pela reunião de distintos processos de recuperação judicial, para fins de tramitação conjunta. É assim, por exemplo, que se procede na Argentina. Trata-se, porém, de solução menos eficiente, por exigir a multiplicação dos atos processuais (dado que os mesmos atos deveriam ser praticados em cada um dos processos, além de dificultar o controle do procedimento, que não seria consolidado num único feito). Ao referir-se ao litisconsórcio de um modo geral, Cândido Rangel Dinamarco é taxativo: "É mais econômico realizar um processo só, ainda que possa ser mais complexo e durar mais, do que fazer dois processos, com duplicação dos atos e dos custos de cada uma deles" (*Instituições de direito processual civil*. 6. ed. São Paulo: Malheiros, 2009. v. 2. p. 341).
131. Que implica processo uno, qualquer que seja sua espécie (DINAMARCO, Cândido Rangel. *Instituições de direito processual civil*, cit., v. 2, p. 341).
132. Confira-se NEDER CEREZETTI, Sheila C. Grupos de sociedades e recuperação judicial, cit., p. 751.
133. Conforme Marcelo Sacramone, "a possibilidade de litigar conjuntamente no mesmo processo permite aos litisconsortes a economia processual, o impedimento de decisões contraditórias e a tentativa de reestruturar todo o grupo econômico de forma harmônica" (*Comentários à Lei de Recuperação de Empresas e Falência*. 2. ed. São Paulo: Saraiva, 2021. E-book. p. 592-593).
134. Sustentando que a formação do litisconsórcio permite que os meios de recuperação judicial previstos no artigo 50 da LRF sejam empregados de forma mais eficaz e coordenada, confira-se Ricardo Brito Costa (Recuperação judicial: é possível o litisconsórcio ativo? *Revista do Advogado*, São Paulo, n. 105, p. 181, 2009).
135. Acerca dos fundamentos e objetivos do litisconsórcio, Cândido Rangel Dinamarco ensina que "a admissibilidade da conglomeração de dois ou mais sujeitos como demandantes ou como demandados tem *por fundamento* a existência de situações da vida envolvendo mais de duas pessoas e não só duas [...]; e, *por objetivo*, favorecer a harmonia de julgados e a economia processual" (*Instituições de direito processual civil*, cit., v. 2, p. 341).

vidade de credores[136] e dos investidores em geral, permitindo o acesso unificado às informações de todo o grupo. Considerando, ainda, que a recuperação das empresas pode não ser possível sem soluções conjugadas entre elas, a consolidação processual acaba, de certo modo, favorecendo os credores mais frágeis, desprovidos de garantias e potencialmente mais vulneráveis no caso de falência. Também atende o interesse dos trabalhadores e da coletividade em geral, por criar um ambiente mais favorável à superação da crise e, por conseguinte, à manutenção da atividade econômica.

A formação do litisconsórcio não significa, em absoluto, que as sociedades integrantes do grupo devam ser consideradas como uma única entidade, com patrimônio indiviso (como ocorre, em certa medida, na consolidação substancial). Trata-se, porém, de expediente que permite a adoção de uma solução conjugada, que pode ou não ser idêntica em relação a cada um dos devedores submetidos à recuperação judicial.

Por conta da integração entre as empresas do grupo, é possível que um devedor só consiga honrar as prestações assumidas no seu próprio plano de recuperação judicial se outro devedor também se compuser com os seus respectivos credores; pode ser que todas as empresas dependam de algum parcelamento das suas dívidas para sanar problemas de fluxo de caixa, ou que a viabilidade econômica da operação só seja viabilizada pela injeção de recursos ou pela celebração de negócios entre os próprios devedores.

Imagine-se, por exemplo, o caso de duas empresas integrantes do mesmo grupo, ambas em crise, em que a empresa "A" transforma a matéria-prima que lhe é fornecida pela empresa "B", numa acentuada relação de interdependência. Se a empresa "A" não tiver outros fornecedores além da empresa "B", e esta não tiver outros consumidores além da empresa "A", a superação da crise da empresa "A" e a manutenção da sua atividade dependeriam da superação da crise da empresa "B", e vice-versa. Nessas circunstâncias, e considerando a eventual inviabilidade ou inconveniência de soluções diversas da recuperação judicial, o sucesso de eventual plano de recuperação de uma empresa possivelmente só seria alcançada se, *concomitantemente*, também fosse aprovado o plano de recuperação da outra.

Qual não seria a dificuldade de alcançar esse tipo de solução conjugada se os processos de recuperação judicial dessas empresas corressem separadamente, sem coordenação de atos, cada qual no seu próprio ritmo, com a apresentação dos planos de recuperação e a realização da assembleia geral de credores em

---

136. FLORES SEGURA, Marta. *Los concursos conexos*, cit., p. 45.

momentos diferentes? Assim, a par de necessária[137] para lidar com a crise do grupo, a gestão unitária dos processos de insolvência das empresas integradas, alcançada pela consolidação processual, também é indicada por razões de eficiência econômica[138].

Permitindo a solução para a crise de múltiplos devedores num sistema de negociação estruturada (*structured bargaining*[139]), a consolidação processual tem a grande vantagem de submeter o controle do procedimento a um único juiz[140]: com conhecimento das particularidades envolvendo cada empresa submetida à recuperação, ele terá melhores condições de tomar decisões considerando as complexas relações existentes entre os devedores, entre estes e os credores e entre os próprios credores.

Cuida-se de algo particularmente importante porque as decisões tomadas, mesmo que relativas a apenas um devedor, têm o potencial de afetar todos os outros e os seus respectivos credores[141].

---

137. A necessidade, aqui, dá-se principalmente por razões de ordem econômica, a fim de viabilizar a construção de um acordo capaz de fazer frente à crise do grupo. Isso não significa, porém, que se esteja diante de hipótese de litisconsórcio necessário, conforme será exposto adiante.
138. Cf. DI MAJO, Alessandro. *I gruppi di imprese tra insolvenze e diritto societario*, cit., p. 53.
139. A ideia por trás dos procedimentos baseados na *structured bargaining* é a de que os credores da empresa sejam incentivados a negociar sobre o futuro da empresa devedora – se deve ser liquidada ou reorganizada e como seu valor deve ser dividido – de acordo com regras predeterminadas. Esse modelo de negociação, adotado tanto no Brasil como em diversos outros países, tem no Chapter 11 do *Bankruptcy Code* norte-americano o seu exemplo mais conhecido. Seus principais elementos são os seguintes: as cobranças dos credores ficam sobrestadas (a nenhum credor é permitido apreender ou vender qualquer um dos ativos da empresa devedora durante o processo), os credores são agrupados em classes de acordo com a natureza do seu crédito (com garantia ou sem, privilegiados ou não) e um juiz supervisiona o processo de negociação entre os representantes das classes para determinar um plano de ação e uma divisão de valor para a empresa. Durante o processo, a gestão normalmente compete aos próprios administradores da empresa devedora. Além disso, para que um plano possa ser implementado, basta a aprovação da maioria dos credores integrantes de cada classe, sendo dispensada a unanimidade (cf. HART, Oliver. Different Approaches to Bankruptcy. *Governance, equity and global markets, proceedings of the Annual Bank Conference on Development Economics in Europe*. Paris: La Docmentation Francaise, 2000, p. 108-109).
140. Em última análise, o fundamento que justifica a acumulação reflete, de alguma forma, a própria existência dos grupos de sociedade. Como estes são coordenados nas tomadas de decisão, é lógico pensar que os processos de insolvência que envolvem sociedades de um grupo deverão ser coordenados entre si. A existência de um juiz único perante o qual tramitam todos os processos é a consequência lógica da unidade de decisão que caracteriza os grupos, e visa dar resposta à realidade com qual se depara. No original: "Em última instancia, el fundamento que justifica la acumulación refleja de alguna manera la propia existencia de los grupos de sociedades, y éstos se coordinan en la toma de decisiones, lógico es pensar que los procedimientos concursales en los que se ven envueltos las sociedades de un grupo no aparezcan descoordinados entre sí. La existencia de un único juez ante el que se tramitan todos los procedimientos es la consecuencia lógica de la unidad de decisión que caracteriza a los grupos, y pretende dar respuesta a la realidad con la que se enfrenta" (SEBASTIÁN QUETGLAS, Rafael. *El concurso de acreedores del grupo de sociedades*. 2. ed. Pamplona: Civitas, 2013. p. 166-167).
141. SEBASTIÁN QUETGLAS, Rafael. *El concurso de acreedores del grupo de sociedades*, cit., p. 166.

Finalmente, deve-se acrescentar a economia processual[142] e de recursos, de um modo geral, decorrente da formação do litisconsórcio. A reunião, em um único processo, da recuperação judicial de mais de um devedor evita a multiplicação dos atos processuais por todos os envolvidos, permitindo a sua realização de modo coordenado, especialmente no tocante à publicação dos editais, à formação do quadro de credores, à apresentação do(s) plano(s) de recuperação, à definição dos prazos de impugnação, à realização da assembleia geral de credores etc.

A par de otimizar o aproveitamento dos recursos judiciários[143], a consolidação processual também autoriza a nomeação de um único administrador judicial, o que contribui para a coordenação dos atos do processo, além de facilitar a comunicação com os credores. Teoricamente, as despesas com a remuneração de um único administrador (e dos seus auxiliares) também poderiam ser menores[144] do que aquelas incorridas no caso de haver a nomeação de vários administradores judiciais.

Costuma-se ainda citar a celeridade como fator importante da consolidação processual[145]. Essa conclusão, todavia, é duvidosa, ou talvez não permita generalização. Embora a consolidação processual contribua para tornar mais eficiente o procedimento, é certo que a admissão de múltiplos litisconsortes aumenta a complexidade do processo e, por conseguinte, dos próprios atos processuais a serem praticados. Se se ganha tempo com certas determinações uniformes, a atuação dos envolvidos e, em especial, do juiz se torna mais difícil, pois a consolidação processual acaba potencializando o número de pedidos, questionamentos, recursos etc., tudo isso com potencial prejuízo da velocidade da tramitação processual.

Em conclusão, podem ser extraídas três razões fundamentais que justificam a adoção da consolidação processual: 1ª) *redução de custos*: a realização de um processo de insolvência unificado previne a multiplicação de atos e contribui para a economia de recursos; 2ª) *compartilhamento de informações*: a unificação dos procedimentos permite reunir informações sobre todos os devedores inte-

---

142. SACRAMONE, Marcelo Barbosa. *Comentários à Lei de Recuperação de Empresas e Falência*, cit., p. 592.
143. Comentando sobre a economia de custos de submeter os processos concursais das várias empresas do grupo ao mesmo tribunal, com a nomeação de um único síndico e a realização de atos coordenados, confira-se Alessandro Di Majo (*I gruppi di imprese tra insolvenze e diritto societario*, cit., p. 53).
144. No entanto, a recuperação judicial de um grupo, a depender da sua extensão, tem o potencial de ser muito mais trabalhosa e complexa do que a recuperação de um único devedor, exigindo assim a atuação de profissionais mais qualificados, tudo isso com repercussão direta sobre o valor da remuneração a ser arbitrada pelo juiz ao administrador judicial e aos seus auxiliares (LRF, arts. 22, § 1º, e 24).
145. COSTA, Daniel Carnio. Recuperação judicial de grupos econômicos conforme as novas regras estabelecidas pela Lei 14.112/20. *Migalhas*. 25 maio 2021. Disponível em: https://s.migalhas.com.br/S/0F8DB3. Acesso em: 25 maio 2021.

grantes do grupo (bens, dívidas, fluxos de caixa etc.), permitindo avaliação mais abrangente e precisa acerca dos negócios e condições das empresas e melhor subsidiando o comportamento de credores, investidores, administrador judicial e até mesmo do juiz; e 3ª) *viabilização de soluções unificadas ou conjugadas*: a coordenação dos procedimentos viabiliza a reorganização do grupo e a superação da crise nos casos em que isso dependa de arranjos contratuais únicos ou coligados que envolvam alguns ou todos os devedores[146], o que acaba, por conseguinte, favorecendo a maximização dos seus ativos.

2.4.2 Cabimento, requisitos e composição do polo ativo

Em sua redação original, a Lei 11.101/2005 (LRF) era silente quanto à possibilidade de duas empresas requererem a recuperação judicial em conjunto. Ainda assim, a formação do litisconsórcio ativo passou a ser largamente admitida pela jurisprudência, conforme exposto anteriormente[147].

Resumidamente, firmou-se nos Tribunais o entendimento de que empresas de um mesmo grupo poderiam figurar simultaneamente no polo ativo do processo de recuperação judicial por haver comunhão de direitos e obrigações entre elas, afinidade de questões, ou mesmo por conta de elementos de conexão, hipóteses de litisconsórcio previstas no Código de Processo Civil[148], aplicado subsidiariamente à LRF[149].

Agora, com a edição da Lei 14.112/2020, o pedido de recuperação em litisconsórcio ativo passou a ser expressamente admitido pela própria LRF. Conforme o artigo 69-G, acrescentado à Lei 11.101/2005, "os devedores que atendam aos requisitos previstos nesta Lei e que integrem grupo sob controle societário comum poderão requerer recuperação judicial sob consolidação processual".

A partir dessa norma, pode-se concluir que o cabimento da consolidação processual está condicionado à presença dos seguintes requisitos cumulativos, que serão mais bem explicados adiante: (a) requerimento conjunto da recuperação judicial por dois ou mais devedores que preencham, individualmente, os pressupostos legais para pleitear a recuperação judicial; (b) existência de um grupo econômico, de fato ou de direito, verificado a partir da integração e dependência econômica estabelecidas entre os devedores submetidos a uma direção econô-

---

146. Especialmente quando a reorganização do grupo depender da venda de negócios ou ativos de vários dos seus integrantes para um mesmo comprador, o que seria impraticável se cada concurso tramitasse de forma independente (cf. COOPER, Neil H. *Insolvency proceedings in case of groups of companies*: prospects of harmonisation at EU level. European Parliament, Bruxelles, 2011. p. 11).
147. *Vide* item 1.2.1.
148. Artigo 46, I, do CPC/1973 e artigo 113, I, do CPC/2015.
149. Artigo 189 da Lei 11.101/2005.

mica unitária; (c) subordinação dos devedores a controle societário comum; e (d) demonstração da repercussão da crise, ao menos potencialmente, entre as empresas do grupo incluídas no polo ativo do processo de recuperação judicial.

Presentes todos esses requisitos, o juiz deverá autorizar a consolidação processual, independentemente de qualquer convicção pessoal acerca da viabilidade da superação da crise econômico-financeira dos devedores, ou mesmo acerca da conveniência da formação do litisconsórcio[150] (avaliação sujeita à discricionariedade dos empresários e que faz parte da estratégia articulada para obter a aprovação pelos credores do plano de recuperação).

Tampouco a consolidação processual dependerá da aprovação dos credores, nem anteriormente ao deferimento do processamento da recuperação judicial, nem por ocasião da deliberação sobre o plano de recuperação. Diferentemente do que algumas vezes se decidiu[151] anteriormente à Lei 14.112/2020, a cumulação subjetiva na recuperação judicial é questão completamente alheia à vontade dos credores, que não gozam da prerrogativa de impedir a formação do litisconsórcio ou de determinar a sua limitação a certos devedores. A eles, credores, cabe apenas aprovar ou rejeitar o plano, e não determinar quais devedores podem postular a recuperação judicial em conjunto[152].

2.4.2.1 Requerimento conjunto por dois ou mais devedores

O artigo 69-G da LRF estabelece que "os devedores que atendam aos requisitos previstos nesta Lei e que integrem grupo sob controle societário comum poderão requerer recuperação judicial sob consolidação processual".

Desse dispositivo se infere, portanto, que o primeiro requisito para a consolidação processual é que a ação de recuperação judicial seja ajuizada conjuntamente[153] por mais de um devedor, em litisconsórcio.

---

150. Ressalvada, em hipóteses excepcionais, a possibilidade de o juiz limitar a formação do litisconsórcio a determinado número de devedores (CPC, art. 113, § 1º), quando o excesso de empresas no polo ativo da ação for manifestamente prejudicial aos interesses e finalidades visados pela consolidação processual, questão que será retomada no item 2.4.3.1.
151. Confira-se, por exemplo, esta decisão proferida na recuperação judicial do grupo TÊXTIL ITATIBA: "Agravo de instrumento. Recuperação judicial. Litisconsórcio ativo. Possibilidade. Precedentes desta Câmara que reconheceram a possibilidade, em tese, de pedido de recuperação judicial em litisconsórcio ativo, desde que presentes elementos que justifiquem a apresentação de plano único, bem como a posterior aprovação de tal cúmulo subjetivo pelos credores" (TJSP, 1ª Câmara Empresarial, AI 167 0281187-66.2011.8.26.0000, rel. Des. Pereira Calças, origem: 2ª Vara Cível de Itatiba, j. 26.06.2012).
152. Mesmo antes da Lei n. 14.112/2020, assim já se posicionava Sheila Neder Cerezetti, reconhecendo que os credores não têm competência para decidir sobre a formação do litisconsórcio (Grupos de sociedades e recuperação judicial, cit., p. 759).
153. Embora seja possível, em tese, atingir o mesmo resultado pela reunião de pedidos de recuperação judicial formulados individualmente pelas empresas do grupo. A propósito do assunto, confira-se o item 2.4.3.3.

Além disso, ao prever que *os devedores poderão requerer* recuperação judicial sob consolidação processual, a norma deixa claro que a medida depende da iniciativa deles, não havendo na lei nenhum outro dispositivo que autorize o juiz a determinar a consolidação processual de ofício ou a pedido de terceiros, como dos credores, do administrador judicial ou do Ministério Público.

Conforme será explicado mais adiante[154], cuida-se aqui de litisconsórcio facultativo, de modo que a consolidação processual não pode ser imposta a quem não a tenha requerido, sobretudo para o fim de ampliar o polo ativo do processo de recuperação judicial. Logo, não é obrigatória a inclusão de todas as empresas do grupo na recuperação judicial, ainda que requerida a consolidação processual.

2.4.2.2 Preenchimento individual dos pressupostos legais por todos os devedores

Anteriormente à Lei 14.112/2020, a jurisprudência vinha admitindo, em algumas circunstâncias, que empresas que não poderiam pleitear a recuperação judicial sozinhas, por não preencherem algum pressuposto legal, pudessem integrar a recuperação ajuizada em grupo[155].

Privilegiando a unidade econômica do grupo em detrimento da independência jurídica dos seus integrantes, admitiu-se, por exemplo, a inclusão no polo ativo de empresas que ainda não tinham mais de dois anos de atividade regular[156] e até de empresas inativas (as quais, em tese, não teriam atividade a ser preservada)[157].

Essa orientação, todavia, parece ter sido rejeitada pela disciplina normativa implementada pela Lei 14.112/2020: da exigência de que os devedores "atendam os requisitos previstos nesta Lei" contida no artigo 69-G, *caput*, da atual LRF se extrai que somente poderá compor o polo ativo da recuperação judicial, ainda que requerida sob consolidação processual, quem preencher os pressupostos

---

154. *Vide* item 2.4.3.1.
155. *Vide* itens 1.2.2.2, 1.2.2.3 e 1.2.2.5.
156. Como se decidiu, por exemplo, na recuperação judicial do grupo AGRENCO (TJSP, Câm. Esp. Fal. Recup. Jud., AI 0057528-17.2008.8.26.0000, rel. Des. Pereira Calças, origem: 1ª Vara de Falências de São Paulo, j. 04.03.2009).
157. Deferindo a inclusão do polo ativo de empresas inativas, confira-se a decisão proferida na recuperação judicial do grupo TERMAQ (TJSP, 1ª Câmara Reservada de Direito Empresarial, AI 2231362-46.2016.8.26.0000, rel. Des. Francisco Loureiro, origem: 3ª Vara Cível de Praia Grande, j. 02.08.2017). Em sentido contrário, inadmitindo a participação de empresas inativas no polo ativo da recuperação judicial, confiram-se as decisões proferidas nos casos dos grupos ARALCO (TJSP, 2ª Câmara Reservada de Direito Empresarial, AI 2048858-43.2014.8.26.0000, rel. Des. Ramon Mateo Júnior, origem: 2ª Vara Cível de Araçatuba, j. 09.09.2015) e ITAIQUARA (TJSP, 2ª Câmara Reservada de Direito Empresarial, AI 2272968-49.2019.8.26.0000, rel. Des. Araldo Telles, origem: Vara Única de Caconde, j. 31.05.2020).

objetivos e subjetivos para pleitear a recuperação individualmente (LRF, artigos 1º, 2º, 47 e 48), gozando assim de legitimidade *ad causam*.

O § 1º do artigo 69-G reforça essa interpretação ao determinar que "cada devedor apresentará individualmente a documentação exigida no art. 51 desta Lei", documentação essa que se presta justamente à demonstração dos pressupostos legais para pleitear a recuperação judicial, como a condição de empresa, o exercício regular das suas atividades por mais de dois anos e a própria situação de crise econômico-financeira.

Logo, a consolidação processual não autoriza a ampliação do polo ativo para alcançar quem não poderia, sozinho, pleitear a recuperação judicial, como empresas sem atividade regular há mais de dois anos[158] (inclusive empresas inativas[159]), empresas que sejam falidas ou cujas responsabilidades decorrentes da falência não estejam extintas por sentença transitada em julgado, empresas que tenham obtido a recuperação judicial há menos de cinco anos, empresas que tenham como administrador ou sócio controlador pessoa condenada por crime falimentar (LRF, art. 48), ou mesmo entidades às quais é vedado o recurso à recuperação judicial, como empresas públicas e sociedades de economia mista, instituições financeiras públicas ou privadas, cooperativas de crédito, consórcios, entidades de previdência complementar, sociedades operadoras de planos de assistência à saúde, sociedades seguradoras, sociedades de capitalização e outras legalmente equiparadas às anteriores (LRF, art. 2º).

Consagra-se com isso a máxima ponteana em matéria de litisconsórcio, segundo a qual "quem não pode entrar na porta, por faltar-lhe ingresso, não pode entrar indo com outrem"[160].

---

158. Ressalvado o entendimento pessoal do autor deste trabalho quanto à inconstitucionalidade desse requisito temporal, conforme será exposto no item seguinte.
159. Reconhecendo, mesmo antes da Lei 14.112/2020, a impossibilidade de empresas inativas integrarem o polo ativo da recuperação judicial ajuizada sob consolidação processual, Sheila Neder Cerezetti pondera que, nesse caso, a decisão de não permitir o processamento com relação a sociedades cujas demonstrações financeiras demonstrem inatividade não caracteriza análise de mérito sobre a situação da devedora (o que é vedado), mas apuração do requisito previsto no *caput* do artigo 48 da LRF, correspondente ao exercício de atividade empresarial regular há mais de dois anos: "muito embora o texto do dispositivo possa induzir à necessidade de registro a garantir regularidade da sociedade, ele também faz referência ao fato de que o devedor deve estar em atividade. Evita-se assim o processamento de instrumento de recuperação de sociedade que há tempos já não desempenha qualquer papel" (Grupos de sociedades e recuperação judicial, cit., p. 757).
160. "Quando se trata de saber se cabe, ou não, litisconsórcio, não mais se discute se há legitimidade de parte. Porque, sem essa, não pode haver litisconsórcio: a pessoa não poderia ser legitimada como parte, mesmo para a propositura isolada da ação. Quem não pode entrar na porta, por faltar-lhe ingresso, não pode entrar indo com outrem" (PONTES DE MIRANDA, Francisco. *Comentários ao Código de Processo Civil*. Rio de Janeiro: Forense, 1973. t. 2. p. 9).

Isso não significa, porém, que a análise dos pressupostos para pleitear a recuperação judicial ocorra sem nenhuma consideração à relação de grupo. Além de tal relação constituir requisito específico para a própria consolidação processual, ela pode ser determinante para a demonstração de que os postulantes da recuperação preenchem individualmente o seu pressuposto objetivo, isto é, a situação de crise[161].

Embora o *caput* do artigo 69-G da LRF pareça deixar claro, repita-se, que todos os devedores devem preencher, individualmente, os requisitos legais para pleitear a recuperação judicial – entre os quais está justamente a situação de crise[162] –, a avaliação desse pressuposto deverá considerar a relação de cada devedor com o grupo, haja vista a possibilidade de a crise de uma empresa repercutir sobre a outra.

Vale dizer que mesmo uma empresa *aparentemente saudável* – em princípio sem necessidade ou direito de se valer da recuperação judicial – poderá estar em situação de crise por conta da exposição, ainda que meramente potencial, às dificuldades experimentadas pelas demais empresas do grupo, resultando dessa particular circunstância o preenchimento do requisito objetivo que a autoriza a pleitear a recuperação judicial[163].

---

161. Cf. LOBO, Jorge. In: TOLEDO, Paulo Fernando Campos Salles de et al. *Comentários à Lei de Recuperação de Empresas e Falência*. 5. ed. São Paulo: Saraiva, 2012. p. 172. Confiram-se, ainda, as notas de rodapé de n. 449 a 455.
162. Anteriormente à edição da Lei 14.112/2020, foram proferidas decisões no sentido de que polo ativo do pedido de recuperação judicial formulado em grupo também poderia ser ocupado por empresas que não estavam em crise. *Vide*, por exemplo, as recuperações judiciais dos grupos EDITORA TRÊS (TJSP, Câm. Esp. Fal. Recup. Jud., AI 9041423-06.2008.8.26.0000, rel. Des. Lino Machado, origem: 2ª Vara de Falências de São Paulo, j. 01.04.2009), GOMES LOURENÇO (TJSP, 2ª Câmara Reservada de Direito Empresarial, Emb. Decl. 2165440-24.2017.8.26.0000, rel. Des. Alexandre Marcondes, origem: 2ª Vara de Falências de São Paulo, j. 12.11.2018) e OAS (TJSP, 2ª Câmara Reservada de Direito Empresarial, AgRg 2084295-14.2015.8.26.0000, rel. Des. Carlos Alberto Garbi, origem: 1ª Vara de Falências de São Paulo, j. 31.08.2015). Entretanto, além de algumas dessas decisões confundirem os conceitos de crise e de insolvência (que não são equivalentes), não foi possível determinar se, nesses casos, as empresas que supostamente não estavam em crise poderiam (e de que forma) ser afetadas pela crise do grupo, ou se estavam completamente blindadas das dificuldades experimentadas pelas demais empresas.
163. Nesse sentido, confira-se o posicionamento de Carlos Alberto Garbi: "Outra questão não menos interessante no direito da insolvência, que já tivemos a oportunidade de mencionar, diz respeito à resistência encontrada na doutrina quanto à participação de uma sociedade solvente no processo de recuperação ou revitalização de outra sociedade em crise, integrante do grupo. Quando essa participação é pleiteada, por iniciativa do grupo, é porque se sabe do risco que a insolvência de uma sociedade do grupo tem para a insolvência de todo o grupo. Impedir a participação da sociedade solvente no processo de reorganização ou recuperação da sociedade em crise representa negar a existência do grupo e a solução que se pode alcançar em favor do conjunto de credores com a participação de outras sociedades solventes" (O grupo de sociedade e a insolvência: uma abordagem comparativa em face da Lei 14.112, de 24 de dezembro de 2020. In: MAIA DA CUNHA, Fernando Antonio et al. (Coord.). *Direito empresarial aplicado*. São Paulo: Quartier Latin, 2021. p. 103). Concorda-se com essa posição, admitindo-se a inclusão de empresa saudável no polo ativo do pedido, mas desde que possa vir a sofrer os efeitos da crise do grupo. Do contrário, tratando-se de um grupo de fato, a par da falta de preenchimento de requisito objetivo da recuperação judicial, haverá possível abuso de poder por parte do controlador ao determinar a adesão da sociedade saudável no polo ativo, sujeitando-a a eventual decretação da falência e em prejuízo dos seus interesses particulares.

No entanto, a mera circunstância de integrar um grupo em crise não deverá autorizar que uma empresa saudável, cujo equilíbrio econômico-financeiro não possa ser *significativamente afetado* pelas dificuldades dos demais membros (a ponto de ensejar a própria crise), seja incluída na recuperação judicial requerida sob consolidação processual, pois, neste caso, ela não preencherá o pressuposto objetivo previsto na lei[164].

2.4.2.2.1 A inconstitucional exigência de mais de dois anos de atividade regular

Algumas decisões proferidas anteriormente à Lei 14.112/2020[165] admitiram que o polo ativo da recuperação judicial ajuizada em litisconsórcio fosse composto por empresas que haviam sido constituídas havia menos de dois anos e que não atendiam, portanto, o requisito temporal previsto no *caput* do artigo 48 da LRF.

Nesse mesmo sentido, abalizada doutrina defende que a exigência de mais de dois anos de atividade regular não precisaria ser cumprida por todos os litisconsortes, desde que o grupo, em si, atenda a esse requisito. Sustenta-se que a inobservância desse requisito por alguma delas seria irrelevante para sua adesão ao polo ativo da recuperação judicial, desde que o grupo tenha sido constituído há mais de dois anos[166] ou já exercesse a atividade desempenhada por aquela sociedade por tal lapso temporal[167].

---

164. A propósito do tema, o Guia da UNCITRAL em matéria de insolvência prevê que a inclusão de um membro solvente do grupo pode facilitar o desenvolvimento de uma solução para a insolvência de todo o grupo. Além disso, poderia facilitar a preparação de um plano abrangente de reorganização, compreendendo os ativos de membros do grupo solventes e insolventes. No entanto, como as legislações em matéria de insolvência geralmente limitam o acesso ao processo de insolvência a entidades que satisfaçam determinados pressupostos, uma possível solução seria a submissão voluntária do membro solvente ao plano de recuperação, que dependeria, no entanto, da aprovação do seu próprio corpo diretivo (United Nations Commission On International Trade Law – UNCITRAL. *Legislative Guide on Insolvency Law*. Part three: Treatment of enterprise groups in insolvency, United Nations Publication, 2012. p. 23). Essa solução, contudo, não parece admissível segundo o nosso sistema. Além disso, no âmbito dos grupos de fato, essa adesão "voluntária" da empresa solvente (que não seria verdadeiramente voluntária, mas imposta pelo controlador do grupo) seria inadmissível se implicasse prejuízo aos seus interesses particulares.
165. TJSP, Câm. Esp. Fal. Recup. Jud., AI 0057528-17.2008.8.26.0000, rel. Des. Pereira Calças, origem: 1ª Vara de Falências de São Paulo, j. 04.03.2009.
166. Luiz Roberto Ayoub e Cássio Cavalli afirmam que a exigência prevista no *caput* do art. 48 "é dispensada para empresa que exerce atividade há menos de dois anos mas é integrante de grupo societário constituído há mais de dois anos" (*A construção jurisprudencial da recuperação judicial de empresas*. 3. ed. Rio de Janeiro: Forense, 2017. p. 25). Nesse mesmo sentido, Sérgio Campinho afirma o seguinte: "Se a empresa plurissocietária já dista de mais de 02 (dois) anos, não se deve excluir a sociedade integrante do grupo, por simplesmente não preencher isoladamente este requisito temporal, quando a sua constituição tiver sido estratégica para a permanência do grupo ou o resultado de uma reorganização de sociedades que já o compunham, como na hipótese de cisão parcial. Não se pode olvidar que o que se tem em vista é a recuperação da empresa – no caso, a empresa única exercida por diversas sociedades – e não a de seus titulares, considerados em conjunto ou isoladamente" (In: TOLEDO, Paulo Fernando Campos Salles de (Coord.). *Comentários à Lei de Recuperação de Empresas*, cit., p. 511).
167. Embora reconheça que todos os devedores deverão preencher os requisitos previstos no artigo 48 da LRF, Manoel Justino Bezerra Filho sustenta que a ausência de comprovação de exercício regular de

Esse raciocínio, todavia, mais se presta a resolver uma dificuldade pontual relacionada à arbitrariedade do prazo de dois anos previsto no artigo 48, *caput*, da LRF do que propriamente para viabilizar a recuperação judicial dos grupos. Ademais, sua aplicação a outras situações implicaria resultados inaceitáveis, o que revela a inconsistência da fundamentação.

Embora a existência do grupo produza certas repercussões sobre a esfera de imputação das sociedades que o formam, a lei não defere a ele, grupo, a titularidade de direitos e obrigações. O grupo em si pode ser *objeto*[168] de comandos e relações jurídicas, mas não *sujeito* delas, já que não tem personificação (o grupo não é sujeito de direitos[169]), nem se equipara a uma entidade despersonalizada[170].

Logo, quem satisfaz os requisitos legais para a recuperação judicial não é o grupo em si, mas as sociedades que o integram, individualmente. Não é o grupo que ajuíza a ação de recuperação judicial; são os seus integrantes que a propõem *em grupo*. Nessa linha de raciocínio, o requisito temporal previsto no *caput* do artigo 48 da LRF não será satisfeito pelo grupo, mas pelos seus integrantes.

Fosse correto o raciocínio desenvolvido para dispensar o preenchimento do requisito temporal por alguma sociedade, ele também deveria valer para dis-

---

atividade há mais de dois anos não será óbice à integração de determinada empresa no polo ativo, desde que se demonstre que a atividade do grupo preenche esse lapso temporal: "se a atividade do grupo é superior a dois anos, já está demonstrado que não se trata de aventureiro que, com apenas este pequeno espaço de tempo, já teria entrado em crise que o obrigou a pedir recuperação. Ao contrário, essa nova empresa teria sido criada pelos demais componentes do grupo para atender contingências de funcionamento ou por qualquer outra razão estratégica, de natureza empresarial" (*Lei de Recuperação de Empresas e Falências comentada*. 15. ed. São Paulo: Ed. RT, 2021. p. 328-329, n. 416 e 417).

168. Cf. ENGRÁCIA ANTUNES, José. *Os grupos de sociedades*, cit., p. 156.

169. Engrácia Antunes ensina que ideia de grupo enquanto sujeito de direitos chegou a ser aventada nos primórdios das reflexões doutrinárias sobre a matéria, mas se encontra completamente superada atualmente. Primeiro, por representar total contrassenso com o fenômeno que designa (no qual se se combinam unidade econômica e pluralidade jurídica). Afinal, se a lei concedesse ao grupo personalidade jurídica, não estaria organizando esse fenômeno, mas ironicamente o extinguindo: "Claramente, o grupo pode e deve funcionar como objeto de comandos e relações jurídicas (designadamente, como unidade jurídica objetiva suscetível de funcionar como 'facti-species' normativa relevante, jamais como sujeito de direitos ele próprio)". Segundo, porque não é possível reduzir o fenômeno dos grupos a uma espécie de "supersociedade", ou sociedade de segundo grau cujo topo hierárquico exerce controle absoluto sobre as sociedades de primeiro grau que o compõem. Na verdade, existem infinitas formas de organização e variados graus de centralização dos grupos, havendo estruturas em que a intervenção da sociedade dominante é mínima. "Desta perspectiva, de novo, personificar significaria assim colocar a empresa plurissocietária num verdadeiro 'colete de forças', destruindo aquela típica combinação de pluralidade jurídica e unidade econômica que constitui a fonte última das vantagens comparativas em termos de flexibilidade organizativa e aproveitamento das sinergias econômicas que justamente apresenta em face da tradicional estrutura unissocietária" (ENGRÁCIA ANTUNES, José. *Os grupos de sociedades*, cit., p. 156-157).

170. Reconhecer o grupo como um ente despersonalizado decorrente da combinação ou fusão das sociedades que o compõem também implicaria atribuir-lhe unidade jurídica, negando o próprio fenômeno que o designa, conforme referido na nota acima.

pensar o cumprimento de outros pressupostos, objetivo ou subjetivo, se atendido por qualquer sociedade do grupo. Da mesma forma que, por coerência lógica, o impedimento legal incorrido por alguma sociedade (p. ex., por já ter obtido a recuperação judicial há menos de cinco anos) deveria então se comunicar ao grupo todo, o que seria igualmente equivocado.

O silogismo acima se presta apenas a evidenciar que a unidade econômica do grupo não pode ser invocada para contornar toda e qualquer dificuldade decorrente da independência das personalidades jurídicas das sociedades que o integram, sob pena de romper com a própria lógica do fenômeno grupal.

Por outras razões, no entanto, acredita-se que a inobservância do tal lapso temporal não deverá obstar que nenhuma sociedade deixe de integrar o polo ativo do pedido de recuperação judicial ajuizado sob consolidação processual, da mesma forma que não deveria impedir que ajuizasse a ação de maneira autônoma.

Na vigência do Decreto 917/1890 e da Lei 859/1902, a concessão da concordata já dependia de prova da inscrição do devedor no Registro do Comércio, sendo esse *favor* destinado, portanto, apenas aos comerciantes regulares[171]. Como não havia, porém, nenhum condicionante temporal, comerciantes irregulares logravam obter a concordata mediante inscrição feita no Registro do Comércio às vésperas do pedido, realizada com o só propósito de fazer a prova exigida em lei.

Para acabar com essa e outras malandragens, a Lei 2.024/1908, redigida por Carvalho de Mendonça[172], criou *condições morais*[173] para a concessão da concordata, passando a exigir, entre outras coisas, que o pedido fosse instruído com "certidão do registro da firma do devedor, de onde conste que, desde *dois anos antes*, esta se acha inscrita no Registro do Comércio, ou há menos tempo, se não data de dois anos o exercício do comércio" (art. 149, § 2º, 1).

Foi a primeira vez que a lei referiu o prazo de dois anos, sendo difícil compreender o sentido da norma a partir de mera interpretação literal, pois a parte final do dispositivo parece tornar irrelevante a exigência da prova de que o comerciante

---

171. Como a concordata era reputada uma espécie de "favor", entendia-se que ela só deveria ser deferida ao comerciante honesto, de boa-fé: "A concordata preventiva, amparando altos interesses do devedor comerciante, mantendo-o à frente do seu estabelecimento e evitando a falência, é considerada um benefício, um favor, e por isso fica dependente da mais exata honestidade e da mais comprovada boa-fé por parte do devedor" (CARVALHO DE MENDONÇA, José Xavier. *Tratado de direito comercial*. 5. ed. Rio de Janeiro: Freitas Bastos, 1955. V. 8. n. 1.272, p. 506).
172. Ao projeto elaborado pelo Deputado Paranhos Monteiro foi apresentado substitutivo integral da lavra de José Xavier Carvalho de Mendonça, que veio a ser aprovado pela Câmara, convertendo-se na Lei 2.024, de 17.12.1908 (cf. PUGLIESI, Adriana Valéria. *A evolução do tratamento jurídico da empresa em crise no direito brasileiro*. 2006. Dissertação (Mestrado) – Faculdade de Direito, Universidade de São Paulo, São Paulo, 2006. p. 29).
173. Cf. Carvalho de Mendonça, José Xavier. *Tratado de direito comercial*, cit., v. 8. n. 1.276, p. 510.

se achava inscrito no Registro do Comércio havia pelo menos dois anos (já que o comerciante também poderia se valer da concordata mediante prova da inscrição feita havia menos tempo, se não datasse de dois anos o exercício do comércio).

Soares de Faria[174] elucida a dúvida. Referindo-se ao artigo 149, § 2º, 1º, do Decreto 5.746/1929 – que repetiu, *ipsis litteris*, a regra contida no artigo 149, § 2º, 1, da Lei 2.024/1908 –, o autor esclarece que, se o devedor exercia o comércio havia muito tempo, ainda que de forma irregular, estaria em condições de requerer a concordata se, pelo menos dois antes do pedido, tivesse promovido a inscrição da firma no Registo do Comércio. Por outro lado, não tendo ainda dois anos do exercício do comércio, o devedor precisaria então comprovar que realizou a inscrição da firma tão logo iniciou suas atividades, ou, pelo menos, dentro de um prazo curto. A intenção da norma não era, portanto, limitar o acesso à concordata aos comerciantes em atividade havia mais de dois anos, mas impedir a sua utilização pelo comerciante irregular que fazia a inscrição no Registro do Comércio apenas para poder se valer da ação.

Com a edição do Decreto-lei 7.661/1945, porém, a finalidade original do prazo de dois anos concebido por Carvalho de Mendonça (que era evitar a utilização abusiva da concordata pelo comerciante irregular, e não negar o recurso aos comerciantes regulares com menos de dois anos de atividade) acabou se perdendo. A partir de então, o exercício regular do comércio por mais de dois anos passaria a ser exigido de qualquer um que pretendesse obter a concordata, e não apenas dos comerciantes que demoraram para promover sua inscrição no Registro do Comércio.

Como a concessão da concordata, na vigência do Decreto-lei 7.661/1945, já não dependia da concordância dos credores, era razoável que o benefício fosse negado aos iniciantes, razão pela qual a pertinência da exigência temporal não foi objeto de maior reflexão da doutrina[175], genericamente justificada pela necessidade de moralização do instituto da concordata[176].

---

174. SOARES DE FARIA, S. *Da concordata preventiva da fallencia*. São Paulo: Livraria Acadêmica, 1932. p. 46-47.
175. Doutrinadores da envergadura de Trajano de Miranda Valverde (*Comentários à Lei de Falências*. 4. ed. atual. por J. A. Penalva Santos et al. Rio de Janeiro: Forense, 2001. v. 2. p. 297-300), Pontes de Miranda (*Tratado de direito privado*. 2. ed. Rio de Janeiro: Borsoi, 1960. t. 30. § 3.459) e Wilson de Souza Campos Batalha (*Falências e concordatas*. 3. ed. São Paulo: LTr, 1999. p. 767-768) não se ocuparam de justificar a pertinência do prazo legal, limitando-se a discutir se, para a sua contagem, poderia ser considerado ou não o tempo de exercício da atividade anterior à inscrição no Registro do Comércio.
176. No regime do DL 7.661/1945, que concedia moratória e desconto ao devedor independentemente da concordância dos seus credores, a doutrina acreditava que a exigência temporal contida no artigo 158, I, servia para evitar a constituição de empresas com o único propósito de obter o "favor legal": "Não é dado, pois, pleitear concordata preventiva ao empresário com menos de dois anos do registro, muito menos ao de fato ou à sociedade irregular. [...] Do contrário, surgiriam da noite para o dia, como

Por mero continuísmo, a Lei 11.101/2005 manteve o prévio exercício de atividade regular por mais de dois anos como pressuposto subjetivo da recuperação judicial, apesar de ter restaurado o sistema que atribui aos credores a prerrogativa de aprovar ou não o acordo proposto pelo devedor.

Atualmente, fala-se que a exigência serviria para conferir credibilidade[177] à recuperação judicial, evitando sua utilização por empresários "aventureiros", "inescrupulosos" [178], "oportunistas"[179] ou "incompetentes"[180], ou então que se justificaria pela presunção de que empresas com pouco tempo de atividade não teriam importância suficiente "a ponto de merecer o sacrifício derivado de qualquer recuperação judicial"[181].

Muito significativamente, porém, não se encontra semelhante exigência nas legislações norte-americana[182], argentina[183], alemã[184], portuguesa[185] e francesa[186],

---

cogumelos, aqueles que se estabeleceram na véspera para, no dia seguinte, sob o beneplácito da lei, propor-se a liquidar os seus débitos na base de cinquenta por cento" (ABRÃO, Nelson. *Curso de direito falimentar*. 5. ed. São Paulo: Leud, 1997. p. 331). Rubens Requião, por sua vez, atribuía à exigência legal a finalidade de evitar que o empresário irregular, isto é, sem inscrição no Registro de Comércio, pudesse regularizar sua situação apenas para requerer a concordata: "Evita-se assim, com a prova do exercício do comércio de no mínimo dois anos, a fraude do devedor de se fazer inscrever no Registro do Comércio para só então, a seguir, impetrar concordata preventiva" (*Curso de direito falimentar*. 4. ed. São Paulo: Saraiva, 1980. V. 2. p. 69).

177. Para Arnoldo Wald e Ivo Waisberg, "o requisito de prazo mínimo de existência contribui para a credibilidade da recuperação judicial, na medida em que só autoriza a concessão do pedido às empresas que já tenham adquirido certo nível de consolidação e maturidade no mercado" (WALD, Arnoldo; WAISBERG, Ivo. In: CORRÊA-LIMA, Osmar Brina; CORRÊA-LIMA, Sérgio Mourão. *Comentários à nova Lei de Falência e Recuperação de Empresas*. Rio de Janeiro: Forense, 2009. p. 328).

178. Segundo Amador Paes de Almeida, "esse prazo de carência visa evitar que aventureiros ou empresários inescrupulosos possam utilizar-se dos favores da recuperação judicial" (*Curso de falência e recuperação de empresa*. 24. ed. São Paulo: Saraiva, 2008. p. 310).

179. Rachel Sztajn afirma que "[...] os dois anos exigidos na norma servem para inibir que oportunistas ou pessoas ávidas por riscos se beneficiem do sistema de recuperação, ganhando tempo para dominarem os procedimentos necessários no exercício da atividade empresarial" (SZTAJN, Raquel. In: SOUZA JUNIOR, Francisco Satiro et al. (Coord.). *Comentários à Lei de Recuperação de Empresas e Falência*. São Paulo: Ed. RT, 2005. p. 224).

180. Segundo Manoel Justino Bezerra Filho, o legislador entendeu que não seria razoável que, em prazo inferior a dois anos, o devedor viesse a se colocar em situação de necessidade que demandasse socorro judicial para recuperação: "Tal fato denota uma inabilidade tão acentuada para a atividade empresarial, que a Lei prefere que, em casos assim, seja negada a possibilidade de recuperação" (*Nova Lei de Recuperação de Empresas e Falências comentada*. 3. ed. São Paulo: Ed. RT, 2005. p. 131).

181. COELHO, Fábio Ulhoa. *Comentários à nova Lei de Falências e de Recuperação de Empresas*. 9. ed. São Paulo: Saraiva, 2013. p. 169.

182. *U.S. Bankruptcy Code*.

183. *Ley e Concursos y Quiebras* (Lei 24.522/1995).

184. *Insolvenzordung (InsO)*, BGB1.I 311-13, 18.10.1994.

185. Código da Insolvência e da Recuperação de Empresas (CIRE) (D 53/2004).

186. *Code de Commerce*, arts. L.610-1 a 696-1 e R.600-1 A R.695-4.

nem nos recentes diplomas espanhol[187] e italiano[188]. Tampouco o guia legislativo da UNCITRAL sobre direito de insolvência[189] prevê a necessidade ou conveniência de condicionar as medidas preventivas da falência ao prévio exercício da atividade por determinado prazo, omissão que evidencia o descompasso da regra brasileira com as melhores práticas internacionais.

A exigência temporal contida no artigo 48, *caput*, da LRF parece ser, assim, mais um anacronismo do que uma medida moralizadora do instituto da recuperação judicial, marcada pelo ranço em relação ao empresário malsucedido[190] e pela persistente confusão[191] da empresa com o empresário[192].

A argumentação acima referida, no sentido de que a recuperação judicial não deveria ser concedida a aventureiros, oportunistas ou incompetentes (adjetivos pertinentes ao empresário) parece desconsiderar que, na verdade, o princípio insculpido no artigo 47 da LRF visa à preservação da empresa em seus perfis[193] funcional[194] e

---

187. *Ley Concursal* (Texto reformado pelo Real Decreto Legislativo 1/2020).
188. *Codice della crisi d'impresa e dell'insolvenza* (Decreto Legislativo 14/2019).
189. United Nations Commission On International Trade Law – UNCITRAL. *Legislative Guide on Insolvency Law*. Part two (Eligibility: debtors to be covered by an insolvency law). United Nations Publication, 2004. p. 38-41.
190. Sampaio de Lacerda anota que, em algumas cidades francesas, o comerciante falido era obrigado "a usar o boné verde dos forçados, a fim de que não se tornasse esquecido", podendo alguns vestígios dessa prática ser observados nas fábulas de La Fontaine e nas sátiras de Boileau (*Manual de direito falimentar*. 7. ed. Rio de Janeiro: Freitas Bastos, 1972. p. 29).
191. Cf. FRANCO, Gustavo Lacerda. *A administração da empresa em recuperação judicial*: entre a manutenção e o afastamento do devedor. São Paulo: Almedina, 2021. p. 38.
192. Confusão também verificada no impedimento previsto no inciso IV do artigo 48 da LRF, que obsta o acesso à recuperação judicial a sociedades que tenham como sócio controlador ou administrador pessoa condenada por crime falimentar (cf. MARZAGÃO, Lídia Valério. A recuperação judicial. In: MACHADO, Rubens Approbato (Coord.). *Comentários à nova Lei de Falências e Recuperação de Empresas*: doutrina e prática. 2. ed. São Paulo: Quartier Latin, 2007. p. 91).
193. Segundo a clássica lição de Asquini, a empresa pode ser identificada segundo quatro perfis distintos: o perfil subjetivo, que identifica a empresa com o seu titular, isto é, com o empresário; o perfil funcional, que toma a empresa como sendo a própria atividade empresarial; o perfil objetivo, que considera a empresa como sendo o conjunto de bens organizados para o exercício da atividade empresarial, ou seja, o estabelecimento empresarial; e, finalmente, o perfil corporativo, que enxerga a empresa como instituição, decorrente da organização de pessoal para a consecução de um fim comum (Perfis da empresa. Trad. Fábio Konder Comparato. *RDM*, São Paulo, n. 104, p. 109-126, 1996).
194. Conforme Marlon Tomazete, "a ideia da preservação da empresa envolve a separação entre a sorte da empresa (atividade) e a sorte do seu titular (empresário individual ou sociedade) [...]. A recuperação judicial não se preocupara em salvar o empresário (individual ou sociedade), mas sim em manter a atividade em funcionamento. [...] Não se descarta a manutenção da atividade com o mesmo titular, mas a preferência é a manutenção da atividade em si, independentemente de quem seja o titular" (*Curso de direito empresarial*: falência e recuperação de empresas. São Paulo: Atlas, 2011. v. 3. p. 50).

objetivo[195] *antes*[196] da salvaguarda do seu titular[197]. Além disso, está contaminada pela ideia de que as medidas preventivas da falência seriam um *favor legal*[198].

No atual regime, porém, é difícil dizer qual seria o "oportunismo" de confessar a crise ao mercado e se sujeitar a ter a falência decretada pela decisão dos credores, ou então explicar por que se deveria negar a recuperação a uma empresa viável apenas por conta da incompetência do seu titular ou administradores (mormente diante dos mecanismos dispostos na lei para substituição dos gestores da empresa).

Diante da velocidade com que atualmente nascem e se desenvolvem empresas[199] dos mais variados portes[200], não faz sentido impedir o recurso à recuperação judicial simplesmente porque a empresa está em atividade há menos de dois

---

195. O comando contido no artigo 47 da LRF tem o objetivo precípuo de promover a preservação da *atividade* empresarial, visando à manutenção da fonte produtora, do emprego dos trabalhadores e dos interesses dos credores (priorizando, portanto, o perfil *funcional* da empresa). No entanto, a análise sistemática da lei também revela a preocupação com a manutenção do estabelecimento (ou seja, do perfil *objetivo* da empresa). *Vide*, por exemplo, a norma que dá preferência à alienação dos estabelecimentos em bloco ou à alienação em bloco dos bens que integram cada um dos estabelecimentos do devedor (art. 140) e a norma que afasta a sucessão do arrematante na aquisição das unidades produtivas isoladas do devedor (art. 59, parágrafo único). Além de visar à maximização dos ativos do devedor, a preservação do estabelecimento também se presta à preservação da própria atividade empresarial, propiciada pela manutenção da organização dos bens de produção voltada à sua consecução.
196. Não se quer com isso afirmar que a LRF seria indiferente ao empresário, cujos interesses pessoais também são, de alguma forma, atendidos pela recuperação. No entanto, se a preservação da empresa e os interesses do empresário entrarem em conflito, a lei confere prioridade àquela.
197. Exemplo da precedência da empresa sobre o empresário pode ser identificado na regra contida no artigo 64 da LRF, que prevê o afastamento do "devedor" da condução da atividade empresarial por atos criminosos ou fraudulentos, mas sem obstar, por conta disso, o acesso da empresa à recuperação judicial.
198. Assiste razão a Francisco Satiro de Souza Junior ao afirmar que, "ainda muito influenciado pela concordata, o legislador de 2005 não conseguiu deixar completamente de ver na recuperação judicial um 'favor legal', – que ela definitivamente não é" (SOUZA JUNIOR, Francisco Satiro de. In: TOLEDO, Paulo Fernando Campos Salles de (Coord.). *Comentários à Lei de Recuperação de Empresas*. São Paulo: Ed. RT, 2021. p. 295).
199. Vejam-se, em particular, as empresas do setor de tecnologia que desenvolvem aplicativos de celular ou realizam atividades por meio da internet, não raramente obtendo crescimento extraordinário em curtíssimo espaço de tempo, por vezes alcançando a dominação de mercados em nível regional, nacional ou até mundial. A esse respeito, Marcus Elidius Micheli de Almeida comenta que, em pouco tempo de atividade, "algumas destas novas empresas já enfrentam crise econômico-financeira ou de gestão", inserindo-se num "segmento novo que é profundamente sensível a qualquer tipo de oscilação no universo no qual é compreendido" (Aspectos da Crise das Empresas na Nova Economia. *Direito & Internet*: Aspectos jurídicos relevantes. In: DE LUCCA, Newton; SIMÃO FILHO, Adalberto (Coord.). São Paulo: Quartier Latin, 2005, p. 354).
200. A respeito dessa exigência, Francisco Satiro de Souza Júnior anota que a Lei 11.101/2005 trouxe requisitos sem grande sustentação econômica, como o exercício regular de atividade por pelo menos dois anos, que não estaria justificado por nenhum estudo, de modo que faria pouco sentido em tempos de "unicórnios" e "*start-ups*" (SOUZA JUNIOR, Francisco Satiro de. In: TOLEDO, Paulo Fernando Campos Salles de (Coord.). *Comentários à Lei de Recuperação de Empresas*, cit., p. 295).

anos. Em que pese a legítima preocupação de impedir a má utilização do instituto, existem instrumentos capazes de lidar com o abuso[201] que não passam pela imposição de um prazo aleatório, sem embasamento econômico, que inviabiliza o acesso à recuperação judicial a inúmeras empresas cuja preservação poderia contribuir para o desenvolvimento da economia nacional[202].

Nessa perspectiva, a exigência temporal prevista no artigo 48, *caput*, da LRF deve ser reputada inconstitucional, pois fere o princípio da igualdade ao estabelecer injustificado tratamento discriminatório entre as empresas apenas em razão do tempo da atividade.

A igualdade, prevista no preâmbulo da Constituição como ideal da República e como direito fundamental (art. 5º, *caput*), expressa princípio geral que afirma o direito à igualdade *perante a lei* e à igualdade *na lei*, ou seja, a igualdade na *criação*[203] do direito. Desse princípio decorre a vedação do tratamento legal discriminatório que não esteja em consonância com os valores e fins abrigados na Constituição. Noutras palavras, implica que a lei só poderá estabelecer distinção que esteja de acordo com princípios constitucionais. Do contrário, a distinção será ilegítima, e a lei não produzirá efeitos.

No tocante ao artigo 48, *caput*, da LRF, a distinção fundada meramente no tempo de atividade da empresa contraria: (i) o objetivo fundamental da República de garantir o desenvolvimento nacional (CF, art. 3º), na medida em que exclui, sem fundamento razoável, o acesso de inúmeras empresas à recuperação judicial (operando contra as finalidades do instituto, que são justamente a preservação da empresa, sua função social e o estímulo à atividade econômica); e (ii) os princípios da liberdade de iniciativa e da livre concorrência, informadores da ordem econômica (CF, art. 170, IV), pois viola a isonomia ao conferir uma vantagem competitiva injustificável a empresas em atividade há mais tempo.

Sem contar que referida regra vai na contramão daquilo que a Constituição Federal espera ao estabelecer, como princípio da ordem econômica (CF, art. 170,

---

201. Há desde instrumentos de ordem geral que permitem declarar a invalidade do ato abusivo e responsabilizar o seu agente (Código Civil, arts. 187 e 927), a instrumentos específicos, previstos na própria LRF, que permitem afastar o devedor e os seus administradores da condução das atividades da empresa sem vedar o acesso desta à recuperação judicial (arts. 64 e 65).
202. A exigência dos dois anos de atividade contida no artigo 48 da LRF constitui exemplo típico do hábito nacional de legislar mais pensando em evitar a utilização disfuncional de determinado instituto do que em torná-lo eficiente para a consecução dos fins a que se propõe: para evitar abuso de alguns, nega-se o recurso a vários.
203. "A Constituição Federal de 1988, quando dispõe sobre a igualdade, consagra-a como princípio geral, aplicável em diversos pontos e com distintos graus de incidência, pois exige igualdade de aplicação do direito em geral (igualdade perante a lei) e a igualdade na criação do direito (igualdade da lei)" (STF, Pleno, RExt 878.694, rel. Min Roberto Barroso, trecho do voto da Min. Rosa Weber, j. 10.05.2007).

IX), o direito ao tratamento favorecido para as empresas de pequeno porte, categoria na qual se enquadra a imensa maioria das empresas constituídas há menos de dois anos. Conforme dados divulgados pelo SEBRAE[204], sabe-se que o índice de "mortalidade" das pequenas empresas (MEI, ME e EPP), especialmente nos primeiros anos de atividade, é muito maior do que o de empresas consolidadas há algum tempo, o que indica ser mais difícil iniciar um negócio novo do que mantê-lo. Logo, a realização do princípio da igualdade, sempre em vista da consecução do desenvolvimento nacional e da concorrência, deveria prever medidas que favoreçam as empresas iniciantes e não que as coloquem numa posição de desvantagem em relação às empresas mais antigas.

Não há dúvida de que o reconhecimento da inconstitucionalidade ora defendida poderia prejudicar a confiança daqueles que concederam crédito sob a suposição de que, pelo menos por algum tempo, o tomador não poderia se valer da recuperação judicial. Não é possível, porém, medir a correlação entre essa circunstância e a avaliação de risco feita por quem concedeu o crédito, realizada com base em diversos outros fatores que têm bem mais importância do que a impossibilidade temporária de acesso à recuperação judicial, como a solvabilidade do credor e as garantias prestadas. De toda forma, a necessidade de preservar a confiança dos agentes econômicos não seria capaz de, por si só, convalidar norma que viola preceitos constitucionais.

Em resumo, considerando que a exclusão das empresas em atividade há menos de dois anos não se coaduna com o desenvolvimento nacional, a liberdade de iniciativa, a livre concorrência e a proteção à pequena empresa, o princípio constitucional da igualdade opera eficácia negativa[205] para obstar a aplicação da norma, a ser declarada inconstitucional. Por conseguinte, a falta do cumprimento do requisito temporal por alguma das sociedades do grupo não é impedimento à sua adesão ao polo ativo.

2.4.2.3 Existência de um grupo

Outro requisito para a admissão do litisconsórcio ativo na recuperação judicial é que os devedores integrem um grupo[206]. Entretanto, não há, no artigo

---

204. Serviço Brasileiro de Apoio às Micro e Pequenas Empresas (Sebrae). *Sobrevivência das empresas no Brasil.* Brasília: Sebrae, 2016. p. 16-25. Com dados mais recentes, confira-se ainda a reportagem "Sebrae: pequenos negócios têm maior taxa de mortalidade" (*Agência Brasil*, 27 jun. 2021).
205. Entre as dimensões da normatividade dos princípios constitucionais está a eficácia negativa, que implica a paralisação da aplicação de qualquer norma ou ato jurídico que esteja em contrariedade com o princípio constitucional em questão (BARROSO, Luís Roberto. *Curso de direito constitucional contemporâneo:* os conceitos fundamentais e a construção do novo modelo. 2. ed. São Paulo: Saraiva, 2010. p. 321).
206. Registra-se o posicionamento isolado de Fábio Ulhoa Coelho, para quem mesmo as sociedades que não sejam submetidas a controle societário comum nem integrem o mesmo grupo econômico poderão requerer a recuperação judicial sob consolidação processual se demonstrarem que o meio mais

69-G ou em outro dispositivo da lei, definição sobre o que se considera *grupo* para fins de admitir-se a consolidação processual, exigindo-se apenas que seus integrantes estejam submetidos a um *controle societário comum*[207].

Aparentemente, olvidou-se o legislador de que a Lei das S.A., ao empregar o termo "grupo", só se refere a "grupo de sociedades", correspondente àquele classificado pela doutrina como "grupo de direito", composto por sociedades subordinadas a uma convenção de grupo; mas não designa por "grupo" as reuniões de empresas que, à míngua de convenção, são formadas por relação de controle ou coligação, ou por influências externas (chamadas pela doutrina de "grupos de fato") e que representam a quase totalidade[208] dos agrupamentos de sociedades no País.

Tampouco o Código Civil – que disciplina as sociedades limitadas – define o que seja grupo, figura que nele foi introduzida apenas recentemente, com a edição da Medida Provisória 881/2019, convertida na Lei 13.787/2019. Esse diploma acrescentou ao Código dispositivo[209] que, ao tratar da desconsideração da personalidade jurídica, faz referência a "grupo econômico", mas sem definir o seu conceito.

Apesar da falta de coerência entre a atual LRF e o nosso principal diploma societário, não se cogita que a Lei 14.112/2020 teria pretendido limitar a consolidação processual aos "grupos de sociedades" definidos pela Lei das S.A. (*i.e.*, grupo de direito), seja porque estes correspondem a uma parcela ínfima dos agrupamentos de empresas em funcionamento no País[210], seja porque esse entendimento contrariaria toda a jurisprudência anterior à Lei 14.112/2020, amplamente favorável à admissão do litisconsórcio em relação aos grupos de fato.

Além disso, a par de empregar somente a expressão "grupo", e não "grupo de sociedades", o artigo 69-G exige apenas que as empresas estejam submetidas a um "controle societário comum", sem mencionar a necessidade de haver qualquer convenção entre elas, que é o fator determinante da formação dos grupos de di-

---

apropriado de saneamento da crise que as assola é uma operação societária entre elas (fusão, incorporação, formação de grupo etc.) conjugada com a reestruturação dos seus respectivos passivos. Neste caso, a par de justificada consolidação processual, eventualmente também caberia, segundo o autor, a consolidação substancial (COELHO, Fábio Ulhoa. *Comentários à Lei de Falências e de Recuperação de Empresas*. 14. ed. São Paulo: Ed. RT, 2021. p. 275).

207. Na Argentina, o concurso preventivo só pode ser conjuntamente requerido, em regra, pelos integrantes de um grupo econômico, não se exigindo, porém, que o vínculo entre os devedores seja de natureza societária. Além disso, a lei excepciona essa regra ao admitir que os garantidores do devedor, embora não integrem o mesmo grupo econômico, possam requerer que o seu próprio pedido de concurso preventivo tramite conjuntamente com o do garantido (*Ley de Concursos y Quiebras*, art. 68).
208. *Vide* nota de rodapé n. 35.
209. Código Civil, artigo 50, § 4º. "A mera existência de *grupo econômico* sem a presença dos requisitos de que trata o *caput* deste artigo não autoriza a desconsideração da personalidade da pessoa jurídica".
210. *Vide* nota de rodapé n. 35.

reito. Por isso, admite-se, sem maior dificuldade, que a consolidação processual se aplica tanto aos grupos de direito quanto aos de fato[211].

Essa conclusão, no entanto, ainda não é suficiente para determinar o conceito de grupo para os fins do artigo 69-G da LRF, tarefa que não é tão simples, dado tratar-se de termo plurívoco, de difícil definição[212], que compreende diversos fenômenos jurídicos e econômicos[213].

A jurisprudência construída antes da edição da Lei 14.112/2020 não fornece uma resposta segura a essa questão. Embora algumas decisões tenham se aprofundado no tema[214], o que se viu, na prática, foi a permissão generalizada do litisconsórcio ativo sem maiores considerações quanto à natureza dos vínculos entre as empresas, ou mesmo sobre os motivos que, no caso concreto, justificavam o processamento conjunto da recuperação judicial[215]. Não se firmou, portanto, orientação dominante e clara quanto ao conceito de grupo para fins da consolidação processual.

Para a doutrina, existem, basicamente, dois grandes critérios para determinar-se a existência de um grupo de empresas[216]. O primeiro corresponde a uma acepção de grupo em sentido estrito, centrando-se na figura da *direção unitária de sociedades juridicamente independentes*[217], que seria o elemento identifica-

---

211. Em abono dessa conclusão, também vale citar que, entre os documentos que deverão apresentados com a petição inicial de recuperação judicial, a alínea "e" do inciso II do artigo 51 da LRF, introduzida pela Lei 14.112/2020, passou a exigir a "descrição das sociedades do grupo societário, de fato ou de direito".
212. Nesse sentido, Engrácia Antunes reconhece que a doutrina ainda não encontrou uma definição pacífica e uniforme para o conceito de grupo societário, algo que, para alguns autores, seria mesmo uma tarefa impossível (*Os grupos de sociedades*, cit., p. 52). Por sua vez, Eduardo Secchi Munhoz anota que a noção econômica de grupo não é facilmente traduzida para uma definição jurídica que, "ao mesmo tempo, seja clara e precisa, atendendo ao valor da certeza, e suficientemente ampla, de modo a abranger as múltiplas formas pelas quais se organiza a atividade empresarial" (*Empresa contemporânea e o direito societário*, cit., p. 107).
213. Maria do Rosário Palma Ramalho observa que os grupos societários constituem figura de contornos fluidos e de difícil delimitação, porque se situa na fronteira entre economia e o direito. Além disso, concorre para essa dificuldade o fato de a ordem jurídica ter uma visão fragmentada sobre o fenômeno dos grupos, que resulta da sua relevância em várias áreas e para efeitos diferentes. Pontua, ainda, que "desse fato decorre que não só a noção econômica de grupo pode não coincidir com o seu conceito jurídico, como a própria configuração jurídica do fenômeno dos grupos é diversa consoante os domínios jurídicos em que é aplicada – assim [...] a noção de grupo operativa no âmbito do direito das sociedades comerciais pode não coincidir com a noção relevante para efeitos fiscais e financeiros, para efeitos do direito da concorrência ou para efeitos laborais" (*Grupos empresariais e societários*, cit., p. 88-89).
214. *Vide* item 1.2.1.
215. Nesse sentido, confirmando as conclusões deste trabalho, Antônio Aires, Celso Xavier e Maria Isabel Fontana afirmam que o Judiciário vinha deferindo a formação do litisconsórcio ativo na recuperação judicial sem perquirir se, realmente, há a configuração de grupo econômico (Recuperação judicial e falência de grupo econômico. In: ELIAS, Luis Vasco. *10 anos da Lei de Recuperação de Empresas e Falência*: reflexões sobre a reestruturação empresarial no Brasil. São Paulo: Quartier Latin, 2015. p. 65).
216. Confira-se Engrácia Antunes, José. *Os grupos de sociedades*, cit., p. 52.
217. Do ponto de vista jurídico, a especificidade do grupo de empresas residiria justamente na tensão ou oposição latente entre a situação de direito (pluralidade jurídica de entes societários autônomos) e a situação de fato (unidade de ação econômica e centralização do poder de direção).

dor fundamental dos grupos societários[218]; o segundo critério, correspondente a uma acepção em sentido amplo, é focado no poder de controle[219], reputando existir um grupo pelo simples fato de uma sociedade deter, de forma estável, a maioria dos votos na assembleia geral de outra, ou outro instrumento relevante de controle, independentemente de haver ou não o exercício da direção unitária dessas sociedades[220].

Uma leitura apressada do artigo 69-G da LRF poderia levar ao entendimento de que o legislador teria adotado este segundo critério (centrado no poder de controle, e não no exercício da direção unitária) ao dispor que os devedores que integrem grupo sob *controle societário comum* poderão requerer recuperação judicial sob consolidação processual. Ainda segundo esse raciocínio – que parece ser equivocado –, a mera coincidência de controle societário de duas ou mais empresas poderia autorizar que elas formulassem em conjunto pedido de recuperação judicial sob consolidação processual.

A norma deve ser aplicada segundo os fins sociais a que se destina[221], exigindo-se correspondência entre o efeito e a causa do fenômeno jurídico que disciplina, ou, neste caso, entre o deferimento da consolidação processual e o fundamento para a formação do litisconsórcio na recuperação judicial: a efetiva ou potencial repercussão da crise entre as empresas[222], que decorre de algum grau de *dependência econômica*[223] estabelecida a partir da direção unitária.

Por isso, a mera coincidência de controle não deve ser suficiente para autorizar a formação do litisconsórcio e a consolidação processual se o controlador

---

218. Entre outros, Fábio Konder Comparato afirma categoricamente que "a melhor doutrina considera a unidade de direção o único critério geral de identificação de todos os grupos econômicos" (COMPARATO, Fábio Konder; SALOMÃO FILHO, Calixto. *O poder de controle na sociedade anônima*, cit., p. 453). No mesmo sentido, Anne Petitpierre-Sauvain rejeita a possibilidade de existir um grupo, tanto do ponto de vista jurídico quanto do econômico, sem a existência de direção unificada (*Droit des societes et groupes de societes*: responsabilite de l'actionnaire dominant. Retrait des actionnaires minoritaires. Geneve: Georg, 1972. p. 35). Por sua vez, Eduardo Secchi Munhoz sustenta que o grupo pressupõe necessariamente o exercício de um poder, mais ou menos centralizado, de definir a orientação de seus membros e de assegurar o respeito à política geral assim definida. Aí estaria, segundo o autor, o conceito de direção unitária, que deve estar presente em todos os grupos de sociedades (*Empresa contemporânea e o direito societário*, cit., p. 111).
219. Partidário desse critério, confira-se VIO, Daniel de Avila. *Grupos societários*, cit., p. 195-198.
220. Explicando esses critérios, mas sem aderir a nenhum deles, confira-se Engrácia Antunes, José. The governance of corporate groups. In: ARAÚJO, Danilo Borges dos Santos Gomes de; WARDE JR., Walfrido Jorge (Org.). *Os grupos de sociedades*: organização e exercício da empresa. São Paulo: Saraiva, 2012. p. 28.
221. LINDB, artigo 5º.
222. *Vide* item 2.4.1.
223. A oposição entre dependência econômica e independência jurídica também é apontada como um dos elementos definidores do conceito de grupo de empresas (Engrácia Antunes, José. *Os grupos de sociedades*, cit., p. 52).

comum não utilizar a sua influência dominante para impor às controladas uma direção unitária[224]. Ausente esse elemento fundamental, não haverá grupo para os fins do artigo 69-G.

Da mesma forma, se não houver integração[225] econômica entre as empresas[226] (seja por conta de eventual fornecimento de produtos ou serviços entre elas, seja pela sua atuação coordenada voltada à dominação de determinado mercado, seja ao menos pela comunhão de obrigações gerada pelas garantias prestadas em favor umas das outras ou pelas exceções legais ao regime ordinário de separação de responsabilidades), será descabida a consolidação processual[227].

2.4.2.4 Controle societário comum

De acordo com a redação do artigo 69-G da LRF, a prerrogativa de requerer a recuperação judicial sob consolidação processual é restrita a devedores que integrem grupo sob *controle societário comum*[228]. Essa previsão se desdobra em dois requisitos: em primeiro lugar, exige-se que o controle seja *societário*; em segundo lugar, demanda-se que esse controle seja *comum*.

Do primeiro requisito (*controle societário*) decorre a inequívoca opção do legislador de limitar o litisconsórcio aos grupos em que a direção unitária dos devedores tenha fundamento nos laços societários entre eles, isto é, na participação

---

224. A direção econômica unitária, segundo leciona Engrácia Antunes, "reflete-se na existência de uma estratégia ou política econômica geral do grupo [...], incidindo sobre os diversos aspectos setoriais do respectivo funcionamento (política comercial, laboral, de produção e venda, de pessoal, de marca, de investimentos etc.)". Entretanto, essa estratégia, decorrente da direção unitária, pode assumir "diferentes graus de integração (que vão da total centralização até forma atenuadas de controle descentralizado)" (*Os grupos de sociedades*, cit., p. 55).
225. Para a admissão do litisconsórcio ativo na recuperação judicial, Antonio Aires, Celso Xavier e Maria Isabel Fontana afirmam que "há de se demonstrar categoricamente a interdependência entre as sociedades para quais se busca o favor legal" (Recuperação judicial e falência de grupo econômico, cit., p. 84).
226. Na recuperação judicial do grupo OAS, o Tribunal de Justiça de São Paulo decidiu justamente que "a integração das empresas recuperandas em grupo empresarial – embora não seja o único requisito – é fator decisivo na admissão da pluralidade do polo ativo da recuperação judicial", reconhecendo ainda que "no grupo empresarial tem-se a reunião de esforços de todos os participantes na consecução do fim comum" (TJSP, 2ª Câmara Reservada de Direito Empresarial, AgRg 2084295-14.2015.8.26.0000, rel. Des. Carlos Alberto Garbi, origem: 1ª Vara de Falências de São Paulo, j. 31.08.2015).
227. O Tribunal de Justiça de São Paulo já indeferiu a formação do litisconsórcio ativo porque, a despeito da coincidência dos sócios, não teria sido demonstrado o entrelaçamento ou o vínculo de dependência entre os devedores. Nesse caso, nem mesmo a prestação de garantias cruzadas entre eles foi reputada circunstância bastante para a caracterização do grupo (TJSP, 1ª Câmara Reservada de Direito Empresarial, AI 2008174-71.2017.8.26.0000, rel. Des. Fortes Barbosa, origem: 1ª Vara Cível de Cotia, j. 01.03.2017).
228. Em sentido contrário, confira-se a posição de Fábio Ulhoa Coelho referida na nota de rodapé n. 206.

acionária, sendo definida a partir dos próprios órgãos das sociedades (ainda que por força de instrumentos parassocietários[229], como os acordos de acionistas[230] que disciplinam o exercício do poder de controle[231]).

Como não se presumem, na lei, palavras inúteis, deve-se atribuir a elas alguma eficácia[232], de modo que a norma do artigo 69-G da LRF não comporta interpretação extensiva para alcançar modalidades de controle que não possuam natureza societária. A lei veda, portanto, a formação do litisconsórcio nos casos em que a direção unitária não derivar, nem remotamente, da participação acionária[233], como se dá no chamado *controle externo*[234].

---

229. Os contratos parassociais, na definição de José Luiz Bulhões Pedreira, designam o gênero de contratos coligados ao de sociedade, ou dele dependentes, pelos quais os sócios contratem obrigações sobre o exercício dos seus direitos de sócio e de dispor de suas participações societárias, ou sobre a obrigação de prover recursos à sociedade. Compreendem diversas modalidades de contratos entre sócios, ou destes com terceiros, distintos do contrato de sociedade, mas a ele acessórios. Os acordos de acionistas, por sua vez, constituem modalidade de contrato parassocial (cf. LAMY FILHO, Alfredo; BULHÕES PEDREIRA, José Luiz (Coord.). *Direito das companhias*. Rio de Janeiro: Forense, 2009. v. 1. p. 174-175).
230. Artigo 118 da LSA.
231. Carlos Augusto da Silveira Lobo ensina que "a fonte do poder de controle é a titularidade permanente da maioria dos votos nas deliberações da Assembleia Geral; o conjunto de ações que confere essa maioria de votos é referido como 'bloco de controle'. Esse bloco é formado pela reunião das ações em um único patrimônio, de pessoa natural ou jurídica, ou, em se tratando de ações que integram os patrimônios de diversas pessoas, pela vinculação mediante acordo de voto. O artigo 116 da LSA, ao definir acionista controlador, prevê expressamente o exercício do poder de controle por grupo de pessoas vinculadas por acordo de voto" (In: LAMY FILHO, Alfredo; BULHÕES PEDREIRA, José Luiz (Coord.). *Direito das companhias*. Rio de Janeiro: Forense, 2009. v. 1. p. 461).
232. Conforme clássica lição de Carlos Maximiliano, "as expressões do Direito interpretam-se de modo que não resultem em frases sem significação real, vocábulos supérfluos, ociosos, inúteis. Pode uma palavra ter mais de um sentido e ser apurado o adaptável à espécie, por meio do exame do contexto ou por outro processo; porém a verdade é que sempre se deve atribuir a cada uma a sua razão de ser, o seu papel, o seu significado, a sua contribuição para precisar o alcance da regra positiva" (*Hermenêutica e aplicação do direito*. 11. ed. Rio de Janeiro: Forense, 1990. p. 250).
233. A participação acionária, ensina Fábio Konder Comparato, não é indispensável à configuração do poder de controle enquanto elemento unificador do grupo econômico de subordinação, que pode se manifestar de outras formas, como no caso de aguda dependência externa de uma sociedade a outra, sem nenhum vínculo societário entre elas (p. ex., para o suprimento de matéria-prima ou escoamento da sua produção) (*O poder de controle na sociedade anônima*, cit., 3. ed., p. 30).
234. Conforme Edmur Pereira Neto, "a dominação empresarial [...] não se exerce tão somente por meio do controle interno. Há situações em que se verifica um poder de constrição de base exclusivamente contratual, sem qualquer vínculo de natureza societária, o que não implica na supressão do controle interno, que subsiste. Tal controle assenta-se na ideia de influência dominante, que não requer sequer a condição de acionista nem de membro de qualquer órgão social, exercendo-se o poder de dominação *ab extra*. A esse fenômeno designa-se controle externo e se configura por meio de relações contratuais interempresariais da mais variada natureza. Algumas dessas relações contratuais podem, entretanto, ensejar situações que se aproximam da figura do grupo de empresas" (Anotações sobre os grupos de sociedades. *RDM*, São Paulo, n. 82, 1991. p. 37). A propósito do tema, confira-se também GUIDUGLI, João Henrique. *Controle externo contratual:* o desenvolvimento da empresa e os grupos de contratos sob o direito societário. São Paulo: Quartier Latin, 2006.

Há sentido nessa restrição, na medida em que as hipóteses de controle externo, muitas vezes decorrentes de negócios particulares em relação aos quais não há publicidade, não costumam ser conhecidas pelo mercado, que, assim, não é capaz de identificar a existência de um grupo entre as empresas ou mesmo de prever a eventual repercussão da crise de uma na outra.

Raciocínio diverso se aplica ao segundo requisito (*controle comum*), que comporta interpretação extensiva. A partir do estudo dos conceitos de grupo e direção unitária, e considerando ainda os fundamentos que justificam a formação do litisconsórcio ativo na recuperação judicial[235], conclui-se que a lei não empregou o termo "controle" em sentido estrito, no intuito de limitar a consolidação processual a sociedades *controladas*, com exclusão daquelas meramente *coligadas*.

Considera-se *controlada* a sociedade na qual a controladora, diretamente ou por intermédio de outras controladas, é titular de direitos de sócio que lhe assegurem, de modo permanente, preponderância nas deliberações sociais e o poder de eleger a maioria dos administradores (LSA, art. 243, § 2º). Distingue-se da sociedade *coligada*[236], correspondente àquela na qual a investidora possui influência significativa, detendo ou exercendo o poder de participar nas decisões das políticas financeira ou operacional da investida, porém sem controlá-la (LSA, art. 243, §§ 1º e 4º).

Conquanto a intensidade da submissão a uma direção unitária no âmbito das sociedades coligadas tenda a ser menor do que a existente nas sociedades controladas[237], esse elemento característico da formação de um grupo se verifica em ambas.

Isso conduz à conclusão de que, ao se referir a "controle comum", a lei está apenas a exigir a coincidência de quem define, ainda que indiretamente, a direção econômica unitária dos devedores, independentemente de isso ocorrer em razão de relação de controle ou de coligação.

Assim, se a sociedade "A" é controladora da sociedade "B", que exerce influência significativa sobre a sociedade "C", numa relação de coligação, todas poderão ingressar com o pedido de recuperação judicial sob consolidação processual, uma vez que esteja caracterizada a repercussão da crise entre elas.

---

235. Confiram-se, a propósito, os itens 2.1 e 2.4.1.
236. LSA, artigo 243, §§ 1º e 4º. A propósito do conceito de sociedade coligada segundo a alteração implementada pela Lei 11.941/2009, confira-se FRANÇA, Erasmo Valladão Azevedo e Novaes; ADAMEK, Marcelo Vieira von. O novo conceito de sociedade coligada na lei acionária brasileira. *RDM*, São Paulo, n. 159-160, p. 39-52, 2011.
237. Valendo lembrar, conforme já abordado no item 2.1, que a intensidade da direção unitária, mesmo no âmbito das sociedades controladas, poderá ter os mais diversos graus.

Não se vislumbra, ademais, nenhum sentido ou vantagem em negar às sociedades coligadas a participação no polo ativo do processo de recuperação judicial do grupo, o que implicaria verdadeiro retrocesso[238] em relação à prática consolidada na jurisprudência anterior à Lei 14.112/2020.

2.4.2.5 Repercussão da crise

Embora a lei não preveja expressamente este requisito, a formação do litisconsórcio na recuperação judicial só se justifica se houver a necessidade do tratamento conjugado operado pela consolidação processual por conta da repercussão da crise, ao menos potencial, entre as empresas do grupo[239].

Mesmo que exista algum grau de direção unitária entre as empresas sujeitas ao controle comum, identificando a existência de um grupo, ainda assim não se deve admitir a consolidação processual se não restar minimamente demonstrada a repercussão[240], efetiva ou potencial[241], da crise entre elas. Se a crise de uma empresa nada tiver a ver com a crise de outra, não sendo capaz de gerá-la ou potencializá-la, ou ainda se a superação da crise da uma empresa

---

238. Com propriedade, Sérgio Campinho leciona que "a interpretação literal do *caput* do artigo sob comento para limitar o pedido conjunto de recuperação judicial apenas às sociedades integrantes de um 'grupo sob controle societário comum' constitui retrocesso. Deve-se elastecer o entendimento, à luz de uma visão racional, teleológica e sistemática, para também abarcar as sociedades que integrem grupo societário resultante de relação de coligação diante da identificação da influência significativa. Apesar de revelar, de um lado, arranjo societário de menor intensidade que a ordenação derivada do controle, traduz, por outro, posição consideravelmente superior à de mera participação societária. Surgindo da relação intersocietária a figura da influência significativa, não se deve, com efeito, diante da presença da direção unitária, obstar a consolidação processual para tais sociedades componentes do grupo, ainda que inexista controle" (CAMPINHO, Sérgio. In: TOLEDO, Paulo Fernando Campos Salles de (Coord.). *Comentários à Lei de Recuperação de Empresas*, cit., p. 508).
239. Nesse sentido, Joel Luis Thomaz Bastos, previamente à reforma operada pela Lei 14.112/2020, ponderou que o litisconsórcio ativo na recuperação judicial dependeria de haver repercussão da crise entre as sociedades do grupo, no chamado "efeito dominó" (Litisconsórcio ativo e consolidação substancial na recuperação judicial. In: ELIAS, Luis Vasco. *10 anos da Lei de Recuperação de Empresas e Falência*: reflexões sobre a reestruturação empresarial no Brasil. São Paulo: Quartier Latin, 2015. p. 215).
240. Assim também decidiu o Tribunal de Justiça de São Paulo, entendendo que o litisconsórcio ativo deve ficar "restrito às situações em que demonstrada a existência, em razão da intensidade do vínculo que as une, de influências recíprocas entre as sociedades requerentes do benefício legal, integrantes de um mesmo grupo econômico seja de fato ou de direito no interior do qual as dificuldades individuais acabam repercutindo em todos os componentes do grupo, tudo a evidenciar que a superação do momento de crise econômico-financeira somente poderá ser alcançada através do esforço conjunto dos membros do ente coletivo" (TJSP, 2ª Câmara Reservada de Direito Empresarial, AI 2123667-67.2015.8.26.0000, rel. Des. Fabio Tabosa, origem: 2ª Vara de Falências de São Paulo, j. 16.11.2015).
241. Nesse sentido, sustentando que o cabimento do litisconsórcio ativo depende da demonstração de que a crise de uma – ou algumas – das sociedades do grupo afeta ou tem a possibilidade de afetar significativamente as atividades das outras, provocando o chamado "efeito dominó", confira-se Antônio Aires et al. (Recuperação judicial e falência de grupo econômico, cit., p. 74 e 85).

for irrelevante para a superação da crise da outra, não se justifica a formação do litisconsórcio ativo[242].

Noutras palavras, não se deverá admitir no polo ativo da recuperação judicial requerida em grupo a inclusão de empresa que esteja completamente blindada das dificuldades experimentadas pelas demais, ainda que ela própria esteja em crise, se essa sua crise particular também for incapaz de repercutir *significativamente* sobre os outros membros do grupo (mas desde que, e somente se, seja possível fazer essa avaliação de modo objetivo, com base em elementos probatórios idôneos).

Tratando-se de empresa saudável, imune aos efeitos da crise, a decisão do controlador de incluí-la no pedido de recuperação ultrapassa o limite da direção unitária tolerado nos grupos de fato[243], pois implica prejuízo, ainda que potencial, aos interesses particulares tanto da própria sociedade quanto dos acionistas minoritários e credores, no mínimo por repercutir na sua imagem e fatalmente no crédito, além de sujeitá-la ao risco de ter a falência decretada caso o plano de recuperação não seja aprovado.

Assim, ausente a repercussão da crise entre as empresas do grupo, não há necessidade ou justificativa bastante para a formação de litisconsórcio entre devedores que constituem entidades juridicamente independentes, do mesmo modo que não caberia a consolidação processual entre empresas sem relação alguma entre si, embora neste caso também pudesse haver economia de custos. Isso porque não é propriamente o vínculo societário que justifica o litisconsórcio (embora a lei o exija como requisito da consolidação processual), mas a circunstância de ensejar a integração entre as empresas a ponto de fazer com que a crise de uma afete a outra[244].

Não se tratando de uma crise compartilhada, os eventuais benefícios da tramitação conjugada da recuperação judicial de empresas distintas (como a economia de atos

---

242. Na recuperação judicial do grupo SCHAHIN, o Tribunal de Justiça de São Paulo indeferiu a inclusão no polo ativo de determinadas empresas que, embora integrassem o grupo, não estavam ligadas ao seu braço de atividade vinculado à exploração do único ativo existente (TJSP, 2ª Câmara Reservada de Direito Empresarial, AI 2096693-90.2015.8.26.0000, rel. para o acórdão: Des. Claudio Godoy, origem: 2ª Vara de Falências de São Paulo, j. 13.03.2017).
243. Em tese, o sacrifício particular de determinada sociedade para o fim de viabilizar a recuperação judicial de outras empresas do grupo só seria admissível no âmbito dos grupos de direito, e mesmo assim essa conclusão não admite generalização, dependendo sempre da verificação dos limites da subordinação admitidos pela convenção de grupo.
244. *De lege ferenda*, seria mais justificável autorizar a tramitação conjunta da recuperação judicial de empresas que não integram o mesmo grupo mas são economicamente dependentes uma da outra (o que faz repercutir a crise entre elas) do que permitir a formação do litisconsórcio entre empresas ligadas por relação de controle societário mas que não mantêm nenhum grau de integração econômica (de modo que a crise de uma é totalmente indiferente à outra).

processuais e a nomeação de um único administrador) dificilmente compensariam os prejuízos dela decorrentes, como a eventual modificação da competência[245] e a complexidade inerente à ampliação do polo ativo, que traz para um único processo todas as discussões e questionamentos envolvendo as empresas peticionárias da recuperação judicial, muitas vezes em prejuízo da celeridade processual.

Isso não significa, por outro lado, que somente poderão compor o polo ativo do processo de recuperação judicial empresas do grupo que estejam em situação de insolvência ou insolvabilidade[246], o que não é exigido, vale lembrar, nem mesmo para o pedido de recuperação judicial formulado de forma individual[247].

Pressuposto objetivo da recuperação judicial, por força do artigo 47 da LRF[248], é a *crise econômico-financeira*[249] do devedor, que tem dimensão mais ampla[250] do que a insolvência ou a insolvabilidade[251], também não exigindo,

---

245. Modificação que será necessariamente operada nos casos em que os estabelecimentos principais dos litisconsortes se situarem em comarcas distintas, e que é especialmente gravosa para a participação de determinadas classes de credores, como os trabalhistas.
246. A *insolvência* corresponde ao estado do devedor que, sem escusa jurídica, deixa de solver suas obrigações, seja porque não quer, seja porque não pode. A *insolvabilidade*, por outro lado, caracteriza-se pela inaptidão econômica para adimplir, podendo ser absoluta, decorrente da insuficiência de ativos para fazer frente às dívidas, ou relativa, decorrente da falta de liquidez dos ativos (cf. COMPARATO, Fábio Konder. *O seguro de crédito*: estudo jurídico. São Paulo: Max Limonad, ano não informado. p. 49). A doutrina, porém, não é unânime quanto a essa classificação, havendo quem denomine de insolvência justamente a situação acima identificada como insolvabilidade absoluta (veja, p. ex., LOBO, Jorge. In: TOLEDO, Paulo Fernando Campos Salles de et al. *Comentários à Lei de Recuperação de Empresas e Falência*, cit., p. 173).
247. Ensina Sheila Neder Cerezetti: "sob disciplina da LRE, nem o pedido de recuperação judicial e tampouco a decisão judicial de deferimento do seu processamento dependem da comprovação de insuficiência patrimonial ou de um estado de insolvência calcado no inadimplemento ou na impossibilidade de satisfazer obrigações, mas apenas da indicação daquilo que o legislador optou por denominar de 'crise econômico-financeira' (art. 51, I)" (Os grupos de sociedades, cit., p. 750).
248. Em consonância com o artigo 47 da LRF, o artigo 51, I, exige do devedor a exposição "das causas concretas da situação patrimonial" e das razões da "crise econômico-financeira", mas o pedido de recuperação judicial independe da indicação de qualquer dívida vencida e não paga.
249. Como lei não define o que configura uma "situação de crise econômico-financeira", a doutrina costuma afirmar que seu conceito é metajurídico, aberto e cambiante. "É metajurídico porque não previsto na norma; aberto e cambiante porque dependerá de cada caso, da situação concreta de cada devedor que o levou à crise econômica" (GUIMARÃES, Maria Celeste Morais. In: CORRÊA-LIMA, Osmar Brina; CORRÊA-LIMA, Sérgio Mourão. *Comentários à nova Lei de Falência e Recuperação de Empresas*. Rio de Janeiro: Forense, 2009. p. 367). Nesse mesmo sentido já pensava Nelson Abrão, sustentando que as noções de insolvência, impontualidade e inadimplemento foram superadas pelas de "crise econômica da empresa" (*Nova disciplina jurídica da crise econômica da empresa*. São Paulo: Rumo Gráfica, 1984. p. 30).
250. Segundo Jorge Lobo, o conceito de crise econômico-financeira abarca as situações de índole essencialmente financeira, de inadimplemento, iliquidez e insolvência, embora nelas não se esgote, "visto que as dificuldades da empresa podem ser de ordem administrativa, gerencial, estrutural, operacional, sucessória etc., as quais, a curto e médio prazos, podem converter-se em crise financeira de nefastas consequências" (LOBO, Jorge. In: TOLEDO, Paulo Fernando Campos Salles de et al. *Comentários à Lei de Recuperação de Empresas e Falência*, cit., p. 173).
251. Cf. Adriana Valéria Pugliesi, que acrescenta que "a noção de crise... é a que revela uma problemática não pontual, mas de caráter geral, que justificaria a convocação, pelo devedor, da coletividade de credores" (*Direito falimentar e preservação da empresa*. São Paulo: Quartier Latin, 2013. p. 267 e 269).

para sua configuração, que já tenha havido cessação de pagamentos ou impontualidade[252].

Pode-se então afirmar que o grupo estará em crise sempre que forem identificadas circunstâncias internas ou externas que, presentemente ou em momento futuro razoavelmente antecipado, sejam capazes de comprometer a continuidade das suas atividades. Não é necessário, portanto, que o desequilíbrio econômico-financeiro já tenha se instalado ou mesmo atingido todos os seus integrantes, mas é preciso que sua ocorrência futura possa ser vislumbrada de maneira plausível.

2.4.3 Classificação

A doutrina estabelece quatro critérios para distinguir as espécies de litisconsórcio. São eles: (i) a *posição* dos litisconsortes na relação processual, que divide o litisconsórcio em *ativo, passivo* e *misto*[253], conforme a pluralidade de demandantes seja, respectivamente, de autores, de réus ou de ambos; (ii) a *obrigatoriedade* da sua formação, que reputa o litisconsórcio *necessário* ou *facultativo*, conforme a pluralidade subjetiva em algum dos polos da relação processual seja indispensável para a eficácia à sentença de mérito, ou meramente permitida; (iii) o *regime de tratamento*, ou exigência de uniformidade da decisão de mérito, podendo o litisconsórcio ser *unitário* ou *simples*[254], conforme o mérito da causa deva ou não ser decidido do mesmo modo em relação a todos os litisconsortes; e (iv) o *momento de formação*, denominando-se litisconsórcio *inicial* quando formado desde logo, mediante o ajuizamento da ação por mais de um autor ou pela citação de mais de um réu, nos termos requeridos na petição inicial, em oposição ao litisconsórcio ulterior, formado em outro momento processual, por iniciativa das próprias partes, do terceiro que intervém como litisconsorte ou do juiz[255].

Em relação ao tema deste estudo, o primeiro critério não suscita maiores reflexões, sendo evidente tratar-se, aqui, de litisconsórcio ativo[256], formado pelas empresas do grupo que postulam a concessão da recuperação judicial. Uma vez admitido, enseja a consolidação processual. Por outro lado, a classificação

---

252. Comentando sobre a adoção da "crise" como pressuposto objetivo dos procedimentos de preservação da empresa em diversas legislações, Ariel Angel Dasso pondera que, que de modo geral, o critério da cessação de pagamentos se tornou insuficiente, porquanto tardio (*Derecho concursal comparado*. Bueno Aires: Legis Argentina, 2009. t. 2. p. 923).
253. Também chamado de litisconsórcio bilateral.
254. Também denominado de litisconsórcio comum ou não unitário.
255. Cf. DINAMARCO, Cândido Rangel. *Litisconsórcio*. 5. ed. São Paulo: Malheiros, 1997. p. 66-70.
256. Cf. BEZERRA FILHO, Manoel Justino. *Lei de Recuperação de Empresas e Falências comentada*, cit., 15. ed., p. 328, n. 412.

segundo os demais critérios – e, sobretudo, as consequências para o processo – demanda atenção particular.

2.4.3.1 Quanto à obrigatoriedade

Conforme o artigo 114 do Código de Processo Civil, haverá litisconsórcio necessário *por disposição de lei* ou quando, pela *natureza da relação jurídica controvertida*, a eficácia da sentença depender da citação de todos que devam ser litisconsortes. Ao estabelecer essa necessidade, a lei leva em conta certos fatores de aglutinação, que recomendam ou tornam indispensável a formação do litisconsórcio. Fatores esses ligados à conveniência de que o processo tenha maior abrangência (o litisconsórcio por força de lei específica), ou decorrentes das realidades disciplinadas pelo direito material (a incindibilidade da situação jurídica)[257].

A LRF não contém norma que obrigue à formação do litisconsórcio na recuperação judicial de empresa que integra grupo econômico, seja de fato ou de direito. Tampouco a eficácia da sentença homologatória do pedido de recuperação judicial depende da integração das demais empresas do grupo ao polo ativo ou da sua citação, o que conduz à conclusão de que o litisconsórcio aqui tratado é *facultativo*, conforme entendimento majoritário da doutrina[258].

---

257. Cf. BEZERRA FILHO, Manoel Justino. *Lei de Recuperação de Empresas e Falências comentada*, cit., 15. ed., p. 159.

258. Antes da edição da Lei 14.112/2020, Manoel de Queiroz Pereira Calças afirmou que, sob o prisma do Código de Processo Civil, não existe disposição que obrigue à formação do litisconsórcio na recuperação judicial de empresa que integra grupo econômico de fato ou de direito. Ponderou, ainda, que a imposição do litisconsórcio implicaria violação dos princípios dispositivo e da liberdade de contratar (Reflexões sobre o litisconsórcio ativo entre empresas componentes de grupo econômico na recuperação judicial. In: YARSHELL, Flávio Luiz; PEREIRA, Guilherme Setoguti J. (Coord.). *Processo societário II*. São Paulo: Quartier Latin, 2015. p. 469). No mesmo sentido, sustentando que o litisconsórcio na recuperação judicial seria facultativo, confiram-se: COSTA, Ricardo Brito. Recuperação judicial, cit., p. 176-177; FONTANA, Maria Isabel Vergueiro de Almeida. *Recuperação judicial de grupos de sociedades*. 2016. Dissertação (Mestrado) – Faculdade de Direito, Pontifícia Universidade Católica de São Paulo, São Paulo, 2016. p. 45-46; SANTOS, Paulo Penalva. A consolidação substancial na recuperação judicial: a problemática do plano único. In: SALOMÃO, Luis Felipe et al. *Recuperação judicial, extrajudicial e falência*: teoria e prática. 5. ed. Rio de Janeiro: Forense, 2020. p. 467. Posteriormente à edição da Lei 14.112/2020, o caráter facultativo do litisconsórcio na consolidação processual foi reafirmado por diversos autores, podendo-se citar, entre outros: FRANÇA, Erasmo Valladão Azevedo e Novaes; ADAMEK, Marcelo Vieira von. *Assembleia geral de credores*, cit., p. 41; ÁVILA, Henrique. Recuperação judicial de grupos econômicos: consolidação processual e consolidação substancial. In: SALOMÃO, Luis Felipe et al. *Recuperação de empresas e falência*: diálogos entre a doutrina e a jurisprudência. Barueri: Atlas, 2021. p. 283; TEIXEIRA, Pedro Freitas. Recuperação judicial de grupos econômicos: consolidação processual e consolidação substancial. In: SALOMÃO, Luis Felipe et al. (Coord.). *Recuperação de empresas e falência*: diálogos entre doutrina e jurisprudência. Barueri: Atlas, 2021. p. 298.

Nesse mesmo sentido acabou se firmando a jurisprudência anteriormente à edição da Lei 14.112/2020[259], daí decorrendo a orientação dominante de que a formação do litisconsórcio na recuperação judicial não pode ser exigida pelo juiz[260].

Anota-se, entretanto, a existência de entendimento minoritário no sentido de que, havendo motivos para determinar-se a consolidação substancial, o litisconsórcio passaria a ser necessário, e não meramente facultativo[261].

Partidário dessa interpretação, que adotava ao tempo da sua atuação como Juiz da 2ª Vara de Falências e Recuperações de São Paulo[262], e reafirmada em sede doutrinária após a edição da Lei 14.112/2020, Marcelo Sacramone

---

259. Confiram-se, entre outros, os seguintes julgados: GRUPO H-BUSTER. "Recuperação Judicial. [...] Em primeiro lugar, não há na Lei 11.101/05 qualquer norma que obrigue todas as empresas integrantes de um grupo empresarial, de direito ou de fato, a ingressar com o pedido de recuperação judicial. A formação do litisconsórcio ativo é admissível, mas não é obrigatória" (TJSP, 1ª Câmara Reservada de Direito Empresarial, AI 0134168-85.2013.8.26.0000, rel. Des. Alexandre Marcondes, origem: 3ª Vara Cível de Cotia, j. 07.11.2013); GRUPO NAKA. "[...] O litisconsórcio ativo entre as diversas pessoas jurídicas de um mesmo suposto grupo econômico de fato é de natureza facultativa e não necessária. Não se vê razão fática ou jurídica para determinar *ex officio* a sua inclusão no polo ativo da demanda, impondo-lhes a fórceps regime de recuperação judicial que não desejam" (TJSP, 1ª Câmara Reservada de Direito Empresarial, AI 2067513-29.2015.8.26.0000, rel. Des. Francisco Loureiro, origem: 2ª Vara de Falências de São Paulo, j. 20.05.2015). GRUPO SCHAHIN. "O que não é juridicamente possível é obrigar o ingresso de outras sociedades à recuperação das agravadas, sem a sua concordância, embora, é evidente, estejam elas sujeitas a responder com seu patrimônio, no caso de insucesso do pedido" (TJSP, 2ª Câmara Reservada de Direito Empresarial, AI 2106998-36.2015.8.26.0000, rel. Des. Caio Marcelo Mendes de Oliveira, origem: 2ª Vara de Falências de São Paulo, j. 13.03.2017).
260. O Supremo Tribunal Federal já decidiu justamente que "o juiz não pode impor a formação de litisconsórcio facultativo" (RExt 80.582, rel. Min. Thomson Flores, j. 17.06.19775). No mesmo sentido, Cândido Dinamarco anota que, no Brasil, diferentemente do que ocorria na Itália, o juiz não tem poder discricionário para criar a necessidade do litisconsórcio (*Litisconsórcio,* cit., p. 329).
261. Assim decidiu o Tribunal de Justiça de São Paulo na recuperação judicial do Grupo DOLLY: "[...] Nessa esteira, fica claro que a consolidação substancial obrigatória poderá ser imposta pelo Juízo, de ofício, quando for constada a confusão entre os ativos e passivos das devedoras pertencentes ao mesmo grupo econômico ou esquema fraudulento. [...] Como se verifica, são pujantes os elementos fáticos e jurídicos (interdependência econômica, unidade negocial e confusão patrimonial) a atestarem que a empresa 'Ecoserv' integra o Grupo econômico 'Dolly'. Nesse passo, nos termos da manifestação da administradora judicial, 'a inclusão em caráter de litisconsórcio ativo necessário trata-se de verdadeira questão de ordem pública, podendo ser conhecida *ex officio*, uma vez que visa tutelar o próprio Poder Judiciário, impedindo que seja utilizado como mero joguete para superação de uma 'seletiva' crise financeira dentro do Grupo Dolly'" (2ª Câmara Reservada de Direito Empresarial, AI 2170879-45.2019.8.26.0000, rel. Des. Maurício Pessoa, origem: 2ª Vara de Falências de São Paulo, j. 30.01.2020). Em sentido semelhante, determinando a inclusão compulsória de outras empresas no polo ativo, confiram-se: TJSP, 1ª Câmara Reservada de Direito Empresarial, AI 2050662-70.2019.8.26.0000, rel. Des. Cesar Ciampolini, origem: 9ª Vara Cível de Campinas, j. 07.08.2019; e TJSP, 2ª Câmara Reservada de Direito Empresarial, AI 2151632-78.2019.8.26.0000, rel. Des. Grava Brazil, origem: 2ª Vara Cível de Itaquaquecetuba, j. 10.03.2020.
262. *Vide* decisão proferida em 19.01.2016 na recuperação judicial do grupo SCHAHIN (proc. 1037133-31.2015.8.26.0100), transcrita no item 1.2.4.

argumenta que, nesse caso, haveria litisconsórcio necessário porque a autonomia patrimonial é desconsiderada pelo próprio grupo societário, que trata as diversas integrantes como um conjunto indiviso de ativos e passivos, e não como sujeitos de direitos independentes. Daí a necessidade da formulação de pedido conjunto de recuperação judicial por todas as empresas integrantes do grupo (desde que haja confusão entre elas e o conhecimento pelos terceiros contratantes da referida situação)[263].

Discorda-se desse entendimento. A eleição da recuperação judicial como meio de superação da crise econômico-financeira consiste em prerrogativa exclusiva do próprio devedor (LRF, art. 48, *caput*)[264], de modo que uma empresa não pode ser forçada a aderir à ação movida por outra. Mesmo as empresas em crise não têm obrigação de se valer da recuperação judicial, sendo esse apenas um dos vários meios possíveis de promover-se o reequilíbrio da situação econômico-financeira.

Ajuizar ou não a ação de recuperação judicial, ou limitar a postulação a determinadas empresas do grupo, insere-se no âmbito da discricionariedade do empresário[265], que se sujeita à decretação da falência caso não obtenha a adesão dos

---

263. SACRAMONE, Marcelo Barbosa. *Comentários à Lei de Recuperação de Empresas e Falência*, cit., p. 604. No mesmo sentido, sustentando que o litisconsórcio seria necessário nos casos de consolidação substancial obrigatória (que deve ser determinada pelo juiz independentemente de deliberação dos credores), confiram-se MITIDIERO, Daniel et al. (Consolidação substancial e convenções processuais na recuperação judicial. *Revista de Direito Bancário e do Mercado de Capitais*, São Paulo, v. 20, n. 78, p. 224, 2017).
264. A doutrina é unânime ao reconhecer que, no direito brasileiro, à exceção dos casos de legitimação extraordinária previstos no parágrafo único do artigo 48 da LRF (que autoriza a propositura da ação pelo cônjuge sobrevivente, herdeiros do devedor, inventariante ou sócio remanescente), a iniciativa da recuperação judicial cabe exclusivamente ao devedor. Confira-se, entre outros, Sheila Neder Cerezetti, que anota tratar-se aqui de "concurso voluntário", em contraposição ao "concurso necessário", correspondente àquele iniciado por requisição de um credor (*A recuperação judicial de sociedade por ações*. São Paulo: Malheiro, 2012. p. 244). No mesmo sentido, Eduardo Secchi Munhoz pondera que a possibilidade de o juiz determinar a inclusão do devedor em processo de recuperação contra a sua vontade "romperia com toda a estrutura e sistemática da lei falimentar no Brasil", onde não há a possibilidade de o credor pedir a recuperação do devedor (Consolidação processual e substancial. *Revista do Advogado*, São Paulo, n. 150, p. 22, 2021).
265. Nesse sentido, o Tribunal de Justiça de São Paulo decidiu não ser possível forçar outras empresas do grupo a ingressarem na ação justamente porque, a par da "inexistência de norma que imponha a formação de litisconsórcio ativo necessário entre sociedades componentes de grupo econômico de fato ou de direito no pedido de recuperação judicial", "o pedido de recuperação judicial é faculdade, e o processo de recuperação judicial é, essencialmente, um foro de negociação entre o devedor e seus credores". Por isso, "cabe à requerente propor os termos de sua recuperação judicial, e aos credores avaliarem se são ou não aceitáveis. Caso discordem dos termos propostos, inclusive no que tange às sociedades abrangidas ou não pela proposta de reestruturação apresentada, podem os credores rejeitar o plano de recuperação judicial" (TJSP, 2ª Câmara Reservada de Direito Empresarial, AI 2022642-69.2019.8.26.0000, rel. Des. Grava Brazil, origem: 2ª Vara de Paulínia, j. 29.07.2019).

credores ao plano proposto[266]. Ademais, a definição da composição do polo ativo faz parte da estratégia do grupo para viabilizar a recuperação. Assim, não cabe ao juiz usurpar essa competência para decidir quais empresas devem ou não requerer a recuperação judicial, ainda que repute cabível a consolidação substancial.

A interpretação de que haveria litisconsórcio necessário cria grave restrição (não prevista em lei) ao poder de agir em juízo, na medida em que impede a propositura de ações individuais[267], já que uma empresa do grupo não poderia requerer a sua própria recuperação judicial se as demais não fizessem o mesmo, e em conjunto. Em última análise, isso viola os direitos fundamentais preconizados nos incisos II e XXXV do artigo 5º da Constituição Federal, que garantem, respectivamente, que ninguém pode ser obrigado a deixar de fazer alguma coisa *senão em virtude de lei* e a inafastabilidade do acesso ao Poder Judiciário.

As circunstâncias que denotam desvio de finalidade e confusão patrimonial entre as pessoas jurídicas integrantes do grupo (causas determinantes da desconsideração da personalidade jurídica[268] e frequentemente invocadas para operar-se algum tipo de consolidação substancial) não justificam a extensão compulsória da recuperação judicial a outras empresas, nem alteram a natureza do litisconsórcio – já que, mesmo nesse caso, inexiste determinação legal para a sua formação, ao passo que a eficácia da sentença concessiva da recuperação judicial evidentemente não depende da integração das demais empresas do grupo ao polo ativo do processo (únicas hipóteses de litisconsórcio necessário, segundo o art. 114 do CPC).

A lei poderia, em tese, obrigar à formação do litisconsórcio ativo para determinados casos de recuperação judicial envolvendo grupos de empresas, como ocorre, por exemplo, na Argentina, onde o pedido de concurso preventivo de grupo deve compreender todos os seus integrantes, sem exclusões[269]. Como já referido, porém, não existe dispositivo semelhante no diploma concursal brasileiro, ou qualquer outro que obrigue à formação do litisconsórcio na recuperação judicial (primeira hipótese de litisconsórcio necessário).

---

266. Em abalizada decisão proferida na recuperação judicial do grupo ODEBRECHT, o Tribunal de Justiça de São Paulo, rejeitando a existência de litisconsórcio necessário, ou a possibilidade de ampliação do polo ativo a requerimento dos credores, ponderou justamente que, "se os credores entendem que há alguma fraude na recuperação judicial, podem deliberar contra a aprovação do plano ou pela convolação da recuperação judicial em falência (por exemplo, por entenderem que essa empresa em recuperação não subsiste sem aquela que não está em recuperação)" (TJSP, 1ª Câmara Reservada de Direito Empresarial, AI 2150872-32.2019.8.26.0000, rel. Des. Alexandre Lazzarini, origem: 1ª Vara de Falências de São Paulo, j. 24.06.2020).
267. Confira-se DINAMARCO, Cândido Rangel. *Litisconsórcio*, cit., p. 163.
268. Código Civil, artigo 50.
269. *Ley de Concursos y Quiebras*, art. 65.

Tampouco a eficácia da sentença concessiva da recuperação judicial depende da integração de outras empresas ao polo ativo, porque não se cuida aqui de situação jurídica incindível (segunda hipótese de litisconsórcio necessário). Mesmo que verificado desvio de finalidade, confusão patrimonial entre os integrantes do grupo econômico ou qualquer outra circunstância justificadora da consolidação substancial, continua sendo perfeitamente viável conceder-se a recuperação judicial a apenas uma ou algumas delas, ainda que essa solução possa ser, na prática, menos eficiente do que aquela que resultaria da adesão das demais empresas à recuperação judicial.

O que pretendem os defensores do litisconsórcio necessário, na verdade, é promover a extensão dos efeitos da recuperação judicial (com alguma semelhança com o que ocorria na falência[270]), proceder que carece de permissão legal. Nesse sentido, com acerto, já se decidiu que

> [...] o regime da recuperação judicial é distinto da falência, onde é possível, uma vez decretada a falência, estender-se os efeitos desta para outras empresas. Em outras palavras, se os credores entendem que há alguma fraude na recuperação judicial, podem deliberar contra a aprovação do plano ou pela convolação da recuperação judicial em falência (por exemplo, por entenderem que essa empresa em recuperação não subsiste sem aquela que não está em recuperação), mas não "estender os efeitos da recuperação judicial" para outras empresas. Isso quer dizer que é sujeito ativo da recuperação judicial, com legitimidade para a sua postulação, o devedor (empresa/empresário), nos termos do art. 48 da Lei n. 11.101/2005; o sujeito passivo da recuperação judicial são os credores (art. 49 da Lei n. 11.101/2005). Os credores podem, porém, decidir pela falência ou a requerer (art. 73 ou art. 94 da Lei n. 11.1010/2005), tendo para isso a legitimidade ativa, concorrente com a do próprio devedor, que pode pedir a autofalência (art. 105 da Lei n. 11.101/2005)[271].

Eventuais dúvidas que pudessem existir acerca desse tema parecem ter sido dirimidas pela Lei 14.112/2020, que disciplinou a consolidação processual e substancial. Primeiro, porque previu caber *aos devedores* que integrem grupo sob controle societário comum (e somente a eles) requerer a consolidação processual (art. 69-G da atual LRF). Segundo, porque restringiu a consolidação

---

270. Atualmente, de acordo com o artigo 82-A, *caput*, da LRF, incluído pela Lei 14.112/2020, "é vedada a extensão da falência ou de seus efeitos, no todo ou em parte, aos sócios de responsabilidade limitada, aos controladores e aos administradores da sociedade falida, admitida, contudo, a desconsideração da personalidade jurídica".

271. TJSP, 1ª Câmara Reservada de Direito Empresarial, AI 2150872-32.2019.8.26.0000, rel. Des. Alexandre Lazzarini, origem: 1ª Vara de Falências de São Paulo, j. 24.06.2020. Em sentido semelhante, o Tribunal de Justiça de São Paulo também já reconheceu a impossibilidade de estender de ofício a recuperação a quem não a tenha requerido voluntariamente, porque não há no ordenamento a figura da recuperação passiva. Ademais, a perspectiva de fraude não autoriza a ampliação subjetiva da recuperação, mas, em tese, justifica a convolação em falência (2ª Câmara de Direito Empresarial, AI 2085290-56.2017.8.26.0000, rel. Des. Fabio Tabosa, origem: 2ª Vara de Falências de São Paulo, j. 25.09.2017).

substancial aos devedores integrantes "do mesmo grupo econômico que estejam em recuperação judicial sob consolidação processual" (art. 69-J)[272].

Ou seja, para operar-se a consolidação substancial, primeiro é preciso que os devedores tenham voluntariamente requerido a recuperação judicial sob consolidação processual, não havendo a possibilidade de estender a medida a empresas que não componham o polo ativo da ação[273].

Indaga-se, todavia, qual seria a consequência jurídica de o juiz determinar a inclusão das demais empresas do grupo no polo ativo do processo de recuperação judicial[274], por exemplo, ordenando a emenda da petição inicial para tal finalidade. O atendimento dessa determinação implicaria nulidade?

A resposta é negativa, conforme ensina Dinamarco[275]. Se essas empresas se conformarem com a exigência indevida e atenderem ao "convite" do juízo, ocorrerá a válida ampliação do polo ativo (desde que, é claro, elas também tenham legitimidade para requerer a recuperação judicial, preenchendo, cada qual, os requisitos legais exigidos para a propositura da ação)[276]. Nesse caso, se os devedores efetivamente podiam requerer a recuperação judicial sob consolidação processual, não se identifica prejuízo que justifique pronunciar a nulidade. Por outro lado, se o juiz extinguir o processo em razão da falta de adesão das demais empresas do grupo ao pedido, essa sentença será nula.

---

272. Artigo 69-J da LRF. "O juiz poderá, de forma excepcional, independentemente da realização de assembleia-geral, autorizar a consolidação substancial de ativos e passivos *dos devedores integrantes do mesmo grupo econômico que estejam em recuperação judicial sob consolidação processual*, apenas quando constatar a interconexão e a confusão entre ativos ou passivos dos devedores, de modo que não seja possível identificar a sua titularidade sem excessivo dispêndio de tempo ou de recursos, cumulativamente com a ocorrência de, no mínimo, 2 (duas) das seguintes hipóteses [...]".
273. Erasmo Valladão e Marcelo Adamek são categóricos a esse respeito: "É dizer, uma coisa é a iniciativa dos devedores virem a juízo em conjunto; outra, a possibilidade de haver a consolidação substancial, porém sempre apenas e tão somente entre aqueles que vierem a juízo mediante consolidação processual (art. 69-J da Lei 11.101)" (*Assembleia geral de credores,* cit., p. 45).
274. Como ocorreu, por exemplo, na recuperação judicial do GRUPO DOLLY, na qual o juiz determinou que fosse incluída certa empresa no polo ativo do processo, "sob pena de reconsideração da decisão de processamento da recuperação judicial de todo o grupo e indeferimento da petição inicial por falta de litisconsórcio ativo necessário". Nesse caso, a 2ª Câmara Reservada de Direito Empresarial confirmou a decisão por entender que estariam presentes os requisitos para uma "consolidação substancial obrigatória", que pode ser imposta de ofício pelo juiz (AI 2170879-45.2019.8.26.0000, rel. Des. Maurício Pessoa, origem: 2ª Vara de Falências de São Paulo, j. 30.01.2020).
275. "Se for cumprida a exigência indevida, compondo-se o litisconsórcio que o juiz determinou sem base legal, a exorbitância não terá deixado qualquer traço de nulidade no processo: isso significará que o autor, embora de início não pretendesse litigar contra determinada pessoa, acedeu ao convite do juiz e ampliou subjetivamente a demanda, providenciando a citação (ou que o colegitimado ativo, que antes não pretendera demandar, aceitou o convite a fazê-lo). [...] Nula, todavia, será a sentença que declarar extinto o processo [...] por não ter acedido em vir para a relação processual o colegitimado" (DINAMARCO, Cândido Rangel. *Litisconsórcio,* cit., p. 214).
276. Neste caso, diferentemente do que se passa na formação ulterior do litisconsórcio por iniciativa do próprio devedor, não se vislumbra estratégia para burlar o princípio do juiz natural (*vide* item 2.4.3.3).

Situação diferente ocorre se o juiz simplesmente *declarar a inclusão* das demais empresas do grupo no polo ativo, independentemente de qualquer ação delas nesse sentido, como já ocorreu em algumas recuperações judiciais[277]. Nesse caso, estar-se-á diante de flagrante violação do princípio da inércia da jurisdição[278], sendo patentes tanto o prejuízo quanto a nulidade, que efetivamente deve ser pronunciada.

Outra dúvida diz respeito à possibilidade de o juiz restringir o número de devedores no polo ativo da ação de recuperação judicial ajuizada sob consolidação processual com base no artigo 113, § 1º, do Código de Processo Civil, que autoriza o magistrado a limitar o litisconsórcio facultativo quanto ao número de litigantes na fase de conhecimento, na liquidação de sentença ou na execução, quando este comprometer a rápida solução do litígio ou dificultar a defesa ou o cumprimento da sentença.

Embora seja evidente que tal dispositivo não foi pensado para a recuperação judicial, que tem lógica própria, acredita-se que ele possa ser aplicado em situações muito particulares, quando se pretender a formação de litisconsórcio tão amplo que acabe operando contra a conveniência administrativa, a economia processual e os próprios fins da recuperação judicial. Fora dessa hipótese excepcionalíssima, cabe ao juiz respeitar a composição do polo ativo estabelecida no ajuizamento da ação.

2.4.3.2 Quanto ao regime de tratamento

Segundo o artigo 116 do Código de Processo Civil, o litisconsórcio será unitário quando, pela natureza da relação jurídica, o juiz tiver de decidir o mérito de modo uniforme para todos os litisconsortes.

Não é o que ocorre na recuperação judicial sob mera consolidação processual, dado que a sentença poderá ser diferente para cada um dos litisconsortes, conforme inequívoca disposição contida no § 4º do artigo 69-I da LRF ("a consolidação processual não impede que alguns devedores obtenham a concessão da recuperação judicial e outros tenham a falência decretada").

---

277. Como já ocorreu em alguns casos. *Vide*, por exemplo, AI 2050662-70.2019.8.26.0000, rel. Des. Cesar Ciampolini, origem: 9ª Vara Cível de Campinas, j. 07.08.2019, no qual a 1ª Câmara de Direito Empresarial do Tribunal de Justiça de São Paulo confirmou a decisão do juízo de primeiro grau que, acolhendo requerimento do administrador judicial, promoveu a inclusão de determinadas empresas no polo ativo do processo de recuperação judicial, por vislumbrar a pertinência da consolidação substancial.
278. Nelson Nery Junior e Rosa Maria de Andrade Nery anotam que, por força do princípio dispositivo, o juiz não pode determinar, de ofício, a citação de litisconsorte necessário (deve determinar ao autor que o faça, já que não pode compeli-lo a litigar contra quem não queira) (*Código de Processo Civil Comentado*. 18. ed. São Paulo: Ed. RT, 2019. p. 462-463).

É plenamente possível que um devedor obtenha a aprovação dos credores quanto ao seu plano, logrando a concessão judicial da recuperação judicial, enquanto outro tenha o plano rejeitado e, por conseguinte, a falência decretada. Assim, ausente determinação judicial que imponha a consolidação substancial, o litisconsórcio será *comum* (simples, ou não unitário)[279].

Por outro lado, uma vez operada a consolidação substancial, a rejeição do plano unitário implicará a convolação da recuperação judicial em falência dos devedores alcançados pela ordem de consolidação (LRF, art. 69-L, § 2º). Em relação a tais litisconsortes[280], o *mérito* deverá ser decidido de maneira uniforme, de modo que o litisconsórcio passará a ser *unitário*[281].

Vale observar, no entanto, que nem toda cumulação subjetiva caracteriza litisconsórcio. O simples fato de duas ou mais pessoas figurarem como autoras da ação não significa, necessariamente, que elas sejam litisconsortes[282], pois pode ocorrer de alguém sem legitimidade ser indevidamente incluído no polo ativo (p. ex., uma empresa que não preencha os pressupostos do artigo 48 ou que figure no rol de exclusões do artigo 2º). Nesse caso, haverá cumulação subjetiva, mas não litisconsórcio.

Assim, mesmo que venha a ser autorizada a consolidação substancial em relação a autor sem legitimidade ativa e que o plano unitário venha a ser aprovado (coisas que haverão de ser desfeitas, ainda que parcialmente), o resultado da ação poderá ser diferente para os demandantes, cabendo ao juiz, dependendo do caso, conceder a recuperação àqueles devedores que podiam ser parte e denegá-la ao sujeito que carece de legitimidade ativa, excluindo-o do processo. Nada disso, porém, infirma a unitariedade do litisconsórcio decorrente da consolidação substancial.

2.4.3.3 Quanto ao momento de formação

De acordo com o artigo 69-G da LRF, os devedores poderão, satisfeitos os requisitos legais, requerer a recuperação judicial sob consolidação processual. A

---

279. Ressalva-se, todavia, que a formulação de planos subordinados ou de plano único poderá vincular os devedores ao mesmo resultado (isto é, à concessão da recuperação judicial ou à decretação da falência), conforme será explicado no item 2.13.3.
280. É possível, no entanto, que a ordem de consolidação substancial alcance apenas parte dos litisconsortes (hipótese de consolidação substancial parcial). Nesse caso, haveria litisconsórcio unitário em relação aos devedores sob consolidação substancial e litisconsórcio simples no tocante ao demais.
281. Nesse sentido, confiram-se FRANÇA, Erasmo Valladão Azevedo e Novaes; ADAMEK, Marcelo Vieira von. *Assembleia geral de credores*, cit., p. 48.
282. Cf. MARINONI, Luiz Guilherme et al. *Código de Processo Civil comentado*. 4. ed. São Paulo: Ed. RT, 2018. p. 278.

lei contempla apenas o litisconsórcio *inicial*, decorrente do ajuizamento voluntário do pedido conjunto de recuperação judicial por parte das empresas do grupo.

Não há norma que autorize outras empresas do grupo a aderirem ao pedido depois de ajuizada a ação, ou que permita ao juiz determinar a ampliação do polo ativo[283], para formação de litisconsórcio ativo *ulterior*[284], como se denomina aquele constituído depois da propositura da ação.

Ainda assim, a observação dos processos de recuperação judicial (ao menos até a edição da Lei 14.112/2020) revela que, em diversos casos, houve a ampliação do polo ativo depois do ajuizamento. A maioria deles decorreu de determinação do juiz para que outras empresas do grupo fossem incluídas na ação[285]. Entretanto, em alguns casos, foi deferido o ingresso espontâneo de outras empresas, posteriormente ao ajuizamento, sob a justificativa de integrarem o mesmo grupo econômico dos devedores[286].

Não se pode concordar com uma coisa nem outra, pois o litisconsórcio facultativo, como se dá na recuperação judicial dos grupos[287], é incompatível com a formação do litisconsórcio ulterior (autorizado somente para os casos de litisconsórcio necessário não íntegro[288]), sendo indevidos tanto a determinação judicial para que outras empresas sejam incluídas na ação quanto o deferimento da adesão voluntária destas ao processo, por exemplo, por meio de emenda da petição inicial.

Explica-se: pedidos de recuperação judicial formulados individualmente pelas empresas do grupo devem ser livremente distribuídos às varas competentes dos foros das comarcas onde se situarem os seus respectivos estabelecimentos principais. Por isso, permitir o aditamento da petição inicial para o fim de incluir

---

283. Haja vista tratar-se de litisconsórcio facultativo, e não necessário, conforme visto no item 2.4.3.1.
284. Apesar disso, reputa-se válida a formação do litisconsórcio ativo posteriormente ao ajuizamento da ação (hipótese, portanto, de litisconsórcio ativo *ulterior*) no caso de as empresas do grupo acatarem determinação judicial para ingressarem no feito como litisconsortes (ainda que tal determinação seja indevida, por tratar-se de litisconsórcio facultativo, e não necessário). Nesse caso, não se cogita de burla ao princípio do juiz natural.
285. *Vide*, por exemplo, TJSP, 1ª Câmara Reservada de Direito Empresarial, AI 2050662-70.2019.8.26.0000, rel. Des. Cesar Ciampolini, origem: 9ª Vara Cível de Campinas, j. 07.08.2019.
286. *Vide*, por exemplo, TJSP, 2ª Câm. Dir. Empresarial, AI 2197821-51.2018.8.26.0000, rel. Des. Grava Brazil, origem: 6ª Vara Cível de Sorocaba, j. 04.02.2019; e TJSP, 2ª Câm. Dir. Empresarial, AI 2011652-82.2020.8.26.0000, rel. Des. Grava Brazil, origem: 2ª Vara Cível de Itu, j. 12.05.2020.
287. *Vide* item 2.4.3.1.
288. O direito brasileiro não admite o litisconsórcio facultativo ulterior, conforme lecionam Nelson Nery Junior e Rosa Maria de Andrade Nery: "O litisconsórcio deve ser formado no início da relação processual, normalmente pela petição inicial. O único caso de *litisconsórcio ulterior*, isto é, formado depois de proposta a ação, autorizado pelo direito brasileiro é o do litisconsórcio necessário não íntegro. [...] Não é admissível em nosso sistema o litisconsórcio facultativo ulterior" (*Código de Processo Civil Comentado,* cit., p. 460).

outra empresa como parte da ação resulta em evidente violação do princípio do juiz natural (CF, art. 5º, XXXVII e LIII)[289].

Esse expediente – de pretender a inclusão de outros autores na ação depois do ajuizamento – é deveras conhecido da prática forense: ajuíza-se a ação em nome de apenas uma pessoa e, a depender do juízo ao qual ela for distribuída ou do sentido da decisão sobre algum pedido liminar, pede-se a inclusão de outras pessoas no polo ativo da ação. Tal prática, contudo, vem sendo sistematicamente repelida pelo Judiciário em outras ações[290], não havendo razão para que se proceda de modo diferente com a recuperação judicial[291].

A esses impedimentos jurídicos à formação do litisconsórcio ulterior ainda podem ser acrescentadas complicações de ordem prática decorrentes da ampliação do polo ativo depois do ajuizamento. Afinal, o eventual deferimento do processamento da recuperação em momentos diferentes para cada litisconsorte ensejaria evidente tumulto processual[292], já que esse ato determina o termo inicial para a prática de diversos atos. Além disso, o eventual descompasso da tramitação comprometeria a coordenação e economia processual visadas pela consolidação processual.

Esses mesmos motivos parecem inviabilizar – senão em todos, na grande maioria dos casos – a reunião de processos de recuperação judicial ajuizados individualmente por empresas do mesmo grupo – reunião que, em tese, pode

---

289. Como vem decidindo o Superior Tribunal de Justiça: "Não é admissível a formação do litisconsórcio ativo após o ajuizamento da ação, sob pena de violação do juiz natural, em face de propiciar ao jurisdicionado a escolha do juiz" (Corte Especial, REsp 24.743/RJ, rel. Min. Edson Vidigal, j. 20.08.1998). "A inclusão de litisconsortes ativos facultativos em momento ulterior ao ajuizamento da ação fere o princípio do juiz natural, insculpido no art. 5º, incisos XXXVII e LIII, da CF/88, independentemente da apreciação da liminar e da efetivação da citação do réu" (1ª T., REsp 931.535/RJ, rel. Min. Francisco Falcão, j. 25.10.2007); "A inclusão de litisconsorte ativo, após a distribuição da ação judicial, configura desrespeito à garantia constitucional do Juiz Natural (art. 5º, XXXVII e LIII, da Constituição da República de 1998)" (1ª T., AgRg no REsp 776.848/RJ, rel. Min. Luiz Fux, j. 22.06.2010).
290. Confiram-se, por exemplo, a seguinte decisão: "[...] Aditamento da petição inicial. Pretendida inclusão de novos poupadores no polo ativo da relação processual. Indeferimento. Irresignação improcedente. Situação retratando o chamado litisconsórcio facultativo ulterior, prática essa inadmissível, por afrontar o princípio do juiz natural, porquanto subtrai os novos autores da regra da livre distribuição. Precedentes" (TJSP, 19ª Câm. Dir. Priv., AI 2067295-93.2018.8.26.0000, rel. Des. Ricardo Pessoa de Mello Belli, origem: 2ª Vara Cível de Birigui, j. 07.06.2019).
291. Além disso, o deslocamento da competência para o lugar onde se situa o principal estabelecimento do grupo (LRF, art. 69-G, § 2º) torna potencialmente mais perigosa a possibilidade de haver manipulação e burla ao princípio do juiz natural por meio da adesão de outras empresas ao pedido posteriormente ao ajuizamento da ação.
292. Cf. COSTA, Ricardo Brito. Recuperação judicial, cit., p. 176.

ser determinada pelo juiz[293] (CPC, art. 55, § 1º), desde que seja absolutamente competente para todos os processos e exista alguma conexão entre eles[294].

A reunião de processos diferentes, com pessoas distintas ocupando o mesmo polo processual, acaba indiretamente produzindo o litisconsórcio[295] (nesse caso ulterior[296]). No que diz respeito à recuperação judicial, todavia, dificilmente a reunião dos feitos ajuizados separadamente (segundo critério de conveniência dos próprios devedores) operará em favor da eficiência ou da economia processual, salvo na remota hipótese de estarem rigorosamente na mesma fase procedimental. Mesmo assim, deve haver justificativa razoável para a união dos processos.

Em regra, a reunião em razão da conexão pode ser determinada de ofício pelo juiz. Porém, é preciso novamente ponderar que a decisão de ajuizar uma única ação para o grupo, em consolidação processual, ou ações separadas para cada devedor, faz parte da avaliação do controlador acerca da repercussão da crise de uma empresa sobre a outra e da estratégia para negociar com os credores a aprovação do(s) plano(s) de recuperação. Por isso, e considerando que compete exclusivamente aos devedores requerer a consolidação processual (LRF, art. 69-G), não seria recomendável a reunião dos feitos – ainda que possível – sem ou contra a vontade deles.

Uma das poucas hipóteses em que se cogita viável a reunião de processos distintos de recuperação judicial – e, quiçá, até conveniente – ocorreria no caso de alguma empresa, apesar de afetada pela crise do grupo, ficar de fora do pedido de recuperação ajuizado em consolidação processual por ainda não ter completado o lapso de dois anos de atividade regular exigido pelo artigo 48, *caput*, da LRF[297], vindo a requerer a recuperação judicial sozinha em momento posterior. Se essa circunstância ficar demonstrada, e desde que não haja prejuízo para a tramitação de nenhum dos processos, não se vislumbra óbice à sua reunião, especialmente se requerida pelos próprios devedores por conta da integração daquela empresa ao grupo.

---

293. Note-se que, nesta hipótese, não incidiria o óbice que impede o juiz de determinar a ampliação do polo ativo, já que não estaria compelindo ninguém a se valer da recuperação judicial.
294. Em regra, a reunião de processos por conta da conexão pode ser determinada de ofício pelo juiz. No caso da recuperação, porém, a decisão de ajuizar uma única ação para o grupo, ou ações separadas para cada devedor, faz parte da avaliação do empresário (controlador) acerca da repercussão da crise de uma empresa sobre a outra, bem como da sua estratégia para negociar com os credores a aprovação do(s) plano(s) de recuperação Por isso, e considerando que compete exclusivamente aos devedores optar ou não pela consolidação processual, não seria recomendável a reunião dos feitos, ainda que possível, sem ou contra a vontade dos devedores submetidos à recuperação judicial.
295. Conforme ensina Cândido Dinamarco, que observa que a formação do litisconsórcio gerada pela reunião dos processos, ainda que se opere por decisão do juiz, não se confunde com a hipótese em que ele exige (indevidamente) a formação do litisconsórcio facultativo, porque ali, diferentemente daqui, não há restrição ao livre exercício da ação (*Litisconsórcio*, cit., p. 330).
296. DINAMARCO, Cândido Rangel. *Litisconsórcio*, cit., p. 69-70.
297. Ressalvado novamente o entendimento do autor deste trabalho quanto à inconstitucionalidade desse requisito temporal (*vide* item 2.4.2.2.1).

2.5 JUÍZO COMPETENTE

O artigo 3º da LRF elegeu o juízo do local do *principal estabelecimento* do devedor ou da filial de empresa que tenha sede fora do Brasil como competente para homologar o plano de recuperação extrajudicial, deferir a recuperação judicial ou decretar a falência. A competência, portanto, é definida tanto em razão da matéria quanto do território, possuindo natureza absoluta[298].

A lei não estabeleceu, todavia, critérios para determinar qual deveria ser considerado o principal estabelecimento do devedor que possui mais de um, o que ensejou a formação de três principais correntes de pensamento.

A primeira e menos expressiva corrente fixou-se em aspecto meramente formal, defendendo que o principal estabelecimento do devedor seria o local da sua sede definida em contrato ou estatuto social[299]. A segunda corrente, com mais adeptos do que a anterior, ateve-se a critérios ligados à importância econômica do estabelecimento[300], ora em razão do volume de negócios nele realizados, ora em virtude da importância patrimonial dos ativos nele reunidos, ora ainda por conta da concentração de credores em determinada localidade. E a terceira corrente, que atualmente parece gozar de maior aceitação[301], afirma que o principal estabelecimento seria onde funciona o núcleo administrativo da empresa, vale dizer, o local onde se encontra o seu principal centro decisório, de onde emanam as ordens e se organiza sua atividade[302].

Todos esses critérios oferecem vantagens e desvantagens.

---

298. Cf. DEZEM, Renata Mota Maciel Madeira. *A universalidade do juízo da recuperação judicial*. São Paulo: Quartier Latin, 2017. p. 173 e s.
299. Entre os partidários dessa corrente está Luiz Tzirulnik (*Direito falimentar*. 7. ed. São Paulo: Ed. RT, 2005. p. 58). Algumas decisões afirmam, ainda, existir uma presunção relativa de que o local da sede constitui o principal estabelecimento do devedor, de modo que, salvo se provada a existência de algum outro estabelecimento mais relevante, a competência deverá ser fixada em razão dela. Nesse sentido, confira-se: TJSP, 2ª Câmara de Direito Empresarial, AI 0015219-05.2013.8.26.0000, rel. Des. Fortes Barbosa, origem: 2ª Vara de Falências de São Paulo, j. 09.12.2013.
300. Defendendo o critério da importância econômica do estabelecimento como mais adequado para determinar a competência do juízo concursal, confira-se Marcelo Sacramone (*Comentários à Lei de Recuperação de Empresas e Falência*, cit., p. 104) e Paulo Fernando Campos Salles de Toledo (In: TOLEDO, Paulo Fernando Campos Salles de; ABRÃO, Carlos Henrique (Coord.). *Comentários à Lei de Recuperação de Empresas e Falência*. 5. ed. São Paulo: Saraiva, 2012. p. 64).
301. Referindo-se à recuperação judicial dos grupos de empresas, Sheila Neder Cerezetti afirma que o critério de competência firmado em razão do local de onde emanam as principais decisões estratégicas, financeiras e operacionais do grupo "tem sido entendido como prevalente não apenas sobre o da sede estatutária de uma ou outra sociedade, mas inclusive sobre eventual comarca em que o grupo concentrar a maior parte dos ativos e o maior número de funcionários" (Grupos de sociedades e recuperação judicial, cit., p. 761).
302. Nesse sentido: TJSP, 1ª Câmara de Direito Empresarial, AI 2249580-54.2018.8.26.0000, rel. Des. Fortes Barbosa, origem: 3ª Vara Cível de Mogi das Cruzes, j. 30.01.2019.

A definição da competência em razão do local da sede é fácil e segura, mas tem o inconveniente de permitir o chamado *forum shopping*[303], pois o devedor poderia alterar o local da sua sede no intuito de determinar a competência do juízo.

A fixação da competência em razão da importância econômica do estabelecimento poderia facilitar a arrecadação e a liquidação dos ativos, mas isso somente teria importância em caso de falência, sendo irrelevante para a recuperação judicial. Além disso, como o critério de importância econômica comporta diversas acepções, poderia suscitar dúvidas e questionamentos quanto à competência.

Finalmente, a determinação da competência em função do local onde funciona o centro administrativo-decisório do devedor pode ocorrer mais facilmente e em bases mais seguras do que aquela realizada em atenção a critérios econômicos, além de evitar manipulação por parte do devedor. Todavia, tem a potencial desvantagem de dificultar a arrecadação e a liquidação dos ativos no caso de falência, bem como a própria participação dos credores na assembleia geral[304], quando se concentrarem em local diverso daquele onde opera o centro administrativo do devedor.

A verdade é que nenhum desses critérios oferece uma solução satisfatória para todos os casos. Além disso, embora o critério vinculado ao centro decisório pareça ter recebido maior adesão da doutrina[305] e seja frequentemente invocado nas decisões judiciais[306], análise mais apurada revela que a definição do juízo

---

303. Expressão que designa a estratégia de escolher determinado juízo que se supõe mais favorável, por exemplo, em virtude da orientação por ele adotada em casos precedentes, da sua *expertise*, da estrutura da Vara, ou de fatores ligados à ideia de que determinado magistrado terá mais simpatia pela pretensão ou estará mais fortemente sujeito a certas pressões e influências econômicas ou sociais. Em casos envolvendo recuperações judiciais, existe a crença de que o juízo do local onde se concentram os empregados ou grande quantidade de fornecedores locais, especialmente se se tratar de um município pequeno, será mais sensível à necessidade de preservação da empresa.
304. Dificuldade, no entanto, que pode ser contornada ou mitigada pela adoção de tecnologias capazes de permitir a participação dos credores a distância. Com essa finalidade, o inciso II do § 4º do artigo 39 da LRF, introduzido pela Lei 14.112/2020, passou a admitir expressamente a substituição da assembleia geral de credores (presencial) por "votação realizada por meio de sistema eletrônico que reproduza as condições de tomada de voto da assembleia-geral de credores". Além disso, no contexto da pandemia de Covid-19 – em que várias assembleias gerais de credores foram realizadas de forma virtual –, o Conselho Nacional de Justiça, nos autos do ato normativo 0005243-17.2021.2.00.0000, aprovou a Recomendação n. 110, de 05.10.2021, para orientar os juízes acerca dos cuidados a ser observados para a realização da AGC de forma virtual ou híbrida, de forma a "otimizar a realização dos conclaves não presenciais" e "assegurar que haja transparência e idoneidade na realização do procedimento".
305. Confiram-se, entre outros: CAMPINHO, Sérgio. *Falência e recuperação de empresa*: o novo regime da insolvência empresarial. 4. ed. Rio de Janeiro: Renovar, 2009. p. 33-34; e NEDER CEREZETTI, Sheila. Grupos de sociedades e recuperação judicial, cit., p. 760.
306. "Pedido de recuperação judicial. Competência para o processamento do pedido de recuperação judicial. Competência do foro do local onde está situado o centro decisório da empresa. Exegese do art. 3º da Lei 11.105/05. Precedentes do STJ e do TJSP. Principal estabelecimento correspondente ao local de onde emanam as principais decisões estratégicas, financeiras e operacionais da empresa e no

competente para a recuperação judicial costuma ocorrer de maneira casuística, gravitando entre os vários critérios acima relatados, às vezes aplicados até mesmo de forma concorrente[307], sem direção uniforme.

Em relação aos grupos não é diferente. Conforme se constatou em pesquisa jurisprudencial detalhada no primeiro capítulo deste trabalho[308], não existe uniformidade quanto aos critérios de competência nas recuperações judiciais ajuizadas em litisconsórcio. Enquanto algumas decisões fixaram a competência em razão do estabelecimento reputado mais importante *para o grupo*, outras a determinaram com base no principal estabelecimento *da sua empresa mais importante*. Além disso, em ambos os cenários, a definição de qual seria o principal estabelecimento ora pendeu para sua importância econômica[309], ora para sua relevância gerencial ou administrativa[310], enquanto algumas decisões se basearam unicamente no local da sede da empresa mais relevante do grupo[311].

Embora a Lei 14.112/2020 tenha introduzido dispositivo para disciplinar a competência da recuperação judicial requerida sob consolidação processual, ela não tratou do tema em sua inteireza, deixando de oferecer solução definitiva para as controvérsias que já existiam antes da sua edição.

Com efeito, o § 2º do artigo 69-G da LRF, introduzido pela referida lei, limita-se a estabelecer que a competência para deferir a recuperação judicial sob consolidação processual é do "juízo do local do principal estabelecimento entre os dos devedores [...], em observância ao disposto no art. 3º desta Lei". Todavia, não houve a definição de critérios objetivos para determinar-se qual seria o principal estabelecimento do devedor (se o local da sede ou o mais importante em termos econômicos ou administrativos).

---

qual está situada sua principal planta industrial. Irrelevância da sede estatutária estar situada em outra cidade" (TJSP, 1ª Câmara Reservada de Direito Empresarial, AI 0124191-69.2013.8.26.0000, rel. Des. Alexandre Marcondes, 1ª Vara de Hortolândia, j. 05.12.2013).

307. Referindo critérios ligados a fatores econômicos e gerenciais, confira-se: "Agravo de Instrumento. Recuperação Judicial. [...]. 1. Conforme art. 3º, da Lei 11.101/05, a competência para o processamento da recuperação judicial é do juízo do local do principal estabelecimento do devedor. 2. Para a identificação do principal estabelecimento do devedor, é necessário analisar, em cada caso concreto, o local onde há centralização das atividades do empresário, isto é, o seu centro vital, valendo-se de critérios como o local de tomada de decisões, de contato com credores, de realização de negócios, de concentração das atividades negociais, dentre outros" (TJSP, 1ª Câmara Reservada de Direito Empresarial, AI 2120942-95.2021.8.26.0000, rel. Des. Alexandre Lazzarini; origem: 1ª Vara Cível de Itatiba, j. 17.08.2021).
308. *Vide* item 1.2.3.
309. TJSP, Câm. Esp. Fal. Recup. Jud., AI 0007217-51.2010.8.26.0000, rel. Des. Elliot Akel, origem: 8ª Vara Cível de São José do Rio Preto, j. 23.11.2010.
310. TJSP, 1ª Câmara Reservada de Direito Empresarial, AI 0080995-49.2013.8.26.0000, rel. Des. Alexandre Marcondes, origem: 3ª Vara Cível de Cotia, j. 21.05.2013.
311. STJ, 2ª Seção, CC 146.579/MG, rel. Min. Paulo de Tarso Sanseverino, j. 09.11.2016.

Além disso, do modo como foi redigida, a norma citada não permite determinar, por mera interpretação literal, se o principal estabelecimento entre os dos devedores é aquele mais relevante *para o grupo*, ou se corresponde ao principal estabelecimento da empresa mais importante do grupo, como já se decidiu[312] anteriormente à vigência da Lei 14.112/2020.

Note-se que nem sempre esses estabelecimentos serão coincidentes, dependendo especialmente de qual parâmetro for utilizado para determinar o conceito de principal estabelecimento. Se o critério for administrativo-gerencial, pode-se conceber o principal estabelecimento *para o grupo* como sendo o local onde se encontra a administração da *holding* (de onde emana a direção para todas as empresas do grupo), o qual, todavia, pode ser diverso do local onde funciona a principal empresa do grupo ou se encontra a administração desta. Se o critério for econômico, é possível que a empresa com maior faturamento e que concentre o maior volume de atividade econômica seja menos relevante para o grupo do que alguma outra que forneça insumos indispensáveis aos seus pares ou que tenha maior capacidade de geração de lucro.

Pensando, no entanto, que a recuperação judicial em consolidação processual se presta, essencialmente, à recuperação judicial do grupo, parece fazer mais sentido que a competência seja fixada em razão do local do estabelecimento mais importante para o grupo como um todo, ainda que não seja coincidente com o principal estabelecimento da sua empresa mais importante.

Entretanto, considerando que a lei continua sem definir critério para determinar-se o principal estabelecimento do devedor, bem como a falta de clareza do § 2º do artigo 69-G da LRF, a competência para a recuperação judicial dos grupos continuará sendo estabelecida de forma casuística, com base em parâmetros variados.

De todo modo, uma vez definido o foro e havendo nele mais de uma vara com competência em matéria falimentar, a distribuição da ação de recuperação judicial entre elas será livre, salvo se houver alguma causa de prevenção, como pelo fato de já tramitar pedido de falência contra algum dos devedores (LRF, art. 6º, § 8º) ou no caso de reiteração de pedido anterior cujo processo tenha sido extinto sem resolução do mérito, ainda que ocorra alguma modificação da composição do polo ativo (CPC, art. 286, II).

Não haverá prevenção, porém, se alguma dessas outras causas tiver tramitado ou estiver tramitando em foro distinto daquele onde se situa o principal estabelecimento entre os dos devedores, haja vista que a competência, para os fins do artigo 69-G, § 2º, da LRF, tem natureza absoluta.

---

312. STJ, 2ª Seção, CC 146.579/MG, rel. Min. Paulo de Tarso Sanseverino, j. 09.11.2016.

2.5.1 Anterior pedido de falência enseja a prevenção?

Dado que o § 8º do artigo 6º da lei concursal estabelece que o pedido de falência previne a jurisdição para qualquer outro pedido de recuperação judicial relativo ao mesmo devedor, indaga-se se o anterior ajuizamento do pedido de falência em face de determinado devedor, perante o juízo do local do seu principal estabelecimento, importa prevenção para o pedido de recuperação formulado pelo grupo, quando tal juízo não for o mesmo "do local do principal estabelecimento entre os dos devedores" (critério definido pelo artigo 69-G, § 2º, para a recuperação judicial requerida sob consolidação processual).

Embora algumas decisões anteriores à Lei 14.112/2020, inclusive do Superior Tribunal de Justiça[313], tenham afirmado que o pedido de falência contra determinada empresa geraria prevenção para a ação de recuperação judicial por ela ajuizada em litisconsórcio com as outras empresas do seu grupo econômico, acredita-se que essa orientação – que já era equivocada por aplicar aos grupos regra que claramente se dirigia à crise da empresa isolada – tenha se tornado inadmissível ante a norma que define a competência (absoluta) para o processamento da recuperação judicial requerida sob consolidação processual.

Como bem observa Renata M. Maciel Madeira Dezem[314], a aplicação da regra de prorrogação de competência contida no § 8º do artigo 6º da LRF parte do pressuposto de que o juízo competente é aquele perante o qual foi proposta a primeira ação de falência. Entretanto, ainda que determinado juízo seja competente para processar o pedido de falência proposto contra algum devedor, poderá não ser competente para a recuperação judicial de todo o grupo, inexistindo prorrogação de competência de natureza absoluta[315], como é aquela prevista no artigo 69-G, § 2º, da LRF.

Além disso, a interpretação de que o pedido de falência geraria prevenção mesmo quando proposto perante juízo incompetente para processar a recuperação judicial sob consolidação processual ignora a compreensão de que

---

313. "Conflito de competência. Ação de falência contra determinada empresa. Posterior pedido de recuperação do grupo empresarial do qual faz parte a empresa contra a qual foi ajuizado o feito falimentar. Inexistência de estabelecimento comercial de qualquer das componentes do grupo no juízo em que tramitam os processos. A empresa alvo da demanda de falência encontra-se estabelecida unicamente em Guaranésia. Teoria do fato consumado. Impossibilidade, haja vista tratar-se de caso de competência absoluta do juízo de Guaranésia. Arts. 3º e 6º, § 8º, da lei n. 11.101/05. Prevenção do Juízo da falência para examinar o pedido de recuperação judicial" (STJ, 2ª Seção, CC 116743-MG, rel. Min. Raul Araújo, j. 10.10.2012).
314. DEZEM, Renata M. Maciel Madeira. *A universalidade do juízo da recuperação judicial*, cit., p. 196.
315. Ensinando que a competência absoluta não admite prorrogação, confiram-se, por todos, Nery Júnior, Nelson; Nery, Rosa Maria de Andrade. *Código de Processo Civil Comentado*, cit., p. 258.

[...] mecanismos de liquidação e de recuperação possuem lógicas e propósitos distintos e que, por isso, o conceito de principal estabelecimento – fundamental para a definição da competência – deve ser lido como aquele que reflete a vida ativa da sociedade[316].

A regra do artigo 6º, § 8º, da LRF só serve, portanto, para definir a competência entre as varas de um mesmo foro que sejam territorial e materialmente competentes para processar tanto o pedido de falência formulado contra uma empresa do grupo quanto a recuperação judicial requerida sob consolidação processual. Somente nesse caso o anterior ajuizamento de pedido de falência de determinada empresa ensejaria a prevenção do juízo para a recuperação judicial por ela ajuizada em litisconsórcio com outras empresas do seu grupo econômico.

Ressalvada essa hipótese, o pedido de falência anteriormente ajuizado contra alguma empresa do grupo não gera prevenção[317] para o pedido de recuperação judicial sob consolidação processual, que deverá ser proposto perante o juízo do local do principal estabelecimento entre os dos devedores[318].

Não havendo coincidência entre esse juízo e aquele perante o qual se requereu a falência de determinado devedor, caberá ao primeiro avocar o processo de quebra, uma vez que tenha deferido o processamento da recuperação judicial, mesmo que esta tenha sido requerida após o decurso do prazo de contestação na ação falimentar.

É certo que o artigo 95 da LRF estabelece que, dentro do prazo de contestação ao pedido de falência, o devedor poderá pleitear sua recuperação judicial, ao passo que o artigo 96, VII, da mesma lei reza que a falência requerida com base no artigo 94, I, do *caput* não será decretada se o devedor provar a apresentação de pedido de recuperação judicial no prazo da contestação, observados os requisitos legais. Porém, caso o devedor não requeira a recuperação judicial no prazo de contestação, isso não o impede de pleiteá-la em ação autônoma[319] enquanto não tiver ocorrido a decretação da sua falência.

---

316. NEDER CEREZETTI, Sheila Christina. Grupos de sociedades e recuperação judicial, cit., p. 762.
317. Por esse raciocínio, não haverá prevenção por nenhuma ação previamente ajuizada perante foro diverso daquele onde se localiza o principal estabelecimento entre os dos devedores.
318. Nessa linha de pensar, Renata Mota Maciel sustenta que, "mesmo que existam ações de falência propostas anteriormente, reconhecido o grupo econômico e o litisconsórcio ativo, é necessário estabelecer o local do principal estabelecimento do grupo, tornando-se esse o competente para o processamento da ação concursal. Não se trata de estabelecer condição futura para a fixação de competência, como se poderia pensar a princípio, pois a existência do grupo é preexistente ao pedido de falência, embora ainda não alegado em juízo" (*A universalidade do juízo da recuperação judicial*, cit., p. 196).
319. O ajuizamento da recuperação judicial no prazo da contestação ao pedido de falência consiste em mera faculdade do devedor, não em obrigação, não obstando, assim, que a medida seja requerida em ação autônoma (cf. Parentoni, Leonardo Netto; GUIMARÃES, Rafael Couto. In: CORRÊA-LIMA, Osmar Brina; CORRÊA-LIMA, Sérgio Mourão. *Comentários à nova Lei de Falência e Recuperação de Empresas*. Rio de Janeiro: Forense, 2009. p. 682).

2 • A CONSOLIDAÇÃO PROCESSUAL

Assim, a principal consequência da inobservância desse prazo é que a suspensão do processo de falência só ocorrerá com a decisão de deferimento do processamento da recuperação judicial, diferentemente do que ocorre quando o pedido de recuperação é formulado no prazo da contestação da ação falimentar (que implica a automática suspensão do processo de quebra, mesmo antes de deferido o processamento da recuperação)[320].

Se o pedido de recuperação judicial em consolidação processual tiver sido formulado nos próprios autos do pedido de falência promovido contra um dos integrantes do grupo (no prazo de contestação), caberá ao juízo do processo determinar a redistribuição do feito para o foro do principal estabelecimento entre os dos devedores, caso ele próprio não seja competente para processar a recuperação do grupo.

2.6 REQUISITOS DA PETIÇÃO INICIAL

Para pleitear a recuperação judicial sob consolidação processual, a petição inicial deverá atender aos requisitos do artigo 319 do Código de Processo Civil, indicando com clareza as empresas do grupo econômico que integram o pedido, suas respectivas qualificações e domicílio. Ainda que uma ou mais empresas do grupo fiquem de fora do polo ativo da ação, é obrigatória a descrição de todas elas, conforme previsto no artigo 51, II, "e", da LRF.

A petição inicial deverá ser endereçada ao juízo do local do principal estabelecimento entre os dos devedores. Caberá às autoras justificar a indicação do juízo, demonstrando as razões pelas quais determinado estabelecimento é o principal para o grupo[321].

Por força do artigo 69-G, § 1º, da LRF, exige-se que cada devedor apresente, *individualmente*, a documentação prevista no artigo 51 da LRF, que compreende: (i) a exposição das causas concretas da sua situação patrimonial e das razões da crise econômico-financeira; (ii) as demonstrações contábeis[322] relativas aos três

---

320. Confira-se COELHO, Fábio Ulhoa. *Comentários à nova Lei de Falências e de Recuperação de Empresas*, cit., p. 346. No mesmo sentido já decidiu o Tribunal de Justiça de São Paulo: "Agravo de Instrumento. Falência. Impontualidade. Apresentação de pedido de recuperação judicial pela devedora após o decurso do prazo da contestação. Decisão que determina a suspensão do processamento da falência. Inviabilidade. Ausência de previsão legal para sustação da ação falimentar. Apenas o pedido de recuperação judicial formulado antes do pleito de falência ou no prazo de contestação impede a tramitação da ação falimentar. Agravo provido para ordenar o prosseguimento da ação de falência" (Câm. Esp. Fal. Recup. Jud., AI 9062905-10.2008.8.26.0000, rel. Des. Pereira Calças, origem: Vara Distrital de Rio das Pedras, j. 27.08.2008).
321. Sobre a determinação da competência para a recuperação judicial requerida sob consolidação processual e sobre os debates acerca do conceito de "principal estabelecimento", confira-se o item 2.5.
322. As microempresas e empresas de pequeno porte poderão apresentar livros e escrituração contábil simplificados nos termos da legislação específica (LRF, art. 51, § 2º).

últimos exercícios sociais e as levantadas especialmente para instruir o pedido, confeccionadas com estrita observância da legislação societária aplicável e compostas obrigatoriamente de balanço patrimonial[323], demonstração de resultados acumulados, demonstração do resultado desde o último exercício social, relatório gerencial de fluxo de caixa e de sua projeção e descrição das sociedades de grupo, de fato ou de direito; (iii) a relação nominal completa dos credores, sujeitos ou não à recuperação judicial, inclusive aqueles por obrigação de fazer ou de dar, com a indicação do endereço físico e eletrônico de cada um, a natureza, conforme estabelecido nos artigos 83 e 84 da LRF, e o valor atualizado do crédito, com a discriminação de sua origem, e o regime dos vencimentos; (iv) a relação integral dos empregados, com indicação das respectivas funções, salários, indenizações e outras parcelas a que têm direito, com o correspondente mês de competência, e a discriminação dos valores pendentes de pagamento; (v) certidão de regularidade no Registro Público de Empresas[324], o ato constitutivo atualizado e as atas de nomeação dos atuais administradores; (vi) relação dos bens particulares dos seus sócios controladores e dos administradores; (vii) os extratos atualizados das suas contas bancárias e de suas eventuais aplicações financeiras de qualquer modalidade, inclusive em fundos de investimento ou em bolsas de valores, emitidos pelas respectivas instituições financeiras; (viii) certidões dos cartórios de protestos situados na comarca da sua sede e naquelas onde possui filial; (ix) a relação de todas as ações judiciais e procedimentos arbitrais em que figure como parte, inclusive as de natureza trabalhista, com a estimativa dos respectivos valores demandados; (x) o relatório detalhado do passivo fiscal; e (xi) a relação de bens e direitos integrantes do seu ativo não circulante, incluídos aqueles não sujeitos à recuperação judicial, acompanhada dos negócios jurídicos celebrados com os credores de que trata o artigo 49, § 3º, da LRF.

A principal observação a ser feita, no tocante à documentação que deve instruir o pedido de recuperação em grupo, decorre da necessidade de os devedores apresentarem relações separadas dos seus respectivos credores, o que não os impede de, *adicionalmente*, apresentar relações específicas das suas dívidas comuns, de responsabilidade solidária ou subsidiária (até mesmo para justificar

---

323. Na hipótese de o ajuizamento da recuperação judicial ocorrer antes da data final de entrega do balanço correspondente ao exercício anterior, caberá ao devedor apresentar balanço prévio e juntar o balanço definitivo no prazo da lei societária aplicável (LRF, art. 51, § 4º).
324. No caso de exercício de atividade rural por pessoa jurídica, admite-se a comprovação do prazo de dois anos estabelecido no artigo 48, *caput*, da LRF por meio da Escrituração Contábil Fiscal (ECF), ou por meio de obrigação legal de registros contábeis que venha a substituir a ECF, entregue tempestivamente. Nesse caso, as informações contábeis relativas a receitas, a bens, a despesas, a custos e a dívidas deverão estar organizadas de acordo com a legislação e com o padrão contábil da legislação correlata vigente, bem como guardar obediência ao regime de competência e de elaboração de balanço patrimonial por contador habilitado (LRF, art. 48, §§ 2º e 5º).

a necessidade da formação do litisconsórcio), ou mesmo relações unificadas, no caso de também pleitearem a consolidação substancial.

Frise-se que, mesmo no caso de os próprios devedores requererem a consolidação substancial, isso não os dispensa de apresentar relações separadas dos seus respectivos credores, até porque, segundo o artigo 69-J da LRF, a consolidação substancial só poderá ser determinada em relação aos devedores integrantes do mesmo grupo econômico "que estejam em recuperação judicial sob consolidação processual" (ou seja, a admissão da consolidação processual é pressuposto do deferimento da consolidação substancial).

Os devedores que requererem a recuperação judicial sob consolidação processual também deverão demonstrar sumariamente os requisitos autorizadores da formação do litisconsórcio[325], comprovando (a) a existência de um grupo econômico, de fato ou de direito, integrado pelos autores do pedido, (b) a submissão dos devedores a controle societário comum e (c) a repercussão da crise entre eles, requisitos que já foram estudados no item 2.4.2, acima. Caberá aos devedores, portanto, instruir a petição inicial com todas as provas necessárias a essa demonstração, complementando, naquilo que for pertinente, a relação de documentos prevista no art. 51 da LRF.

Para comprovar a existência do grupo e a submissão dos devedores a controle societário comum, os devedores deverão juntar, por exemplo, as fichas cadastrais das sociedades no Registro Público de Empresas, os contratos sociais das sociedades limitadas, estatutos sociais das sociedades anônimas e o livro de registro de ações nominativas[326] ou, no caso de ações escriturais, o extrato da conta de depósito aberta em nome do acionista nos livros da instituição depositária[327], acordos de quotistas e acionistas, convenção de grupo, atas das assembleias ou reuniões de sócios etc.

Para demonstrar a repercussão da crise entre os devedores, exige-se, além de justificativa circunstanciada das suas causas, a apresentação de documentos aptos a sua comprovação, como as demonstrações financeiras das empresas e os contratos firmados entre elas ou com terceiros, em especial daqueles comprobatórios da dependência econômica entre as empresas, para fornecimento de insumos, escoamento da produção ou dominação de mercados, bem como de eventual responsabilidade entre as empresas do grupo pelas obrigações das demais, a exemplo dos instrumentos de avais, fianças, hipotecas, penhores, pactos de

---

325. Requisitos que foram estudados no item 2.4.2.
326. LSA, artigo 31.
327. LSA, artigo 35, § 2º.

solidariedade ou responsabilidade subsidiária de qualquer espécie, condenações administrativas ou judiciais etc.

A petição inicial deverá indicar, finalmente, o valor da causa, que corresponderá ao montante total dos créditos sujeitos a recuperação judicial (LRF, art. 51, § 5º)[328]. No tocante às dívidas solidárias de responsabilidade de mais de um devedor, o valor do crédito correspondente deverá ser computado no valor da causa uma única vez, e não multiplicado pelo número de devedores responsáveis pela prestação. Dessa forma, o valor da causa expressará mais fielmente o conteúdo patrimonial da ação[329], sem ensejar excessos que poderiam repercutir no cálculo da taxa judiciária.

2.7 JUÍZO DE ADMISSIBILIDADE

Ao realizar o juízo de admissibilidade da petição inicial, caberá ao magistrado verificar, em primeiro lugar, se é competente para a causa. Em princípio, essa análise deverá ser feita com base nos documentos apresentados pelos devedores e nas razões por eles informadas para justificar a indicação de certo estabelecimento como o principal do grupo. Se houver necessidade, o juiz ainda poderá determinar uma constatação[330] do funcionamento dos estabelecimentos dos devedores, que poderá subsidiar o exame da competência. Concluindo pela sua incompetência, o magistrado deverá remeter o processo ao foro correto.

Depois, caberá verificar se cada um dos devedores, individualmente considerados, preenche os pressupostos para o pedido de recuperação judicial, se foram apresentados todos os documentos pertinentes e, finalmente, se foram satisfeitos os requisitos exigidos especificamente para a consolidação processual. Para essa finalidade, também poderá se valer do auxílio de profissional de sua confiança, com capacidade técnica e idoneidade, que fará a verificação da regularidade e da completude da documentação apresentada com a petição inicial, bem como a constatação das reais condições de funcionamento dos devedores.

Conforme justificado no item 2.4.2.2, não parece admissível, segundo a disciplina introduzida pela Lei 14.112/2020, a inclusão no polo ativo de empresa que não poderia pleitear sozinha a recuperação judicial, por não satisfazer algum dos pressupostos legais. A mera circunstância de a empresa integrar um grupo

---

328. Dispositivo introduzido pela reforma promovida pela Lei 14.112/2020 que serviu para pacificar a celeuma acerca da determinação do valor da causa na ação de recuperação judicial. Para síntese das correntes de pensamento anteriores à introdução do § 5º no artigo 51 da LRF, confira-se SACRAMONE, Marcelo Barbosa. *Comentários à Lei de Recuperação de Empresas e Falência*, cit., p. 467-468.
329. Critério determinante para fixação do valor da causa (CPC, art. 292, § 3º).
330. Artigo 51-A da LRF. Sobre essa constatação prévia, *vide* o item 2.7.1.

econômico não a autoriza a pedir junto com outros aquilo que não poderia pedir individualmente.

Assim, se algum dos postulantes da recuperação judicial não preencher os pressupostos objetivos e subjetivos previstos nos artigos 1º, 2º, 47 e 48, caberá ao juiz pronunciar sua ilegitimidade, excluindo-o do processo. Da mesma forma, também deverão ser excluídas do polo ativo empresas que não integrem o grupo econômico, que não estejam submetidas a controle societário comum ou que não estejam expostas, nem mesmo potencialmente, aos efeitos da crise do grupo (desde que existam elementos seguros e objetivos que permitam fazer essa avaliação de modo conclusivo)[331].

Entendendo o juiz, à vista da exposição feita e dos documentos apresentados, que não existe grupo econômico sob controle societário comum, segundo os conceitos já estudados, deverá indeferir a petição inicial e extinguir o processo sem resolução do mérito, nos termos dos incisos IV e VI do artigo 485 do Código de Processo, tanto pela ausência de pressuposto de constituição e de desenvolvimento válido e regular do processo quanto pela falta de interesse de agir, decorrente da inadequação da via eleita[332].

O mesmo raciocínio vale, em tese, para a constatação da ausência de repercussão da crise entre as empresas do grupo, que igualmente deverá ensejar o indeferimento da consolidação processual e da própria petição inicial. Nesse caso, porém, a atuação do juiz demanda especial cautela, diante da fluidez e abrangência do conceito de crise enquanto pressuposto objetivo da recuperação judicial[333].

Como se recomenda que a recuperação judicial seja requerida antes de alcançados os estágios[334] mais avançados da crise, de modo a ter melhores chances

---

331. *Vide*, a esse respeito, os itens 2.4.2.2 a 2.4.2.5, acima.
332. O interesse de agir, enquanto condição da ação, desdobra-se na necessidade da prestação jurisdicional solicitada e na adequação da via processual para obtê-la (CÂMARA, Alexandre Freitas. *O Novo Código de Processo Civil*. 5. ed. São Paulo: Atlas, 2019. p. 39).
333. Tema abordado no item 2.4.2.5.
334. Luigi Guatri explica que *a crise é uma manifestação patológica que pode se desenvolver em estágios distintos. Na sua origem estão fenômenos de desequilíbrio e ineficiência, que podem ser de natureza interna ou externa (1º estágio). Se tais condições perduram, produzem perdas de gravidades diversas (2º estágio). Com a repetição e o aumento da intensidade dessas perdas, a crise entra no 3º estágio, característico da insolvência, que é a incapacidade manifesta de cumprir os compromissos assumidos; para além dessa fase se abre o estágio final do fracasso, entendido como a incapacidade permanente do ativo de fazer frente ao passivo*. No original: "La crisi è una manifestazione di tipo patologico, che può svilupparsi in più stadi. All'origine dele crisi sono fenomeni di squilibrio e d'inefficienza, che possono essere di origine interna od esterna (1º stadio). Se tali condizioni perdurano, si ha come conseguenza la produzione di perdite di varia gravità (2º stadio). Con ripetersi e con crescere d'intensità delle perdite, la crisi entra nel 3º stadio, caratterizzato dall'insolvenza, cioè dall'incapacità manifesta di fronteggiare gli impegni assunti; oltre il quale se si apre lo stadio finale del dissesto, inteso come incapacità permanente dell'attivo

de sucesso[335], a avaliação da situação de crise naturalmente envolve alto grau de subjetividade, tornando especialmente complicado verificar ou negar a existência do pressuposto objetivo da ação.

Transposto o problema para a recuperação dos grupos, essa dificuldade tende a ser ainda maior, pois aqui, para além de exigir-se que cada um dos devedores esteja em situação de crise – já que se trata de pressuposto objetivo da recuperação judicial a ser preenchido individualmente por todos[336] –, devem concorrer as causas determinantes da comunicação da crise entre as empresas do grupo, a fim de justificar a formação do litisconsórcio.

Se, em alguns casos, a repercussão da crise será evidente (p. ex., por conta de eventuais responsabilidades compartilhadas), em outros a identificação dessa consequência se colocará numa zona cinzenta, que tornará difícil, senão impossível, uma avaliação pragmática.

Por isso, para deferir a formação do litisconsórcio ativo e a consolidação processual, o juiz deverá se limitar a exigir a exposição "das causas concretas da situação patrimonial do devedor e das razões da crise econômico-financeira" (LRF, art. 51, I), bem como explicação mínima e razoável das circunstâncias que ensejam a repercussão da crise entre as empresas do grupo e das justificativas para que seja processada a recuperação em consolidação substancial. Não lhe cabe aprofundar-se na investigação da repercussão da crise, nem a avaliar com base em critérios próprios, reservando-se a sua intervenção aos casos teratológicos, em que o recurso à recuperação judicial (em grupo) se revelar manifestamente indevido.

O que não se pode admitir, no entanto, é o deferimento da consolidação processual com base na mera alegação de os devedores integrarem o mesmo grupo econômico (ou, pior ainda, pela mera existência de algum vínculo societário entre as empresas) sem demonstração alguma acerca da repercussão da crise entre eles, como tantas vezes se viu na prática forense.

Caso a petição inicial não tenha vindo suficientemente instruída, seja pela falta de algum dos documentos previstos na relação do artigo 51 da LRF, seja pela ausência daqueles necessários à demonstração dos requisitos específicos para a consolidação processual, o juiz deverá conceder aos postulantes prazo para

---

di fronteggiare il passivo" (*Crisi e risanamento delle imprese*. Milano: Giuffrè, 1986, p. 11; tradução livre).

335. Nessa linha, Adriana Valéria Pugliesi sustenta que, "em tese, quanto mais cedo ajuizada a recuperação judicial, melhor condição haveria para possibilitar a composição de uma solução mais equilibrada ao binômio 'satisfação dos credores' e 'preservação da empresa'" (*Direito falimentar e preservação da empresa*, cit., p. 270).

336. Reitera-se que, nos termos do artigo 69-G, *caput*, da LRF, só poderão requerer a recuperação judicial sob consolidação processual "os devedores que atendam os requisitos previstos nesta Lei".

suprir a falta antes de indeferir a petição[337] ou determinar a exclusão de algum dos devedores do polo ativo.

Embora a LRF não contenha, relativamente à recuperação judicial, dispositivo semelhante ao artigo 106 (que estabelece que, não estando regularmente instruído o pedido de falência deduzido pelo próprio devedor, o juiz determinará que seja emendado), sempre foi reconhecido que, por aplicação subsidiária do Código de Processo Civil (artigo 284 do CPC/1973 e artigo 321 do CPC/2015), o juiz não poderia indeferir a petição inicial pela ausência da documentação exigida pelo artigo 51 da LRF sem antes conceder ao devedor a oportunidade de emendá-la[338], a fim de suprir a falta.

A reforma promovida pela Lei 14.112/2020, por sua vez, incluiu dispositivo que, ao menos indiretamente, refere a possibilidade de o juiz determinar a emenda da petição inicial da ação de recuperação judicial: o § 4º do artigo 51-A da LRF reza que "o devedor será intimado do resultado da constatação prévia concomitantemente à sua intimação da decisão que deferir ou indeferir o processamento da recuperação judicial, *ou que determinar a emenda da petição inicial*, e poderá impugná-la mediante interposição do recurso cabível". Não resta a menor dúvida, portanto, de que a determinação de emenda da petição inicial é compatível com o rito da recuperação judicial.

Da decisão que, sem extinguir o processo, limitar-se a excluir determinado devedor do polo ativo ou mesmo indeferir a consolidação processual, caberá agravo de instrumento, conforme previsto no artigo 189, § 1º, II, da LRF[339], dispositivo também introduzido pela Lei 14.112/2020. Havendo, porém, sentença de indeferimento da petição inicial, o recurso cabível será a apelação, segundo disposto no artigo 331, *caput*, do Código de Processo Civil, facultado ao juiz retratar-se no prazo de cinco dias.

2.7.1 Constatação prévia

Por ocasião do juízo de admissibilidade da petição inicial, o juiz poderá, previamente ao deferimento do processamento da recuperação judicial, se en-

---

337. Há precedente do Tribunal de Justiça de São Paulo que afastou a necessidade de o juiz determinar a emenda da petição inicial antes de indeferi-la no caso de o devedor declarar a impossibilidade de apresentar os documentos exigidos pelo artigo 51 da LRF (Câm. Esp. Fal. Recup. Jud., Ap. 9190094-68.2008.8.26.0000, rel. Des. Elliot Akel, j. 24.09.2008).
338. Confiram-se, entre outros, COELHO, Fábio Ulhoa. *Comentários à nova Lei de Falências e de Recuperação de Empresas*, cit., p. 209; e PACHECO, José da Silva. *Processo de recuperação judicial, extrajudicial e falência*. 4. ed. Rio de Janeiro, 2013. p. 190.
339. Artigo 189, § 1º, II, da LRF. "As decisões proferidas nos processos a que se refere esta Lei serão passíveis de agravo de instrumento, exceto nas hipóteses em que esta Lei previr de forma diversa".

tender necessário[340], nomear profissional[341] de sua confiança[342], com capacidade técnica e idoneidade, para promover a constatação[343] das reais condições de funcionamento dos devedores e da regularidade e da completude da documentação apresentada com a petição inicial. Não se admite a formulação de quesitos pelos interessados, podendo o juiz determinar a realização da diligência sem a prévia ciência do devedor, quando entender que esta poderá frustrar os seus objetivos[344].

Com base na constatação prévia[345], o juízo poderá pronunciar sua incompetência[346], determinar a complementação da documentação por parte dos devedores, excluir do polo ativo empresas sem atividade regular[347] ou que não

---

340. Não se trata, portanto, de providência obrigatória.
341. Embora o *caput* do artigo 51 da LRF se refira a "profissional de sua confiança, com capacidade técnica e idoneidade", o que sugere que a nomeação deverá recair sobre pessoa natural, interpretação sistemática da lei conduz à conclusão de que a constatação prévia também poderá ser cometida a pessoa jurídica, pois esta pode ser nomeada administrador judicial (LRF, art. 21, *caput*). Aliás, na praxe forense, ordinariamente a pessoa indicada para realizar a constatação prévia é a mesma que, no futuro, será nomeada administrador judicial. Justamente por esse motivo, Marcelo Sacramone aponta o potencial conflito de interesse do profissional nomeado para realizar a constatação prévia, para quem, em tese, seria mais vantajoso o deferimento do processamento da recuperação judicial, já que isso lhe permitiria ser nomeado administrador judicial e, por conseguinte, receber a remuneração decorrente do exercício dessa função. Em abono da sua argumentação, cita dados colhidos em pesquisa realizada pelo Observatório de Insolvência (*vide*, a respeito dessa pesquisa, as notas de rodapé n. 24 e 25), que indicam que, nos casos em que foi realizada perícia prévia, o percentual de indeferimento do processamento da recuperação judicial foi significativamente menor do aquele observado quando o expediente não foi adotado. Segundo o autor, essa observação contraria a expectativa de que a constatação prévia conduziria a uma análise mais criteriosa dos pressupostos para a recuperação, resultando num percentual maior de indeferimento em comparação aos casos em que ela não tivesse sido realizada (*Comentários à Lei de Recuperação de Empresas e Falência*, cit., p. 473).
342. A remuneração desse profissional deverá ser arbitrada posteriormente à apresentação do laudo, à vista da complexidade do trabalho desenvolvido (LRF, art. 51-A, § 1º).
343. Conforme o § 2º do artigo 51-A da LRF, o juiz deverá conceder o prazo máximo de cinco dias para que o profissional nomeado apresente laudo de constatação das reais condições de funcionamento do devedor e da regularidade documental.
344. LRF, artigo 51-A, § 3º.
345. De acordo com o artigo 51-A, § 4º, da LRF, "o devedor será intimado do resultado da constatação prévia concomitantemente à sua intimação da decisão que deferir ou indeferir o processamento da recuperação judicial, ou que determinar a emenda da petição inicial, e poderá impugná-la mediante interposição do recurso cabível".
346. Artigo 51-A, § 7º, da LRF. "Caso a constatação prévia demonstre que o principal estabelecimento do devedor não se situa na área de competência do juízo, o juiz deverá determinar a remessa dos autos, com urgência, ao juízo competente".
347. Em comentário ao *caput* do artigo 48 da LRF, Marcelo Sacramone anota que, "para que possa pretender sua recuperação judicial, o empresário ou sociedade empresária deverão desempenhar atividade empresarial. Considerou a Lei que os empresários ou as sociedades empresárias inativas que não possuam atividade empresarial não têm o que ser recuperado. Outrossim, como a recuperação judicial visa à manutenção da fonte produtora, dos postos de trabalho e da geração de benefícios sociais, o empresário sem atividade não atende aos requisitos legais para a obtenção do benefício. Se evidenciada a falta de atividade, o pedido de recuperação judicial deverá ser inicialmente indeferido" (*Comentários à Lei de Recuperação de Empresas e Falência*, cit., p. 374).

satisfaçam algum outro pressuposto legal, ou mesmo indeferir a petição inicial[348], caso forem detectados indícios contundentes de utilização abusiva ou fraudulenta da recuperação judicial (LRF, art. 51-A, § 6º).

Essa constatação, também conhecida como "perícia prévia", não fora prevista no texto original da Lei 11.101/2005 e começou a ser adotada com maior frequência[349], a partir do ano de 2011, nos processos que tramitaram na 1ª Vara de Falências de São Paulo, titularizada pelo Juiz Daniel Carnio Costa. Com o tempo, o expediente passou a ser regra naquele juízo[350], pelos motivos declinados pelo magistrado na sua obra dedicada à proposição de um modelo de constatação prévia em processos de recuperação judicial[351]:

---

348. É vedado, todavia, o indeferimento do processamento da recuperação judicial baseado na análise de viabilidade econômica do devedor (LRF, art. 51-A, § 5º).
349. Antes de 2011, a constatação prévia foi realizada em raríssimos casos, como na recuperação judicial da VASP (1ª Vara de Falências de São Paulo, processo 0070715-88.2005.8.26.0100, decisão de 04.07.2005).
350. Cf. OLIVEIRA FILHO, Paulo Furtado de. Perícia prévia na recuperação judicial: a exceção que virou regra? *Migalhas*. 2 maio 2018. Disponível em: https://www.migalhas.com.br/coluna/insolvencia-em-foco/279351/pericia-previa-na-recuperacao-judicial--a-excecao-que-virou-regra. Acesso em: 30 set. 2021.
351. O modelo de perícia ou constatação prévia proposto pelo autor visa, segundo ele, "identificar, com segurança, se a empresa requerente da recuperação judicial enquadra-se na situação para a qual essa ferramenta legal foi desenvolvida", a fim de "auxiliar a decisão do magistrado sobre qual o melhor remédio para a situação verificada; o deferimento do processamento da recuperação judicial e com ele a possibilidade de renegociação de dívidas e retomada das atividades ou a devolução anterior ao pedido à empresa requerente para que o mercado decida sobre o requerimento da falência ou não". De acordo com o modelo, a determinação daquilo que se denominou de "suficiência recuperacional" seria feita, resumidamente, a partir um questionário a ser respondido pelo perito, resultando em três índices. O primeiro índice, chamado de "Índice de Suficiência Recuperacional", é determinado com base nas respostas do perito a questões relacionadas "à fonte de atividade econômica do requerente, ao emprego de seus trabalhadores, à sua função social, o estímulo à economia que sua atividade provoca e, finalmente ao interesse de seus credores". São 12 as perguntas que compõem o índice, a saber: *1) Existe receita operacional vinculada à atividade empresarial? 2) Globalmente, a estrutura física utilizada pela entidade é suficiente para a consecução de seus negócios? 3) A entidade dispõe de ativos em quantidade suficiente para continuar a produzir? 4) Os ativos destinados à produção/desenvolvimento da atividade principal estão em estado adequado? 5) O número atual de funcionários permite que a entidade continue a vender/prestar serviços ou vender mercadorias com vistas a retomar a normalidade de suas operações? 6) O potencial de empregabilidade é significativo? 7) A empregabilidade é relevante na região onde atua? 8) A empresa gera empregos indiretos? 9) A entidade é um player relevante em seu segmento de atuação? 10) Os produtos/serviços produzidos pela entidade não possuem substitutos no mercado? 11) É possível calcular a moeda de liquidação (Ativo total/Passivo total sujeito e não sujeito à recuperação judicial) na data do pedido? 12) É possível aferir a rentabilidade média dos ativos? (Lucro operacional ajustado/Ativo total).* Para cada uma dessas 12 questões, o perito deveria responder "concordo", "concordo parcialmente" ou "não concordo", atribuindo-se para cada resposta, respectivamente, "dez", "cinco" e "zero" pontos. O modelo sugere que, não atingidos ao menos 40 dos 120 pontos possíveis para o índice, a recuperação judicial deveria ser indeferida pelo juiz. O segundo índice, denominado de "Índice de Adequação Documental Essencial", é definido com base em quesitos que buscam identificar se o devedor juntou os documentos necessários à comprovação dos pressupostos previstos no artigo 48 da LRF para requerer a recuperação judicial, como o exercício da atividade há mais de dois anos, não ser falido, não ter como sócio ou controlador pessoa condenada por crime falimentar etc. A comprovação

A constatação prévia, antiga perícia prévia, surgiu em razão da observação de situações reais ocorridas a partir de 2011 em processos ajuizados perante a 1ª Vara de Falências e Recuperações Judiciais de São Paulo. Em alguns pedidos de recuperação judicial, depois de deferido o processamento do pedido, com imposição do stay period aos credores em geral, e por ocasião da primeira visita que o administrador judicial nomeado fez ao estabelecimento comercial da devedora, constatou-se que a empresa não tinha mais qualquer atividade, não tinha condições de gerar qualquer benefício decorrente da atividade empresarial. Tratava-se de empresas que só existiam formalmente, no papel, mas que não geravam empregos, nem circulavam produtos ou serviços, nem tampouco geravam tributos ou riquezas. Em outros casos, deferia-se o processamento da recuperação judicial com base na análise meramente formal feita pelo juiz sobre a documentação apresentada pela devedora. Depois, quando o administrador judicial realizava a análise técnica desses documentos (com o auxílio de sua equipe multidisciplinar), descobria-se que os documentos estavam completamente falhos, incompletos e não refletiam a real situação da empresa. Essas não eram, entretanto, as únicas inconveniências. Foram presenciadas situações ainda piores, nas quais se constatava que o pedido de recuperação judicial era parte de um esquema fraudulento contra os credores, descoberto somente depois que o processo já estava em andamento, quando a devedora fraudadora gozava da proteção judicial contra os seus credores[352].

Parte da doutrina e da jurisprudência se opunha ao cabimento dessa constatação por entender que a medida, além de carecer de previsão legal, era desne-

---

de cada pressuposto vale dez pontos, podendo a pontuação do devedor variar de zero (no caso de não fazer a comprovação de nenhum desses pressupostos) a 50 pontos (no caso de comprovar todos). O terceiro índice, semelhante ao segundo, foi denominado de "Índice de Adequação Documental Útil" e é determinado por quesitos que visam apurar se o devedor juntou os documentos relacionados no artigo 51 da LRF. Aqui, cada do documento vale dez pontos, variando a pontuação entre zero e 130. Anota-se ainda que, para dois últimos índices, a apresentação parcial de determinado documento rende cinco pontos. Em que pese o ineditismo do trabalho e o elogiável esforço de contribuir para o aprimoramento do instituto da recuperação judicial, entende-se que a avaliação, tal como proposta, não se coaduna com a sistemática da LRF, que atribuiu aos credores, e não ao juiz, a decisão final sobre a solução para a crise do devedor (a recuperação judicial ou a falência). Além disso, apesar de o autor sustentar que o modelo encerra uma constatação pragmática e objetiva, sem envolver análise da viabilidade do negócio, o conteúdo dos quesitos a serem respondidos pelo examinador, especialmente na determinação do chamado "índice de suficiência recuperacional", e o próprio formato das respostas, sugerem exatamente o oposto. Também se constata que as questões que compõem o índice, tanto em número quanto em qualidade, os pesos atribuídos a elas e a própria definição da nota final não se acham respaldados por nenhum modelo financeiro ou econômico, sendo essencialmente arbitrários. O modelo nem sequer justifica por que, não obtidos 40 pontos, recomenda-se o indeferimento da recuperação judicial, a não ser a mera circunstância de tal pontuação corresponder a um terço dos pontos possíveis. Considerando, porém, que a quantidade e o conteúdo das perguntas são aleatórios, não se vislumbra sentido nesse percentual, até pela ausência de parâmetros de comparação. Assim como não se verifica utilidade alguma na determinação dos tais "Índice de Adequação Documental Essencial" e "Índice de Adequação Documental Útil", haja vista se referirem a requisitos formais e obrigatórios. Na falta de algum documento obrigatório, ou tendo sido ele apresentado de forma incompleta ou irregular, o juiz deverá simplesmente determinar sua apresentação, complementação ou correção, sendo totalmente irrelevante o percentual de documentos que deixaram de ser apresentados ou o foram de forma insatisfatória.

352. COSTA, Daniel Carnio; FAZAN, Eliza. *Constatação prévia em processos de recuperação judicial de empresas*: o modelo de suficiência recuperacional (MSR). Curitiba: Juruá, 2019. p. 42.

cessária e contraproducente[353]. Outra parte defendia que ela só seria admissível em casos excepcionais[354], alertando ainda para a necessidade, nem sempre observada, de ter prazo de conclusão determinado e exíguo, a fim de evitar o retardamento da decisão[355] sobre o processamento da recuperação judicial[356] (e, por conseguinte, da concessão do *stay period*), que deixa o devedor vulnerável às ações dos credores.

Apesar das críticas, a constatação prévia acabou se difundido[357] pelo País[358]. Em agosto de 2019, o Grupo de Câmaras Reservadas de Direito Empresarial

---

353. Nesse sentido: "Direito empresarial. Agravo de instrumento. Recuperação judicial. Decisão que determinou a realização de perícia prévia para análise da viabilidade de processamento do pedido de recuperação. Impossibilidade. Inexistência de previsão legal. Ao juiz cabe, após a verificação do cumprimento dos requisitos elencados no art. 51, da Lei 11.101/05, deferir ou não o processamento da medida. [...] Princípio da preservação da empresa. Prova que requer um lapso de tempo para sua elaboração, que ultrapassa facilmente 2 meses diante das peculiaridades desta espécie de prova. Determinação que é capaz de gerar prejuízos à empresa e, eventualmente, comprometer a própria viabilidade da recuperação. Observância dos princípios da celeridade e da efetividade da prestação jurisdicional. Decisão que se reforma" (TJRJ, 22ª Câm. Cível, AI 0055037-85.2015.8.19.0000, rel. Des. Marcelo Lima Buhatem, j. 17.11.2015). E ainda: "Agravo de instrumento. Empresarial. Recuperação judicial. Perícia prévia ao deferimento do processamento da recuperação judicial. Ausência de previsão legal. Ato formal. Cumpridos os requisitos legais – legitimidade *ad causam* do devedor e petição inicial devidamente instruída –, deverá ser determinado o processamento da recuperação [...]" (TJRJ, 24ª Câm. Cível, AI 0012183-71.2018.8.19.0000, rel. Des. Luiz Fernando de Andrade Pinto, j. 02.05.2018).
354. A saber, nos casos em que haja fundado receio de fraudes, abuso na utilização do instituto da recuperação, ou, ainda, num contexto de complexidade que justifique a ausência de conhecimentos técnicos suficientes para apreciar a regularidade da documentação contábil apresentada pelo devedor (cf. DEZEM, Renata Mota Maciel; BECKER, Joseane Isabel. A instauração do processo de recuperação judicial e a pertinência da perícia prévia: o juízo de insolvabilidade exigido pela Lei n. 11.101/05. In: WAISBERG, Ivo; RIBEIRO, José Horácio D. R.; SACRAMONE, Marcelo Barbosa (Org.). *Direito comercial, falência e recuperação de empresas*: temas. São Paulo: Quartier Latin, 2019).
355. "Recuperação judicial – Designação de perícia prévia – Ausência de fixação de prazo para entrega do laudo – Possibilidade de paralisação da atividade empresarial – Recurso parcialmente provido" (TJSP, 1ª Câm. Dir. Empresarial, AI 2184085-34.2016.8.26.0000, rel. Des. Fortes Barbosa, origem: 6ª Vara Cível de Guarulhos, j. 7.11.2016).
356. Em caso recente, depois de apurar que a constatação prévia se alongou por nove meses, o Desembargador Cesar Ciampolini alertou para a banalização da medida: "Dificilmente haverá mais eloquente demonstração da inconveniência da banalização da determinação de perícia prévia em pedidos de recuperação judicial do que o desta apelação" (TJSP, 1ª Câm. Dir. Empresarial, Ap. 1023772-89.2017.8.26.0224, rel. Des. Cesar Ciampolini, origem: 2ª Vara Cível de Guarulhos, j. 29.01.2020).
357. Pedro Ivo Lins Moreira, juiz do Tribunal de Justiça do Paraná, anota que os bons resultados da prática judicial fizeram com que a perícia prévia fosse se consolidando até a efetiva incorporação do artigo 51-A à LRF, que a rebatizou de "constatação prévia" (Constatação prévia e a relação com a recuperação judicial. In: SALOMÃO, Luis Felipe et al. (Coord.). *Recuperação de empresas e falência*: diálogos entre doutrina e jurisprudência. Barueri: Atlas, 2021. p. 252).
358. Pesquisa jurisprudencial realizada pelo autor em 01.12.2020 a partir da plataforma *Jusbrasil*, que permite consulta simultânea às bases de dados de todos os Tribunais de Justiça do País, resultou em quase mil decisões contendo os termos "recuperação judicial" e "perícia prévia". Confiram-se, ainda, a título exemplificativo, as seguintes decisões dos Tribunais de Justiça do Paraná, Distrito Federal, Minas Gerais e Mato Grosso, todas admitindo ou ratificando a realização de perícia prévia: TJPR, 18ª Câm. Cível, AI 1697136-3/03, rel. Des. Vitor Roberto Silva, j. 13.06.2018; TJDF, 1ª Turma Cível, AI

do Tribunal de Justiça de São Paulo chegou a aprovar enunciado admitindo a sua realização, não obstante a ausência de previsão legal, desde que verificados *indícios de utilização fraudulenta ou abusiva* da recuperação judicial. O enunciado ainda recomendava que essa constatação ocorresse no prazo mais exíguo possível[359].

Dois meses depois, o Conselho Nacional de Justiça foi além, afirmando que a constatação prévia deveria ser feita em todas as recuperações judiciais. Em duvidoso exercício das suas atribuições constitucionais[360], por imiscuir-se em matéria jurisdicional, o órgão recomendou[361]

> [...] a todos os magistrados responsáveis pelo processamento e julgamento dos processos de recuperação empresarial, em varas especializadas ou não, que determinem a constatação das reais condições de funcionamento da empresa requerente, bem como a verificação da completude e da regularidade da documentação apresentada pela devedora/requerente, previamente ao deferimento do processamento da recuperação empresarial.

Finalmente, com a reforma promovida pela Lei 14.112/2022, a constatação prévia foi positivada e disciplinada pelo artigo 51-A da LRF, mas não sem crítica de parte da doutrina, que continua sustentando que o expediente é desnecessário e prejudicial aos interesses que a lei visa resguardar[362].

07513874620208070000, rel. Des. Diva Lucy de Faria Pereira, j. 15.12.2020; TJMG, 1ª Câm. Cível, AI 5522931-17.2020.8.13.0000, rel. Des. Geraldo Augusto, j. 25.05.2021; e TJMT, 2ª Câm. Dir. Priv., AI 1011775-51.2019.8.11.0000, rel. Des. Marilsen Andrade Addario, j. 5.02.2020.

359. Enunciado VII. "Não obstante a ausência de previsão legal, nada impede que o magistrado, quando do exame do pedido de processamento da recuperação judicial, caso constate a existência de indícios de utilização fraudulenta ou abusiva do instituto, determine a realização de verificação prévia, em prazo o mais exíguo possível" (*DJE* de 22.8.2019).

360. A competência do Conselho Nacional de Justiça, prevista no artigo 103-B, § 4º, da Constituição Federal, está relacionada ao controle da atuação administrativa e financeira do Poder Judiciário e do cumprimento dos deveres funcionais dos juízes. Não há nesse dispositivo, nem nos seus respectivos incisos, previsão alguma quanto à edição de recomendações sobre matéria jurisdicional ou sobre como os juízes devem aplicar ou interpretar a lei nos casos concretos, algo que efetivamente parece extrapolar a competência daquele órgão, além de violar o princípio do livre convencimento do magistrado.

361. Recomendação 57, de 22.10.2019.

362. Comentando o artigo 51-A da LRF, Marcelo Sacramone ponderou: "a perícia prévia deve ser evitada ou, ao menos, ser considerada absolutamente excepcional, pois, além de absolutamente sem nenhuma funcionalidade, gerará efeitos contrários ao pretendido pela lei. A análise do Magistrado, dessa forma, deverá ser formal. Deverá apreciar se os documentos exigidos pela lei acompanham a petição inicial, o que poderá fazer pela simples confrontação com o art. 51, sem absolutamente nenhuma necessidade de conhecimento especializado e sem nenhuma necessidade do procedimento de se verificar se a atividade efetivamente está sendo desenvolvida" (*Comentários à Lei de Recuperação de Empresas e Falência*, cit., p. 475-476). Em sentido contrário, elogiando a inovação legislativa, confira-se CLARO, Carlos Roberto. Apontamentos sobre o diagnóstico preliminar em recuperação judicial: abordagem zetética. In: ABRÃO, Carlos Henrique et al. (Coord.). *Moderno direito concursal*: análise plural das Leis 11.101/05 e 14.112/20. São Paulo: Quartier Latin, 2021.

No que se refere à recuperação judicial dos grupos de empresa, reputa-se bem-vinda a inovação legal[363]. Especialmente em ações envolvendo grande número de devedores, a mera conferência formal da extensa documentação prevista no artigo 51 da LRF exige tempo considerável do magistrado, que poderá, sem nenhum prejuízo[364], cometer essa tarefa a profissional da sua confiança[365].

Não se pode ignorar, ainda, que a lei se aplica em todo o País, e não apenas nas pouquíssimas varas especializadas em recuperação e falência, nas quais se tem mais familiaridade com o exame da documentação apresentada pelos devedores. Juízes sem costume em lidar com recuperações judiciais (que são a imensa maioria) terão grande dificuldade de fazer sozinhos a conferência dos documentos em ações envolvendo grupos de empresa: ou levarão muito tempo (em prejuízo da administração de outros casos e do desempenho das suas demais atribuições) ou farão uma verificação superficial, muitas vezes dificultada pela forma embaralhada e confusa com que a documentação é apresentada[366] (ora por mera incompetência, ora com o deliberado propósito de disfarçar alguma deficiência).

Pensando na realidade de juízos com competência cumulativa (onde tramitam ações cíveis e criminais, processos de competência do Júri, execuções fiscais, ações relativas à infância etc., além de acumular funções correcionais de cartórios extrajudiciais, cadeias, delegacias, abrigos e casas de acolhimento), a admissão de auxílio especializado para questões burocráticas, especialmente em processos envolvendo quantidade significativa de devedores, pode operar

---

363. O que não desculpa a evidente falta de técnica na redação do artigo 51-A. Em seu *caput*, por exemplo, refere o devedor por "requerente", denominação que destoa do restante da lei e que era reservada para pedidos diversos da recuperação judicial, extrajudicial ou falência (cujo postulante é sempre denominado por "devedor"). No seu § 3º consta que a constatação prévia será determinada "sem que seja ouvida a outra parte", o que é tecnicamente equivocado, pois na recuperação judicial não existe relação processual polarizada. Já o § 4º, ao determinar que o devedor será intimado do resultado da constatação prévia concomitantemente à sua intimação da decisão que determinar a emenda da petição inicial, não observou que inexiste na LRF previsão de emenda da petição inicial da recuperação judicial, diferentemente do que se dá em relação à falência (aliás, a Lei 14.112/2020 perdeu a oportunidade de corrigir essa falta). E o § 5º, ao prescrever que "a constatação prévia consistirá, objetivamente, na verificação das reais condições de funcionamento da empresa e da regularidade documental", é desnecessariamente repetitivo em relação ao que já consta do *caput*.
364. Desde que conceda desde logo o *stay period*, conforme será exposto a seguir.
365. Da mesma forma que poderia cometer essa tarefa a algum assistente, caso as varas fossem suficientemente providas de auxiliares com formação e capacidade técnica para a função, considerando o volume total de processos em curso, o que, no entanto, raramente ocorre.
366. Seria enganoso supor que todas as petições iniciais das ações de recuperação judicial são elaboradas com o cuidado e o capricho dos especialistas, com indicação clara e precisa da documentação que instrui o pedido. Não raramente, os documentos são apresentados fora de ordem, embaralhados ou mesmo incompletos, exigindo considerável tempo e esforço para sua verificação (ou simplesmente conduzindo a um exame superficial ou malfeito).

em favor da celeridade processual, possivelmente agilizando a decisão sobre o deferimento da recuperação judicial em vez de retardá-la[367].

Nesse sentido, houve indiscutível avanço da lei ao prever que o juiz deverá conceder o prazo máximo de cinco dias para que o profissional nomeado apresente laudo de constatação das reais condições de funcionamento do devedor e da regularidade documental (LRF, art. 51-A).

Na prática, porém, esse prazo pode não ser assim tão exíguo como parece à primeira vista. Embora seja contado em dias corridos[368], isso não significa que, exatamente cinco dias depois da decisão, o juiz terá o laudo em mãos para decidir. Deve-se considerar que será preciso intimar o profissional nomeado, ao qual ordinariamente se concede algum prazo (pelo menos de 24 horas) para dizer se aceita o encargo. Havendo escusa ou impedimento do perito, o juízo terá de nomear outro profissional, abrindo-se novo prazo. Mesmo que tudo seja cumprido com agilidade e presteza pela serventia (o que nem sempre ocorre), é possível que o prazo para a apresentação do laudo só comece efetivamente a correr vários dias depois da decisão que houver determinado a constatação prévia, sobretudo considerando possíveis finais de semana e feriados. Também é preciso contar com a possibilidade, não tão remota, de o profissional atrasar a apresentação do laudo, mesmo que invocando algum justo impedimento para a demora. Não bastasse tudo isso, se houver necessidade de emendar a inicial para atender a algum apontamento feito no laudo de constatação, não se duvida que muitos magistrados determinarão nova conferência pelo auxiliar, concedendo novo prazo etc.

Durante esse tempo, que facilmente poderá superar dez, quinze, trinta dias ou até mais, o devedor ficará completamente vulnerável à ação de seus credores, que, cientes do pedido de recuperação judicial, tentarão desesperadamente satisfazer seus interesses particulares antes de ficarem sujeitos ao regime concursal,

---

367. Na prática forense, há inúmeros relatos, especialmente envolvendo ações ajuizadas em varas do interior, de casos em que os juízes levaram meses para decidir sobre o mero processamento da recuperação judicial, o que se explica, entre outros fatores, pela falta de familiaridade com o assunto e pela dificuldade prática da conferência dos documentos do artigo 51 da LRF. Não se ignora que a especialização e o aprimoramento técnico dos magistrados e seus auxiliares, ou ainda a criação de varas regionais especializadas em todo o país, seriam soluções talvez mais adequadas para esse problema. Entretanto, não é possível ficar indefinidamente aguardando que os tribunais disponham dessa estrutura, especialmente num cenário em que faltam magistrados e servidores para atender a um volume cada vez maior de ações judiciais distribuídas a cada ano. Dados do relatório *Justiça em números*, divulgados pelo CNJ, dão conta de que somente em 2021 foram distribuídos, em média, 1.244 novos casos para os juízes de primeiro grau da Justiça Estadual, competente para as ações de recuperação judicial (no Estado de São Paulo, foram 1.438, e no Estado do Rio de Janeiro, 1.869). Além disso, cada magistrado de 1º grau da Justiça é responsável, em média, por 7.549 processos (nos Estados de São Paulo e Rio de Janeiro esse número chega a 11.035 e 17.245, respectivamente). Disponível em: https://www.cnj.jus.br/wp-content/uploads/2021/09/relatorio-justica-em-numeros2021-12.pdf. Acesso em: 17 jan. 2022.
368. LRF, artigo 189, § 1º, I.

que os impede de prosseguir com as suas execuções e de reaver bens em posse do devedor (situação ainda mais crítica nas recuperações judiciais envolvendo múltiplos devedores). Advogados que militam na área relatam inúmeros casos em que a atividade do devedor ficou inviabilizada ou foi significativamente prejudicada por conta das medidas tomadas pelos credores nos dias seguintes ao ajuizamento da recuperação judicial, justamente pela omissão do juiz em conceder o *stay period*[369].

Por isso, ressalvadas hipóteses excepcionais e devidamente justificadas, decorrentes de indícios concretos e significativos de fraude ou abuso do devedor[370], é altamente recomendável que o juiz, ao determinar a realização da constatação prévia em ações envolvendo grupos, concomitantemente conceda a antecipação dos efeitos do deferimento do processamento da recuperação judicial (LRF, art. 6º, § 12)[371], sobretudo para promover a suspensão das execuções ajuizadas contra os devedores e a proibição de medidas que importem privação dos seus bens, relativamente a créditos ou obrigações sujeitos à recuperação judicial[372].

---

369. Fábio Ulhoa Coelho comenta que, a partir da formulação do pedido de recuperação judicial, "devedores e credores tendem a ficar paralisados, na expectativa da publicação do despacho de processamento. A situação deles está indefinida, num limbo inevitavelmente prejudicial aos negócios. O quanto antes o juiz decidir se autoriza, ou não, o processamento da recuperação judicial, melhor para todos e para a economia" (*Comentários à Lei de Falências e de Recuperação de Empresas*, cit., 14. ed., p. 212-213). Concorda-se com a ponderação, à exceção da parte em que afirma que os credores também tendem a ficar paralisados. Isso realmente pode ocorrer em relação a parte deles, ou no tocante à celebração de novos negócios. A prática releva, porém, que a notícia do pedido de recuperação judicial faz com que muitos credores se apressem em tentar reaver seus bens ou promover medidas de constrição de ativos, especialmente o bloqueio de contas bancárias, antes da decisão de deferimento do processamento.
370. Ao prever a antecipação dos efeitos do deferimento da tutela antecipada, o artigo 6º, § 12, da LRF se reporta ao artigo 300 do CPC, segundo o qual a tutela de urgência será concedida quando houver elementos que evidenciem a probabilidade do direito e o perigo de dano ou o risco ao resultado útil do processo. No caso da recuperação judicial, é ínsito o risco ao resultado útil do processo decorrente da ausência de concessão do *stay period*, já que o próprio ajuizamento da ação provoca a corrida dos credores. Logo, não se deverá exigir demonstração específica desse requisito. Por outro lado, na avaliação da probabilidade do direito, como a verificação dos pressupostos para a recuperação poderá depender justamente da conclusão do laudo de constatação, o juízo deverá se limitar a um juízo negativo, negando a concessão do *stay period* somente diante de indícios concretos de que o devedor não teria direito a se valer da recuperação judicial. Entendimento contrário faria letra morta do artigo 6º, § 12, da LRF, que não teria utilidade nenhuma se a tutela antecipada só pudesse ser deferida diante dos mesmos elementos exigidos para o deferimento do processamento da recuperação judicial (ressalvada apenas a hipótese de a tutela antecipada ser requerida em caráter antecedente). Afinal, se puder verificar desde logo que esses elementos estão presentes, cabe ao juiz simplesmente deferir o processamento da recuperação judicial, não se cogitando de eventual necessidade de antecipar os seus efeitos.
371. LRF, artigo 6º, § 12. "Observado o disposto no art. 300 da Lei 13.105, de 16 de março de 2015 (Código de Processo Civil), o juiz poderá antecipar total ou parcialmente os efeitos do deferimento do processamento da recuperação judicial".
372. Referindo a importância da antecipação da tutela no caso de o juiz determinar a constatação prévia, confira-se CAMILO JUNIOR, Ruy Pereira. In: TOLEDO, Paulo Fernando Campos Salles de. *Comentários à Lei de Recuperação de Empresas*. São Paulo: Ed. RT, 2021. p. 114.

Caso o laudo de constatação venha a trazer elementos que recomendem o indeferimento da petição inicial ou a exclusão de determinado devedor do polo ativo, o juiz poderá, evidentemente, revogar o *stay period* concedido antecipadamente, sem prejuízo da responsabilidade do devedor pelos eventuais danos causados pela tutela de urgência[373]. De toda forma, ponderando-se os interesses em jogo na recuperação judicial, é preferível revogar o *stay period* concedido indevidamente ao risco de deixar os devedores expostos enquanto esperam a conclusão do laudo de constatação.

No que se diz respeito ao conteúdo desse laudo, o profissional nomeado pelo juiz deverá se limitar a uma verificação formal[374], indicando ao magistrado a documentação faltante ou irregular (assim entendida aquela elaborada em desacordo com as formalidades legais). Não é o momento, todavia, de realizar auditoria das demonstrações contábeis do devedor[375], a fim de conferir a *veracidade*[376] dos lançamentos nelas contidos, já que a diligência do auxiliar[377] ocorrerá sem a prévia ciência do devedor, sem formulação de quesitos (LRF, art. 51-A, § 3º) ou indicação de assistente técnico. Sem a observância, enfim, dos princípios da ampla defesa e do contraditório, que condicionam a validade das perícias judiciais (CPC, art. 464 e seg.).

A exiguidade do prazo previsto em lei para a conclusão do laudo – de apenas cinco dias – também reforça a conclusão de que o exame da documentação deverá ser meramente formal, já que, a depender da complexidade do caso e do número de devedores envolvidos, seria impossível ao auxiliar fornecer ao juízo, em tão pouco tempo[378], um parecer seguro acerca da higidez dos lançamentos contábeis.

---

373. CPC, artigo 302.
374. Em sentido contrário, defendendo que não basta a análise formal da documentação que instrui a petição inicial, confira-se BUSSI, Elaine Carnavale. A positivação da constatação prévia na Lei 11.101/2005. In: BERTASI, Maria Odete Duque; GIANSANTE, Gilberto (Coord.). *Reforma da Lei de Falência e Recuperação de Empresas*. Leme: Imperium, 2021. p. 171.
375. O que não impede o Ministério Público, o administrador judicial ou os credores de oportunamente requererem a efetiva realização de perícia, com a observância das garantias do contraditório e da ampla defesa, segundo previsto nos artigos 464 e seguintes do Código de Processo Civil, se houver indícios concretos de falsidade.
376. Aqueles que defendem a análise *material* das demonstrações contábeis ponderam a inconveniência de autorizar o processamento da recuperação judicial de empresa que não tem chance de recuperação, sustentando que isso resultaria em custos, perda de tempo e trabalho para todos os envolvidos.
377. Que, neste momento, não goza das atribuições e prerrogativas do administrador judicial.
378. Mesmo administradores judiciais experientes reconhecem que o exíguo prazo de cinco dias previsto no artigo 51, § 2º, da LRF é "absolutamente inviável para [...] analisar com a devida profundidade os documentos apresentados e aptos a apurar se a empresa é merecedora ou não da ferramenta legal de soerguimento" (PINTO, Fabio Souza. O instituto da constatação prévia na recuperação judicial e sua positivação na Lei 11.101/2005. In: LASPRO, Oreste Nestor de Souza et al. (Coord.). *Recuperação judicial e falência*: atualizações da Lei 14.112/2020 à Lei 11.101/2005. São Paulo: Quartier Latin, 2021. p. 77).

No máximo, à vista dos seus conhecimentos em contabilidade, o auxiliar poderá indicar que a documentação financeira dos devedores sugere a *inatividade* de todos ou de algum deles, a fim de subsidiar a avaliação do juiz acerca dos pressupostos para o processamento da recuperação judicial e sobre a própria composição do polo ativo.

A constatação prévia também poderá ter a finalidade de verificar as *reais condições de funcionamento* dos devedores. O objetivo aqui consiste em apurar se existe alguma atividade sendo realizada e não indagar sobre a viabilidade da sua preservação. Logo, a constatação deverá ser superficial, devendo o profissional se limitar a descrever se o estabelecimento existe[379] e está operando, se há maquinário funcionando, se ocorre o atendimento de clientes, se existe produção de bens ou fornecimento de serviços etc., enfim, se há elementos indicativos da existência de alguma operação.

A intenção da lei parece ser a de evitar o processamento da recuperação judicial de empresa que já tenha encerrado as suas operações[380] (já que o exercício de atividade regular é pressuposto do pedido de recuperação judicial), e não excluir o direito de quem esteja operando de forma precária, até porque, a depender das circunstâncias, a revitalização das atividades pode depender apenas da injeção de recursos viabilizada pela própria recuperação judicial.

Tratando-se, porém, de grupo econômico que conte com inúmeros estabelecimentos, deverá haver razoabilidade na extensão da constatação, a fim de que seja possível concluí-la no prazo máximo de cinco dias previsto em lei. Considerando, em especial, a realidade de empresas com operações em diversas localidades diferentes, a verificação *in loco* deve se limitar aos casos em que efetivamente se suspeitar da inatividade ou de qualquer tipo de fraude ou abuso por parte dos devedores no recurso à recuperação judicial.

Ainda no âmbito dos feitos sob consolidação processual, o auxiliar também poderá conferir as características do estabelecimento indicado na inicial como sendo o principal entre os dos devedores (p. ex., para verificar se nele se concentra o centro administrativo do grupo), a fim de subsidiar o exame da competência territorial.

---

379. Não se podendo ainda ignorar a realidade cada vez mais frequente de estabelecimentos virtuais, em que a atividade da empresa ocorre sem que exista um estabelecimento físico, como frequentemente ocorre nos setores ligados a serviços de tecnologia. Evidentemente, nesse caso a inexistência de estabelecimento não conduzirá à conclusão da inexistência de atividade.
380. Conforme pondera Pedro Ivo Lins Moreira, o juiz só poderá indeferir o processamento da recuperação judicial quando estiver cabalmente demonstrado que não há funcionamento da empresa (paralisação ostensiva) ou que há tentativa de utilização fraudulenta do processo (Constatação prévia e a relação com a recuperação judicial, cit., p. 257).

Em todo caso, o profissional nomeado pelo juízo deverá se reservar de fazer quaisquer observações sobre a viabilidade da preservação da atividade dos devedores, mesmo que essa conclusão possa logicamente decorrer da constatação das condições do seu funcionamento. Afinal, se nem ao juiz compete essa análise[381], sendo-lhe expressamente "vedado o indeferimento do processamento da recuperação judicial baseado na análise de viabilidade econômica do devedor" (LRF, art. 51-A, § 5º)[382], não caberá ao seu auxiliar fazê-lo[383].

Não se deve, por outro lado, incorrer no equívoco de presumir a má-fé dos devedores, tratando-se as exceções como regra, nem perder de vista que os casos de fraude ou abuso manifesto são invariavelmente denunciados ao juízo, especialmente pelos próprios credores ou pelo administrador judicial. Logo, essa constatação não é indispensável, nem se traduz na última oportunidade para o que o juiz previna ou ponha fim à utilização indevida da recuperação judicial.

---

381. Decorridos mais de 15 anos de vigência da LRF, continua havendo resistência de determinados segmentos em aceitar que compete aos credores, e não ao juiz, avaliar e decidir sobre a viabilidade e a solução para a crise do devedor (a recuperação judicial ou a falência). É possível que os credores não decidam bem em todos os casos, segundo aquela que se supõe a melhor solução para o mercado, os trabalhadores e a sociedade, mas se espera que a racionalidade econômica que informa seu processo decisório seja capaz de produzir resultados melhores do que a decisão tomada pelo juiz, com base em critérios próprios. É esse o sistema da lei, de modo que quaisquer expedientes que visem excluir dos credores essa competência, a despeito dos propósitos bem-intencionados, configuram inadmissível violação do sistema jurídico. A atuação discricionária do juiz no âmbito de relações privadas ocorre além da sua competência e, portanto, de forma ilegítima. Por isso, em vez de se preocupar em saber se a empresa é viável ou não, compete ao juiz, isto sim, zelar para que o processo tramite de forma célere e eficiente, para que os credores possam tomar sua decisão do modo mais expedito e informado possível. Fora dessas hipóteses, a intervenção judicial deve ser excepcional, para prevenir ou remediar a fraude à lei ou o abuso do direito, mas sem tomar para si o papel dos credores.
382. Ao comentar essa norma, Manoel Justino Bezerra Filho anota que o legislador quis manter o entendimento de que ao juiz não é dado examinar aspectos de natureza econômica. No entanto, pondera ser "bastante difícil que o perito nomeado possa verificar as reais condições de funcionamento da empresa sem adentrar em aspectos de viabilidade econômica. Esse ponto, de certa forma contraditório, será causa de extrema dificuldade para o trabalho pericial" (*Lei de Recuperação de Empresas e Falência comentada*, cit., 15. ed., p. 263-266).
383. Como bem anota Carlos Roberto Claro, não cabe ao juiz realizar exame exauriente da crise empresarial (que compete à coletividade de credores), de modo que isso também não seria cabível na perícia prévia, que não deverá perquirir sobre a viabilidade empresarial, mas apenas e tão somente conferir se os documentos empresariais estão conformes à lei, bem como as condições em que o devedor opera (*Apontamentos sobre o diagnóstico preliminar em recuperação judicial*, cit., p. 61 e 64). Em sentido contrário, defendendo que, de acordo com as alterações promovidas pela Lei 14.112/2020, caberia ao juiz "checar a integridade do pedido de recuperação judicial, que contempla tanto a verificação das reais possibilidades de superação da crise quanto a investigação da consistência da documentação apresentada", confira-se Pedro Ivo Lins Moreira (*Constatação prévia e a relação com a recuperação judicial*, cit., p. 255). Nessa mesma linha se posiciona Guilherme Costa, para quem o juiz não deve deferir o processamento da recuperação judicial se não houver condições de recuperação, o que poderia e deveria ser verificado na constatação prévia (Constatação prévia. In: WAISBERG, Ivo et al. (Coord.). *Transformações no direito de insolvência*: estudos sob a perspectiva da reforma da Lei 11.101/2005. São Paulo: Quartier Latin, 2021. p. 286).

2.7.2 A AGC pode rever a admissão da consolidação processual?

Anteriormente à edição da Lei 14.112/202, chegou-se a especular se a alínea "f" do inciso I do artigo 35 da LRF – que prevê a competência da AGC para deliberar sobre "qualquer outra matéria que possa afetar os interesses dos credores" – permitiria aos credores rever a admissão do litisconsórcio na recuperação judicial, ou sobre a própria composição do polo ativo, determinando a exclusão ou inclusão de algum devedor[384].

A esse respeito, a redação do artigo 69-G deixa claro que a decisão de promover a recuperação em grupo compete exclusivamente aos devedores, que poderão requerer a consolidação processual se preencherem individualmente os pressupostos objetivos e subjetivos contidos em lei e satisfizerem os requisitos exigidos especificamente para a cumulação subjetiva (requerimento conjunto, integração dos devedores a grupo econômico sob controle societário comum e existência de repercussão da crise entre eles).

A lei não contemplou nenhuma hipótese de deliberação dos credores sobre a consolidação processual, que não depende de aprovação prévia nem de ratificação da AGC, em cuja competência não se insere nenhuma matéria especificamente relacionada à formação do litisconsórcio (LRF, art. 35).

Tampouco gozam os credores de autoridade para determinar a exclusão ou inclusão de certa empresa no polo ativo, já que a adesão ao litisconsórcio decorre da vontade exclusiva dos próprios devedores, competindo somente ao juiz verificar o preenchimento dos requisitos exigidos para a consolidação processual. Tal como se dá na recuperação ajuizada individualmente, o papel dos credores na recuperação processada sob consolidação processual será o de aprovar ou rejeitar o plano, sem possibilidade de interferir na composição do polo ativo.

No máximo, os credores poderão, individualmente ou por meio do seu comitê, reclamar ao juiz acerca da indevida formação do litisconsórcio ou composição do polo ativo, deduzindo razões para convencer o magistrado de que, naquele caso, a consolidação processual não seria cabível ou de que determinado devedor não poderia integrar o pedido (p. ex., em razão de não preencher algum pressuposto legal exigido para a recuperação, por não integrar o grupo econômico dos demais, ou ser completamente alheio à crise do grupo).

Ressalva-se ainda que, depois de deferido o processamento da recuperação judicial, a desistência do pedido por parte de algum ou de todos os devedores

---

[384]. Na jurisprudência, todavia, só foi identificada discussão desse tema no âmbito da consolidação substancial, não tendo sido encontradas decisões que subordinaram a consolidação processual à aprovação prévia ou à ratificação dos credores.

dependerá da aprovação da AGC, conforme previsto nos artigos 35, I, "d", e 52, § 4º, da LRF[385].

2.8 COORDENAÇÃO DOS ATOS PROCESSUAIS

Nos termos do artigo 69-I, *caput*, da LRF, a consolidação processual "acarretará a coordenação dos atos processuais", o que significa que o processo deverá ser conduzido de modo a permitir uma solução conjunta, conjugada ou ao menos simultânea para a crise do grupo[386], sempre buscando a eficiência, a economia e a celeridade processual.

Não se pode perder de vista que, no contexto da crise do grupo, a viabilidade da recuperação de uma empresa do grupo poderá depender do reequilíbrio da situação econômico-financeira de outra, a exigir ou recomendar que a decisão sobre a concessão da recuperação judicial ocorra de forma concomitante em relação a elas.

Essa necessidade será ainda maior nos casos em que a superação da crise do grupo exigir negócios entre os próprios devedores, que dependerão, por conseguinte, da aprovação do(s) plano(s) de recuperação pelos conjuntos de credores de cada um deles.

Por isso, cumpre aos atores do processo, notadamente aqueles diretamente responsáveis pela sua condução[387] (*i.e.*, o juiz e o administrador judicial), implementar as medidas necessárias para que, *tanto quanto possível*, o procedimento se desenvolva de forma simultânea em relação a todos os devedores, especialmente para que as deliberações dos seus respectivos credores sobre o plano possam se dar na mesma oportunidade, permitindo-se, por conseguinte, que a concessão da recuperação judicial ou decretação da falência dos litisconsortes seja objeto da mesma decisão.

A coordenação processual será particularmente necessária nas etapas mais importantes do procedimento da recuperação judicial, que são: (i) o deferimento do processamento; (ii) a verificação dos créditos; (iii) a apresentação do plano de recuperação; (iv) a deliberação da assembleia geral de credores sobre o plano; e (v) a homologação da deliberação pelo juiz, com a concessão da recuperação

---

385. LRF, artigo 35. "A assembleia-geral de credores terá por atribuições deliberar sobre: I – na recuperação judicial: [...] d) o pedido de desistência do devedor, nos termos do § 4º do art. 52 desta Lei". Artigo 52, § 4º. "O devedor não poderá desistir do pedido de recuperação judicial após o deferimento de seu processamento, salvo se obtiver aprovação da desistência na assembleia-geral de credores".
386. O que não significa desconsiderar a independência patrimonial entre os devedores, o que só ocorrerá caso venha a ser autorizada a consolidação substancial.
387. Também se espera dos devedores e dos seus credores que contribuam para esse objetivo, agindo com a boa-fé que lhes exige o artigo 5º do Código de Processo Civil de modo a evitar o retardamento do processo em relação a algum litisconsorte.

ou a decretação da falência. É nessas fases, em especial, que juiz e administrador judicial deverão tomar as medidas e cautelas necessárias para garantir que o processo tramite de forma simultânea em relação aos vários devedores.

Como os litisconsortes são considerados "litigantes distintos" (CPC, art. 117), os prazos processuais são contados de modo independente em relação a cada um deles. Assim, para garantir a marcha simultânea do processo, serão necessárias algumas medidas para que certos prazos (como o do *stay period*, de apresentação do plano, de formulação de objeções e de todos aqueles ligados à verificação dos créditos) tenham os mesmos termos no tocante a todos os devedores ou aos seus respectivos credores[388].

Embora os proponentes da recuperação judicial em grupo costumem ser representados pelos mesmos advogados, não há tal exigência na lei. Tampouco se exige que os litisconsortes pratiquem todos os atos processuais em conjunto. Somente a petição inicial é que haverá, necessariamente, de ser conjunta, contendo o requerimento de recuperação judicial sob consolidação processual. Após o ajuizamento da ação, porém, é perfeitamente possível que os devedores se manifestem nos autos de forma independente, especialmente se não forem representados pelos mesmos advogados (apesar de isso ser raro na prática forense).

Nem mesmo a consolidação substancial exigirá que os devedores sejam representados pelos mesmos advogados ou que pratiquem os atos processuais em conjunto (à exceção do plano de recuperação, que deverá ser unitário). Embora implique que os ativos e passivos dos devedores sejam tratados como se pertencessem a uma única entidade, a consolidação substancial não cria uma pessoa jurídica nova, nem importa extinção das personalidades jurídicas dos devedores ou das procurações que individualmente tiverem outorgado aos seus respectivos advogados.

De toda forma, ainda que os litisconsortes sejam representados por advogados distintos e os autos do processo sejam físicos, parece ser completamente incompatível com a celeridade visada pela recuperação judicial sob consolidação processual a contagem dos prazos em dobro prevista no artigo 229 do CPC. Tanto assim que os prazos previstos na LRF se submetem a regime específico, contando-se em dias corridos (art. 189, § 1º, I).

Impõe-se destacar, por fim, que a coordenação dos atos processuais operada em razão da consolidação processual não é absoluta, nem significa que todos e quaisquer atos do processo, relativos aos múltiplos devedores, devam necessa-

---

388. Na eventual impossibilidade de fazer coincidir determinado prazo em relação a todos os devedores, poderá o juiz acelerar ou retardar o curso do processo, desde que respeite os prazos peremptórios, para restabelecer a tramitação simultânea.

riamente ocorrer de forma conjunta ou na mesma oportunidade, o que pode ser inconveniente ou até impraticável em determinados casos[389].

Logo, não se decretará a nulidade pela ausência de coordenação dos atos do processo se não houver prejuízo concreto dela decorrente. E, mesmo que reconhecida a nulidade, não serão repetidos os atos que puderem ser aproveitados, nem serão supridos aqueles cuja falta não causar prejuízo (CPC, arts. 277, 282, § 1º, e 283)[390].

2.9 DEFERIMENTO DO PROCESSAMENTO DA RECUPERAÇÃO JUDICIAL

Presentes os pressupostos legais e estando em termos a documentação de todos os devedores, inclusive quanto à demonstração específica dos requisitos para a admissão do litisconsórcio ativo, o juiz deferirá o processamento da recuperação judicial sob consolidação processual, que acarretará a coordenação de atos processuais.

Mesmo que a Lei 14.112/2020 tenha aclarado e distinguido os conceitos de consolidação processual e consolidação substancial, é de boa cautela[391] que o juiz, ao deferir o processamento da recuperação judicial sob consolidação processual, esclareça que a mera admissão do litisconsórcio ativo não tem implicação sobre a independência patrimonial de cada um dos devedores, nem implica fusão dos quadros de credores ou modificação dos direitos políticos destes na deliberação sobre o plano[392].

Com efeito, o deferimento do processamento sob consolidação processual significa apenas que a recuperação judicial requerida por dois ou mais devedores correrá de forma conjunta, nos mesmos autos, de modo que os atos processuais se-

---

389. Por exemplo, em razão de o deferimento do processamento da recuperação judicial em relação a determinado litisconsorte ocorrer em momento processual distinto dos demais, em virtude do provimento de recurso admitindo a participação, no polo ativo, de devedor que fora excluído do processo pelo juiz de primeiro grau.
390. Art. 277. "Quando a lei prescrever determinada forma, o juiz considerará válido o ato se, realizado de outro modo, lhe alcançar a finalidade". Art. 282, § 1º. "O ato não será repetido nem sua falta será suprida quando não prejudicar a parte". Art. 283. "O erro de forma do processo acarreta unicamente a anulação dos atos que não possam ser aproveitados, devendo ser praticados os que forem necessários a fim de se observarem as prescrições legais. Parágrafo único. Dar-se-á o aproveitamento dos atos praticados desde que não resulte prejuízo à defesa de qualquer parte".
391. Sobretudo por conta dos muitos casos em que a consolidação substancial foi implementada de forma "silenciosa" (isto é, sem decisão que a autorizasse).
392. O que tem sido feito nas recuperações judiciais que tramitam nas varas especializadas de São Paulo, cujos juízes, ao deferir o processamento das recuperações dos grupos, costumam consignar que a consolidação processual não importa o automático deferimento da consolidação substancial.

jam praticados coordenadamente. Porém, não sendo determinada a consolidação substancial, os direitos dos credores e as responsabilidades dos devedores serão exatamente os mesmos que teriam caso os litisconsortes houvessem requerido sozinhos a recuperação judicial, de maneira autônoma.

A decisão que admite o processamento da recuperação produzirá os efeitos[393] previstos no artigo 6º da LRF em relação a todos os devedores, importando: (i) suspensão do curso da prescrição das suas obrigações sujeitas ao regime da lei concursal; (ii) suspensão das execuções[394] contra eles ajuizadas, inclusive daquelas dos credores particulares do sócio solidário, relativas a créditos ou obrigações sujeitos à recuperação judicial; e (iii) proibição de qualquer forma de retenção, arresto, penhora, sequestro, busca e apreensão e constrição judicial ou extrajudicial sobre os seus bens, oriunda de demandas judiciais ou extrajudiciais cujos créditos ou obrigações se sujeitem à recuperação judicial ou à falência.

Conforme a nova redação[395] dada pela Lei 14.112/2020 ao § 4º do artigo 6º da LRF, as suspensões e proibição acima referidas perdurarão pelo prazo de 180 dias, contado em dias corridos[396] a partir do deferimento do proces-

---

393. Conforme o § 12 do artigo 6º da LRF, introduzido pela Lei 14.112/2020, mesmo antes de apresentada toda a documentação exigida dos devedores, ou ainda na pendência da constatação prévia prevista no artigo 51-A da LRF, o juízo poderá antecipar total ou parcialmente os efeitos do deferimento do processamento da recuperação judicial, observado o disposto no artigo 300 do Código de Processo Civil (que, por sua vez, autoriza a concessão de tutela de urgência quando houver elementos que evidenciem a probabilidade do direito e o perigo de dano ou risco ao resultado útil do processo).
394. Implicará também a suspensão dos processos de falência que tenham sido ajuizados contra determinado devedor, mesmo que a recuperação judicial tenha sido ajuizada depois do decurso do prazo de contestação ao pedido de falência.
395. Em sua redação original, o artigo 6º, § 4º, da LRF previa que a suspensão das execuções não poderia exceder, em nenhuma hipótese, o prazo improrrogável de 180 dias contado do deferimento do processamento da recuperação. A despeito do comando claro e inequívoco da norma, a jurisprudência passou a admitir justamente o oposto, isto é, que referido prazo comportava prorrogação. O próprio Superior Tribunal de Justiça passou a decidir que "o mero decurso do prazo de 180 dias previsto no art. 6º, § 4º, da LFRE não é bastante para, isoladamente, autorizar a retomada das demandas movidas contra o devedor, uma vez que a suspensão também encontra fundamento nos arts. 47 e 49 daquele diploma legal, cujo objetivo é garantir a preservação da empresa e a manutenção dos bens de capital essencial à atividade na posse recuperanda" (3ª T., REsp 1610860/PB, rel. Min. Nancy Andrighi, j. 13.12.2016). Preocupa, todavia, o fato de os Tribunais terem negado vigência à norma sem declarar a sua eventual inconstitucionalidade, fazendo do comando imperativo mera recomendação e, por conseguinte, gerando incerteza quanto ao período em que as execuções efetivamente ficariam suspensas. Isso não é algo sem relevância, pois, a par de causar insegurança jurídica, essa indefinição quanto às regras do jogo prejudica gravemente o sistema idealizado para a negociação do plano entre o devedor e os seus credores (já que o tempo de suspensão das medidas de satisfação dos créditos é um dos fatores que pesam na definição das suas estratégias e na própria deliberação sobre o plano).
396. LRF, artigo 189, § 1º, I.

samento da recuperação, prorrogável por igual período, uma única vez[397], em caráter excepcional, desde que o devedor não haja concorrido para a superação do lapso temporal.

O ato de deferimento do processamento também marca o termo inicial do *stay period* e do prazo de sessenta dias para apresentação do plano. Nele também são determinadas providências importantes do processo concursal, notadamente a nomeação do administrador judicial e a publicação do edital que dá início ao procedimento de verificação dos créditos.

Cuida-se de momento particularmente relevante para a coordenação dos atos processuais visada pela consolidação processual. Por isso, no âmbito da recuperação judicial ajuizada em litisconsórcio, é conveniente que o deferimento do seu processamento ocorra na mesma oportunidade em relação a todos os devedores, a fim de que se submetam aos mesmos prazos e para que os procedimentos de verificação dos créditos detidos em face de cada um deles também ocorram de forma simultânea.

Assim, se o juiz verificar a necessidade de determinar a emenda da petição inicial para que, por exemplo, seja sanada a deficiência da documentação de algum dos litisconsortes, é conveniente que aguarde o aditamento antes de deferir o processamento da recuperação aos demais, ainda que a documentação deles esteja em ordem[398].

Caso o deferimento do processamento da recuperação judicial em relação a algum litisconsorte ocorra em momento distinto dos demais (p. ex., pelo provimento de agravo de instrumento interposto contra decisão que haja indeferido a participação de certo devedor no polo ativo), caberá ao juiz, tanto quanto possível, promover as medidas necessárias para restabelecer a tramitação simultânea do processo, retardando ou acelerando sua marcha, visando sempre à unidade do procedimento e à economia processual.

---

397. Embora a lei agora preveja a possibilidade de haver uma única prorrogação, continuaria valendo, em tese, a exceção criada pela jurisprudência nos casos em que a demora na deliberação sobre o plano não puder ser imputada ao devedor. Espera-se, todavia, que isso não aconteça e que, com a previsão legal de prorrogação (que concede prazo de quase um ano para que ocorra a deliberação sobre o plano), a jurisprudência deixe de admitir outras dilações além daquela autorizada pela lei, em benefício da segurança jurídica e do equilíbrio de forças entre o devedor e os seus credores.
398. A depender das circunstâncias, o juiz poderá antecipar os efeitos do deferimento do processamento da recuperação judicial em relação aos devedores cuja documentação esteja regular, para obstar o prosseguimento das execuções ou a realização de medidas constritivas contra eles (LRF, art. 6º, § 12). Havendo o posterior deferimento do processamento da recuperação, terá início o prazo de 180 dias previsto no artigo 6º, § 4º, do qual não deverá ser descontado o período em que as execuções e medidas constritivas ficaram suspensas em razão da tutela antecipada (cf. CAMILO JUNIOR, Ruy Pereira. In: TOLEDO, Paulo Fernando Campos Salles de. *Comentários à Lei de Recuperação de Empresas*, cit., p. 114).

2.10 ADMINISTRADOR JUDICIAL

Ao deferir o processamento da recuperação judicial sob consolidação processual, o juiz deverá nomear um único administrador judicial (LRF, art. 69-H)[399]. A nomeação deverá ser feita na forma prevista na Seção III do Capítulo II da LRF, recaindo em profissional idôneo, preferencialmente advogado, economista, administrador de empresas ou contador, ou pessoa jurídica especializada, que desempenhará as atribuições previstas no artigo 22, I e II, relativamente a todos os devedores.

A nomeação de um único administrador judicial tem a finalidade de viabilizar a coordenação dos atos do processo envolvendo múltiplos devedores, bem como a possível redução de custos[400], em comparação àqueles que seriam incorridos com a nomeação de vários administradores judiciais, como ocorreria se os devedores requeressem a recuperação de modo autônomo[401].

A fixação do valor e forma da remuneração do administrador judicial deverá, contudo, observar a capacidade de pagamento de todos os devedores, em conjunto, bem como a complexidade do trabalho (LRF, art. 24)[402], que tende a ser maior no contexto da recuperação judicial em litisconsórcio quanto mais amplas forem a composição do polo ativo[403] e a dimensão do grupo. Por outro lado, o limite máximo dessa remuneração corresponderá a 5% do montante total dos créditos sujeitos à recuperação judicial (LRF, art. 24, § 5º)[404], computados uma única vez mesmo que mais de um devedor seja simultaneamente responsável pelo adimplemento da prestação, como se dá com relação às dívidas solidárias.

---

399. LRF, artigo 69-H. "Na hipótese de a documentação de cada devedor ser considerada adequada, apenas um administrador judicial será nomeado, observado o disposto na Seção III do Capítulo II desta Lei".
400. Considerando, todavia, que a formação do litisconsórcio ativo implica maior complexidade dos trabalhos, que repercutirá na definição da remuneração do administrador judicial, não é possível afirmar que, em todos os casos, a nomeação de um único administrador será efetivamente menos custosa.
401. Conforme Marcelo Sacramone, "ainda que a remuneração do administrador judicial seja fixada com base no padrão de mercado, desde que submetida a limite de 5% do passivo sujeito à recuperação, a fiscalização de mais de um empresário não aumentará os honorários exatamente na mesma proporção, haja vista o aproveitamento de diversos atos, a possível proximidade fática, contábil e administrativa entre os diversos devedores. A nomeação de um único profissional no processo, nesses termos, foi decorrente dessa possibilidade de maximização da eficiência da atividade e redução dos custos comuns" (*Comentários à Lei de Recuperação de Empresas e Falência*, cit., p. 597).
402. LRF, artigo 24. "O juiz fixará o valor e a forma de pagamento da remuneração do administrador judicial, observados a capacidade de pagamento do devedor, o grau de complexidade do trabalho e os valores praticados no mercado para o desempenho de atividades semelhantes".
403. Cf. COSTA, Daniel Carnio; MELLO, Alexandre Correa Nasser de. *Comentários à Lei de Recuperação de Empresas e Falência*. Curitiba: Juruá, 2021. p. 196.
404. LRF, artigo 24, § 1º. "Em qualquer hipótese, o total pago ao administrador judicial não excederá 5% (cinco por cento) do valor devido aos credores submetidos à recuperação judicial ou do valor de venda dos bens na falência".

Questão interessante diz respeito à responsabilidade pelo pagamento da remuneração do administrador judicial e dos seus auxiliares na recuperação judicial sob consolidação processual (despesa que compete ao próprio devedor)[405]. Por conta do litisconsórcio ativo, caberá ao juiz distribuir a responsabilidade dessa despesa entre os devedores, em consideração ao montante das suas respectivas dívidas e às suas respectivas capacidades de pagamento[406].

Com efeito, à falta de previsão específica a esse respeito na LRF, deve ser aplicada a regra contida no artigo 87 do CPC[407], que determina a distribuição proporcional entre os litisconsortes da responsabilidade pelo pagamento das despesas processuais (§ 1º). No entanto, se essa distribuição não for feita pelo juiz, todos os devedores responderão solidariamente por elas (§ 2º), o que poderá resultar numa situação injusta em relação a determinados litisconsortes e para os seus respectivos credores (já que, no caso de quebra, a massa falida responderá pelo pagamento da remuneração do administrador judicial e dos seus auxiliares).

Por isso, sendo omissa a decisão do juiz a respeito, tanto os devedores quanto os credores poderão provocá-lo para que determine a divisão da responsabilidade pelo pagamento das despesas processuais e, em especial, da remuneração do administrador judicial e dos seus auxiliares.

2.11 COMITÊ DE CREDORES

A reforma promovida pela Lei 14.112/2020 não apresentou nenhuma solução para superar a falta de relevância prática do comitê de credores, constituído em raríssimos casos[408] nesses quase vinte anos de vigência da LRF.

Suas atribuições acabam sendo desempenhadas por outros atores do processo, sobretudo pelo administrador judicial e, individualmente, pelos próprios cre-

---

405. LRF, artigo 25. "Caberá ao devedor ou à massa falida arcar com as despesas relativas à remuneração do administrador judicial e das pessoas eventualmente contratadas para auxiliá-lo".
406. Proceder, todavia, que não costuma ser visto na prática forense, possivelmente pelo fato de ainda não ter havido reflexão sobre o tema, nem provocação dos eventuais interessados para que seja proferida decisão a esse respeito. No mais das vezes, a remuneração do administrador judicial e dos seus auxiliares é indistintamente atribuída aos devedores.
407. CPC, artigo 87. "Concorrendo diversos autores ou diversos réus, os vencidos respondem proporcionalmente pelas despesas e pelos honorários. § 1º A sentença deverá distribuir entre os litisconsortes, de forma expressa, a responsabilidade proporcional pelo pagamento das verbas previstas no *caput*. § 2º Se a distribuição de que trata o § 1º não for feita, os vencidos responderão solidariamente pelas despesas e pelos honorários".
408. Entre os raros exemplos da constituição de comitê de credores, podem ser citadas as recuperações judiciais dos grupos Aralco, Agrenco, Renuka e Rede Energia. Ainda assim, sua atuação foi pouco relevante (cf. FELSBERG, Thomas Benes; BOACNIN, Victoria Vaccari Villela. Comentários aos artigos 26 a 34. In: TOLEDO, Paulo Fernando Campos Salles de. *Comentários à Lei de Recuperação de Empresas*. São Paulo: Ed. RT, 2021. p. 197).

dores e seus advogados, já que não existem estímulos suficientes para a formação do órgão. Por outro lado, o regime de responsabilidade e o custo da remuneração dos seus membros (LRF, arts. 29 e 32) são desestímulos à constituição do comitê.

Somando-se tudo isso à inexistência de uma cultura de união de esforços entre os credores em prol de um objetivo comum[409], o comitê de credores simplesmente não vingou, não se vislumbrando, por ora, perspectiva alguma de modificação dessa realidade, de modo que as hipóteses aventadas a seguir provavelmente não passarão de mero exercício teórico.

No que se refere à recuperação judicial de grupo, não há na LRF nenhuma disposição especial acerca da formação do comitê de credores nos casos de consolidação processual ou substancial.

Considerando que a mera consolidação processual não afeta a independência dos devedores, dos seus ativos e passivos, poderá ser constituído um comitê de credores para cada um dos devedores. A constituição e a eleição dos membros desse comitê deverão ocorrer em AGCs independentes, formadas apenas pelos respectivos credores de cada devedor (ou documento que comprove a adesão da maioria dos créditos de cada classe de credores referida no artigo 26 da LRF, respectivamente a cada um dos devedores[410]).

Nesse caso, portanto, poderá ocorrer a constituição de comitês de credores independentes relativamente a todos ou a apenas alguns dos devedores. No entanto, considerando que as atribuições do comitê são essencialmente opinativas e de fiscalização, não se vislumbra óbice nem prejuízo para a constituição de um comitê único, com competência para tratar de assuntos relacionados a todos os devedores, desde que sua constituição seja aprovada, individualmente, pela maioria dos créditos de cada classe de credores, respectivamente a cada um dos devedores[411].

Em sendo deferida a consolidação substancial na recuperação judicial, os créditos detidos em face dos litisconsortes serão tratados como se se referissem a uma mesma entidade, de patrimônio indiviso. Nesse caso, os credores deliberarão em assembleia única, determinando-se as classes e os quóruns de votação

---

409. Nesse sentido, referindo-se às dificuldades para a criação do comitê de credores, Thomas Benes Felsberg e Victoria Vaccari Villela Boacnin anotam: "há ainda a dificuldade imposta pela forma de atuação dos credores, que não têm por hábito a união de esforços em prol de um resultado de interesse comum, mas sim a defesa de seus interesses individuais" (Comentários aos artigos 26 a 34, cit., p. 197).
410. Artigo 45-A, § 2º. "As deliberações sobre a constituição do Comitê de Credores poderão ser substituídas por documento que comprove a adesão da maioria dos créditos de cada conjunto de credores previsto no art. 26 desta Lei".
411. A dificuldade prática disso, no entanto, tende a inviabilizar tal expediente, ainda que teoricamente admissível.

como se houvesse somente um devedor. Logo, poderá haver a constituição de um único comitê de credores, cujos membros serão eleitos pela maioria dos créditos de cada classe de credores referida no artigo 26 da LRF, considerando todos aqueles submetidos ao processo de recuperação, independentemente do devedor a que se refiram.

2.12 A VERIFICAÇÃO DOS CRÉDITOS

À falta de norma especial disciplinando a verificação dos créditos na recuperação judicial ajuizada em litisconsórcio, ela seguirá o mesmo trâmite previsto para a ação proposta individualmente (LRF, art. 69-G, § 3º)[412], com a observação de que deverá ser *individualizada* em relação a cada devedor, porém realizada de forma *simultânea*, sendo essa outra decorrência lógica da coordenação dos atos processuais viabilizada pela consolidação processual.

Competirá aos devedores apresentar relações individualizadas dos seus respectivos credores, com discriminação do valor atualizado do crédito, origem e vencimentos, na forma prevista no artigo 51, III, da LRF. O mesmo cuidado se exige do administrador judicial, que também deverá distinguir os créditos contra cada um dos devedores tanto na relação publicada no edital referido no artigo 7º, § 2º, da LRF quanto na elaboração do quadro geral de credores.

A necessidade de manter os procedimentos de verificação dos créditos separados é evidente na consolidação processual *sem* consolidação substancial. Nesse caso, mesmo havendo a formulação de plano único, deverá ser estritamente observada a independência dos devedores, dos seus ativos e dos seus passivos (LRF, art. 69-I, *caput*). Além disso, as deliberações sobre o plano ocorrerão em assembleias separadas, compostas apenas pelos credores de cada devedor, em relação aos quais serão definidas as classes e verificados os quóruns de instalação e de deliberação (LRF, art. 69-I, §§ 1º e 2º). Logicamente, a determinação da composição da assembleia e desses quóruns será possível se forem discriminados os créditos detidos em face de cada um dos devedores.

Na consolidação processual *com* consolidação substancial, no entanto, o plano de recuperação será unitário, na medida em que os ativos e passivos dos devedores são tratados como se pertencessem a uma mesma entidade (LRF, art. 69-K, *caput*). Além disso, esse plano será submetido a uma única AGC, indistintamente formada pelos credores de todos os devedores sob consolidação substancial (LRF, art. 69-L).

---

412. LRF, artigo 69-G, § 3º. "Exceto quando disciplinado de forma diversa, as demais disposições desta Lei aplicam-se aos casos de que trata esta Seção".

Isso poderia sugerir que, com a consolidação substancial, a verificação dos créditos também poderia ocorrer de forma consolidada, dispensando-se a discriminação dos créditos detidos contra cada devedor. Essa prática, aliás, foi adotada em várias recuperações judiciais[413] anteriores à Lei 14.112/2020, especialmente naquelas em que a consolidação substancial foi operada de maneira silenciosa, isto é, sem decisão que a autorizasse.

Não existe, porém, justificativa razoável para conduzir a verificação dos créditos de forma consolidada, proceder que, diferentemente do que pode parecer à primeira vista, tende a gerar tumulto processual, além de dificultar a conferência dos créditos. Ainda que a consolidação substancial exija que seja feita a consolidação dos créditos, para efeito de determinação das classes e dos quóruns de instalação e de deliberação da AGC única, nada impede que isso seja feito *a posteriori*, depois de identificados os créditos detidos em face de cada um dos devedores.

Por outro lado, há várias razões para que a verificação dos créditos seja mantida individualizada mesmo se deferida a consolidação substancial. *Primeiro*, porque confere transparência à verificação, facilitando a fiscalização por parte dos interessados e demais órgãos competentes, além de organizar a apresentação das habilitações, divergências e impugnações previstas nos artigos 7º, § 1º, e 8º da LRF. *Segundo*, porque propicia melhor avaliação da repercussão da crise no grupo ao identificar os casos de corresponsabilidade (solidária ou subsidiária) entre os devedores, subsidiando os credores de informações relevantes para a deliberação sobre o plano de recuperação. *Terceiro*, porque a consolidação substancial pode ser deferida em qualquer momento do processo, não fazendo sentido algum modificar o procedimento de verificação dos créditos que já foi iniciado de forma individualizada. Sem contar as dificuldades práticas de reverter a consolidação da verificação dos créditos no caso de, por exemplo, ser reformada pelo tribunal a decisão que houver deferido a consolidação substancial.

Caso deferida a consolidação substancial, recomenda-se ao administrador judicial que, ao confeccionar a relação prevista no artigo 7º, § 2º, da LRF ou o quadro geral de credores, elabore listas distintas, uma contendo a discriminação individualizada dos créditos detidos em face de cada devedor e outra consolidada, contendo os créditos detidos em face de todos os devedores, sem distinção entre eles. A principal diferença será que, na lista consolidada, o crédito de responsabilidade de mais de um devedor deverá aparecer uma única vez. Desse modo

---

413. São comuns os casos em que, desde a petição inicial, os créditos são relacionados sem identificação dos seus respectivos devedores, proceder que acaba se repetindo nas relações e quadros gerais de credores elaborados pelo administrador judicial.

será possível determinar a composição da AGC única e os respectivos quóruns de instalação e de deliberação sem prejuízo da transparência que deve informar o procedimento de verificação dos créditos.

Finalmente, para garantir a tramitação simultânea dos procedimentos individualizados de verificação, juiz e administrador judicial deverão cuidar para que os editais pertinentes (LRF, arts. 52, § 1º, e 7º, § 2º) se refiram a todos os devedores, ou sejam publicados na mesma data, de modo que os termos inicial e final dos prazos para habilitação, divergências ou impugnações de crédito sejam os mesmos, independentemente do devedor a que se refiram.

A ideia é permitir que a elaboração das relações do artigo 7º, § 2º, da LRF e dos quadros gerais de credores de cada devedor ocorram, tanto quanto possível, de forma conjugada e ao mesmo tempo. Isso contribuirá para que, ao final do processo, seja possível realizar as várias AGCs de maneira simultânea (no caso de consolidação processual sem consolidação substancial), ou a AGC unificada (caso autorizada a consolidação substancial), que depende da consolidação dos créditos.

2.13 O PLANO DE RECUPERAÇÃO

Na consolidação processual sem consolidação substancial, será garantida a independência dos devedores, dos seus ativos e passivos (art. 69-I, *caput*). Nesse caso, segundo o artigo 69-I, § 1º, da LRF, os devedores proporão meios de recuperação independentes e específicos para a composição de seus passivos, admitida a sua apresentação em *plano único*. Por outro lado, deferida a consolidação substancial, caberá aos devedores apresentar *plano unitário*, que tratará os seus ativos e passivos como se pertencessem a um único devedor (arts. 69-K, *caput*, e 69-L, *caput*).

O plano de recuperação[414], antes da sua aprovação e homologação pelo juiz, consiste basicamente na *proposta*[415] para a formação de um contrato[416]. Em não

---

414. Proposta essa cuja iniciativa se defere, em primeiro lugar, ao próprio devedor (LRF, art. 53). Porém, caso o plano proposto pelo devedor venha a ser rejeitado, abre-se aos credores a possibilidade de formular o próprio plano de recuperação, conforme previsto nos §§ 4º a 7º do artigo 56 da LRF.
415. Cf. Mauro Rodrigues Penteado (Disposições preliminares, cit., p. 84).
416. É frequente na doutrina a confusão entre o plano de recuperação, enquanto proposta do devedor, e o contrato que resulta da concessão da recuperação judicial. O plano, inicialmente, não é um contrato, mas uma proposta de contrato, pois expressa somente a manifestação de vontade do devedor, vinculando apenas ele próprio aos seus termos. Como a proposta permite, observados limites legais, o autorregramento da vontade (isto é, o poder de escolha da categoria jurídica e do conteúdo das relações jurídicas produzidas pela manifestação de vontade), cuida-se de negócio jurídico unilateral, como a qualifica a maioria da doutrina. Nesse sentido, confiram-se Pontes de Miranda (*Tratado de direito privado*. 3. ed. Rio de Janeiro: Borsoi, 1972. t. 38. § 4.194, 3, p. 48) e Araken de Assis (ASSIS, Araken de. In: ARRUDA ALVIM et al. (Coord.). *Comentários*

sofrendo objeção[417] dos credores ou sendo aprovada[418] pela maioria qualificada deles, resultará num negócio jurídico que, com a sentença concessiva da recuperação judicial[419], implicará a novação das dívidas[420], inclusive quanto aos credores abstinentes ou dissidentes.

Com a concessão da recuperação judicial, o plano que tiver sido aprovado (que nem sempre será idêntico ao da proposta original do devedor, já que são admitidas modificações na própria AGC[421]) passará então a constituir um contrato: o contrato de recuperação judicial.

Apesar do histórico debate acerca da natureza jurídica da recuperação judicial[422] em torno das teorias contratualistas, processualistas e da obrigação

---

ao *Código Civil*. Rio de Janeiro: Forense, 2007. v. 5. p. 161). Ressalva-se, porém, a existência de entendimento minoritário, que qualifica a proposta como ato jurídico, sem reconhecer o *status* de negócio (BESSONE, Darcy. *Do contrato*: teoria geral. 4. ed. São Paulo: Saraiva, 1997. p. 122). Caso o plano venha a ser aprovado pela maioria qualificada dos credores e homologado pelo juiz, dará origem a outro negócio jurídico, agora bilateral, entre o devedor e seus credores, passando então a assumir a natureza de contrato.

417. Se os credores não formularem objeção ao plano, dispensa-se a convocação da AGC (LRF, art. 56), devendo o juiz conceder a recuperação judicial uma vez que o devedor preencha os pressupostos legais (LRF, art. 58, *caput*). Neste caso, a ausência de objeção ao plano equivale a uma aceitação tácita por parte de todos os credores a ele sujeitos.

418. Ressalva-se que nem sempre o plano aprovado será exatamente aquele originalmente apresentado, podendo sofrer modificações a partir das tratativas com os credores, inclusive durante a realização da assembleia.

419. Esse efeito específico, de vinculação substancial do devedor e dos credores submetidos ao plano, depende ainda da chancela do juiz, a quem compete o controle de legalidade do plano e a verificação dos pressupostos para concessão da recuperação judicial. Assim, em que pese a gênese contratual (decorrente do contrato entre o devedor e os seus credores), a novação somente se aperfeiçoará com a sentença concessiva da recuperação judicial. Aplicam-se aqui, por identidade de razões, as lições de Trajano de Miranda Valverde acerca da concordata regida pelo Decreto 5.746/1929: "O acordo, conseguintemente, do devedor com os seus credores, ainda quando resultante da vontade unânime de todos estes, não produz, só por si, os efeitos jurídicos visados pelas partes; é ainda necessário um ato de vontade do juiz, manifestado na sentença que julga válida a proposta e a aceitação. Os efeitos jurídicos não aparecem senão depois que houve a convergência dessas vontades, que concorrem para a formação da concordata" (*A falência no direito brasileiro*. Rio de Janeiro: Ariel, 1934. v. 3. p. 29).

420. Isto é, das dívidas sujeitas à recuperação (LRF, art. 49) que estiverem contempladas pelo plano.

421. LRF, artigo 56, § 3º. "O plano de recuperação judicial poderá sofrer alterações na assembleia-geral, desde que haja expressa concordância do devedor e em termos que não impliquem diminuição dos direitos exclusivamente dos credores ausentes".

422. E também dos institutos semelhantes, notadamente das espécies de concordata cuja concessão também depende da aprovação da maioria dos credores, como eram aquelas anteriores ao Decreto-lei 7.661/1945.

legal[423], tem prevalecido[424] o entendimento de que a recuperação judicial encerra um negócio jurídico[425] e, mais precisamente, um contrato[426].

Da vinculação dos credores abstinentes ou dissidentes à novação operada pela recuperação judicial decorre a principal objeção à sua conceituação como contrato, cuja celebração depende do encontro das manifestações de vontade de todas as partes contratantes[427].

Entre as tentativas de acomodação dessas duas coisas (contrato e imposição da novação aos dissidentes), podem ser citadas as teorias da vontade presumida ou da representação da minoria pela maioria, ambas objeto de consistentes oposições[428].

Mais recentemente, Gustavo Lacerda Franco[429] propôs uma solução elegante para o problema, primeiro demonstrando que o plano de recuperação aprovado e

---

423. REQUIÃO, Rubens. *Curso de direito falimentar*, cit., p. 9-12.
424. Cf. FRANCO, Gustavo Lacerda. A natureza negocial do plano de recuperação judicial e o descumprimento das obrigações nele assumidas em tempos de pandemia. In: VASCONCELOS, Ronaldo et al. (Coord.). *Reforma da Lei de Recuperação e Falência*: Lei n. 14.112/20. São Paulo: Iasp, 2021. p. 554-555).
425. Conforme Mauro Rodrigues Penteado, a lei caracteriza a recuperação judicial como negócio jurídico privado. Para o autor, a consagração definitiva do princípio das deliberações majoritárias no atual estágio evolutivo do direito obrigacional, sobretudo no âmbito das relações empresariais, parece superar a argumentação dos opositores da teoria contratualista (Disposições preliminares, cit., p. 84).
426. Entre os defensores da natureza contratual do acordo firmado entre o devedor e seus credores no âmbito do processo concursal, podem ser citados Waldemar Ferreira (*Tratado de direito comercial*: o Estatuto da Falência e da Concordata. São Paulo: Saraiva, 1965. v. 15. p. 262), Soares de Faria (*Da concordata preventiva da fallencia*, cit., p. 27), Tullio Ascarelli (O contrato plurilateral. *Problemas das sociedades anônimas e direito comparado*. Campinas: Bookseller, 2001. p. 387) e, mais recentemente, referindo-se especificamente à natureza contratual da recuperação judicial, Manoel de Queiroz Pereira Calças (Novação recuperacional. *Revista do Advogado*, São Paulo, n. 105, p. 119, 2009), Cinira Gomes de Lima Melo (*Plano de recuperação judicial*. São Paulo: Almedina, 2019. p. 129) e Gustavo Lacerda Franco (A natureza negocial do plano de recuperação judicial e o descumprimento das obrigações nele assumidas em tempos de pandemia, cit., p. 553-565).
427. Ao tratar da formação dos contratos, Enzo Roppo é categórico ao afirmar "ninguém pode ser exposto a sacrifício econômicos –, por efeito de vontade alheia, mas só por efeito da sua própria vontade". Assim, "as operações que assumem a forma de contrato são justamente aquelas em que todos os interessados (além de adquirirem vantagens) se expõem a sacrifícios ou pelo menos a riscos econômicos: para se tornar vinculante e produzir efeitos jurídicos, o regulamento respectivo necessita, por isso, ser aceito por todos os interessados, cada um dos quais deve manifestar uma vontade concordante" (*O contrato*. Coimbra: Almedina, 1998. p. 75). Essa linha de pensamento embasa as críticas de diversos autores à teoria contratualista, que podem ser sintetizadas na lição de Rubens Requião: "Tornam-se embaçados os fautores da teoria [contratualista], quando se deparam com o fato de que existem credores ausentes e dissidentes, que não manifestam a sua adesão ao pacto. São obrigados, então, traindo o princípio dogmático de que o contrato resulta da livre manifestação dos contratantes, a admitir que a minoria, ausente ou dissidente, dada a complexidade do contrato de concordata, é constrangida a observá-lo, quando a maioria estipular com o devedor. Mas, na verdade, ninguém pode ser obrigado a vincular-se a um contrato, na verdadeira acepção obrigacional e científica desse termo, contra a própria vontade" (*Curso de direito falimentar*, cit., v. 2, p. 9-10).
428. Cf. REQUIÃO, Rubens. *Curso de direito falimentar*, cit., v. 2, p. 9-10.
429. FRANCO, Gustavo Lacerda. A natureza negocial do plano de recuperação judicial e o descumprimento das obrigações nele assumidas em tempos de pandemia, cit., p. 553-565.

homologado possui a estrutura de um negócio jurídico[430], segundo a bem-aceita teoria de Antônio Junqueira de Azevedo:

> [...] as partes, devedor(es) de um lado e credores de outro, manifestam as suas vontades, aquele(s) propondo um plano e eventualmente acolhendo alterações promovidas pelos credores e estes apresentando objeção ou não ao plano e, geralmente, deliberando sobre a sua aprovação ou rejeição em assembleia geral de credores. Se aprovado pelos titulares de créditos e homologado pelo juízo – em controle de legalidade prévio que se atenta à sua projeção nos planos da existência, da validade e da eficácia –, o plano recuperacional produzirá os efeitos jurídicos designados como queridos pelas partes (e assim vistos socialmente), não se podendo negar sua eficácia vinculante. O caráter negocial do plano é claro[431].

O autor prossegue qualificando esse negócio jurídico como um contrato bilateral ante o sinalagma estabelecido entre duas partes (de um lado o devedor e, de outro, os credores). Finalmente, colocando todos os credores no mesmo polo da relação contratual, sustenta que essa parte do contrato (isto é, o conjunto de credores) exprimiria sua vontade de maneira peculiar, a partir do mecanismo de deliberação assemblear.

O problema da manifestação de vontade da parte que é formada por uma pluralidade de sujeitos parece ser suficientemente resolvido segundo a ideia de ato colegial, mormente porque, no caso da recuperação judicial, a prevalência da maioria decorre de determinação legal. Ou seja, a manifestação de vontade

---

430. Para Mauro Rodrigues Penteado, a lei caracteriza a recuperação judicial como negócio jurídico privado, anotando ainda que a consagração definitiva do princípio das deliberações majoritárias no atual estágio evolutivo do direito obrigacional, sobretudo no âmbito das relações empresariais, parece superar a argumentação dos opositores da teoria contratualista (Disposições preliminares, cit., p. 84).

431. Opondo-se às teorias que procuravam identificar o negócio jurídico a partir da sua gênese, como ato de vontade, ou então pela função, Antônio Junqueira de Azevedo propôs definir o negócio jurídico a partir da sua estrutura. Segundo a sua teoria, o negócio jurídico, estruturalmente, pode ser definido como categoria (isto é, como fato jurídico abstrato) ou como fato (leia-se: fato jurídico concreto): "Como categoria, ele é a hipótese de fato jurídico (às vezes dita 'suporte fático'), que consiste em uma manifestação de vontade cercada de certas circunstâncias (as circunstâncias negociais) que fazem com que socialmente essa manifestação seja vista como dirigida à produção de efeitos jurídicos; negócio jurídico, como categoria, é, pois, a hipótese normativa consistente em declaração de vontade (entendida esta expressão em sentido preciso, e não comum, isto é, entendida como manifestação de vontade, que, pelas suas circunstâncias, é vista socialmente como destinada à produção de efeitos jurídicos). Ser declaração de vontade é a sua característica específica primária. Segue-se daí que o direito, acompanhando a visão social, atribui, à declaração, os efeitos que foram manifestados como queridos, isto é, atribui a ela efeitos constitutivos de direito – e esta é a sua característica específica secundária. *In concreto*, negócio jurídico é todo fato jurídico consistente em declaração de vontade, a que o ordenamento jurídico atribui os efeitos designados como queridos, respeitados os pressupostos de existência, validade e eficácia impostos pela norma jurídica que sobre ele incide" (*Negócio jurídico*: existência, validade e eficácia. 3. ed. São Paulo: Saraiva, 2000. p. 16). Ainda hoje, trata-se da teoria com maior aceitação pela doutrina pátria.

da parte contratante composta pela pluralidade de credores se expressa pela voz da maioria porque assim determina a lei[432].

Plenamente compatível com essa ideia a concepção da recuperação judicial enquanto contrato bilateral, em oposição ao contrato plurilateral. Afinal, o que justifica conceder à maioria o poder de definir o sentido da manifestação de vontade do conjunto de credores não é nenhuma comunhão de interesses entre eles[433], mas a circunstância excepcional de serem compelidos, por força do processo concursal, a negociar o acordo com o devedor a partir da mesma posição jurídica (integrando, pois, o mesmo *centro de interesses*), segundo as regras preestabelecidas.

Tampouco se verificam elementos fundamentais do contrato plurilateral[434], como a unificação voluntária das partes em torno de uma finalidade comum (que não se confunde com a eventual coincidência de interesses de determinados credores), ou o vínculo obrigacional de uma parte para com todas as outras partes (na recuperação judicial, os credores assumem direitos e obrigações perante o devedor, numa relação jurídica de equivalência, mas não uns perante os outros[435]).

O próprio Ascarelli, embora identificasse na concordata um contrato, rejeitava atribuir-lhe a qualificação de contrato plurilateral:

> Não é preciso lembrar poder uma "parte" ser composta de "vários" sujeitos. Os condôminos que vendem a coisa comum constituem "uma" parte, embora composta de "várias" pessoas. Justamente, na hipótese de que a "uma" parte correspondem "várias" pessoas, surge o problema

---

432. Ao tratar da manifestação de vontade pela qual vários sujeitos assumem, em um negócio jurídico, a posição de uma parte única, Tullio Ascarelli leciona: "a uma pluralidade de pessoas e, portanto, a uma pluralidade de manifestações de vontade, corresponde uma única parte; as várias manifestações de vontade são destinadas a fundir-se. Nesta hipótese, vigora, às vezes, a regra da maioria, justamente porque se trata de determinar, através do concurso de mais manifestações de vontade, qual é a vontade das 'parte'. É a hipótese do ato colegial, obviamente distinta daquela do contrato. Para verificar esta diferença basta, aliás, observar que, um ato colegial constitui uma manifestação de vontade que, por seu turno, concorrendo com a declaração de vontade da parte contrária, integra um contrato" (O contrato plurilateral, cit., p. 378).
433. Nesse sentido, Trajano de Miranda Valverde anota que "o concurso de credores é um processo legal. Não é possível ver-se nessa concorrência uma associação, embora momentânea, de indivíduos, ou mesmo uma *communio incidens*, ou qualquer outra espécie de comunhão. (É um termo que também deve ser afastado por gerar ideias erradas sobre o concurso de credores.) Cada credor, que no concurso resolve entrar, sabe de antemão quais são os seus direitos e quais as suas obrigações; o que pode e o que não pode fazer. Cada um age por si e no seu próprio interesse, contrariando, se possível, o dos outros concorrentes. Nenhum espírito associativo, mas o conflito de interesses, que a lei procura solucionar, ora pondo de lado os interessados, ora consultando-os pela voz da maioria" (*A falência no direito brasileiro*, cit., p. 146).
434. Ressalva-se, todavia, a opinião de Vera Helena de Mello Franco e Rachel Sztajn, que sustentam que o plano é um negócio de cooperação que se assemelha ao contrato plurilateral (*Falência e recuperação da empresa em crise*: comparação com as posições do direito europeu. Rio de Janeiro: Elsevier, 2008. p. 234).
435. Não se deve confundir, todavia, o negócio jurídico firmado *na* recuperação judicial com os negócios jurídicos previstos no plano de recuperação, que poderá propor, entre outras coisas, a constituição de sociedade pelos credores, os quais, daí sim, se aceitarem a condição de sócios, passariam a figurar num contrato plurilateral.

da formação da vontade dessa "parte". Referimo-nos, no texto, a uma pluralidade de "partes" e não à eventualidade de que a "uma" parte correspondem "várias" pessoas. Não há, pois, contrato "plurilateral" na concordata (embora haja, também nesta hipótese, contrato), uma vez que os credores, embora sem constituir uma pessoa jurídica, se apresentam reagrupados em "uma" parte (que se contrapõe à outra parte, constituída pelo devedor): é por isso que, com determinadas cautelas e controles, se torna possível uma deliberação por maioria dos credores[436].

Enfim, mesmo que persistam consistentes objeções semânticas[437] ou filosóficas à qualificação da recuperação judicial como contrato, são inegáveis as vantagens de assim concebê-la, ainda que para fins meramente operacionais[438].

Afinal, essa concepção submete os problemas relativos à existência, validade e eficácia das obrigações que derivam da recuperação judicial, notadamente no âmbito do cumprimento do plano, às conhecidas regras e princípios que disciplinam o fenômeno contratual, algo que inegavelmente contribui para a segurança jurídica e eficiência econômica do instituto em comento[439].

A noção do plano de recuperação como proposta que leva à celebração de um contrato também é útil para lidar com a recuperação judicial dos grupos de empresa, especialmente nos casos em que a solução para a crise dos devedores demandar operações conjugadas e, simultaneamente, respeito à autonomia patrimonial, como se exige no âmbito da mera consolidação processual.

2.13.1 Sentido da expressão "meios de recuperação independentes e específicos"

Por conta dos vários casos em que os devedores foram tratados como se fossem uma única pessoa jurídica (pelo mero fato de ajuizarem a recuperação em conjunto), a Lei 14.112/2020 estabeleceu que, na mera consolidação processual, os

---

436. ASCARELLI, Tullio. O contrato plurilateral, cit., p. 387.
437. Semelhante ao argumento que rejeitava a possibilidade de haver sociedade unipessoal por encerrar *contradictio in terminis*, hoje superado pelo artigo 1.052, § 1º, do Código Civil.
438. Mesmo que a recuperação judicial não pudesse ser tecnicamente qualificada como um contrato – o que se admite apenas para fins de argumentação –, é inegável que, tanto jurídica como economicamente, ela opera como tal, não fazendo sentido algum submetê-la a regime diverso daquele legalmente oponível a situações idênticas ou muitíssimo assemelhadas nos planos fático e axiológico.
439. Vale comentar que a reforma operada pela Lei 14.112/2020 adicionou novas camadas de complexidade ao problema da conceituação da recuperação judicial como contrato ao conceder aos credores não apenas a faculdade de formular um plano (caso aquele apresentado pelo devedor venha a ser reprovado), mas de aprová-lo independentemente da concordância do devedor (LRF, art. 56, §§ 4º a 7º), que neste caso não exprime manifestação de vontade alguma. A par da duvidosa constitucionalidade dessa norma (que se coloca em possível confronto com a liberdade de contratar, especialmente quando os meios de recuperação porventura propostos não se limitaram à mera liquidação de ativos), seria muito difícil, senão impossível, identificar a existência de um contrato nessa hipótese. Trata-se de problema que, sem dúvida, merece aprofundamento que extrapola os limites deste trabalho. Por isso, optou-se por limitar o estudo aos casos em que a recuperação judicial resulta do plano de recuperação proposto pelos devedores.

devedores deverão propor *meios de recuperação específicos e independentes* (LRF, art. 69-I, § 1º). A intenção do legislador foi deixar claro que o deferimento do litisconsórcio ativo na recuperação judicial, que enseja a consolidação processual, não afeta a independência jurídica e patrimonial dos devedores.

A previsão de que os meios de recuperação deverão ser *específicos* para a composição dos passivos indica que a *finalidade imediata* do plano de recuperação deverá ser a superação da crise econômico-financeira de cada devedor, individualmente considerado[440]. Logo, o plano não poderá tratar as empresas do grupo como se fossem uma única pessoa jurídica ou compartilhassem o mesmo patrimônio, mas, ao contrário, deverá respeitar a sua autonomia *jurídica*.

A exigência de especificidade, ademais, não implica que os planos deverão ser necessariamente distintos para cada um dos devedores. É certo que eles *poderão* ser diferentes, mas não se vislumbra impedimento a que os planos de cada devedor contenham exatamente as mesmas disposições[441] quanto à *forma de pagamento* dos seus próprios credores. Nada impede, por exemplo, que todos os devedores proponham idêntico percentual de desconto das suas dívidas ou o mesmo prazo de pagamento.

As previsões do plano não deixam de ser específicas simplesmente por serem idênticas, cabendo exclusivamente aos credores de cada devedor decidir se elas lhes convêm ou não, o que logicamente passa pela avaliação acerca da sua pertinência à situação particular de cada devedor. Parece evidente que, se as previsões do plano não contemplarem soluções convincentes, os credores reprovarão o plano.

Por outro lado, a previsão de que os devedores proporão meios de recuperação *independentes* acaba produzindo a falsa ideia de que, fora das hipóteses de consolidação substancial, os devedores estariam obrigados a elaborar os seus planos de recuperação sem nenhuma consideração aos demais devedores[442] e seriam impedidos de combinar esforços entre si, como se a própria crise de cada

---

440. Nesse caso, a recuperação de outro devedor ou do próprio grupo poderá funcionar como meio para a consecução desse objetivo, caracterizando, assim, a finalidade mediata do plano de recuperação.
441. Manoel Justino Bezerra Filho afirma: "nada impede, e talvez isso ocorra com frequência, que o plano apresentado por uma sociedade empresária se assemelhe bastante ao plano apresentado por outra das sociedades" (*Lei de Recuperação de Empresas e Falências comentada*, cit., 15. ed., p. 331, n. 423). Pelas razões expostas, acredita-se que os planos poderão ser não apenas semelhantes, mas efetivamente idênticos, o que não significa que os meios de recuperação deixarão de ser específicos.
442. Defendendo que o plano de recuperação de um devedor não pode versar sobre obrigações de outro, confira-se KNORR, Maria Victória Mangeon; LONGO, Samantha Mendes. Reflexões sobre a consolidação processual e substancial na recuperação judicial. In: ALTOMANI, Mariana Gonçalves (Coord.); BIOLCHI, Juliana Della Valle (Org.). *Restruturação empresarial*: discussões práticas sobre recuperação judicial e falência. Curitiba: Juruá, 2021. p. 133.

um deles estivesse completamente dissociada da dos demais ou como se não fizessem parte de um grupo econômico.

Essa conclusão, todavia, não se coaduna com os princípios da autonomia privada[443] e da liberdade de contratar[444], além de ser incompatível com o fenômeno dos grupos e com as próprias razões que justificam a formação do litisconsórcio ativo na recuperação judicial, ligadas justamente à repercussão da crise entre os devedores (que nem sempre tem a ver, é bom lembrar, com desvio de finalidade ou confusão patrimonial, sendo por vezes consectária apenas da interdependência econômica entre as empresas).

Por conta da repercussão da crise no âmbito do grupo, é possível que a recuperação de um só seja possível mediante a concomitante recuperação do outro, ou que a exequibilidade dos meios de recuperação propostos por um devedor exija determinadas ações de outra empresa do grupo, tudo dependente da aprovação dos seus respectivos credores. Nessas situações, o sucesso da recuperação de cada devedor demandará algum nível de coordenação com os outros, seja pela formulação de um plano conjunto (*i.e.*, um plano único), seja pela conjugação de planos individuais.

Para além dos ganhos de eficiência e economia de recursos, a consolidação processual permite justamente isto: a coordenação de esforços entre os múltiplos devedores e a negociação conjugada com os seus respectivos credores[445], não se vislumbrando justificativa razoável a que esse tipo de solução fique restrito aos

---

443. O ordenamento não veda a adoção de soluções conjugadas entre os devedores; pelo contrário, expressamente as acolhe, ao franquear a apresentação de plano único. Esse tipo de arranjo, ademais, não se limita a preencher um "espaço em branco deixado à atuação da liberdade individual", mas se conforma aos valores constitucionais que informam o núcleo fundamental da autonomia privada, segundo esta vem sendo concebida pela doutrina contemporânea (confira-se TEPEDINO, Gustavo et al. *Código Civil interpretado conforme a Constituição da República*: Parte Geral e Obrigações. 3. ed. Rio de Janeiro: Renovar, 2014. v. 1).
444. A autonomia privada e a liberdade de contratar são valores que derivam diretamente do texto constitucional, particularmente do artigo 5º, II (que garante que ninguém será obrigado a fazer ou deixar de fazer alguma coisa senão em virtude de lei), e do artigo 170, que assegura o livre exercício de atividade econômica. Desses valores decorre que "as partes são livres, em princípio, para decidirem se e de que modo sua esfera de interesses patrimoniais será ou não afetada pela decisão de contratar" (VERÇOSA, Haroldo Malheiros Duclerc. *Direito comercial*: teoria geral do contrato. 2. ed. São Paulo: Ed. RT, 2014. v. 4, p. 58).
445. Conforme observa Eduardo Secchi Munhoz, "a administração e condução conjunta do processo de recuperação, que decorre da consolidação processual, é relevante não apenas em termos de maior eficiência e de redução dos custos do processo. Ela também pode ser importante do ponto de vista econômico. Isso porque são muito comuns as situações em que a definição de uma solução simultânea e, nesse sentido, conjunta, para a crise das sociedades do grupo oferece inegáveis vantagens, derivadas sobretudo de os credores disporem do quadro completo, em vista da sempre presente interligação, em algum grau, entre as sociedades integrantes do grupo. Há casos, ainda, em que a solução conjunta será mesmo necessária, na medida em que credores, muitas vezes comuns a diversas sociedades, não concordariam em aprovar o plano de uma das sociedades, sem a certeza de que o mesmo ocorreria em relação a outra" (Consolidação processual e substancial, cit., p. 21).

casos de disfunção estrutural do grupo, somente quando autorizada a consolidação substancial.

A confusão que leva parte da doutrina a rejeitar a formulação de meios de recuperação conjugados fora da consolidação substancial se explica pelo fato de a mera formação do litisconsórcio não ensejar efeitos materiais sobre os direitos dos credores ou sobre os patrimônios dos devedores, tampouco a consolidação substancial[446]. Por isso, passou-se a afirmar, de maneira simplista, que tais efeitos não ocorrem num cenário de mera consolidação processual, em oposição ao que se dá quando a consolidação substancial é autorizada pelo juiz.

Tal entendimento, porém, não é tecnicamente preciso. De fato, a consolidação processual em si não produz efeito material algum sobre o patrimônio dos devedores ou sobre os direitos dos credores, mas daí não resulta que o plano de recuperação formulado numa recuperação judicial que tramita sob consolidação processual, uma vez que tenha sido aprovado e homologado, seja incapaz de gerar efeitos materiais que ultrapassem a esfera individual de cada devedor[447].

Respeitar a *pluralidade e independência jurídica* dos devedores não requer desconsiderar a *unidade e dependência econômica* entre eles, que poderão exigir a formulação de um plano conjunto ou de planos conjugados.

Justamente porque os devedores conservam a sua independência é que lhes deve ser garantida a liberdade para propor, em conjunto ou isoladamente, meios de recuperação autônomos ou conjugados para lidar com a crise que atravessam. Reconhecer que os patrimônios não se confundem não impede os devedores de fazerem negócios entre si ou de ajustarem medidas de cooperação mútua, desde que isso seja realizado nos limites impostos pelas regras de governança dos grupos[448] (que podem impedir ou limitar o sacrifício dos interesses de uma empresa do grupo em favor de outra).

Ao formular o plano de recuperação, o devedor precisará convencer seus respectivos credores de que as medidas propostas efetivamente serão capazes de promover a recuperação da empresa (de modo a permitir o pagamento das suas dívidas), ou, no mínimo, colocá-los numa situação mais vantajosa do que

---

446. Nesse sentido, o Enunciado 98 da III Jornada de Direito Comercial, promovida pelo Centro de Estudos Judiciários do Conselho da Justiça Federal em junho de 2019, reza que "a admissão do processamento da recuperação judicial sob consolidação processual (litisconsórcio ativo) não acarreta a automática aceitação da consolidação substancial".
447. Nesse caso, aprovado pelas maiorias apuradas relativamente a cada um dos devedores.
448. Limites que, no caso dos grupos de direito, podem ser alargados por meio de uma convenção de grupo, que poderá autorizar o sacrifício dos interesses de uma empresa em favor de outra independentemente de compensação.

a verificada em caso de falência. Do contrário, segundo a lógica, o plano não deveria ser aprovado.

Por isso, no contexto da recuperação judicial do grupo, é seguro supor que, em determinadas circunstâncias, o devedor não conseguirá convencer seus credores a fazer-lhe qualquer concessão se o plano não contemplar medidas capazes de viabilizar a recuperação de outras empresas do grupo (das quais o devedor seja economicamente dependente) ou se não garantir o engajamento destas na sua própria recuperação (quando de outro modo não seja capaz de preservar a sua atividade).

Imagine-se o caso de um devedor ("A") com dificuldades de fluxo de caixa que destine toda a sua produção a outro devedor do mesmo grupo ("B"), também em situação de crise, sem perspectiva de outros compradores para o seu produto. Não faria sentido aos credores de "A" conceder-lhe uma moratória, capaz de aliviar a dificuldade de fluxo, se essa medida não estiver alinhada com outras capazes de promover o restabelecimento de "B". Nesse caso, para convencer seus credores a aprovar o plano, é possível que "A" tenha de se comprometer a prestar socorro a "B", garantir o socorro de "B" por terceiros ou ainda comprometer-se por atos que deverão ser praticados por "B" de modo a superar a própria crise (inclusive atos que poderão depender da aprovação do plano de recuperação judicial deste).

O inverso também é possível, isto é, também pode ser necessário que um devedor só consiga viabilizar sua própria recuperação (e, por conseguinte, convencer seus credores a aprovar seu próprio plano) se o plano contemplar medidas que serão adotadas por outras empresas do grupo em seu favor.

Assim, mesmo no contexto da mera consolidação processual, o plano de recuperação poderá prever, por exemplo, a concessão de garantias a favor de algum devedor, negócios conjuntos (como a fusão das sociedades ou alienação de ativos entre elas), ou simplesmente afiançar que outro devedor adotará determinadas medidas para viabilizar a própria recuperação, inclusive quanto à forma de satisfazer os seus respectivos credores (como a venda de uma filial ou a obtenção do parcelamento das suas dívidas).

Uma vez que as propostas sejam submetidas de modo separado aos seus respectivos conjuntos de credores, não existe motivo para impedir os devedores de conjugar esforços (dentro dos limites tolerados pelas regras de governança dos grupos), estabelecendo medidas coordenadas nos seus respectivos planos de recuperação, ou mesmo num plano conjunto, para viabilizar a recuperação de si mesmos *com ou mediante a recuperação do grupo*.

Desde que o plano seja claro quanto às prestações atribuídas a cada um dos devedores (ainda que se estabeleça solidariedade entre eles) e que as maiorias qualificadas dos credores de cada devedor, no exercício da liberdade contratual e da autonomia privada, aceitem a realização de um acerto conjunto, ou de quaisquer prestações ligadas à recuperação de outro devedor ou do próprio grupo, restará respeitada a independência jurídica e patrimonial dos devedores.

Se, fora da recuperação judicial, os devedores poderiam pactuar com os seus credores uma novação que envolvesse a combinação de esforços ou a celebração de negócios entre eles (desde que respeitada a disciplina legal dos grupos e obtida a concordância de todos os credores), não deve haver impedimento para que isso seja feito *dentro da recuperação*. Sem contar que não faria o menor sentido admitir a conjugação de esforços entre devedores que deram causa à consolidação substancial (determinada pela disfunção estrutural do grupo) e negar essa mesma possibilidade – e os benefícios econômicos dela decorrentes – a sociedades que observaram os limites da sua própria personalidade jurídica[449].

A principal diferença entre os negócios feitos fora da recuperação e aqueles ocorridos dentro do processo é que a novação produzida aqui dispensa a adesão de todos os credores, sendo suficiente a concordância da maioria, segundo a divisão de classes e os quóruns legais. Respeitadas algumas exigências específicas da lei quanto ao conteúdo do plano[450], a recuperação judicial permite a celebração de acordos nos mesmos termos daqueles que poderiam ser celebrados fora do processo, inclusive com a estipulação de prestações conjuntas ou conjugadas pelos vários devedores, sem que para tanto seja necessário recorrer à consolidação substancial[451].

Vale observar que a formulação de propostas conjuntas ou coordenadas entre os devedores, normalmente reunidas num plano único ou em planos coligados, é aceita por inúmeros países[452], mesmo sem a consolidação substancial

---

449. Daí que uma interpretação restritiva da disposição de que "os devedores proporão meio de recuperação independentes" fatalmente conduziria à maior utilização do recurso da consolidação substancial, pois de outro modo não seria possível formular soluções adequadas à unidade econômica do grupo. Essa é uma escolha *pior*, haja vista que a consolidação substancial prejudica uma parte dos credores, ao menos no tocante ao poder de influenciar o resultado da AGC.
450. Notadamente quanto ao prazo para pagamento dos créditos derivados da legislação do trabalho ou decorrentes de acidentes de trabalho (LRF, art. 54).
451. Embora também seja possível que os planos coordenados prevejam determinados negócios que acabem implicando a solidariedade entre todos os devedores, ou mesmo a fusão dos seus patrimônios, produzindo-se efeitos semelhantes aos da consolidação substancial determinada pelo juiz.
452. Conforme Marta Flores Segura, *esta modalidade visa alcançar os benefícios da coordenação na fase de convênio sem incorrer nos inconvenientes da consolidação de ativos. É, portanto, um passo intermediário entre a consolidação e a mera coordenação através de vários convênios. A elaboração de um convênio único com separação de ativos difere da consolidação, evita custos e atrasos e favorece o saneamento e a recuperação dos grupos, transcendendo a multiplicidade formal das empresas que os compõem. Atualmente é uma opção em vigor na Itália, dentro do procedimento de administração extraordinária de grandes empresas em crise, bem como nos Estados Unidos e Argentina. Na Alemanha, o principal proponente desta opção é*

(que importa a ineficácia da separação patrimonial entre os devedores, fazendo com que os seus direitos e responsabilidades sejam tratados como se gravitassem em torno de um único centro de imputação).

Nos Estados Unidos, a formulação de planos conjuntos (*joint plans*) é largamente utilizada[453] em processos de reorganização envolvendo múltiplos devedores[454], mesmo sem a consolidação substancial[455]. Na Argentina, a *Ley de Concursos y Quiebras*, de 1995, um dos primeiros diplomas a tratar dos concursos envolvendo grupos de empresas, expressamente autoriza os devedores, independentemente de autorização judicial, a formular *proposta unificada*[456] para tratar de forma conjunta os passivos dos integrantes do grupo[457]. A Colômbia, que restringiu a consolidação substancial (por imposição do juiz) apenas aos casos de liquidação das empresas, também permite que o grupo apresente proposta de acordo único no âmbito do procedimento de reorganização, subordinando

---

Uhlenbruck. No original: "esta modalidad pretende lograr los beneficios de la coordinación en la fase de convenio sin incurrir en los inconvenientes de la consolidación patrimonial. Se trata pues de un paso intermedio entre la consolidación y la mera coordinación a través de diversos convenios. La elaboración de un convenio único con separación de los patrimonios difiere de la consolidación, evita costes y demoras y favorece el saneamiento y salvamento de los grupos trascendiendo la multiplicidad formal de las sociedades que los integran. Actualmente es una opción vigente em Italia, em seno del procedimiento de administración extraordinaria de grandes empresas em crisis, así como en Estados Unidos y Argentina. En Alemania, el principal defensor de esta opción es Uhlenbruck" (*Los concursos conexos*, cit., p. 245; tradução livre).

453. Conforme Suzanne T. Brindise, tradicionalmente os pedidos de reorganização fundados no Capítulo 11 do Código de Falências norte-americano que são formulados sob consolidação processual (*joint administration*) contêm um único plano para todos os credores (Choosing the "per-debtor" approach to plan confirmation in multi-debtor Chapter 11 proceedings. *Northwestern University Law Review*, Evanston, v. 108, n. 4. p. 1359).

454. Não parece haver controvérsia nos Estados Unidos sobre a possibilidade de múltiplos devedores formularem planos conjuntos, mesmo sem reunião dos patrimônios, isto é, sem consolidação substancial. Entretanto, existe acirrado debate sobre a forma de aprovação do plano conjunto que versa sobre os créditos detidos contra múltiplos devedores. Com base numa interpretação literal da seção 1.029(a)(10) do *Bankruptcy Code*, parte da doutrina e da jurisprudência sustenta que, para fins de confirmação do plano conjunto, a maioria deve ser apurada nas classes de credores definidas pelo plano, mesmo que se trate de credores de devedores diversos (nesse caso, a confirmação ocorreria "por plano"). Outra parte defende que a confirmação do plano depende da aprovação da maioria da classe respectivamente a cada um dos devedores, individualmente considerados (confirmação "por devedor"). Resumo desse debate pode ser conferido em HARRISON, Julie Goodrich. *Per-debtor vs. per-plan*: evaluating accepting impaired classes under 11 U.S.C. § 1129(a)(1). Disponível em: https://www.nortonrosefulbright.com/en/knowledge/pu bliccations/02fac0d9/per-debtor-vs-per-plan-e-valuating-accepting-impaired-classes-under-11-usc1129a1. Acesso em: 25 fev. 2022. Esse assunto será retomado no item 2.15.3.

455. Cf. GARCÍA-ROSTÁN CALVIN, Gemma. *El proceso concursal ante insolvencias conexas*. Valencia: Tirant lo blanch, 2015, p. 87.

456. Lei 24.552, de 20.07.1995, artigo 67, § 4º.

457. Sobre os efeitos da proposta unificada no direito concursal argentino, confira-se a nota de rodapé n. 110.

sua aprovação à adesão dos credores de cada um dos devedores[458]. Na Itália, o novo código de insolvência admite que os devedores apresentem plano único ou planos coligados, que poderão contemplar a transferência de ativos e a celebração de outros negócios entre eles, exigindo-se, em qualquer desses casos, a aprovação separada dos seus respectivos conjuntos de credores[459], em respeito à independência patrimonial dos integrantes do grupo[460].

Em âmbito supranacional, o Regulamento 848/2015 da União Europeia admite a proposição de plano capaz de viabilizar uma solução global para a crise do grupo, com medidas integradas ou combinadas entre os seus membros (arts. 56º, 2, "c", e 72º, 1, "b"), embora o proíba de estipular a consolidação substancial (art. 72º, 3), o que reforça que ela não é pressuposto nem efeito necessário das soluções conjuntas ou conjugadas propostas pelos devedores para tratar da crise do grupo, que podem ser implementadas sem prejuízo da independência patrimonial dos seus integrantes.

Por todas essas razões, referendadas pelo direito estrangeiro, deve-se concluir que, ao dispor que os devedores proporão meios de recuperação *independentes* para a composição de seus passivos, o § 1º do artigo 69-I da LRF quer dizer, fundamentalmente, que esses meios não poderão desconsiderar a separação patrimonial ou a independência jurídica dos devedores. Essa regra, porém, não inviabiliza a proposição de medidas coordenadas ou conjuntas entre eles, inclusive por meio da formulação de planos coligados ou de plano único.

2.13.2 A racionalidade econômica dos meios de recuperação

Numa recuperação envolvendo um único devedor, a escolha dos meios de recuperação demanda identificar: (i) quais são os mais eficientes para viabilizar a superação da crise; e, (ii) entre esses meios, quais são aqueles capazes de lograr a aprovação da maioria dos credores. Afinal, de nada adiantará ao devedor propor meios que, apesar de economicamente eficientes, não serão capazes de convencer a maioria dos credores a aprovar o plano[461].

---

458. Decreto 1.749, de 26.05.2011, artigo 6º.
459. Confira-se o item 2.2.1.
460. Nesse sentido, explicando como a indissociabilidade do plano do grupo (ou de planos coligados) se compatibiliza com a consolidação processual operada pela lei italiana, confiram-se GIORDANO, Andrea; TEDESCHI, Claudia. *Commentario al Codice della crisi d'impresa e dell'insolvenza*, cit., p. 1190.
461. Nesse ponto, o sistema da lei concursal brasileira é bastante rigoroso quanto à exigência de aprovação dos credores em comparação aos diplomas de outros países, alguns mais flexíveis quanto às regras de aplicação do *cram down* (expediente que permite impor o plano aos credores mesmo quando não atingidas as maiorias necessárias à sua aprovação).

Da perspectiva dos credores, por outro lado, a aprovação ou rejeição do plano passa pela avaliação tanto da eficiência dos meios escolhidos quanto da conveniência da novação em comparação com o cenário de falência. Em princípio, só haveria sentido econômico na aprovação do plano pelos credores se (i) os meios de recuperação eleitos forem adequados para permitir a satisfação dos seus créditos nas condições propostas e/ou para viabilizar a manutenção das relações com o devedor[462]; e (ii) a concessão da recuperação judicial lhes for mais conveniente que a decretação da falência.

Entre uma coisa e outra (definição dos meios de recuperação e perspectiva de aprovação dos credores, segundo as vantagens e desvantagens diante da concessão da recuperação judicial ou da falência) existe, pois, uma interferência[463] natural e recíproca: não será interessante ao devedor propor meios que não possam ser aprovados pelos credores, da mesma forma que a estes, ao menos a princípio, não convém impedir a concessão da recuperação judicial quando o plano lhes colocar numa situação mais vantajosa do que no caso de quebra[464].

Essa comparação também passa pela avaliação da probabilidade de sucesso no cumprimento do plano[465] e da relativa imponderabilidade do que ocorre na falência. Ainda que, segundo uma avaliação objetiva, o patrimônio do devedor seja bastante para o pagamento de determinado credor, este ainda precisará levar em conta, no seu processo de decisão, a possível (para não dizer provável) ineficiência e demora do processo de liquidação e pagamento das dívidas[466].

---

462. Para alguns credores, como aqueles que mantêm relações continuadas ou de trato sucessivo com devedor, como trabalhadores ou fornecedores, a manutenção dessas relações por vezes é mais importante do que o pagamento de determinada dívida.
463. A esse respeito, o Superior Tribunal de Justiça já reconheceu a pertinência da "teoria dos jogos" à negociação feita entre o devedor e os credores: "por meio da 'Teoria dos Jogos', percebe-se uma interação estratégica entre o devedor e os credores, capaz de pressupor um consenso mínimo de ambos a respeito dos termos delineados no plano de recuperação judicial. Essas negociações demonstram o abandono de um olhar individualizado de cada crédito e um apego maior à interação coletiva e organizada" (STJ, 4ª T., REsp 1.302.735-SP, rel. Min. Luis Felipe Salomão, j. 17.03.2016).
464. Citando várias vantagens potenciais da aprovação do plano de recuperação sobre a falência, confira-se BUSCHINELLI Gabriel Saad Kik. *Abuso de direito de voto na assembleia geral de credores*. São Paulo: Quartier Latin, 2014. p. 162.
465. Conforme observa Rachel Sztajn, é "claro que não há garantia de que a recuperação ou reorganização da empresa em crise venha a ser feita sem algum sacrifício dos credores, porque as obrigações não serão solvidas integralmente. Haverá perdas, até mesmo substanciais: mas, como se dá aos credores a possibilidade de avaliar e comparar a perda atual e eventual compensação futura (mesmo que não real, efetiva), se não for preservada a atividade, presume-se que as decisões serão focadas em estratégias que minimizem os prejuízos, que mantenham as relações negociais e que o crédito seja preservado na medida do possível" (Notas sobre as assembleias de credores na Lei de Recuperação de Empresas. *RDM*, São Paulo, n. 138, 2005. p. 61).
466. A despeito de modificações salutares promovidas pela Lei 11.101/2005, destinadas a permitir a preservação do valor dos ativos do devedor e a sua rápida liquidação, bem como das iniciativas pontuais relativas à criação de varas especializadas, sabe-se que, em matéria falimentar, há um abismo entre a

O *risco* é fator preponderante em toda recuperação judicial. A decisão de ajuizar ou não a ação[467] (que expõe o devedor a uma série de consequências gravosas, embora lhe conceda algum fôlego ao suspender execuções e medidas constritivas), a escolha dos meios de recuperação e a deliberação dos credores sobre o plano (especialmente quando ao devedor não for possível conhecer de antemão o sentido do voto de cada credor), a avaliação sobre a viabilidade do plano em contraste com o resultado projetado da falência (em relação ao qual podem pesar inúmeras incertezas), a injeção de novos capitais, tudo isso envolve risco[468], que é calculado com base naquilo que o agente julga que vai acontecer e interfere naquilo que efetivamente irá acontecer[469].

A depender das circunstâncias, devedor e credores serão mais ou menos estimulados a aceitar esses riscos ou a tentar deles se proteger, o que influencia na escolha dos meios de recuperação (isto é, na proposta do devedor) e na decisão dos credores quanto à rejeição ou aprovação dessa proposta. Assim, mesmo entendendo que o meio "x" seria o mais eficiente para a recuperação, o devedor poderá resolver propor o meio "y", menos eficiente, porém com melhores *chances* de vir a ser aprovado pelos credores. Da mesma forma, um credor pode decidir reprovar um plano de recuperação que, em tese, conferir-lhe-ia condição melhor

---

teoria e a prática. Dependendo de onde tramita o processo, da *expertise* dos profissionais envolvidos, dos expedientes maliciosos praticados pelo devedor e de vários outros fatores de difícil ponderação, o efetivo pagamento do credor muitas vezes acaba sendo retardado além do que seria razoável supor, quando não completamente comprometido. É o que ocorre, por exemplo, quando se permite o perecimento, desvio ou subtração dos ativos do devedor, algo que continua sendo bastante comum na prática falimentar. A terceira fase do "Observatório da Insolvência", iniciativa referida na nota de rodapé n. 6 do Cap. 1, recentemente publicou dados que revelam que a duração do processo de falência no Estado de São Paulo frequentemente supera dez anos, resultando, na mediana dos casos, em apenas 12,1% de recuperação dos ativos (ASSOCIAÇÃO BRASILEIRA DE JURIMETRIA. *Observatório da Insolvência*: Fase 3: Falências no Estado de São Paulo. Disponível em: https://abjur.github.io/ obsFase3/relatorio/index.html#sobre-este-documento. Acesso em: 9 abr. 2022).

467. Ao requerer a recuperação judicial e denunciar sua crise ao mercado, o devedor logicamente se vê exposto, entre outras coisas, à potencial interrupção do fornecimento dos insumos necessários à sua atividade, ou à incapacidade de escoar sua produção, ante a natural desconfiança do mercado e dos consumidores. Muitas vezes, isso acaba retardando o ajuizamento da ação e, por conseguinte, resultando num tal agravamento da crise que compromete a viabilidade de qualquer plano de recuperação.

468. A racionalidade envolvida no processo decisório dos agentes econômicos que participam da recuperação judicial são objeto da chamada "análise econômica do direito". O debate de algumas questões relativas ao tema pode ser conferido em: BAROSSI FILHO, Milton. Lei de Recuperação de Empresas: uma análise econômica baseada em eficiência econômica, preferências e estratégias falimentares. *Economic Analysis of Law Review*, Brasília, v. 2, p. 30-40, 2011; BAROSSI FILHO, Milton. As assembleias de credores e plano de recuperação de empresas: uma visão em teoria dos jogos. *Revista de Direito Mercantil Industrial, Econômico e Financeiro*, São Paulo, v. 137, p. 233-238, 2005; e SZTAJN, Rachel. Notas sobre as assembleias de credores na Lei de Recuperação de Empresas, cit., p. 53-70.

469. Cf. CORDEIRO, António Menezes. A crise planetária de 2007/2010 e o governo das sociedades, cit., p. 189.

do que na falência por entender que ele não é viável, ou simplesmente por não aceitar o risco envolvido na execução desse plano.

Note-se, portanto, que a formulação de um plano viável que garanta aos credores um resultado melhor do que a falência poderá não ser suficiente para viabilizar a concessão da recuperação judicial se o devedor não conseguir equacionar de modo suficiente os riscos envolvidos no processo decisório, subordinado à deliberação da maioria, e aqueles relativos aos interesses particulares dos credores.

Somando isso à dificuldade de antecipar comportamentos econômicos de agentes que atuam de forma coletiva[470], percebe-se a enorme complexidade da negociação havida num processo de recuperação judicial[471], que tende a se tornar ainda maior em casos envolvendo mais de um devedor. Afinal, por conta da integração e dependência econômica entre as empresas do grupo (as quais, é sempre bom lembrar, não se restringem às hipóteses disfuncionais), todos esses riscos referidos acima passam a ser tomados, em maior ou menor grau, em consideração a todo o grupo ou, pelo menos, às relações existentes entre determinados integrantes.

Num grupo formado pelas empresas "A", "B" e "C", pode ocorrer de "A" ser economicamente dependente de "B", ou de "B" e "C", ao passo que "B" e "C" podem ou não ser economicamente dependentes de "A", ou uma da outra. Pode ocorrer, enfim, de todas as empresas de um grupo serem reciprocamente dependentes umas das outras, dependência que, ainda por cima, comporta os mais diversos graus, que vão desde meras contribuições pontuais entre as empresas à indissociabilidade das respectivas atividades (em que uma empresa é incapaz de operar sem a outra). As possibilidades são infinitas, sendo cada vez maiores quanto mais complexo for o grupo.

Assim, se a empresa "A", do ponto de vista econômico, é totalmente dependente da empresa "B", ambas em crise, é lógico deduzir que a superação da crise de "A" exigirá a superação da crise de "B", ou, então, soluções capazes de desfazer ou pelo menos mitigar essa dependência. Logo, se a empresa "A" formula um plano

---

470. Conforme Antônio Menezes Cordeiro, "a atitude individual de cada um será, quando isoladamente tomada, enquadrável em pressupostos racionais. Coletivamente, isso não sucede. Ou seja: uma soma de condutas "racionais" pode conduzir a resultados irracionais. (...) A doutrina clássica do mercado ensina que o melhor resultado depende do livre jogo dos agentes: informados e autónomos. Só que, no seu conjunto, os agentes, mesmo informados e livres, não agem isoladamente (massificação), não atuam no melhor sentido (irracionalismo), não configuram a melhor opção (risco) e interferem, com as suas opções, no resultado final (reflexividade). A doutrina clássica está certa, quando associa as causas a certos efeitos. Mas não inclui, no seu modelo, as apontadas características da natureza humana" (A crise planetária de 2007/2010 e o governo das sociedades, cit., p. 189-190).
471. Complexidade essa a recomendar fortemente que o juiz se abstenha de se substituir aos credores na avaliação acerca da viabilidade e conveniência do plano de recuperação.

propondo aos seus credores uma moratória, e a empresa "B" propõe outro plano pedindo a remissão de parte das suas dívidas (como se vê, planos sem nenhuma relação entre si), os credores da empresa "A", ao deliberarem sobre a aprovação do plano desta, precisarão ponderar não apenas sobre a viabilidade e conveniência do plano de "A", mas igualmente sobre a viabilidade e sobre as perspectivas de aprovação do plano de "B", especialmente num cenário em que se imagina que "A" será incapaz de honrar com os seus compromissos sem a concomitante recuperação de "B".

Note-se que, no exemplo formulado acima, os planos de recuperação nem sequer envolvem prestações conjuntas ou conjugadas entre os devedores; mesmo assim, a negociação havida entre um devedor e os seus credores sofrerá interferências da negociação que está sendo feita pelo outro devedor do grupo com os seus respectivos credores. Expandindo-se essa ideia para um cenário em que múltiplos devedores são corresponsáveis pelas mesmas obrigações, ou em que a superação da crise demanda compromissos conjuntos ou coordenados entre os devedores, essas interferências havidas nas negociações entre cada empresa e seus respectivos credores ficam ainda mais evidentes.

Em conclusão, o que se pretende demonstrar com esta exposição é que, numa situação de dependência ou integração econômica entre múltiplos devedores, como sói ocorrer nos grupos de empresas, a racionalidade da escolha dos meios de recuperação e do processo decisório dos credores passa pela avaliação das intersecções entre as empresas, mesmo que elas conservem patrimônios independentes.

O Direito deve ser capaz de acolher esse fenômeno[472], em vez de pretender negá-lo, concebendo instrumentos que permitam viabilizar as soluções que a engenhosidade humana é capaz de conceber, resguardando os direitos e interesses legítimos envolvidos no processo concursal. É justamente nesse ponto que a técnica contratual entra em cena, como forma de equacionar riscos e equilibrar interesses, permitindo, assim, a consecução dos princípios informadores da lei (preservação da empresa, maximização dos recursos, eficiência, liberdade contratual, autonomia privada etc.).

Na recuperação judicial de grupo, a *estrutura* dos planos de recuperação passa então a desempenhar papel fundamental para viabilizar a aprovação dos credores, sendo possivelmente tão importante quanto os meios efetivamente propostos para permitir a superação da crise que acomete as empresas, eles próprios às vezes dependentes de determinados arranjos contratuais entre os devedores.

---

472. Conforme anota Rachel Sztajn, "comum aos estudos de *law and economics* é a percepção da importância de recorrer a alguma espécie de avaliação ou análise econômica na formulação de normas jurídicas visando a torná-las cada vez mais eficientes" (Law and economics. *RDM*, São Paulo, n. 137, 2005. p. 228).

A formulação de planos isolados ou coligados, a subordinação da eficácia de um plano à aprovação de outro, ou ainda a vinculação de parte ou de todas as empresas do grupo a um mesmo resultado, por meio da elaboração de um plano único, são algumas das técnicas capazes de viabilizar os acordos com devedores que, a despeito de constituírem uma unidade econômica, conservam suas personalidades jurídicas autônomas, além da independência patrimonial.

É bem verdade que algumas dessas técnicas poderão tornar mais complexas tanto a negociação quanto a execução do plano, *primeiro* porque poderão ampliar o universo dos credores de cuja adesão depende a aprovação do plano (no caso de planos subordinados ou da formulação de plano único), *segundo* porque o próprio êxito da recuperação judicial concedida em favor de um devedor poderá depender do adimplemento de prestação de outro (quando os planos estipularem prestações conjuntas ou conjugadas). Entretanto, tudo isso pode fazer sentido se for necessário para obter a aprovação dos credores e/ou para viabilizar as medidas exigidas para a superação da crise.

2.13.3 Espécies de planos de recuperação

Dada a infinidade de situações possíveis, é inviável discriminar todos os eventuais arranjos necessários para fazer frente à crise do grupo, mas parece evidente que, em boa parte dos casos, serão demandados esforços combinados dos devedores para atingir a finalidade precípua da recuperação judicial, que é a manutenção da empresa. Sendo o grupo fenômeno designado pela concorrência de pluralidade jurídica e unidade econômica, não seria possível tratar da crise que o atinge sem consideração alguma ao entrelaçamento econômico dos devedores.

Nada disso tem a ver, necessariamente, com confusão patrimonial, desvio de finalidade ou com o remédio da consolidação substancial. Aqui se trata de situações em que a dependência ou integração econômica entre as empresas do grupo faz com que a recuperação de uma empresa só seja possível (ou seja economicamente mais viável) com a recuperação da outra, ou mediante ações coordenadas entre elas, o que não implica desconsiderar a independência jurídica ou patrimonial dos devedores. Por conseguinte, o plano de recuperação deverá ser capaz de adequar-se a essa realidade.

Caso o juiz determine a consolidação substancial, caberá aos devedores apresentar um plano unitário, que deverá tratar os ativos e passivos de todos eles como se pertencessem a um único devedor. Com exceção dessa hipótese excepcional, a lei concede aos devedores a faculdade de apresentar planos individuais ou submeter aos seus credores um *plano único*, apresentado conjuntamente.

Assim, observados os limites estabelecidos pelas regras de governança corporativa (eventualmente alargados pela existência de uma convenção de grupo), os devedores são livres, no âmbito da mera consolidação processual, para formular suas propostas isoladamente ou em conjunto, que poderão resultar em planos completamente independentes, coligados ou mesmo num plano único.

Para fins didáticos, poder-se-ia imaginar uma reta em que, numa das extremidades, estão os planos completamente isolados um do outro, cujas disposições se limitam ao devedor proponente; no meio, os planos que contêm algum tipo de coligação entre si; e, na extremidade oposta, o plano único, proposto conjuntamente por dois ou mais devedores (eventualmente por todos eles).

Em qualquer caso, porém, ausente determinação judicial para que seja operada a consolidação substancial, a deliberação sobre os planos (isolados, coligados ou plano único) continua sendo feita de modo separado, pelos conjuntos particulares de credores de cada um dos devedores.

2.13.3.1 Planos individuais isolados

Em que pese a integração econômica entre as empresas do grupo, a coordenação de esforços não exige, necessariamente, a realização de negócios entre elas, ou mesmo a vinculação dos meios de recuperação propostos por um devedor aos meios eleitos por outro. Embora isso possa ocorrer em muitos casos, essa necessidade não se traduz numa regra, devendo ser garantida aos devedores liberdade para viabilizar a recuperação segundo os mecanismos que reputarem mais apropriados, a fim de obter a adesão dos seus respectivos credores.

É perfeitamente possível, portanto, a formulação individual de *planos isolados*[473], sem relação alguma entre si. Nesses planos, os devedores se limitarão a imputar prestações a si mesmos, sem nenhuma disposição que envolva os demais, e sem vinculação de qualquer espécie aos planos propostos pelos outros.

Note-se que o fato de os devedores apresentarem individualmente planos isolados não implica a inutilidade do litisconsórcio. Além de permitir a redução de custos e a economia processual, a consolidação processual permite que a negociação das empresas integrantes do grupo e as medidas previstas na lei para viabilizá-la, a exemplo da suspensão das execuções, ocorram *ao mesmo tempo*, o que pode ser suficiente para justificar a opção dos devedores pelo ajuizamento conjunto da ação.

---

473. Conforme feliz adjetivação proposta por Sérgio Campinho (CAMPINHO, Sérgio. In: TOLEDO, Paulo Fernando Campos Salles de (Coord.). *Comentários à Lei de Recuperação de Empresas*, cit., p. 513), que não aventou, porém, a possibilidade de haver a coligação entre os planos.

O traço distintivo dos planos isolados é que eles não possuem nenhuma ligação entre si. Assim, a reprovação ou o descumprimento de algum deles não terá impacto nenhum sobre o plano de outro devedor. Não inviabilizará nem a concessão da recuperação ao devedor que tiver o plano aprovado, nem a exequibilidade deste, já que as prestações previstas num plano não dependem da aprovação dos planos dos demais.

Como a lei não exige forma específica para o plano de recuperação, tanto será possível a materialização dos planos isolados em documentos separados como em um documento único, caso em que serão indicados, separadamente[474], os meios de recuperação propostos por cada devedor. Observa-se, todavia, que a mera instrumentalização dos planos isolados num documento único não constitui, tecnicamente, um plano único, questão que será mais bem estudada adiante.

Ressalva-se que, se os meios de recuperação propostos individualmente por cada devedor forem exatamente os mesmos (p. ex., no caso de todos se limitarem a propor o mesmo percentual de desconto ou o mesmo prazo para pagamento das dívidas), não se vislumbra necessidade de descrição separada. Nesse caso, porém, os devedores deverão ter o cuidado de esclarecer se se trata de proposta única (plano único) ou se, apesar de idênticas, cuida-se de propostas separadas, o que trará consequências tanto no que se refere à aprovação do plano quanto ao seu cumprimento.

Tratando-se de planos isolados propostos individualmente (ainda que instrumentalizados num mesmo documento), a concessão da recuperação judicial a um devedor dependerá apenas da aprovação dos seus próprios credores. Da mesma forma, o eventual descumprimento do plano por parte de um devedor não comprometerá a recuperação judicial concedida a outro devedor, nem implicará a falência deste.

2.13.3.2 Planos individuais coligados

Como se viu, haverá circunstâncias que exigirão dos devedores esforços coordenados ou combinados para permitir a própria recuperação, especialmente quando um devedor for economicamente dependente dos demais, caso em que o reequilíbrio econômico-financeiro e a manutenção da atividade

---

474. Marcelo Sacramone anota que "os planos devem ser separados para cada pessoa jurídica, ainda que integrem um único documento" (*Comentários à Lei de Recuperação de Empresas e Falência*, cit., p. 598). No mesmo sentido, Pedro Freitas Teixeira afirma que "este plano deverá ser subdividido, de modo a descrever separadamente os meios de recuperação idealizados para que cada um dos devedores, individualmente, supere a crise momentânea" (Recuperação judicial de grupos econômicos, cit., p. 299).

poderão demandar compromissos de um devedor em relação a outro ou ao grupo como um todo.

A recuperação das empresas poderá exigir, por exemplo, a concessão de garantias, a cessão de contratos, a assunção de dívidas, ou a conclusão de outros negócios entre os devedores, bem como prestações de qualquer natureza alinhadas com a recuperação do grupo, sempre respeitadas as exigências e vedações de ordem pública[475].

Assim, quando a superação da crise demandar algum tipo de combinação entre os meios de recuperação eleitos por cada devedor, ou quando a própria viabilidade desses meios depender do sucesso da negociação feita por outro devedor com os seus credores, poderão ser formulados *planos coligados*, propostos individualmente por cada devedor, mas de alguma forma dependentes entre si[476].

Nada impede que as propostas formuladas individualmente por vários devedores sejam coligadas umas às outras, estabelecendo-se entre elas uma relação de dependência, recíproca ou não.

Essa coligação tanto poderá se limitar à mera formação dos contratos de recuperação como refletir também nos seus objetos. Logo, os negócios jurídicos resultantes de propostas coligadas poderão ser igualmente coligados ou não, a depender do conteúdo das prestações contidas nos planos.

O limite da colaboração entre os devedores é aquele correspondente ao regime jurídico aplicável ao grupo, segundo o qual o alinhamento de interesses individuais em torno do interesse do grupo poderá ser mais ou menos restrito conforme se trate de um grupo de fato ou de direito, observado, neste caso, o que dispuser eventual convenção do grupo.

Esse tema será aprofundado no item 2.15.3.1.

---

475. Previsões que, repita-se, podem fazer sentido quando a recuperação do devedor não seja possível sem que seja viabilizada a recuperação de outras empresas do grupo, mas não dispensam a observância das regras de governança dos grupos.
476. Essa possibilidade foi expressamente contemplada pelo novo Código de Insolvência da Itália, que confere às empresas integrantes de um grupo econômico a possibilidade de formular em conjunto o pedido de concordata preventiva mediante a formulação de um plano único ou de planos reciprocamente coligados (art. 284, § 1).

2.13.3.2.1 Planos coligados por subordinação

À falta de vedação legal, é possível que o plano de um devedor subordine a sua eficácia à aprovação[477] de outro plano[478], estabelecendo uma condição suspensiva da novação[479]. Embora a LRF não contemple expressamente essa possibilidade, é certo que não a veda, devendo ser assim privilegiada a liberdade de contratar, que se coloca a serviço dos fins visados pela recuperação judicial.

Estabelecida tal subordinação, a reprovação do plano individual de um devedor impedirá a concessão da recuperação àquele que propôs o plano condicionado (mesmo que seja aprovado), já que não satisfeita condição a que se subordinou a eficácia do negócio jurídico. Nessa hipótese, um devedor assumirá, em seu próprio plano, o risco da reprovação do plano de outro.

Haverá o condicionamento recíproco[480] quando dois ou mais planos estiverem condicionados entre si, uma vez que prevejam que só produzirão efeitos se

---

[477] Por "aprovação" deve-se entender não apenas a deliberação favorável pelos credores mas também a sua homologação pelo juiz, pois pode ocorrer de, mesmo aprovado pelos credores, o juiz não confirmar o plano ao qual o outro foi subordinado. Assim, só faz sentido que o plano subordinado a outro produza efeitos quando esse outro plano também seja capaz de produzir efeitos, o que depende tanto da sua aprovação pelos credores quanto da homologação do juiz. Assim leciona Gemma García-Róstan Calvín, referindo-se ao direito concursal espanhol, que expressamente admite a subordinação entre os planos de reorganização (denominados de "convênios") nos concursos conexos entre empresas de um mesmo grupo: "De ahí que parezca más acertado entender que lo que puede quedar supeditado a un evento futuro es el acto del que necesariamente depende la eficacia, es decir, la aprobación judicial del convenio, siendo tal evento, precisamente, la aprobación judicial de otro convenio" (*Assim, parece mais acertado entender que o que pode estar sujeito a um evento futuro é o ato de que necessariamente depende a eficácia, ou seja, a homologação judicial do convênio, sendo tal evento, precisamente, a homologação judicial de outro convênio*) (*El proceso concursal ante insolvencias conexas*, cit., p 83; tradução livre).

[478] Haverá condicionamento *simples*, quando a eficácia de um plano ficar subordinada à aprovação de outro plano, e condicionamento *plural*, quando depender da aprovação de dois ou mais planos. Além disso, o condicionamento tanto poderá ser *unilateral*, quando a eficácia de um plano se submeter à aprovação de outro, sem que a eficácia deste dependa da aprovação daquele, ou *recíproco*, quando a eficácia de um plano ficar subordinada a aprovação de outro, e eficácia deste depender da aprovação daquele (cf. FLORES SEGURA, Marta. *Los concursos conexos*, cit., p. 252). Eventualmente, nenhum dos planos terá eficácia se todos eles não forem aprovados, caso em que haverá condicionamento plural e recíproco.

[479] Embora o diploma concursal espanhol proíba, em geral, subordinar as propostas de convênio (instituto correspondente à nossa recuperação judicial) a condições suspensivas, excepciona essa proibição justamente nos chamados concursos conexos entre empresas de um mesmo grupo. Nesse caso, a lei autoriza que a eficácia do plano apresentado por um dos devedores seja condicionada à aprovação de outro ou outros planos com conteúdo determinado (art. 319.2). A Lei de Processo Concursal do Uruguai (Lei 18.387/2008), francamente inspirada na legislação espanhola, contém dispositivo semelhante, autorizando a formulação de propostas condicionais apenas no âmbito dos concursos de sociedades de um mesmo grupo (art. 140). Entre nós, apesar da ausência de previsão da lei concursal a respeito, inexiste proibição que impeça a subordinação de planos.

[480] A esse respeito, Angel José Rojo Fernández Rio pondera que, com o condicionamento recíproco, a eficácia do acordo individual proposto por cada empresa do grupo fica subordinada à eficácia dos acordos de todas as demais. Com isso, o grupo pretende alcançar uma solução homogênea e global, já que, se algum dos acordos propostos não obtiver as maiorias necessárias, ou não for aprovado pelo

todos forem aprovados. Essa hipótese, embora se assemelhe ao plano único, difere deste na medida em que os planos reciprocamente condicionados são propostos individualmente, não coletivamente, dando origem a negócios jurídicos distintos em relação a cada devedor. Logo, uma vez que os planos individuais tenham sido aprovados e homologados, o eventual descumprimento por parte de um devedor não terá, em princípio, nenhuma repercussão sobre os demais devedores[481].

Por meio de condições suspensivas ou resolutivas (Código Civil, artigos 125 e 128), também será possível sujeitar a eficácia de algumas prestações dispostas no plano de um devedor à aprovação do plano de outro devedor, porém sem impedir ou prejudicar a novação operada em favor do primeiro em razão da reprovação do plano ou da falência do segundo.

O plano do devedor "A" poderá prever, por exemplo, que venderá a "B" determinado ativo, porém condicionando a eficácia dessa disposição à aprovação do plano de recuperação deste (condição suspensiva). De modo que, se o plano de "B" for reprovado, a prestação assumida por "A" não produzirá efeito, mas isso não impedirá a concessão da recuperação judicial a "A", desde que o seu próprio plano tenha sido aprovado. Neste caso, quem assume o risco da reprovação do plano de "B" são os credores de "A", já que este não poderá ser responsabilizado ou cobrado se a prestação não se tornou exigível pela inocorrência da condição suspensiva.

No caso de condição resolutiva, o plano de um devedor poderá prever, por exemplo, a extinção de determinada obrigação caso outro devedor tenha a falência decretada. Em qualquer desses cenários, também seria possível prever prestações subsidiárias para o caso de determinadas condições (suspensivas ou resolutivas) serem ou não implementadas.

2.13.3.2.2 Planos coligados por dependência

Há ainda a possibilidade de um devedor prometer, em seu próprio plano, prestação em favor de outro devedor, por conta de outro devedor ou a realização de negócios entre eles, cuja eficácia poderá ou não ser subordinada a condição[482]. É o caso do plano que prevê algum compromisso em relação à recuperação de outro devedor (p. ex., a concessão de garantia ou cessão de bens), ou que o outro se obrigará em favor do promitente (p. ex., mediante perdão de alguma dívida)

---

juiz, todos os demais ficarão sem efeito (Los grupos de sociedades en el derecho español. *Revista de Derecho Mercantil*, n. 220, p. 484, 1996).
481. Ressalvados os casos em que o plano de um devedor previr determinada prestação por conta de outro, conforme será examinado no item seguinte.
482. Se, além de prever prestação por conta de outro devedor, ou a realização de negócios com o outro devedor, o plano ainda estabelecer condição suspensiva vinculada à aprovação de outro plano, haverá então planos coligados por subordinação e dependência.

ou assumirá compromisso para a sua própria recuperação (p. ex., o trespasse de estabelecimento a terceiro[483]), prestações que o outro devedor só conseguirá adimplir se tiver o próprio plano aprovado[484].

As disposições formuladas por um devedor que imputem prestação a outro terão, no tocante ao primeiro, a natureza de "promessa de fato de terceiro", disciplinada pelos artigos 439 e 440 do Código Civil. Logo, se o plano de recuperação do devedor "A" contiver promessa de fato do devedor "B", a aprovação do plano de "A" não obrigará "B" a cumprir esse fato, mas "A" responderá perante os seus credores se "B" não cumprir aquilo que se prometeu por conta dele (seja porque não conseguiu cumprir, seja porque a prestação se tornou juridicamente impossível, ante a reprovação do seu próprio plano), o que poderá configurar descumprimento do plano de recuperação de "A" e eventualmente ensejar a decretação da sua falência.

Se a eficácia da prestação prometida por conta de outro não for contratualmente subordinada à aprovação do plano deste (ainda que a possibilidade jurídica de tal prestação dependa dessa aprovação), quem assume o risco da reprovação do plano do outro – que o impedirá de cumprir a prestação prometida por conta dele – é o próprio devedor que prometeu por conta do outro, já que, mesmo nesse caso, a obrigação continua produzindo alguns efeitos sobre a esfera do devedor que a prometeu, uma vez que seu próprio plano tenha sido aprovado e homologado.

Se o devedor "A" (que teve o plano aprovado) se obrigar por prestação de "B" (p. ex., de que "B" lhe cederia o uso de determinados ativos) que se tornou juridicamente impossível por conta da reprovação do plano deste, "A" não logrará cumprir o próprio plano, o que poderá ensejar a decretação da sua falência. Ainda assim, entende-se que o juiz deverá avaliar a relevância da prestação que não poderá ser adimplida para o sucesso do plano de "A", devendo negar a recuperação judicial a este se a falta da prestação comprometer a higidez do plano. Eventualmente, poder-se-ia cogitar a possibilidade de permitir a modificação do plano de "A", submetendo-a a nova deliberação dos credores.

Deve ficar claro, porém, que o fato de o plano de um devedor estipular prestações que envolvem outro não significa que os meios de recuperação deixarão de ser específicos ou independentes. Serão específicos na medida em que se prestarem à superação da crise do devedor proponente do plano, ainda que

---

483. Veja que as prestações prometidas por um devedor por conta de outro tanto podem se referir a negócios entre eles como a compromissos do outro devedor para com a própria recuperação não relacionados a qualquer conduta por parte do proponente do plano dependente.
484. Vale lembrar que esse tipo de prestação pode fazer sentido num contexto em que, para ter o próprio plano aprovado, um devedor precise garantir que outro devedor, do qual o primeiro é dependente, também adotará as medidas necessárias à superação da sua própria crise.

viabilizada por ações integradas com o restante do grupo. E serão independentes porque não afetam a exclusividade que cada devedor possui de propor o próprio plano[485] (nem a de seus respectivos credores de aprová-lo ou rejeitá-lo) nem comprometem a sua independência jurídica.

Noutras palavras, a novação resultante da aprovação dos planos individuais vinculará apenas o devedor proponente do plano aprovado, isto é, o devedor que individualmente assumiu determinada prestação (ainda que a favor ou por conta de terceiro) e os respectivos credores sujeitos a esse plano. Não vinculará os outros devedores se eles também não assumirem as prestações que lhes foram imputadas, o que dependerá de seus próprios planos contemplarem tais prestações e serem igualmente aprovados pelos seus respectivos credores.

2.13.3.3 Plano único

Aos devedores que propõem a recuperação judicial em conjunto, a lei concedeu a faculdade de apresentarem os meios de recuperação num *plano único* (LRF, art. 69-I, § 1º). Trata-se de importante inovação da lei, ainda não bem compreendida e assimilada pelos operadores do direito.

Em parte, isso se deve ao fato de o legislador ter utilizado, para designar o plano conjunto apresentado no âmbito da consolidação processual, a mesma expressão que era empregada pela jurisprudência anterior à Lei 14.112/2020 para se referir ao plano apresentado pelos devedores em caso de consolidação substancial[486] (agora denominado pela lei de "plano unitário"), algo potencialmente

---

485. O que não significa que as propostas de cada devedor deixarão de ser coordenadas por ocasião da elaboração dos seus respectivos planos.
486. Nesse sentido, confiram-se: TJSP, 1ª Câmara Reservada de Direito Empresarial, AI 0120853-87.2013.8.26.0000, rel. Des. Fortes Barbosa, origem: 1ª Vara de Falências de São Paulo, j. 07.11.2013; TJSP, 2ª Câmara Reservada de Direito Empresarial, AI 2116130-54.2014.8.26.0000, rel. Des. Tasso Duarte de Melo, origem: 1ª Vara Cível de São José dos Campos, j. 13.11.2014; TJSP, 1ª Câmara Reservada de Direito Empresarial, AI 2178366-42.2014.8.26.0000, rel. Des. Pereira Calças, origem: 2ª Vara de Falências de São Paulo, j. 09.12.2014; TJSP, 1ª Câmara Reservada de Direito Empresarial, AI 2215135-49.2014.8.26.0000, rel. Des. Teixeira Leite, j. 25.03.2015; TJSP, 2ª Câmara Reservada de Direito Empresarial, AI 2009147-60.2016.8.26.0000, rel. Des. Caio Marcelo Mendes de Oliveira, origem: 2ª Vara de Falências de São Paulo, j. 27.03.2017; TJSP, 1ª Câmara Reservada de Direito Empresarial, AI 2248169-44.2016.8.26.0000, rel. Des. Francisco Loureiro, origem: 1ª Vara de Falências de São Paulo, j. 31.05.2017; TJSP, 2ª Câmara Reservada de Direito Empresarial, AI 2081943-44.2019.8.26.0000, rel. Des. Maurício Pessoa, origem: 6ª Vara Cível de São Caetano do Sul, j. 28.06.2019; TJSP, 1ª Câmara Reservada de Direito Empresarial, AI 2050662-70.2019.8.26.0000, rel. Des. Cesar Ciampolini, origem: 9ª Vara Cível de Campinas, j. 07.08.2019. Parte da doutrina também adotava a denominação "plano único" com esse mesmo significado (p. ex., Antônio Aires et al. Recuperação judicial e falência de grupo econômico, cit., p. 74). Entre as raras decisões que diferenciaram "plano único" de "plano unitário", confira-se: TJSP, 2ª Câmara Reservada de Direito Empresarial, AI 2072604-95.2018.8.26.0000, rel. Des. Araldo Telles, origem: 2ª Vara de Falências de São Paulo, j. 30.07.2018.

capaz de gerar confusão, particularmente entre aqueles que não são especialistas na matéria.

Talvez porque, na grande maioria dos casos, a recuperação judicial dos grupos tenha sido resolvida pela via da consolidação substancial (frequentemente requerida pelos próprios devedores por razões que serão adiante reveladas), a doutrina nacional deu pouca importância ao plano apresentado no contexto de mera consolidação processual, limitando-se a apreciar as hipóteses em que os planos de cada devedor são completamente independentes uns dos outros. Com isso, tem-se deixado de compreender a real vocação do plano único e o modo como ele permite a adoção de soluções conjugadas para a crise do grupo sem comprometer a independência patrimonial dos devedores.

2.13.3.3.1 Conceito

Sem embargo da necessidade de zelar pela independência dos devedores, sobretudo patrimonial, não é admissível que, na atual quadra da história, insista-se em tratar as sociedades de um grupo como átomos, sem considerar as moléculas, o que já era criticado por Fábio Konder Comparato há quase meio século[487].

A doutrina nacional, contudo, no intuito de distinguir a consolidação processual da substancial, tem afirmado que o plano único consistiria na mera instrumentalização dos planos individuais dos devedores num mesmo documento[488], o que, de certo modo, acaba reforçando as ideias equivocadas de que, ausente a consolidação substancial, os devedores não poderiam conjugar esforços entre si para a superação da crise do grupo, ou de que tal conjugação necessariamente produziria a consolidação substancial.

A primeira ideia – de que os devedores estariam obrigados a formular propostas completamente independentes – vai na contramão da autonomia privada, da liberdade de contratar e da própria realidade dos grupos de empresas. Além disso, injustificadamente inviabiliza soluções que tendem a maximizar os ativos dos devedores, em benefício deles próprios e dos seus respectivos credores.

A segunda ideia – de que o plano único encerra ou depende da consolidação substancial – pressupõe que a proposta conjunta ou unificada necessariamente infirma a separação patrimonial entre os devedores, o que simplesmente não é

---

[487]. *O poder de controle na sociedade anônima*, cit., 3. ed., p. 288.
[488]. Nesse sentido, confiram-se: NEDER CEREZETTI, Sheila Christina. Grupos de sociedades e recuperação judicial, cit., p. 759; COELHO, Fábio Ulhoa. *Comentários à Lei de Falências e de Recuperação de Empresas*, cit., 14. ed., p. 276; CAMPINHO, Sérgio. In: TOLEDO, Paulo Fernando Campos Salles (Coord.). *Comentários à Lei de Recuperação de Empresas*, cit., p. 513; BEZERRA FILHO, Manoel Justino. *Lei de Recuperação de Empresas e Falências comentada*, cit., 15. ed., p. 331, n. 423.

verdade. Desde que as prestações imputadas a cada devedor estejam suficientemente identificadas, que seja observada a disciplina de subordinação de interesses entre as sociedades, e que a aprovação do plano único seja submetida aos conjuntos particulares de cada devedor, nenhum prejuízo haverá à independência patrimonial de cada devedor.

Da mesma forma que, fora da recuperação, duas ou mais sociedades de um grupo poderiam fazer uma proposta conjunta a quem quer que fosse (por exemplo, para comprarem, em conjunto, um determinado imóvel, ou para venderem, em conjunto, seus respectivos estabelecimentos), poderão fazê-lo dentro da recuperação, sem que disso resulte prejuízo algum à separação patrimonial entre elas.

Reduzir o conceito de plano único à mera formalização de propostas individuais e independentes num único documento importaria sua completa inutilidade. Como não se exige forma especial nem para a manifestação da vontade expressada no plano nem para o ato processual respectivo[489], é evidente que a formulação de planos individuais tanto poderá ser feita em documento único como em documentos separados, conforme decorre do artigo 107 do Código Civil[490] e do artigo 188 do Código de Processo Civil[491]. Logo, se fosse correta a interpretação que a doutrina tem dado ao § 1º do artigo 69-I da LRF, a exclusão do trecho que menciona o plano único não teria consequência alguma.

A forma de *instrumentalização* do plano (em vários documentos ou em documento único) não determina se a proposta dos devedores será única ou não[492]. Em tese, tanto é possível a formulação de múltiplos planos em um único documento, desde que ele discrimine as propostas feitas individualmente por cada devedor, como a formulação de plano único a partir de documentos diversos, cujos termos resultem numa única proposta conjunta[493].

---

489. Quanto à forma, a única exigência implícita na lei é que seja formalizado por escrito.
490. Código Civil, artigo 107. "A validade da declaração de vontade não dependerá de forma especial, senão quando a lei expressamente a exigir".
491. Código de Processo Civil, artigo 188. "Os atos e os termos processuais independem de forma determinada, salvo quando a lei expressamente a exigir, considerando-se válidos os que, realizados de outro modo, lhe preencham a finalidade essencial".
492. A unidade instrumental não implica, nos atos entre vivos, unidade do negócio jurídico, da mesma forma que a pluralidade instrumental não é óbice à existência de negócio jurídico único (cf. Pontes de Miranda, Francisco. *Tratado de direito privado*. 2. ed. Rio de Janeiro: Borsoi, 1954. t. 3. § 284, p. 173-174).
493. A fim de prevenir discussões, é importante que os devedores sejam claros, na redação da proposta, quanto à intenção de propor um plano único (conjunto) ou planos individuais, o que terá repercussão tanto em relação à aprovação quanto no caso de eventual descumprimento do plano. Sendo a intenção dos devedores a formulação de plano único, é recomendável sua instrumentalização em um único documento, até mesmo para evitar discussões acerca da qualificação jurídica da proposta. Na remota hipótese de os devedores apresentarem plano único a partir de documentos separados (algo que se

Ao admitir a apresentação dos meios de recuperação em um plano único, a lei está autorizando, na verdade, a formulação de uma *proposta conjunta* por dois ou mais devedores. Cuida-se da expressão máxima da coordenação viabilizada pela consolidação processual, pertinente aos casos em que a dependência ou integração entre as empresas for de tal ordem que o destino de uma estará indissociavelmente ligado ao das demais, a exigir, por conseguinte, uma solução conjunta (e eventualmente uniforme) para a crise do grupo[494].

O plano único consiste, portanto, na proposta feita por dois ou mais devedores, que decidem se vincular *conjuntamente* ao mesmo (e único) negócio jurídico, ainda que este envolva prestações diversas, que poderão ser realizadas de forma conjugada ou independente por cada um deles. Nesse caso, as múltiplas manifestações de vontade de cada devedor convergem, por escolha deles próprios, para a celebração de um mesmo negócio jurídico unilateral[495] (a proposta), consistente no plano único de recuperação judicial.

O que determina, pois, se o plano será único, ou se serão vários, é a vontade dos próprios devedores, aos quais a lei garante, dentro dos limites da ordem pública, a livre escolha da estrutura e do conteúdo do negócio jurídico destinado à superação da crise que os acomete.

Conforme ensina Pontes de Miranda, a pluralidade de sujeitos não é bastante para excluir a unidade do negócio jurídico, como ocorre quando as prestações prometidas por duas ou mais pessoas estão intimamente ligadas em um todo econômico. Assim também se dá com a pluralidade de prestações (objetos), que não exclui, só por si, a unidade do negócio jurídico, devendo-se indagar o fim e a importância econômica das duas ou mais prestações para saber se, a despeito da pluralidade delas, o negócio jurídico é único[496]. Por fim, a pluralidade de manifestações de vontade não é obstáculo à unidade do negócio jurídico, se os sujeitos quiserem lhe conferir essa estrutura[497].

---

concebe apenas para fins teóricos, dado que de pouca incidência prática), poderá o juiz, em prol da transparência e da eficiência, determinar que esse plano seja consolidado num único instrumento.

494. Conforme ponderam Erasmo Valladão e Marcelo Adamek, "em muitos casos, simplesmente não é possível tratar da crise econômico-financeira de uma sociedade, sem considerar as demais; tornar-se imprescindível oferecer respostas conjuntas e uniformes, até mesmo em respeito à ideia de preservação do grupo, mais do que só da empresa" (*Assembleia geral de credores*, cit., p. 41).

495. Acerca da qualificação e natureza jurídica do plano de recuperação, respectivamente como proposta e negócio unilateral, que não se confunde com o negócio jurídico bilateral que dele decorre em caso de aprovação e homologação do plano, confira-se o item 2.13.

496. PONTES DE MIRANDA, Francisco. *Tratado de direito privado*, cit., t. 3, § 284, p. 174 e s.

497. Conforme Pontes de Miranda, "a pluralidade de manifestações de vontade não é obstáculo à unidade do negócio jurídico. O princípio do autorregramento da vontade apanha a livre escolha do negócio jurídico, especialmente do contrato (= se não há regras jurídicas cogentes, que se oponham, podem ser

Já se viu que, numa recuperação judicial ajuizada individualmente, a aprovação pelos credores do plano de recuperação proposto pelo devedor ensejará a formação de um único contrato bilateral, em que os credores reunidos ocuparão um dos polos da relação contratual e o devedor o polo oposto[498].

Numa recuperação judicial sob consolidação processual, tanto será possível a celebração de múltiplos contratos (que terão como partes, de um lado, apenas um devedor e, de outro, apenas os seus respectivos credores) quanto a celebração de contrato único (que terá como partes, de um lado, dois ou mais devedores, e, de outro, todos os credores destes reunidos), sendo este o resultado da aprovação do plano único.

A aprovação do plano único dos devedores, seguida da sentença concessiva da recuperação judicial[499], dará origem a um *contrato único*, embora complexo[500] pela pluralidade de sujeitos em ambos os polos contratuais, e possivelmente de manifestações de vontade e de objetos[501].

Em abono de tudo isso, vale ressaltar que o direito estrangeiro em matéria de reorganização de grupos admite tranquilamente a formulação de plano único ou conjunto com o sentido conferido nesta obra, mesmo quando ausente consolidação substancial[502].

---

concluídos negócios jurídicos de qualquer conteúdo = livre escolha da estruturação e do conteúdo)" (*Tratado de direito privado*, cit., t. 3, § 285, p. 174-175).
498. Confira-se o item 2.13.
499. Ao juiz caberá realizar o controle de legalidade do plano e da deliberação dos credores. *Vide* a nota de rodapé n. 419 a respeito da sentença concessiva da recuperação judicial enquanto fator de eficácia do contrato celebrado a partir da aprovação do plano.
500. Negócio complexo consiste num negócio jurídico único marcado pela pluralidade de (a) sujeitos (quando mais de uma pessoa ocupa o mesmo polo da relação negocial), (b) objetos (quando envolvem prestações com finalidades econômicas distintas e não meramente facilitadoras umas das outras) ou (c) manifestações de vontade (quando há manifestações de vontade do mesmo sujeito, desde que diversas, ou quando mais de um sujeito realiza distintas manifestações de vontade) (cf. MARINO, Francisco Paulo de Crescenzo. *Contratos coligados no direito brasileiro*. São Paulo: Saraiva, 2009. p. 109-110).
501. É possível, e extremamente comum, que os planos de recuperação, para além de determinar a forma de pagamento dos credores, prevejam prestações relacionadas aos mais diversos negócios jurídicos, como a venda de uma filial, a incorporação de uma sociedade por outra, a emissão de valores mobiliários, aumento de capital social etc. Esses e outros meios de recuperação se acham exemplificativamente previstos nos incisos do artigo 50 da LRF, demonstrando a afirmação de que o contrato decorrente da aprovação do plano de recuperação poderá ter múltiplos objetos, a ensejar a complexidade objetiva do negócio jurídico. Por sua vez, a depender do conteúdo da prestação, serão exigidas dos devedores novas manifestações de vontade para além daquela realizada por ocasião da proposição do plano. Se este previr, por exemplo, o trespasse de um estabelecimento, será necessária manifestação de vontade específica do devedor para a conclusão desse negócio e, por conseguinte, para o cumprimento da prestação assumida no plano. Nisso reside pluralidade volitiva do contrato.
502. Confira-se o item 2.13.1, especialmente notas de rodapé 655 a 663.

2.13.3.3.2 Requisitos específicos

Da interpretação sistemática da lei é possível extrair dois requisitos específicos do plano único, considerando a finalidade da sua formulação, bem como o regime aplicável à consolidação processual, notadamente a garantia de independência dos devedores, seus ativos e passivos.

O primeiro desses requisitos se refere à necessidade de os devedores deixarem clara a intenção de formular uma proposta conjunta que vincule todos eles. Considerando que dessa opção resultam consequências importantes tanto para a aprovação do plano quanto para a hipótese do seu descumprimento, caberá ao juiz prevenir qualquer situação capaz de ensejar dúvida, instando os devedores a esclarecer sua opção quando a redação do plano deixar margem a interpretações dissonantes[503].

O segundo requisito consiste na necessidade de o plano estabelecer, com clareza, as prestações imputadas a cada um dos devedores, individualmente considerados. Ainda que o plano único preveja ações conjuntas ou proponha a solidariedade entre os devedores, ele precisará discriminar o que competirá a cada devedor, dado que os litisconsortes conservam suas respectivas personalidades jurídicas.

2.13.3.3.3 Conteúdo

O plano único tanto poderá cometer aos devedores prestações completamente independentes como a realização de prestações conjuntas ou vinculadas. No primeiro caso, a adoção dessa estrutura se limita a assegurar que a recuperação seja concedida a todos os devedores, quando não for suficiente que seja concedida a um e não a outro. No segundo, também se presta a viabilizar a recuperação nos casos que exijam esforços conjugados por parte dos devedores.

Tal como se passa no âmbito dos planos coligados, o plano único poderá prever a concessão de concessão de garantias entre os devedores, a cessão de contratos, a assunção de dívidas ou a conclusão de outros negócios entre os devedores, como a alienação, o aluguel ou o comodato de ativos, a concessão de linhas de crédito entre eles, bem como quaisquer outras prestações.

---

503. Acerca do papel do juiz na recuperação judicial, Ricardo Negrão pondera que ao magistrado cabe "aclarar e direcionar, quando possível, até por determinação *ex officio*, cláusulas que se mostram obscuras ou capítulos indispensáveis que se mostrem ausentes, saneando a omissão ou obscuridade" (O papel do Judiciário na homologação do plano. In: ABRÃO, Carlos Henrique; ANDRIGHI, Fátima Nancy; BENETI, Sidnei. *10 anos de vigência da Lei de Recuperação e Falência*. São Paulo: Saraiva, 2015. p. 117).

Da mesma forma que as sociedades integrantes de um grupo podem contratar entre si *fora da recuperação judicial*, poderão fazê-lo dentro da recuperação, sempre respeitadas as regras que disciplinam a governança dos grupos. Tratando-se de um grupo de fato, eventuais negócios entre as sociedades devedoras deverão observar condições comutativas, ou, se ensejarem o favorecimento de uma em prejuízo das outras, garantir a estas pagamento compensatório adequado[504]. Tratando-se de um grupo de direito, a subordinação de interesses entre os devedores deverá observar os limites da convenção.

No que se refere ao pagamento das dívidas, o plano único poderá discriminar qual devedor pagará quais credores, e de que forma. Isso é especialmente interessante no caso de dívidas comuns, a fim de evitar a indesejável replicação econômica das obrigações[505], mas não precisa necessariamente se limitar a essa situação. Desde que respeitadas as regras de governo dos grupos, nada impede que um devedor assuma a obrigação de honrar com os pagamentos das dívidas de outro devedor[506] (o que, a depender das circunstâncias, pode atender os seus interesses particulares, ou então, tratando-se de um grupo de direito, consistir num sacrifício tolerado pela convenção grupal).

A assunção de dívidas poderá ocorrer em contrapartida à alienação de algum ativo entre os devedores, como forma indireta de financiamento (mediante sub-rogação do crédito), para evitar o vencimento antecipado de obrigações não sujeitas à recuperação (decorrente da falência do devedor em favor do qual se prestou a garantia), ou, no limite, como socorro destinado a evitar o perecimento da empresa da qual se é economicamente dependente (condicionado, p. ex., ao compromisso da empresa socorrida de continuar adquirindo os insumos

---

504. A determinação do que corresponde ao pagamento compensatório adequado sofre influência, porém, da crise do grupo, conforme será examinado no item 2.15.3.1.
505. Confira-se o item 2.13.3.3.10.
506. Em sentido contrário, Paulo Fernando Campos Salles de Toledo afirma que "o respeito à individualidade das componentes do grupo implica a não subordinação delas ao comando unitário da controladora e, via de consequência, veda que elas assumam obrigações de outras sociedades. Cada uma deve ocupar-se de seus próprios credores. Inexiste, *in casu*, solidariedade passiva" (Recuperação judicial de grupos de empresas. In: FRANÇA, Erasmo Valladão Azevedo e Novaes et al. (Coord.). *Temas de direito empresarial e outros estudos em homenagem ao Professor Luiz Gastão Paes de Barros Leães*. São Paulo: Malheiros, 2014. p. 351). Ressalva-se, todavia, que essa opinião foi emitida em parecer dado à vista de um caso concreto, de modo que não é possível afirmar que essa seja a posição do autor para todos os casos. De toda forma, vale registrar que a afirmação parece pressupor que a assunção de dívidas será sempre gratuita, o que não é verdade. Ela pode consistir na contraprestação de um negócio jurídico oneroso, que mesmo as sociedades de um grupo de fato podem celebrar desde que em bases comutativas ou mediante pagamento compensatório adequado. A inexistência de solidariedade, por si só, não impede, assim, que um devedor se comprometa pelas dívidas de outro. Além disso, ao menos em tese, mesmo a assunção gratuita de dívidas de um devedor pelo outro, em circunstâncias excepcionais, poderá ser juridicamente justificável quando produzir um resultado econômico melhor (ou evitar um prejuízo econômico pior) do que aquele que seria obtido se não prestasse a ajuda.

produzidos pela empresa que a socorre por determinado período de tempo e em determinadas condições) etc.

Nenhum prejuízo advém aos credores desse tipo de formulação, haja vista que, se discordarem dos arranjos feitos entre os devedores (inclusive do tocante a eventual novação subjetiva), poderão simplesmente rejeitar o plano, dando ensejo às falências individuais de cada um deles.

Ressalva-se, por fim, que nada disso se confunde com a consolidação substancial[507], que importa a ineficácia da separação patrimonial entre os devedores, permitindo que todos esses arranjos sejam feitos sem a necessidade de observar os interesses particulares de cada integrante do grupo e sejam submetidos à deliberação unificada dos credores de todos os devedores numa única assembleia. O plano único, a par de depender da aprovação individual dos distintos conjuntos de credores de cada devedor, deve respeitar as regras que disciplinam o governo dos grupos e não pode desconsiderar a separação entre os patrimônios dos seus integrantes.

2.13.3.3.4 Independência dos devedores

A formulação de uma proposta conjunta não compromete a independência dos devedores, dos seus ativos e passivos (LRF, art. 69-I, *caput*). Em primeiro lugar, os devedores são livres para formular ou não o plano único, conforme entendam que essa medida é ou não conveniente para os propósitos da recuperação judicial: os devedores tanto poderão formular planos individuais como plano único, presumindo-se que adotarão a segunda opção quando ela se revelar mais adequada para viabilizar a sua recuperação. Ainda que o controlador do grupo possa exercer sua influência para determinar a adesão dos devedores ao plano único (estando nesse ponto sujeito às regras de governança aplicáveis ao grupo), não existe obrigatoriedade na formulação da proposta conjunta.

Em segundo lugar, o plano único exige a discriminação das prestações imputadas individualmente a cada devedor, não se admitindo formulações genéricas que tratem os devedores como se constituíssem a mesma e única pessoa jurídica (o que não impede que o objeto do plano único seja justamente a constituição de uma única pessoa jurídica, como no caso de prever a fusão de todos os devedores numa nova sociedade).

Em terceiro lugar, o plano único deve ser submetido à deliberação separada dos conjuntos de credores de cada devedor, só se reputando aprovado se as maiorias

---

507. A unidade (material) do plano não implica necessariamente a consolidação substancial (cf. GARCÍA-ROSTÁN CALVIN, Gemma. *El proceso concursal ante insolvencias conexas*, cit., p. 87).

qualificadas de todos esses conjuntos aceitarem a proposta. Com isso se preservam os direitos dos credores em face de cada devedor individualmente considerado.

2.13.3.3.5 Planos idênticos

A formulação de propostas idênticas por dois ou mais devedores (p. ex., estabelecendo o mesmo prazo para pagamento das dívidas ou o mesmo percentual de desconto) não se confunde com plano único. O plano único resulta da vontade dos devedores de formular uma proposta conjunta, que os coloca no mesmo polo do contrato de recuperação celebrado com os seus credores.

A formulação de propostas idênticas tanto pode ser feita por meio de um plano único quanto por planos individuais. Por outro lado, da apresentação de um plano único não resulta a necessidade de formulação de propostas idênticas em relação a todos os devedores. O plano poderá prever formas de pagamento e prestações diversas (e independentes) por parte de cada devedor e, ainda assim, configurar um plano único, desde que os proponentes queiram lhe conferir essa estrutura, vinculando-se conjuntamente a uma única proposta.

2.13.3.3.6 Plano único e solidariedade

O plano único não implica a solidariedade entre os devedores se ela não tiver sido expressamente nele contemplada. Afinal, a lei nada dispõe a esse respeito, e solidariedade não se presume (CC, art. 265). Nada impede, porém, que o plano a estabeleça como resultado dos negócios ali previstos (p. ex., por meio da concessão de garantias fidejussórias recíprocas entre os devedores relativamente às prestações previstas no plano de recuperação).

Decretada a falência por descumprimento do plano único, os credores terão reconstituídos seus direitos e garantias nas condições originalmente contratadas[508], sem que disso resulte responsabilidade solidária entre os devedores se ela não existia anteriormente à novação operada pela recuperação judicial, ressalvada aquela porventura decorrente de atos validamente praticados no âmbito da recuperação judicial, inclusive por meio do plano único.

2.13.3.3.7 Concomitância de plano único e de planos individuais

O plano único não precisa contemplar todos os devedores. Nada impede que parte deles apresente um plano único enquanto outra parte apresente planos

---

508. LRF, artigo 61, § 2º. "Decretada a falência, os credores terão reconstituídos seus direitos e garantias nas condições originalmente contratadas, deduzidos os valores eventualmente pagos e ressalvados os atos validamente praticados no âmbito da recuperação judicial".

individuais, ou ainda que mais de um conjunto de devedores apresente o próprio plano único. Teoricamente, é possível que um mesmo processo de recuperação judicial contemple a formulação de vários planos únicos, desde que cada um desses planos seja apresentado conjuntamente por dois ou mais devedores.

2.13.3.3.8 Aprovação do plano único

Tal como se passa em relação aos planos coligados que são reciprocamente subordinados (isto é, em que a eficácia de cada um dos planos depende da aprovação de todos)[509], a aprovação do plano único dependerá da inexistência de objeções ou da aceitação das maiorias qualificadas dos conjuntos de credores de cada um dos devedores proponentes, que deliberarão em assembleias separadas (LRF, art. 69-I, § 2º). Caso o conjunto de credores de algum dos devedores rejeite a proposta, o plano se reputará reprovado em relação a todos os devedores, que deverão ter a falência decretada.

Esse entendimento não é incompatível com o § 4º do artigo 69-I da LRF, que prevê que a consolidação processual não impede que alguns devedores obtenham a concessão da recuperação judicial e outros tenham a falência decretada. De fato, o mero ajuizamento da ação de recuperação judicial em litisconsórcio ativo, ou o deferimento do processamento do feito sob consolidação processual, não determinam que o resultado da ação será o mesmo para todos os devedores. Mas isso não impede os devedores de formularem propostas que poderão demandar a aprovação de todos os conjuntos particulares de credores, o que acabará por vinculá-los a um mesmo resultado (concessão da recuperação judicial ou decretação da falência).

2.13.3.3.9 Efeitos do descumprimento

Concedida a recuperação judicial com base em plano único, haverá a formação de contrato igualmente único, embora subjetivamente complexo, que coloca todos os devedores a ele sujeitos no mesmo polo da relação contratual. Por isso, o descumprimento do plano único por parte de qualquer dos devedores durante o prazo de fiscalização judicial acarretará a falência de todos eles, e não apenas daquele que individualmente tiver deixado de realizar determinada prestação.

Esse tema será retomado no item 2.16, que compara as consequências do descumprimento dos diversos tipos de planos de recuperação.

---

509. Conforme referido, a coligação dos planos pode se limitar à formação dos contratos, caso a eficácia de um plano seja subordinada à aprovação de outro, porém sem necessariamente ensejar a dependência entre os contratos que resultarão desses planos, no caso de as prestações neles prometidas por cada devedor serem independentes umas das outras.

2.13.3.3.10 Por que os devedores escolheriam um plano único?

A decisão de formular um plano único decorre tanto de razões de necessidade quanto de conveniência (que também se aplicam, em situações semelhantes, à formulação de planos coligados, igualmente capazes de tratar da crise do grupo de forma global).

A *necessidade* se relaciona aos casos em que o grau de intricamento ou de dependência econômica entre os devedores é de tal grau que implica a indissociabilidade das medidas propostas para a sua recuperação. Quando de nada adiantar a concessão da recuperação judicial a uma empresa sem que também seja concedida a outra, ou quando for impossível a celebração dos negócios necessários à recuperação individual dos devedores sem que ocorra a aprovação de todos os conjuntos de credores (por exemplo, negócios que envolvam operações conjuntas entre os devedores), uma das técnicas à disposição dos litisconsortes consiste justamente na vinculação de todos eles ao mesmo destino, por via da formulação de um plano único.

Por outro lado, a *conveniência* da formulação de proposta conjunta se relaciona tanto a motivos de eficiência econômica (por contribuir para a maximização dos ativos dos devedores, segundo a ideia de que um bolo vale mais do que a soma das suas fatias) quanto à estratégia para lograr a aprovação dos credores (na medida em que a vinculação dos devedores ao mesmo destino influência na decisão individual dos credores, ainda que tomada no âmbito de conclaves separados por devedor).

É sabido que as empresas agrupadas ganham com a sinergia entre elas, sendo esse um dos fatores que contribuem para a própria existência dos grupos. Se tal ganho ocorre fora da recuperação, logicamente continuará ocorrendo dentro da recuperação, que não modifica o que o grupo é em sua essência. Ademais, a formulação de solução conjunta para o grupo tende a resultar num *sobrevalor*, além de viabilizar certos negócios que, de outro modo, não poderiam ser celebrados, especialmente quando envolverem a venda conjunta de ativos ou determinadas operações de reorganização societária.

Imagine-se, por exemplo, um grupo de tecnologia, em que cada empresa, a par da realização de outros negócios, é titular de aplicativos que funcionam de modo interligado, vinculados à uma mesma marca, sendo justamente esse o maior apelo comercial de tais produtos. Suponha-se, ainda, que a melhor forma de capitalizar o grupo, a fim de viabilizar o pagamento dos seus credores e a manutenção das empresas, fosse justamente vender os direitos sobre esses aplicativos. Pode ocorrer, todavia, de ninguém se interessar por adquiri-los se eles não puderem ser comprados em conjunto, ou de o valor da sua comercialização individual ser muito menor do que o do todo. Numa situação assim, é evidente o ganho econômico da solução conjugada, em que todos os devedores se comprometem *juntos* à venda do todo[510].

A depender das circunstâncias, a formulação do plano único também pode ser uma estratégia para viabilizar a adesão dos credores, especialmente nos casos em que os devedores tiverem credores comuns ou que, embora não sejam comuns, possuam algum interesse relacionado a outra empresa incluída no processo de recuperação.

Lembrando que a aprovação do plano único depende da sua aprovação em todas as assembleias, e que a sua rejeição, em qualquer uma delas, ensejará a falência de todo o grupo, os devedores poderão propositalmente vincular-se ao mesmo resultado quando anteverem que um credor importante priorizará o interesse na preservação de determinada empresa do grupo sobre o eventual desinteresse na recuperação das demais empresas. Quando imaginarem que esse credor, que votaria pela decretação da falência dessas outras empresas, votará pela aprovação do plano único para não inviabilizar a concessão da recuperação à empresa cuja recuperação lhe interessa.

Imagine-se, por exemplo, que um credor muito importante detenha créditos distintos contra os devedores "A" e "B", sendo que: (i) em relação a "A", prefira a concessão da recuperação judicial, seja por aumentar as chances de reaver o seu crédito, seja pelo interesse em manter relações comerciais com essa empresa; e (ii) em relação a "B", por outro lado, prefira a falência, por lhe ser mais vantajosa do que a novação proposta, ou por não confiar nas chances da sua recuperação.

Fossem apresentados planos distintos, a tendência desse credor seria votar pela aprovação do plano de "A" e pela rejeição do de "B". Entretanto, se for apresentado um plano único, que vinculará todos os devedores ao mesmo resultado, esse credor precisará ponderar se mais lhe vale a concessão da recuperação de "A" ou a falência de "B", já que, se o seu voto for decisivo, não poderá obter as duas coisas. Assim, quando o grupo apostar que o interesse do credor na recuperação de "A" é maior do que na falência de "B", a formulação de um plano único pode ser uma estratégia interessante[511] para obter a adesão desse credor, além de tratar-se

---

510. Nessa hipótese, se cada devedor propusesse um plano individual se limitando a estipular a venda do aplicativo do qual é titular, vinculando o produto desse negócio ao pagamento das suas dívidas, possivelmente os seus respectivos credores ficariam temerosos de aprovar tal plano, pois a reprovação de algum outro plano poderia comprometer a injeção de recursos necessária para viabilizar os pagamentos nas condições propostas.
511. Nem por isso esse mecanismo escapa do controle de validade, sob a perspectiva do abuso do direito. Ainda que, em tese, seja possível a adoção de um plano único como forma de maximizar as chances de aprovação dos credores, o exercício desse direito deve ser sempre analisado segundo a perspectiva dos valores e dos fins que o informam, inclusive a boa-fé e os bons costumes.

de medida a princípio justificável sob o ponto de vista da governança dos grupos (mesmo de um grupo de fato) quando ao devedor "A" também for interessante a preservação de "B", ainda que para viabilizar certos arranjos previstos no próprio plano de recuperação[512].

Outro motivo econômico relevante para a adoção de um plano único tem a ver com as dívidas solidárias por parte dos devedores, coisa muito comum em se tratando de grupo de empresas, em que um devedor presta garantias em favor do outro ou é, de alguma forma, corresponsável pelas obrigações do outro (como frequentemente ocorre em relações trabalhistas ou de consumo, entre outras).

No caso de os planos não terem relação alguma entre si, a dívida solidária acabaria sendo *replicada* em todos eles, o que é pouco eficiente em termos econômicos. Afinal, ainda que o grupo projete que o pagamento será satisfeito por algum devedor em particular (o que dispensaria os outros de fazê-lo), ainda assim os demais devedores solidários precisariam propor meios convincentes para o pagamento dessa mesma dívida, sob pena de terem os próprios planos rejeitados pelo respectivo credor, eventualmente inviabilizando a obtenção do quórum necessário à aprovação dos seus planos[513]. E mesmo isso pode não ser suficiente para assegurar tal aprovação.

Suponha-se um grupo composto por dez empresas, todas elas solidariamente responsáveis por uma mesma dívida para com o mesmo credor, que votará, portanto, nas dez AGCs que serão realizadas (seja no caso de planos independentes ou de plano único). Se os devedores formularem planos independentes, o credor da dívida solidária exercerá o direito de voto considerando apenas a situação individual de cada um dos devedores. Assim, a confiança que porventura deposite no plano de algum devedor solidário não o impedirá de reprovar os planos dos demais devedores. Aliás, é até possível que o credor aprove os planos de alguns devedores e rejeite os dos outros como forma de diversificar os riscos e maximizar suas chances de receber[514].

---

512. Ficando apenas no campo da racionalidade econômica, sem adentrar na avaliação de eventual abuso, o exemplo proposto também se aplicaria ao caso em que o credor detém créditos apenas contra uma das empresas do grupo (em relação à qual optaria pela falência), mas possui interesse na manutenção das outras. Neste caso, para não inviabilizar a concessão da recuperação às outras empresas, esse credor poderá votar pela aprovação plano único, o que talvez não fizesse se os devedores apresentassem planos isolados.
513. Se nada propusessem a respeito da dívida solidária, isso que impediria o respectivo credor de participar da deliberação sobre os planos (LRF, art. 45, § 3º). Contudo, os devedores teriam de honrar com o pagamento da dívida nas suas condições originais, ficando todos eles expostos a eventuais execuções, medidas constritivas e até mesmo a pedidos de falência.
514. Afinal, o credor tende a agir egoisticamente (e aqui não se faz nenhuma crítica a isso), adotando as medidas que lhe propiciem a situação mais favorável e segura.

Se o credor for titular de um crédito relevante (p. ex., capaz de determinar o sentido de voto de uma classe), passaria a ter um poder de negociação extraordinário se os devedores escolhessem elaborar planos independentes. Com o pagamento do seu crédito suficientemente "garantido" pelo plano de um devedor, esse credor poderia ser desnecessariamente rigoroso na avaliação do plano de outro devedor, condicionar a aprovação do plano de outro a vantagens exageradas ou ainda votar pela falência de modo a ampliar as chances de ser pago (pelo cumprimento do plano de um, ou pela liquidação dos ativos de outro).

O plano único evita a necessidade de replicação da dívida, permitindo imputar o pagamento a apenas um devedor. Por conseguinte, se o credor de dívida solidária entender que a proposta de pagamento lhe convém, terá de aprovar o plano em todas as AGCs de que participar, já que a reprovação do plano único em qualquer uma delas impedirá a concessão da recuperação judicial a todos os devedores, inclusive àquele que supõe ser capaz de honrar a dívida em termos satisfatórios.

A par de outras razões[515], são esses mesmos benefícios que têm levado as sociedades agrupadas a pleitearem a própria consolidação substancial, pois doutrina e jurisprudência nacionais caminharam no sentido de que, somente com ela, seria possível a adoção de um plano global para o grupo, reduzindo o plano único à mera instrumentalização unificada de planos completamente isolados. Outras vezes, indevidamente denominaram de consolidação substancial o que, na verdade, não passava da formulação de um plano único, que em nada infirmava a separação patrimonial entre os devedores.

Como se viu, porém, a formulação de um plano único, mesmo quando envolva esforços combinados entre os devedores, não se confunde com consolidação substancial, não se vislumbrando razões que justifiquem impedir devedores e credores de se beneficiar de uma solução global para o grupo, desde que respeitados os limites das personalidades de cada sociedade e as regras de governança aplicáveis.

2.13.3.3.11 Plano único e consolidação substancial voluntária

O plano único não produz os mesmos efeitos da consolidação substancial operada por determinação do juiz, pois não implica a *ineficácia* da separação patrimonial entre os devedores. Isso não significa que o plano não possa contem-

---

515. Entre os demais motivos que incentivam os devedores (rectius: o controlador do grupo) a pedir a consolidação substancial está a redução dos curtos de transação, na medida em que o expediente simplifica (e tende a facilitar) a aprovação dos credores ao plano, bem como encobre a eficácia das regras que proíbem ou mitigam a subordinação de interesses entre as sociedades integrantes de um grupo (já que, com a consolidação, os ativos e passivos passam a ser tratados como se pertencessem a um único devedor).

plar negócios jurídicos que importem corresponsabilidade entre os devedores ou mesmo a efetiva aglutinação de todos eles numa única pessoa jurídica.

Desde que respeitadas as regras que disciplinam o governo dos grupos, é possível que o plano estabeleça a solidariedade dos devedores em relação às prestações assumidas para com os credores (p. ex., mediante a concessão de garantias recíprocas), ou até a fusão de todos numa nova sociedade ou a incorporação, por um deles, de todos os demais (caso em que, a par da aprovação dos credores, em assembleias separadas, também seria necessário que a matéria fosse aprovada no âmbito de cada uma das assembleias das sociedades devedoras, garantindo-se aos acionistas dissidentes o direito de recesso).

Tais negócios seriam uma forma de produzir alguns efeitos semelhantes aos da consolidação substancial, pois fariam com que os ativos de todos os devedores passassem a responder pelas dívidas de qualquer um deles. Nesses termos poderia ser concebida uma *consolidação substancial voluntária*, embora essa expressão venha sendo usada com outro sentido, para designar a suposta faculdade que os devedores teriam de produzir os mesmos efeitos da consolidação substancial determinada pelo juiz mediante a concordância da maioria dos seus respectivos credores. Esse tema será aprofundado no item 3.9.

2.13.3.4 Plano unitário

Determinada a consolidação substancial pelo juiz, caberá aos devedores apresentar um *plano unitário,* que tratará os seus ativos e passivos como se pertencessem a um único devedor (arts. 69-K, *caput,* e 69-L, *caput*). As características desse plano e as principais diferenças entre ele e o plano único serão examinadas adiante[516].

2.13.4 Formalidades e prazo para apresentação

A lei não estabeleceu forma especial para apresentação do plano de recuperação, dela se podendo inferir, apenas, que ele deverá ser apresentado por escrito. Além disso, conforme os incisos do artigo 53 da LRF, o plano deverá conter: (i) discriminação pormenorizada dos meios de recuperação a serem empregados e seu resumo; (ii) demonstração de sua viabilidade econômica; e (iii) laudo econômico-financeiro e de avaliação dos bens e ativos do devedor, subscrito por profissional legalmente habilitado ou empresa especializada.

No âmbito da recuperação dos grupos, esses requisitos deverão ser preenchidos em relação a cada um dos planos apresentados.

---

516. A comparação entre os planos único e unitário é feita no item 3.8.5.8.

No tocante ao prazo, o *caput* do artigo 53 da LRF estabelece que o plano de recuperação deverá ser apresentado pelo devedor em juízo em sessenta dias contados da data da publicação da decisão que deferir o processamento da recuperação judicial, sob pena de sua convolação em falência.

A lei registra, ainda, que esse prazo é *improrrogável*, o que significa que não poderá ser estendido por conveniência dos devedores, mas não impede sua dilação em caso de obstáculo judicial ou qualquer outra justa causa (CPC, art. 223).

Desde que o deferimento do processamento da recuperação judicial tenha ocorrido na mesma oportunidade em relação a todos os devedores, o termo final do prazo para apresentação do plano será idêntico para os litisconsortes, que poderão apresentar planos individuais ou submeter aos seus credores, em conjunto, um plano único[517].

No entanto, se a data de deferimento do processamento da recuperação judicial não for a mesma para todos os litisconsortes[518], o termo final para apresentação do plano poderá ser diferente em relação a eles[519].

Assim, convém ao juiz aguardar a apresentação do plano de recuperação por todos os devedores ou o decurso do prazo com vencimento mais distante antes de determinar a publicação do edital que marca o início do prazo para a manifestação de eventuais objeções dos credores (LRF, art. 53, parágrafo único), que deverá ser único em relação aos planos de todos os litisconsortes. Com isso, o prazo para a formulação das objeções será o mesmo para todos os credores, garantindo-se ou reestabelecendo-se a tramitação simultânea e coordenada do processo.

Sempre lembrando que a viabilidade da recuperação de determinada empresa do grupo poderá depender das medidas previstas para o restabelecimento de outra, é conveniente que os credores possam analisar, de forma completa e numa mesma oportunidade, os planos de todos os devedores, ainda que se trate de planos isolados. Isso contribuirá para que tenham melhores condições de avaliar eventual necessidade de deduzir objeção ao plano.

---

517. Sobre o conceito de plano único, confira-se o item 2.13.3.3.1.
518. Embora deva ser evitado pelo juiz, haverá casos em que isso será inevitável, como na hipótese em que o deferimento do processamento da recuperação judicial em relação a determinado devedor ocorrer pelo provimento de agravo interposto contra a decisão que houver inadmitido sua participação no polo ativo.
519. Considerando que os prazos previstos na LRF são contados em dias corridos, e não úteis, é possível que, mesmo com termos iniciais diferentes, os termos finais dos prazos sejam os mesmos, por exemplo, no caso de eventual prorrogação imposta por feriados, dias sem expediente forense etc.

2.14 ASSEMBLEIA GERAL DE CREDORES

A assembleia geral de credores consiste num colegiado deliberativo de funcionamento ocasional que, na recuperação judicial e na falência, manifesta a vontade da comunhão de credores no âmbito da competência prevista em lei. Entre outras atribuições[520], compete-lhe, em especial, deliberar sobre a aprovação, rejeição ou modificação do plano de recuperação.

Na recuperação judicial dos grupos, notam-se diferenças importantes quanto ao funcionamento da AGC conforme seja ou não determinada a consolidação substancial pelo juiz, as quais serão abordadas adiante.

Além disso, a depender do porte do grupo, do número de sociedades envolvidas no processo e da quantidade de credores, a realização do(s) conclave(s) poderá exigir algumas adaptações em relação à forma observada em casos mais simples, de modo a garantir o pleno exercício dos direitos de voz e de voto por parte dos credores[521], bem como para conferir agilidade e segurança às deliberações.

A criação de plataforma eletrônica para cadastramento dos credores que pretendem participar do conclave e envio dos documentos de representação pode facilitar a verificação da regularidade dessa representação[522] e auxiliar na

---

520. No processo de recuperação judicial, compete à AGC deliberar sobre as seguintes matérias: (i) aprovação, rejeição ou modificação do plano de recuperação judicial apresentado pelo devedor; (ii) a constituição do Comitê de Credores, a escolha de seus membros e sua substituição; (iii) o pedido de desistência do devedor; (iv) a escolha do gestor judicial, quando do afastamento do devedor; (v) a alienação de bens ou direitos do ativo não circulante do devedor, não prevista no plano de recuperação judicial; e (vi) qualquer outra matéria que possa afetar os interesses dos credores (LRF, art. 35, I). Na falência, compete-lhe deliberar sobre: (i) a constituição do Comitê de Credores, a escolha de seus membros e sua substituição; (ii) a adoção de outras modalidades de realização do ativo, na forma do artigo 145 dessa Lei; e (iii) qualquer outra matéria que possa afetar os interesses dos credores (LRF, art. 35, II). Considerando os propósitos deste trabalho, optou-se por concentrar o estudo na deliberação sobre o plano de recuperação.
521. A recuperação judicial do grupo OI é exemplo emblemático das dificuldades para a realização da assembleia geral de credores em casos envolvendo múltiplos devedores com passivos bilionários. Os números impressionam: cerca de 55 mil credores em face de um passivo de cerca de R$ 64 bilhões. Para a realização da AGC, da qual participaram mais de 24 mil credores, foi necessário montar uma estrutura que acomodasse fisicamente 5 mil pessoas, além da criação de cem postos de credenciamento e de votação por meio eletrônico. Cerca de trezentas pessoas foram necessárias para organizar a realização dos trabalhos, tendo o conclave sido realizado em pavilhões do Riocentro, no Rio de Janeiro, reputado o segundo maior centro de convenções da América Latina (cf. SALES, Gabriela de Barros. A experiência da AGC do grupo OI e as inovações implementadas pelo administrador judicial. In: WALD, Arnoldo; LONGO, Samantha (Coord.). *Desafios e soluções da recuperação empresarial antes, durante e depois da Covid-19*. Porto Alegre: Paixão: Wald, 2020. p. 58-59 e 65).
522. LRF, artigo 37, § 4º. "O credor poderá ser representado na assembleia-geral por mandatário ou representante legal, desde que entregue ao administrador judicial, até 24 (vinte e quatro) horas antes da data prevista no aviso de convocação, documento hábil que comprove seus poderes ou a indicação das folhas dos autos do processo em que se encontre o documento".

colheita das assinaturas na lista de presença da assembleia[523], contribuindo para a identificação dos credores e para a apuração dos quóruns de instalação e de deliberação.

A limitação do número de acompanhantes e ouvintes também pode ser necessária para acomodação dos participantes no espaço designado para a realização da assembleia. A determinação prévia de um tempo máximo de exercício do direito de voz[524] pelos credores contribui para que os trabalhos tenham duração razoável, ao passo que a adoção de um sistema eletrônico de votação dotado de mecanismo de certificação, desde que auditável, contribui para a apuração dos votos e a determinação do resultado da deliberação de forma rápida e segura[525].

2.14.1 Convocação

Havendo tempestiva[526] objeção de qualquer credor ao plano de recuperação judicial apresentado pelo devedor, cabe ao juiz convocar assembleia geral de credores para deliberar sobre ele (LRF, art. 56, *caput*)[527].

No âmbito da mera consolidação processual, a assembleia geral de credores só deverá ser convocada no tocante aos devedores cujo plano tiver sofrido objeção dos seus próprios credores, o que é consectário da independência garantida pelo art. 69-I, *caput*, da LRF. Assim, se os credores de algum devedor não formularem objeção, o plano será reputado aceito por eles, dispensando-se a convocação de assembleia no tocante a tal devedor[528].

---

523. LRF, artigo 37, § 3º. "Para participar da assembleia, cada credor deverá assinar a lista de presença, que será encerrada no momento da instalação".
524. Já se decidiu que o administrador judicial pode limitar o tempo de voz dos credores, já que lei não prevê nenhum prazo a respeito (TJSP, Câm. Esp. Fal. Recup. Jud., AI 9063064-50.2008.8.26.0000, rel. Des. Boris Kauffmann, origem: 2ª Vara Cível de Itapetininga, j. 30.09.2008).
525. Todos esses expedientes foram adotados na assembleia geral de credores realizada na recuperação judicial do grupo OI (cf. SALES, Gabriela de Barros. A experiência da AGC do grupo OI e as inovações implementadas pelo administrador judicial, cit., p. 55-74).
526. A objeção ao plano de recuperação deve ser formulada no prazo de trinta dias contado da publicação da relação de credores de que trata o § 2º do artigo 7º da LRF, sob pena de preclusão.
527. A AGC também deverá ser convocada: (i) a pedido do administrador judicial, nos casos previstos em lei ou se quando entender necessário que seja ouvida para a tomada de decisões (LRF, art. 22, I, "g"); (ii) a pedido do Comitê de Credores (LRF, art. 27, I, "e"); (iii) a pedido dos credores representantes de 25% do valor dos créditos de determinada classe (LRF, art. 36, § 2º); (iv) quando do afastamento do devedor, nas hipóteses previstas no art. 64, para a escolha ou substituição do gestor judicial (LRF, art. 65, *caput* e § 2º); e (v) quando da decretação da falência, se o juiz entender conveniente a convocação para a constituição de Comitê de Credores (LRF, art. 99, XII).
528. O que não significa, necessariamente, que os devedores cujo plano não tenha sofrido objeção terão concedida a recuperação judicial. Mesmo nessa hipótese, cabe ao juiz verificar se tais devedores preenchem os pressupostos legais e se o plano não ofende nenhuma norma de ordem pública. Além disso, é possível que a eficácia do plano de um devedor que não tenha sofrido objeção tenha sido voluntariamente subordinada à aprovação do plano de outro devedor, este objetado por algum credor.

Eventuais objeções formuladas por credor de um devedor não implicam a necessidade de realização de assembleia geral pelos credores de outro devedor. Logo, a objeção do credor do devedor "A" ao plano do devedor "B" não enseja a realização de AGC para deliberar sobre o plano de "B", que somente deverá ser convocada se algum credor de "B" houver objetado o plano.

Passa-se exatamente o mesmo se os devedores tiverem optado pela formulação de plano único, que deve ser submetido à deliberação separada dos conjuntos de credores de cada devedor. Se os devedores "A" e "B" apresentarem plano único de recuperação e somente os credores de "A" objetarem o plano, só deverá ser convocada AGC relativamente a "A", a ser composta apenas pelos seus próprios credores, reputando-se o plano aceito pelos credores de "B" ante a ausência de objeções (ainda assim, o plano único só será aprovado se, além da inexistência de objeções pelos credores de "B", também forem obtidas as maiorias necessárias na AGC composta pelos credores de "A").

Serão convocadas, enfim, tantas assembleias quantos forem os devedores cujo plano tenha recebido objeção dos seus próprios credores, recomendando-se que todas elas sejam designadas para o mesmo local e para a mesma data, em horários sucessivos[529] (ou, se não for possível, em datas próximas). Essa cautela concretiza a coordenação dos atos viabilizada pela consolidação processual, facilitando a negociação entre os vários devedores e seus credores, especialmente no caso de terem sido formulados planos coligados ou plano único.

2.14.2 Dispensa

Dispensa-se a realização da AGC se, até cinco dias antes da data designada para o conclave, o devedor comprovar a aprovação dos credores por meio de termo de adesão, observado o quórum previsto no artigo 45 da LRF, e requerer a sua homologação judicial (LRF, arts. 45-A, § 1º, e 56-A, *caput*)[530].

No âmbito da mera consolidação processual, dispensa-se a realização da assembleia apenas em relação ao devedor cujos credores tenham manifestado

---

Neste caso, a efetiva concessão da recuperação judicial ao primeiro ficará dependente do resultado da AGC convocada para deliberar sobre o plano do segundo.

529. Conforme Fábio Ulhoa Coelho, "nada impede que, para conferir mais racionalidade ao procedimento, todas se realizem no mesmo local, em horários sucessivos (a primeira instala-se no horário previsto na convocação; a segunda, ao término da primeira; a terceira, ao término da segunda e assim vai)" (COELHO, Fábio Ulhoa. *Comentários à Lei de Falências e de Recuperação de Empresas*, cit., 14. ed., p. 277).

530. Cuida-se aqui de modalidade alternativa de apuração da vontade dos credores, que prestigia a celeridade e a eficiência (cf. FRANÇA, Erasmo Valladão Azevedo e Novaes; ADAMEK, Marcelo Vieira von. *Assembleia geral de credores*, cit., p. 122).

sua adesão ao plano em número suficiente[531]. Por outro lado, exige-se a realização de AGC no tocante aos devedores que não houverem logrado comprovar a concordância dos seus próprios credores, de acordo com o quórum legal.

A circunstância de os devedores terem formulado plano único não altera essa dinâmica, dado que esse plano deverá ser submetido a AGCs independentes, compostas exclusivamente pelos credores de cada devedor.

Assim, a ausência de comprovação da adesão suficiente em relação a determinado devedor exigirá a realização de assembleia geral composta apenas pelos seus respectivos credores, ficando dispensado o conclave no tocante aos demais (lembrando que o plano único só se reputará aprovado se todos os conjuntos de credores houverem, individualmente, aprovado a proposta conjunta dos devedores, seja em assembleia, seja por termo de adesão, seja ainda pela ausência de objeção).

2.14.3 Composição e forma de deliberação

Na recuperação judicial sob mera consolidação substancial, haverá assembleias gerais distintas no tocante a cada um dos devedores integrantes do polo ativo da recuperação judicial. Trata-se de consectário lógico da independência jurídica e patrimonial dos devedores garantida pelo artigo 69-I, *caput*, da LRF, já que o credor particular de um devedor não tem direito de interferir na definição da vontade do conjunto de credores de outro devedor (salvo se também figurar como credor desse outro devedor).

Essas assembleias serão realizadas de modo independente, sendo compostas exclusivamente pelos conjuntos de credores de cada um dos devedores. Segue que a composição das classes previstas nos incisos do artigo 41 da LRF, bem como a definição dos quóruns de instalação e de deliberação dos conclaves, serão determinadas exclusivamente em referência a esses mesmos credores (LRF, art. 69-G, § 3º).

Assim, na recuperação judicial sob consolidação processual dos devedores "A" e "B", será realizada uma AGC composta pelos credores de "A" e outra AGC composta pelos credores de "B". A AGC relativa ao devedor "A" será composta apenas pelos seus próprios credores, agrupados em classes, conforme a regra de divisão contida no artigo 41 da LRF. Por conseguinte, os quóruns de instalação e de deliberação serão determinados com base apenas nos credores que integram essa assembleia, isto é, os credores de "A". Passa-se exatamente o mesmo em relação a "B".

---

531. Para que a AGC seja dispensada, exige-se que seja comprovada a adesão, em número suficiente, da maioria dos credores de todas as classes. Para Erasmo Valladão e Marcelo Adamek, mesmo que demonstrada, no tocante à classe dissidente, a adesão de credores em número suficiente para a concessão do *cram down* à brasileira, ainda assim seria indispensável a realização da AGC (*Assembleia geral de credores,* cit., p. 124).

Ainda que realizadas na mesma data, as assembleias deliberarão em separado sobre os planos dos devedores, ou sobre o plano único, devendo ser elaboradas atas individuais para cada um dos conclaves (LRF, art. 69-I, §§ 2º e 3º).

Note-se que, mesmo tendo os devedores formulado plano único – que, como visto anteriormente, vincula todos eles ao mesmo resultado –, ainda assim esse plano deverá ser submetido a assembleias distintas, só se reputando aceito se for aprovado em cada uma dessas assembleias.

Essa parece ser a única interpretação que, além de adequar-se ao direito posto (notadamente às normas contidas no artigo 69 da LRF), é compatível com os princípios societários, que garantem a individualidade jurídica e patrimonial de cada sociedade, com a limitação de responsabilidade e a segregação de riscos[532].

Daí que, ressalvadas situações absolutamente excepcionais, em que não seja possível reconhecer as sociedades do grupo como centros autônomos de imputação, deve-se respeito à independência dos devedores e, por conseguinte, ao direito dos seus respectivos credores de concorrer para o resultado da deliberação assemblear de forma correspondente e proporcional à natureza e importância do seu crédito no universo dos credores de cada devedor individualmente considerado.

Isso só é possível mediante a realização de assembleias independentes, compostas exclusivamente pelos credores de cada um dos devedores[533], já que a realização de assembleia única, indistintamente formada pelos credores de dois ou mais devedores, faria com que a importância individual dos credores

---

532. Lembrando que a função socioeconômica da personificação das sociedades é justamente segregar os riscos que são indissociáveis da atividade empresarial (cf. SZTAJN, Rachel. Terá a personificação das sociedades função econômica? *Revista da Faculdade de Direito da Universidade de São Paulo*, São Paulo, v. 100, p. 76, 2005).

533. Conforme anota Marta Flores Segura, *mantendo-se as massas separadas, os princípios da personalidade jurídica separada e da responsabilidade limitada não são violados. Por outro lado, o direito dos credores fica resguardado pelo seu direito de voto na proposta, calculando-se as maiorias separadamente em relação a cada devedor. Uma questão central é, de fato, que a decisão sobre a aprovação do convênio único seja adotada pelos credores de cada devedor, ou seja, que o cálculo das maiorias necessárias opere em nível individual e não em nível global. Esta última opção não é considerada, em princípio, desejável, pois pode permitir à maioria dos credores da maioria dos membros do grupo forçar a aprovação de um determinado acordo. Eles também podem agir em sentido contrário, ou seja, obstruindo ou vetando a aprovação de determinado acordo*. No original, "al mantenerse las masas separadas, no se vulneran los principios de personalidad jurídica separada y de responsabilidad limitada. Por otra parte, la indefensión de los acreedores viene impedida por su derecho a votar la propuesta, computándose las mayorías separadamente respecto de cada deudor. Una cuestión central es, en efecto, que la decisión relativa a la aprobación del convenio único se adopte por los acreedores de cada deudor, esto es, que el cómputo de mayorías necesarias opere a nivel individual y no a nivel global. Esta última opción no se considera, en principio, deseable, ya que puede permitir la mayoría de los acreedores de la mayoría de los miembros del grupo forzar la aprobación de un determinado convenio. También pueden actuar en sentido contrario, esto es, obstruyendo o vetando la aprobación de un determinado convenio" (*La conexión entre concursos*, cit., p. 246; tradução livre).

na determinação do resultado da assembleia fosse diminuída ou aumentada conforme as circunstâncias[534].

Por fim, vale observar que o juiz poderá autorizar que a assembleia geral de credores seja realizada de forma virtual[535], mediante sistema eletrônico que reproduza as condições de tomada de voto de uma assembleia presencial, conforme autoriza o artigo 39, § 4º, II, da LRF, incluído pela Lei 14.112/2020. Trata-se inovação importante, que favorece a participação dos credores, sendo especialmente conveniente no caso de a recuperação judicial abranger devedores sediados em comarcas distintas.

2.15 CONCESSÃO DA RECUPERAÇÃO JUDICIAL

A deliberação da AGC será submetida à homologação do juiz, que verificará se foram cumpridas as formalidades legais, bem como se foram alcançados os quóruns mínimos previstos em lei para aprovação de cada matéria. Além disso, o juiz realizará controle de licitude, cabendo-lhe examinar a validade (formal e material) dos votos proferidos na assembleia, bem como a licitude do próprio plano de recuperação[536], caso ele tenha sido aprovado.

Na recuperação judicial sob mera consolidação processual, caberá ao juiz se certificar, ainda, de que foram respeitadas as exigências contidas nos §§ 2º e 3º do artigo 69-I da LRF, conferindo se foram realizadas AGCs independentes, se os quóruns de instalação e deliberação foram apurados em referência aos credores de cada devedor, se foram elaboradas atas individuais para os conclaves etc.

Satisfeitos os pressupostos subjetivos e objetivos previstos em lei, será concedida a recuperação judicial do devedor cujo plano (i) não tenha sofrido objeção ou (ii) tenha sido aprovado pela maioria qualificada dos credores em assembleia geral ou mediante termo de adesão, na forma dos artigos 45 e 56-A, respectivamente (LRF, art. 58, *caput*).

2.15.1 Quórum de aprovação do plano

A aprovação do plano de recuperação se sujeita a quórum especial de deliberação. Sua aprovação depende, em regra, do voto favorável da maioria de todas as classes de credores, consoante previsto no artigo 45, *caput*, da LRF.

---

534. Este, aliás, é um dos efeitos indissociáveis da consolidação substancial determinada pelo juiz.
535. Sobre o tema, confira-se: WILHELM, Mara Denise Poffo; OLINDA, Carolina Merizio Borges de. Assembleia de credores virtual. In: ALTOMANI, Mariana Gonçalves (Coord.); BIOLCHI, Juliana Della Valle (Org.). *Restruturação empresarial*: discussões práticas sobre recuperação judicial e falência. Curitiba: Juruá, 2021. p. 289-301.
536. Tema abordado no item 2.15.3.

Os votos dos credores da *classe I* (titulares de créditos derivados da legislação do trabalho ou decorrentes de acidentes de trabalho) e da *classe IV* (titulares de créditos enquadrados como microempresa ou empresa de pequeno porte) são computados por cabeça, independentemente do valor do crédito, considerando-se aprovada a proposta quando obtidos os votos favoráveis de mais da metade dos credores presentes. Na *classe II* (titulares de créditos com garantia real) e na *classe III* (titulares de créditos quirografários, com privilégio especial, com privilégio geral ou subordinados), computam-se os votos tanto por cabeça como pelo valor dos créditos, reputando-se aprovado o plano se for aceito por credores que representem mais da metade do valor total dos créditos presentes à assembleia e, cumulativamente, pela maioria simples dos credores presentes (LRF, art. 45, §§ 1º e 2º).

Mesmo que uma dessas classes rejeite o plano, ainda assim ele será considerado aprovado se, cumulativamente: (i) as demais classes existentes na assembleia tiverem aprovado o plano; (ii) os credores representantes de mais da metade do valor de todos os créditos presentes à assembleia, independentemente de classes, tiverem votado favoravelmente à aprovação do plano; e, (iii) na classe que houver rejeitado o plano, mais de um terço dos credores tenha votado favoravelmente à sua aprovação (LRF, art. 58, § 1º). Cuida-se, pois, de quórum alternativo de aprovação do plano[537], impropriamente referido como *cram down*[538].

2.15.2 O *cram down* e o abuso do direito de voto

A Lei 11.101/2005 conferiu aos credores a prerrogativa de determinar a solução para a crise do devedor comum. A concessão da recuperação judicial se subordina à vontade deles, diferentemente do que ocorria com a concordata no regime do Decreto-lei 7.661/1945, cujo deferimento dependia apenas do preenchimento de certos requisitos objetivos e subjetivos verificados pelo juiz.

Um rompimento tão drástico com um sistema que teve vigência por cinquenta anos era mesmo de causar certa perplexidade – para não dizer inconformismo –, sobretudo porque a lei retira do juiz o poder de impor a solução que entende adequada em prejuízo daquela determinada pelos credores.

Especialmente nos primeiros anos de vigência da Lei 11.101/2005, havia quem defendesse que o juiz não estaria subordinado às deliberações da AGC

---

537. Cf. MUNHOZ, Eduardo Secchi. In: SOUZA JUNIOR, Francisco Satiro; PITOMBO, Antônio Sérgio de Moraes (Coord.). *Comentários à Lei de Recuperação de Empresas e Falência*. São Paulo: Ed. RT, 2005. p. 286.
538. Sobre o *cram down* à brasileira, confira-se o item 2.15.2.

porque não poderia ser privado dos seus poderes constitucionais[539]. Com base nesse raciocínio, alguns autores sustentaram que o magistrado poderia conceder a recuperação judicial[540] ou decretar a falência[541] com base na sua própria avaliação acerca da viabilidade econômica do plano, mesmo agindo contrariamente à deliberação dos credores.

Contudo, a ideia de que o juiz teria discricionariedade sobre a concessão da recuperação acabou sendo refutada pela maior parte da doutrina[542] e pela jurisprudência[543].

---

539. Manoel Justino Bezerra Filho já sustentou o seguinte: "Em que pese determine a Lei a participação dos credores na maioria dos casos, o juiz, pelo poder que lhe é conferido, pode deixar de acatar decisões da assembleia-geral se atentarem contra as disposições e princípios da Lei ou se tiver qualquer outro motivo para entender de forma diversa, sempre evidentemente fundamentando sua disposição" (*Nova Lei de Recuperação e Falências comentada*, cit., 3. ed., p. 113).
540. Conforme Luiz Inácio Vigil Neto, "o magistrado tem o poder de impor o plano, evitando o decreto falencial, se reconhecer o desempenho de função social pela empresa em crise. Dentro das diversas propostas debatidas no Congresso brasileiro, prevaleceu a que mitiga o poder do juiz de contrariar a vontade manifestada pelos credores em assembleia. Logo, a imposição do plano rejeitado pelos credores em assembleia não constitui um ato de vontade absoluta do juiz, mas vinculado a alguns critérios objetivos. Somente com a presença de todos esses requisitos, poderá juiz examinar, de forma subjetiva, se a empresa é estrategicamente importante no seu contexto social. [...] Na ideia de função social, adotou-se o princípio de relevância do ente econômico em seu contexto social" (*Teoria falimentar e regimes recuperatórios*. Porto Alegre: Livraria do Advogado, 2008. p. 172-173).
541. Fábio Ulhoa Coelho sustentou que o juiz poderia decretar a falência mesmo tendo os credores aprovado o plano, caso convencido de que a solução ajustada seria incapaz de promover a superação da crise econômico-financeira do devedor: "[...] como a aprovação de planos inconsistentes levará à desmoralização do instituto, entendo que, sendo o instrumento aprovado um *blá-blá-blá* inconteste, o juiz pode deixar de homologá-lo e incumbir o administrador judicial, por exemplo, de procurar construir com o devedor e os credores mais interessados um plano alternativo" (*Comentários à nova Lei de Falências e de Recuperação de Empresas*, cit., 9. ed., p. 224). No mesmo sentido, confira-se a posição de Newton de Lucca: "Não vejo como possa entender-se que o magistrado, convencido da inconsistência do plano, esteja obrigado a fazer o papel de *inocente útil*, referendando uma solução que, de antemão, sabe ser absolutamente inadequada..." (*Comentários à nova Lei de Recuperação de Empresas e Falências*. São Paulo: Quartier, 2005. p. 33).
542. Conforme Eduardo Secchi Munhoz, "não cabe, portanto, ao juiz nenhuma margem de discricionariedade a respeito da matéria, ou, em outras palavras mais precisas, não há na lei, quanto a esse aspecto, conceitos abertos (chamados conceitos indeterminados) que confiram ao juiz margem ampla de interpretação para a emissão dos respectivos juízos de legalidade. Assim, uma vez preenchidos os requisitos da lei, que nesse aspecto não adota nenhuma cláusula aberta ou conceito indeterminado, e aprovado o plano pelos credores, cumpre ao juiz conceder a recuperação; se, por outro lado, não se configurar tal hipótese, cabe ao juiz decretar a falência" (MUNHOZ, Eduardo Secchi. In: SOUZA JUNIOR, Francisco Satiro; PITOMBO, Antônio Sérgio de Moraes (Coord.). *Comentários à Lei de Recuperação de Empresas e Falência*, cit., p. 284). No mesmo sentido se posiciona Mauro Rodrigues Penteado: "Por aí se vê que o juiz está proibido de 'conceder' a recuperação judicial se o plano respectivo não contar com a aprovação dos credores, tácita (art. 55), plena (art. 45) ou segundo os critérios deliberativos diferenciados previstos no art. 58, § 2º. Não é o magistrado que emite juízo valorativo sobre a função da atividade empresarial em crise, na extensão e alcance com que vêm definidos no art. 47. Essa decisão é exclusiva dos credores" (*Disposições preliminares*, cit., p. 127-128).
543. "A jurisprudência das duas Turmas de Direito Privado do STJ sedimentou que o juiz está autorizado a realizar o controle de legalidade do plano de recuperação judicial, sem adentrar no aspecto da sua

Além de não encontrar amparo na lei[544], essa interpretação contraria a lógica do sistema, que pressupõe que os credores têm melhores condições e maior legitimidade para avaliar a viabilidade e conveniência da concessão da recuperação judicial ao devedor.

Ainda assim, deve-se reconhecer que existem situações em que a oposição dos credores à aprovação do plano é manifestamente injustificada, sobretudo nos casos em que a decretação da falência for uma solução evidentemente pior (inclusive para os próprios credores) do que a concessão da recuperação.

Em algumas legislações, como a norte-americana, essa dificuldade é resolvida pelo chamado *cram down*, mecanismo que permite ao juiz superar a oposição dos credores, ou forçar-lhes o plano "goela abaixo"[545], com base em parâmetros razoavelmente objetivos.

Nos Estados Unidos, o juiz pode conceder a reorganização mesmo sem a aprovação de todas as classes de credores, desde que pelo menos uma das classes afetadas pelo plano o tenha aprovado e que ele seja viável (*feasible*), justo e equitativo (*fair and equitable*) – respeitando a ordem de preferência legal dos créditos –, e não implique tratamento diferenciado entre os credores de uma mesma classe (*unfair discrimination*), nem sujeite os credores a condições piores do que no caso de liquidação, salvo se os eventuais prejudicados aceitarem tais condições[546].

A lei concursal brasileira, porém, não contém regra semelhante. Mesmo a aprovação do plano segundo o quórum alternativo do artigo 58, § 1º, da LRF depende da adesão dos credores representantes de mais da metade do valor de todos os créditos presentes à assembleia, de modo que não configura *cram down*.

Conforme já sustentado em outra oportunidade[547], a falta de mecanismo que permita a superação do voto dos dissidentes compromete o equilíbrio que deve haver na negociação entre o devedor e seus credores, bem como a própria

---

viabilidade econômica, a qual constitui mérito da soberana vontade da assembleia geral de credores" (STJ, 3ª T., REsp 1660195-PR, rel. Min Nancy Andrighi, j. 04.04.2017).

544. Nesse sentido é a redação do Enunciado 46 da I Jornada de Direito Comercial promovida pelo Centro de Estudos Judiciários do Conselho da Justiça Federal em outubro de 2012: "Não compete ao juiz deixar de conceder a recuperação judicial ou de homologar a extrajudicial com fundamento na análise econômico-financeira do plano de recuperação aprovado pelos credores".

545. *A confirmação de um plano sobre uma classe dissidente é conhecida como* "cram down", *porque o plano é "enfiado goela abaixo" da classe dissidente*. No original: "Confirmation of a plan over a class dissent is known as cram down of the plan, because the plan is 'crammed down' the throat of the dissenting class" (TABB, Charles Jordan. *Law of Bankruptcy*. New York: The Foundation Press, 1997. p. 829; tradução livre). Daí a origem da expressão, não muito consentânea com a tradição do nosso direito.

546. *Bankruptcy Code*, § 1.129.

547. BORTOLINI, Pedro Rebello. *Anotações sobre a assembleia-geral de credores na Lei de Recuperação de Empresas e Falências*. Dissertação (Mestrado) – Faculdade de Direito, Universidade de São Paulo, São Paulo, 2013. p. 229.

eficiência do sistema. A lógica da "negociação estruturada", segundo o modelo norte-americano, depende justamente da consciência dos participantes de que, se forçarem exageradamente suas posições além de certos limites, o poder de decisão poderá sair das suas mãos e passar ao juiz. Sem isso, prevalece a lei do mais forte, impondo-se a todos a vontade de quem pode mais, o que nem sempre resulta em soluções legítimas.

Para superar essa deficiência da Lei 11.101/2005, a solução encontrada foi examinar a validade dos votos proferidos pelos credores em assembleia segundo a figura do abuso do direito, positivada no artigo 187 do Código Civil, que reputa ilícito o ato do titular de um direito que, ao exercê-lo, excede manifestamente os limites impostos pelo seu fim econômico ou social, pela boa-fé ou pelos bons costumes.

Mesmo à falta de previsão normativa que autorize o *cram down*, não se exclui do Judiciário a apreciação de lesão ou ameaça a direito[548], competindo ao juiz exercer o controle da *licitude* das deliberações da AGC e dos votos nela proferidos, que definirão o sentido da manifestação de vontade da coletividade de credores à proposta de novação formulada pelo devedor[549].

Conservando o poder-dever de apreciar a validade dos atos praticados em assembleia tanto sob o aspecto formal quanto material, cabe ao juiz declarar a nulidade do voto de credor que, entre outras coisas, tiver sido proferido em abuso do direito[550], independentemente da intenção ou de culpa do agente[551].

---

548. Constituição Federal, artigo 5º, XXXV.
549. Segundo decidiu o Superior Tribunal de Justiça, o exame da validade das deliberações da AGC não implica excluir dela a competência para analisar a viabilidade do devedor e do plano de recuperação: "afigura-se absolutamente possível que o Poder Judiciário, sem imiscuir-se na análise da viabilidade econômica da empresa em crise, promova controle de legalidade do plano de recuperação judicial que, em si, em nada contemporiza a soberania da assembleia geral de credores. A atribuição de cada qual não se confunde. À assembleia geral de credores compete analisar, a um só tempo, a viabilidade econômica da empresa, assim como da consecução da proposta apresentada. Ao Poder Judiciário, por sua vez, incumbe velar pela validade das manifestações expendidas, e, naturalmente, preservar os efeitos legais das normas que se revelarem cogentes" (STJ, 3ª T., REsp 1.532.943-MT, rel. Min. Marco Aurélio Bellizze, j. 13.09.2016).
550. Enunciado 44 da I Jornada de Direito Comercial do Centro de Estudos Judiciários do Conselho da Justiça Federal CEJ/CJF: "O magistrado pode desconsiderar o voto de credores ou a manifestação de vontade do devedor, em razão de abuso de direito".
551. Prevalece o entendimento de que o Código Civil de 2002 se vinculou à teoria objetiva do abuso do direito, conforme reza o Enunciado 37 do Centro de Estudos Judiciários da Justiça Federal: "a responsabilidade civil decorrente do abuso de direito independe de culpa, e fundamenta-se somente no critério objetivo-finalístico". Para essa teoria, a aferição da abusividade no exercício de um direito deve "depender tão somente da verificação de desconformidade concreta entre o exercício da situação jurídica e os valores tutelados pelo ordenamento civil-constitucional" (TEPEDINO, Gustavo et al. *Código Civil interpretado conforme a Constituição da República*, cit., v. 1, p. 346). Assim, haverá abuso do direito independentemente de culpa ou da intenção do agente "quando o seu titular o utiliza em

Passados quase vinte anos de vigência da Lei 11.101/2005, encontram-se na jurisprudência inúmeros julgados que, declarando a abusividade do voto de determinados credores, concederam a recuperação judicial a devedores que não haviam alcançado o quórum necessário à aprovação do plano[552].

Entretanto, as bases para a aplicação do abuso do direito no âmbito do processo de recuperação judicial nunca foram suficientemente esclarecidas ou delimitadas, em que pesem algumas valiosas contribuições nesse sentido[553].

A maior dificuldade sempre teve a ver com a inexistência de um objetivo certo e predeterminado a ser perseguido no processo de recuperação[554].

Além disso, a lei não define um padrão objetivo de comportamento exigido dos credores no exercício do direito de voto[555].

O que existe são princípios que fundamentam o direito de voto e condicionam o seu exercício, sem estar ligados a um suposto "interesse comum" dos credores, quiçá inexistente[556]. Esses princípios estão relacionados à preservação da função social da empresa e à eficiência do procedimento de liquidação, mas não determinam que os credores votem sempre a favor da recuperação ou da falência. O que eles fazem é irradiar valores que, à luz do caso concreto, estabelecem, em bases alargadas, alguns parâmetros que limitam o exercício do direito de voto, sem permitir a elaboração de uma fórmula definitiva para identificar o abuso.

---

desacordo com a finalidade social para a qual os direitos subjetivos foram concedidos" (RODRIGUES, Silvio. *Curso de direito civil*. 19. ed. São Paulo: Saraiva, 2002. v. 4. p. 51).

552. Entre vários outros julgados, confiram-se: STJ, 4ª T., REsp 1337989/SP, rel. Min. Luis Felipe Salomão, j. 08.05.2018; TJSP, 2ª Câm. Dir. Empresarial, AI 2181730-80.2018.8.26.0000, rel. Des. Araldo Telles, j. 26.11.2019; TJSP, 1ª Câm. Dir. Empresarial, AI 2024243-81.2017.8.26.0000, rel. Des. Francisco Loureiro, j. 04.04.2019; TJSP, 1ª Câm. Dir. Empresarial, AI 2154923-3.2018.8.26.0000, rel. Des. Alexandre Lazzarini, j. 21.11.2018; TJSP, 1ª Câm. Dir. Empresarial, AI 2135586-87.2014.8.26.0000, rel. Des. Teixeira Leite, j. 29.04.2015; TJSP, 1ª Câm. Dir. Empresarial, AI 2068570-19.2014.8.26.0000, rel. Des. Claudio Godoy, j. 09.12.2014.

553. Confira-se, em especial, BUSCHINELLI Gabriel Saad Kik. *Abuso de direito de voto na assembleia geral de credores*, cit.

554. A adoção do método assemblear para a definição da manifestação de vontade da coletividade de credores naturalmente induz a cogitar-se da disciplina dos conflitos de interesse do direito societário. Entretanto, essa disciplina não pode ser transposta para o direito concursal sem profundos temperamentos, já que, diferentemente do que ocorre numa sociedade (em que os sócios se obrigam voluntariamente em torno de um objetivo certo e predeterminado), no processo concursal a submissão dos credores é forçada, inexistindo entre eles um compromisso prévio em prol de um interesse comum e determinado.

555. Nas sociedades, há regra que determina que "o acionista deve exercer o direito de voto no interesse da companhia" (Lei das S.A., art. 115, *caput*), estabelecendo um padrão a partir do qual serão examinados os eventuais abusos cometidos por meio do exercício do voto. No regime concursal, porém, não há regra que defina esse padrão.

556. Recorre-se novamente às lições de Trajano de Miranda Valverde (transcritas na nota de rodapé n. 433), para quem não existe comunhão de interesses entre os credores.

Ao juiz, por sua vez, cabe pronunciar o abuso nas hipóteses excepcionais em que a liberdade dos credores for exercida além desses limites fluidos, o que não o autoriza a se substituir aos credores na avaliação da viabilidade econômica ou da conveniência do plano de recuperação judicial[557].

Entre as hipóteses de abuso de direito de voto, os casos mais evidentes são aqueles que envolvem atos de mera emulação, praticados com o propósito gratuito de prejudicar (p. ex., do credor que vota pela reprovação do plano sem nenhuma vantagem para si, apenas para inviabilizar a concessão da recuperação judicial ao devedor), ou atos que visam à obtenção de uma vantagem indevida (p. ex., do credor que vota pela decretação da falência apenas porque o devedor é seu concorrente).

Em nenhum desses casos o credor vota no intuito de receber o pagamento do seu crédito, o que não significa, por outro lado, que esse seja o único interesse capaz de justificar o exercício do voto. Pelo contrário: em determinadas situações, será perfeitamente legítimo que os credores atuem com o objetivo de satisfazer outros interesses particulares, como no caso de credores trabalhistas ou de fornecedores que votam a favor do plano visando, respectivamente, à manutenção dos seus empregos e à manutenção da relação comercial, ainda que em prejuízo da satisfação dos créditos submetidos à recuperação judicial.

Em ambas as hipóteses, o principal interesse desses credores não será o recebimento do crédito, mas nem por isso o voto pode ser peremptoriamente reputado abusivo, porquanto exercido com fundamento em interesse juridicamente tutelado, que se coaduna com os princípios da preservação e da função social da empresa. No entanto, se se verificar que a manutenção da empresa é absolutamente inviável, e que esses credores não querem outra coisa senão obrigar todos os demais a arcar com a postergação do encerramento inevitável da atividade do devedor, então esse mesmo interesse poderá se tornar ilegítimo, ensejando o abuso.

É preciso ainda ponderar que a decisão de aceitar ou rejeitar o plano é tomada com base nos critérios da maioria e da importância do crédito, o que, em determinadas situações, concede a um único credor a capacidade de obstar

---

557. Conforme Erasmo Valladão e Marcelo Adamek, "o caráter excepcional de que se reveste a limitação da liberdade dos credores... faz com que, via de regra, dentro da ampla margem deixada ao juízo de conveniência dos credores para a escolha do modo de persecução dos seus interesses, o juiz não possa pretender substituir sua própria discricionariedade à discricionariedade dos credores. É aos credores que cabe a análise da viabilidade econômico-financeira e negocial do plano de recuperação judicial. Será apenas em casos extremos, nos quais o sacrifício imposto aos valores do art. 47 da LRE se mostrar gravemente desproporcional, que o juiz poderá controlar a legalidade da atuação dos credores" (*Assembleia geral de credores*, cit., p. 137).

a recuperação judicial caso vote pela rejeição do plano. Com isso, vários outros interesses além dos seus próprios acabam se sujeitando à sua decisão particular (diretamente, os interesses do devedor e dos demais credores, e, indiretamente, trabalhadores, fornecedores, o Estado, a sociedade etc.). Assim, no exercício do voto, o credor deverá levar em consideração esses outros interesses, o que nada mais é do que respeitar a função social do direito de concorrer para a formação da manifestação de vontade da coletividade de credores.

Não se pretende defender que o credor esteja obrigado a sacrificar seus próprios interesses em prol dos interesses dos demais. Afinal, ele também tem responsabilidades para consigo mesmo, para com a sua própria função social. Haverá situações, porém, em que a decretação da falência não produzirá nenhuma vantagem significativa para esse credor em comparação à concessão da recuperação judicial, mas será tremendamente prejudicial ao devedor e aos demais credores.

Nesses casos, ainda que a opção pela falência seja justificável sob a perspectiva particular do credor, a repercussão da decisão individual sobre todos aqueles outros interesses poderá ensejar a abusividade do voto[558], quando caracterizado um *sacrifício desproporcional*[559] dos valores proclamados no artigo 47 da LRF em favor da satisfação do interesse particular.

Existe, enfim, uma miríade de possibilidades em que os votos dos credores poderão ser exercidos de forma conflitante com os valores agasalhados pelo

---

558. Com base nesse raciocínio, o Tribunal de Justiça de São Paulo declarou a abusividade do voto do único credor que integrava a classe II (credores com garantia real) num caso em que, conquanto a falência lhe fosse razoavelmente vantajosa, por permitir liquidação imediata da garantia, o plano de recuperação, aprovado por todas as demais classes, não deixava esse credor em situação pior: "Não se pode admitir validade à rejeição de plano por credor único em determinada classe, apesar dos critérios limitados do *cram down* da lei brasileira, sob pena de configurar-se abuso no exercício do direito de votar o plano na assembleia-geral sempre que o credor privilegiasse posições excessivamente individualistas, em detrimento dos demais interesses em jogo. Essa posição excessivamente individualista poderia estar caracterizada, por exemplo, pela situação de uma classe de credores com maior prioridade para o recebimento dos créditos (*v.g.*, com garantia real), que, dependendo da situação patrimonial do devedor, preferisse sua liquidação imediata, já que os ativos seriam suficientes para o pagamento dos respectivos créditos, ainda que essa solução fosse prejudicial às demais classes com prioridade inferior e ainda que a aprovação do plano não deixasse a classe com maior prioridade em situação pior. Como se acentuou na lição acima transcrita, o voto, assim manifestado por essa classe de credores, seria claramente incompatível com a função pública do instituto da recuperação da empresa. Não tendo a Lei 11.101/2005 previsto a hipótese de credor único em determinada classe, penso que o juiz não está impedido de aplicar o princípio maior previsto no art. 47, a fim de permitir a manutenção da fonte produtora, do emprego dos trabalhadores e dos interesses dos credores, promovendo, assim, a preservação da empresa, sua função social e o estímulo à atividade econômica" (TJSP, Câm. Esp. Fal., AI 9024516-19.2009.8.26.0000, rel. Des. Romeu Ricupero, j. 30.06.2009).
559. Cf. FRANÇA, Erasmo Valladão Azevedo e Novaes; ADAMEK, Marcelo Vieira von. *Assembleia geral de credores*, cit., p. 140-141.

direito, tornando especialmente tormentosa a tarefa de identificar o abuso, especialmente nos casos que se colocam em zonas cinzentas, em que vários interesses juridicamente ponderáveis conflitam entre si. Além disso, como a figura do abuso do direito remete às chamadas *cláusulas abertas*[560], como são classificadas a função social, a boa-fé e os bons costumes, sua aplicação concede muito espaço para a subjetividade do julgador, o que invariavelmente conduz à imprevisibilidade.

O que se viu, na prática, foi uma utilização exagerada[561] (e muitas vezes equivocada) da figura do abuso para impor a recuperação judicial em prejuízo da vontade manifestada pela coletividade de credores, expediente que acabou subvertendo a lógica do sistema concursal e, por óbvio, produzindo insegurança jurídica.

Com o objetivo de tentar reverter esse quadro, a reforma legislativa operada pela Lei 14.112/2020 introduziu o § 6º no artigo 39 da LRF, prevendo que "o voto será exercido pelo credor no seu interesse e de acordo com o seu juízo de conveniência e poderá ser declarado nulo por abusividade somente quando manifestamente exercido para obter vantagem ilícita para si ou para outrem".

Em vez de criar parâmetros objetivos para delimitar o espaço de atuação do juiz pelo mecanismo do *cram down*, o legislador preferiu restringir a possibilidade de declarar-se a nulidade por conta do abuso *somente* aos casos em que voto seja exercido com o fim de obter vantagem ilícita, estabelecendo uma indesejável antinomia com o regime geral do direito privado estabelecido pelo Código Civil.

A interpretação literal do trecho "para obter vantagem ilícita" induz à conclusão de que, para a declaração da nulidade, não bastaria a vantagem ilícita, sendo ainda necessário que o voto tenha sido exercido com o propósito específico de obtê-la. Com isso se acaba condicionando a verificação do abuso à intenção do agente, requisito que colide com a *boa-fé objetiva*[562] exigida para a prática dos atos jurídicos em geral e, particularmente, no exercício da liberdade de contratar (Código Civil, arts. 186 e 422).

---

560. Cf. REALE, Miguel. Visão geral do novo Código Civil. *Revista de Direito Privado*, São Paulo, v. 3, n. 9, p. 9-17, 2002.
561. A doutrina identificou nas decisões judiciais "uma preocupante tendência de utilizar a regra de exceção do controle judicial de forma bastante alargada para viabilizar a homologação de planos de recuperação rejeitados por determinada classe de credores" (FRANÇA, Erasmo Valladão Azevedo e Novaes; ADAMEK, Marcelo Vieira von. *Assembleia geral de credores*, cit., p. 137).
562. O exame da boa-fé objetiva é feito a partir da análise da *conduta* do agente, independentemente da sua intenção, diferentemente do que ocorre na boa-fé subjetiva. A adoção da boa-fé objetiva consistiu numa das mais festejadas mudanças introduzidas pelo Código Civil de 2002, por traduzir a evolução do direito nacional e internacional (cf. TARTUCE, Flávio. *Manual de direito civil*. São Paulo: Método, 2011. p. 501-502).

Por outro lado, ao limitar o reconhecimento do abuso somente aos casos ligados à obtenção de vantagem ilícita, a lei acabou colocando a salvo da declaração de nulidade outras hipóteses igualmente antijurídicas.

É tão evidente a deficiência da norma que seus estritos termos nem sequer contemplam os atos de mera emulação, isto é, aqueles praticados com o propósito de causar prejuízo sem nenhuma vantagem para o titular do direito, os quais remetem à própria gênese da teoria do abuso do direito[563]. Ao pé da letra, os atos de emulação não poderiam ser declarados nulos, já que não visam à obtenção de vantagem alguma, conclusão que evidentemente não se pode admitir.

Não há dúvida de que, no tocante aos atos de emulação, a doutrina e a jurisprudência não terão dificuldade de reconhecer a abusividade, que nesse caso é indisputável. Porém, ainda é incerta a orientação que será adotada pelos tribunais em relação a outras hipóteses em que o voto seja exercido em desacordo com a finalidade social dos direitos subjetivos, especialmente quando a opção do credor ensejar excessivo prejuízo dos demais sem a contrapartida de uma vantagem significativa para si, ou sem que a opção oposta lhe cause desvantagem considerável.

O fenômeno do abuso do direito é complexo e não se restringe aos casos em que se visa à obtenção de alguma vantagem injustificada. Assim, uma orientação restritiva do comando contido no § 6º do artigo 39 da LRF tende a desequilibrar o sistema concursal (mormente diante da inexistência do mecanismo do *cram down*), além de ensejar situações injustas, contrárias aos valores que informam a lei e o próprio exercício do direito de voto pelos credores.

Por isso, acredita-se que, mesmo estando o voto do credor justificado pelo seu próprio juízo de conveniência e por interesses econômicos ponderáveis, a eventual vantagem que lhe advenha de certa posição não dispensa a consideração dos demais interesses em jogo para fins de determinar-se a validade do seu voto. Sob essa perspectiva, se houver relevante desproporção entre a vantagem parti-

---

563. Conquanto a ideia do abuso do direito seja milenar, tendo sido identificada no Código de Hammurabi (cf. LEVADA, Cláudio Antonio Soares. *O abuso e o novo direito civil brasileiro*. Jundiaí: UniAnchieta, 2007. p. 15-17), no Código de Justiniano – segundo o qual "não devemos fazer uso do nosso direito de maneira inadequada" (*male enim nostro iure uti non debemus*) (cf. FRANÇA, Rubens Limongi. Responsabilidade civil e abuso de direito. *Revista do Advogado*, n. 19, p. 42, 1985) – e no Digesto romano (cf. Pontes de Miranda, Francisco Cavalcanti. *Tratado de direito privado*. 3. ed. Rio de Janeiro: Borsoi, 1972. t. 53. p. 64), costuma-se atribuir a gênese da teoria do abuso do direito a decisões proferidas pelos tribunais franceses entre a metade do século XIX e o início do XX que reconheceram a ilicitude de atos de emulação cometidos em conflitos entre vizinhos. Os casos mais famosos são o da chaminé falsa (construída pelo proprietário do terreno, sem nenhuma utilidade para si, com a intenção de obstar a insolação da construção ao lado) e o de Clément-Bayard (em que o dono de um terreno fez nele levantar hastes de 17 metros de altura com o propósito de perfurar os dirigíveis construídos no imóvel vizinho) (cf. JOSSERAND, Louis. *De l'esprit des droits et de leur relativité*: théorie dite de l'abus des droits. Paris: Dalloz, 1927. p. 25-26).

cular do credor e o sacrifício coletivo (leia-se, quando a vantagem particular for mínima e o sacrifício coletivo for significativo), essa vantagem deve ser reputada ilícita, autorizando a declaração da nulidade por abuso do direito de voto.

Por essas razões, concorda-se integralmente com Erasmo Valladão e Marcelo Adamek, que, comentando a inovação trazida pelo artigo 39, § 6º, da LRF, peremptoriamente proclamam: "em todo caso, não apenas em situações de conflito de interesses, mas em qualquer outra hipótese abrangida pelo art. 187 do Código Civil, o voto poderá ser reputado abusivo"[564].

No âmbito da recuperação judicial dos grupos, o tema ganha novas camadas de complexidade, dado que, a depender das circunstâncias, os votos dos credores passam a influenciar não apenas o destino do devedor contra quem detêm o seu crédito (ou dos demais credores deste), mas também o destino de outros devedores e dos seus respectivos credores, ampliando o espectro da influência exercida individualmente por cada credor.

Num cenário de consolidação substancial esse efeito é evidente, já que os credores de todos os devedores deliberam em conjunto numa mesma e única assembleia acerca do plano unitário, ao qual todos se vinculam. Além disso, o expediente de tratar os patrimônios dos vários devedores como se pertencessem a uma mesma entidade pode potencializar significativamente o poder de determinados credores, como no caso de um grupo formado por várias empresas em que somente uma possui dívida com garantia real concedida em favor de um único credor. Nesse caso, operada a consolidação substancial, esse único credor teria a capacidade de obstar sozinho a concessão da recuperação judicial a todo o grupo (e não apenas ao devedor contra quem detém o seu crédito).

Algo semelhante também poderá ser observado nas recuperações judiciais processadas sob mera consolidação processual nos casos em que os devedores formularem planos subordinados entre si ou tiverem optado pela elaboração de plano único, em razão da indissociabilidade das empresas. Embora os credores de cada devedor deliberem em assembleias distintas, ainda assim os votos proferidos no âmbito dos conclaves particulares terão a capacidade de afetar o destino dos outros devedores e seus respectivos credores.

Se a eficácia do plano do devedor "A" for condicionada à aprovação do plano do devedor "B", os votos proferidos pelos credores de "B" na respectiva AGC concorrerão para determinar o destino de "A" e dos credores deste. Por outro lado, se os devedores apresentarem um plano único, basta a sua reprovação na AGC de algum dos devedores para que a recuperação judicial seja negada a todo o grupo.

---

564. VALLADÃO, Erasmo; ADAMEK, Marcelo. *Assembleia geral de credores*. cit., p. 140.

Imagine-se, então, o caso de dez devedores que tenham formulado um plano único de recuperação, aprovado nas AGCs de nove deles e rejeitado em apenas uma. Embora essa circunstância seja suficiente, em tese, para obstaculizar a concessão da recuperação judicial a todos eles, a manifestação de vontade da coletividade de credores definida no âmbito da AGC que rejeitou o plano (com base na concorrência dos votos individuais de cada credor) se sujeita ao mesmo controle de licitude a que está submetida a manifestação individual de cada credor. Logo, seria teoricamente possível proclamar a abusividade da deliberação tomada nessa assembleia caso a decretação da falência daquele devedor (que implicará a falência de todo o grupo) não conceda aos seus respectivos credores uma vantagem relevante à vista dos prejuízos que seriam experimentados por todos os outros devedores e seus respectivos credores, bem como dos demais interesses socialmente relevantes que gravitam em torno deles.

Essa sujeição de um devedor (e dos seus respectivos credores) à decisão dos credores de outro devedor, no contexto da recuperação do grupo, é objeto de acirrada controvérsia nos Estados Unidos. Embora esse debate lá ocorra sob a perspectiva do *cram down*, discute-se justamente se a oposição de uma classe de credores de determinado devedor poderia impedir o deferimento da reorganização a todo o grupo na hipótese de os devedores terem formulado plano único ou conjunto (*joint plan*) num cenário de mera consolidação processual.

Segundo o *Bankruptcy Code*, o *cram down* não pode ser total, de modo que a concessão da reorganização exige alguma expressão de aceitação do plano por parte dos credores[565]. Mesmo que satisfeitos os requisitos ligados ao conteúdo do plano (que deverá ser viável, justo e equitativo, sem implicar discriminação injustificada nem deixar os credores em situação pior do que na falência), a concessão do *cram down* ainda depende da aprovação de pelo menos uma das classes de credores afetadas pelo plano.

Como essas classes são definidas pelo próprio plano[566] com base em critérios de similitude substancial[567] dos créditos, discute-se se, no âmbito da reorganização judicial dos grupos em que os devedores formulam plano conjunto (frise-se: *sem consolidação substancial*), a concessão do *cram down* dependerá da adesão de

---

565. Conforme Charles Jordan Tabb, *a essência do § 1129(a)(10) é que o devedor não pode ter um "cram down" total do plano. Alguma expressão de aprovação do plano por uma das classes de credores externos por ele afetada precisa ser obtida*. No original: "the essence of § 1129(a)(10) is that the debtor cannot have a total cram down plan. Some expression of affirmative approval of the plan by impaired non-insiders must be garnered" (*Law of Bankruptcy*, cit., p. 1125; tradução livre).
566. *Bankruptcy Code*, § 1123.
567. *Bankruptcy Code*, § 1122.

apenas uma classe de credores de *qualquer devedor*, ou se será necessário que pelo menos uma classe de credores *de cada um dos devedores* tenha aprovado o plano[568].

Existem, basicamente, duas correntes de pensamento sobre o tema. A primeira corrente defende a "abordagem por plano" (*per-plan approach*), para a qual a concessão do *cram down* dependeria somente da aprovação de uma das classes de credores tal como definidas pelo plano, da mesma forma como ocorre na consolidação substancial[569]. Os partidários dessa abordagem[570] fundamentam sua posição em interpretação literal[571] da Seção 1.129(10) do *Bankruptcy Code*, que condiciona a confirmação do plano à exigência de que pelo menos uma das

---

568. Suzanne T. Brindise sintetiza o problema: *Como a administração conjunta* [leia-se: consolidação processual] *inevitavelmente envolve vários devedores, a dificuldade subjacente ao § 1129(a)(10) é a seguinte: o § 1129(a)(10) exige que pelo menos uma classe de credores de cada um dos devedores sujeitos ao processo conjunto de reorganização (Capítulo 11) vote a favor do plano, ou exige apenas que uma classe afetada entre todos os devedores vote a favor do plano? A primeira opção é conhecida como abordagem "por devedor" e a última como abordagem "por plano"*. No original: "Because joint administration inevitably involves multiple debtors, the underlying difficulty with § 1129(a)(10) is this: Does § 1129(a)(10) require an impaired class from each debtor involved in the jointly administered Chapter 11 proceeding to vote in favor of the proposed plan, or does it require only one impaired class from across all debtors to vote in favor of the plan? The former option is known as the 'per-debtor' approach, and the latter as the 'per-plan' approach" (Choosing the "per-debtor" approach to plan confirmation in multi-debtor Chapter 11 proceedings, cit., p. 1358; tradução livre).

569. Quando operada a consolidação substancial, há certo consenso quanto à aplicação da "abordagem por plano" para fins do *cram down*, já que os devedores são tradados como se fossem uma única entidade, com patrimônio indiviso: *A interpretação do § 1129(a) tornou-se, portanto, um tema de debate judicial. Quando os devedores são substancialmente consolidados – com a consequente fusão dos patrimônios separados dos devedores num só –, os tribunais concordam que a abordagem por plano se aplica. Veja ADPT DFW Holdings LLC, 577 B.R. 232, 236 (Bankr. N.D. Tex. 2017)*. No original: "The interpretation of § 1129(a) has therefore become a topic of judicial debate. Where debtors are substantively consolidated—thus separate debtor estates merge into one estate – courts agree that the per-plan approach applies. See ADPT DFW Holdings LLC, 577 B.R. 232, 236 (Bankr. N.D. Tex. 2017)" (HARRISON, Julie Goodrich. Per-debtor vs. per-plan, cit.; tradução livre).

570. O caso seminal de aplicação da abordagem "por plano" é atribuído à decisão proferida *In re SGPA, Inc.* (2001) pela U.S. Bankruptcy Court for the Middle District of Pennsylvania (Case No. 1-01-02609), em que 11 devedores se submeteram à consolidação processual, mas não concordaram com a consolidação substancial. Nesse julgamento, afirmou-se que, tratando-se de mera consolidação processual ou de consolidação substancial, não é necessário que uma classe de credores de cada um dos devedores tenha aprovado o plano, bastando que uma das classes dispostas no plano a tenha aceitado (BRINDISE, Suzanne T. Choosing the "per-debtor" approach to plan confirmation in multi-debtor Chapter 11 proceedings, cit., p. 1369).

571. Segundo Alexander J. Gacos, *a abordagem por plano defende que, se qualquer devedor envolvido em um plano de reorganização obtiver aprovação de pelo menos uma de suas classes prejudicadas, o § 1129(a)(10) será satisfeito para todos os devedores envolvidos no plano. Os proponentes da abordagem "por plano" se baseiam principalmente na interpretação literal da lei*. No original: "The per-plan approach submits that if any debtor involved in a reorganization plan obtains approval from at least one of its impaired classes, § 1129(a)(10) will be satisfied for all debtors involved in the plan. Per-plan approach proponents largely base their interpretation on the statute's plain language" (Reconciling the "per-plan" approach to 11 U.S.C. § 1129(a)(10) with substantive consolidation principles under in re owens corning. *Seton Hall Circuit Review*, New Jersey, v. 14, 2018. p. 308; tradução livre).

classes de credores afetadas "pelo plano" o tenha aceitado. Além disso, argumentam que a abordagem oposta, que exige a adesão de pelo menos uma classe de cada devedor, acaba dando aos dissidentes poder desproporcional, reduzindo significativamente a utilidade do *cram down*[572].

A segunda corrente defende a "abordagem por devedor" (*per-debtor approach*)[573], para a qual a concessão do *cram down* depende de o plano ter sido aprovado por pelo menos uma classe de credores de cada um dos devedores que tenham formulado o plano conjunto. Os principais argumentos dos defensores dessa abordagem são a prevenção do emprego abusivo do *cram down* e a garantia de que a consolidação substancial e a consolidação processual não se confundam[574].

Ainda está indefinida a direção que prevalecerá nos tribunais norte-americanos. Embora a abordagem "por plano" pareça contar com maior adesão[575], tendo sido adotada em segunda instância pela única *Circuit Court*[576] que apreciou a questão, a abordagem "por devedor" continua sendo aplicada em um número considerável de casos[577], evidenciando a atualidade do tema e a constante dificuldade de determinar quando deve prevalecer a unidade econômica do grupo (privilegiada pela abordagem "por plano") ou a sua pluralidade jurídica (privilegiada na abordagem "por devedor").

---

572. Conforme Elaine M. Andersen, *A leitura "por devedor" reintroduz uma abordagem de aprovação classe por classe e dá poder desproporcional aos dissidentes, reduzindo significativamente a utilidade do* cram down *e da seção 1129(b)*. No original: "The 'per debtor' reading re-introduces a class-by-class approach to approval and gives hold-outs disproportionate power, thus significantly reducing the utility of cramdown approval and section 1129(b)" (*One means one*: the "per plan" approach to Section 1129(a)(10). Disponível em: https://proceedings.nyumootcourt.org/2021/04/one-means-one-the-per-plan-approach-to-section-1129a1 0/ #_ftn1. Acesso em: 25 fev. 2022; tradução livre).
573. Essa abordagem teria sido adotada, pela primeira vez, em *In re Tribune Co*, 464 B.R. 126 (Bankr. D. Del. 2011).
574. Conforme Suzanne T. Brindise, *a abordagem "por devedor" é preferível à abordagem "por plano" porque preserva a função do § 1129(a)(10) como medida de proteção contra a utilização abusiva do* cram down *quando inocorrente a consolidação substancial, e também porque garante que a consolidação substancial e a consolidação processual não se confundam*. No original: "the per-debtor approach is preferable to the per-plan approach because it preserves § 1129(a)(10)'s role as a protective measure against abuse of a cramdown when substantive consolidation is absent, and also because it ensures substantive consolidation and joint administration are not conflated" (Choosing the "per-debtor" approach to plan confirmation in multi-debtor Chapter 11 proceedings, cit., p. 1375; tradução livre).
575. Exemplos da aplicação da abordagem "por plano" podem ser conferidos em: *In re* Enron Corp., 01–16034 (Bankr. S.D.N.Y. July 15, 2004); *In re* Station Casinos, Inc., BK-09–52477, BK 09–52470, BK 09–52487, 10–50381 (Bankr. D. Nev. Aug. 27, 2010); e JPMorgan Chase Bank, N.A. v. Charter Commc'ns Operating, LLC (*In re* Charter Commc'ns), 419 B.R. 221, 264–66 (Bankr. S.D.N.Y. 2009). Ressalva-se, todavia, que alguns desses casos também tratam de consolidação substancial, indicando que, na prática, a distinção entre consolidação processual e substancial nem sempre é tão clara.
576. PMCC 2007-C1 Grasslawn Lodging, LLC v. Transwest Resort Props. (In re Transwest Resort Props.), 881 F.3d 724, 729–30 (9th Cir. 2018).
577. Confiram-se, por exemplo, *In re* Woodbridge Grp. of Cos., 592 B.R. 761, 778–79 (Bankr. D. Del. 2018); e *In re* JER/Jameson Mezz Borrower II, LLC, 461 B.R. 293, 301–02 (Bankr. D. Del. 2011).

Entre nós, a lei parece não deixar margem a dúvida quanto à necessidade de aprovação das maiorias dos credores de cada um dos devedores quando processada a recuperação sob mera consolidação processual. Ademais, como a lei brasileira não contempla o *cram down* da mesma forma que a norte-americana, a discussão lá havida não ocorre aqui, ao menos não nos mesmos termos. Ainda assim, o fundamento subjacente à referida discussão nos interessa, na medida em que envolve justamente determinar até que ponto a oposição dos credores de um ou alguns devedores justifica denegar a recuperação judicial a todo o grupo, nos casos em que, ausente motivo para a consolidação substancial, o intricamento econômico entre as empresas exigir a formulação de plano único ou mesmo de planos individuais subordinados entre si.

Ainda não se viu esse tipo de discussão nos nossos tribunais, que mais se ocuparam em distinguir a consolidação processual da consolidação substancial. Ficando mais clara a distinção entre os institutos com a reforma operada pela Lei 14.112/2020, acredita-se que a jurisprudência passará a repelir a utilização injustificada da consolidação substancial[578], demandando que a negociação com os credores ocorra em respeito à independência patrimonial dos devedores, mesmo quando a solução da crise depender de um acordo relativo a todo o grupo. Nessa fase, a questão do abuso do direito da minoria deverá ressurgir, evoluindo para a perspectiva da empresa plurissocietária.

2.15.3 Controle judicial do plano

O juiz exerce sobre o plano de recuperação *controle de licitude*[579]. Assim, caso o plano de recuperação venha a ser aprovado pela AGC[580], cabe-lhe verificar se ele preenche os requisitos legais[581] e não viola nenhuma lei. Não lhe cabe, por

---

578. Muitas vezes requerida pelos próprios devedores apenas para facilitar ou manipular a obtenção das maiorias necessárias ou para contornar os eventuais obstáculos impostos pelas regras de governança dos grupos, que impedem o controlador de orientar a controlada a agir conforme os seus interesses particulares.
579. Enunciado 44 da I Jornada de Direito Comercial do CJF: "A homologação de plano de recuperação judicial aprovado pelos credores está sujeita ao controle de legalidade".
580. Considerando que as cláusulas do plano poderão ser alteradas na própria assembleia (LRF, art. 55, § 3º), reputa-se precipitado, a princípio, promover-se o controle da sua validade antes da realização do conclave, ressalvadas hipóteses excepcionais, relativas a aspectos fundamentais da proposta, quando esse controle poderá ser necessário para evitar a realização de atos inúteis ou a postergação do desfecho do processo. Por outro lado, caso o plano dos devedores venha a ser rejeitado pelos credores, não haverá necessidade de apurar a validade das suas cláusulas (salvo, excepcionalmente, no contexto da apreciação de eventual abuso de direito por parte dos credores que rejeitaram a proposta).
581. No tocante ao conteúdo do plano, as únicas exigências expressamente previstas na lei de recuperação de empresas se referem à observância dos prazos máximos de: (i) um ano para pagamento dos créditos derivados da legislação do trabalho ou decorrentes de acidentes de trabalho vencidos até a data do pedido de recuperação, que poderá ser estendido em até dois anos caso o devedor se comprometa com o pagamento da integralidade dos créditos trabalhistas, sejam apresentadas garantias reputadas suficientes

outro lado, analisar a viabilidade dos devedores[582], tampouco se o conteúdo do plano é adequado para a superação da crise[583].

Foi exatamente nesse sentido que se firmou a jurisprudência[584], inclusive no Superior Tribunal de Justiça, reconhecendo que a assembleia geral de credores é soberana[585] e que o juiz, a quem se reserva o controle de legalidade[586], não deve se imiscuir na análise da viabilidade econômica do plano[587].

Persiste, porém, a resistência de parte dos operadores do direito em aceitar que a lei cometeu aos credores, e não ao juiz, a competência para determinar a solução para a crise do devedor. Como desde sempre se convive com a fraude e

---

pelo juiz e a dilação seja aprovada por tais credores, na forma do § 2º do artigo 45 da lei; e (ii) trinta dias para o pagamento dos créditos de natureza estritamente salarial vencidos nos três meses anteriores ao pedido de recuperação judicial, até o limite de cinco salários mínimos por trabalhador (LRF, art. 54).

582. Enunciado 46 da I Jornada de Direito Comercial do CJF: "Não compete ao juiz deixar de conceder a recuperação judicial ou de homologar a extrajudicial com fundamento na análise econômico-financeira do plano de recuperação aprovado pelos credores".

583. Com razão, Alberto Camiña Moreira pondera que "o pronunciamento judicial, seja na hipótese de aceitação do plano, seja na hipótese de rejeição do plano, é meramente homologatório e disso não deixa dúvida o disposto no art. 59, § 1º [...]. Não há, pois, decididamente, julgamento do plano de recuperação judicial, como não há julgamento da separação consensual de um casal; a atividade jurisdicional é a de homologação da vontade dos credores e devedores. [...] ao atribuir tal tarefa a um órgão [a AGC], a lei, *ipso facto*, retira-a de qualquer outro, inclusive do juiz. Não há, pois, possibilidade de estabelecer qualquer espécie de conflito, no concernente ao exame do plano de recuperação, entre a assembleia de credores e o juiz. Foi subtraída do juiz, a princípio, a possibilidade de examinar o plano de recuperação judicial e de impô-los aos credores, com a exceção que será examinada mais à frente" (Poderes da assembleia de credores, do juiz e atividade do Ministério Público. In: PAIVA, Luiz Fernando Valente de (Coord.). *Direito falimentar e a nova Lei de Falências e Recuperação de Empresas*. São Paulo: Quartier Latin, 2005. p. 252-253).

584. "Esta Câmara Especializada tem se pronunciado no sentido de que, em relação à proposta do plano de recuperação da empresa, a Assembleia-Geral é soberana, não podendo o juiz, nem o Ministério Público, imiscuir-se no mérito do plano, em sua viabilidade econômico-financeira [...]. caberá aos credores examinarem os pareceres técnicos e concluir pela viabilidade ou inviabilidade econômico-financeira da proposta da empresa devedora. [...] Em suma: sendo o plano aprovado regularmente pela Assembleia-Geral de Credores com o quórum previsto no artigo 45º, §§ 1º e 2º, com observância de todas as formalidades legais, não pode o magistrado deixar de conceder a recuperação judicial por entender que o plano é inviável sob o prisma econômico-financeiro" (TJSP, Câm. Esp. Fal. Recup. Jud., AI 561.2 71-4/2-00, rel. Des. Pereira Calças, j. 30.7.2008).

585. STJ, 3ª T., REsp 1314209/SP, rel. Min. Nancy Andrighi, j. 22.05.2012.

586. "[...] A jurisprudência desta Corte firmou-se no sentido de que ao Judiciário é possível, sem adentrar a análise da viabilidade econômica, promover o controle de legalidade dos atos do plano sem que isso signifique restringir a soberania da assembleia geral de credores" (STJ, 3ª T., AgInt no AREsp 1698609-SP, rel. Min. Marco Aurélio Bellizze, j. 18.05.2021).

587. "[...] O plano de recuperação judicial, aprovado em assembleia pela vontade dos credores nos termos exigidos pela legislação de regência, possui índole marcadamente contratual. Como corolário, ao juízo competente não é dado imiscuir-se nas especificidades do conteúdo econômico do acordo estipulado entre devedor e credores" (STJ, 3ª T., REsp 1631762-SP, rel. Min. Nancy Andrighi, j. 19.06.2018). "A jurisprudência das duas Turmas de Direito Privado do STJ sedimentou que o juiz está autorizado a realizar o controle de legalidade do plano de recuperação judicial, sem adentrar no aspecto da sua viabilidade econômica, a qual constitui mérito da soberana vontade da assembleia geral de credores" (STJ, 3ª T., REsp 1660195-PR, rel. Min. Nancy Andrighi, j. 04.04.2017).

a má utilização dos institutos, especialmente no contexto concursal, existe uma legítima preocupação de que a recuperação judicial não seja apenas outra forma de o devedor passar a perna nos seus credores, abusando dos remédios dispostos na lei a seu favor. Por isso, alguns autores defendem que a constatação da inviabilidade do devedor ou a formulação de planos inconsistentes deveriam ensejar a intervenção do juiz, a fim de evitar a submissão dos credores aos custos de um processo de recuperação judicial inútil[588].

Essa mentalidade – que havia sido rechaçada na primeira década de vigência da lei concursal – voltou a ganhar espaço em tempos recentes. A própria constatação prévia, agora disciplinada no artigo 51-A da LRF, coloca-se numa zona limítrofe entre o mero controle de legalidade e a avaliação da viabilidade do devedor. São preocupantes os relatos de casos em que os juízes se anteciparam à apreciação dos credores para denegar a recuperação apenas com base na descrição das "reais condições de funcionamento" resultantes dessa constatação. De certo modo, esse expediente acaba transferindo ao magistrado a decisão sobre a conveniência da recuperação, subvertendo a lógica do sistema, fundada na concepção de que os credores têm melhores condições (e mais legitimidade) do que o juiz para avaliar a viabilidade da recuperação do devedor.

Se existem situações extremas, teratológicas, que eventualmente justificariam a intervenção judicial, existe um número muito maior de casos que se colocam numa zona cinzenta, entre a certa, provável ou possível inviabilidade da recuperação, o que torna muito difícil, senão impossível, delimitar qual seria o espaço para a atuação excepcional do juiz. No entanto, à medida que se alargam os seus poderes, a tendência é de que o juiz os exerça cada vez mais.

A fim de proteger a coerência do sistema, talvez fosse mais interessante que, em vez de ampliar o escopo da atuação judicial, fossem concedidas ao magistrado ferramentas e estrutura para viabilizar e garantir a tramitação processual da forma mais expedita possível, sem prejuízo, é claro, do controle de legalidade. Se o juiz se limitar a zelar pelo respeito às regras do jogo e pela celeridade, impedindo os expedientes protelatórios ordinariamente vistos na recuperação judicial (que basicamente visam estender o *stay period* e retardar a deliberação dos credores enquanto o patrimônio do devedor é drenado), acredita-se que se caminhará para um sistema economicamente mais eficiente e juridicamente mais seguro.

---

588. Fábio Ulhoa Coelho e Newton de Lucca sustentam que o juiz pode se negar a homologar o plano de recuperação se reputá-lo manifestamente inconsistente, conforme citações feitas na nota 541.

2.15.3.1 Controle judicial da subordinação de interesses entre os devedores

No âmbito da recuperação sob consolidação processual, caberá ao juiz verificar se os planos expõem de forma suficientemente clara as *prestações assumidas por cada devedor*. Mesmo que os devedores tenham optado pela proposição conjunta de um plano único, isso não os dispensa de fazer essa identificação, nem que seja para estabelecer a responsabilidade solidária de todos pelo adimplemento das prestações.

Tratando-se de planos coligados ou plano único, que estabeleçam prestações conjuntas dos devedores ou em favor uns dos outros, inclusive se ensejarem algum tipo de consolidação substancial voluntária, o juiz não poderá se furtar de examinar, em controle de licitude, se as disposições do(s) plano(s) estão de acordo com as normas que regem a governança dos grupos, as quais, vale lembrar, não são derrogadas pela sujeição dos devedores ao processo concursal.

Especialmente se instado por algum interessado, como um credor dissidente ou acionista minoritário de alguma das sociedades, caberá ao juiz verificar se a eventual subordinação de interesses entre os devedores obedeceu aos limites da convenção de grupo[589] (se houver), ou, tratando-se de grupos de fato, se as disposições do plano atendem aos interesses particulares de cada sociedade e se os negócios porventura realizados entre elas obedecem a condições comutativas ou são objeto de pagamento compensatório adequado[590], em respeito aos artigos 245 e 265 da Lei da S.A.

2.15.3.1.1 A proibição do favorecimento entre sociedades agrupadas

De acordo com o artigo 245 da Lei das S.A.[591],

> [...] os administradores não podem, em prejuízo da companhia, favorecer sociedade coligada, controladora ou controlada, cumprindo-lhes zelar para que as operações entre as sociedades, se houver, observem condições estritamente comutativas, ou com pagamento compensatório adequado; e respondem perante a companhia pelas perdas e danos resultantes de atos praticados com infração ao disposto neste artigo.

---

589. Lembrando que, mesmo nos grupos de direito, a subordinação de interesses não é necessariamente irrestrita, podendo ser limitada nos termos da convenção (*vide* nota de rodapé n. 27).
590. Reporta-se ao que foi exposto no item 2.1.
591. Aplicável não apenas às sociedades por ações, mas também aos demais tipos societários (cf. CAMPINHO, Sérgio; PINTO, Mariana. A responsabilidade dos administradores de sociedades integrantes de grupo de fato. In: ROSSETTI, Maristela Abla et al. (Coord.). *Governança corporativa*: avanços e retrocessos. São Paulo: Quartier Latin, 2017. p. 828).

Embora a norma se dirija aos administradores, tanto os da sociedade controladora como os da sociedade controlada ou coligada[592], é evidente que ela encerra uma proibição às próprias sociedades[593].

Os administradores, enquanto órgão, apenas *presentam*[594] as sociedades nos negócios que elas mesmas celebram[595].

A lei nada dispôs, porém, sobre a invalidade desses negócios. Diferentemente do que procedeu em relação aos contratos celebrados entre o administrador e a companhia em condições não equitativas – para os quais expressamente previu a anulabilidade (LSA, art. 156, §§ 1º e 2º)[596] –, o legislador não estabeleceu a mesma sanção para os negócios celebrados entre as sociedades agrupadas em violação do artigo 245 da Lei das S.A., limitando-se a prever responsabilidade civil do administrador e da sociedade controladora pelos prejuízos suportados pela companhia prejudicada (LSA, arts. 117, 158 e 246)[597].

Tampouco foi expressamente prevista a nulidade desses negócios, o que leva a indagar se, apesar de ilícitos, eles também seriam inválidos. Importa responder essa questão a fim de compreender o escopo do controle da licitude dos planos de recuperação formulados pelos devedores em relação de grupo.

---

592. Cf. CARVALHOSA, Modesto. *Comentários à Lei de Sociedades Anônimas*, cit., v. 4, t. 2, p. 63.
593. Marcelo Adamek afirma que, "de forma expressa, [o legislador] proibiu que, exceção feita aos grupos de direito, possam as sociedades agrupadas atuar de forma subordinada aos interesses particulares de uma delas: a relação de dominação é, *in genere*, proscrita" (*Responsabilidade civil dos administradores de S/A*, cit., p. 157).
594. Segundo a clássica lição de Pontes de Miranda, "quando o órgão da pessoa jurídica pratica o ato, que há de entrar no mundo jurídico como ato da pessoa jurídica, não há representação, mas presentação. O ato do órgão não entra, no mundo jurídico, como ato da pessoa, que é o órgão [...]. Entra como ato da pessoa jurídica, porque o ato do órgão é ato seu" (*Tratado de direito privado*, cit., t. 3, p. 233).
595. Cf. CAMPINHO, Sérgio; PINTO, Mariana. A responsabilidade dos administradores de sociedades integrantes de grupo de fato, cit., p. 823.
596. LSA, artigo 156. "É vedado ao administrador intervir em qualquer operação social em que tiver interesse conflitante com o da companhia, bem como na deliberação que a respeito tomarem os demais administradores, cumprindo-lhe cientificá-los do seu impedimento e fazer consignar, em ata de reunião do conselho de administração ou da diretoria, a natureza e extensão do seu interesse. § 1º Ainda que observado o disposto neste artigo, o administrador somente pode contratar com a companhia em condições razoáveis ou equitativas, idênticas às que prevalecem no mercado ou em que a companhia contrataria com terceiros. § 2º O negócio contratado com infração do disposto no § 1º é anulável, e o administrador interessado será obrigado a transferir para a companhia as vantagens que dele tiver auferido".
597. Cf. CAMPIGLIA, Américo Oswaldo. *Comentários à Lei das Sociedades Anônimas*. São Paulo: Saraiva, 1978. v. 5. p. 297.

2.15.3.1.2 Ilicitude dos motivos determinantes

De acordo com o artigo 166, III, do Código Civil[598], é nulo o negócio quando o seu *motivo determinante*, comum a ambas as partes[599], for ilícito. Sem ignorar as controvérsias sobre o significado da expressão e as tentativas da doutrina de conciliá-lo ou apartá-lo do conceito de *causa*[600] do negócio, é razoavelmente aceito que o motivo se relaciona aos *interesses particulares* que cada contratante pretende satisfazer[601], isto é, às finalidades subjetivamente visadas pelas partes.

Por ser algo interno aos contratantes[602], o motivo é normalmente imperscrutável[603] e, por conseguinte, quase sempre irrelevante para o direito[604]. Há casos, porém, em que o motivo é *exteriorizado*, senão expressamente (como quando as partes fazem constar do instrumento contratual a razão de celebrarem o negócio), por circunstâncias que permitem deduzi-lo. Nessas hipóteses, o motivo terá relevância para o direito[605] se os interesses particulares perseguidos pelos contratantes, correspondentes à finalidade imediata[606] do negócio, constituírem a *razão exclusiva ou essencial* para a sua celebração (em cuja falta ele não seria celebrado)[607] e estiverem em conflito com o ordenamento[608].

---

598. Código Civil, artigo 166. "É nulo o negócio jurídico quando: [...] III – o motivo determinante, comum a ambas as partes, for ilícito".
599. Ou seja, se o motivo determinante do negócio for, pelo lado da sociedade beneficiada com a operação, a obtenção de vantagem à custa da outra, e, pelo lado da sociedade prejudicada, a concessão de vantagem à outra à sua própria custa.
600. Confira-se, a propósito, PEREIRA, Caio Mário da Silva. *Instituições de direito civil*. 6. ed. Rio de Janeiro: Forense, 1995. v. 1. p. 318-322.
601. Cf. ROPPO, Enzo. *O contrato*, cit., p. 198-199.
602. Cf. AZEVEDO, Antônio Junqueira. *Negócio jurídico*, cit., p. 101.
603. Segundo Roppo, "os motivos, justamente pelo fato de serem tão variáveis e de aderirem tão intimamente à esfera das necessidades e dos interesses individuais de cada contratante, muitas vezes não se revelam exteriormente, e em particular não são conhecidos nem cognoscíveis pelo outro contratante" (*O contrato*, cit., p. 199).
604. Cf. TEPEDINO, Gustavo et al. *Código Civil interpretado conforme a Constituição da República*, cit., v. 1, p. 315.
605. Avaliar se, em quais casos e sob quais condições se deve atribuir relevância aos motivos particulares dos contratantes constitui, segundo Roppo, uma das questões mais difíceis e importantes na teoria e na prática do direito dos contratos (*O contrato*, cit., p. 199-200).
606. Mesmo quando exteriorizados, não são todos os motivos que interessam ao direito, mas, em regra, somente aqueles ligados à causa final do negócio, o motivo típico, isto é, "o fim que atua sobre a vontade para lhe determinar a atuação no sentido de celebrar certo contrato" (GOMES, Orlando. *Contratos*. 24. ed. Rio de Janeiro: Forense, 2001. p. 55). Se Paulo vende a João um quadro famoso com o propósito, comum a ambos, de viabilizar ao comprador a contrafação da obra – finalidade desconforme ao direito –, não interessa se os contraentes agiram para satisfazer a própria ambição, torpeza, ou por qualquer outro motivo de ordem pessoal antecedente à finalidade última do negócio. É somente esta que poderá determinar ou não a invalidade da avença.
607. Cf. ROPPO, Enzo. *O contrato*, cit., p. 199.
608. Imagine-se, por exemplo, um negócio meramente emulativo, sem nenhuma vantagem para nenhum dos contratantes, cujo único propósito, visado por ambos e expressamente confessado no instrumento

Haverá nulidade, portanto, quando a razão determinante, comum a ambos os contratantes e ligada à finalidade última do negócio[609], for *cognoscível* e *ilícita*, por corresponder a interesses repudiados pelo direito.

Segue que, se o motivo determinante do negócio celebrado entre sociedades agrupadas for justamente o favorecimento de uma à custa da outra[610] fora dos limites de eventual convenção de grupo – portanto, um *motivo ilícito*, dado que a lei proíbe esse tipo de favorecimento (LSA, art. 245) –, não deve haver receio em reconhecer a *nulidade* da avença, nos termos do artigo 166, III, do Código Civil[611].

Se os indivíduos que definem e manifestam a vontade das sociedades contratantes, no âmbito dos seus órgãos, agem com o intuito deliberado de beneficiar uma à custa da outra, sem vantagem compensatória adequada para esta, haverá nulidade. A depender das circunstâncias, essa intenção, conquanto não seja expressamente declarada (muito dificilmente será), poderá ser facilmente deduzida com base nas circunstâncias, como em determinados negócios gratuitos ou que envolverem enorme vantagem para uma sociedade com flagrante prejuízo para a outra, sem nenhuma forma de compensação e nenhuma outra finalidade aparente que não o puro e simples favorecimento de uma sociedade em prejuízo da outra.

No contexto da recuperação judicial, é o que poderia ocorrer quando o plano único, imposto a todo o grupo pelo controlador, previsse aplicar o produto da alienação de todos ou grande parte dos ativos de um devedor para quitação das dívidas de outros devedores, *em prejuízo da manutenção da atividade* da sociedade

---

contratual, seja causar prejuízo a terceiro. Nesse caso, mesmo que o negócio tenha objeto lícito, agentes capazes, obedeça à forma prescrita em lei, respeite eventuais solenidades, não envolva nenhum tipo de fraude, nem seja taxativamente declarado nulo ou proibido pelo ordenamento, ainda assim esse negócio será inválido por ter como motivo determinante, comum a ambas as partes, a satisfação de interesse não acolhido pelo ordenamento, por encerrar caso típico de abuso do direito (Código Civil, art. 187).

609. Não se deve confundir a motivação com o próprio objeto do negócio. Referindo-se ao Código Civil de 1916, Antônio Junqueira de Azevedo esclarece que nele havia sanção de invalidade para apenas alguns casos de motivos determinantes ilícitos (simulação e fraude contra credores), mas nenhuma norma genérica sobre nulidade por motivo ilícito. Não existia, portanto, norma equivalente ao artigo 166, III, do Código Civil de 2002, que declara nulo o negócio jurídico quando o motivo determinante, comum a ambas as partes, for ilícito. Essa omissão do legislador levava parte da doutrina e da jurisprudência a enquadrar, por via transversa, a ilicitude do motivo como espécie de ilicitude do objeto, assim entendido como sendo "tudo aquilo que vise o agente". Junqueira de Azevedo prossegue denunciando a incorreção desse raciocínio: "não vemos a menor possibilidade lógica de se confundirem os motivos determinantes com o objeto do negócio. Objeto do negócio é o seu conteúdo. O objeto faz parte do negócio; é um dos seus elementos constitutivos. Os motivos, pelo contrário, estão no agente e, portanto, ficam na pessoa e fora do negócio" (*Negócio jurídico*, cit., p. 105).

610. Ou seja, se o motivo determinante do negócio for, pelo lado da sociedade beneficiada com a operação, a obtenção de vantagem à custa da outra, e, pelo lado da sociedade prejudicada, a concessão de vantagem à outra à sua própria custa.

611. Código Civil, artigo 166. "É nulo o negócio jurídico quando: [...] III – o motivo determinante, comum a ambas as partes, for ilícito".

que se sacrifica pelas outras, por não lhe sobrarem recursos suficientes à própria recuperação. Um plano assim poderia até ser aprovado pelos credores da sociedade sacrificada (uma vez que também lhes garantisse pagamento satisfatório), mas seria potencialmente prejudicial aos interesses da própria sociedade e, em especial, aos acionistas minoritários.

2.15.3.1.3 Negócio jurídico nulo, anulável ou irregular?

Nem sempre o negócio entre as sociedades terá como motivo determinante o favorecimento indevido, ainda que o contrato não observe condições comutativas nem preveja pagamento compensatório adequado. Se o negócio decorreu de uma avaliação equivocada da equivalência das prestações, se o pagamento compensatório foi estimado de modo insuficiente, ou em todo caso em que o favorecimento proibido for apenas efeito do negócio, mas não o resultado visado pelas partes e sem o qual ele não seria celebrado, não incidirá a regra do inciso III do artigo 166 do Código Civil, em que pese a ofensa ao artigo 245 da Lei das S.A.

Nesses casos, a primeira reflexão necessária diz respeito a determinar se o negócio celebrado em violação da proibição contida no artigo 245, conquanto ilícito[612], será *inválido* ou meramente *irregular*[613].

Ao proibir o negócio, a lei não comina expressamente sua nulidade ou anulabilidade, mas sanciona o comportamento do administrador e o eventual abuso da sociedade controladora com o dever de indenizar pelos prejuízos que causarem (arts. 245 e 246). Isso gera dúvida quanto à possibilidade de enquadrá-lo na hipótese prevista no inciso VII do artigo 166 do Código Civil[614], que impõe a nulidade ao negócio jurídico somente quando a lei taxativamente o declarar nulo, ou proibir-lhe a prática, *sem cominar sanção*[615].

---

612. Não se pode confundir a ilicitude do negócio, que decorre da ofensa de qualquer norma jurídica, com a sua invalidade, que é a sanção imposta pelo ordenamento para determinados casos de ilicitude, mas não para todos: "Como toda a ação, o negócio pode ser ilícito. Mas não há correspondência necessária entre invalidade e ilicitude. Um negócio ilícito pode ser válido. [...] Quer válido quer inválido, pode o negócio ser ilícito, pela sua causa, pela matéria que regula ou pelas condições a que é subordinado" (ASCENSÃO, José de Oliveira. *Direito civil*: teoria geral. Ações e fatos jurídicos. 3. ed. São Paulo Saraiva, 2010. v. 2. p. 27).
613. Classifica-se como negócio irregular aquele que é válido, mas contra o direito, estando sujeito a sanções que não implicam a invalidade (cf. ASCENSÃO, José de Oliveira. *Direito civil*, cit., p. 27).
614. A doutrina ainda não se debruçou sobre o tema. Os principais comentaristas da Lei das S.A. não abordam a questão, que também não é aprofundada e nem sequer é referida nas principais obras acerca dos grupos de sociedades. Também não se logrou encontrar ensaios ou artigos que tratassem especificamente da in(validade) dos negócios celebrados em violação da norma contida no artigo 245 da LSA.
615. A parte final do inciso VII do artigo 166 do Código Civil de 2002 ("sem cominar sanção") constitui inovação ao dispositivo correspondente do Código Civil de 1916, cujo artigo 145, V, reputava nulo o ato jurídico "quando a lei taxativamente o declarar nulo ou lhe negar efeito". Entretanto, a ideia contida

Não é a infração de qualquer regra jurídica que faz nulo o negócio[616]. Se a lei cominar, para sua infringência, sanção diversa da nulidade, o negócio não será nulo[617]. Essa outra sanção pode ser: a exclusão de um ou todos os efeitos do negócio jurídico, à exceção de pelos menos um; a anulabilidade; alguma pena; a responsabilidade civil; a caducidade, ou a própria inexistência do negócio ou de parte dele[618].

Considerando que o dever de indenizar é uma sanção[619], enquanto efeito jurídico desfavorável da violação de uma regra de conduta, poder-se-ia supor que, ao impor ao administrador e à sociedade controladora a responsabilidade civil[620], sem prever a nulidade ou anulabilidade, o legislador teria posto o negócio celebrado em violação do artigo 245 da Lei da S.A. a salvo da invalidade[621].

---

na norma do novo Código já constava do artigo 130 do Código antigo, que dispunha: "Não vale o ato, que deixar de revestir a forma especial, determinada em lei (art. 82), salvo quando esta comine sanção diferente contra a preterição da forma exigida". Assim, antes mesmo do Código Civil de 2002, a doutrina já reconhecia que, se a lei cominasse outra sanção para o ato proibido, a nulidade deveria ser excluída (cf. CARVALHO SANTOS, João Manoel de. *Código Civil Brasileiro interpretado*. 5. ed. Rio de Janeiro: Freitas Bastos, 1953. v. 3. p. 250-251). Martinho Garcez anota que, no direito romano, havia diversas leis que, proibindo certo ato, deixavam-no substituir, as quais eram referidas por Ulpiano como "leis imperfeitas" (*Das nulidades dos atos jurídicos*. 3. ed. Rio de Janeiro: Renovar, 1997. p. 107-108).

616. Cf. PONTES DE MIRANDA, Francisco. *Tratado de direito privado*. 2. ed. Rio de Janeiro: Borsoi, 1954. t. 4. § 405, p. 196.

617. Cf. THEODORO JÚNIOR, Humberto. In: TEIXEIRA, Sálvio de Figueiredo (Coord.). *Comentários ao Novo Código Civil*: dos defeitos do negócio jurídico ao final do Livro III. Rio de Janeiro: Forense, 2003. v. 3, t. 1. p. 462.

618. Cf. PONTES DE MIRANDA, Francisco. *Tratado de direito privado*, cit., t. 4, § 405, p. 194; e *Tratado de direito privado*, cit., t. 53, § 5502, p. 104.

619. Sanção, na definição de Hans Kelsen, é a reação prevista no ordenamento destinada a provocar alguma conduta humana que reputa desejável, tendo, no âmbito do direito civil, finalidade precipuamente reparatória (*Teoria geral do direito e do Estado*. Trad. Luís Carlos Borges. São Paulo: Martins Fontes, 2000. p. 71-72). De modo geral, a doutrina enquadra o dever de promover a reparação civil como espécie de sanção. Por todos, confira-se AGUIAR DIAS, José. *Responsabilidade civil*. 12. ed. Rio de Janeiro: Lumen Juris, 2011. p. 97.

620. Carvalho Santos, por vez, cita expressamente a responsabilidade civil entre as sanções que, sendo a única consequência prevista em caso de violação da norma, afasta a nulidade: "quanto a lei estabelece outra sanção para o caso de violação de seu preceito que não a nulidade, esta deve ser excluída, não podendo ser decretada, porque não se deve presumir que a lei quisesse impor duas penalidades para a mesma falta. Assim, por exemplo, se a lei estatui uma pena ou decreta a responsabilidade civil para a violação da norma, está claro que sua intenção não é admitir a nulidade". Entretanto, o próprio mestre ressalva que essa regra comporta exceções, "não se aplicando naqueles casos em que a lei estatui outra penalidade, mas o ato está eivado de uma nulidade radical, com outro fundamento, hipótese em que o ato será nulo e além disso terá lugar a aplicação de outra pena, prevista em lei" (*Código Civil Brasileiro interpretado*, cit., p. 250-251).

621. Foi basicamente esse o raciocínio desenvolvido por Pontes de Miranda ao tratar do negócio celebrado entre a sociedade por ações e o seu diretor sob a égide do Decreto 2.627/1940, cujo artigo 120 (i) vedava ao segundo intervir em qualquer operação social na qual tivesse interesse oposto ao da companhia, bem como na deliberação que a respeito tomassem os demais diretores (incumbindo-lhe de cientificá-los do seu impedimento), e, (ii) sem cominar expressamente a nulidade ao negócio, impunha ao diretor a responsabilidade civil pelos prejuízos causados à sociedade (estrutura normativa muito semelhante,

Em abono a esse raciocínio, poder-se-ia invocar o adágio *ubi lex voluit dixit, ubi noluit tacuit* ("onde a lei quis, determinou; onde não quis, silenciou") para argumentar que, quando o legislador quis impor a invalidade, assim a determinou, como fez em relação ao negócio celebrado entre o administrador e a companhia em condições não equitativas (LSA, art. 156, § 2º); mas no tocante aos negócios celebrados entre as sociedades agrupadas, por não querer a mesma consequência, guardou silêncio, limitando-se a prever a responsabilização de quem deu causa à ilicitude.

Essa não parece ser, contudo, a melhor interpretação, por implicar uma inaceitável incoerência[622] entre o regime de tratamento dos negócios prejudiciais firmados entre a companhia e seu administrador e aqueles celebrados entre as próprias sociedades. Se a lei autoriza a anulação[623] dos primeiros, não se vislumbra

---

portanto, à do artigo 245 da Lei das S.A.). Para o autor, "nenhum diretor de sociedade por ações, salvo regra estatutária em contrário, está privado de vender à sociedade por ações qualquer bem. Nem está privado de comprar, dar de empréstimo e entrar em qualquer outra operação com a sociedade por ações de que é diretor. No sistema jurídico brasileiro, não está, sequer, privado de figurar, no negócio jurídico ou no ato jurídico *stricto sensu*, como órgão da sociedade por ações. O que não lhe é permitido, sob pena de responsabilidade civil ou penal, ou de uma e de outra, é, havendo colisão de interesses, deixar de comunicar aos outros diretores ou diretor a existência de tal colisão ou participar da deliberação ou deliberar. Se o diretor delibera ou participa da deliberação e deixa de comunicar aos demais diretores ou diretor a existência de colisão de interesse, ainda assim é valido o negócio jurídico ou o ato jurídico *stricto sensu*" (*Tratado de direito privado*, cit., t. 50, § 5532, p. 404). Tratava-se, porém, de entendimento minoritário, já que a maior parte da doutrina e da jurisprudência se dividia entre os que reputavam o negócio nulo e aqueles que o julgavam meramente anulável (cf. MARTINS, Fran. *Comentários à Lei das S.A*. Rio de Janeiro: Forense, 1978. v. 2, t. 1. p. 390). Sylvio Marcondes, com amparo na doutrina italiana, sustentava que a proibição contida no artigo 120 do Decreto 2.627/1940 encerrava norma de ordem pública, por tutelar interesses sociais e de terceiros e, mais precisamente, o capital social. Por isso, da sua violação decorreria nulidade absoluta, insanável, que atingiria o próprio objeto do negócio (Conflito de interesses entre a sociedade e seu administrador. *Problemas de direito mercantil*. São Paulo: Max Limonad, 1970. p. 241-242). No mesmo sentido, proclamando a nulidade absoluta do negócio, posicionou-se Waldemar Ferreira (*Tratado de direito comercial*: o Estatuto das Sociedades por Ações. São Paulo: Saraiva, 1961. v. 4, § 180, n. 859, p. 458). Trajano de Miranda Valverde, por seu turno, advogava que a sociedade poderia pleitear tanto a reparação civil quanto a anulação da operação (*Sociedade por ações*. 2. ed. Rio de Janeiro: Forense, 1953. v. 2. p. 317), no que foi seguido por Antão de Moraes, para quem eventual nulidade seria meramente relativa, permitindo a ratificação do negócio (Parecer. *Revista Forense*, Rio de Janeiro, v. 148. p. 64-76). Foi esse o entendimento, aliás, adotado pela 2ª Turma do Supremo Tribunal Federal no Recurso Extraordinário 66.403-SP, do qual foi relator o Ministro Adaucto Cardoso, julgado em 08.09.1969, no qual se decidiu que o negócio celebrado em violação da referida proibição poderia ser ratificado pela assembleia geral (*Revista Trimestral de Jurisprudência*, n. 52, p. 119-120, 1970).

622. A coerência, segundo Norberto Bobbio, é sempre condição para a justiça do ordenamento (*Teoria do ordenamento jurídico*. Trad. Maria Celeste Cordeiro Leite dos Santos. 10. ed. Brasília: UnB, 1999. p. 113).

623. Parte da doutrina critica a opção do legislador pela mera anulabilidade, sustentando que a sanção deveria ser mais severa, isto é, que a lei deveria ter cominado a nulidade absoluta, haja vista a violação do dever de lealdade. É a posição sustentada, entre outros, por Modesto Carvalhosa (*Comentários à Lei de Sociedades Anônimas*. 6. ed. São Paulo, Saraiva, 2014. v. 3) e Paulo Fernando Campos Salles de Toledo (*O Conselho de Administração na Sociedade Anônima*. 2. ed. São Paulo: Atlas, 1999. p. 63). Em

justificativa razoável para que não confira tratamento equivalente aos segundos, eventualmente até mais gravosos (considerando o porte das sociedades) do que aqueles celebrados entre uma delas e algum administrador. Assim, ao adágio anteriormente referido se poderia responder com outro: *ubi eadem ratio, ibi eadem legis dispositio* ("onde existe a mesma razão fundamental, prevalece a mesma regra de direito").

Além disso, restringir o remédio para a ilicitude ao plano indenizatório poderá ser insuficiente para reequilibrar as coisas, não se podendo confiar na capacidade patrimonial dos responsáveis pela operação indevida como única salvaguarda dos direitos daqueles que foram ou serão por ela prejudicados.

Quando se imagina um negócio cujas prestações se perpetuam no tempo, a inconveniência da solução meramente indenizatória fica ainda mais clara. Imagine-se que a sociedade "A" se obrigue para com a sociedade controladora "B" a fornecer-lhe determinado insumo pelo período de dois anos por preço inferior ao de mercado (ou seja, em bases aparentemente[624] não comutativas), sem previsão de nenhum tipo de pagamento compensatório. Não faz sentido que, tendo detectado a ilicitude no dia seguinte ao da pactuação, os acionistas de "A" fiquem reféns dessa situação e não possam, por via da ação anulatória, agir para prevenir o dano antes que ele ocorra.

Sem contar que a legitimidade para reclamar indenização é restrita à própria sociedade prejudicada e aos acionistas[625], de modo que os credores, aos quais o artigo 245 também visa proteger[626], ficariam desprovidos de instrumentos para se defender do indevido comprometimento dos recursos da companhia[627].

Quer parecer que as sanções previstas nos artigos 245 e 246 da Lei das S.A. se referem mais à *conduta* dos administradores e da sociedade controladora do que propriamente ao negócio. São eles os destinatários da sanção: os primeiros, por terem promovido o engajamento da sociedade em negócio proibido pela lei; a segunda, por eventualmente ter se valido da sua influência dominante

---

sentido oposto, defendendo a escolha feita pelo legislador, por dar à companhia a possibilidade de manter o negócio caso seja do seu interesse, confiram-se Marcelo Adamek (*Responsabilidade civil dos administradores de S/A*, cit., p. 172) e Luis Felipe Spinelli (*Conflito de interesses na administração da sociedade anônima*. São Paulo: Malheiros, 2012. p. 240-241).

624. Diz-se aparentemente, porque a comutatividade dependerá sempre das circunstâncias.
625. LSA, artigo 159, *caput* e §§ 3º e 4º, e artigo 246, § 1º.
626. A regra do artigo 245, que veda o favorecimento entre as sociedades ligadas por controle ou coligação, presta-se, fundamentalmente, à proteção dos acionistas minoritários e dos credores (LAMY FILHO, Alfredo; BULHÕES PEDREIRA, José Luiz. *A Lei das S.A.: pressupostos, elaboração*. 2. ed. Rio de Janeiro: Renovar, 1995. p. 254).
627. Ressalvados, é claro, os casos de "fraude contra credores", mas que se restringem aos negócios de transmissão gratuita e àqueles que, apesar de onerosos, são praticados pelo devedor insolvente ou por eles reduzido à insolvência (Código Civil, art. 158).

para constranger a sociedade controlada ou coligada a promover a contratação indevida. O negócio em si, conquanto figure como pressuposto do dever de indenizar (que só nascerá com a consumação do dano), não recebe, à primeira vista, sanção explícita na lei, não se podendo concluir que o ordenamento pretendeu resguardá-lo de qualquer forma de invalidação.

Poder-se-ia então cogitar da nulidade absoluta, já que a lei não previu expressamente a anulabilidade e o favorecimento indevido entre as sociedades infringe disposição legal que visa à proteção de interesses de terceiros[628] (no caso, acionistas minoritários e credores)[629].

A pena de nulidade, todavia, parece exagerada, pois, diferentemente da anulabilidade, impossibilita a confirmação do negócio (CC, arts. 169 e 172) e fere a *estabilidade*[630], tão cara à dinâmica das sociedades, já que a declaração de nulidade, quando não considerada imprescritível[631], sujeitar-se-ia ao dilatado prazo prescricional aplicável às ações pessoais[632] (CC, art. 205) – atualmente de dez anos –, muito superior ao prazo de dois anos da ação anulatória (CC, art. 179).

Pode haver casos em que, apesar de celebrado em condições não comutativas, sem pagamento compensatório adequado, a manutenção do negócio ainda assim interesse às sociedades, inclusive àquela que tenha sido por ele prejudicada. Assim, não se vê motivo para que elas não possam confirmar esse negócio, preservando-lhe os efeitos mediante o reequilíbrio das prestações ou por via do pagamento compensatório[633], ou eventualmente pelo mero decurso do prazo decadencial.

---

628. A infração de disposição legal que tem por objeto a proteção de interesses de terceiros constitui, para Erasmo Valladão, uma das exceções ao regime de anulabilidade das deliberações assembleares da sociedade anônima (LSA, art. 286), importando a nulidade do ato (*Invalidade das deliberações de assembleia das S/A*. 2. ed. São Paulo: Malheiros, 2017. p. 121).
629. *Vide* nota de rodapé n. 626.
630. Confira-se VALLADÃO, Erasmo. *Invalidade das deliberações de assembleia das S/A*, cit., p. 80-83 e 144.
631. Posição advogada, entre outros, por Silvio Rodrigues (*Direito civil*: Parte Geral. 34. ed. São Paulo: Saraiva, 2007. v. 1. p. 289-290).
632. Nesse sentido, defendendo a prescritibilidade da ação declaratória de nulidade, era a posição de Caio Mário da Silva Pereira (*Instituições de direito civil*, cit., p. 406-47). Atualmente, a jurisprudência parece se encaminhar no sentido de reconhecer que, embora a ação declaratória pura seja imprescritível, as pretensões condenatórias ou constitutivas resultantes do ato nulo se sujeitam à prescrição (STJ, 4ª T., REsp 1.046.497-RJ, rel. Min João Otávio de Noronha, j. 24.08.2010).
633. Foi isso que embasou a decisão do Supremo Tribunal Federal ao reconhecer que o negócio celebrado entre a companhia e seu administrador, em conflito de interesses, segundo a regra do artigo 120 do Decreto 2.627/1940, seria passível de ratificação A mesma ideia sustenta a posição dos autores que defendem o acerto do legislador ao cominar a mera anulabilidade ao negócio celebrado em violação do artigo 156, § 1º, da Lei da S.A. (confiram-se as notas de rodapé n. 824 e 826).

Sob determinado aspecto, as obrigações *intercompany* lembram os contratos consigo mesmo[634], remetendo, assim, às regras dos artigos 117 e 119 do Código Civil, que dispõem serem *anuláveis* (i) o negócio jurídico que o representante, no seu interesse ou por conta de outrem, celebrar consigo mesmo e (ii) o negócio concluído pelo representante em conflito de interesses com o representado. A lógica que subjaz a essas normas é justamente a de que, apesar de ilícito, a manutenção do negócio poderá ser mais conveniente ao potencial prejudicado do que a sua desconstituição.

Por todas essas razões, acredita-se que, nos casos de violação do artigo 245 da Lei das S.A., a solução mais consentânea com o ordenamento seja aplicar, por analogia, a regra do artigo 156, § 2º, que comina a anulabilidade do negócio.

2.15.3.1.4 A excepcionalidade da intervenção do juiz

Mesmo que se entenda que os negócios concluídos entre os devedores em infração das normas dos artigos 245 e 265 da Lei das S.A. não são nulos, mas anuláveis ou meramente irregulares, essa questão não será determinante para fins de homologação do plano pelo juiz. O que importa, aqui, é a ocorrência da ilicitude.

O juízo de delibação não se limita à proclamação da nulidade (que pode ocorrer de ofício), nem envolve a anulação do negócio (que depende de provocação do interessado por via própria), encerrando, na verdade, um juízo de *licitude*[635]. Por isso, ao constatar que o plano ofende norma cogente, destinada à proteção de direito de terceiros, o juiz deverá negar a homologação, independentemente de a consequência para os negócios nele previstos ser a nulidade, a anulabilidade ou apenas a responsabilidade civil.

A homologação encerra atividade jurisdicional[636] mediante a qual, julgando satisfeitos pressupostos de forma e de fundo[637], o juiz agrega ao ato de

---

634. Cf. WALD, Arnoldo. A empresa que financia outras do mesmo grupo não se caracteriza como instituição financeira. *RDM*, São Paulo, v. 141, 2006. p. 282.
635. Nesse sentido, com amparo na jurisprudência do Superior Tribunal de Justiça, José Rogério Cruz e Tucci anota que o magistrado, no juízo de delibação da transação celebrada entre as partes, não tem ingerência sobre o seu conteúdo, exceto quando o negócio estiver contaminado por ilicitude (WALD, Arnoldo In: MARINONI, Luiz Guilherme et al. (Coord.). *Comentários ao Código de Processo Civil*. São Paulo: Ed. RT, 2016. v. 8. p. 91).
636. Cf. ASSIS, Araken de. *Processo civil brasileiro*: Parte Geral. Institutos fundamentais. São Paulo: Ed. RT, 2016. v. 2, t. 2. p. 1023. No mesmo sentido: DINAMARCO, Cândido Rangel. *Instituições de direito processual civil*. 7. ed. São Paulo: Malheiro, 2017. v. 3. p. 322.
637. Segundo Pontes de Miranda, "homologar é tomar o ato, que se examina, semelhante, adequado, ao ato que devia ser. Quem cataloga classifica; quem homologa identifica. Ser homólogo é ter a mesma razão de ser, o que é mais do que ser análogo e menos do que ser o mesmo. A homologação pode ser simples julgamento sobre estarem satisfeitos os pressupostos de forma, ou sobre estarem satisfeitos os pressupostos de fundo e de forma, ou sobre simples autenticidade. A escala vai da simples resolução

outrem a própria autoridade[638] (isto é, a autoridade do Estado). O juiz não é mero carimbador, não se podendo dele esperar que compactue com a violação da lei, que faça vista grossa à ilicitude, ainda mais nos casos em que a homologação constitui fator de eficácia do negócio jurídico, como ocorre no âmbito da recuperação judicial[639].

Assim, ao verificar que o plano único ou os planos coligados dos devedores importam indevido favorecimento de uma sociedade do grupo à custa da outra, sem adequado pagamento compensatório, ou fora dos limites estabelecidos em eventual convenção de grupo, o juiz deverá rejeitar a homologação do plano, senão totalmente, ao menos aos relação aos negócios ilícitos, se o restante do plano puder ser aproveitado[640].

Tem-se defendido, ao longo deste trabalho, que o eventual sacrifício de uma sociedade em favor de outra pode ser necessário e justificado nos casos em que, sem ele, a sociedade que se sacrifica pela outra seria incapaz de se recuperar ou teria a própria atividade inviabilizada pela crise do grupo[641] (dadas a integração e a dependência econômica, resultante das exceções legais e contratuais ao regime de limitação de responsabilidade e do próprio modo como as atividades das sociedades se ligam umas às outras). A noção de interesse particular não se encerra, portanto, no proveito econômico de um negócio específico, demandando análise segundo perspectiva bem mais ampla. Afinal, de que serve a uma sociedade negar ajuda a outra, ainda que para evitar algum prejuízo particular, se o perecimento da outra ensejar a própria ruína?

Quando o atendimento do próprio interesse particular de um devedor depender de atender algum interesse do grupo, ainda que com desvantagem numa operação específica, essa desvantagem pode ser juridicamente aceitável em contrapartida à manutenção da própria atividade, se de outra forma ela não pudesse ser alcançada e se a falência da empresa ensejar prejuízos ainda maiores para os envolvidos.

---

com apreciação dos requisitos exteriores até a homologação, que desce ao exame dos pressupostos de fundo, como se dá com homologação do suplemento de idade. Há homologações integrativas da forma, ou simplesmente verificativas, e homologações integrativas de fundo" (*Comentários ao Código de Processo Civil*. Rio de Janeiro: Forense, 1974. t. 6. p. 344).

638. Cf. DINAMARCO, Cândido Rangel. *Instituições de direito processual civil*, cit., v. 3, p. 320.
639. Confira-se a nota de rodapé n. 419.
640. Aplicando-se, no que couber, o disposto no artigo 184 do Código Civil ("Respeitada a intenção das partes, a invalidade parcial de um negócio jurídico não o prejudicará na parte válida, se esta for separável; a invalidade da obrigação principal implica a das obrigações acessórias, mas a destas não induz a da obrigação principal").
641. Pensando-se aqui, logicamente, nos casos em que as sociedades conservam a condição de centros de imputação autônomos, não se sujeitando, pois, ao mecanismo da consolidação substancial obrigatória.

2 • A CONSOLIDAÇÃO PROCESSUAL

Como já se afirmou anteriormente, a crise do grupo e a submissão ao processo concursal repercutem na aferição da comutatividade[642] nas operações entre seus membros e na própria acepção de *pagamento compensatório adequado*[643] para os fins do artigo 245 da Lei da S.A., que não deve ficar restrita à ideia de compensação pecuniária ou específica, que dependa da exata mensuração do proveito econômico correspondente ao sacrifício.

A linha divisória entre a licitude e a ilicitude do sacrifício individual de uma sociedade pela outra, nos casos em que esse sacrifício não é admitido por eventual convenção de grupo, encontra-se justamente no interesse particular. Se este for respeitado, apesar da desvantagem, o negócio será lícito; se for violado, será ilícito.

Por isso, advoga-se que a intervenção judicial nesses casos deverá ser mínima e excepcional, considerando que, se o plano foi aprovado, terá sido porque os credores reconheceram a racionalidade econômica dos negócios nele previstos, inclusive aqueles que envolvem algum tipo de subordinação entre os interesses dos devedores.

Ou seja, se a maioria dos credores de um devedor aprovou os negócios a serem celebrados entre ele e outro devedor, ou em favor de outro devedor, é porque essa maioria entendeu que determinada operação, mesmo que eventualmente desfavorável sob uma perspectiva *isolada*, faz sentido no contexto global (sobretudo para evitar a falência), ou se acha suficientemente compensada por alguma outra vantagem, inclusive pela própria possibilidade de manutenção da atividade da empresa.

A aprovação do plano pelos credores gera, portanto, uma *presunção relativa* de que os interesses particulares de cada sociedade do grupo foram suficientemente respeitados ou de que eventual subordinação de interesses ocorreu dentro dos limites de eventual convenção grupal ou mediante suficiente compensação.

Assim, para que o juiz possa pronunciar a ilicitude do plano com base nas regras que disciplinam a subordinação de interesses entre as sociedades agrupadas – quando ela não lhe parecer evidente –, caberá ao acionista[644] o ônus de

---

642. Ainda mais porque a comutatividade envolve, ao menos em parte, uma avaliação subjetiva (cf. CARVALHOSA, Modesto; KUYEN, Fernando. *Tratado de direito empresarial*: sociedades anônimas. São Paulo: Ed. RT, 2016. v. 3. p. 1056).
643. Vale anotar que não existe definição na lei acerca do conceito de pagamento compensatório adequado, tema sobre o qual inexiste uniformidade na doutrina, que ainda pouco dele se ocupou. Modesto Carvalhosa e Fernando Kuyen, decerto inspirados na legislação societária alemã – *AktG*, § 317 (1) –, afirmam que esse pagamento deveria ocorrer dentro de um prazo razoável, se possível no mesmo exercício social (*Tratado de direito empresarial*, cit., p. 1059). Não há na Lei das S.A., porém, nenhuma previsão nesse sentido.
644. Na recuperação judicial do grupo DASLU, decidindo acerca de disputa interna à sociedade devedora, relativa a suposta violação do direito de veto à cessão da marca previsto em acordo de acionistas, a Câmara Reservada de Falência e Recuperação do Tribunal de Justiça de São Paulo assentou que "os acionistas, minoritários ou majoritários, não podem impedir a concessão de recuperação judicial derivada da aprovação do plano pela assembleia-geral de credores. As querelas intrassocietárias deverão

demonstrar a existência de prejuízo concreto (não compensado) para a sociedade que porventura tenha favorecido as demais, e ao credor dissidente o encargo de demonstrar que o plano o coloca em situação pior do que a falência[645].

Essa demonstração, ademais, haverá de ser feita de plano, mediante prova pré-constituída, não comportando o processo de recuperação judicial nenhum tipo de dilação probatória para esse fim. Seria completamente descabido cogitar da realização de perícia ou da prática de qualquer outro ato que importasse retardamento da tramitação processual ou do desfecho do feito, o que reforça que o indeferimento da homologação, com base na violação das regras que disciplinam o favorecimento intragrupo, reserva-se a hipóteses excepcionalíssimas.

2.15.4 Consequências da aprovação ou rejeição do plano

Num cenário de mera consolidação processual, a aprovação dos planos de cada devedor ou do plano único dependerá da obtenção dos quóruns legais (seja do quórum ordinário, seja do quórum alternativo) nas assembleias a que forem submetidos, realizadas de forma independente e compostas apenas pelos credores de cada um dos devedores individualmente considerados.

Se os devedores formularem planos individuais, é possível que os planos de alguns sejam aprovados enquanto os planos de outros sejam reprovados pelas respectivas assembleias gerais de credores. Logo, alguns devedores poderão obter a concessão da recuperação judicial enquanto outros terão a falência decretada[646], caso em que o processo será desmembrado em tantos quantos forem necessários[647] (LRF, art. 69-I, §§ 4º e 5º).

---

ser dirimidas no palco judicial adequado e não nos lindes do processo de recuperação judicial. Os interesses dos acionistas não se sobrepõem ao princípio da preservação da empresa e de sua função social, nem aos interesses da comunidade de credores" (AI 0154311-66.2011.8.26.0000, rel. Des. Pereira Calças, origem: 1ª Vara de Falências e Recuperações Judiciais de São Paulo, j. 24.01.2012). Em sentido contrário, sustentando que o juízo da recuperação é competente para conhecer de conflitos societários que repercutam no procedimento de recuperação ou no cumprimento do plano, confira-se Ricardo Tepedino (O direito societário e a recuperação judicial, cit., p. 585-599).

645. Essa dinâmica foi acolhida, de certa forma, pelo novo Código da Insolvência italiano, que confere aos acionistas e credores dissidentes a possibilidade de se opor à concessão da concordata se demonstrarem que o plano único ou os planos coligados elaborados pelo grupo ensejam prejuízo a algum dos seus membros. Ainda assim, a lei dispõe que o Tribunal deverá homologar a concordata se tal prejuízo puder ser excluído pelas vantagens compensatórias para os devedores individualmente considerados, e se concluir, com base numa avaliação global do plano único ou dos planos coligados, que os credores poderão ser satisfeitos em medida não inferior ao que obteriam com a liquidação judicial da empresa singular (art. 285, §§ 3º a 5º).

646. Ressalvados os casos em que, apesar de individuais, os planos sejam reciprocamente subordinados uns aos outros, caso em que a rejeição de um deles importará a denegação da recuperação judicial a todos os devedores, que ficarão vinculados, portanto, ao mesmo destino.

647. Em princípio, o feito prosseguirá nos mesmos autos em relação aos devedores aos quais for concedida a recuperação judicial, instaurando-se novos processos, em autos separados, para a tramitação individual

É certo que o juiz deverá decretar a falência dos devedores cujos planos individuais forem reprovados[648] (LRF, art. 73, III). Já em relação aos devedores cujos planos forem aprovados, caberá ao juiz verificar eventual coligação entre esses planos e aqueles que foram reprovados[649].

Se os planos foram completamente isolados, deverá ser concedida a recuperação aos devedores que lograrem obter a aprovação dos seus respectivos credores. Porém, se a eficácia do plano individual de um devedor for subordinada à concessão da recuperação judicial a outro devedor, ou se o plano de um devedor prever prestação por conta de outro[650] que só possa ser realizada mediante a concessão da recuperação judicial ao segundo, o juiz deverá negar o pedido de recuperação judicial ao primeiro e decretar a sua falência caso não seja aprovado o plano de recuperação do segundo. Nessas circunstâncias, mesmo tendo o próprio plano individual aprovado, ainda assim o devedor poderá ver negada a recuperação judicial e ter a falência decretada.

Caso os devedores tenham optado pela formulação conjunta de um plano único, todos eles, ao menos em princípio, ficarão vinculados ao mesmo destino. Nesse caso, uma vez que o plano único tenha sido individualmente aprovado em todas as assembleias gerais de credores, realizadas de modo independente, a recuperação judicial deverá ser deferida a todos os devedores submetidos a esse plano[651].

Porém, a eventual reprovação do plano único em qualquer dessas assembleias inviabilizará a novação a todos os devedores, mesmo em relação àqueles cuja respectiva AGC tiver aprovado o plano. Assim, ressalvada a possibilidade de vir a ser proposto e aprovado plano alternativo formulado pelos próprios credores, na forma do artigo 56, §§ 4º a 6º, da LRF[652], a reprovação em alguma das AGCs ensejará a falência de todos os devedores que tiverem proposto o plano único.

---

da falência dos devedores aos quais a recuperação judicial for negada, ou que tiverem a recuperação judicial convolada em falência.

648. Ressalvada, em tese, a possibilidade de vir a ser proposto e aprovado plano alternativo formulado pelos próprios credores, na forma do artigo 56, §§ 4º a 6º, da LRF.
649. Sobre a coligação entre os planos e as suas implicações, confira-se o item 2.13.3.2.
650. Se o plano de um devedor previr prestação por conta de outro que não poderá ser realizada ante a reprovação do plano do outro, o juiz deverá avaliar a relevância dessa prestação para o sucesso do plano do primeiro, devendo negar a recuperação judicial a este, mesmo que tenha logrado a aprovação dos seus credores, se a falta da prestação comprometer a higidez do plano (podendo-se ainda cogitar a possibilidade de permitir-se a modificação do plano do primeiro, submetendo-o a nova deliberação dos credores).
651. Ressalvado o caso de certo devedor deixar de preencher algum dos pressupostos objetivos ou subjetivos para a concessão da recuperação. Nessa hipótese, mesmo que o plano único tenha sido aprovado em todas as AGC, o juiz deverá negar a recuperação judicial a esse devedor, concedendo-a somente aos que preencherem os pressupostos legais. Ainda assim, se o plano único for incindível em relação a tal devedor, o juiz deverá facultar aos outros oportunidade de apresentar nova proposta.
652. No âmbito da mera consolidação processual, a lei não previu que a rejeição dos planos apresentados pelos devedores, ou mesmo do plano único, implicará a convolação da recuperação judicial em

2.16 DESCUMPRIMENTO DO PLANO E CONVOLAÇÃO EM FALÊNCIA

Concedida a recuperação judicial, o juiz poderá determinar a manutenção do devedor em recuperação judicial até que sejam cumpridas todas as obrigações previstas no plano que vencerem até, no máximo, dois anos depois, independentemente de eventual período de carência (LRF, art. 61, *caput*). Ocorrendo o descumprimento de qualquer obrigação assumida no plano durante o chamado *período de fiscalização judicial*, caberá ao juiz convolar a recuperação judicial em falência (LRF, arts. 61, § 1º, e 73, IV).

Na recuperação processada sob mera consolidação processual, é certo que alguns devedores poderão obter a concessão da recuperação judicial enquanto outros terão a falência decretada (LRF, art. 69-I, § 4º). Em determinados casos, porém, a depender da forma como os planos forem elaborados, notadamente nas hipóteses de formulação de plano único ou de planos coligados por subordinação, os devedores se vinculam ao mesmo destino.

Passa-se algo semelhante depois de concedida a recuperação judicial, podendo ocorrer de um devedor ter a falência decretada por conta do inadimplemento de outro devedor, tudo a depender de como os planos tiverem sido formulados.

Tendo os devedores formulado *planos individuais isolados*, o eventual descumprimento por um devedor no período de fiscalização ensejará apenas a sua própria falência, sem nenhuma repercussão sobre a recuperação judicial concedida aos demais devedores.

Por outro lado, caso deferida a recuperação judicial com base em *plano único* formulado conjuntamente por todos os devedores (que, como visto anteriormente, enseja a formação de contrato único, que coloca todos os devedores reunidos no mesmo polo da relação contratual), o inadimplemento de qualquer um deles durante o prazo de fiscalização acarretará a resolução da novação não apenas em relação ao devedor que tiver deixado de cumprir a prestação, mas igualmente aos demais, de modo que o juiz deverá decretar a convolação da recuperação em falência de todos os devedores.

No caso de os devedores apresentarem *planos coligados por subordinação*, a eficácia do plano de um devedor dependerá da aprovação do plano de outro devedor, de modo que, rejeitado o plano deste, não poderá ser concedida a recuperação judicial àquele, mesmo que o seu próprio plano tenha sido aprovado.

---

falência, diferentemente do que fez ao tratar da rejeição do plano unitário (art. 69-L, § 2º), de modo que, ao menos em tese, não haveria impedimento à aplicação das normas do artigo 56, §§ 4º a 6º, que concedem aos credores a prerrogativa de formular plano alternativo, desde que isso seja admitido por credores que representam mais da metade dos créditos presentes na AGC.

Porém, uma vez realizada a condição suspensiva, com a aprovação do plano do segundo devedor, o eventual inadimplemento deste ensejará apenas a sua própria falência, sem produzir o mesmo efeito em relação ao primeiro devedor. Como os planos subordinados dão origem a contratos distintos (em que cada devedor figura como único sujeito do seu polo contratual), o inadimplemento de um devedor não repercute, em princípio, sobre a novação operada em relação ao outro devedor.

Cuida-se de uma das principais vantagens da subordinação dos planos sobre o plano único, dado que o mecanismo da subordinação permite resguardar os devedores do eventual descumprimento dos planos dos demais[653]. Entretanto, resulta num menor nível de compromisso entre os devedores para com a recuperação uns dos outros e do grupo como um todo (o que, por sua vez, pode facilitar ou dificultar a aprovação dos planos de recuperação, sempre dependendo das circunstâncias)[654].

Ainda no contexto da mera consolidação processual, é possível que os devedores apresentem *planos coligados por dependência*, caso em que as prestações assumidas no plano de um dependem ou se relacionam a prestações prometidas no plano de outro. Isso ocorre, por exemplo, no caso de um devedor se comprometer, no seu próprio plano, por prestação por conta de outros devedores, ou a celebrar negócios com outros devedores, que, por sua vez, assumem esses mesmos compromissos nos seus respectivos planos.

---

653. Acerca do regime espanhol, Marta Flores Segura pondera que, nesse aspecto, os convênios condicionados (que equivalem, entre nós, ao que se denominou de planos condicionados) têm vantagem sobre o convênio único (*i.e.*, plano único): *Dado que o evento condicionante da eficácia do convênio sujeito à condição é a homologação judicial de um ou mais acordos, tal eficácia não decairá caso tais acordos sejam posteriormente declarados descumpridos. Quando ocorrer a declaração de descumprimento, a condição já terá sido realizada, de modo que esse evento subsequente não afeta a eficácia do convênio. Nesse sentido, o condicionamento de convênios tem uma notável vantagem sobre a solução de convênio único no caso de concursos vinculados. Com efeito, se o convênio for único e for violado, tal violação afetará todos os devedores a ele sujeitos. Por outro lado, a possibilidade de condicionar os acordos à homologação judicial de outro implica que, mesmo que um ou vários convênios sejam posteriormente declarados não cumpridos, essa vicissitude não afetará por si só a sobrevivência dos demais convênios.* No original: "dado que el evento condicionante de la eficacia del convenio sometido a condición es la aprobación judicial de uno o más convenios, dicha eficacia no decaerá en caso de que dichos convenios se declaren posteriormente incumplidos. Cuando la declaración de incumplimiento tenga lugar, la condición ya se habrá cumplido, por lo que este evento posterior no afecta la eficacia del convenio. En este sentido, el condicionamiento de convenios tiene una notable ventaja respecto a la solución del convenio único en caso de concursos vinculados. En efecto, si el convenio es único y resulta incumplido, dicho incumplimiento afectará a todos los deudores sometidos al mismo. En cambio, la posibilidad de condicionar los convenios a la aprobación judicial de otro implica que, aunque posteriormente uno o varios convenios se declaren incumplidos, esta vicisitud no afectará por sí sola a la supervivencia del resto de convenios" (*Los concursos conexos*, cit., p. 284; tradução livre).
654. Para os credores de um devedor que dependa completamente do sucesso da recuperação do outro, talvez seja mais interessante um plano que vincule todos os devedores ao mesmo resultado (plano único). Já para os credores de um devedor com menor nível de dependência, podem ser preferíveis planos que não ensejem essa vinculação.

Aqui, o eventual inadimplemento de um devedor inviabilizará o cumprimento da prestação correspondente prevista no plano de outro[655], o que poderá justificar a convolação da recuperação judicial em falência de ambos. Nesse caso, todavia, caberá ao juiz apurar a essencialidade da prestação que um devedor deixou ou deixará de cumprir por conta do inadimplemento do outro, ponderando especialmente se esse descumprimento específico afeta os pagamentos prometidos aos seus credores[656]. Não se verificando esse efeito, mesmo que eventualmente caracterizado o descumprimento do plano, entende-se que o juiz poderá relevar a falta (ou eventualmente prorrogar o prazo de fiscalização judicial[657]) se as demais medidas nele previstas forem bastantes para honrar os pagamentos das dívidas nos termos acordados.

Depois de decorrido o prazo de fiscalização fixado nos termos do artigo 61 da LRF sem que tenha havido descumprimento pelos devedores, caberá ao juiz decretar, por sentença, o encerramento da recuperação judicial. A partir de então, já não será mais possível a convolação da recuperação judicial em falência. Entretanto, qualquer credor poderá requerer a execução específica das obrigações assumidas no(s) plano(s) ou mesmo a falência com base no artigo 94 da LRF (art. 62).

---

655. Exemplificativamente, se o cumprimento de determinada prestação assumida pelo devedor "A" em seu plano particular estiver vinculado ao adimplemento de outra prestação assumida pelo devedor "B" no seu próprio plano, o descumprimento dessa prestação por "B" ensejará, consequentemente, o inadimplemento de "A", podendo o juiz, conforme as circunstâncias, decretar a falência de ambos, uma vez que esse inadimplemento tenha se verificado durante o período de fiscalização.
656. Além de dispor sobre o pagamento dos créditos, o plano de recuperação pode prever uma série de negócios que visam contribuir para a superação da situação de crise, como medidas voltadas à redução de custos ou aumento da eficiência (p. ex., a venda de uma filial ou a fusão de determinadas sociedades), mas cuja falta pode não ser determinante para comprometer o pagamento das dívidas nos termos pactuados. Nesse caso, mesmo que eventualmente caracterizado o descumprimento, isso poderá ser relevado se as demais medidas nele previstas se revelarem bastantes para honrar os pagamentos das dívidas nos termos acordados.
657. Anteriormente à Lei 14.112/2020, o TJSP vinha entendendo que o prazo de 2 anos do artigo 61 só deveria começar a correr depois de decorrida eventual carência prevista no plano para o pagamento dos credores, o que, na prática, implicava extensão do período de fiscalização judicial previsto na lei. Nesse sentido rezava o Enunciado II do Grupo de Câmaras Reservadas de Direito Empresarial, cancelado em sessão do dia 27.04.2021 ante a nova redação dada ao referido artigo (que determina que o prazo de fiscalização determinado pelo juiz independerá de eventual período de carência). Ainda assim, em hipóteses excepcionais, acredita-se que a eventual prorrogação do prazo de fiscalização pode ser justificada para atender aos propósitos da recuperação judicial.

3
A CONSOLIDAÇÃO SUBSTANCIAL

3.1 ORIGEM E NOÇÃO DA CONSOLIDAÇÃO SUBSTANCIAL

Existem duas soluções judiciais que, de um modo geral, são empregadas pelas principais economias mundiais para lidar com a crise da empresa. A primeira permite a reorganização[1] da atividade e a repactuação das obrigações do devedor no intuito de permitir a superação da crise e a manutenção da empresa[2]. A segunda promove a liquidação e a reversão dos ativos do devedor para pagamento dos seus credores, segundo uma ordem preestabelecida (o que normalmente é feito por meio da falência)[3]. Embora se submetam a lógicas diferentes, essas soluções

---

1. Por *reorganização*, pretende-se referir, em sentido amplo, aos mecanismos judiciais que têm por objetivo a superação da crise econômico-financeira por meio da reestruturação da empresa ou do seu passivo, com vistas à manutenção da atividade empresarial, sem relacioná-la, portanto, a nenhum ordenamento específico. O termo poderia, sem prejuízo, ser substituído por *reabilitação*, *recuperação* ou qualquer outro que expresse essa mesma ideia (cf. FRANCO, Gustavo Lacerda. *A administração da empresa em recuperação judicial*: entre a manutenção e o afastamento do devedor. São Paulo: Almedina, 2021. p. 26-27).
2. De acordo com a atual lei concursal brasileira, a reorganização do devedor é promovida pela recuperação judicial ou extrajudicial, valendo notar que mesmo esta última tem sua eficácia subordinada à homologação do juiz (LRF, art. 165, *caput*).
3. Embora a liquidação dos ativos para pagamento dos credores normalmente ocorra por meio da falência (que importa desapossamento do devedor), algumas legislações, como a norte-americana, permitem que o próprio devedor conduza a liquidação dos seus ativos, acordando com os credores a forma como ela será feita, segundo procedimento semelhante da recuperação judicial. No Brasil, como se vinculou a recuperação judicial ao objetivo de *superação da crise* do devedor (LRF, art. 47), a ideia de utilizar a recuperação judicial meramente para organizar a liquidação sob a batuta do devedor, em oposição ao que ocorre na falência, parece ser, a princípio, contrária à lógica do sistema, especialmente porque, no nosso sistema, diversos credores ficam de fora da recuperação. Esse proceder, no entanto, não é totalmente incompatível com a preservação da empresa, já que, a depender da forma como for feita a alienação dos ativos, a empresa pode continuar existindo (nos seus perfis objetivo e funcional) sob outra titularidade. Além disso, considerando a ineficiência da falência no Brasil, mais uma vez demonstrada por pesquisas recentes (*vide* nota de rodapé n. 466 do Cap. 2), talvez seja o caso de repensar o sistema atual para admitir que, respeitados determinados critérios, o devedor possa conduzir o procedimento de liquidação dos seus ativos e negociar com os seus credores a forma de pagamento das dívida mesmo quando o objetivo desse processo não for a superação da crise ou a manutenção da sua atividade, mas meramente maximizar os seus recursos e gerar o maior proveito possível para os credores e, se possível, aos acionistas (coisa que, aliás, já vem ocorrendo na prática, ainda que de modo velado). De certa forma, a recente inclusão do inciso VI no artigo 73 da LRF, promovida pela Lei 14.112/2020, endossa esse modo de pensar. Ao dispor que o juiz determinará a convolação da recuperação judicial em falência

estão vinculadas, pois o fracasso da primeira implica a adoção da segunda: se a empresa é incapaz de alcançar o reequilíbrio econômico-financeiro, segue-se a liquidação dos seus bens para pagamento dos credores.

Se os devedores compuserem um grupo empresarial, a primeira solução (reorganização) demanda mecanismos que permitam enfrentar a repercussão da crise entre as empresas, ao passo que a segunda (liquidação) deverá ser capaz de lidar com os efeitos dessa repercussão quando não tenha sido possível superar a crise.

Conforme já referido[4], grupos de empresas consistem num fenômeno designado pela concorrência de pluralidade jurídica e unidade econômica. Embora dotados de personalidades jurídicas distintas, seus integrantes subordinam-se a uma direção unitária, que estabelece entre eles algum nível de integração ou dependência econômica.

Por conta dessa relação, as dificuldades particulares dos integrantes do grupo podem se alastrar aos demais, de modo que a superação da crise passa a demandar soluções coordenadas, conjuntas ou uniformes envolvendo as empresas efetiva ou potencialmente afetadas, ou mesmo todo o grupo. Não sendo possível a reorganização, seja porque os devedores foram incapazes de obter a concordância dos seus credores, seja porque não conseguiram executar o plano proposto, a consequência esperada é a liquidação de algumas ou de todas as empresas.

Tanto uma solução quanto outra costumam esbarrar em situações que impedem ou tornam extremamente difícil distinguir os direitos e responsabilidades de cada um dos devedores. Não é que a unidade econômica do grupo necessariamente resulte no embaralhamento das personalidades jurídicas dos seus integrantes. Aliás, é esperado pelo ordenamento que isso não ocorra, e que os responsáveis pela condução das sociedades zelem para que a independência jurídica entre elas seja respeitada. Porém, a observação empírica revela que os limites das suas personalidades são frequentemente desrespeitados, produzindo um embaralhamento entre as esferas jurídicas das empresas.

Por vezes, a incompetência e o descontrole administrativos são de tal ordem que os negócios das empresas do grupo se confundem a ponto de não ser possível distinguir os ativos ou passivos de cada uma delas. Isso ocorre pela falta ou incorreção da escrituração, utilização de caixa único, compartilhamento de bens, sistemas e funcionários, entre vários outros expedientes.

---

quando identificado o esvaziamento patrimonial da devedora que implique liquidação substancial da empresa *em prejuízo de credores não sujeitos à recuperação judicial*, a norma aparentemente autoriza, por interpretação *a contrario sensu*, que a recuperação judicial promova a liquidação substancial do devedor, desde que não implique prejuízo aos credores não sujeitos a ela.

4. Confira-se o item 2.1.

Noutros casos, a separação dos direitos e obrigações das empresas será apenas formal, mas não material, pois a estrutura plurissocietária do grupo serve de mero instrumento para a prática de atividades espúrias, ou as múltiplas sociedades do grupo são dirigidas sem o menor respeito às suas finalidades ou interesses particulares, ao arrepio das regras de governança.

A depender do grau da disfunção estrutural, o grupo perde a pluralidade jurídica, pois as sociedades deixam de corresponder a centros de imputação autônomos (mesmo que formalmente mantenham condição), não sendo possível, então, distinguir os patrimônios individuais de cada uma delas. Essa circunstância repercute tanto na liquidação quanto na reorganização, criando uma série de problemas.

Na liquidação das empresas do grupo, a principal dificuldade se manifesta na hora de determinar o acervo patrimonial a ser revertido para o pagamento dos conjuntos de credores de cada devedor e a ordem de pagamento entre eles. Quando não se pode atribuir determinado bem exclusivamente ao devedor "A" ou ao devedor "B", torna-se complicada a tarefa de decidir se o produto da sua liquidação deverá reverter em proveito dos credores do primeiro ou do segundo e em que medida. Da mesma forma que, sendo impossível estabelecer se alguém é credor de "A" ou de "B", não se tem segurança sobre o direito desse credor de concorrer ao acervo de um devedor ou do outro. Ambas as coisas, ademais, impactam diretamente na definição da ordem de pagamento dos credores.

No âmbito da reorganização, se os bens e direitos do grupo não puderem ser atribuídos ao patrimônio de nenhum dos devedores individualmente considerados, haverá dúvida quanto à legitimidade de cada um deles para dispor sobre esses bens e direitos no plano proposto aos credores, bem como da própria prerrogativa dos credores de aprovar a destinação prevista no plano. Já a impossibilidade de distinguir os passivos das empresas do grupo torna inviável definir o poder de influência dos credores no resultado da deliberação sobre as propostas de reorganização dos devedores, que é estabelecido em razão da importância do crédito no conjunto das dívidas de cada devedor.

Foi diante desses cenários que originalmente[5] se desenvolveu a consolidação substancial[6], expediente pelo qual os devedores passam a ser tratados[7] como uma única entidade para determinados fins, com a mitigação ou completa superação da sua independência patrimonial, que repercute tanto nos direitos e responsabilidades deles próprios quanto nos dos seus credores.

---

5. Particularmente no direito norte-americano, conforme será exposto no item 3.2.1.
6. Cf. NEDER CEREZETTI, Sheila. Reorganization of corporate groups in Brazil: substantive consolidation and the limited liability tale. *Int. Insolvency Review*, 2021. p. 5. DOI: 10.1002/iir.1410.
7. Ou, em alguns casos, são efetivamente fundidos numa única entidade.

3.2 PANORAMA DA CONSOLIDAÇÃO SUBSTANCIAL NO DIREITO ESTRANGEIRO

Como já se afirmou, a empresa plurissocietária é fenômeno universal, de sorte que os problemas decorrentes do conflito entre a unidade econômica do grupo e as múltiplas personalidades jurídicas dos seus integrantes não se limitam à realidade brasileira. Por isso, mesmo sem a pretensão de promover estudo de direito comparado, com todos os cuidados para tanto necessários, reputa-se proveitoso examinar como as principais economias do mundo vêm disciplinando os concursos dos grupos de empresas, a fim de determinar se existem elementos comuns acerca do tema objeto deste estudo.

Até pouco tempo[8], a imensa maioria das legislações concursais estrangeiras não cuidava do assunto, tratando o devedor apenas sob perspectiva unitária, tal como ocorria no Brasil até a edição da Lei 14.112/2020. Atualmente, porém, verifica-se um movimento para corrigir essa omissão, com vários países editando normas sobre os concursos dos grupos de empresas.

A maioria dos diplomas legais se limitou a tratar da consolidação processual, e somente alguns poucos acolheram o mecanismo da consolidação substancial para lidar com o embaralhamento entre os integrantes do grupo, com a previsão de expedientes de unificação dos seus patrimônios.

Apesar de os tribunais de vários países adotarem a consolidação substancial mesmo sem previsão expressa dos seus respectivos diplomas concursais (como Canadá[9], Estados Unidos[10], Inglaterra[11], França[12], Holanda[13] e China[14], entre outros), ainda não é possível identificar uma tendência mundial de admitir esse mecanismo no plano legislativo.

Em 2011, o Diretório Geral para políticas internas do Parlamento Europeu divulgou nota informativa elaborada por Neil H. Cooper (ex-presidente

---

8. Confira-se a nota de rodapé n. 2 da Introdução.
9. Cf. ROTSZTAIN, Michael B. et al. Substantive consolidation in CCAA restructurings: a critical analysis. In: SARRA, J. P. *Annual review of insolvency law*. Toronto: Thomson Carswell, 2004. p. 331-353.
10. Confira-se o item 3.2.1.
11. Cf. MEVORACH, Irit. Appropriate treatment of corporate groups in insolvency: a universal view. *European Business Organization Law Review*, n. 8, 2007. p. 187.
12. Cf. GUMPELSON, Joanna et al. France. *The international comparative legal guide to*: corporate recovery & insolvency 2019. A practical cross-border insight into corporate recovery and insolvency work. 13. ed. London: Global Legal Group, 2019. p. 73.
13. Cf. HOOF, Job van et al. Netherland. *The international comparative legal guide to*: corporate recovery & insolvency 2019. A practical cross-border insight into corporate recovery and insolvency work. 13. ed. London: Global Legal Group, 2019. p. 151.
14. Cf. XIAOLIN, Li. Substantive consolidation of bankruptcy proceedings in China: a critical examination. *American Bankruptcy Law Journal*, Tulsa, v. 95, n. 3, 2021. p. 537.

da Associação Internacional dos Profissionais de Reestruturação, Insolvência e Falência – INSOL) que recomendava aos Estados-membros legislar sobre a possibilidade de os Tribunais autorizarem a consolidação substancial quando: (a) a propriedade dos ativos ou a responsabilidade pelos passivos dos membros do grupo empresarial estiverem misturadas de tal forma que não possam ser identificadas com segurança sem incorrer em despesas ou demora desproporcionais; ou (b) os membros do grupo empresarial estiveram envolvidos em um esquema ou atividade fraudulenta sem finalidade comercial legítima e a consolidação substantiva for essencial, no interesse da justiça, para retificar essa situação[15].

No entanto, o regulamento que o próprio Parlamento Europeu e o Conselho da União Europeia editaram para tratar da insolvência dos grupos (Regulamento UE 848, de 20.05.2015) se limitou a estabelecer regras de coordenação dos processos envolvendo múltiplos devedores, sem contemplar a consolidação substancial. Além disso, embora esse regulamento autorize o administrador da insolvência a propor "um plano de coordenação de grupo que identifique, descreva e recomende um conjunto amplo de medidas apropriadas para uma abordagem integrada que vise à resolução das insolvências dos membros do grupo" (art. 72º, 1, "b"), expressamente proíbe que esse plano inclua recomendações quanto à consolidação de processos ou massas insolventes (art. 72º, 3).

Com raras exceções, as principais economias europeias não disciplinaram a consolidação substancial. Mesmo entre os países que revisaram seus diplomas concursais para tratar da insolvência dos grupos, a grande maioria se limitou a estabelecer regras sobre consolidação processual.

Na Itália, o novo Código da Insolvência (editado em 2019, mas ainda em período de *vacatio legis*[16]) regula a concordata de grupo (arts. 284 a 286), que não era prevista na lei falimentar[17] de 1942. Porém, mesmo admitindo negócios combinados entre os devedores e a formulação de plano único, não contempla a consolidação substancial.

---

15. COOPER, Neil H. *Insolvency proceedings in case of groups of companies*: prospects of harmonisation at EU level. European Parliament, Bruxelles, 2011. p. 12. A nota, porém, é reticente quanto à conveniência de conceder poder discricionário aos tribunais acerca da matéria, ponderando que seria preferível que isso fosse alcançado por acordos entre os envolvidos, provavelmente dependente de composições inter-relacionadas e da adesão das maiorias dos conjuntos de credores beneficiados em cada procedimento.
16. Confira-se a nota de rodapé n. 91 do Cap. 2.
17. Embora não existisse previsão sobre concordata de grupo na *Legge Fallimentare* de 1942, a reorganização da grande empresa plurissocietária já era disciplinada no âmbito do procedimento da *amministrazione straordinaria*, nas hipóteses e termos estabelecidos pelo Decreto Legislativo 270/1999 (*Legge Prodi Bis*) e pela Lei 39/2004 (*Legge Marzano*). Sobre o tema, confira-se o item 2.2.1.

O mesmo ocorreu na Alemanha. Em 2017, o *InsO* foi parcialmente reformado pela *Gesetz zur Erleichterung der Bewältigung von Konzerninsolvenzen*, editada para facilitar a gestão de insolvências de grupo. Em vigor desde 13 de abril de 2018, essa lei introduziu no diploma concursal alemão regras que disciplinam a insolvência dos grupos (§§ 3a-3e, 13, 56b e 269a-269i), prevendo critérios para definição da competência, nomeação de administrador único e até mesmo a formulação de plano conjunto pelos devedores, mas sem estabelecer nenhuma norma versando especificamente sobre a consolidação de ativos ou passivos dos devedores.

Em França, vem ocorrendo uma progressiva evolução legislativa a caminho da consolidação substancial dos grupos, embora ainda não se possa dizer que ela se acha definitivamente positivada. Em 2005, o artigo L621-2 do *Code de Commerce* foi alterado para admitir que o procedimento de *sauvegard* (que visa à reorganização do devedor) fosse estendido a outras pessoas em caso confusão patrimonial ou de empresas de fachada, referidas como "pessoas jurídicas fictícias"[18]. Depois, por alteração implementada em 2010, o mesmo artigo passou a admitir que os bens particulares do empresário individual de responsabilidade limitada fossem combinados com os bens visados pelo processo concursal em caso de confusão patrimonial, fraude contra credores, ou descumprimento dos seus deveres legais[19]. Entre 2017 e 2018, foram introduzidas no Código de Comércio normas sobre a insolvência transnacional de grupos de empresas (arts. L694-1 a L694-10 e R694-1 a R694-7), embora limitadas a aspectos ligados à consolidação processual[20]. Finalmente, a par de outras modificações menos significativas, lei editada no começo de 2022 excluiu do artigo L621-2 a menção ao empresário individual de responsabilidade limitada, passando a autorizar a combinação de bens de qualquer "devedor". Embora o dispositivo não se refira expressamente aos grupos, a previsão abre uma porta para a consolidação substancial de sociedades agrupadas[21], que já vem sendo aplicada pela jurisprudência francesa[22].

Áustria[23] e Holanda[24] revisaram suas leis concursais para adotar as disposições do Regulamento UE 848/2015 acerca dos grupos de empresas, as quais, como visto, versam apenas sobre a coordenação processual.

---

18. Cf. Lei 2005-845, de 26.07.2005, que entrou em vigor em 01.01.2006.
19. Cf. *Ordonnance* 2010-1512, de 09.12.2010, em entrou em vigor em 11.12.2010.
20. *Ordonnance* 2017-1519, de 2.11.2017 – *Décret* 2018-452, de 05.06.2018.
21. O § 3º artigo L621-2, com redação dada pela Lei 2022-172, de 14.02.2022 (que entrou em vigor em 15.05.2022) prevê que, em casos de confusão patrimonial, ficcionalidade da pessoa jurídica, fraude contra credor titular de garantia real, ou grave violação de certos deveres legais, um ou mais patrimônios do devedor poderão ser reunidos com o patrimônio visado pelo procedimento.
22. Cf. GUMPELSON, Joanna et al. France. *The international comparative legal guide to*: corporate recovery & insolvency 2019, cit., p. 73).
23. Código de Insolvência, §§ 180b e 180c, incluídos pela Lei Federal 122, de 31.07.2017.
24. *Faillissementswet*, de 30.09.1893, art. 5º.

Em Portugal, a disciplina da insolvência de grupos de sociedades é ainda mais tímida. Mesmo depois da extensa reforma operada pela recente Lei 9, de 11.01.2022, o Código da Insolvência e da Recuperação de Empresas (CIRE), de 2004, continua se limitando a prever regras sobre o mero apensamento de processos de insolvência envolvendo sociedades em grupo (art. 86º).

A Lei de Falências da Finlândia[25], de 2004, contém algumas poucas disposições sobre os procedimentos de liquidação envolvendo grupos de empresa, que se restringem a tratar da competência para o seu processamento (Cap. 7, §§ 2º e 3º) e a autorizar a nomeação de um mesmo administrador judicial nas falências de empresas do mesmo grupo, ainda assim ressalvando que isso só poderá ser feito quando se puder presumir que esse administrador poderá executar suas funções sem incorrer em conflitos de interesses materiais (Cap. 8, § 3º). Já a Lei de Reestruturação de Empresas[26] do mesmo país, por alteração realizada em 2017, contém uma única previsão acerca dos grupos de empresas que concede a um comissário o poder de decidir sobre a participação do devedor no procedimento de coordenação de grupo disciplinado pelo Regulamento 2015/848 do Parlamento Europeu.

Nos diplomas da Bélgica[27] existem apenas disposições acerca da insolvência transnacional dos grupos[28], ao passo que, nas leis concursais de Inglaterra[29], Bulgária[30], Suíça[31] e Rússia[32], não foram encontradas disposições sobre grupos de empresas, tampouco sobre consolidação substancial.

A situação verificada em outros continentes não é muito diferente.

---

25. Lei 120, de 20.02.2004.
26. Lei 47, de 25.01.1993.
27. Lei de Concordatas Judiciais, de 17.07.1997; Lei relativa à continuidade das empresas, de 31.01.2009; e Livro XX ("Insolvência das empresas") do Código de Direito Econômico, incluído pela Lei 11.10.2017.
28. Artigos 207 e 2018 do Livro XX do Código de Direito Econômico.
29. *Insolvency Act*, de 25.07.1986, recentemente reformado pelo *Corporate Insolvency and Governance Act*, de 25.06.2020, que introduziu mecanismos permanentes e temporários de reorganização da empresa em linha com o sistema norte-americano (cf. SHALSHI, Ali. *Corporate Insolvency and Governance Act 2020*. London: House of Commons Library, 2022. p. 4). Registra-se, no entanto, que a consolidação substancial vem sendo aplicada pelos tribunais ingleses em casos em que a separação das entidades integrantes do grupo não é respeitada (cf. COOPER, Neil H. *Insolvency proceedings in case of groups of companies*, cit., p. 8). Irit Mevorach observa que, no sistema inglês, os tribunais não têm ampla discricionariedade para determinar a consolidação substancial, como ocorre nos Estados Unidos, mas já adotaram a medida em casos de extrema confusão entre os devedores (Appropriate treatment of corporate groups in insolvency, cit., p. 187).
30. Partes IV e V do Código Comercial de 1991, que sofreram sua última alteração pelo ato legislativo SG 83/2019.
31. *Debt Enforcement and Bankruptcy Act* (DEBA), de 11.04.1989, que sofreu sua última alteração pela Lei Federal de 25.09.2020. Esse diploma contém dispositivo que autoriza, em sentido amplo, medidas de coordenação em processos de concordata ou falência com conexão material (art. 4a).
32. Lei 127-FZ, com a última alteração promovida pela Lei 476-FZ, de 30.12.2021.

As principais leis concursais do Canadá[33] são silentes sobre a consolidação substancial entre empresas, embora o recurso seja aplicado no país com certa frequência desde o início da década de 1990 com base nos poderes de equidade conferidos às cortes falimentares, à semelhança do que ocorre nos Estados Unidos[34].

Na América do Sul, a regulação do concurso da empresa plurissocietária ainda é incipiente. As legislações de Chile[35], Paraguai[36], Peru[37], Equador[38], Bolívia[39] e Venezuela[40] não dispõem sobre procedimentos de reorganização ou falência de grupos de empresas, limitando-se a tratar o devedor sob perspectiva unitária. No Uruguai, a Lei de Processo Concursal[41] admite o concurso conjunto de dois ou mais devedores relacionados em grupo (art. 9), bem como, nesse caso, a formulação de propostas condicionais pelos devedores, em que a eficácia de uma fica subordinada à aprovação de outra ou de todas as demais (art. 140)[42]. Entretanto, silencia sobre a consolidação substancial, recurso previsto apenas pelos diplomas concursais de Argentina[43], Colômbia[44] e, agora, do Brasil.

Na América Central, destaca-se o ordenamento concursal do México, que autoriza o concurso conjunto de devedores integrantes do mesmo grupo, mas veda a consolidação de massas[45].

Na Ásia, as principais economias não trataram dos concursos dos grupos em suas respectivas leis concursais[46], e seus tribunais adotam orientações variadas quanto ao cabimento da consolidação substancial: na jurisprudência da Índia não há registros da aplicação do recurso[47]; no Japão, costumam ser adotadas medidas

---

33. *Companies' Creditors Arrangement Act* (CCAA), com última alteração em 01.11.2019; *Bankruptcy and Insolvency Act* (BIA), com última alteração em 01.11.2019; e *Winding-up and Restructuring Act* (WURA), com última alteração em 22.06.2016.
34. Cf. ROTSZTAIN, Michael B. et al. Substantive consolidation in CCAA restructurings, cit., p. 334.
35. *Ley de Reorganización y Liquidación de Empresas y Personas* (Lei 20.720, de 30.12.2013, com a última alteração promovida pela Lei 21.130, de 12.01.2019.
36. Lei 154/1969.
37. *Ley General del Sistema Concursal* (Lei 27.808, de 29.10.2005).
38. *Ley de Concurso Preventivo* (Lei 12/2006).
39. Código de Comércio, de 1977, Título II ("Del Concurso Preventivo y Quiebra").
40. Código de Comércio, de 1955, Livro III ("Los Atrasos y Quiebras").
41. Lei 18.387, de 03.11.2008.
42. Confira-se a nota de rodapé n. 479 do Cap. 2.
43. *Ley de Concursos y Quiebras* (Lei 24.522, de 09.08.1995). Para exposição detalhada da disciplina argentina sobre o concurso dos grupos de empresas, confira-se o item 2.2.2.
44. Decreto 1.749, de 26.05.2011, artigo 25.
45. *Ley de Concursos Mercantiles* (recentemente reformada por lei de 11.05.2022), art. 15 Bis.
46. Na Índia, o direito concursal é regido pelo Código da Insolvência e da Falência, de 26.05.2016; no Japão, pela Lei de Falências (Lei 75, de 02.06.2004) e pela Lei das Companhias (Lei 86, 26.07.2005); e, na China, pela Lei de Falência de Empresas, de 27.08.2016.
47. Vinod Kothari e Sikha Bansal anotam que a insolvência dos grupos é território inexplorado pelas cortes indianas, sendo difícil encontrar precedentes de aplicação de consolidação substancial ou de outros

de coordenação em processos de insolvência envolvendo devedores relacionados, como a nomeação de um único administrador e a formulação de plano conjunto[48], embora não se admita a consolidação substancial sem o consentimento de parte relevante dos credores[49]; na China, por outro lado, a consolidação substancial é rotineiramente aplicada nas falências de grupos empresariais, tendo sido endossada até mesmo pelo Supremo Tribunal Popular Chinês, que recomendou, no entanto, que a medida seja aplicada com cautela[50].

Na Oceania, o *Corporations Act* da Austrália conta com sofisticado regramento acerca da consolidação substancial[51], que será examinado adiante.

3.2.1 Estados Unidos

Qualquer estudo sobre a consolidação substancial passa, necessariamente, pela apreciação do direito dos Estados Unidos. A par da extraordinária expansão do fenômeno dos grupos naquele país – que estimulou profícuas discussões das questões jurídicas a ele pertinentes[52] –, costuma-se atribuir a criação e o desenvolvimento da referida técnica à jurisprudência norte-americana, que emprega a consolidação substancial há várias décadas, para lidar com a insolvência dos grupos[53].

---

expedientes equiparados (Entity versus enterprise: dealing with insolvency of corporate groups. *SSRN*. Mar. 2019. Disponível em: https://ssrn.com/abstract=3350877. Acesso em: 15 abr. 2022).

48. Cf. ASAI, Daisuki et al. Japan. *The international comparative legal guide to*: corporate recovery & insolvency 2019. A practical cross-border insight into corporate recovery and insolvency work. 13. ed. London: Global Legal Group, 2019. p. 124.
49. Cf. AWATAGUCHI, Taro et al. Japan. In: BALMOND, Catherine et al. (Ed.). *Restructuring & insolvency 2021*. London: Law Business Research, 2020. p. 319.
50. Cf. XIAOLIN, Li. Substantive consolidation of bankruptcy proceedings in China: a critical examination. *American Bankruptcy Law Journal*, Tulsa, v. 95, n. 3, 2021. p. 537.
51. *Corporations Act*, Volume 2, Chapter 5, Part. 5.6, Division 8, §§ 571 a 579Q.
52. Já se afirmou que, em matéria societária, as soluções do direito comum podem ser aproveitadas, com os necessários temperamentos, nos sistemas jurídicos de tradição romano-germânica, dado que "a atividade econômica é desenvolvida nos diferentes países sob a mesma estrutura econômica, independentemente do sistema jurídico adotado – *common law* ou *civil law*" e porque "ambos partem do mesmo paradigma: a sociedade isolada, dotada de personalidade jurídica e responsabilidade limitada" (MUNHOZ, Eduardo Secchi. *Empresa contemporânea e direito societário*: poder de controle e grupos de sociedades. São Paulo: Juarez de Oliveira, 2002. p. VIII).
53. Com base em dados colhidos entre os anos de 2000 e 2004, William H. Widen anota que a consolidação substancial teria sido adotada em mais da metade das 21 maiores falências envolvendo grandes companhias abertas. Além disso, dos 344 processos de falência de grandes companhias públicas, a consolidação substancial teria ocorrido em 40 deles. A pesquisa ainda indica haver mais chances de a consolidação substancial ser aplicada quanto maior for o patrimônio das companhias falidas (Prevalence of substantive consolidation in large bankruptcies from 2000-2004: preliminary results. *American Bankruptcy Institute Law Review*, 2006. p. 9. Disponível em: https://ssrn.com/ abstract=878388. Acesso em: 9 dez. 2021). O mesmo autor aprofunda o estudo desses resultados em Corporate form and substantive consolidation. *The George Washington Law Review*, n. 75, p. 237-328, 2007.

Tais circunstâncias poderiam sugerir que a teoria da consolidação substancial estaria sedimentada nos Estados Unidos, indicando o norte para os países que, assim como o Brasil, recentemente passaram a olhar para os problemas ligados aos concursos dos grupos de empresas. Estudo mais aprofundado revela, porém, que os contornos dessa teoria ainda não estão pacificados naquele país, havendo sérias divergências quanto às circunstâncias que justificam a sua aplicação, quanto à forma como ela deve ser aplicada e até quanto à própria autoridade das cortes falimentares para determiná-la.

Sem dúvida, a experiência dos Estados Unidos contribui muito para a identificação desses problemas e para o desenvolvimento de possíveis soluções[54]. Entretanto, eventual transposição da teoria americana para o direito brasileiro deve levar em conta que o processo concursal ianque guarda profundas diferenças em relação ao brasileiro (tanto no que diz respeito à sua disciplina normativa quanto em relação às instituições encarregadas de conduzi-lo), além de estar inserido num sistema jurídico mais acostumado a lidar com soluções de equidade (*common law*), como é a consolidação substancial.

3.2.1.1 A jurisdição norte-americana em matéria falimentar

Como a consolidação substancial é produto das cortes dos Estados Unidos[55], reputa-se importante conhecer o modo como lá é exercida a jurisdição em matéria falimentar para melhor compreender o instituto em estudo[56] e avaliar a compatibilidade das soluções lá desenvolvidas com a estrutura judiciária brasileira[57]. Além disso, essa

---

54. Valem aqui as advertências feitas por Eduardo Secchi Munhoz em seu estudo sobre os grupos de sociedades: "Não é de estranhar, portanto, o fato de que os debates sobre a empresa, de origem econômica e jurídica, travados inicialmente nos Estados Unidos, têm exercido grande influência nos países europeus adeptos do *civil law*. Essa constatação parece suficiente para justificar a impossibilidade de a doutrina brasileira ficar alheia a esse movimento. Há de se ter sempre presente, porém, o cuidado de não importar conclusões do direito comparado sem uma acurada análise da realidade doméstica" (*Empresa contemporânea e o direito societário*, cit., p. VIII).
55. Cf. TABB, Charles Jordan. *Law of Bankruptcy*. 3. ed. St. Paul: West Academy, 2014. p. 231.
56. Em obediência às premissas estabelecidas por Tullio Ascarelli no seu conhecido ensaio sobre o estudo do direito comparado, notadamente quanto à relevância da especialidade da jurisdição para compreensão das disciplinas jurídicas que lhes estão sujeitas (Premissas ao estudo do direito comparado. *Problemas das sociedades anônimas e direito comparado*. Campinas: Bookseller, 2001. p. 51-54).
57. O reconhecimento da importância que os Estados Unidos dão às cortes falimentares pode ser observado, por exemplo, em recente trabalho do prestigiado professor de Harvard Mark J. Roe, que, em conjunto com professores de outras universidades, publicou artigo para examinar o número adicional de juízes de falência que deveriam ser convocados ou nomeados em cada distrito para fazer frente à crise causada pela pandemia de Covid-19 (IVERSON, Benjamin Charles; ELIAS, Jared A.; ROE, Mark J. Estimating the need for additional bankruptcy judges in light of the covid-19 pandemic. *Harvard Business Law Review*, v. 11, 2020). Não se encontram trabalhos semelhantes no Brasil, em que a Academia normalmente se limita a discutir a evolução do sistema jurídico a partir de eventuais reformas legislativas, dando pouca ou nenhuma importância às estruturas judiciárias que serão encarregadas de aplicá-las.

investigação é relevante para compreender por que, ainda hoje, não se acha pacificada a autoridade das cortes falimentares para determinar a consolidação substancial.

Os Estados Unidos identificaram, há mais de um século, a necessidade de especialização da Justiça em matéria falimentar[58] (dela se beneficiando com uma compreensão mais apurada da realidade subjacente ao direito). Diferentemente do que ocorre no Brasil, a jurisdição falimentar compete à Justiça Federal, sendo exercida pelas *bankruptcy courts*, que são juízos especializados em falência e em outros procedimentos análogos à nossa recuperação judicial. Atualmente, existem 90 cortes de falências, praticamente uma para cada distrito judicial do país, onde atuam 345 juízes especializados[59], selecionados a partir de critérios particulares de cada tribunal[60], mas que, de modo geral, costumam privilegiar a experiência prática[61] dos candidatos na área[62].

Além disso, segundos dados de 2005, as cortes de falência são aparelhadas com cerca de 5 mil *deputy clerks*[63], funcionários encarregados das tarefas administrativas, mas que também auxiliam os juízes no exercício das suas atribuições judiciais, realizando pesquisas, analisando petições, redigindo minutas de decisões etc.[64].

---

58. No Brasil, apesar do consenso geral dessa mesma necessidade, o processo de especialização ainda engatinha. Em todo o País, apenas o Estado de São Paulo conta com algumas poucas varas dedicadas exclusivamente à falência e à recuperação de empresas, ao passo que algumas poucas capitais de outros Estados, como Rio de Janeiro, Minas Gerais, Bahia e Rio Grande do Sul, dispõem de outras poucas varas "empresariais" dotadas de algum grau de especialização em direito falimentar (a par de inúmeras outras competências). A propósito do tema, defendendo enfaticamente a necessidade da criação de varas falimentares regionais, confira-se: COSTA, Daniel Carnio. Varas de falência e recuperação de competência regional. *JOTA*, 1 nov. 2017.
59. Conforme dados do relatório anual de 2021 das *United States Courts*. Disponível em: http://www.uscourts.gov/statistics-reports/status-bankruptcy-judgeships-judicial-business-2021. Acesso em: 16 abr. 2022. Para efeito de comparação, no Estado de São Paulo, onde se concentra o maior número de processos de falência e recuperação judicial do País, existem não mais do que seis ou sete juízes, entre titulares e auxiliares, que se dedicam exclusivamente a processos concursais, no âmbito de varas especializadas.
60. Cf. GARGOTTA. Craig A. Who are bankruptcy judges and how did they become federal judges? *The Federal Lawyer*, p. 11-12, 2020.
61. De acordo com Ralph R Mabey, a maioria dos juízes de falência é formada por profissionais que já atuavam na área em suas carreiras anteriores (The evolving bankruptcy bench: how are the "Units" faring? *Boston College Law Review*, Boston, v. 47, n. 1, p. 107, 2005).
62. No Brasil não existe um recrutamento de juízes feito especificamente para a atuação em varas especializadas. A seleção dos magistrados é feita por cada tribunal a partir de concursos públicos que cobram conhecimentos gerais dos candidatos em praticamente todas as áreas do direito e não levam em consideração a experiência profissional, exceto para fins de determinar a ordem de classificação entre os aprovados.
63. Cf. MABEY, Ralph R. The evolving bankruptcy bench, cit., p. 107. Embora não existam bases seguras de comparação, já que o Brasil não conta com uma Justiça dedicada exclusivamente a cuidar de procedimentos falimentares, mas apenas algumas poucas varas especializadas, é razoável afirmar, com base na observação ordinária, que os tribunais brasileiros destacam força de trabalho infinitas vezes menor para auxiliar os juízes a lidar com questões de direito concursal, matéria com a qual, no mais das vezes, os funcionários das cortes têm pouca ou nenhuma familiaridade.
64. Essa lista de atribuições está descrita no anúncio de vagas para *clerks* temporários publicado pela corte de falência do Distrito Oeste de Louisiana. Disponível em: https://www.lawb.uscourts.gov/sites/lawb/files/USBC%20Term%20Law%20Clerk%20-%202018-05.pdf. Acesso em: 17 abr. 2022.

Ao menos desde o *Bankruptcy Act*[65] de 1898, os procedimentos falimentares se sujeitam a essas cortes falimentares especializadas, embora, na vigência da referida lei, a competência das *bankruptcy courts* fosse limitada a uma "jurisdição sumária" (*summary jurisdiction*[66]) sobre a propriedade de bens na posse direta ou indireta da Corte[67], ou sobre o devedor e as pessoas que houvessem voluntariamente consentido em se submeter a ela[68].

Quaisquer outras matérias haviam de ser submetidas a cortes federais não falimentares ou a cortes estaduais, de acordo com as suas respectivas competências, o que resultou num sistema de organização judiciária confuso e pouco eficiente, relegando os juízes falimentares a uma condição subalterna e de pouco prestígio[69]. Além disso, o *Bankruptcy Act* de 1898 tinha o defeito de cometer a esses juízes inúmeras atribuições administrativas a par daquelas efetivamente jurisdicionais, causando a preocupação de que a maioria dos candidatos aptos ao exercício da função não se interessaria pelo cargo[70].

A fim de resolver essa situação, a reforma da lei de falências introduzida pelo *Bankruptcy Act Reform*[71] de 1978 concedeu às *bankruptcy courts* competência para julgar quaisquer matérias surgidas num caso de falência, separou as funções jurisdicionais das administrativas e conferiu maior prestígio aos juízes falimentares[72].

---

65. Estudo da evolução do direito falimentar nos Estados Unidos pode ser conferido em TOLEDO, Paulo Fernando Campos Salles de. *A empresa em crise no direito francês e americano*. 1987. Dissertação (Mestrado) – Faculdade de Direito, Universidade de São Paulo, São Paulo, 1987. E, mais recentemente, em TELECHEA, Rodrigo; SCALZILLI, João Pedro. Notas sobre a evolução do direito da insolvência nos EUA. In: MARTINS, André Chateaubriand; YAGUI, Márcia (Coord.). *Recuperação judicial*: análise comparada Brasil-Estados Unidos. São Paulo: Almedina, 2020. p. 19-52.
66. Cf. TABB, Charles Jordan. *Law of Bankruptcy*, cit., 3. ed., p. 321-322.
67. Cf. PLANK, Thomas E. The creditor in possession under the bankruptcy code: history, text, and policy. *Mariland Law Review*, Baltimore, v. 59, n. 2, p. 264-265, 2000.
68. Esta última hipótese era denominada de *jurisdiction by ambush*, ou, em vernáculo, "jurisdição por emboscada" (cf. TABB, Charles Jordan. *Law of Bankruptcy*, cit., 3. ed., p. 321).
69. Atualmente, os juízes de falência gozam de respeito e prestígio, inclusive entre os seus pares que gozam das prerrogativas do artigo 3º da Constituição, conforme explica o juiz de falência do Distrito Oeste do Texas Graig A. Gargotta (Who are bankruptcy judges and how did they become federal judges?, cit., p. 11-12).
70. cf. TABB, Charles Jordan. *Law of Bankruptcy*, cit., 3. ed., p. 322.
71. O *Bankruptcy Act* de 1898, durante sua longa vigência, sofreu inúmeras modificações, sobretudo por leis editadas entre 1933 e 1937 em resposta à Grande Depressão (o que se denominou de "legislação de emergência"), e pelo *Chandler Act* de 1938, que alterou quase todos os artigos da lei, modificando substancialmente o regime de reorganização introduzido pela legislação de emergência. Foi definitivamente revogado somente com o *Bankruptcy Reform Act* de 1978, que estabeleceu a base fundamental do *Bankruptcy Code* atualmente vigente (cf. TOLEDO, Paulo Fernando Campos Salles de. *A empresa em crise no direito francês e americano*, cit., p. 6-15).
72. Cf. TABB, Charles Jordan. *Law of Bankruptcy*, cit., 3. ed., p. 322.

A intenção era criar uma corte de falência efetivamente independente. Apesar disso, não se conferiu aos seus magistrados a condição de *"Article III judges"*, isto é, de juízes nomeados segundo o artigo 3º da Constituição Americana, que possuem as garantias excepcionais[73] de vitaliciedade e irredutibilidade de vencimentos[74] e jurisdição sobre "todos os casos de aplicação da lei e da equidade ocorridos sob a presente Constituição, as leis dos Estados Unidos, e os tratados concluídos ou que se concluírem sob sua autoridade"[75].

Pretendia-se que os juízes falimentares exercessem sua autoridade por espécie de delegação da jurisdição investida nas cortes federais distritais (as *district courts*)[76], às quais competiria apenas revisar as decisões das *bankruptcy courts*. Esse esquema, porém, veio a ser declarado inconstitucional pela Suprema Corte em julgamento ocorrido em 1982 no caso *Northern Pipeline Construction Co. v. Marathon Pipe Line Co.*[77], oportunidade em que se assentou que a corte de falência não tinha competência para decidir sobre demanda fundada em direito estadual envolvendo parte que não aceitou se submeter à sua jurisdição, justamente porque seus magistrados não gozavam das garantias ou do *status* jurídico conferidos pelo artigo 3º da Constituição[78].

---

73. U.S. Constitution, Article III, Section 1. "The judicial power of the United States, shall be vested in one Supreme Court, and in such inferior courts as the Congress may from time to time ordain and establish. The judges, both of the supreme and inferior courts, shall hold their offices during good behaviour, and shall, at stated times, receive for their services, a compensation, which shall not be diminished during their continuance in office" (*O Poder Judiciário dos Estados Unidos será confiado a uma Suprema Corte e aos tribunais inferiores que o Congresso, de tempos em tempos, ordenar e estabelecer. Os juízes, tanto da Suprema Corte como dos tribunais inferiores, conservarão seus cargos enquanto bem servirem, e perceberão por seus serviços uma remuneração que não poderá ser diminuída durante a permanência no cargo*; tradução livre).
74. Diferentemente do que ocorre no Brasil, em que essas garantias, além da inamovibilidade, são concedidas a todos os juízes (Constituição Federal, art. 95), nos Estados Unidos apenas determinados magistrados são detentores desses privilégios: "The constitutional grant of federal adjudicatory power to Article III judges appears straightforward. However, the federal courts are not populated only by the remarkable Article III actors described in the constitutional text. There are many other individuals, whose numbers far outstrip those of the federal judges, who have the power to perform adjudicatory functions within the federal system but who possess neither life tenure nor salary guarantees. These individuals bear different titles, such as [...] 'bankruptcy judge'" (*A concessão constitucional do poder federal de jurisdição aos juízes do Artigo III parece simples. No entanto, os tribunais federais não são preenchidos apenas pelos notáveis atores do Artigo III descritos no texto constitucional. Há muitos outros indivíduos, em bem maior número que o de juízes federais, que têm poder de desempenhar funções jurisdicionais dentro do sistema federal, mas que não possuem nem garantia de vitaliciedade nem garantia salarial. Esses indivíduos possuem títulos diferentes, como [...] "juiz de falência"*) (RESNIK, Judith. The mythic meaning of Article III courts. *University of Colorado Law Review*, Boulder, v. 56, n. 4, p. 581-582, 1985; tradução livre).
75. U.S. Constitution, Article III, Section 2. Tradução livre. No original: "The judicial power shall extend to all cases, in law and equity, arising under this Constitution, the laws of the United States, and treaties made, or which shall be made, under their authority".
76. Estas sim qualificadas como *"Article III courts"*, isto é, tribunais estabelecidos pelo Congresso, por autorização constitucional, cujos juízes gozam de vitaliciedade e irredutibilidade de vencimentos.
77. 458 U.S. 50 (1982).
78. Cf. TABB, Charles Jordan. *Law of Bankruptcy*, cit., 3. ed., p. 324.

Foi somente em 1984 que o Congresso americano, por meio do *Bankruptcy Amendments and Federal Judgeship Act* (conhecido pelo acrônimo "BAFJA"), reviu o esquema de organização judiciária declarado inconstitucional pela Suprema Corte dois anos antes[79]. A essa altura, a expectativa era a de que o Congresso finalmente conferisse aos juízes de falência o *status* de *Article III judges*, o que permitiria unificar em torno deles a jurisdição sobre todas as questões relacionadas aos casos de falência. No entanto, cedendo a determinadas pressões corporativas[80], sobretudo dos próprios *Article III judges*, o Congresso optou por retornar ao confuso e complexo sistema de organização vigente antes do *Bankruptcy Reform Act* de 1978.

Assim, de acordo com o BAFJA, os juízes de falência funcionam como uma espécie de divisão[81] das *district courts*, sendo designados para funcionar como "*judicial officers*", magistrados com jurisdição limitada e desprovidos das garantias constitucionais de vitaliciedade e irredutibilidade de vencimentos[82]. Os *bankruptcy judges* são indicados pelos próprios juízes das cortes de apelação (*Courts of Appeals*), que compõem a segunda instância da Justiça Federal[83] e têm mandato de 14 anos[84], podendo ser removidos apenas por incompetência, mau comportamento, negligência ou deficiência física ou mental[85].

---

79. Para evitar um colapso do sistema, a Suprema Corte, no julgamento do caso *Pipeline Construction Co. v. Marathon Pipe Line Co.*, modulou os efeitos da declaração de inconstitucionalidade, autorizando que as *bankruptcy courts* continuassem a exercer a jurisdição segundo o modelo estabelecido pelo *Bankruptcy Reform Act* de 1978 até 4 de outubro de 1982 (prazo posteriormente prorrogado até 24 de dezembro de 1982), no intuito de permitir que o Congresso editasse nova lei sobre a matéria, o que, no entanto, acabou não ocorrendo. Como a Suprema Corte não concedeu nova prorrogação, as cortes de falência passaram a funcionar numa espécie de limbo jurídico. A fim de dar alguma solução ao problema, a Conferência anual do Poder Judiciário Americano (a *Judicial Conference of The United States*, prevista no *U.S. Code*, T. 28, § 331) redigiu uma proposta de regramento (conhecida como "regra de emergência") e a circulou entre as *district courts*. Apesar dos inúmeros questionamentos acerca da sua validade, esse regramento acabou sendo provisoriamente adotado até que o Congresso finalmente editasse a lei necessária à normatização da matéria (cf. TABB, Charles Jordan. *Law of Bankruptcy*, cit., 3. ed., p. 327-329).
80. TABB, Charles Jordan. *Law of Bankruptcy*, cit., 3. ed., p. 330.
81. U.S. Code, Title 28, § 151.
82. Na verdade, conquanto não gozem da garantia constitucional de irredutibilidade de vencimentos, a lei prevê que o salário dos *bankruptcy judges* corresponderá a 92% da remuneração dos juízes das *district courts*, o que denota certo desprestígio em comparação a esses outros magistrados. 28 *U.S. Code*, § 153 (a).
83. A segunda instância da Justiça Federal é composta de 13 cortes de apelação (denominadas *U.S. Courts of Appeals*). Os 94 distritos judiciais federais (denominados *U.S. District Courts*) são organizados em 13 Circunscrições (os chamados *Federal Judicial Circuits*), cada qual dotada de uma corte de apelação. Onze *Circuits* são divididos em bases territoriais (vão do 1º ao 11º), sendo acrescidos do *District of Columbia Circuit* e do *Federal Circuit*, este último com competência nacional sobre apelações envolvendo certas matérias, como marcas e patentes. A depender do caso, as decisões tomadas pelos *bankruptcy judges* também poderão ser revistas, em segunda instância, pelos *Bankruptcy Appellate Panels (BAPs)*, que constituem unidade das *U.S. Courts of Appeals* existentes apenas nas 1ª, 6ª, 8ª, 9ª e 10ª Circunscrições.
84. U.S. Code, Title 28, § 152 (a) (1).
85. U.S. Code, Title 28, § 151 (e).

Sob o aspecto jurisdicional, sua principal limitação consiste na falta de autoridade para decidir determinadas matérias. Resumidamente, os *bankruptcy judges* estão autorizados a decidir sobre matérias consideradas nucleares ou fundamentais para o processo concursal (*core proceedings*), exemplificativamente relacionadas na lei[86], como a administração do patrimônio do devedor ou a confirmação do plano de recuperação. Por outro lado, relativamente às demais matérias (*non-core proceeding*), os *bankruptcy judges* são autorizados apenas a propor determinado veredito às *district courts*, às quais competirá decidir a questão[87], salvo se os próprios interessados houverem aceitado se submeter ao julgamento da corte de falência[88].

---

86. 28 U.S. Code, Title 28, § 157, (b) (2). Conforme Robert Ginsberg *et. al.*, "the 1984 amendments define the concept of 'core proceedings' by example. In reviewing of what is and what is not a core proceeding under the Code, it is clear as a general rule that matter which arises directly in a bankruptcy case under bankruptcy law is a core proceeding. Therefore, matters such as orders to turn over property of the bankruptcy estate, funding of the state, the automatic stay, use and lease of property (including cash colateral), sales of property of the estate, the allowance of claims, the discharge and dischargeability of debts, the confirmation of plans, and the determination of the vality or priority of liens are core proceedings" (*As alterações legislativas de 1984 definem o conceito de "core proceedings" ("processos nucleares")* por exemplos. *Analisando-se a lista do que é e do que não é um "core proceeding" segundo o Código, fica claro, como regra geral, que a matéria surgida num caso de falência diretamente relacionada à própria lei falimentar é um "core proceeding". Portanto, questões como as que envolvem a entrega de bens da massa falida, custeio da massa, suspensão automática das ações contra o devedor, uso e arrendação de bens (inclusive do dinheiro obtido com a liquidação dos ativos da massa), venda de bens da massa, autorização para o ajuizamento de ações, quitação e a capacidade de dar quitação de dívidas, confirmação dos planos e a determinação da validade ou prioridade dos privilégios creditórios são "core proceedings"*) (*Ginsberg & Martin on bankruptcy*. 5. ed. Supl. New York: Wolters Kluwer, 2017. v. 1. p. 46-47; tradução livre).
87. Em *Executive Benefits Insurance Agency v. Arkinson*, 573 U.S. __ (2014), a Suprema Corte assim resumiu a questão: "Under the Bankruptcy Amendments and Federal Judgeship Act of 1984, federal district courts have original jurisdiction in bankruptcy cases and may refer to bankruptcy judges two statutory categories of proceedings: 'core' proceedings and 'non-core' proceedings. See generally 28 U. S. C. §157. In core proceedings, a bankruptcy judge 'may hear and determine ... and enter appropriate orders and judgments', subject to the district court's traditional appellate review. §157(b)(1). In non-core proceedings— those that are 'not . . . core' but are 'otherwise related to a case under title 11,' §157(c)(1)—final judgment must be entered by the district court after de novo review of the bankruptcy judge's proposed findings of fact and conclusions of law, *ibid.*, except that the bankruptcy judge may enter final judgment if the parties consent, §157(c)(2)" (*Segundo o* Bankruptcy Amendments and Federal Judgeship Act *de 1984 (BAFJA), as district courts têm competência originária em casos de falência e podem cometer aos juízes de falência duas categorias legais de processos: 'core proceedings' e 'non core proceedings'. Ver o Título 28, Seção 157, do Código dos Estados Unidos. Nos "core proceedings", um juiz de falência pode ouvir e proferir vereditos, sujeitos à revisão pelas* district courts *por meio da apelação tradicional, § 157 (b) (1). Em 'non core proceedings' – aqueles que dizem respeito a matéria não nuclear, mas de outra forma relacionada a um caso submetido à Seção 157 (c) (1) do Título 11 Código dos Estados Unidos – o julgamento final deve ser promovido pela* district court *após rever as conclusões de fato e de direito propostas pelo juiz da falência*, ibid*., com a exceção de que o juiz de falência poderá proferir veredito se as partes assim concordarem*, §157 (c) (2) (573 U.S. __ (2014); tradução livre).
88. Em *Sheridan v. Michels*, 362 F.3d 96 (2004), a Corte de Apelação da 1ª Circunscrição admitiu a competência da *bankruptcy court* para decidir *non-core proceeding* caso os interessados consintam em se submeter à sua jurisdição, ou deixem de arguir a incompetência no modo e tempo adequados.

De acordo com o esquema estabelecido pelo BAFJA, as *bankruptcy courts*, ao exercerem jurisdição sobre *core proceedings*, não funcionam como adjuntas[89] das *district courts* (pois dispõem de autoridade não apenas para conhecer de quaisquer matérias de fato e de direito mas também para decidi-las). Porém, elas geralmente não podem resolver demandas de competência das cortes do artigo 3º da Constituição[90], salvo se estiverem relacionadas a questões envolvendo *public rights*[91].

Nos anos seguintes à edição do BAFJA, importantes julgamentos promovidos pela Suprema Corte contribuíram para estabelecer os contornos da atuação das *bankruptcy courts*. Em *Thomas v. Union Carbide Agricultural Products*[92] (1985), a Suprema Corte decidiu que mesmo casos envolvendo direitos aparentemente privados (*private rights*) escapam da competência dos *Article III judges* quando esses direitos estiverem tão integrados a um esquema regulatório público que constituem matéria sujeita à regulação das agências governamentais[93]. Essa con-

---

Além disso, em *Wellness Int'l Network, Ltd. v. Sharif*, 727 F.3d 751 (2013), a própria Suprema Corte decidiu que os juízes de falência podem decidir sobre matérias que ordinariamente estariam além da sua competência desde que as partes envolvidas voluntariamente consintam. Mais precisamente, nesse julgamento a Suprema Corte reconheceu a competência das *bankruptcy courts* para decidir, com o consentimento das partes, nos chamados "*Stern claims*", casos que envolvem determinado *core proceeding* previsto no BAFJA mas que foi excluído da competência dos juízes de falência por conta da declaração de inconstitucionalidade proferida no caso *Stern v. Marshall*, 131 S. Ct. 2594 (2011), adiante comentado com maior detalhe (cf. *Ginsberg & Martin on bankruptcy*, cit., p. 1-45).

89. Foi o que decidiu a Suprema Corte americana em *Stern v. Marshall*, 564 U.S. __ (2011): "The bankruptcy courts under the 1984 Act are not 'adjuncts' of the district courts. [...] a bankruptcy court resolving a counterclaim under §157(b)(2)(C) has the power to enter 'appropriate orders and judgments' – including final judgments – subject to review only if a party chooses to appeal, see §§157(b)(1), 158(a) – (b). Such a court is an adjunct of no one" (Os tribunais de falências sob a Lei de 1984 não são "adjuntos" dos tribunais distritais. [...] um tribunal de falências que resolva uma reconvenção nos termos do § 157(b) (2)(C) tem o poder de emitir "ordens e julgamentos apropriados" – incluindo julgamentos finais – sujeitos a revisão somente se uma parte apelar, veja §§ 157(b)(1), 158(a) – (b). Tal tribunal não é adjunto de ninguém; tradução livre).

90. Conforme referido acima, as *"Article III courts"* são tribunais estabelecidos segundo o artigo 3º da Constituição Americana, cujos juízes, indicados pelo próprio Presidente, dispõem das garantias de vitaliciedade e irredutibilidade de vencimentos. As *bankruptcy courts*, por sua vez, enquadram-se na categoria de *"Article I courts"*, que são tribunais constituídos por lei editada pelo Congresso, mediante autorização do artigo 1º da Constituição Americana, cujos magistrados são indicados por outros juízes e não gozam das mesmas garantias concedidas aos membros dos tribunais estabelecidos segundo o artigo 3º.

91. Trata-se do que se convencionou denominar de *"public rights exception"*, ou "exceção dos direitos públicos", que historicamente compreende disputas envolvendo o Estado e as pessoas sujeitas à sua autoridade, relativamente ao exercício das funções constitucionais dos seus órgãos (AXELROD, Brett A. *U.S. Supreme Court dramatically curtails bankruptcy courts' powers*. Financial Restructuring & Bankruptcy Department, 2011. Disponível em: http://www.foxrothschild.com/content/uploads/2015/05/alert_axelrod_stern-v-marshall_sept2011.pdf. Acesso em: 19 nov. 2017).

92. 473 U.S. 568 (1985).

93. Cf. MULLENIX, Linda et al. *Understanding Federal Courts and jurisdiction*. New York: Matthew Bender, 2007. p. 42-43.

clusão foi reforçada no julgamento de *Commodity Futures Trading Commission v. Schor*[94] (1986), em que se admitiu ser possível renúncia à jurisdição das *Article III courts*, ainda que operada de forma tácita.

No entanto, em *Granfinanciera, S.A. v. Nordberg*[95] (1989), a Suprema Corte limitou o alcance da chamada exceção dos direitos públicos (*public rights exception*[96]) nos processos falimentares ao decidir que as alienações realizadas em fraude contra credores (*fraudulent conveyance*), apesar de legalmente qualificadas como "*core proceeding*", estão relacionadas a direitos privados. Assim, ao ser demandado em ação de fraude contra credores, o terceiro (não credor)[97] não poderia ter preterido o direito ao julgamento por um júri (*jury trial*)[98], consoante garantido pela 7ª Emenda da Constituição Americana[99] às ações fundadas em *common law*[100].

A presunção geral, no entanto, foi de que a decisão no caso *Granfinanciera* se limitava a uma particularidade[101] envolvendo a 7ª Emenda, sem maiores implicações sobre o exercício da jurisdição pelos juízes de falência nos chamados

---

94. 478 U.S. 833 (1986).
95. 492 U.S. 33 (1989).
96. Ver nota de rodapé n. 91.
97. Por outro lado, em *Langenkamp v. Culp*, 498 U.S. 42 (1990), a Suprema Corte decidiu que *os credores* que tivessem submetido suas pretensões contra a massa não possuíam o direito ao julgamento por um júri previsto na 7ª Emenda nos casos em que sofressem reconvenção por conta do que se denominam "*preferential transfers*", isto é, pagamentos recebidos em violação da *pars conditio creditorum* em período imediatamente anterior à falência (cf. JACKSON, Elizabeth. Understanding Wellness International Network, Ltd. v. Sharif: the problems with allowing parties to impliedly consent to bankruptcy court adjudication of Stern claims. *Brooklyn Journal of Corporate, Financial & Commercial Law*, New York, v. 11, 2016. p. 240).
98. Cf. MILLER, Robert. Nothing new: consent, forfeiture, and bankruptcy court final judgments. *Drake Law Review*, Des Moines, v. 65, n. 1, p. 145-146, 2016.
99. "In Suits at common law, where the value in controversy shall exceed twenty dollars, the right of trial by jury shall be preserved, and no fact tried by a jury, shall be otherwise re-examined in any Court of the United States, than according to the rules of the common law." (*Nas ações de* common law, *quando o valor da causa exceder vinte dólares, será garantido o direito de julgamento por júri, cuja decisão não poderá ser revista por qualquer tribunal dos Estados Unidos senão de acordo com as regras do* common law; tradução livre).
100. "Correspondente ao conjunto de precedentes vinculantes julgados nas Cortes de Justiça, que compõem o *Case Law* (Direito dos Casos) – também chamado *judge-made law*" (VIEIRA, Andréia Costa. *Civil law e common* law: os dois grandes sistemas legais comparados. Porto Alegre: Sergio Antonio Fabris, 2007. p. 108). Particularmente no âmbito da 7ª Emenda da Constituição Americana, o termo *common law* foi empregado para distinguir as ações nele fundadas daquelas que, ao tempo da edição da emenda, poderiam ser decididas por equidade (cf. KILIAN, John H. et al. *The Constitution of the United States of America*: analysis and interpretation. Washington: U.S. Government Printing Office, 2017. p. 1702).
101. Apesar da importância do julgamento, ele não teve a mesma dimensão alcançada pelo caso *Stern v. Marshall*, a seguir comentado, quanto aos limites constitucionais do exercício da jurisdição pelos juízes de falência nos chamados "*core proceedings*", por ter se entendido que a questão ali travada se limitava à aplicação pontual do direito ao julgamento pelo júri previsto na 7ª Emenda (cf. TABB, Charles Jordan. *Law of Bankruptcy*, cit., 3. ed., p. 334).

core proceedings, especialmente por não se relacionar à questão do artigo 3º da Constituição que fora objeto do caso *Northern Pipeline Construction Co. v. Marathon Pipe Line Co.*, comentado acima.

Atualmente, porém, os limites da competência das *bankruptcy courts* voltaram a ser objeto de considerável controvérsia, especialmente depois que, em 2011, no julgamento de *Stern v. Marshall*[102], a Suprema Corte americana

---

102. 564 U.S. 462 (2011). Segundo o comentário de Charles Jordan Tabb, prestigiado professor da Universidade de Illinois, o interessante caso envolvendo uma "coelhinha" da revista *Playboy* e um falecido bilionário texano se insere na categoria de casos em que a realidade é mais estranha do que a ficção (*Law of Bankruptcy*, cit., 3. ed., p. 332-337). Ralph Brubaker, por sua vez, compara o julgamento da Suprema Corte a um terremoto, por conta do grande impacto que causou na atuação das *bankruptcy courts* (On-Article III adjudication: bankruptcy and non bankruptcy, with and without litigant consent. *Emory Bankruptcy Developments Journal*, Atlanta, v. 33, 2016. p. 13). Em apertada síntese, a *playmate* da revista *Playboy* Vickie Lynn Marshall, mais conhecida pelo nome artístico de Ana Nicole Smith, tinha apenas 25 anos de idade quando se casou com o bilionário J. Howard Marshall, então com 89 anos, que teria lhe prometido deixar metade do patrimônio quando morresse. Com o falecimento do marido apenas poucos meses depois, Vickie passou a travar uma intensa disputa judicial pela herança contra o enteado, Pierce Marshall. Perante uma corte texana, Vickie ajuizou ação alegando que Pierce teria dolosamente induzido o pai a constituir um *trust* que a privava do patrimônio do marido. O *trust* é modalidade de negócio fiduciário de origem anglo-saxônica por meio do qual o instituidor (o *settlor*) confere certo patrimônio a determinada pessoa, que fica responsável por administrá-lo (o *trustee*) em benefício de outrem (o *beneficiary*) ou de alguma finalidade específica. Na pendência do julgamento dessa ação, Pierce apresentou uma *proof of claim* na falência de Vickie, que tramitava perante a *bankruptcy court* da Califórnia – nos Estados Unidos, vale lembrar, mesmo as pessoas naturais que não são empresárias podem pedir falência. Pierce postulava indenização por suposta difamação cometida por ela (Vickie teria dito à imprensa que Pierce enganara o pai para excluí-la do *trust*). Então, perante a própria corte falimentar, Vickie apresentou reconvenção pleiteando indenização de centenas de milhões de dólares por suposta interferência ilícita de Pierce para impedir o pai de cumprir a promessa de lhe deixar metade do patrimônio. A corte falimentar da Califórnia rejeitou a pretensão de Pierce e acolheu o pedido reconvencional, condenando-o a pagar a Vickie indenização de cerca de 425 milhões de dólares, decisão parcialmente mantida no julgamento da apelação interposta perante a *district court*, que limitou a indenização a 90 milhões de dólares. Paralelamente a isso, continuava tramitando a ação movida por Vickie perante a corte texana, responsável pela administração do patrimônio do falecido Howard. Depois do julgamento pela *bankruptcy court*, mas antes do julgamento da apelação pela *district court*, o tribunal do Texas julgou improcedente o pedido deduzido na ação de Vickie, dando início a uma disputa sobre qual decisão deveria prevalecer. Percorridas as instâncias ordinárias, a questão foi levada à Suprema Corte, que acabou estabelecendo um dos mais importantes precedentes em matéria de jurisdição falimentar. Em *Stern v. Marshall*, a Suprema Corte americana acabou decidindo que a matéria deduzida na reconvenção de Vickie efetivamente se qualificava como *core proceeding* segundo definido pela Seção 157(b)(2)(C) do Título 28 do *U. S. Code*; entretanto, a aplicação dessa norma para a solução de pretensão fundada em direito estadual contrariava o artigo 3º da Constituição Americana, de modo que a *bankruptcy court* não tinha competência para decidir o caso. Entendeu-se que a pretensão reconvencional de Vickie não derivava ou dependia da lei da falência, ou mesmo de qualquer procedimento falimentar. Além disso, o julgamento da *proof of claim* ajuizada por Pierce prescindia da solução da reconvenção de Vickie, por tratar de questões independentes, não havendo, assim, justificativa para que essa reconvenção fosse decidida pela *bankruptcy court*. Nesse mesmo caso, a Suprema Corte declarou a inconstitucionalidade da aplicação, para determinadas

declarou a inconstitucionalidade da parte do BAFJA que, ao qualificar a matéria como *core proceeding*[103], conferira às cortes falimentares o poder de resolver questão de direito estadual invocada como causa de pedir em reconvenção oposta contra o ajuizamento de uma *proof of claim*[104], procedimento pelo qual se submete uma pretensão de pagamento[105] em face do patrimônio do devedor ou da massa falida[106].

A partir de então, inúmeras dúvidas e controvérsias surgiram sobre a constitucionalidade da jurisdição das cortes de falência relativamente aos *core proceedings* definidos em lei, e mesmo sobre qual deveria ser a atuação das *bankruptcy courts* nos chamados "*Stern claims*"[107] (*i.e.*, casos definidos por lei como *core proceedings*, mas constitucionalmente excluídos da competência dos juízes de falência por conta da declaração de inconstitucionalidade proferida em *Stern v. Marshall*), dando ensejo a centenas de decisões confusas e inconsistentes à medida que as cortes inferiores tentam dar sentido ao julgamento enigmático da Suprema Corte[108].

Como se verá adiante, essas dúvidas repercutem diretamente sobre a autoridade das *bankruptcy courts* para aplicar consolidação substancial, em relação à qual a Suprema Corte dos Estados Unidos nunca se posicionou de maneira definitiva. Além das controvérsias sobre as hipóteses de cabimento e a forma da sua aplicação, uma das principais disputas que envolvem a consolidação substancial diz respeito à própria competência dos juízes falimentares para determiná-la, que ainda não foi definitivamente pacificada.

---

hipóteses, da Seção 157 (b) (2) (C) do Título 28 do Código dos Estados Unidos, que define como "*core proceeding*" as "*counterclaims by the estate against persons filing claims against the estate*", isto é, as reconvenções ajuizadas pela massa (cf. TABB, Charles Jordan. *Law of Bankruptcy*, cit., 3. ed., p. 336).

103. Nesse caso, a Suprema Corte declarou a inconstitucionalidade da aplicação, para determinadas hipóteses, da Seção 157 (b) (2) (C) do Título 28 do Código dos Estados Unidos, que define como "*core proceeding*" as reconvenções ajuizadas pela massa.
104. *Bankruptcy Code*, § 501. Conforme Allan G. Kadish et al., *a* "proof of claim" encerra a submissão formal de uma pretensão em face da massa, consistindo, ordinariamente, no primeiro passo do credor que procura pagamento (*Protecting the corporate creditor under the Bankruptcy Code*, cit., p. A-87-88).
105. Em vernáculo, "prova do crédito", ou "prova da reivindicação" Aproxima-se do que, no Brasil, conhecemos como habilitação de crédito, mas tem um sentido mais amplo, pois também compreende demandas contra o devedor sujeitas a processo de conhecimento, como ações indenizatórias.
106. Cf. TABB, Charles Jordan. *Law of Bankruptcy*, cit., 3. ed., p. 321-337.
107. Pelo menos esta última questão parece ter sido definitivamente resolvida: em *Executive Benefits Insurance Agency v. Arkinson*, 573 U.S. (2014), a Suprema Corte decidiu que, em "Stern claims", os juízes de falência devem ouvir o caso e propor um veredito às *district courts*, do mesmo modo que procedem ao analisar demandas qualificadas como *non core proceedings*.
108. Cf. TABB, Charles Jordan. *Law of Bankruptcy*, cit., 3. ed., p. 337.

3.2.1.2 Origem e desenvolvimento jurisprudencial da consolidação substancial

A consolidação substancial (*substantive consolidation*[109]) não tem previsão expressa no *Bankruptcy Code*[110], sendo essencialmente uma invenção das cortes norte-americanas[111] associada a expedientes pelos quais, em processos de falência ou de reorganização, os patrimônios distintos das sociedades integrantes de um grupo são fundidos ou meramente tratados, para determinadas finalidades, como se constituíssem um único patrimônio indiviso, com a mitigação ou superação da autonomia existente entre as personalidades jurídicas dessas sociedades.

À falta de previsão legal expressa, a aplicação da consolidação substancial é feita com base nos "poderes de equidade" (*equitable powers*)[112] concedidos às cortes falimentares[113] pela Seção 105(a) do *Bankruptcy Code*[114], que autoriza o

---

109. O adjetivo "*substantive*", na expressão "*substantive consolidation*", refere-se ao "*substantive law*", isto é, ao direito material (também denominado de direito substantivo, ou direito substancial), em oposição ao "*procedural law*", isto é, ao direito processual (também referido por direito adjetivo ou instrumental).
110. Exceção feita a casos envolvendo a insolvência de cônjuges, entre os quais é admitido o litisconsórcio ativo. Neles, o juiz poderá ordenar a consolidação dos patrimônios dos devedores – *Bankruptcy Code*, §§ 302(a) e 302(b).
111. "No statutory provision governs either the grounds for or the effects of substantive consolidation. The law of substantive consolidation thus has been developed by the courts" (*Nenhuma previsão legal disciplina nem as bases nem os efeitos da consolidação substancial. O direito da consolidação substancial, portanto, vem sendo desenvolvido pelos tribunais*) (TABB, Charles Jordan. *Law of Bankruptcy*, cit., 3. ed., p. 231; tradução livre). No mesmo sentido: "[...] the Bankruptcy Code provides no express statutory authority for substantive consolidation. Rather, it is a doctrine wholly developed under the common law." (... *o Código de falência não fornece nenhuma autorização legal expressa para a consolidação substantiva. Ao contrário, é uma doutrina totalmente desenvolvida segundo o sistema do* common law) (KADISH, Allen G.; ADELSTEIN, Michael A. *Protecting the corporate creditor under the Bankruptcy Code*, n. 80. 2. ed. Arlington: The Bureau of National Affairs, 2012. p. A-17-18; tradução livre).
112. "Because there is no express authority in the Code that authorizes bankruptcy courts to order substantive consolidation, courts authorizing this equitable remedy generally travel under the broad equitable powers provided for in 11 U.S.C. § 105(a)" (*Porque não existe autorização expressa no Código que permita às cortes falimentares determinar a consolidação substancial, os tribunais que autorizam esse remédio equitativo geralmente se abrigam nos amplos poderes equitativos concedidos pela Seção 105(a) do Código de Falências*) (SINGERMAN, Paul Steven et al. Substantive consolidation in bankruptcy. *Thirty-First Annual Seminar on Bankruptcy Law of Southeastern Bankruptcy Law Institute*. Atlanta, 2005. p. 1; tradução livre).
113. Apesar de haver alguma controvérsia acerca do tema, prevalece o entendimento de que as *bankruptcy courts* são tribunais de equidade, como foi expressamente reconhecido pela Suprema Corte em *Local Loan Co. v. Hunt*, 292 U.S. 234 (1934). Mesmo depois da edição do *Bankruptcy Reform Act* de 1978, Charles Jordan Tabb reconhece a corte de falência como um tribunal de equidade (*Law of Bankruptcy*, cit., 3. ed., p. 707).
114. 11 U.S. Code § 105 (a). "The court may issue any order, process, or judgment that is necessary or appropriate to carry out the provisions of this title. No provision of this title providing for the raising of an issue by a party in interest shall be construed to preclude the court from, sua sponte, taking any action or making any determination necessary or appropriate to enforce or implement court orders or rules, or to prevent an abuse of process" (*O tribunal pode emitir qualquer ordem, determinar qualquer procedimento ou realizar qualquer julgamento que seja necessário ou apropriado para dar cumprimento*

juiz a promover "qualquer ordem, processo ou julgamento que seja necessário ou apropriado para levar a cabo as disposições da lei falimentar"[115].

Seu emprego remonta ao começo do século XX[116], embora os critérios para sua aplicação tenham se modificado bastante ao longo do tempo, variando entre aqueles relacionados à desconsideração da personalidade jurídica em casos de fraudes e outros focados na equidade entre as partes afetadas pela consolidação[117].

O primeiro marco fundamental[118] para o desenvolvimento da consolidação substancial é atribuído ao julgamento da Suprema Corte em *Sampsell v. Imperial Paper & Color Corp.*[119], em 1941, no qual se reconheceu que a consolidação de patrimônios diferentes, porém relacionados, é uma ferramenta vital para a consecução do objetivo fundamental da falência.

Outros julgamentos paradigmáticos ocorreram em *Drabkin v. Midland-Ross Corp. (In re Auto-Train Corp., Inc.)* (1987), *Union Sav. Bank v. Augie/Restivo Baking Co., Ltd.* (1988), *Grupo Mexicano de Desarrollo, S.A. v. Alliance Bond Fund, Inc.* (1999) e *Owens Corning* (2005), a partir dos quais foram elaborados "testes"[120] para determinar as condições que justificam promover a consolidação substancial.

às disposições deste título. Nenhuma disposição deste título que preveja a arguição de questão por uma parte interessada deve ser interpretada no sentido de impedir que o tribunal, de ofício, pratique qualquer ação ou promova qualquer determinação necessária ou apropriada para fazer cumprir ou implementar as ordens ou decisões da corte, ou para evitar abuso processual; tradução livre).

115. O que não significa, porém, que esses poderes sejam ilimitados, pois não podem contrariar as disposições legais, conforme decidido pela Suprema Corte em *Law v. Siegel*, 571 U.S. __ (2014): "A bankruptcy court has statutory authority to 'issue any order, process, or judgment that is necessary or appropriate to carry out the provisions of the Bankruptcy Code. 11 U. S. C. §105(a). And it may also possess 'inherent power'... to sanction 'abusive litigation practices". Marrama v. Citizens Bank of Mass., 549 U. S. 365, 375-376 (2007). But in exercising those statutory and inherent powers, a bankruptcy court may not contravene specific statutory provisions" (*Um tribunal de falências tem autoridade legal para "emitir qualquer ordem, determinar qualquer procedimento ou realizar qualquer julgamento que seja necessário ou apropriado para dar cumprimento às disposições do Código de Falências. 11 U. S. C. §105(a). E também possui um 'poder nato'... de sancionar a 'litigância de má-fé'". Marrama v. Citizens Bank of Mass., 549 U. S. 365, 375-376 (2007). Entretanto, no exercício desses poderes legais e natos, um tribunal de falências não pode infringir disposições legais específicas*"; tradução livre).
116. Como em *Mulcie Pulp Corp.*, 139 F. 546 (2d Circ. 1905), e em *Rieger, Kapner & Altmark*, 157 F. 609 (Bankr. S.D. Ohio 1907); cf. AMERA, Seth; KOLOD, Alan. Substantive consolidation: getting back to basics. American Bankruptcy Institute Law Review, v. 14, n. 1, 2006. p. 6-7.
117. Cf. AMERA, Seth; KOLOD, Alan. Substantive consolidation, cit., p. 1.
118. Cf. TABB, Charles Jordan. *Law of Bankruptcy*, cit., 3. ed., p. 232.
119. 313 U.S. 326 (1941).
120. Os "testes" consistem em técnica frequentemente utilizada no sistema de *common law* pelo qual os juízes estipulam certas condições correspondentes ao núcleo fundamental de um precedente (sua *ratio decidendi*) a fim de determinar se a mesma decisão deve ou não ser tomada em outros casos: "No sistema de *common law*, se reconhece que os casos nunca são absolutamente idênticos. O que acontece, de fato, é que são consideradas algumas características de um caso como sendo relevantes e outras não. [...] A vinculatividade dos precedentes é justificada pela necessidade de igualdade e a igualdade é atingida através da seleção de aspectos do caso que deve ser julgado, que devem ser considerados

3.2.1.2.1 Sampsell v. Imperial Paper & Color Corp (1941)

O julgamento do caso *Sampsell v. Imperial Paper & Color Corp.*[121], promovido em 1941, é o único precedente[122] da Suprema Corte norte-americana acerca da consolidação substancial, o que acentua a sua importância para o estudo da matéria[123].

Eis a síntese do caso[124]:

Numa cidade do Estado da Califórnia, *Wilbur Downey* exercia, em nome próprio, empresa que vendia tintas e papéis de parede, vindo a contrair signifi-

---

relevantes, para que esse caso seja considerado semelhante a outro, e decidido da mesma forma. [...] Os ingleses chamam a parte efetivamente vinculante da decisão de *ratio decidendi*. A *ratio decidendi* é a proposição jurídica, explícita ou implícita, considerada necessária para a decisão. A *ratio decidendi* pode ser considerada o núcleo do precedente. Proposições jurídicas que consistem na *ratio decidendi* do precedente devem necessariamente ser seguidas. [...] A ideia do 'teste' é muito interessante e está bastante presente na doutrina inglesa: formulam-se algumas perguntas para se ter certeza de que o objeto que se tem à frente é mesmo aquele a que corresponde o conceito antes formulado" (WAMBIER, Tereza Arruda Alvim. Estabilidade e adaptabilidade como objetivos do direito: *civil law* e *common law*. Revista de Processo, São Paulo, v. 172, 2009. p. 121 e s.).

121. 313 U.S. 326 (1941).

122. Para Douglas Baird, contudo, a Suprema Corte jamais teria formalmente acolhido a teoria da consolidação substancial; a decisão proferida no caso *Sampsell v. Imperial Paper & Color Corp* teria chegado perto, mas não constituiria exemplo de sua aplicação porque envolvia a recuperação de ativos fraudulentamente transmitidos de uma entidade personificada para outra, e ainda por cima com algum conhecimento pelo credor da sociedade para a qual esses bens foram transferidos (Substantive consolidation today. *Boston College Law Review*, n. 47, 2005. p. 16). Citando esse mesmo autor, Sheila Neder Cerezetti afirma, de forma ainda mais incisiva, que a Suprema Corte norte-americana ainda não adotou a consolidação substancial em nenhum caso (Grupos de sociedades e recuperação judicial: o indispensável encontro entre direitos societário, processual e concursal. In: YARSHELL, Flávio Luiz; PEREIRA, Guilherme Setoguti J. (Coord.). *Processo societário II*. São Paulo: Quartier Latin, 2015. p. 771). Trata-se, entretanto, de entendimento aparentemente isolado ou ao menos minoritário da doutrina norte-americana, que de maneira geral se refere ao caso *Sampsell* como precedente da Suprema Corte em matéria de consolidação substancial, fundamental, aliás, para o desenvolvimento da teoria. Nesse sentido, confiram-se, entre outros: TABB, Charles Jordan. *Law of Bankruptcy*, cit., 3. ed., p. 233; GRAULICH, Timothy E. Substantive consolidation: a post-modern trend. *American Bankruptcy Institute Law Review*, v. 14, n. 28, 2006. p. 527; AMERA, Seth; KOLOD, Alan. Substantive consolidation, cit., p. 3; GADSDEN, James et al. Special report on the preparation of substantive consolidation opinions by the Committee on Structured Finance and the Committee on Bankruptcy and Corporate Reorganization. *The Business Lawyer*, v. 64, n. 2, 2009. p. 414. Na verdade, sem negar a ocorrência da consolidação substancial no caso *Sampsell*, o que se discute é se o precedente nele estabelecido seria capaz de autorizar a adoção da mesma técnica para outros casos, especialmente naqueles que não envolvem transferência fraudulenta de ativos.

123. "Any discussion of substantive consolidation must begin with Sampsell v. Imperial Paper & Color Corp. Sampsell is the only case in which the Supreme Court has considered the doctrine of substantive consolidation" (*Qualquer discussão sobre a consolidação substancial deve começar com* Sampsell v. Imperial Paper & Color Corp, *correspondente ao único caso em que a Suprema Corte apreciou a teoria da consolidação substancial*) (AMERA, Seth; KOLOD, Alan. Substantive consolidation, cit., p. 3; tradução livre).

124. Cf. AMERA, Seth; KOLOD, Alan. Substantive consolidation, cit., p. 3-6.

cativa dívida com determinado credor. Por isso, um importante fornecedor (a *Imperial Paper*), temeroso da insolvência de Wilbur, passou a recusar-lhe crédito.

Para continuar o seu negócio e voltar a obter crédito da Imperial Paper, Wilbur, sua esposa e filho constituíram uma sociedade dotada de personalidade jurídica própria (a *Downey Wallpaper & Paint Co.*), para a qual foi alienado o acervo da empresa exercida por Wilbur em nome próprio. Além disso, Wilbur alugou à sociedade o espaço onde antes exercia sua empresa individual. Como se supunha, depois de feita a operação, a Imperial Paper passou a conceder crédito à nova empresa.

Ocorre que, poucos anos depois da constituição da sociedade, Wilbur teve sua falência pessoal decretada. Nessa falência, o *trustee* nomeado (*Sampsell*) requereu que os bens da empresa Downey Wallpaper & Paint Co. fossem revertidos para o pagamento dos credores individuais de Wilbur, alegando que a transferência fora fraudulenta[125]. Tal pedido foi acolhido sob o fundamento de que a sociedade seria espécie de *alter ego* de Wilbur, de modo que a transferência do seu patrimônio pessoal a ela teria sido realizada com o só propósito de frustrar o pagamento dos seus credores particulares.

No entanto, como a Imperial Paper não participou do procedimento que resultara em tal decisão, ela formulou reivindicação na falência de Wilbur alegando que, na qualidade de credora da sociedade para a qual os bens foram transferidos, teria prioridade sobre eles em relação aos credores particulares de Wilbur.

Em primeiro grau, a pretensão foi rejeitada sob a justificativa de que a Imperial Paper conhecia o endividamento de Wilbur e sua participação fora fundamental para a constituição da sociedade. Porém, no julgamento da apelação, essa decisão foi revertida. Em resumo, a Corte de Apelação da 9ª Circunscrição entendeu que nem mesmo o reconhecimento da fraude que envolveu a transferência feita à sociedade poderia prejudicar a credora desta (Imperial Paper), que a financiara enquanto entidade autônoma com patrimônio independente. Logo, não poderia ser preterida na liquidação e rateio dos bens da sociedade em face dos credores particulares do acionista controlador, sendo inaplicável a desconsideração da personalidade jurídica.

O caso foi então levado à Suprema Corte, que decidiu que os ativos da Downey Wallpaper & Paint Co. eram propriedade de Wilbur porque a sociedade era controlada pelo falido e se tratava de mera continuação do negócio deste, tendo sido constituída com o propósito exclusivo de resguardar esse negócio dos credores preexistentes do devedor para que ele pudesse obter novos crédi-

---

125. O *trustee* pleiteou o chamado "*turnover*", cujo conceito é exposto no item 3.2.1.4.

tos. Por conseguinte, reconhecendo que a transferência de ativos entre Wilbur e a sociedade fora fraudulenta, a Suprema Corte negou a prioridade perseguida pela credora da sociedade e admitiu a consolidação dos patrimônios de ambos para os fins da falência[126].

3.2.1.2.2 Drabkin v. Midland-Ross Corp. (In re Auto-Train Corp., Inc.) – o "teste" Auto-Train

Sem embargo da importância dos julgamentos da Corte de Apelação da 2ª Circunscrição (Second Circuit Court of Appeals)[127] em Soviero v. Franklin National Bank of Long Island[128] (1964), Chemical Bank New York Trust Co. v. Kheel[129] (1966), Flora Mir Candy Corp. v. R.S. Dickson & Co.[130] (1970) e James Talcott, Inc. v. Wharton (In re Continental Vending Machine Corp.)[131] (1975), o primeiro marco fundamental da concepção moderna da consolidação substancial foi estabelecido a partir da decisão proferida em 1987 pela Corte de Apelação da Circunscrição do Distrito de Columbia (DC Court of Appeals) no caso Drabkin v. Midland-Ross Corp. (In re Auto-Train Corp., Inc.)[132], que desenvolveu o chamado teste "Auto-Train" (Auto-Train test), muito difundido na jurisprudência

---

126. A partir de minuciosa análise desse julgamento, em conjunto com os precedentes anteriores que lhe serviram de fundamento, Seth Amera e Alan Kolod detalham os pontos relevantes da decisão da Suprema Corte para a construção da teoria da consolidação substancial: (1º) a consolidação substancial não foi criada pela lei, mas decorre do exercício do poder da corte falimentar de determinar os bens do devedor sujeitos à sua jurisdição; (2º) a consolidação constitui espécie de tutela jurídica relacionada à alienação fraudulenta, mas não estritamente limitada a ela, sendo uma alternativa às ações para o reconhecimento da alienação fraudulenta (pois a Suprema Corte expressamente autorizou o emprego do procedimento sumário de *turnover* para integrar determinados bens à massa sem a necessidade de provar, numa ação de conhecimento, que tais bens foram transferidos pelo devedor de forma fraudulenta ou que estariam satisfeitos os requisitos para a desconsideração da personalidade jurídica); (3º) a consolidação é aplicável quando uma subsidiária for o alter ego da controladora e a observância da separação artificial entre os seus patrimônios implicar resultado semelhante ao de uma transferência fraudulenta; (4º) a definição do tratamento a ser dado aos credores dos devedores submetidos à consolidação se refere a questão distinta daquela que envolve saber se os patrimônios dos devedores devem ou não ser consolidados; (5º) os credores de um devedor sujeito a um pedido de consolidação não são partes necessárias nesse pedido, de modo que somente estarão vinculados à decisão tomada se tiver sido respeitada a prioridade dos seus créditos; (6º) uma vez que a consolidação tenha sido ordenada com base no reconhecimento de alienações fraudulentas ou de uma relação de instrumentalidade, transfere-se ao credor objetante o ônus de demonstrar a existência de razões de equidade que justifiquem conferir prioridade ao seu crédito relativamente aos ativos do seu devedor particular (Substantive consolidation, cit., p. 9).
127. A exposição desses casos pode ser conferida em AMERA, Seth; KOLOD, Alan. Substantive consolidation, cit., p. 13-22.
128. 328 F.2d 446 (2d Cir. 1964).
129. 369 F.2d 845 (2d Cir. 1966).
130. F.2d 1060 (2d Cir. 1970).
131. 517 F.2d 997 (2d Cir. 1975).
132. 810 F.2d 270 (D.C. Cir. 1987).

e até hoje adotado pelas cortes de apelação de várias circunscrições, ainda que com algumas variações[133].

O teste "Auto-Train" se desenvolve em duas etapas. Na primeira, o proponente da consolidação deve demonstrar que (i) existe identidade substancial[134] entre as entidades a serem consolidadas e que (ii) a medida é necessária para evitar algum dano ou produzir algum benefício[135], como evitar as despesas e superar as dificuldades de determinar quais são os bens e responsabilidades de cada um dos devedores individualmente considerados, ou prevenir prejuízos que de outra forma seriam causados aos credores por conta do abuso da personalidade jurídica cometido pelas entidades a serem consolidadas[136].

Uma vez demonstrados tais pressupostos (i.e., a identidade substancial e os benefícios produzidos ou danos evitados com a medida), surge a presunção relativa[137] de que os credores, nas suas relações com a entidade contra a qual detêm seus créditos, não se fiaram apenas no seu respectivo patrimônio, mas também nos patrimônios das demais entidades afiliadas ao devedor.

Passa-se então à segunda etapa do teste, em que se transfere ao credor que se oponha à consolidação substancial o ônus de demonstrar que havia confiado, justificadamente, na autonomia pessoal e patrimonial da entidade contra a qual detém o crédito, bem como que será prejudicado pela medida[138].

---

133. Cf. GRAULICH, Timothy E. Substantive consolidation, cit., p. 545-546.
134. Colaboram para a verificação da identidade substancial os seguintes fatores estabelecidos em *In re Vecco Construction Industries, Inc*, 4 B.R. 407 (Bankr. E.D. Va. 1980): (1) o grau de dificuldade de segregar e verificar ativos e responsabilidades individuais; (2) a presença ou ausência de demonstrações financeiras consolidadas; (3) a utilização de um único estabelecimento; (4) a confusão de ativos e funções empresariais; (5) a unidade de interesses e propriedades entre as diversas entidades; (6) a existência de garantias cruzadas entre controladora e controladas ou entre as empresas coligadas, relativamente aos empréstimos tomados; e (7) a transferência de ativos sem o regular cumprimento das formalidades estatutárias (cf. AMERA, Seth; KOLOD, Alan. Substantive consolidation, cit., p. 9-10 e 22).
135. AMERA, Seth; KOLOD, Alan. Substantive consolidation, cit., p. 22-23.
136. "In other words, substantive consolidation is appropriate where a movant has shown that the entities to be consolidated abused the corporate form and that such abuse would result in detriment to unsecured creditors if corporate separateness would continue to be observed" (*Noutras palavras, a consolidação substancial é apropriada quando o seu proponente tiver demonstrado que as entidades a serem consolidadas abusaram da personalidade jurídica e que tal abuso resultaria em prejuízo dos créditos não garantidos se a separação entre as pessoas jurídicas continuasse sendo observada*) (AMERA, Seth; KOLOD, Alan. Substantive consolidation, cit., p. 23; tradução livre).
137. Cf. KADISH, Allen G.; ADELSTEIN, Michael A. *Protecting the corporate creditor under the Bankruptcy Code*, n. 80, cit., p. A-119.
138. "Creditor may object on the grounds that it relied on the separate credit of one of the entities and that it will be prejudiced by the consolidation." (*O credor pode se opor alegando que confiou na separação do crédito de uma das entidades e que será prejudicado pela consolidação*; tradução livre.) *Drabkin v. Midland-Ross Corp. (In re Auto-Train Corp., Inc.)*, 810 F.2d 270, 276. (D.C. Cir. 1987).

Ausente tal demonstração, a consolidação deve ser deferida. Por outro lado, o sucesso da demonstração pelo credor enseja, em princípio, a denegação da consolidação substancial, salvo se os benefícios da medida superarem[139] significativamente os seus malefícios[140], caso em que, mesmo com prejuízo para algum credor, ela poderá ser determinada[141].

3.2.1.2.3 Union Sav. Bank v. Augie/Restivo Baking Co., Ltd. (1988) – o "teste" Augie/Restivo

No ano seguinte à decisão tomada no caso *Auto-Train*, a Corte de Apelação da 2ª Circunscrição assentou aquele que pode ser considerado o segundo marco fundamental da teoria moderna da consolidação substancial, desenvolvendo outro modelo (ou teste) acolhido por diversos tribunais.

Segundo o teste "*Augie/Restivo*", a consolidação substancial só poderá ser determinada se verificada uma das seguintes situações[142]: (i) se os credores trataram com as entidades a serem consolidadas como se constituíssem uma entidade econômica singular e não confiaram na segregação das suas personalidades a fim de lhes conceder crédito; ou[143] (ii) se as relações entre os devedores forem tão embaralhadas[144] que a consolidação beneficiaria *todos os credores*, em razão de a separação

---

139. "The proponent of substantive consolidation has the ultimate burden to show that the equities of the case balance in favor of consolidation" (*O proponente da consolidação substancial tem o encargo de demonstrar que a justiça pende a favor da consolidação*) (KADISH, Allen G.; ADELSTEIN, Michael A. *Protecting the corporate creditor under the Bankruptcy Code*, n. 80, cit., p. A-119; tradução livre).
140. Segundo esse entendimento, o prejuízo causado a um credor poderia ser relevado à vista dos benefícios aos demais credores, o que é objeto de considerável crítica pela doutrina. Seth Amera e Alan Kolod, por exemplo, defendem que, nesse caso, deveria ser buscada uma forma de compensar o credor que se opuser a ela pelo prejuízo que lhe seria causado, ou mesmo protegê-lo dele. Assim, se os benefícios da consolidação realmente superarem os seus prejuízos, conceder tal compensação iria preservar tais benefícios sem infligir prejuízo ao credor (Substantive consolidation, cit., p. 24).
141. "If a creditor makes such a showing, the court may order consolidation only if it determines that the demonstrated benefits of consolidation 'heavily' outweigh the harm" (*Se um credor fizer tal demonstração, o tribunal somente poderá ordenar a consolidação se concluir que os benefícios dela resultantes superam consideravelmente os males por ela provocados*) (AMERA, Seth; KOLOD, Alan. Substantive consolidation, cit., p. 24; tradução livre).
142. *Union Sav. Bank v. Augie/Restivo Baking Co.* (*In re Augie/Restivo Baking Co.*), 860 F.2d 515, 518 (2d Cir. 1988).
143. Discute-se se essas condições seriam alternativas, conforme se extrai da interpretação literal da decisão proferida em *Union Sav. Bank v. Augie/Restivo Baking Co., Ltd.*, ou cumulativas, havendo decisões em ambos os sentidos. De todo modo, mesmo as cortes que entendem que o teste "*Augie/Restivo*" é disjuntivo geralmente avaliam ambos os fatores ao decidirem sobre a aplicação da consolidação substancial (cf. KADISH, Allen G.; ADELSTEIN, Michael A. *Protecting the corporate creditor under the Bankruptcy Code*, n. 80, cit., p. A-116).
144. Ainda segundo a decisão do caso *Augie/Restivo*, a existência de embaralhamento atual não será suficiente para justificar a consolidação substancial se existirem registros anteriores que permitam identificar os ativos de cada uma delas: "the Second Circuit again made clear in Augie/Restivo that hopeless

das responsabilidades e patrimônios respectivos a cada entidade ser impossível ou custosa a ponto de consumir significativamente os ativos a serem liquidados[145].

Diferentemente do que ocorre no teste *"Auto-Train"*, em que é do credor objetante o ônus de demonstrar que confiou na separação entre as entidades a serem consolidadas (conquanto os pressupostos para a consolidação tenham sido estabelecidos), no teste *"Augie/Restivo"*, de maneira inversa, atribui-se ao proponente da consolidação o ônus de comprovar que os credores acreditavam que tais entidades constituíam uma unidade econômica singular, fiando-se na separação entre elas para a concessão do crédito.

Com tal exigência, torna-se bem mais difícil obter o deferimento da consolidação substancial, que tende a ser mais rara nos tribunais que adotam o modelo definido no caso *Augie/Restivo* ou as suas variações[146].

3.2.1.2.4 Grupo Mexicano de Desarrollo, S.A. v. Alliance Bond Fund (1999)

Outro caso relevante[147] para o estudo da consolidação substancial se refere ao julgamento promovido pela Suprema Corte em *Grupo Mexicano de Desarrollo, S.A. v. Alliance Bond Fund, Inc.*[148] (1999), oportunidade em que decidiu que as cortes federais não têm autoridade para conceder *preliminar injunction* (espécie de tutela antecipada ou cautelar de natureza equitativa concedida em caráter liminar) para bloquear os bens de um devedor com a finalidade de resguardar o resultado útil de ação indenizatória pendente de julgamento.

Resumidamente, entendeu-se que tal medida seria imprópria porque não existia ao tempo da promulgação do *Judiciary Act* de 1789, que não conferiu aos

---

entanglement of some records (such as those created after Augie's ceased to operate) does not matter if there are accurate records predating the corporate intermingling and from which separate assets could be identified" (*o Tribunal da 2ª Circunscrição novamente deixou claro em Augie/Restivo que o embaralhamento irremediável de alguns registros (como aqueles criados depois que o grupo deixou de operar) não importa se houver registros precisos anteriores à confusão entre as empresas e seus respectivos ativos possam ser identificados*) (AMERA, Seth; KOLOD, Alan. Substantive consolidation, cit., p. 26-27; tradução livre).

145. "Substantive consolidation should be used only after it has been determined that all creditors will benefit because untangling is either impossible or so costly as to consume the assets." (*A consolidação substancial só deve ser empregada se for determinado que todos os credores se beneficiarão da medida ou que a separação entre as empresas é impossível ou será tão custosa que consumirá os ativos*; tradução livre.) *Union Sav. Bank v. Augie/Restivo Baking Co. (In re Augie/Restivo Baking Co.)*, 860 F.2d 515, 518 (2d Cir. 1988).
146. Cf. AMERA, Seth; KOLOD, Alan. Substantive consolidation, cit., p. 28.
147. Para análise detalhada do caso *Grupo Mexicano*, confira-se TUCKER, J. Maxwell. Grupo Mexicano and the death of substantive consolidation. *American Bankruptcy Institute Law Review*, v. 8, n. 2, 2000.
148. U.S. 308 (1999).

juízes federais o poder de criar remédios de equidade até então desconhecidos da jurisprudência[149].

Embora essa decisão não esteja diretamente relacionada à consolidação substancial, tem-se defendido que a fundamentação adotada pela Suprema Corte impede a aplicação da consolidação justamente porque ela também consiste num remédio de equidade que não existia por ocasião do *Judiciary Act* de 1789, figurando, assim, fora da competência das cortes federais[150].

Apesar de o julgamento fomentar acalorados debates – especialmente porque a Suprema Corte ainda não se debruçou sobre a teoria da consolidação substancial nos seus contornos atuais –, as cortes de apelação federais continuaram a aplicá-la mesmo depois da decisão tomada no caso do *Grupo Mexicano*. De todo modo, o julgamento chama a atenção para as incertezas que cercam a própria competência dos juízos falimentares para autorizar o remédio da consolidação substancial.

3.2.1.2.5 In re Owens Corning (2005) – o "teste" Owens Corning

O terceiro e possivelmente último grande marco do desenvolvimento da teoria da consolidação substancial foi estabelecido pela Corte de Apelação da 3ª Circunscrição no julgamento do caso *(In re) Owens Corning*[151] (2005).

Pendendo em favor do teste *"Augie/Restivo"*, mas criando novos critérios, o teste *"Owens Corning"* exige que o proponente da consolidação substancial demonstre que, (i) antes do pedido de reorganização ou falência (*pre-petition*), as entidades a serem consolidadas tenham desrespeitado a separação formal-

---

149. Cf. AMERA, Seth; KOLOD, Alan. Substantive consolidation, cit., p. 39.
150. Nesse sentido, defendendo que, à falta de autorização legislativa, as cortes de falência carecem de autoridade para determinar a consolidação substancial, confira-se a opinião de J. Maxwell Tucker: "Resort to equitable remedies may appear to be a reasonable approach to the difficult problem of collecting debts. [...] it may seem reasonable under certain facts and circumstances to permit a creditor of one entity to have recourse to the assets of an affiliated entity under the doctrine of substantive consolidation. [...] Prior to Grupo Mexicano, it was plausible that the federal equity power was available to create such remedies in the absence of state law. However, in light of Grupo Mexicano, the development of new federal equitable remedies has been curtailed. As a result of Grupo Mexicano, the merits of new remedies for creditors should be a matter of debate and decision in legislatures and Congress" (*O recurso a remédios de equidade pode parecer uma abordagem razoável para o difícil problema do pagamento das dívidas. [...] pode parecer razoável, sob certos fatos e circunstâncias, permitir que um credor de uma entidade recorra aos ativos de uma entidade afiliada sob a doutrina da consolidação substancial. [...]. Antes [da decisão tomada no caso] do Grupo Mexicano, era plausível que o poder de equidade conferido aos juízes federais viabilizasse a criação de tais remédios na ausência de lei estadual. No entanto, à luz do Grupo Mexicano, o desenvolvimento de novos remédios federais equitativos foi restringido. Como resultado do Grupo Mexicano, a admissão de novos remédios para a tutela dos credores deve ser objeto de debate e decisão nas legislaturas e no Congresso*) (Grupo Mexicano and the death of substantive consolidation, cit., p. 450; tradução livre).
151. 419 F.3d 195 (3d Cir. 2005).

mente existente entre elas de maneira tão significativa que os credores passaram a tratá-las como se fossem um mesmo ente jurídico[152]; ou, (ii) posteriormente ao pedido de reorganização ou falência (*post-petition*), os ativos e responsabilidades de tais entidades estejam tão embaralhados que a separação seria proibitiva e prejudicaria todos os credores[153].

Além disso, a Corte definiu cinco princípios gerais que devem ser considerados para verificar se a consolidação substancial é ou não apropriada. De acordo com eles, (1) os tribunais devem respeitar a separação entre as entidades afiliadas à falta de circunstâncias convincentes para justificar solução diversa; (2) os prejuízos que a consolidação substancial visa reparar são quase sempre aqueles causados pelos devedores (e suas controladas) que desrespeitaram a separação formal existente entre eles, ao passo que os danos causados pelos credores são tipicamente remediados pelos mecanismos normativos que cuidam das alienações fraudulentas (*fraudulent conveyance*) e da subordinação equitativa (*equitative subordination*); (3) meras vantagens para a administração do caso (p. ex., para simplificar o julgamento ou facilitar a verificação dos créditos) dificilmente serão suficientes para justificar a consolidação substancial; (4) como a consolidação substancial é uma medida extrema (capaz de afetar profundamente os direitos dos credores) e de definição imprecisa, esse remédio deve ser aplicado em raras ocasiões, e sempre como último recurso depois de avaliadas e descartadas outras medidas possíveis (como aquelas precisamente disciplinadas pelo *Bankruptcy Code*); (5) embora a consolidação substantiva possa ser usada defensivamente para remediar os danos identificáveis causados pela confusão entre as entidades afiliadas, ela não pode ser empregada ofensivamente (tendo como objetivo principal, p. ex., desfavorecer determinado grupo no plano de recuperação ou simplesmente alterar os direitos dos credores)[154].

3.2.1.3 Espécies e efeitos da consolidação substancial

Apesar de ser genericamente referida[155] como a combinação de todos os bens e responsabilidades entre devedores afiliados, a doutrina norte-americana sustenta

---

152. No entanto, concede-se ao credor a possibilidade de impedir a consolidação substancial demonstrando que confiou na separação entre as entidades e que a medida lhe seria prejudicial (cf. KADISH, Allen G.; ADELSTEIN, Michael A. *Protecting the corporate creditor under the Bankruptcy Code*, n. 80, cit., p. A-116).
153. 419 F.3d 195, 211 (3d Cir. 2005).
154. 419 F.3d 195, 211 (3d Cir. 2005).
155. "Although decisions loosely speak of substantive consolidation as if it inherently involves pooling (or merger) of all assets and all liabilities of the affiliated corporations involved in the proceeding, this is not necessarily the case. [...] consolidation can be partial, as well as complete, with particular claims or priorities against an affiliate preserved with respect to the assets of that affiliate, just as if substantive

que a consolidação substancial tanto pode ocorrer dessa forma (*consolidação total*) como se limitar a determinados ativos, credores, prioridades entre os créditos ou somente a uma parcela dos integrantes do grupo (*consolidação parcial* ou *híbrida*)[156].

Além disso, os *efeitos* da consolidação substancial na falência (*Chapter 7*) são diferentes daqueles verificados no processo de reorganização (*Chapter 11*): nos casos de falência, a multiplicidade de bens e responsabilidades é unificada num bolo só e os pagamentos são feitos com base na ordem de prioridades estabelecida segundo essa unificação[157], o que também implica a supressão das garantias detidas em face da entidade afiliada; já na reorganização, a consolidação substancial tanto pode operar a efetiva fusão dos devedores, que emergem do procedimento como uma única empresa[158], quanto permitir que, para determinadas finalidades, os patrimônios das entidades consolidadas sejam tratados como se pertencessem a um único devedor.

Esse último expediente é denominado de *deemed substantive consolidation*[159] (em vernáculo, consolidação substancial putativa ou hipotética), que consiste

---

consolidation had not been ordered with respect to those claims. Such partial consolidation can take several forms" (*Embora as decisões se refiram genericamente à consolidação substancial como se a ela fosse inerente a reunião (ou fusão) de todos os ativos e todas as responsabilidades das empresas afiliadas envolvidas no processo, isso não é necessariamente verdadeiro. [...] a consolidação pode ser parcial, bem como total, com créditos específicos ou prioridades contra uma afiliada preservados em relação aos ativos dela, como se a consolidação substancial não tivesse sido ordenada com relação a esses créditos. Essa consolidação parcial pode assumir várias formas*) (BLUMBERG, Phillip I.; STRASSER et al. *Blumberg on corporate groups*. 2º Suplemento. New York: Aspen, 2011. p. 88-8; tradução livre).

156. Observa-se, porém, que a aplicação da consolidação substancial parcial, embora não tenha sido descartada pela jurisprudência, é de raríssima aplicação. Allen Kadish e Michael Adelstein, em trabalho publicado no ano de 2012, afirmam que a última decisão que teria promovido a consolidação parcial data de 1946: "The courts have not ruled that partial substantive consolidation is inappropriate; they simply have not discussed it as na alternative to complete consolidation" (*Os tribunais não decidiram que a consolidação substantiva parcial é incabível; eles simplesmente não a discutiram como uma alternativa para a consolidação total*) (*Protecting the corporate creditor under the Bankruptcy Code*, n. 80, cit., p. A-109; tradução livre).
157. Cf. BRASHER, Andrew Brasher. Substantive consolidation: a critical examination. 2006. p. 3. Disponível em: http://www.law.harvard.edu/programs/corp_gov/papers/Brudney2006_ Brasher.pdf. Acesso em: 10 ago. 2017.
158. Expediente que Andrew Brasher denomina de consolidação substancial "clássica": "In a Chapter 7 case, multiple asset/liability pools are reduced to a single pool and payments are made pursuant to a claim's priority in that single pool. In a Chapter 11 case, class voting, classification of claims, and cramdown are all adjudicated on the basis of the combined entity and, when the corporate group emerges from Chapter 11, it does so as a single corporation. This is the classic substantive consolidation" (*Em um caso do Capítulo 7 [falência], vários conjuntos de ativos/passivos são reduzidos a um único conjunto e a ordem de prioridade de pagamento dos créditos é estabelecida com base nesse único conjunto. Em um caso do Capítulo 11 [reorganização], a votação nas classes, a classificação dos créditos e o* cram down *são realizados em consideração às entidades consolidadas e, quando o grupo empresarial emerge do Capítulo 11, o faz como uma única empresa. Esta é a consolidação substantiva clássica*) (*Substantive consolidation*, cit., p. 3-4; tradução livre).
159. "In some recent Chapter 11 bankruptcy cases, debtors (and on occasion co-creditors) have proposed a variant of substantive consolidation known as 'deemed substantive consolidation.' Essentially, 'deemed substantive consolidation' operates like substantive consolidation in that a consolidation of the debtors is 'deemed' to exist for purposes of valuing and satisfying creditor claims, voting for or against the plan, and

justamente em tratar os devedores como se fossem uma única entidade para fins de formulação e confirmação do plano, divisão das classes de credores, definição da ordem de pagamento, verificação dos critérios do *cram down*, eliminação de garantias ou responsabilidades intragrupo etc., porém sem promover a efetiva fusão das sociedades, que conservam as suas próprias personalidades jurídicas durante o processo de reorganização. Aliás, foi essa a modalidade de consolidação substancial empregada na maior parte dos casos recentes de reorganização de grandes grupos[160].

3.2.1.4 Institutos correlatos à consolidação substancial

Existem alguns institutos no direito norte-americano que guardam alguma relação com a consolidação substancial, seja por se referirem ao processo concursal de múltiplos devedores, seja por tratarem de expedientes empregados para determinar o acervo patrimonial sujeito à liquidação e a ordem de pagamento dos credores em casos envolvendo fraudes ou condutas desleais.

Como as justificativas que autorizam a aplicação desses expedientes por vezes se aproximam daquelas que fundamentam a consolidação substancial, torna-se importante conhecê-los para evitar confundi-los com o mecanismo sob estudo.

3.2.1.4.1 Consolidação processual (joint administration)

A doutrina norte-americana tem por hábito distinguir a consolidação substancial da consolidação processual[161] – ou *procedural consolidation*[162] –,

---

making distributions for allowed claims under the plan. Additionally, all guarantees and inter-company liabilities are eliminated, and any claims against affiliates or guarantors are considered obligations of the 'consolidated' estate. However, no actual merger or commingling of any assets of any parties, affiliates, and/or subsidiaries occurs while the action allows the assets of each separate entity to be used to satisfy claims of creditors of all the entities" (*Em alguns casos recentes de reorganização [Capítulo 11], os devedores (e ocasionalmente cocredores) propuseram uma variante de consolidação substantiva conhecida como "consolidação substancial putativa". Essencialmente, na "consolidação substantiva putativa", a consolidação dos devedores é "considerada" para fins de classificação e satisfação dos créditos, votação sobre o plano e divisão dos pagamentos de acordo com o plano. Adicionalmente, todas as garantias e créditos entre os devedores são eliminados, e quaisquer créditos contra as sociedades coligadas ou garantidoras são consideradas obrigações da massa "consolidada". No entanto, não ocorre a efetiva fusão ou aglutinação de quaisquer ativos das partes, afiliadas e/ou subsidiárias, embora a ação permita que os ativos de cada entidade separada sejam usados para satisfazer os credores de todas elas*) ("Deemed" substantive consolidation: a new theory. *Carlson Dash Digest*, out. 2015. Disponível em: https://carlsondash.com/deemed-substantive-consolidation-a--new-theory/. Acesso em: 1 fev. 2022; tradução livre).

160. Cf. WIDEN, William H. The reality of substantive consolidation: results from an ABI-Funded Empirical Study. *ABI Journal*, p. 59-60, jul.-ago. 2007.

161. No Brasil, o termo "consolidação processual" passou a ser empregado, desde antes da edição da Lei 14.112/2020, para designar os pedidos de recuperação judicial formulados em litisconsórcio ativo por sociedades integrantes de um grupo.

162. Charles Jordan Tabb esclarece que, tecnicamente, o termo "*consolidation*" é empregado pela lei apenas ao tratar da reunião de dois ou mais pedidos envolvendo o mesmo devedor, consoante previsto na regra

que envolve o mero processamento conjunto, para fins procedimentais e administrativos, dos feitos concursais envolvendo dois ou mais devedores, mas sem produzir efeitos materiais sobre os patrimônios de cada um deles ou sobre os seus respectivos credores.

A consolidação processual – ou *procedural consolidation*, também comumente denominada de *joint administration* ou, com menos frequência, *administrative consolidation* – visa à eficiência do procedimento e à economia de recursos[163], sem implicar a fusão, efetiva ou pressuposta, dos ativos ou passivos dos devedores submetidos ao procedimento unificado.

3.2.1.4.2 Desconsideração da personalidade jurídica (piercing the corporate veil)

Conquanto os motivos que justificam a adoção da consolidação substancial se aproximem, em certas circunstâncias, daqueles que autorizam a desconsideração da personalidade jurídica (*piercing the corporate veil*), a doutrina norte-americana costuma distinguir esses dois institutos.

Basicamente, enquanto a *disregard doctrine* permite levantar o "véu" da pessoa jurídica para estender aos sócios a responsabilidade pelas dívidas da sociedade, na consolidação substancial ocorre espécie de fusão entre os patrimônios das empresas afiliadas, que passam a ser tratadas como se formassem uma única entidade.

Por conseguinte, as relações creditícias são afetadas, sobretudo quanto à ordem de pagamento dos créditos na falência, estabelecida sob a perspectiva de um único patrimônio comum a todas as sociedades do grupo. Além disso, tal procedimento implica, na prática, a supressão dos créditos e garantias detidas entre as entidades consolidadas, já que as respectivas responsabilidades acabam se confundindo.

3.2.1.4.3 Turnover

O "turnover" consiste num mecanismo previsto no *Bankruptcy Code*[164] que concede ao *trustee* o direito de pleitear que sejam devolvidos à massa bens do devedor que estejam em posse de terceiros, ou que lhes tenham sido transmitidos mediante fraude. Já a consolidação substancial poderá ser requerida não apenas

---

1.015(a) das *Federal Rules of Bankruptcy Procedure*. Já a expressão *"joint administration"* é prevista na regra 1.015(b), referindo-se à reunião dos procedimentos envolvendo dois ou mais devedores com relação entre si (*Law of the Bankruptcy*. cit., 3. ed., p. 231).

163. Por exemplo, com a nomeação de um único *trustee* e o estabelecimento dele *stay period* às devedoras afiliadas submetidas ao processo de reorganização.

164. Disciplinado especialmente nas Seções 541(a), 542(a) e 543.

pelo *trustee*, mas também pelos credores, por algum devedor ou por quaisquer outros interessados

Ademais, a consolidação substancial geralmente ocorre apenas quando a entidade afiliada ao devedor faz parte do processo de falência ou reorganização[165], ao passo que o *turnover* pode ser requerido em face de qualquer pessoa que esteja na posse de bens da massa, sujeita ou não ao processo de falência ou reorganização, sendo desnecessário demonstrar que os credores porventura acreditavam na identidade entre o devedor e a entidade para a qual os bens tenham sido transferidos[166].

3.2.1.4.4 Subordinação equitativa (equitable subordination)

Nas discussões acerca da consolidação substancial, são frequentes as referências à disposição contida na Seção 510(c) do *Bankruptcy Code* como exemplo do exercício dos poderes de equidade pelo juiz falimentar[167]. Tal dispositivo versa sobre a "subordinação equitativa" (*equitable subordination*[168]), que permite ao juiz derrogar a ordem legal de pagamento dos créditos no intuito de prevenir resultados injustos decorrentes de comportamentos desleais de algum credor ou acionista[169].

---

165. Registra-se a existência de acentuada divergência entre os tribunais federais de apelação sobre a possibilidade de aplicar-se a consolidação substancial em face de entidades relacionadas com o devedor mas que não fazem parte dos processos de falência ou reorganização, ou não estão em situação de insolvência (cf. KADISH, Allen G.; ADELSTEIN, Michael A. *Protecting the corporate creditor under the Bankruptcy Code*, n. 80, cit., p. A-117-118).
166. Cf. KADISH, Allen G.; ADELSTEIN, Michael A. *Protecting the corporate creditor under the Bankruptcy Code*, n. 80, cit., p. A-111.
167. "Perhaps the most striking ilustration of equitable powers of this bankruptcy court is it ability to 'subordinate for purposes of distribution all or part of an allowed claim to all or part of another allowed claim or all or part of an allowed interest to all or part of another allowed interest'" (*Talvez a mais notável ilustração dos poderes equitativos da corte falimentar seja a capacidade de subordinar, para fins de distribuição, a totalidade ou parte de um crédito à totalidade ou parte de outro crédito, ou [subordinar] a participação de um acionista, no todo ou em parte, à participação, no todo ou em parte, de outro acionista*) (TABB, Charles Jordan. *Law of Bankruptcy*, cit., 3. ed., p. 707; tradução livre).
168. "Equitable subordination gives the bankruptcy court broad powers to undo inequality in the claim position of a creditor that will produce injustice or unfairness to other creditors with respect to distribution of the bankruptcy estate" (*A subordinação equitativa dá à corte de falência amplos poderes para desfazer a desigualdade da posição ocupada por determinado credor, que represente injustiça aos outros credores com relação à distribuição do patrimônio do falido*) (GINSBERG, Robert E. et al. *Ginsberg & Martin on bankruptcy*, cit., p. 10-154; tradução livre).
169. Acerca dos requisitos e efeitos da subordinação equitativa, confira-se: "The Bankruptcy Code specifically provides a remedy to deal with a claimholder or equityholder who has engaged in inequitable conduct that has finjured the debtor and/or its creditors – equitable subordination. The doctrine of equitable subordination permits a bankruptcy court, under limited circumstances, to 'demote' a creditor's claim against (or an equityholder's interest in) a debtor, based upon that party's inequitable conduct. The widely accepted test of equitable subordination requires the confluence of three factors:

Existe alguma semelhança entre o fundamento axiológico da subordinação equitativa e aquele que justifica a aplicação da teoria da consolidação substancial, embora esta seja ordinariamente associada ao comportamento do devedor, enquanto aquela se vincula à conduta de algum credor ou acionista (praticada em prejuízo dos demais credores ou acionistas, respectivamente).

3.2.2 Países que disciplinaram a consolidação substancial

À semelhança do que ocorreu nos Estados Unidos, os tribunais de vários outros países passaram a aplicar a consolidação substancial para resolver problemas decorrentes da crise de grupos empresariais mesmo à falta de previsão desse mecanismo em seus respectivos diplomas concursais[170]. É o caso do próprio Brasil, que já adotava a consolidação substancial antes mesmo da reforma legislativa que passou a discipliná-la.

Entretanto, ainda são raros os diplomas concursais que autorizam expressamente a medida. Como visto, mesmo entre os países que revisaram suas legislações para disciplinar os concursos dos grupos de empresas, a maioria optou por não estatuir normas acerca da consolidação substancial, possivelmente pelo fato de a medida contrariar alguns postulados fundamentais do direito societário, especialmente a independência jurídica e a autonomia patrimonial conferidas às sociedades.

Entre os trinta ordenamentos estrangeiros consultados para a elaboração deste trabalho[171], foram encontradas normas sobre a consolidação substancial de grupos somente nas legislações concursais de Argentina, Colômbia, Austrália e Espanha. Verificou-se, ainda, registro dessa consolidação na lei societária da Irlanda (na parte que versa sobre dissolução de sociedades), embora o diploma concursal do país não contenha nenhuma previsão a respeito do mecanismo.

---

inequitable conduct, injury or unfair advantage, and consistency (of remedy) with bankruptcy law. If these factors are proven, all or part of an offending party's claims, liens, or equity interests may be 'demoted,' i.e., not paid until all other similarly ranked claims, liens or equity interests are first satisfied" (*O Código de Falências especificamente fornece um remédio para lidar com um credor ou acionista que tenha se envolvido em uma conduta desleal que tenha causado dano ao devedor e/ou aos seus credores – a subordinação equitativa. A doutrina da subordinação equitativa permite que uma corte de falência, em circunstâncias limitadas, "rebaixe" o crédito de um credor contra (ou a participação de um acionista em) um devedor, com base na conduta não equitativa da parte. O teste amplamente aceito para aplicação da subordinação equitativa requer a confluência de três fatores: conduta não equitativa, dano ou vantagem injusta e a compatibilidade (do remédio) com a lei de falências. Se esses fatores forem comprovados, os créditos, garantias ou participações do ofensor poderão, no todo ou em parte, ser "rebaixados", i.e., não pagos até que todos os outros créditos, garantias ou participações com classificação semelhante sejam satisfeitos*) (GRAULICH, Timothy E. Substantive consolidation, cit., p. 533-534; tradução livre).

170. Confiram-se as notas de rodapé n. 869 a 874.
171. Estados Unidos, Canadá, México, Argentina, Colômbia, Chile, Uruguai, Paraguai, Peru, Equador, Bolívia, Venezuela, Alemanha, França, Itália, Inglaterra, Irlanda, Bulgária, Espanha, Portugal, Holanda, Áustria, Bélgica, Finlândia, Suíça, Rússia, China, Japão, Índia e Austrália.

3.2.2.1 Argentina

Nos diplomas concursais consultados, a norma mais antiga sobre consolidação substancial de grupos[172] encontrada nesta pesquisa consta da *Ley de Concursos y Quiebras* argentina, de 9 de agosto de 1995, cujo artigo 167 determina a formação de massa única no caso de extensão da falência a pessoas cujo patrimônio se confunda com o do devedor, impedindo a clara delimitação de seus ativos e passivos.

Embora essa norma não verse exclusivamente sobre grupo de empresas (aplicando-se a outras hipóteses de confusão patrimonial), nem adote a expressão "consolidação substancial", ela claramente disciplina esse instituto ao prever a formação de massa única, que faz com que os pagamentos dos credores de diversos devedores ocorram segundo a concepção de que estes, ao menos em parte, comungam o mesmo patrimônio.

A doutrina ressalva, todavia, que os privilégios reconhecidos em cada uma das quebras devem ser respeitados mesmo quando existe a formação de massa única[173]. Além disso, tratando-se de dívida solidária de mais de um falido, seu credor concorrerá uma vez só ao acervo dos devedores segundo o maior valor verificado (art. 167, § 3), o que significa que não poderá pretender cobrar tudo de todos[174].

---

172. Anteriormente à lei argentina, o § 302 (b) do *Bankruptcy Code*, introduzida pela Lei 95-589, de 6.11.1978, já previa a consolidação de patrimônios nos concursos conjuntos de cônjuges.
173. Cf. JUNYENT BAS, Francisco; MOLINA SANDOVAL, Carlos A. *Ley de Concursos y Quiebras comentada*. 2. ed. Buenos Aires: Abeledo Perrot, 2009. t. 2. p. 322.
174. "La regla general está contenida en las siguientes normas: en el art. 135, LCQ, que impone la concurrencia del mismo acreedor en cada una de las quiebras (cuyos fallidos fueran solidarios) hasta el pago íntegro de su crédito y en el art. 136, LCQ, que prescribe la irrepetibilidad entre las quiebras por los dividendos pagados al acreedor (salvo en caso de pago por exceso). La excepción se encuentra en el sistema de masa única que, en cambio, establece que el acreedor por idéntica causa de varios fallidos solidarios debe concurrir sólo por el importe mayor verificado (art. 167, 3º párr., LCQ). Por ello, el acreedor de varios fallidos solidarios con identidad de causa podrá verificar su crédito en cada una de las quiebras [...], pero a la hora de la distribución de fondos (art. 218 LCQ) sólo concurrirá por el monto mayor verificado y no por cada uno de los montos admitidos en las distintas falencias" (*A regra geral está contida nas seguintes normas: no art. 135 da LCQ, que impõe a concorrência do mesmo credor em cada uma das quebras (cujos falidos forem solidários) até o pagamento integral do seu crédito, e no art. 136, LCQ, que prescreve a irrepetibilidade entre as quebras dos valores pagos ao credor (exceto no caso de pagamento a maior). A exceção encontra-se no regime de massa única, que, por outro lado, estabelece que o credor pela mesma causa de falidos solidários deve concorrer apenas pelo maior valor apurado (art. 167, § 3º, LCQ). Por essa razão, o credor de vários falidos solidários com identidade de causa poderá habilitar o seu crédito em cada uma das falências, mas, no momento do rateio dos fundos (art. 218 LCQ), apenas concorrerá segundo a maior quantia habilitada e não por cada uma das quantias admitidas nas diferentes falências*) (JUNYENT BAS, Francisco; MOLINA SANDOVAL, Carlos A. *Ley de Concursos y Quiebras comentada*, cit., p. 322; tradução livre).

3.2.2.2 Colômbia

O principal diploma concursal da Colômbia (Lei 1.116, de 27.12.2006) contém algumas poucas disposições[175] sobre os procedimentos de insolvência de grupos de empresas, que foram objeto de extensa regulamentação pelo Decreto Nacional 1.749, de 2011. Dele consta norma que autoriza expressamente a consolidação substancial, embora limitada aos procedimentos de liquidação[176] (art. 25).

Essa norma prevê que o juiz poderá ordenar a consolidação substancial, até mesmo de ofício, quando: (i) os ativos e passivos do grupo de empresas em liquidação judicial estejam misturados de tal forma que sua titularidade não possa ser distinguida sem incorrer em despesa ou demora injustificadas; (ii) o participante insolvente do grupo de empresas tiver se engajado em atividade fraudulenta ou operação ilegítima[177], que impeçam a consecução do objetivo do processo, e a consolidação patrimonial seja imprescindível para o endireitamento dessas atividades ou negócios (art. 25, 1 e 2).

Entre os efeitos da consolidação, os ativos e passivos dos integrantes do grupo de empresas passam a ser tratados como se formassem uma massa única, extinguem-se os créditos e as dívidas entre os integrantes do grupo e nomeia-se um único liquidante para todas as empresas (art. 26). Por outro lado, a prioridade e os privilégios dos credores serão mantidos da forma que seriam reconhecidos em relação a cada participante do grupo antes da ordem de consolidação, exceto no caso de dívidas para com trabalhadores ou pensionistas, cuja preferência se estenderá sobre os patrimônios de todos os devedores objeto da consolidação (art. 27).

3.2.2.3 Austrália

A reforma operada pelo *Corporations Amendment (Insolvency) Act* (132, de 20.08.2007) introduziu no direito concursal australiano uma série de nomas

---
175. Notadamente os artigos 12 e 15, que autorizam a formação do litisconsórcio ativo no processo de reorganização e concedem ao juiz a possibilidade de determinar, de ofício, a ampliação do processo para admitir outras empresas do grupo relacionadas com a situação de crise.
176. Não existe previsão, portanto, quanto à aplicação da consolidação substancial em procedimento de reorganização.
177. O artigo 25, número 2, do Decreto Nacional 1.749/2011 define como atividades fraudulentas ou operações ilegítimas os atos descritos nos números 1 a 9 do artigo 24 do mesmo diploma e nos números 1, 7, 8 e 9 do artigo 83 da Lei 1.116/2006. Entre esses atos figuram o abuso do poder de controle do grupo, o desvio ou a ocultação de bens das sociedades, a fraude contra credores, a confusão de ativos, a criação de estrutura societária fictícia, a descapitalização da empresa por reembolsos indevidos ou a distribuição antecipada de lucros, práticas contábeis artificiais para fins de avaliação dos bens das empresas, negócios gratuitos em favor de sociedade do grupo ou de terceiro e a simulação de despesas, dívidas ou perdas.

que versam sobre a consolidação substancial. Elas constam das seções 571 a 579Q do *Corporations Act* sob o título "*pooling*" (em vernáculo, "reunindo" ou "agrupando"), que disciplinam duas formas distintas de operar a consolidação substancial no procedimento de liquidação de empresas: uma deliberada pelos credores, a partir da iniciativa do liquidante, e a outra autorizada pelo juiz.

Segundo a primeira forma, o liquidante pode determinar a consolidação substancial quando todas as sociedades do grupo estiverem sendo dissolvidas e a medida se revelar justa e equitativa, desde que também seja satisfeita pelo menos uma das seguintes condições: (i) cada empresa do grupo se relaciona com todas as demais empresas do grupo; (ii) as empresas do grupo respondem solidariamente por uma ou mais dívidas; (iii) as empresas do grupo possuem ou exploram em conjunto bens particulares empregados em negócio ou empreendimento comuns; e (iv) uma ou mais empresas do grupo empregam bens particulares de outra empresa do grupo em negócio ou empreendimento comuns – § 571(1).

A consolidação substancial determinada pelo liquidante só será efetivamente implementada se for aprovada pela maioria dos credores quirografários de cada uma das empresas, que deliberam sobre a matéria em assembleias separadas. A consolidação somente ocorrerá, portanto, se a medida for aprovada em todas essas assembleias[178], a partir do que produzirá efeitos independentemente de qualquer ato do juiz (§ 578).

O juiz poderá, no entanto, revogar ou modificar os termos da consolidação substancial por uma série de razões, basicamente ligada a casos em que a determinação do liquidante ou a deliberação dos credores tiverem se baseado em informações falsas ou enganosas, ou em que a medida ensejar situações injustas, demora excessiva ou prejuízos injustificáveis para determinados credores, devedores ou para os sócios destes (§ 579A).

A pedido do liquidante, o juiz também poderá ordenar a consolidação substancial se forem satisfeitas as mesmas condições exigidas para a medida adotada por iniciativa do primeiro, hipótese em que a sua implementação independerá de aprovação ou ratificação dos credores – § 579E (1) e (11).

Nesse caso, para determinar se a medida é justa e equitativa – uma das condições para o deferimento da consolidação substancial –, a lei dispõe que o juiz deverá ponderar: (a) a extensão do envolvimento de uma empresa do grupo, seus diretores ou funcionários na administração ou nas operações de quaisquer das demais; (b) a conduta de uma empresa do grupo, seus diretores ou funcionários em relação aos credores de qualquer outra empresa do grupo; (c) a participação,

---

178. *Corporation Act*, §§ 577(1) e 578(1)(a) e (b).

direta ou indireta, por ações ou omissões, de uma empresa do grupo, seus diretores ou funcionários nos fatos que deram causa à liquidação de qualquer outra empresa do grupo; (d) a extensão da confusão das atividades e negócios entre as empresas do grupo; (e) a extensão dos benefícios ou prejuízos experimentados pelos credores de quaisquer empresas do grupo pela implementação da consolidação substancial; e (f) quaisquer outras questões relevantes – § 579E(12).

Implementada a consolidação substancial, seja por deliberação dos credores, seja por determinação do juiz, todas as empresas do grupo passam a ser solidariamente responsáveis pelas dívidas das demais, extinguindo-se as dívidas e pretensões detidas por cada empresa do grupo em face das outras – § 571(2) 2 e 579E(2).

Embora a lei se limite a prever a consolidação substancial no âmbito da liquidação, os tribunais australianos têm admitido a medida nos procedimentos de reorganização (*schemes of arrangement* e *deed of company arrangement*), desde que seja aprovada pelos credores das empresas do grupo[179].

3.2.2.4 Espanha

A *Ley Concursal* espanhola (Lei 22/2003), em sua redação original, já trazia algumas nomas sobre consolidação processual nos concursos de grupos de empresas, que foram significativamente ampliadas e aprimoradas pela reforma operada pela Lei 38/2011. Entre as novas previsões, foi introduzido artigo que admitia, em caráter excepcional, a consolidação dos inventários dos bens dos devedores e as listas dos seus respectivos credores quando não fosse possível determinar a titularidade de bens e passivos sem incorrer em despesa ou atraso injustificados (Art. 25 ter, § 2º).

O alcance dessa disposição, todavia, suscitou dúvida na doutrina espanhola. Parte dos doutrinadores defendeu que, por não prever a consolidação dos patrimônios ou das massas, ela não autorizava a consolidação substancial, visando simplesmente evitar gastos com uma verificação que não se mostrava viável em termos de tempo ou de custo[180]. Outra parte, todavia, sustentava que

---

179. Cf. HARRIS, Jason. Corporate group insolvencies: charting the past, present and future of "pooling" arrangements. *Insolvency Law Journal*, Melbourne, v. 15, 2007. p. 81.
180. O § 1º do artigo 25-ter da antiga lei concursal espanhola previa que "os concursos declarados conjuntamente e acumulados tramitarão de forma coordenada, sem consolidação de massas" (*los concursos declarados conjuntamente y acumulados se tramitarán de forma coordinada, sin consolidación de las masas*). Já o § 2º do mesmo artigo dispunha que "excepcionalmente, os inventários e listas de credores poderão ser consolidados para fins de elaboração do relatório de administração concursal quando houver confusão de patrimônios e não for possível determinar a titularidade de ativos e passivos sem incorrer em despesa ou atraso injustificados (*Excepcionalmente, se podrán consolidar inventarios y*

tal interpretação retirava a utilidade da norma, que efetivamente permitiria a consolidação de patrimônios[181].

A celeuma parece ter sido encerrada com o Real Decreto 01, de 05.05.2020, que refundou o texto da *Ley Concursal*. De acordo com o artigo 43 do novo diploma, o juiz poderá, em caráter excepcional, de ofício ou por requerimento de qualquer interessado, autorizar a *consolidação das massas* dos devedores submetidos a procedimentos concursais instaurados de forma conjunta ou posteriormente reunidos, quando exista confusão patrimonial e não seja possível distinguir a titularidade de ativos e passivos sem incorrer em demora na tramitação processual ou gasto injustificado[182].

Diferentemente do que se viu em relação aos outros países, o ordenamento espanhol não restringiu a consolidação substancial à liquidação, entendendo-se que a medida também se aplica para fins de reorganização do grupo[183].

---

listas de acreedores a los efectos de elaborar el informe de la administración concursal cuando exista confusión de patrimonios y no sea posible deslindar la titularidad de activos y pasivos sin incurrir en un gasto o en una demora injustificados). Para Rafael Sebastián Quetglas, "a primeira reflexão que deve ser feita é que este regime é excepcional e não modifica o previsto no § 1º do mesmo artigo, ou seja, que existem tantos procedimentos quantos concursos foram declarados. Não ocorre em consequência a consolidação substantiva ou, dito de outra forma, não existe um procedimento único em que todos os ativos e passivos se unem para satisfazer conjuntamente aos credores das sociedades. A única coisa que o artigo 25.ter.2 pretende é incluir uma regra prática quando não for possível diferenciar entre as massas ativas e passivas dos diferentes concursos e tal regra conduzir à consolidação processual por ter ocorrido uma confusão incindível". No original: *La primera reflexión que hay que efectuar es que este régimen es excepcional y no modifica el previsto en el número 1 del mismo artículo, es decir, que hay tantos procedimientos como concursos hubieran sido declarados. No procede en consecuencia la consolidación sustantiva o dicho de otra manera, no hay un único procedimiento en el que todos los activos y pasivos se unan para satisfacer de forma conjunta a los acreedores sociales. Lo único que pretende el artículo 25.ter.2 es incluir una regla práctica cuando no se pueda diferenciar entre masas activas y pasivas de los distintos concursos y dicha regla conlleva a la consolidación procesal al haberse producido una confusión inescindible* (El concurso de acreedores del grupo de sociedades, cit., p. 192-193). Em sentido semelhante, igualmente sustentando que o dispositivo não autorizava a consolidação substancial, confira-se GARCÍA-ROSTÁN CALVIN, Gemma. *El proceso concursal ante insolvencias conexas*, cit., p. 87.

181. Cf. FLORES SEGURA, Marta. *Los concursos conexos*, cit., p. 349-350. No mesmo sentido: VALPUESTA GASTAMINZA, Eduardo *Guía legislativa de la Ley Concursal*. Texto comparado y comentado según la reforma de la Ley 38/2011. Barcelona: Bosh, 2012. p. 280.

182. "Artículo 43. Consolidación de masas. Excepcionalmente, el juez, de oficio o a solicitud de cualquier interesado, podrá acordar la consolidación de las masas de concursos declarados conjuntamente o acumulados cuando exista confusión de patrimonios y no sea posible deslindar la titularidad de activos y pasivos sin incurrir en demora en la tramitación del concurso o en un gasto injustificado." (Artigo 43. Consolidação de massas. *Excepcionalmente, o juiz, de ofício ou a requerimento de qualquer interessado, poderá autorizar a consolidação das massas dos concursos declarados conjuntamente ou acumulados quando houver confusão de patrimônios e não for possível distinguir a titularidade de ativos e passivos sem incorrer em demora na tramitação do feito ou em despesa injustificada*; tradução livre.)

183. Cf. MARQUINA ÁLVAREZ, Manuel. De los concursos conexos. In: PRENDES CARRIL, Pedro et al. (Dir.). *Comentario al texto refundido de la Ley Concursal*: comentario judicial, notarial y registral. Navarra: Aranzadi (Thompson Reuters), 2021. p. 302-304.

3.2.2.5 Irlanda

A Lei de Falência[184] da Irlanda, revisada pelo *Bankruptcy Amendment Act* de 25.12.2015, não trata especificamente dos grupos de empresas. Entretanto, a Lei das Companhias, de 23.12.2014, contém regra que permite ao juiz promover a consolidação substancial em procedimento de dissolução de sociedades.

Essa lei prevê que, no caso de dissolução de duas ou mais sociedades coligadas, o tribunal poderá, se considerar justo e equitativo fazê-lo, determinar que as empresas sejam liquidadas em conjunto como se fossem uma única empresa (art. 600, 1 e 2). Assim, ressalvados os direitos dos credores titulares de garantias em face de quaisquer das empresas, os credores quirografários das diferentes sociedades serão equiparados entre si (art. 600, 5, "c" e "e").

A lei societária irlandesa ainda estabelece que, para decidir se é justo e equitativo fazer tal determinação, o tribunal deverá levar em consideração: (a) o quanto qualquer uma das sociedades participou na gestão das demais, (b) a conduta de qualquer uma das sociedades em relação aos credores das outras sociedades; (c) em que medida as circunstâncias que deram causa à dissolução de quaisquer das sociedades são imputáveis a atos ou omissões das outras sociedades; (d) em que medida os negócios das empresas foram misturados (art. 600, 6). A própria lei ressalva, porém, que a mera circunstância de as sociedades terem relação entre si não justifica a ordem de consolidação (art. 600, 7).

3.3 CONCEITO E DENOMINAÇÃO

A denominação do instituto em estudo provém da *substantive consolidation* do direito americano, expediente que promove a reunião dos patrimônios de pessoas juridicamente distintas para determinados fins concursais. O adjetivo *substantive* (em vernáculo, substantivo ou substancial) serve para indicar que a medida atinge os direitos substantivos (ou materiais) dos envolvidos e também para distingui-la da *procedural consolidation*, ou "consolidação processual", que permite a administração conjunta de processos concursais envolvendo dois ou mais devedores, mas não resulta em modificação das relações jurídicas entre eles e seus respectivos credores[185].

---

184. *Bankruptcy Act*, de 1998 (Lei 27/1988).
185. No Brasil, o primeiro acórdão do Tribunal de Justiça de São Paulo que mencionou a consolidação substancial referiu-se a ela como "consolidação substantiva" (TJSP, 2ª Câmara Reservada de Direito Empresarial, AI 2094999-86.2015.8.26.0000, rel. Des. Carlos Alberto Garbi, j. 31.08.2015), mesma expressão empregada no trabalho mais antigo da doutrina pátria sobre o tema (CORRÊA JÚNIOR, Gilberto Deon. A consolidação substantiva no direito norte-americano. *Revista da AJURIS*, Porto Alegre, n. 73, p. 320-335, 1998). Pensa-se que a expressão "consolidação material" poderia traduzir com mais clareza a finalidade do instituto, mas a prática e, agora, a própria lei acabaram consagrando a expressão "consolidação substancial", que intitula a Seção IV-B da LRF, introduzida pela Lei 14.112/2020.

Com o tempo, a expressão "consolidação substancial" passou a ser empregada ao redor do mundo para designar tanto os expedientes que ensejam a unificação patrimonial como o resultado deles (isto é, a unificação em si), de modo que, atualmente, o termo não tem significado unívoco.

Embora seja referida para designar, em sentido amplo, o tratamento unificado dos ativos e passivos do grupo no âmbito do processo concursal, a consolidação substancial pode ter causas, finalidades e efeitos diversos, sendo esse um dos principais motivos das confusões a respeito do tema.

A consolidação substancial pode ser *imposta*, como ocorre nos casos em que o juiz determina a medida independentemente da vontade dos envolvidos, ou resultar de algum tipo de *negócio jurídico* entre devedores e credores, produzindo os efeitos que forem admitidos pelo ordenamento.

A consolidação substancial tem finalidades que ora se relacionam à liquidação do grupo empresarial, como para definir os ativos que serão revertidos para pagamento dos vários conjuntos de credores (e, por conseguinte, determinar a ordem de prioridade entre eles), ora se ligam à reorganização do grupo, para fins de elaboração e confirmação do plano submetido aos credores.

Os efeitos da consolidação substancial, por sua vez, também são variados. A unificação patrimonial pode ser *real* (ou de fato), caso em que os patrimônios particulares dos devedores são efetivamente unificados numa única pessoa jurídica (que pode ser uma pessoa nova ou mesmo um dos próprios devedores), ou apenas *putativa* – o que é mais comum –, quando a unificação das personalidades jurídicas não ocorre de fato, mas é meramente suposta para determinadas finalidades. Além disso, ela tanto poderá compreender a totalidade dos devedores (consolidação *total*) como apenas parte deles (consolidação *parcial*).

A consolidação substancial pode ser então definida, *em sentido amplo*, como ato ou efeito de unificar, de forma real ou putativa, total ou parcialmente, para determinados fins concursais, o patrimônio de dois ou mais devedores relacionados entre si.

Em sentido estrito, entre outras possíveis definições, o instituto pode ser conceituado como: (i) a *solução impositiva* da unificação, efetiva ou putativa, total ou parcial, para determinados fins concursais, dos patrimônios de dois ou mais devedores relacionados entre si; (ii) a *solução convencionada* entre devedores relacionados entre si e seus respectivos credores que importa unificação, efetiva ou putativa, para determinados fins concursais, dos patrimônios dos primeiros; e (iii) a *situação jurídica*[186] resultante da unificação, efetiva ou putativa, dos

---

186. No sentido que Rosa Maria de Andrade Nery confere ao termo, correspondendo "àquilo que pode significar a totalidade dos fenômenos jurídicos (relacionais e não relacionais), isto é, à totalidade de

patrimônios de dois ou mais devedores relacionados entre si no âmbito de um processo concursal.

3.4 CLASSIFICAÇÃO

A partir da conceituação promovida no item precedente, é possível classificar a consolidação substancial segundo diversos aspectos.

Quanto ao ato determinante, a consolidação substancial pode ser: (a) *impositiva*[187], caso em que a unificação patrimonial é determinada (normalmente pelo juiz) independentemente da vontade dos devedores ou dos seus respectivos credores; ou (b) *voluntária*, quando resulta de um negócio jurídico celebrado entre devedores e credores.

Quanto à natureza dos efeitos, a consolidação substancial pode ser: (a) *real*, quando opera a efetiva unificação dos patrimônios dos devedores numa única pessoa jurídica, que tanto pode ser uma pessoa jurídica nova, resultante da fusão dos devedores, quanto um dos próprios devedores, ao qual se incorporam os demais; ou (b) *putativa*, quando os ativos ou passivos dos devedores são tratados como se pertencessem a uma única entidade, mas sem que ocorra efetiva transferência da sua titularidade.

Quanto à extensão dos efeitos, a consolidação substancial pode ser: (a) *total*, quando a unificação patrimonial atinge os ativos e passivos de todos os devedores; ou (b) *parcial*, quando a unificação patrimonial contempla apenas parte dos devedores[188].

---

aspectos da realidade vistos pelo ângulo das consequências jurídicas vivenciadas pelo sujeito especificadamente, pelos sujeitos em decorrência de relacionamentos com outros sujeitos ou, ainda, pelos sujeitos, em geral, no tecido social que o direito pretende regular" (NERY, Rosa Maria de Andrade. *Introdução ao pensamento jurídico e à teoria geral do direito privado*. São Paulo: Ed. RT, 2008. p. 122). Não se ignora, porém, a existência de acentuada controvérsia na doutrina acerca do conceito de situação jurídica, ora empregada com outros sentidos (cf. LEVADA, Filipe Antônio Marchi. *Garantias autoexecutáveis*. São Paulo: Ed. RT, 2022. p. 332-34).

187. Também referida pela doutrina como consolidação substancial *obrigatória*, denominação proposta por Sheila Neder Cerezetti em seu artigo seminal sobre a recuperação judicial dos grupos (Grupos de sociedades e recuperação judicial, cit., p. 772).

188. A doutrina norte-americana também denomina de consolidação substancial *parcial* aquela operada apenas em relação a determinados ativos, credores ou para modificar a ordem de pagamento entre os créditos, embora reconheça que se trata de forma de raríssima aplicação (confiram-se as notas de rodapé n. 1015 e 1016). Não parece conveniente, porém, designar esses expedientes de consolidação substancial, que pressupõe uma unificação patrimonial abrangente, decorrente do fato de as sociedades não mais se comportarem como centros autônomos de imputação. Quando a ineficácia da separação patrimonial se restringe apenas a determinados ativos ou passivos, ou quando se altera a ordem de pagamento de determinado credor, o que se está fazendo, na verdade, é aplicar solução pontual, normalmente por via da técnica da desconsideração da personalidade jurídica ou algum outro expediente de extensão da responsabilidade. Esse tipo de solução não implica todos os efeitos da consolidação substancial,

Quanto à finalidade, a consolidação substancial pode servir à: (a) *liquidação*; ou (b) *reorganização* dos devedores.

3.5 NATUREZA JURÍDICA

Diante dos atuais contornos da consolidação substancial, é possível lhe atribuir dupla natureza jurídica: a primeira como *remédio de equidade*, para remediar situação de disfunção societária; e a segunda como *negócio jurídico*, quando resultar de acordo entre devedores e credores.

3.5.1 A consolidação substancial como remédio de equidade

Da mesma forma como já se afirmou acerca da desconsideração da personalidade jurídica[189], o mecanismo da consolidação substancial não deriva de lucubrações teóricas, mas se trata de um remédio surgido *a posteriori* para sistematizar e explicar uma solução concreta para resolver problemas reais produzidos pela indevida utilização da estrutura plurissocietária para o exercício da atividade empresarial.

A consolidação substancial resulta então de um ato de vontade do juiz, no âmbito do processo concursal, que independe de devedores e credores estarem ou não de acordo com a solução implementada. Esse ato jurídico, manifestado por uma decisão, expressa um comando do Estado que, por meio do juiz, declara a vontade da lei[190].

Mesmo que a lei estabeleça normas que balizem a consolidação substancial, a decisão acerca da sua aplicação necessariamente envolve ponderação subjeti-

---

como a necessidade da formulação de um plano unitário ou a realização de deliberações unificadas. Se o juiz determinar que todas as sociedades do grupo devem responder solidariamente pelas dívidas de um determinado grupo de credores, ainda que mediante a desconsideração da personalidade jurídica, a consequência disso é que esses credores passarão a votar em todas as AGCs. Da mesma forma que, sobrevindo a falência dos devedores, irão concorrer em todos os concursos porventura instaurados. Por outro lado, se houver indeterminação quanto à titularidade de um determinado bem, o juiz poderá eventualmente reconhecer o condomínio, arbitrando o quinhão de cada devedor para os fins do concurso, sem necessidade de modificar radicalmente a dinâmica de formulação e aprovação do plano de recuperação. Por isso, essas soluções pontuais não devem ser qualificadas como *consolidação substancial parcial*, expressão apropriada apenas para designar aquela que alcança somente uma parte dos devedores que compõem o processo concursal (muito embora, quanto a tal parte, a consolidação seja total).

189. CORDEIRO, António Menezes. *O levantamento da personalidade colectiva*: no direito civil e comercial. Coimbra: Almedina, 2000. p. 115.
190. Conforme leciona Moacyr Amaral Santos, "o preceito contido na sentença é a afirmação da vontade da lei, declarada pelo juiz, como órgão do Estado. Aplicando a lei à espécie, o juiz, como órgão estatal, emite um preceito, uma ordem, ou seja, na técnica de Carnelutti, um 'comando', que qualifica a sentença e lhe confere o caráter de ato de vontade, vontade do juiz, como órgão do Estado, em face daquilo que ali exprime" (*Comentários ao Código de Processo Civil*. Rio de Janeiro: Forense, 1977. v. 5. p. 425).

va dos possíveis benefícios e malefícios dela decorrentes, em consideração aos múltiplos interesses e direitos de todos os envolvidos (devedores, seus sócios, credores, empregados, consumidores, sociedade etc.). Não é por acaso que mesmo os países que disciplinaram a consolidação substancial estabeleceram cláusulas abertas[191], que não obrigam o juiz a determinar a medida em todo e qualquer caso de abuso da personalidade ou de confusão patrimonial nem estabelecem parâmetros rígidos para orientar a aplicação do recurso.

Afinal, dadas as infinitas conformações possíveis, seria impossível ao legislador determinar de antemão todos os casos em que a consolidação substancial seria conveniente, de modo que se mostra mais eficiente atribuir essa ponderação ao juiz[192], no qual a sociedade deposita o exercício de parcela do poder do Estado (pressupondo, além de outras coisas, sua capacidade para a função) e que ocupa uma posição imparcial em relação aos múltiplos interesses envolvidos, fatores que o legitimam a determinar a solução para o caso concreto em substituição da vontade das partes.

Daí por que a consolidação substancial constitui *remédio de equidade*, assim qualificada a solução que decorre da ponderação particular do julgador, que forja a ideia do que é justo no caso concreto de acordo com sua própria concepção. A fonte da decisão equitativa é a consciência do julgador, que sopesa as variáveis em consideração às circunstâncias e aos valores envolvidos[193]. Nesse caso, o juiz funciona como uma fonte delegada do direito, decidindo segundo o próprio sentimento de justiça[194].

---

191. As cláusulas gerais ou abertas servem para resolver a "o que, aqui e agora, é o justo" (AGUIAR JÚNIOR, Ruy Rosado de. O Poder Judiciário e a concretização das cláusulas gerais: limites e responsabilidade. *Revista da Faculdade de Direito da UFRGS*, Porto Alegre, n. 18, 2000. p. 226).
192. Isso não significa que se trate de uma solução arbitrária, mas determinada *em maior ou menor medida conforme o caso, por diferentes origens, elementos ou fatores, que combinados entre si e devidamente ponderados pela percepção valorativa do juiz, ajudam a formar o seu critério*. No original: "Dicha solución vendrá determinada, en mayor o menor medida según los casos, por distintos antecedentes, elementos o factores, que combinados entre sí y debidamente ponderados por la percepción valorativa del juzgador, coadyuvan a formar el criterio de éste" (SQUELLA, Agustín. Derecho natural y equidad. *Anuario de Filosofía Jurídica y Social*, Buenos Aires: Lexis Nexis, t. 2, 1983. p. 263; tradução livre).
193. Cf. SQUELLA, Agustín. Derecho natural y equidad, cit., p. 259-272.
194. "O poder judiciário, portanto, não é uma fonte principal (ou fonte de qualificação) do direito. Isso não exclui, entretanto, que o juiz seja em qualquer caso uma fonte subordinada, mais precisamente uma fonte delegada. Isto acontece quando ele pronuncia um juízo de equidade, a saber, um juízo que não aplica normas jurídicas positivas (legislativas e, podemos até acrescentar, consuetudinárias) preexistentes. No juízo de equidade, o juiz decide 'segundo consciência' ou 'com base no próprio sentimento de justiça'. Poder-se-ia dizer também que ele decide aplicando normas de direito natural, se concebermos este último como um conjunto de regras preexistentes. Ao prolatar o juízo de equidade, o juiz se configura como fonte subordinada, porque ele pode emitir um juízo somente se e na medida em que é autorizado pela lei e, de qualquer maneira, nunca em contraste com as disposições da lei. Isso acontece quando o legislador se encontra diante de certas situações que ele reputa impossíveis ou inoportunas disciplinar com normas gerais, solicitando

Não se pretende dizer que se conceda ao juiz a possibilidade de criar solução desprendida da lei ou ao arrepio dela. Já se observou que "julgar por equidade significa julgar aplicando os princípios gerais do direito. Não significa – e nem poderia significar – julgar *contra legem* (contra a lei)"[195].

O que se advoga é que o campo de incidência da norma é tão vasto que a lei seria incapaz de apontar a solução para todos os casos, reservando essa inteleção ao juiz, que deverá preencher o conteúdo faltante da norma mediante a sua ponderação particular à luz das circunstâncias do caso concreto.

No âmbito do direito brasileiro, não há incompatibilidade entre esse entendimento e a norma do artigo 140, parágrafo único, do CPC, que prescreve que o juiz só decidirá por equidade[196] nos casos previstos em lei. A melhor intelecção desse dispositivo é a de que o juiz não poderá, salvo quando autorizado a fazê-lo, substituir a aplicação do direito objetivo por seus critérios pessoais de justiça, mas não proíbe o magistrado de preencher o conteúdo da norma, à vista da analogia, dos costumes e dos princípios gerais do direito, a fim de promover a justiça no caso concreto[197], conforme decorre dos artigos 4º e 5º da Lei de Introdução às Normas do Direito Brasileiro.

No que se refere à consolidação substancial, o que se atribui ao juiz é o poder de disciplinar os efeitos da confusão patrimonial ou do desvio de finalidade pelas sociedades do grupo. À vista da extensão da disfunção societária e da ponderação das vantagens e dos prejuízos decorrentes da medida, o juiz decidirá se a consolidação de patrimônios é a solução mais justa para o caso concreto, podendo ainda modulá-la conforme as circunstâncias exigirem. Aqui, a equidade não corresponderá ao fundamento da decisão (em substituição à lei), mas ao critério determinante do conteúdo que falta à norma[198].

---

a sua regulamentação ao poder judiciário" (BOBBIO, Norberto. *O positivismo jurídico*: lições de filosofia do direito. Tradução e notas, Márcio Pugliesi, Edson Bini e Carlos Rodrigues. São Paulo: Ícone, 1995. p. 171-172).

[195]. CORRÊA-LIMA, Osmar Brina. Equidade (julgamento *com* equidade e julgamento *por* equidade). *Revista da Faculdade de Direito da Universidade Federal de Minas Gerais*, Belo Horizonte, n. 37, 2000. p. 228.

[196]. "[...] Ao juiz cabe aplicar o ordenamento jurídico sem repudiar a lei, que o integra harmoniosamente. Para julgar 'por equidade', ou seja, aplicando os princípios gerais do direito, não há necessidade de nenhum comando especial. Já temos um comando geral, contido na Lei de Introdução ao Código Civil, que erige os princípios gerais de direito em fonte do Direito" (CORRÊA-LIMA, Osmar Brina. Equidade (julgamento *com* equidade e julgamento *por* equidade), cit., p. 229).

[197]. STJ, 3ª T., REsp 48.176-SP, rel. Min. Eduardo Ribeiro, j. 12.12.1995, *DJ* 08.04.1996. Embora o acórdão proferido nesse julgamento se refira ao artigo 127 do CPC/1973, o texto desse dispositivo é idêntico ao do artigo 140, parágrafo único, do CPC/2015.

[198]. MORIMOTO JUNIOR, Antonio. *Limites da atuação jurisdicional nas sentenças determinativas*. 2014. Tese (Doutorado) – Faculdade de Direito, Universidade de São Paulo, São Paulo, 2014. p. 93.

Isso não significa que o juiz tenha discricionariedade[199] para aplicar ou não a consolidação substancial[200]. Discricionariedade tem a ver com juízo de conveniência e oportunidade, quando existem várias soluções possíveis. No caso, conquanto a decisão sobre a adoção da consolidação substancial envolva grande liberdade de investigação crítica do julgador (notadamente quanto à justiça e eficiência da medida à luz do caso concreto), ao juiz não é dado o poder de escolher outra solução que repute preferível uma vez que estejam presentes as condições que justificam a aplicação do remédio.

3.5.2 A consolidação substancial como negócio jurídico

Em tese, os mesmos efeitos da consolidação determinada pelo juiz, como remédio de equidade, poderiam ser produzidos por convenção entre os devedores e os credores, *desde que o ordenamento assim o permita*. Nesse caso, a consolidação substancial seria voluntária, tendo natureza jurídica negocial.

O tema será aprofundado no item 3.9.

3.6 DIFICULDADES E PARADOXOS DA CONSOLIDAÇÃO SUBSTANCIAL

A consolidação substancial consiste numa solução para lidar com a crise do grupo de sociedades nos casos em que as personalidades jurídicas dos seus integrantes se misturam. Entretanto, como a lógica do sistema jurídico se articula em torno da separação jurídica das sociedades, mesmo quando em relação de

---

199. A inexistência de discricionariedade judicial, em hipóteses como a sob estudo, é bem explicada por José dos Santos Bedaque: "[...] o que se costuma denominar de ato discricionário do juiz, em geral, não passa de interpretação e aplicação da norma jurídica ao caso concreto, utilizando o legislador critérios previamente estabelecidos pela própria lei. [...] Quanto maior a indeterminação do conceito legal, mais relevante e delicada se apresenta a função jurisdicional. A decisão, nesses casos, pressupõe grande liberdade de investigação crítica do julgador, que a doutrina processual costuma identificar, de forma não muito precisa, com poder discricionário atribuído ao juiz. Na realidade, não se trata de poder discricionário, visto que o juiz, ao decidir à luz dessas regras, não o faz por conveniência e oportunidade, juízos de valor próprios da discricionariedade. Nesses casos, verificando haver subsunção da situação descrita pela parte a qualquer das hipóteses legais, não restará outra alternativa ao julgador, senão aplicar a regra invocada. [...] Não tem o juiz, portanto, o poder de optar por uma entre várias soluções possíveis. Caso se verifiquem os pressupostos legais, a única alternativa é aquela prevista pela norma. É claro que, quanto maior a imprecisão dos conceitos contidos na lei, tanto maior será a liberdade no exame desses requisitos. Mas essa circunstância não torna discricionário o ato judicial" (BEDAQUE, José Roberto dos Santos. Discricionariedade judicial. *Revista Forense*, Rio de Janeiro, v. 354, 2001. p. 188 e 190).
200. Nesse sentido, reconhecendo que a imposição da consolidação substancial não envolve juízo discricionário, mas o exercício de um *poder-dever*, confira-se Marcelo Sacramone (*Comentários à Lei de Recuperação de Empresas e Falência*. 2. ed. São Paulo: Saraiva, 2021. E-book. p. 603).

grupo, a unificação dos patrimônios encerra dificuldades e paradoxos, ao menos aparentes, para os quais a presente tese pretende apresentar possíveis respostas.

3.6.1 A consolidação substancial na liquidação

A consolidação substancial foi inicialmente pensada para a falência[201] de devedores que se confundiam entre si, sendo razoavelmente claro o seu funcionamento nesse caso. Como se sabe, a falência implica o desapossamento dos bens do devedor, que são liquidados e revertidos para pagamento dos seus credores[202]. Assim, operada a consolidação substancial entre empresas de um grupo declaradas falidas, liquidam-se os seus ativos e pagam-se os seus credores segundo a concepção de que todos os devedores comungam um único patrimônio indiviso.

Com a consolidação substancial, torna-se irrelevante definir se determinado ativo ou passivo pertence especificamente a este ou àquele devedor. Arrecadados os bens do grupo, esses ativos são liquidados e revertidos para pagamento das dívidas de todos os devedores, estabelecendo-se a ordem de pagamento como se todos fossem credores de uma mesma entidade. Com isso, simplifica-se tremendamente o processo de liquidação e de organização do pagamento das dívidas e resolve-se o problema da indefinição da titularidade dos ativos e passivos, mas não sem prejuízo para uma parcela dos envolvidos no processo concursal (afinal, não se faz uma omelete sem quebrar os ovos).

Num cenário em que os ativos não são suficientes para honrar todos os passivos – o que quase sempre ocorre –, os maiores prejudicados pela consolidação substancial são: (i) os credores de dívidas de corresponsabilidade de mais de um devedor (se, antes da consolidação, podiam perseguir a satisfação integral do seu crédito até o limite das forças do patrimônio individual de cada empresa, com ela receberão o máximo que a sua preferência lhes permitir em consideração às dívidas de todo o grupo); (ii) os credores dos devedores que possuem a maior parte dos ativos ou a melhor relação entre ativos e passivos (se, antes da consolidação, esses credores precisariam repartir esses ativos apenas entre si, com ela terão de reparti-los com os credores de todos os demais devedores); e (iii) os devedores que possuem a maior parte dos ativos ou a melhor relação entre ativos

---

201. Até hoje, a consolidação substancial é tipicamente discutida no contexto de liquidação dos devedores (UNCITRAL. *Legislative Guide on Insolvency Law*: Part three: Treatment of enterprise groups in insolvency. United Nations Publication, 2010. p. 60).
202. Em alguns casos, todavia, admite-se a continuação provisória do negócio do devedor na falência, quando ela mais bem servir ao pagamento dos credores. A respeito do tema sob a perspectiva da legislação atual, confira-se PUGLIESI, Adriana Valéria. *Direito falimentar e preservação da empresa*, cit., p. 184-195. Sob a vigência do Decreto-lei 7.661/1945, a questão foi analisada em profundidade por ABRÃO, Nelson. *A continuação do negócio na falência*. São Paulo: Leud, 1975.

e passivos, bem como os sócios destes (se, antes da consolidação, esses devedores respondiam apenas pelos próprios passivos, com ela seus ativos responderão por todas as dívidas das outras empresas do grupo).

Por outro lado, a medida beneficia credores que, antes da consolidação, receberiam menos (ou eventualmente nada) caso concorressem apenas aos ativos de determinado devedor ou se tivessem de dividi-los com credores que poderiam cobrar a mesma dívida de várias ou de todas as empresas do grupo, assim como também favorece os devedores (e seus acionistas) com pior relação entre ativos e passivos.

Aí se encontra o *primeiro paradoxo* da consolidação substancial. Cria-se uma estrutura de independência entre as sociedades e de limitação de responsabilidade com a finalidade econômica de segregar riscos para todos os participantes (inclusive os próprios credores), mas elimina-se essa estrutura justamente diante de um quadro de crise generalizada, em que, teoricamente, o respeito às divisões estabelecidas num cenário de normalidade seria ainda mais necessário.

O paradoxo, porém, é apenas aparente, pois, se as sociedades não funcionam como centros de imputação autônomos, essa estrutura de independência e de limitação de responsabilidade não tem utilidade. A dificuldade está, na verdade, em determinar a partir de quando a separação entre as sociedades deixa de existir, ou quando a consolidação substancial é adequada à vista do grau de embaralhamento entre as empresas.

Se hipoteticamente é possível pensar em cenários de confusão generalizada, em que todos os ativos e passivos se confundem, ou em que todas as sociedades do grupo operam com desvio de finalidade (situação que tornaria o remédio da consolidação substancial mais palatável), a realidade normalmente é feita de zonas cinzentas, em que essas coisas ocorrem das mais variadas formas e nos mais diferentes graus, ainda mais considerando as múltiplas relações jurídicas estabelecidas por várias pessoas diferentes de um mesmo grupo.

Haverá casos em que a indeterminação da titularidade se limita apenas a parte dos ativos ou dos passivos, ou que o desvio de finalidade se operou apenas em relação a certos negócios das empresas, mas não a todos. Da mesma forma que haverá credores que trataram individualmente com determinado devedor pensando estarem tratando com o grupo todo, enquanto outros se fiaram na independência patrimonial e jurídica de cada empresa. Por isso, uma solução global e uniforme, como aquela operada pela consolidação substancial, acaba igualando situações desiguais, podendo conduzir a resultados injustos para uma parte dos envolvidos[203].

---

203. Ainda que, teoricamente, seja possível pensar em mecanismos de consolidação substancial parcial (p. ex, envolvendo a parte dos ativos e passivos cuja titularidade não possa ser determinada, ou dos

Daí se percebe que a decisão de aplicar ou não a consolidação substancial não pode ser determinada a partir de um conjunto de fórmulas rígidas, que serão incapazes de acomodar as infinitas conformações fáticas possíveis ou de apontar a solução justa para todo e qualquer caso. Ainda que sejam estabelecidos parâmetros para racionalizar o processo decisório, no intuito de sopesar os benefícios e malefícios da medida (como é feito a partir dos "testes" criados pela jurisprudência norte-americana), a adoção da consolidação substancial não escapa da ponderação subjetiva acerca da sua conveniência à luz do caso concreto, que envolve aceitar que uma parte dos devedores, seus sócios e credores será potencial ou efetivamente prejudicada pela forma como esse remédio altera as relações jurídicas *em bases relativamente aleatórias*[204]. Não se trata, pois, de uma solução jurídica ou economicamente excelente, mas da solução possível à falta de outra melhor.

3.6.2   A consolidação substancial na reorganização

A possibilidade de a consolidação substancial ser imposta no âmbito dos procedimentos de reorganização, para resolver um problema que os próprios devedores criaram, é muito menos intuitiva. Na verdade, causa certa perplexidade[205] que os devedores tenham permissão para reorganizar o seu negócio como se os ativos e passivos de todos eles pertencessem a uma única entidade, beneficiando-se da ineficácia da separação dos seus respectivos patrimônios, justamente por terem desrespeitado os limites das próprias personalidades.

---

negócios resultantes do desvio de finalidade do grupo), a implementação prática dessa ideia pode ser impossível ou extremamente difícil, a depender das circunstâncias, o que explica por que esse tipo de solução raramente é adotado (cf. KADISH, Allen G.; ADELSTEIN, Michael A. *Protecting the corporate creditor under the Bankruptcy Code*, n. 80, cit., p. A-109).

204. Kleber Zanchim e Bárbara Teixeira, referindo-se aos credores voluntários, observam que a consolidação substancial pode beneficiá-los ou prejudicá-los de forma completamente desvinculada do risco que tomaram, mesmo quando tenham pretendido se vincular apenas a uma sociedade e não a todo o grupo (Consolidação substancial em *project finance*. In: OLIVEIRA FILHO, Paulo Furtado (Coord.). *Lei de Recuperação e Falência*: pontos relevantes e controversos da reforma pela Lei 14.112/20. Indaiatuba: Foco, 2022. v. 4. p. 28).

205. Nesse sentido, confira-se a crítica de Domingos Refinneti e Guilherme Gaspari Coelho: "Causa certa perplexidade e afeta expectativas lícitas e legítimas dos credores, portanto, a tendência de se autorizar que o próprio devedor (potencialmente aquele que, em infringência das leis civis e societárias, tenha praticado atos portanto ilícitos, que tenham resultado em abuso e desvio da personalidade jurídica e/ ou confusão patrimonial) possa, sem qualquer autorização prévia de seus credores individuais e em detrimento dos negócios jurídicos perfeitos celebrados com tais credores, opor a sua própria 'torpeza' no âmbito de um processo de recuperação judicial, beneficiando-se de uma (auto)desconsideração da personalidade jurídica, sob a solitária justificativa de que o plano unitário apresentado e a consolidação do grupo econômico são necessários e benéficos para o sucesso da recuperação judicial e a preservação da empresa (na realidade, em última análise, necessários e benéficos maiormente para a sobrevivência dos próprios sócios, acionistas ou administradores que fraudaram a personalidade jurídica que querem, agora, desconsiderar)" (Consolidação substancial e recuperação judicial: um tema ainda tormentoso. *JOTA*, 6 out. 2018).

Isso encerra o *segundo paradoxo* da consolidação substancial, que se resolve a partir da percepção de que, independentemente dos motivos que a tornaram necessária, a medida pode ser economicamente mais eficiente para todos os envolvidos (ou a maior parte deles). De fato, embora possa favorecer os próprios devedores ou o seu controlador, a consolidação substancial visa tutelar, em primeiro lugar, os interesses dos *stakeholders* (credores, empregados, fornecedores, consumidores) e da coletividade como um todo[206], viabilizando a reorganização do grupo nos casos em que essa solução seja economicamente mais eficiente do que a liquidação.

Mesmo ocorrendo confusão patrimonial ou desvio de finalidade, ainda assim a manutenção da atividade empresarial e da exploração do fundo de comércio, por via da reorganização, poderá ser a solução mais interessante para promover a maximização dos ativos[207] e evitar as perdas da liquidação, segundo a ideia de que, "com frequência, a empresa vale mais viva do que morta"[208]. A depender das circunstâncias, isso só será possível mediante o emprego da consolidação substancial.

No entanto, existem dificuldades específicas para a aplicação do expediente quando o objetivo do processo concursal não é (apenas) determinar a forma como os ativos do grupo serão revertidos para pagamento dos credores, mas promover uma composição entre eles e os devedores de modo a viabilizar a reorganização do grupo. O próprio funcionamento da consolidação substancial na reorganização não é tão claro quanto na falência[209], notadamente no que se refere a definir quem estabelecerá as cláusulas da proposta e como alcançar a legítima manifestação de vontade da coletividade de credores pela voz da maioria.

Ao reproduzir, no procedimento de reorganização, o mecanismo de tratar os devedores como se fossem uma única entidade, com patrimônio indiviso, deduz-se que a proposta a ser submetida aos credores não será formulada in-

---

206. Mais do que o mero atendimento dos interesses privados do devedor e dos seus credores, a reorganização visa atender o interesse público da economia regional ou nacional (cf. COMPARATO, Fábio Konder. *Aspectos jurídicos da macroempresa*. São Paulo: Ed. RT, 1970. p. 109).
207. Entre outras vantagens econômicas, a consolidação substancial permite a maximização do valor dos ativos ao viabilizar a venda de operações de todo o grupo (o "going concern") no lugar da venda de operações individuais de cada devedor (cf. HIRTE, Heribert. Towards a Framework for the Regulation of Corporate Groups' Insolvencies, cit., p. 223), segundo a ideia de que a riqueza agregada das sociedades é mais afetada pela forma como os seus ativos são empregados do que pela forma como são repartidos. "Em suma, o tamanho da torta é mais importante do que o tamanho das suas fatias" (No original: *In short, the size of the pie is more important than the size of the slices*) (RASMUSSEN, Robert K. The Problem of Corporate Groups, A Comment on Professor Ziegel *Fordham Journal of Corporate & Financial Law*, n. 7, p. 398, 2002).
208. FRANCO, Gustavo Lacerda. *A administração da empresa em recuperação judicial*, cit., p. 32.
209. Apesar disso, é frequente, tanto na doutrina nacional quanto na estrangeira, que o tema da consolidação substancial seja tratado de forma indistinta em relação aos processos de reorganização e de falência, sendo esse outro motivo de confusão acerca do instituto.

dividualmente pelos devedores (ainda que em conjunto), mas será apresentada *pelo grupo*, ao qual se passa a atribuir certa unidade jurídica. Por conseguinte, os credores de todos os devedores deliberarão conjuntamente sobre essa proposta, como se os créditos fossem detidos contra a mesma e única entidade (o grupo), e não contra seus integrantes.

Percebe-se que a consolidação substancial opera, na reorganização, uma mudança de vetor. Se, antes dela, a finalidade imediata do processo era a reabilitação das sociedades individualmente consideradas, ainda que indiretamente viabilizada pela reabilitação do grupo, com a consolidação substancial a finalidade imediata do processo passa a ser a reabilitação do próprio grupo, que poderá ser indiretamente viabilizada pela reabilitação das sociedades individualmente consideradas.

Acaba-se então conferindo ao controlador a prerrogativa de formular a proposta em nome do conjunto de devedores, o que lhe permite subordinar os interesses individuais de cada sociedade aos interesses do grupo, mesmo quando isso não seria possível segundo o regime jurídico aplicável.

Isso explica, em parte, o motivo de alguns grupos empresariais pleitearem a consolidação substancial na sua recuperação judicial, que nada tem a ver com confusão patrimonial ou desvio de finalidade[210]. Ainda que isto não seja confessado, pretende-se o beneplácito judicial para que os recursos das sociedades do grupo sejam rearranjados segundo o critério do controlador, mesmo contra os interesses particulares das controladas, eliminando-se certos custos de transação e eventualmente facilitando-se a obtenção das maiorias necessárias à aprovação do plano de recuperação.

3.6.3 Conflitos de interesses entre os devedores

Uma vez operada a consolidação substancial, com unificação patrimonial em torno de um único centro de interesses, passa-se a admitir o sacrifício individual das sociedades (com a destinação dos seus recursos para o pagamento das dívidas ou para a manutenção da atividade de outras empresas) em prol da reorganização do grupo.

---

210. Em grupos empresariais menores, é relativamente comum a ausência de controles ou a adoção de expedientes que tornem impossível distinguir a titularidade dos ativos ou passivos dos seus integrantes. Por outro lado, tratando-se de grupos grandes e sofisticados, isso não ocorre com a mesma frequência, não sendo necessariamente difícil determinar, do ponto de vista formal, os ativos e passivos de cada empresa. Nesse sentido, Eduardo Secchi Munhoz observa que "a identificação das titularidades dos ativos e passivos, no caso de um grupo de sociedades, em geral, não é difícil de ser estabelecida. As regras sobre direito de propriedade são claras, de modo que a titularidade de um ativo por uma sociedade do grupo, em geral, não é difícil de ser determinada. Da mesma forma, não costuma ser difícil estabelecer qual sociedade do grupo contratou com esta ou aquela obrigação" (Consolidação processual e substancial. *Revista do Advogado*, São Paulo, n. 150, 2021. p. 29).

Revela-se, assim, o *terceiro paradoxo da consolidação substancial*, particularmente afeto ao direito brasileiro[211]: num cenário de normalidade, veda-se a subordinação de interesses fora dos limites de eventual convenção de grupo, mas quando isso é desrespeitado, por atos que configuram desvio de finalidade ou ensejam confusão patrimonial, a solução viabilizada pela consolidação substancial consiste justamente em tratar os ativos e passivos dessas sociedades como se pertencessem a uma única entidade (o grupo), concedendo-se ao controlador o poder de orientar a destinação dos recursos consolidados das sociedades em atenção aos interesses do grupo.

Este último paradoxo se resolve a partir da combinação das soluções dadas para os outros dois. Se, do ponto de vista material, já não existia separação jurídica entre as empresas do grupo, a consolidação substancial estará apenas espelhando a realidade que já se verificava na prática, de modo a viabilizar a solução economicamente mais eficiente para tutela dos credores e demais *stakeholders*. Solução esta que não legitima, de modo algum, os desvios do controlador ou dos administradores, nem os isenta de responsabilidade perante quem de direito, notadamente os acionistas minoritários. Além disso, se esses desvios encerrarem as hipóteses previstas nos incisos do artigo 64 da LRF, todos eles poderão ser afastados da condução da atividade empresarial, ensejando a nomeação de novos administradores ou mesmo de um gestor judicial.

Curiosamente, o potencial conflito de interesses entre as sociedades integrantes do grupo, ou os direitos dos minoritários, não costumam ser lembrados nas decisões ou textos acadêmicos acerca da consolidação substancial[212], como se o concurso derrogasse todo o regime societário, fazendo desaparecer as regras de governança dos grupos.

Esse "esquecimento" talvez possa ser explicado pela omissão dos legisladores em disciplinar as relações entre o direito concursal e o direito societário, tema do qual a doutrina pouco se ocupou[213].

---

211. No Brasil, que adotou modelo dual em matéria de grupos de sociedade, já se viu que a quase totalidade dos grupos não é governada por uma convenção (ou seja, são grupos de fato), de modo que o controlador do grupo não pode orientar as sociedades controladas a atuar em prejuízo dos seus interesses particulares, especialmente sem a correspondente compensação. No entanto, nos vários casos em que os tribunais brasileiros admitiram a consolidação substancial, o potencial conflito de interesses entre as sociedades na formulação do plano unitário não foi referido nas decisões.
212. Mesmo na doutrina estrangeira, não é fácil encontrar textos que abordem o conflito de interesses entre os próprios devedores nas discussões que envolvem a reorganização dos grupos. Entre alguns poucos trabalhos que circundaram a questão, confira-se HIRTE, Heribert. Towards a Framework for the Regulation of Corporate Groups' Insolvencies, cit., p. 226-227.
213. Acerca do recente interesse da doutrina nas interações entre o direito concursal e o direito societário, Gianluca Bertolotti anota que o estudo do chamado "direito societário da crise" ainda se encontra em estágio embrionário (Diritto societario della crisi e gestione della società per azioni. In: BARTOLOMÉ, David Garcia et al. (Coord.). *Estudios sobre derecho de la insolvencia*. León: Eolas, 2016. p. 80).

Outra possível explicação decorre da importação da teoria da consolidação substancial norte-americana sem considerar as diferenças fundamentais entre a nossa recuperação judicial e a *reorganization* do direito ianque, em especial no que se refere ao procedimento de confirmação do plano e ao mecanismo do *cram down* (como visto, inexistente entre nós).

Na grande maioria dos casos de reorganização de grupos empresariais segundo o *Chapter* 11 do *Bankruptcy Code*, especialmente quando operada a consolidação substancial, a confirmação do plano não ocorre pela aprovação de todas as classes de credores[214] (difícil de ser alcançada), mas por via do *cram down*[215], que exige a aprovação de uma única classe e, principalmente, que o pagamento das dívidas obedeça à ordem de prioridade dos créditos (*absolute priority rule*[216]) e não deixe os credores em situação pior do que na falência. Sem contar que o procedimento de reorganização por vezes é utilizado apenas para organizar a liquidação das empresas, sem compromisso com a superação da crise ou a manutenção dos devedores[217].

É por isso que, nos Estados Unidos, a discussão sobre a consolidação substancial na reorganização ocorre em bases muito semelhantes àquela travada na falência. Lá o principal efeito da consolidação substancial (ou da ineficácia da separação patrimonial dela decorrente) é definir a ordem de pagamento dos credores para fins de confirmação do plano pela via do *cram down*, que passa a ser determinada segundo a concepção de que os devedores compartilham o mesmo patrimônio.

---

214. As quais, como já visto, não são determinadas pela lei, mas estabelecidas pelo próprio devedor com base em critérios de similitude dos créditos (confira-se o item 2.15.2).
215. Sobre o *cram down* no direito norte-americano, confira-se o item 2.15.2.
216. Conforme Charles Jordan Tabb, "if an impaired class does vote against the plan, it triggers the absolute priority rule" (*se uma classe afetada pelo plano votar contra a sua aprovação, isso dispara a regra de respeito absoluto à ordem de prioridade entre os créditos*) (*Law of Bankruptcy*, cit., 3. ed., p. 1137; tradução livre).
217. No Brasil, nós temos dois sistemas bem definidos. A recuperação judicial se presta à superação da crise, para que a empresa possa se restabelecer e continuar exercendo a sua atividade. Essa é a finalidade precípua do plano de recuperação. A liquidação da empresa, por sua vez, é objeto da falência, não da recuperação. Nos EUA, por outro lado, esses sistemas de certa forma se confundem, pois a liquidação não é exclusivamente feita no processo de falência (Chapter 7), também podendo ser promovida segundo o procedimento de reorganização (Chapter 11). Como a falência normalmente resulta numa menor taxa de recuperação do crédito em comparação ao procedimento de reorganização, a liquidação só é feita segundo o procedimento de falência quando a empresa não dispõe dos fundos necessários para promovê-la por via da reorganização (cf. BERNSTEIN, Donald et al. United States. In: BERNSTEIN, Donald (Ed.). *The insolvency review*. 9. ed. London: Law Business Research, 2021. p. 381-382). Confiram-se, ainda, Renato Mange et al. comentando as vantagens da liquidação operada por via da reorganização sobre a falência, a fim de promover o máximo retorno para os credores e, se possível, para os acionistas (O direito falimentar brasileiro e o norte-americano. In: MARTINS, André Chateaubriand et al. (Coord.). *Recuperação judicial*: análise comparada Brasil-Estados Unidos. São Paulo: Almedina, 2020. p. 348-353).

O que mais importa para o direito norte-americano, mesmo no âmbito do procedimento de reorganização, é determinar se será justo e vantajoso para todos (ou para a grande maioria) que a ordem de pagamento dos créditos seja definida segundo a concepção de que os devedores compartilham o mesmo patrimônio, pouco se discutindo sobre os problemas ligados ao potencial conflito de interesses entre eles ou sobre a forma de deliberação dos seus credores, questões muito mais acesas nos casos em que o plano conjunto apresentado pelo grupo não envolve consolidação substancial[218].

Na recuperação judicial brasileira, por outro lado, a confirmação do plano depende necessariamente da adesão da maioria dos credores (seja aquela apurada pelo quórum ordinário do artigo 45, seja a do quórum alternativo do artigo 58, § 1º), mas não se exige que o plano obedeça à *absolute priority rule*[219] ou que os titulares de créditos da mesma natureza sejam necessariamente pagos da mesma forma[220]. Salvo pela via do controle de validade dos votos, o juiz brasileiro não tem como superar a oposição dos credores, mesmo que o plano respeite a ordem de pagamento prevista para a falência e não imponha aos credores situação pior do que na quebra.

Entre nós, portanto, ao examinar o cabimento da consolidação substancial na recuperação judicial, o juiz não investigará se é justo que os pagamentos dos credores ocorram segundo a mesma ordem prevista para a falência, como se todos os devedores partilhassem o mesmo patrimônio. O que lhe cabe determinar, na verdade, é se é justo, sob a perspectiva dos múltiplos interesses envolvidos, permitir aos devedores promover a recuperação judicial como se constituíssem uma única entidade e se é legítimo atribuir a decisão sobre o plano ao conjunto indistinto de credores, desconsiderando-se a separação entre as personalidades jurídicas dos integrantes do grupo e alterando-se o poder de influência de cada credor na determinação do resultado da deliberação.

Essas questões encerram o âmago da discussão acerca da compatibilidade da técnica da consolidação substancial com os procedimentos de reorganização

---

218. Nos casos em que o plano conjunto não envolve consolidação substancial, a forma de calcular a adesão necessária para fins de viabilizar o *cram down* é objeto de acirrada disputa jurisprudencial e doutrinária, referida no item 2.15.2.
219. Cf. NEDER CEREZETTI, Sheila. Reorganization of corporate groups in Brazil, cit., p. 4.
220. Restou pacificada pelo Superior Tribunal de Justiça a possibilidade de o plano de recuperação estabelecer subclasses para fins de pagamento dos titulares de créditos da mesma natureza, desde que a distinção esteja fundada em critérios objetivos. Nesse caso, porém, não se admite a aprovação do plano segundo o quórum alternativo previsto no artigo 58, § 1º, da LRF se ele implicar tratamento diferenciado entre os credores da classe que o houver rejeitado (STJ, 3ª T., REsp 1.634.844-SP, rel. Min. Ricardo Villas Bôas Cueva, j. 12.03.2019).

dos grupos, embora nenhuma delas tenha sido suficientemente explorada ou esclarecida[221].

3.7 FUNDAMENTOS

Diversos são os fundamentos referidos na doutrina e jurisprudência (nacional e estrangeira) para justificar a imposição da consolidação substancial nos processos de reorganização dos grupos, boa parte deles ligada à existência de um grupo de sociedades, à dependência econômica entre as empresas (ou à repercussão da crise no grupo) e às exceções ao regime de limitação de responsabilidade.

Nesse particular, são frequentemente citados: (i) hipóteses de extensão da responsabilidade individual das sociedades em razão da natureza de determinadas relações jurídicas (p. ex., no caso de obrigações trabalhistas, previdenciárias, ambientais, consumeristas etc.) ou do modo da sua constituição (especialmente por conta da aplicação da teoria da aparência); (ii) negócios jurídicos pelos quais as empresas do grupo se comprometem pelas obrigações umas das outras (p. ex., mediante a prestação de garantias cruzadas); e (iii) casos pontuais de abuso da personalidade jurídica, caracterizado pelo desvio de finalidade ou pela confusão patrimonial.

A seguir, pretende-se demonstrar que essas circunstâncias, embora possam concorrer para a avaliação do cabimento da consolidação substancial, não comprometem a função jurídico-econômica da estrutura plurissocietária nem constituem, por conseguinte, justificativa idônea para que essa solução generalista seja imposta sem a concordância de credores e devedores. Defende-se, ainda, que o remédio da consolidação substancial deve ser reservado apenas aos casos de significativa disfunção do grupo, quando as sociedades não operam como centros autônomos de imputação das relações jurídicas e a própria estrutura plurissocietária deixa de cumprir sua função.

3.7.1 As exceções à limitação da responsabilidade nos grupos

São lugar-comum as afirmações de que "no grupo tudo é diferente", ou de que "no grupo tudo é mais complicado"[222]. Isso decorre do fato de o grupo encerrar um fenômeno dual, em que a unidade econômica contrasta com a pluralidade

---

221. Mesmo entre as poucas legislações que regulamentaram a consolidação substancial, a maioria delas prevê a adoção do mecanismo apenas nos procedimentos de liquidação, silenciando quanto à sua aplicação para fins de reorganização do grupo. Confira-se, a propósito, o estudo feito no item 3.2.2.
222. Cf. Ana Perestrelo de Oliveira, concordando com Wiedemann e Fleischer (OLIVEIRA, Ana Perestrelo de. *Manual de grupos de sociedades*. Coimbra: Almedina, 2017. p. 9).

jurídica. Sob influência antropocêntrica[223], a própria ideia de pessoa jurídica, segundo as principais teorias, assenta-se na figura do homem[224], que é uno[225], não plural. O grupo de sociedades, porém, desprendeu-se do seu criador e logrou a capacidade de ser, a um só tempo, uno e plural, submetendo-se a lógica que não está fundada exclusivamente na unidade ou na pluralidade, elementos que interagem entre si.

Ao direito, encarregado de qualificar e regular esse fenômeno, não cabe alterar a sua essência, separando a fórceps a pluralidade jurídica da unidade econômica, mas compreender que é justamente essa dicotomia que confere unidade ao grupo. É a oposição que produz a unidade, conforme filosofa Heráclito[226]. As características do grupo, embora antagônicas, não são mutuamente excludentes, mas produzem a unidade que lhe é peculiar, formada pela concorrência de múltiplos centros de imputação e unidade econômica.

É por isso que soluções generalistas informadas apenas pela pluralidade jurídica ou somente pela unidade econômica têm grande potencial de produzir resultados disfuncionais, que negam a própria finalidade (jurídica e econômica) da existência dos grupos. Se a lei proíbe toda e qualquer subordinação de interesses nos grupos – priorizando sua pluralidade jurídica –, acaba se colocando em choque com a realidade econômica, por inviabilizar os benefícios decorrentes da exploração coordenada da empresa a partir de pessoas jurídicas distintas (benefícios que, vale dizer, não se limitam às próprias empresas ou ao controlador, mas são compartilhados pela sociedade como um todo, a quem potencialmente interessa o incremento da produção de riqueza). Por outro lado, se a lei estabelece a corresponsabilidade geral e irrestrita entre as sociedades integrantes do grupo – priorizando sua unidade econômica –, acaba negando a independência jurídica e patrimonial que fundamenta a existência da estrutura plurissocietária, desestimulando o empreendedorismo, a assunção de riscos e a própria atividade econômica.

O grande desafio do direito está, portanto, em promover o balanceamento dos valores envolvidos, de tal modo que seja capaz de atendê-los sem negá-los.

---

223. Cf. FERRARA, Francesco. *Teoría de las personas jurídicas*. Madrid: Reus, 1929. p. 5, 125, 168 e 314.
224. Para Georges Ripert, o homem criou as sociedades à sua imagem, dando-lhes personalidade jurídica, uma personalidade semelhante à reconhecida aos indivíduos (Aspectos jurídicos do capitalismo moderno. [Tradução]. Campinas: RED, 2002. p. 90).
225. Cf. FERRARA, Francesco. *Teoría de las personas jurídicas*, cit., p. 125.
226. "A verdade que o comum dos homens parece não compreender, habituados como estão a ver os componentes do real separadamente, é como uma única coisa pode conter em si determinações opostas sem deixar de constituir uma unidade perfeita. A maioria deles, incrédulos acerca de tudo que ultrapassa a experiência sensível, tende a desprezar o Um e se atém à multiplicidade, que é aparente" (SANTOS, Maria Carolina Alves dos. A lição de Heráclito. *Trans/Form/Ação*, São Paulo, n. 13, p. 7-8, 1990).

O equilíbrio repousa em soluções que sejam capazes de acolher o fenômeno econômico e jurídico dos grupos como ele é, o que importa garantir a pluralidade jurídica sem ignorar a unidade econômica, disciplinando os efeitos desta dentro das balizas daquela. De certa forma, é o que o legislador tenta fazer, com variados níveis de acerto.

Tomando-se o exemplo do direito brasileiro, a regulação dos grupos de direito (nos quais se admite a subordinação de interesses nos limites da convenção) consiste justamente numa tentativa de criar uma estrutura jurídica capaz de viabilizar as vantagens decorrentes da exploração empresarial de múltiplas entidades a partir de uma direção unitária sem infirmar a pluralidade jurídica. Já as normas que estabelecem a responsabilidade solidária ou subsidiária para *certas relações jurídicas* das empresas (p. ex., as obrigações de natureza trabalhista[227], previdenciária[228], consumerista[229] e as decorrentes das leis antitruste[230] e anticorrupção[231]) procuram atenuar a pluralidade jurídica, sem negá-la, em casos específicos nos quais a responsabilidade intimamente se relaciona com a unidade econômica do grupo.

Mais recentemente, a reforma da LRF, ao disciplinar a consolidação processual, estabeleceu ferramentas para lidar com a repercussão econômica da crise no grupo – exigência da unidade econômica – sem descuidar do respeito à independência patrimonial entre os seus integrantes.

Aqui não se pretende determinar se a disciplina normativa existente é boa ou ruim, mas apenas esclarecer que esse tipo de regulação se presta a equilibrar a dicotomia intrínseca aos grupos, sem negar nenhuma das suas características fundamentais. Quando a lei autoriza a subordinação de interesses (condicionando-a, nos grupos de fato, à compensação da sociedade prejudicada), está implicitamente reconhecendo a distinção entre as personalidades jurídicas dos

---

227. Consolidação das Leis do Trabalho (CLT), artigo 2º, § 2º. "Sempre que uma ou mais empresas, tendo, embora, cada uma delas, personalidade jurídica própria, estiverem sob a direção, controle ou administração de outra, ou ainda quando, mesmo guardando cada uma sua autonomia, integrem grupo econômico, serão responsáveis solidariamente pelas obrigações decorrentes da relação de emprego".
228. Lei da Seguridade Social (Lei 8.212/1991), artigo 30, IX. "As empresas que integram grupo econômico de qualquer natureza respondem entre si, solidariamente, pelas obrigações decorrentes desta Lei".
229. Código de Defesa do Consumidor (Lei 8.078/1990), artigo 28, § 2º. "As sociedades integrantes dos grupos societários e as sociedades controladas, são subsidiariamente responsáveis pelas obrigações decorrentes deste código".
230. Lei de Defesa da Concorrência (Lei 12.529/2011), artigo 33. "Serão solidariamente responsáveis as empresas ou entidades integrantes de grupo econômico, de fato ou de direito, quando pelo menos uma delas praticar infração à ordem econômica".
231. Lei Anticorrupção (Lei 12.846/2013), artigo 3º, § 2º. "As sociedades controladoras, controladas, coligadas ou, no âmbito do respectivo contrato, as consorciadas serão solidariamente responsáveis pela prática dos atos previstos nesta Lei, restringindo-se tal responsabilidade à obrigação de pagamento de multa e reparação integral do dano causado".

integrantes do grupo. De mesma forma, ao impor a corresponsabilidade para determinadas relações jurídicas das sociedades em grupo, por razões de ordem social ou econômica[232], a lei confirma a inexistência dessa consequência no tocante às demais. As exceções não infirmam a dualidade intrínseca aos grupos, mas a confirmam.

O eventual exagero do legislador, num sentido ou noutro, não justifica negar a finalidade jurídico-econômica dos grupos, nem o reduzir a somente uma das suas facetas. Mesmo quando as normas jurídicas mitigam excessivamente a independência patrimonial, como vem ocorrendo no Brasil[233], isso não autoriza a solução simplista de desconsiderar os limites das personalidades jurídicas em todo e qualquer caso envolvendo grupos, ainda que no contexto da crise dos seus integrantes.

Esse tipo de solução, aliás, compromete a proteção que o legislador pretendeu conferir a certos credores ou a determinadas relações jurídicas. Afinal, a eliminação total da separação patrimonial nos grupos faz com que os destinatários do tratamento legal favorecido sejam igualados aos demais (aos quais não se pretendeu conferir a mesma proteção)[234].

O mesmo raciocínio se aplica aos casos em que não é a lei, mas são os próprios integrantes dos grupos que voluntariamente mitigam sua independência patrimonial mediante a celebração de determinados negócios jurídicos, como ocorre quando prestam garantias em favor uns dos outros (expediente frequente no contexto das obrigações assumidas para com as instituições financeiras). Como se sabe, a própria regulação prudencial[235] do mercado financeiro faz com que a tomada de recursos seja usualmente condicionada à garantia de todo ou de grande parte do grupo, produzindo situação aparentemente antagônica a *uma*

---

232. Cf. NEDER CEREZETTI, Sheila. Reorganization of corporate groups in Brazil, cit., p. 12.
233. Confira-se: PARGENDLER, Mariana. How universal is the corporate form? Reflections on the dwindling of corporate attributes in Brazil. 58 *Columbia Journal of Transnational Law*, p. 1-57, 2019; e *The fallacy of complete corporate separateness*. Disponível em: https://ssrn.com/abstract=3994854. Acesso em: 10 fev. 2021.
234. De fato, a generalização do emprego da consolidação substancial ameaça a própria finalidade das exceções concebidas pelo legislador à limitação de responsabilidade das sociedades, geralmente concebidas para proteger os agentes mais fracos, como trabalhadores e consumidores (cf. NEDER CEREZETTI, Sheila. Reorganization of corporate groups in Brazil, cit., p. 2).
235. A atividade das instituições financeiras é regulada por certas regras que visam garantir sua higidez, entre as quais se inserem os limites de alavancagem e exigência de provisões para a concessão de crédito, cujo valor é definido com base em certos critérios que determinam o risco de cada operação. Tanto maior o risco, maior será a provisão, que impacta no nível de alavancagem. Assim, a exigência de garantias não ocorre apenas para minimizar o risco da concessão do crédito, mas também para reduzir a provisão correspondente, liberando capital para outras operações financeiras (cf. ZANCHIM, Kleber; TEIXEIRA, Bárbara. Consolidação substancial em *project finance*, cit., p. 26).

das finalidades da segmentação da empresa em pessoas jurídicas distintas, que é a segregação de riscos.

Diferentemente do que se pode pensar, a corresponsabilidade contratual, especialmente quando estabelecida para *garantir* o crédito, não infirma a separação patrimonial do grupo, senão a confirma. Ainda que esses negócios impliquem o compartilhamento dos riscos entre os membros do grupo, a contratação da garantia só faz sentido porque os patrimônios são distintos e independentes. Não fossem, a garantia não teria utilidade alguma. Ressalvadas situações disfuncionais, a prestação de garantias intragrupo não configura corrupção da estrutura grupal, tampouco desnatura a pluralidade jurídica; consiste, na verdade, numa das várias expressões da sinergia decorrente da relação de grupo, que, no caso, permite a uma sociedade ter acesso ao crédito que não lograria obter sozinha ou tomá-lo em condições eventualmente mais vantajosas do que aquelas que lhe seriam viabilizadas apenas pelas próprias forças.

Embora as obrigações para com as instituições financeiras normalmente tenham importância significativa no contexto geral do passivo do grupo, não se justifica extrapolar a corresponsabilidade para elas estabelecida (em decorrência da autonomia privada) para todas as demais obrigações em relação às quais (igualmente em decorrência da autonomia privada) não se ajustou idêntica proteção. A eventual fragilidade de certos credores em comparação a outros é própria do sistema capitalista e aceita pelo ordenamento ao determinar a ordem de preferência no pagamento dos créditos. Expedientes que, em nome de uma pretensa justiça social, pretendem igualar relações de crédito desiguais operam contra o princípio da liberdade econômica.

Finalmente, figuram como exceções à limitação de responsabilidade as hipóteses de *abuso da personalidade jurídica*. Se as sociedades operam com *desvio de finalidade* (como quando operam com o propósito de cometer fraudes, fora do seu objeto social ou em violação das regras que disciplinam a subordinação de interesses) ou se se verifica entre elas *confusão patrimonial* (usualmente provocada pelo compartilhamento ou transferência irregular de recursos, inexistência ou ineficiência de controles administrativos, ausência ou incorreção da escrituração e embaralhamento das atividades), será possível desconsiderar a personalidade jurídica para o fim de estender a responsabilidade por determinada obrigação aos demais integrantes do grupo.

Mesmo assim, casos isolados de abuso não justificam determinar, necessariamente, o compartilhamento de todas as responsabilidades entre as sociedades do grupo. Quando o desvio de finalidade se limitar a um determinado negócio, ou quando a confusão patrimonial se restringir a um determinado ativo, poderá estar justificada a aplicação pontual da desconsideração da personalidade jurídica, mas daí não decorre que estará igualmente justificado tratar as sociedades como se compartilhassem um único patrimônio no tocante a todas as outras obrigações.

Num universo de milhares de negócios jurídicos, se o menos relevante deles encerrar abuso da personalidade jurídica por parte do grupo, parece evidente que não se deverá estender o regime jurídico aplicável a esse único negócio a todos os demais, em relação aos quais não existiu abuso algum. Da mesma forma que a indeterminação da titularidade de uma pequena percentagem dos bens do grupo não justificará tratar a universalidade dos bens como se pertencessem indistintamente a todas as sociedades. O exagero da argumentação serve para evidenciar o potencial equívoco de soluções generalistas adotadas exclusivamente com base em situações pontuais, que, como tais, devem ser tratadas pontualmente.

Existem casos, no entanto, em que o abuso da personalidade não ocorre de forma episódica, ou que possa ser isolado, mas se verifica de modo sistêmico, generalizado. A depender do grau e da espécie do abuso, da extensão das relações jurídicas afetadas, do período pelo qual perdurou e da forma como se consumou, não será possível determinar onde começa uma sociedade e termina a outra, ou identificar as relações jurídicas pertinentes a cada integrante do grupo individualmente considerado (senão de todas, ao menos de parte significativa delas).

Quando a realidade se choca com as finalidades econômica e jurídica da estrutura grupal e as sociedades se comportam de modo a tornar inútil ou ineficaz a existência de separação entre elas, deixando de funcionar como centros de imputação autônomos, pode-se falar numa *disfunção societária*[236]. Assim, mesmo que preservada a separação entre as personalidades sob o aspecto formal, ela se torna ineficaz do ponto de vista material.

Por conseguinte, os direitos e obrigações deixam de ser imputados às sociedades individualmente consideradas, passando a ser atribuídos ao próprio grupo[237], enquanto unidade jurídica, mas não por efeito de uma solidariedade legal ou convencional entre os seus integrantes, e sim pela ausência de efetiva separação jurídica entre eles. Somente aqui se justifica a imposição da consolidação substancial, como forma de superar as dificuldades práticas produzidas pela indeterminação dos centros de imputação de cada sociedade.

---

236. NEDER CEREZETTI, Sheila Christina. Grupos de sociedades e recuperação judicial, cit., p. 774.
237. Embora o grupo em si não goze de personalidade jurídica. Vale lembrar, a propósito, que o direito reconhece centros de imputação, ou sujeitos de direito, desprovidos de personalidade jurídica, dos quais são exemplos clássicos o condomínio, o espólio e a massa falida (cf. COMPARATO, Fábio Konder. *O poder de controle na sociedade anônima*. 3. ed. Rio de Janeiro: Forense, 1983. p. 279).

3.7.2 Crise do grupo e crise da estrutura grupal

A pesquisa jurisprudencial realizada no início deste trabalho revelou que, na maior parte dos casos, o deferimento da consolidação substancial em recuperações judiciais foi justificado pelo fato de os devedores (i) possuírem os mesmos sócios, (ii) sujeitarem-se a controle comum, (iii) explorarem atividades relacionadas, (iv) prestarem garantias em favor uns dos outros (garantias cruzadas), (v) serem identificados pelo mesmo signo, além de outras circunstâncias relacionadas à própria existência de um grupo econômico ou à repercussão da crise entre os seus integrantes (isto é, à sua unidade econômica)[238].

É preciso compreender, porém, que a crise do grupo não se confunde com a crise da estrutura grupal. A *crise do grupo*, consectária da sua unidade econômica, tem a ver com a relação de integração ou dependência entre as empresas que faz com que as dificuldades econômico-financeiras de uma repercutam sobre a outra, mas nem sempre envolve confusão patrimonial[239] ou desvio de finalidade. A *crise da estrutura grupal*, por sua vez, corresponde a situações disfuncionais que impedem distinguir os direitos e responsabilidades de cada empresa do grupo, seja porque sua titularidade não pode ser determinada, seja porque a separação patrimonial entre elas é artificial ou inoponível aos credores.

A depender do nível de integração ou dependência econômica entre as empresas, bem como das exceções à limitação de responsabilidade impostas a determinadas relações jurídicas pela lei ou pelo contrato, poderá ser necessário o tratamento unificado da crise do grupo, por meio de uma solução global. Entretanto, uma vez que os devedores conservem a condição de centros autônomos de imputação, permitindo que sejam distinguidas suas respectivas responsabilidades e direitos, a adoção dessa solução não depende de desconsiderar a separação entre as suas personalidades jurídicas ou de tratá-los como se compartilhassem um patrimônio indiviso.

Embora o tratamento da crise de pessoas jurídicas interligadas envolva uma negociação complexa, a adoção de soluções coordenadas é perfeitamente possível a partir do processamento conjunto dos procedimentos de reorganização dos múltiplos devedores e da formulação de propostas conjugadas, coligadas ou mesmo unificadas, sem que disso resulte sacrifício dos direitos particulares dos credores, dos devedores ou dos sócios destes, que poderão até mesmo aprovar negócios que produzam resultados semelhantes aos da consolidação substancial

---

238. *Vide* item 1.2.5.
239. Se é verdade que, num quadro de generalizada confusão patrimonial entre as empresas de um grupo, também haverá repercussão da crise entre elas, a recíproca não é verdadeira, pois nem sempre que houver repercussão da crise dentro do grupo também haverá confusão patrimonial.

imposta pelo juiz, mas com a preservação do poder de determinação individual de cada sociedade e dos seus respectivos credores.

Por isso, não se justifica impor a consolidação substancial em prejuízo desses direitos, com a subversão das regras que definem as responsabilidades dos agentes econômicos e organizam os interesses das sociedades agrupadas, apenas para tornar mais fácil articular a solução para a crise do grupo (mediante a superação das regras de governança) ou obter a aprovação dos credores (via manipulação das maiorias necessárias à aprovação do plano).

Somente quando as personalidades jurídicas das sociedades integrantes do grupo não puderem ser materialmente identificadas como centros autônomos de imputação, tornando impraticável aplicar o regime de interesses e responsabilidades concebido pela lei, é que terá cabimento a imposição da consolidação substancial.

3.7.3 Confusão patrimonial e corresponsabilidade

Boa parte das decisões que autorizaram a consolidação substancial com fundamento na confusão patrimonial referiu essa circunstância apenas em termos genéricos, sem identificar os direitos e responsabilidades cuja titularidade não podia ser determinada. Outras tantas vezes, a confusão patrimonial foi associada a casos de mera corresponsabilidade, solidária ou subsidiária, imposta pelo regime de responsabilidade aplicável a certas relações jurídicas do grupo (*e.g.*, trabalhistas, previdenciárias, consumeristas etc.) ou decorrente de negócios jurídicos pelos quais os devedores se obrigam pelas mesmas dívidas, especialmente as garantias intragrupo.

Essa equiparação, no entanto, não é correta. Não é porque existe corresponsabilidade que ocorre confusão patrimonial. Preservada a distinção entre os diversos centros de imputação e sendo possível determinar a responsabilidade de cada devedor por cada dívida, ainda que comum, não haverá confusão patrimonial alguma, em que pese a repercussão econômica de determinadas obrigações sobre o grupo.

A consolidação substancial, mais do que meramente compartilhar responsabilidades entre as empresas do grupo, declara que os direitos e deveres dos devedores gravitam em torno de um único centro de imputação, o que explica que a reorganização delas seja entabulada a partir de um plano unitário e que todos os devedores se sujeitem ao mesmo destino, quer a liquidação quer a reorganização.

Mesmo havendo corresponsabilidade entre os componentes do grupo, seja ela derivada da lei (nas hipóteses em que excepciona a limitação da responsabilidade) ou do contrato (quando os próprios devedores se comprometem pelas obrigações uns dos outros), não desaparece a função econômica ou jurídica da separação patrimonial, sendo equivocado pensar que, nesse caso, a consolidação substancial seria uma consequência automática ou mesmo indiferente para credores e devedores.

A mera corresponsabilidade, mesmo alcançando grande parte ou até a totalidade das obrigações, não induz, necessariamente, que as sociedades integrantes do grupo perderão a individualidade jurídica ou que deixarão de ser centros autônomos de imputação, efeito operado apenas em caso de disfunção societária estruturalmente relevante (ou seja, quando existe um desvirtuamento grave e sistêmico da estrutura plurissocietária)[240].

Note-se que a diversificação do risco não se assenta apenas na atribuição de certos conjuntos de ativos a entidades juridicamente distintas, nem na correspondente sujeição desses ativos exclusivamente às dívidas de uma determinada sociedade. Assenta-se também na capacidade de cada sociedade produzir riqueza para honrar seus compromissos, avaliada tanto individualmente quanto sob a perspectiva das suas interações com as demais empresas do grupo. Além disso, os interesses (legítimos) de um mesmo credor de dívida solidária podem ser completamente distintos em relação às várias empresas do grupo, ainda que todas sejam corresponsáveis pela mesma dívida.

Imagine-se a situação de um conjunto de fornecedores que, com a garantia solidária da empresa "A", venda insumos a prazo para a empresa "B", ambas do mesmo grupo econômico, porém atuantes em segmentos diferentes. Imagine-se, ainda, que as únicas dívidas dessas empresas sejam as contraídas para com esses fornecedores, todas elas, portanto, de responsabilidade solidária. Imagine-se, finalmente, que, por dificuldades de fluxo de caixa, essas empresas ingressem, conjuntamente, com pedido de reorganização, visando à renegociação das condições de pagamento dessas dívidas, cada qual formulando seu próprio plano para equalização desse passivo.

Ao deliberar sobre as propostas, é possível que os fornecedores votem pela reorganização de uma e pela liquidação da outra[241], conforme as perspectivas de recuperação das empresas lhes pareçam mais ou menos promissoras, ou simplesmente como estratégia para diversificar a alocação do risco. Ou então poderão tomar a sua decisão com base em interesses distintos, votando pela aprovação

---

240. Ou então como resultado de determinados negócios jurídicos específicos, como a fusão e a incorporação, que promovem a concentração material e formal de entidades diversas em uma única pessoa jurídica. Trata-se, todavia, de coisa completamente diversa.
241. Vale lembrar que, no direito brasileiro, a mera concessão da recuperação judicial não prejudica as garantias das dívidas objeto da novação (LRF, art. 59, *caput*).

do plano da empresa com a qual tenham intenção de manter relação comercial e pela liquidação do garantidor, de quem pretendem apenas recuperar o crédito.

Se fosse determinada a consolidação substancial num caso como esse, apenas porque as dívidas são solidárias, tanto os credores ficariam impedidos de exercer os direitos que decorrem da garantia em sua plenitude como os devedores ficariam desnecessária e ilegitimamente vinculados ao mesmo destino. Os reflexos disso poderão ser especialmente gravosos não apenas para as próprias sociedades, mas também para os seus respectivos acionistas, produzindo resultados especialmente injustos quando inexiste coincidência absoluta dos respectivos quadros sociais.

3.7.4 A unidade do grupo sob a ótica dos credores

Outro fundamento que costuma ser invocado para justificar a imposição da consolidação substancial tem a ver com o modo como os devedores são enxergados pelos credores[242]. De acordo com essa tese, que aparece em alguns dos "testes" desenvolvidos pelos tribunais norte-americanos[243], a consolidação substancial teria cabimento quando os próprios credores trataram as sociedades do grupo como se constituíssem uma entidade singular, de modo que o concurso deveria refletir essa situação.

A ideia consiste em estabelecer uma correlação entre o risco mensurado pelos credores e o tratamento que lhes deve ser dispensado no concurso[244], a fim de não beneficiar ou prejudicar, injustamente, aqueles que se fiaram na separação patrimonial entre os devedores ou assumiram que, ao contratar com determinado devedor, estavam, na verdade, se vinculando a todo o grupo (e, portanto, assumindo o risco do grupo)[245].

---

242. Sobre o tema, confira-se FLORES SEGURA, Marta. *Los concursos conexos*, cit., p. 390.
243. Em especial naqueles desenvolvidos nos casos *Augie/Restivo* e *Owens Corning* e nas suas variações (confira-se o item 3.2.1.2).
244. Marcelo Sacramone critica a norma contida no artigo 69-J da LRF justamente por não estabelecer essa relação: "A alteração legal com a inclusão do art. 69-J, contudo, de forma criticável, caracteriza a possibilidade de consolidação excepcional em determinadas hipóteses, mas sem atenção à exigência de que haja conhecimento pelos credores a respeito da confusão patrimonial dos devedores e de forma a se presumir que mensuraram os respectivos riscos contratuais com base nesse conhecimento" (*Comentários à Lei de Recuperação de Empresas e Falência*, cit., p. 601).
245. Defendendo o emprego desse critério para determinar quando a consolidação seria ou não cabível, Kleber Zanchim e Bárbara Teixeira sustentam que "importa verificar se é presumível que credores tenham mensurado o risco de crédito de sua contraparte considerando eventual confusão patrimonial dela com outras sociedades do mesmo grupo, vislumbrando a possibilidade de consolidação substancial, agora uma hipótese prevista em lei que não pode ser ignorada. Nessa situação, o crédito não estaria limitado à garantia do patrimônio individual da devedora, mas também ficaria sujeito à concorrência de passivos das sociedades agrupadas que, em concreto, atuem em busca de interesses comuns. Logo, como forma de evitar, ao mesmo tempo, injustificados prejuízos (em caso de concorrência com passivos de outras sociedades) ou benefícios (em caso de concorrência com ativos de outras sociedades) para

O problema desse raciocínio é que ele dificilmente autoriza uma solução uniforme e global, como é a consolidação substancial. Além de demandar a análise individual das relações mantidas por cada credor (a fim de determinar se eles encararam o grupo como uma unidade jurídica ou não), o critério fundado no risco não considera que o concurso, ainda mais de um grupo de empresas, costuma reunir créditos das mais variadas origens[246], contemplando inclusive credores que não assumiram risco algum.

Ignora-se, pois, que o concurso não contempla apenas credores *voluntários* – que livremente decidiram se vincular aos devedores mediante a ponderação do risco do crédito (seja o risco individual de cada sociedade, seja o risco de todo o grupo) –, mas também credores *involuntários*, como se qualificam os credores de indenizações decorrentes de ilícitos extracontratuais, o fisco e mesmo aqueles cuja liberdade de contratar é limitada, como consumidores e trabalhadores[247].

Esses credores não mensuram ou aceitam o risco das sociedades individualmente consideradas, ou do grupo, de modo que o raciocínio desenvolvido para os credores voluntários não lhes pode ser aplicado. Assim, como a consolidação substancial implica tratar todos os credores como se houvesse um único devedor[248], não parece adequado decidir sobre o seu cabimento levando em conta apenas o modo como as sociedades do grupo eram vistas por parte deles, isto é, pelos credores capazes de imputar o risco às empresas isoladamente ou ao grupo todo.

Por outro lado, a utilidade da ponderação vinculada à forma como os credores enxergam o grupo, mesmo que desassociada da apreciação do risco do crédito, demanda algumas reflexões importantes, especialmente para diferenciar as situações dos credores que: (i) ao contratar com um devedor, pensam estar

---

quem se pretendeu vincular apenas a um devedor específico, e não a seu grupo econômico, a consolidação substancial somente deve ter lugar após cuidadosa avaliação do risco de crédito efetivamente assumido pelos credores. Do contrário, pode haver situações em que credores tenham condições de pagamento pioradas ou melhoradas por razões totalmente desvinculadas das áleas por eles tomadas" (Consolidação substancial em *project finance*, cit., p. 28).

246. Uma das maiores dificuldade para lidar com a crise dos grupos tem a ver justamente com o fato de o processo concursal reunir créditos de naturezas distintas e credores com interesses assimétricos (cf. FONTANA, Maria Isabel. O passo em falso do legislador com relação à consolidação processual e substancial. In: OLIVEIRA FILHO, Paulo Furtado. *Lei de Recuperação e Falência*: pontos relevantes e controversos da reforma. Indaiatuba: Foco, 2021. v. 1. p. 95).

247. A lógica que envolve a relação creditícia, para uns e para outros, é diferente. Os textos doutrinários e as decisões judiciais costumam pressupor apenas a existência de credores voluntários profissionais, subordinados a uma racionalidade econômica específica. É compreensível que o façam, pois normalmente esses credores são mais importantes, ao menos em valor. A dificuldade está, porém, em estabelecer se é possível desenvolver algum tipo de raciocínio que acomode todos os tipos de créditos.

248. Qualquer solução que adote fórmula geral e objetiva de responsabilidade não permite distinguir credores voluntários e involuntários (cf. SALOMÃO FILHO, Calixto. *O poder de controle*, cit., 6. ed., p. 433).

contratando com o grupo, por não conseguirem distinguir um devedor de outro; (ii) nas suas relações com determinado devedor, exigem garantia de todo o grupo, supostamente por não confiarem na separação patrimonial entre os seus integrantes; (iii) contratam com os devedores de forma individual, mesmo sabendo da confusão entre eles; ou (iv) concorrem para que os devedores desrespeitem a separação patrimonial. Todas essas situações têm a ver com o modo como os devedores lidam com os grupos, mas são muito diferentes uma da outra.

No primeiro caso, são os próprios devedores que se apresentam perante os credores como se constituíssem uma única entidade, não apenas do ponto de vista econômico, mas também do jurídico, dando causa àquilo que Comparato denominou de *confusão externa*[249]. Isso é bastante frequente nas relações com consumidores e fornecedores mais simples, que não têm condições de distinguir uma sociedade da outra, o que acaba autorizando a extensão da responsabilidade individual ao grupo por via da chamada *teoria da aparência*[250].

Trata-se, no entanto, de situações particulares, que não necessariamente autorizam a imposição de uma solução uniforme a todas as demais relações jurídicas em que se engajarem as sociedades do grupo. Há diversos credores que, tendo plenas condições de distinguir uma sociedade da outra, seja em razão do seu porte econômico, seja em virtude do seu nível de especialização, não devem gozar da proteção conferida pela teoria da aparência, nem deveriam ter o seu direito no concurso particular do devedor com o qual contrataram afetado pelo direito dos credores de outros devedores aos quais a teoria da aparência igualmente não se aplica.

No segundo caso, relativo aos credores que exigem garantias de todo o grupo nas operações realizadas individualmente com algum devedor, é comum a concepção de que tal expediente representaria burla ao regime de separação patrimonial entre as sociedades, ou indicaria que os credores simplesmente não confiaram nessa separação. Contudo, não se pode concordar com tal entendimento.

A função econômica das garantias é aumentar a proteção do credor, diminuindo o risco da inadimplência. De certa forma, elas favorecem a concessão do crédito e reduzem o seu custo, estimulando a produção de bens e serviços. Afinal, se não pudessem ser exigidas garantias ou se os credores não pudessem se fiar na separação patrimonial, talvez o crédito não fosse concedido, ou o seria em condições mais gravosas para o tomador.

---

249. COMPARATO, Fábio Konder. *O poder de controle na sociedade anônima*, cit., 3. ed., p. 354.
250. Para um estudo amplo acerca da teoria da aparência, seu desenvolvimento e aplicações no direito brasileiro, confira-se CHAVINHO, Mateus Bicalho de Melo. *A teoria da aparência e seus reflexos no direito brasileiro*. 2. ed. Belo Horizonte: D'Plácido, 2021.

É estranho, então, que se pretenda punir esses credores, impondo-lhes o sacrifício da consolidação substancial, como se tivessem feito alguma coisa de errado ao exigir garantias. Nem é correta a suposição de que, ao exigir garantias do grupo todo, os credores tratam ou enxergam os devedores como se possuíssem patrimônio único e indiviso. É verdade que, se foi concedida garantia pelo grupo todo, o limite total da garantia corresponderá à soma dos patrimônios dos seus integrantes, mas isso não deveria prejudicar o direito desses credores de terem a prioridade do seu crédito respeitada no concurso individual de cada devedor, justamente por se tratar de entidades com patrimônio separado.

O terceiro caso se refere aos credores que contratam com determinada sociedade, individualmente, mesmo sabendo da sua confusão com outras empresas do grupo. Faz algum sentido que a ineficácia da separação patrimonial entre as sociedades possa ser oposta a eles, mas não quando isso lhes for mais vantajoso do que a situação que enfrentariam no concurso da sociedade com a qual contrataram (hipótese em que a consolidação substancial faria com que esses credores enriquecessem injustificadamente).

O quarto e último caso diz respeito aos credores que concorrem, de algum modo, para que os devedores desrespeitem a própria autonomia, como no caso de exercerem influência dominante sobre o grupo em desacordo com a disciplina de interesses que lhe é aplicável. Se um credor – um banco, por exemplo – exerce sua influência dominante para impor o favorecimento indevido entre as sociedades do grupo numa determinada operação, a fim de aumentar a proteção do seu crédito, é evidente que ele não poderá se beneficiar da própria torpeza. Ainda assim, a solução para esse caso não passa pela consolidação substancial, podendo autorizar, ao contrário, a exclusão da garantia ou até a própria responsabilização do credor.

3.7.5 Efeitos de segunda ordem

É sabido e consabido que as decisões judiciais provocam efeitos que não se circunscrevem aos casos postos em julgamento, afetando decisivamente os comportamentos dos agentes econômicos. Na tentativa de reequilibrar determinada relação jurídica, a intervenção do Poder Judiciário às vezes produz efeitos contrários aos valores que informaram sua decisão, sobretudo quando autoriza a quebra de contratos[251].

---

251. Confira-se: PINHEIRO FILHO, Francisco Renato Codevila. *A função do Poder Judiciário no processo de crescimento econômico brasileiro*: uma análise sobre os efeitos das decisões judiciais nas relações contratuais, à luz da nova economia institucional. Brasília: Conselho da Justiça Federal, 2017.

A esse respeito, a doutrina anota vários casos em que a intervenção judicial nos contratos acabou por condená-los ao ostracismo, até mesmo em prejuízo das partes que a própria decisão visava proteger[252].

Sob esse aspecto, o recurso à consolidação substancial merece particular cautela, na medida em que subverte as expectativas originais dos contratantes quanto ao respeito à separação patrimonial entre os devedores[253]. Ao impactar os direitos dos credores de concorrer ao acervo da massa e de influenciar a decisão para a crise do devedor, a imposição desse mecanismo altera a percepção do risco[254], podendo causar distorções no mercado, além de prejuízos à economia como um todo[255].

Entre vários outros possíveis efeitos, o emprego exagerado e indiscriminado da consolidação substancial tende a aumentar: (i) os custos de transação, exigindo que a avaliação dos riscos das operações, sobretudo daquelas que envolvem a concessão de crédito, leve em consideração o grupo como um todo[256]; (ii) o risco para a concessão do crédito, com possível diminuição da oferta e encarecimento do custo, até por conta do enfraquecimento das garantias eventualmente con-

---

252. Exemplo clássico do que se afirma é identificado na intervenção judicial nos chamados "contratos de soja verde", nos quais se pactuava a venda da safra ainda não colhida. Entre os anos de 2002 e 2004, houve uma supervalorização do preço da soja, que levou os produtores (que haviam vendido a safra ainda não colhida por preço mais baixo) a pleitear a revisão desses contratos, a fim que lhes fosse paga a diferença. O pleito foi sistematicamente acolhido pelo Poder Judiciário, com aparente vitória dos produtores. Nos anos seguintes, todavia, por não confiarem que tais contratos seriam respeitados, os compradores simplesmente se recusaram a celebrá-los, o que acabou sendo extremamente prejudicial aos próprios produtores, aos quais muito interessava a venda antecipada, com garantia do recebimento do preço mesmo que a safra não fosse colhida (cf. REZENDE, Chistiane Leles. *Pacta sunt servanda?* Quebra dos contratos de soja verde. 2008. Tese (Doutorado) – Faculdade de Economia, Universidade de São Paulo, São Paulo, 2008. p. 101-102).
253. Ou, pelo menos de uma parte deles, pois dificilmente um concurso reunirá apenas credores que não confiam na separação entre as sociedades do grupo, ou lhe atribuem unidade jurídica (*vide* o item antecedente).
254. Cf. CORRÊA JUNIOR, Gilberto Deon. Anotações sobre a consolidação processual e a consolidação substancial no âmbito da recuperação judicial. In: WAISBERG, Ivo; RIBEIRO, José Horácio Halfeld Rezende. *Temas de direito da insolvência*: estudos em homenagem ao Professor Manoel Justino Bezerra Filho. São Paulo: Iasp, 2017. p. 330. No mesmo sentido, referindo-se à consolidação substancial, Domingos Refinetti e Guilherme Gaspari Coelho observam que "a insegurança jurídica do sistema atual tem consequência sistêmica e afeta operações de mercado financeiro e de capitais, em especial a precificação dos instrumentos de dívida e o custo dos recursos, já que ambos têm relação intrínseca com higidez da operação, das potenciais garantias concedidas pela devedora, com a análise da estrutura de endividamento e a autonomia patrimonial do tomador de recursos. Tais fatores não podem ser simplesmente desconsiderados em situações impostas pela devedora, em prol de um suposto interesse coletivo de preservação, que nem sempre se sustenta" (Consolidação substancial e recuperação judicial, cit.).
255. Cf. ZANCHIM, Kleber; TEIXEIRA, Bárbara. Consolidação substancial em *project finance*, cit., p. 26.
256. Cf. REFINETTI, Domingos; COELHO, Guilherme Gaspari. Consolidação substancial e recuperação judicial, cit.

cedidas pelo grupo; (iii) o emprego de expedientes para excluir os créditos dos efeitos da recuperação; e (iv) a exigência de garantias de terceiros, não vinculados juridicamente ao grupo[257], dificultando ou encarecendo a obtenção do crédito.

Por outro lado, a medida tende a desestimular os investimentos em sociedades agrupadas, especialmente por aqueles que não ocupam posição de controle, já que a consolidação substancial permite que os interesses individuais de cada devedor sejam rearranjados em torno dos interesses do grupo, mesmo que com sacrifício particular.

Em última análise, o emprego indiscriminado do expediente pode, em alguma medida, comprometer o aporte de recursos no País, já que aumenta o risco para a realização de investimentos em comparação a outras economias em que existe maior respeito à separação patrimonial entre as sociedades em grupo e os mecanismos de recuperação do crédito são mais previsíveis.

É claro que diversos outros fatores concorrem para agravar ou conter tais efeitos, e ainda não existem estudos econômicos que estabeleçam uma correlação objetiva entre o emprego da consolidação substancial e os seus reflexos sobre o mercado de crédito. No entanto, não se pode descuidar da influência das instituições, notadamente do Poder Judiciário, sobre o comportamento dos agentes econômicos e, em especial, sobre os custos de transação[258], na medida em que emprego exagerado da consolidação substancial aumenta a insegurança jurídica e a incerteza, o que naturalmente tende a arrefecer o empreendedorismo e a atividade econômica.

3.7.6 Conclusão: a consolidação substancial deve ser excepcional

De tudo isso se conclui que, sendo possível identificar os direitos e responsabilidades dos envolvidos no processo concursal, não se justifica a imposição da consolidação substancial, mesmo quando a integração econômica entre os devedores seja de tal ordem que não seja possível lidar com a crise de um sem resolver a crise do outro de forma unificada[259].

---

257. Cf. REFINETTI, Domingos; COELHO, Guilherme Gaspari. Consolidação substancial e recuperação judicial, cit.
258. Cf. NORTH, Douglass C. *Custos de transação, instituições e desempenho econômico.* Trad. Elizabete Hart. Rio de Janeiro: Instituto Liberal, 2006. p. 20-34.
259. Anteriormente à edição da Lei 14.112/2020, José Alexandre Tavares Guerreiro emitiu parecer contrário ao sustentado nesta obra ponderando que a consolidação judicial poderia ser determinada pelo juiz por conta do acentuado grau de interligação e dependência econômica entre as empresas do grupo, sem mencionar qualquer elemento relacionado a eventual abuso da personalidade (Parecer não publicado apresentado na recuperação judicial do grupo OI datado de 23.09.2016).

Como visto, existem instrumentos que viabilizam uma solução global que não importam infirmar a separação patrimonial entre as sociedades, violar o regime de subordinação de interesses no grupo ou prejudicar o direito dos credores de influenciar na decisão para a crise do devedor.

A mera corresponsabilidade, derivada da lei ou do contrato, não compromete, em princípio, a função econômica ou jurídica da estrutura plurissocietária. Em casos de confusão patrimonial ou desvio de finalidade, por outro lado, será preciso avaliar se os abusos podem ser delimitados ou resolvidos por soluções individuais[260] (inclusive pela aplicação pontual da desconsideração da personalidade jurídica), antes de cogitar-se da unificação de todas as relações jurídicas das sociedades em torno de um único centro de imputação.

A consolidação substancial só tem cabimento quando o fenômeno jurídico subjacente – o grupo – não corresponder à concorrência de pluralidade jurídica com unidade econômica, porque essa pluralidade jurídica é ineficaz ou inútil. Ou seja, quando as sociedades que integram o grupo não puderem ser materialmente identificadas como centros autônomos de imputação, ainda que formalmente se distingam umas das outras.

O emprego exagerado ou indiscriminado da consolidação substancial contribui para a insegurança jurídica e tende a produzir efeitos negativos de segunda ordem, aumentando os custos de transação, agravando o risco do crédito (com potencial encarecimento e diminuição da oferta) e desestimulando o investimento.

Segue que a imposição da consolidação substancial é um mecanismo *excepcional*[261], que deve ficar reservado aos casos de embaralhamento sistêmico e insuperável das esferas jurídicas das empresas do grupo.

Fora dessas hipóteses, o juiz não deverá determinar a consolidação substancial, ainda que para viabilizar a reorganização do grupo, o que não exclui, repita-se, a possibilidade de os próprios devedores e os credores acordarem uma solução conjunta para a crise, inclusive por meio de algum tipo de unificação patrimonial, desde que respeitadas as regras de governança e preservado o poder de influência dos credores em relação a cada devedor individualmente considerado.

---

260. Cf. NEDER CEREZETTI, Sheila. Reorganization of corporate groups in Brazil, cit., p. 13.
261. Nesse sentido, Sheila Neder Cerezetti defende o uso restrito da consolidação substancial (por imposição do juiz) como remédio para situações de disfunção da estrutura societária, identificada nos comportamentos que tornam inútil ou ineficaz a existência de múltiplas sociedades pelo fato de elas não atuarem de modo verdadeiramente autônomo (Reorganization of corporate groups in Brazil, cit., p. 13).

3.8 A CONSOLIDAÇÃO SUBSTANCIAL NO DIREITO BRASILEIRO

Ao menos até a edição da Lei 14.112/2020, marco temporal da pesquisa jurisprudencial realizada para os fins deste trabalho, a consolidação substancial no Brasil se achava imersa num mar de decisões dissonantes. Mesmo depois que as cortes passaram a identificar o expediente[262] – que vinha sendo "silenciosamente"[263] aplicado sem autorização alguma –, as decisões judiciais conceberam a consolidação substancial das mais diversas formas e a adotaram segundo os mais variados fundamentos e com diferentes finalidades.

As decisões judiciais já denominaram de consolidação substancial: (i) a formulação de plano único de recuperação, prevendo a indistinta aplicação dos ativos dos devedores ao pagamento dos credores de todos eles, como se os litisconsortes formassem uma única entidade[264]; (ii) a deliberação sobre os planos de recuperação (único[265] ou separados[266]) realizada, numa única assembleia, pelo conjunto de credores de todos os devedores; (iii) a determinação judicial para que os devedores sejam tratados como um todo unitário, para fins de formulação do plano de recuperação e de deliberação sobre ele[267]; (iv) a determinação judicial para a inclusão compulsória no polo ativo do processo de recuperação judicial de outras empresas integrantes do grupo econômico[268]; e até mesmo (v) o pedido de determinado devedor, no curso da recuperação judicial, para que lhe fosse autorizada a incorporação de outra empresa[269].

---

262. Mesmo em processos nos quais o juiz advertira que a mera admissão do litisconsórcio ativo na recuperação judicial não importava consolidação substancial, ou apesar de os devedores apresentarem relações de credores separadas, ainda assim, em alguns casos, o administrador judicial procedeu à verificação dos créditos de forma consolidada, como se todos eles fossem constituídos contra um único devedor, sem que existissem razões para a consolidação substancial (cf. CORRÊA JUNIOR, Gilberto Deon. Anotações sobre a consolidação processual e a consolidação substancial no âmbito da recuperação judicial, cit., p. 329).
263. Confira-se o item 1.1.
264. *Vide* a recuperação judicial do grupo UTC (TJSP, 2ª Câmara Reservada de Direito Empresarial, AI 2072604-95.2018.8.26.0000, rel. Des. Araldo Telles, origem: 2ª Vara de Falências de São Paulo, j. 30.07.2018).
265. *Vide* a recuperação judicial do grupo MELFLEX (TJSP, AI 2107166-96.2019.8.26.0000, rel. Des. Fortes Barbosa, origem: 1ª Câmara Reservada de Direito Empresarial, 1ª Vara Cível de Cotia, j. 17.07.019).
266. *Vide* a recuperação judicial do grupo OAS (TJSP, 2ª Câmara Reservada de Direito Empresarial, AI 2041079-66.2016.8.26.0000, rel. Des. Carlos Alberto Garbi, j. 31.10.2016).
267. *Vide* a recuperação judicial do grupo TOMÉ (TJSP, 1ª Câmara Reservada de Direito Empresarial, AI 2165772-54.2018.8.26.0000, rel. Des. Alexandre Lazzarini, origem: 4ª Vara Cível de São Bernardo do Campo, j. 17.10.2018).
268. TJSP, 1ª Câmara Reservada de Direito Empresarial, AI 2050662-70.2019.8.26.0000, rel. Des. Cesar Ciampolini, origem: 9ª Vara Cível de Campinas, j. 07.08.2019; e TJSP, 2ª Câmara Reservada de Direito Empresarial, AI 2151632-78.2019.8.26.0000, rel. Des. Grava Brazil, origem: 2ª Vara Cível de Itaquaquecetuba, j. 10.03.2020.
269. TJSP, 1ª Câmara Reservada de Direito Empresarial, AI 2008649-56.2019.8.26.0000, rel. Des. Azuma Nishi, origem: 6ª Vara Cível de Sorocaba, j. 10.04.2019.

Enquanto algumas decisões reputaram a consolidação substancial consequência do processamento da recuperação judicial em litisconsórcio ativo[270], contentando-se com a existência de um grupo econômico, outras afirmaram que a medida só poderia ser determinada nos casos em que o intricamento entre as empresas não respeitasse a autonomia e os limites patrimoniais entre elas[271]. Nesse particular, costumavam ser invocadas tanto justificativas ligadas ao abuso da personalidade jurídica (como a confusão patrimonial entre as empresas, com a utilização de caixa único[272], e o desvio de finalidade[273]) quanto ao entrelaçamento econômico ou administrativo dos devedores, como a prestação de garantias cruzadas[274], a submissão a administração comum, a coincidência do corpo de funcionários, a exploração de atividades idênticas ou relacionadas[275], bem como o próprio fato de se apresentarem ao mercado como um corpo único[276].

---

270. *Vide* a recuperação judicial do grupo SINA (TJSP, 1ª Câmara Reservada de Direito Empresarial, AI 2248169-44.2016.8.26.0000, rel. Des. Francisco Loureiro, origem: 1ª Vara de Falências de São Paulo, j. 31.05.2017).
271. *Vide* as recuperações judiciais dos grupos TOMÉ (TJSP, 1ª Câmara Reservada de Direito Empresarial, AI 2032440-88.2018.8.26.0000, rel. designado Des. Fortes Barbosa, origem: 4ª Vara Cível de São Bernardo do Campo, j. 20.06.2018) e MELFLEX (TJSP, AI 2107166-96.2019.8.26.0000, rel. Des. Fortes Barbosa, origem: 1ª Câmara Reservada de Direito Empresarial, 1ª Vara Cível de Cotia, j. 17.07.019), entre várias outras.
272. *Vide* a recuperação judicial do grupo SCHAHIN (TJSP, 2ª Câmara Reservada de Direito Empresarial, AI 2009147-60.2016.8.26.0000, rel. Des. Caio Marcelo Mendes de Oliveira, origem: 2ª Vara de Falências de São Paulo, j. 27.03.2017).
273. *Vide* a recuperação judicial do grupo URPLAN (TJSP, 2ª Câmara Reservada de Direito Empresarial, AI 2191132-88.2018.8.26.0000, rel. Des. Sérgio Shimura, origem: 1ª Vara de Falências de São Paulo, j. 08.04.2019).
274. Justificando a consolidação substancial em virtude, entre outros motivos, da existência de "garantias cruzadas" entre as devedoras, confira-se a decisão proferida na recuperação judicial do grupo URPLAN: "Nesse contexto, pode-se perceber relação de controle, dependência e subordinação entre as empresas integrantes do grupo econômico perante a controladora [...], além da chamada 'garantia cruzada', em que os créditos decorrentes dos recebíveis poderiam advir ora de um empreendimento, ora de outro, reciprocamente. [...] Ainda que se considere que o credor de uma empresa saudável (não sujeita à recuperação judicial) não pode ser obrigado a se submeter à moeda da recuperação judicial, na hipótese em debate é de se considerar que, não havendo pagamento, a garantia oferecida afetará o patrimônio de outra, do mesmo grupo" (TJSP, 2ª Câmara Reservada de Direito Empresarial, AI 2187122-98.2018.8.26.0000, rel. Des. Sérgio Shimura, origem: 1ª Vara de Falências de São Paulo, j. 08.04.2019).
275. *Vide* a recuperação judicial do grupo MORENO (TJSP, 2ª Câmara Reservada de Direito Empresarial, AgInt 2262738-45.2019.8.26.0000, rel. Des. Ricardo Negrão, origem: Vara Única de São Simão, j. 29.06.2020).
276. *Vide* as recuperações judiciais dos grupos TREVISAN (TJSP, 1ª Câmara Reservada de Direito Empresarial, AI 2021976-34.2020.8.26.0000, rel. Des. Fortes Barbosa, origem: Vara Única de São Sebastião da Grama, j. 30.07.2020) e CARMEN STEFFENS (TJSP, 1ª Câmara Reservada de Direito Empresarial, AI 2140850-75.2020.8.26.0000, rel. Des. Cesar Ciampolini, origem: 3ª Vara Cível de Franca, j. 25.09.2020).

3 • A CONSOLIDAÇÃO SUBSTANCIAL   337

No mais das vezes, a consolidação substancial foi deferida no intuito de simplificar[277] a recuperação judicial dos grupos, com base em "argumentos de conveniência a serviço da preservação da empresa, como se isto fosse algo impositivo que devesse ocorrer a qualquer custo"[278]. E os fundamentos das decisões expostos de forma genérica, sem indicação circunstanciada de qual seria, efetivamente, a confusão patrimonial ou por que o intricamento entre as empresas demandava tratá-las como uma única entidade ou sujeitar o plano à deliberação unificada do conjunto indistinto dos credores de todas elas.

Em outros tantos casos, a pretexto de justificar a adoção da medida supostamente excepcional, os elementos de fato mencionados nas decisões judiciais não denotavam nenhum abuso da personalidade jurídica[279], mas apenas e tão somente a existência de um grupo de fato e de integração econômica entre as empresas[280].

Os julgados do Tribunal de Justiça de São Paulo também divergiram sobre a competência para determinar a consolidação substancial. Houve decisões que afirmaram que a consolidação substancial devia ser imposta pelo juiz, à vista do grau de confusão patrimonial entre as devedoras[281], enquanto outras subordina-

---

277. Conforme Kleber Zanchim e Bárbara Teixeira, o Poder Judiciário conferiu à consolidação substancial uma abordagem pragmática, sem rigor técnico, para simplificar o tratamento da crise de sociedades em relação de grupo (Consolidação substancial em *project finance*, cit., p. 26).
278. CORRÊA JÚNIOR, Gilberto Deon. Anotações sobre a consolidação processual e a consolidação substancial no âmbito da recuperação judicial, cit., p. 327.
279. Gilberto Deon Corrêa Júnior chegou a essa mesma conclusão, apontando que os fatores normalmente invocados para justificar o deferimento da consolidação substancial não indicam desvio de finalidade (Anotações sobre a consolidação processual e a consolidação substancial no âmbito da recuperação judicial, cit., p. 331).
280. Como exemplo, confira-se esta decisão, proferida na recuperação judicial do grupo WOW, que autorizou a consolidação substancial apenas com base em elementos indicativos da existência de um grupo de empresas: "Recuperação judicial. [...] Possibilidade de apresentação de lista única e de um mesmo plano de reestruturação, em linha com a jurisprudência das Câmaras Reservadas de Direito Empresarial deste Tribunal. Recuperandas que formam grupo econômico sob controle comum, atuando em diferentes etapas produtivas do mesmo segmento de mercado. Existência, ademais, de garantias cruzadas e operações econômicas conjuntas, recomendando, de fato, a consolidação processual e substancial das recuperações de cada uma das empresas. [...] Reforma parcial da decisão agravada, determinada apenas a apresentação de nova e completa lista de credores, com a inclusão dos extraconcursais. Agravo de instrumento parcialmente provido. [...] Novamente, dos documentos juntados, depreende-se que (a) as recuperandas formam grupo econômico sob controle comum da *holding* BS&C, também autora do pedido; (b) todas as empresas atuam em etapas produtivas do mesmo segmento de mercado e, aliás, com direção comum; (c) existem garantias cruzadas e operações econômicas conjuntas das agravadas; (d) o próprio recorrente admite que é credor em negócios financeiros em que figuram três das companhias recorridas (fl. 19 destes autos e fls. 34/162 e 181/422, na numeração dos autos de origem). Todos estes elementos recomendam, de fato, que ocorra a consolidação processual e substancial das reestruturações de cada uma das empresas, como apontou o douto Juízo *a quo*" (TJSP, 1ª Câmara Reservada de Direito Empresarial, AI 2140280-94.2017.8.26.0000, rel. Des. Cesar Ciampolini, origem: 1ª Vara Cível de Caçapava, j. 11.04.2018).
281. *Vide* as recuperações judiciais dos grupos TOMÉ (TJSP, 1ª Câmara Reservada de Direito Empresarial, AI 2165772-54.2018.8.26.0000, rel. Des. Alexandre Lazzarini, origem: 4ª Vara Cível de São Bernardo do

ram a adoção da medida à aprovação dos credores[282]. Quanto a estas últimas, uma parte determinou que a deliberação dos credores deveria ser una[283] (mediante a votação dos credores de todos os devedores reunidos numa mesma assembleia), enquanto a outra reconheceu a necessidade de votações separadas[284], em conclaves formados apenas pelos credores de cada devedor.

Houve, ainda, decisões que afirmaram que as duas soluções são possíveis, reconhecendo que a consolidação substancial tanto pode ser determinada pelo juiz, inclusive de ofício (hipótese de consolidação substancial *obrigatória*), quanto implementada mediante proposta dos devedores e aprovação dos credores em assembleia geral (hipótese de consolidação substancial *voluntária*)[285].

Finalmente, alguns poucos julgados adotaram solução intermediária, deferindo a consolidação substancial para fins de apresentação de plano único de recuperação e realização de deliberação conjunta por todos os credores, mas ressalvando à assembleia de credores a prerrogativa de determinar a segregação de um ou mais devedores em relação aos quais havia sido autorizada a consolidação substancial pelo juiz[286].

Bem se vê, portanto, que a disciplina introduzida pela Lei 14.112/2000, em vigor desde 23 de janeiro de 2021, chegou em boa hora, senão para resolver todos os problemas relativos à consolidação substancial, ao menos para frear o seu emprego indiscriminado[287] e minimizar parte das confusões ocorridas em torno do instituto.

Campo, j. 17.10.2018) e CARMEN STEFFENS (TJSP, 1ª Câmara Reservada de Direito Empresarial, AI 2140850-75.2020.8.26.0000, rel. Des. Cesar Ciampolini, origem: 3ª Vara Cível de Franca, j. 25.09.2020).

282. Como se decidiu, por exemplo, na recuperação judicial do grupo TINER (TJSP, 2ª Câmara Reservada de Direito Empresarial, AI 2178269-37.2017.8.26.0000, rel. Des. Alexandre Marcondes, origem: 1ª Vara de Falências de São Paulo, j. 12.11.2018).

283. *Vide* a recuperação judicial do grupo SIFCO (TJSP, 1ª Câmara Reservada de Direito Empresarial, AI 2215135-49.2014.8.26.0000, rel. Des. Teixeira Leite, j. 25.03.2015).

284. *Vide* as recuperações judiciais dos grupos UTC (TJSP, 2ª Câmara Reservada de Direito Empresarial, AI 2072604-95.2018.8.26.0000, rel. Des. Araldo Telles, origem: 2ª Vara de Falências de São Paulo, j. 30.07.2018), SOARES MENDONÇA (TJSP, 2ª Câmara Reservada de Direito Empresarial, AI 2197397-38.2020.8.26.0000, rel. Des. Araldo Telles, origem: 3ª Vara Cível de Carapicuíba, j. 16.10.2020) e SANTA ROSA (TJSP, 1ª Câmara Reservada de Direito Empresarial, AI 2021768-50.2020.8.26.0000, rel. Des. Alexandre Lazzarini, origem: 2ª Vara de Boituva, j. 29.07.2020).

285. *Vide* a recuperação judicial do grupo MASIPACK (TJSP, 1ª Câmara Reservada de Direito Empresarial, AI 2028810-87.2019.8.26.0000, rel. Des. Cesar Ciampolini, origem: 2ª Vara Cível de São Bernardo do Campo, j. 23.10.2019).

286. TJSP, 1ª Câmara Reservada de Direito Empresarial, AI 2103831-69.2019.8.26.0000, rel. Des. Fortes Barbosa, origem: Foro 1ª Vara Cível de Campinas, j. 09.10.2019; e TJSP, 1ª Câmara Reservada de Direito Empresarial, AI 2223176-92.2020.8.26.0000, rel. Des. Fortes Barbosa, origem: 1ª Vara de Santa Rita do Passa Quatro, j. 11.11.2020.

287. Para Henrique Ávila, "a opção do legislador atendeu a legítimos questionamentos quanto ao uso indiscriminado da consolidação substancial, o que vinha a acarretar imprevisibilidade e insegurança jurídica entre os credores. [...] A adoção de critérios objetivos, mais rígidos, era aguardada pelos

Com a reforma, a consolidação substancial passou a ser prevista e regulada pelos artigos 69-J, 69-K e 69-L da LRF: o artigo 69-J dispõe sobre a competência para determinar a consolidação substancial, bem como sobre as hipóteses e requisitos para a implementação da medida; o artigo 69-K reza sobre os efeitos da consolidação substancial determinada nos termos do artigo precedente; e o artigo 69-L disciplina como deve ser formulado o plano de recuperação apresentado no contexto da recuperação judicial, a forma da sua aprovação e as consequências da sua rejeição.

A lei concursal brasileira se restringiu a tratar da consolidação substancial determinada pelo juiz em processo de recuperação judicial sob consolidação processual (nos casos de confusão patrimonial), nada dispondo sobre a adoção do mecanismo na falência ou por convenção entre os devedores e os seus credores.

3.8.1 Competência para autorizá-la

Segundo o artigo 69-J da LRF, o juiz poderá autorizar, de forma excepcional e independentemente da realização de assembleia geral, a consolidação substancial de devedores que estejam em recuperação judicial sob consolidação processual.

Observa-se que a lei concedeu *ao juiz* – e somente a ele – o poder de determinar a consolidação substancial, ideia reforçada pela previsão de que a medida poderá ser autorizada "independentemente da realização de assembleia-geral", indicando que a determinação do juiz não se submete à aprovação prévia ou à ratificação dos credores.

Ao empregar o verbo "poderá" seguido da recomendação "de forma excepcional", a lei indica que a medida (i) não é obrigatória mesmo quando estiverem presentes os requisitos autorizadores descritos na norma e (ii) e deve ser empregada em caráter extraordinário, quando não houver outra forma melhor de lidar com a confusão patrimonial entre os devedores, não sendo possível delimitá-la e resolvê-la sem a completa unificação dos patrimônios dos devedores.

Nesse particular, a lei concursal brasileira está de acordo com as premissas do guia legislativo da UNCITRAL em Direito de Insolvência, para o qual nenhum elemento isolado é necessariamente conclusivo para determinar se a consolidação substancial é cabível[288]. Cada caso exigirá a ponderação dos elementos

---

profissionais atuantes na área" (ÁVILA, Henrique. Recuperação judicial de grupos econômicos: consolidação processual e consolidação substancial. In: SALOMÃO, Luis Felipe et al. *Recuperação de empresas e falência*: diálogos entre a doutrina e a jurisprudência. Barueri: Atlas, 2021. p. 284).

288. UNITED NATIONS COMMISSION ON INTERNATIONAL TRADE LAW – UNCITRAL. *Legislative Guide on Insolvency Law*. Part three: Treatment of enterprise groups in insolvency, United Nations Publication, 2012. p. 62.

concretos porventura concorrentes para que seja possível chegar a uma decisão justa e eficiente.

Isso enseja a conclusão de que a imposição da consolidação substancial se subordina a um *juízo de equidade*, que demanda, necessariamente, o arbítrio de alguém imparcial, sem envolvimento direto com os interesses em disputa. De acordo com o nosso sistema, essa avaliação só pode ser realizada pelo juiz[289].

A lei não deixou claro, porém, se o emprego da consolidação substancial depende de provocação ou se pode ser determinado de ofício[290], questão sobre a qual a doutrina ainda não se debruçou[291].

Ao prever que o juiz poderá *autorizar* a consolidação substancial, a lei parece indicar que a medida dependeria de provocação. Afinal, o verbo "autorizar" remete à ideia de "dar permissão", "consentir", o que pressupõe que exista pedido. Por sua vez, o inciso IV do artigo 69-J prevê, como requisito da consolidação substancial, a atuação conjunta no mercado entre os *postulantes*, termo empregado no lugar de "devedores", dando a entender que a medida deveria ser objeto de requerimento dos litisconsortes.

Essa interpretação poderia ser reforçada pelo argumento de que, quando o legislador quis conceder ao juiz o poder de agir de ofício, o fez expressamente, como se verifica nos artigos 7º-A, *caput*, 31, *caput*, 82, § 2º, 129, parágrafo único, e 167-O, § 2º, da LRF. Em contrapartida, porém, pode-se sustentar que o artigo 69-J foi igualmente omisso quanto à necessidade de requerimento para provocar a atuação do juiz, diferentemente do que se verifica nos artigos 22, § 2º, 26, § 2º, 108,

---

289. Mesmo que se admita que devedores e credores possam convencionar a consolidação substancial, assim o farão para a satisfação dos seus interesses particulares e não por espírito de justiça. Eles não exercem juízo de equidade, nem são julgadores de nada; eles expressam sua conveniência particular por meio das suas manifestações de vontade. Por isso, esse tipo de solução se subordina apenas aos limites da autonomia privada e da liberdade de contratar, não dependendo da presença dos requisitos que subordinam a imposição da consolidação substancial pelo juiz, enquanto remédio para solucionar uma situação disfuncional.

290. Diferentemente do que ocorre em outros países que disciplinaram a consolidação substancial. Os diplomas concursais de Colômbia (Decreto Nacional 1.749/2011, art. 26) e Espanha (*Ley Concursal*, art. 43) preveem expressamente que a medida poderá ser determinada de ofício, ao passo que a lei australiana estabelece que a medida somente poderá ser determinada a pedido do liquidante (*Corporation Act*, § 579E(11)).

291. A maioria dos comentários da doutrina ao artigo 69-J da LRF não aborda a questão. Entre os textos consultados, os únicos autores que firmaram posição a respeito foram Sérgio Campinho (In: TOLEDO, Paulo Fernando Campos Salles de (Coord.). *Comentários à Lei de Recuperação de Empresas*. São Paulo: Ed. RT, 2021. p. 515), Marcelo Sacramone (*Comentários à Lei de Recuperação de Empresas e Falência*, cit., p. 602), Erasmo Valladão e Marcelo Adamek (*Assembleia geral de credores*. São Paulo: Quartier Latin, 2022. p. 61), para os quais a consolidação substancial pode ser deferida de ofício ou a pedido do interessado, sem expor, no entanto, as razões desse entendimento.

§ 3º, 137, 144, 167, § 1º, 167-E, § 2º, 167-J, § 3º, e 167-N, *caput*, que expressamente subordinam a intervenção judicial ao pedido de algum legitimado.

À falta de clara definição legal, é preciso voltar os olhos para a natureza do instituto, que, como visto, constitui remédio de equidade colocado à disposição do juiz para lidar com o embaralhamento entre os devedores no caso concreto. Sob essa perspectiva, uma vez que o Poder Judiciário tenha sido provocado por meio do ajuizamento da ação concursal, não parece razoável impedir o juiz de determinar a solução cabível para o caso, quando presentes os requisitos legais e devidamente justificada a imposição da consolidação substancial[292].

Imagine-se uma recuperação ajuizada em conjunto por um grupo de duas sociedades que ocupam o mesmo estabelecimento, compartilhando os mesmos funcionários, o mesmo sistema, o mesmo caixa, os mesmos equipamentos e sem a emissão de documentos ou a realização dos registros necessários para distinguir os direitos e responsabilidades de cada empresa (exemplo típico de caso que, em tese, justificaria a consolidação substancial). Imagine-se ainda que os devedores, por razões particulares, não peçam a consolidação substancial e cada qual formule o próprio plano de recuperação prevendo a alienação de uma parte desses equipamentos.

Neste caso, o juiz não teria como determinar a validade dos planos, relativamente aos atos de disposição patrimonial assumidos individualmente por cada devedor, nem como ter certeza acerca da legitimidade dos seus respectivos credores para aprovar ou não a destinação que lhes está sendo dada no plano. Além disso, caso os pagamentos previstos no plano de recuperação não fossem honrados, os credores de um ou de outro devedor poderiam sair prejudicados pelas alienações sobre as quais não puderam opinar.

Entre as possíveis soluções para esse impasse está justamente a consolidação judicial, que permite que, ante a indefinição da titularidade dos ativos, sua alienação seja submetida ao conjunto dos credores de ambos os devedores,

---

292. Em oposição a esse argumento se poderia afirmar que, de acordo com o Código de Processo Civil, o juiz não pode determinar, de ofício, a instauração do incidente de desconsideração da personalidade jurídica, instituto que, embora diverso da consolidação substancial, guarda com ele estreita relação. Além disso, ao tratar da desconsideração da personalidade jurídica, o parágrafo único do artigo 82 da LRF determina que ela somente poderá ser decretada pelo juízo falimentar com a observância do artigo 133 do CPC, exatamente o dispositivo que condiciona a instauração do incidente de desconsideração da personalidade jurídica a pedido da parte ou do Ministério Público, quando lhe couber intervir no processo. Apesar de tudo isso, deve-se ponderar que o processo concursal é informado por valores particulares, que ultrapassam a esfera daqueles diretamente afetados pelo concurso. A preservação da empresa e a higidez do mercado de crédito são de interesse de toda a sociedade, o que justifica a atuação do juiz em determinados casos previstos na LRF mesmo quando não provocado pelos interessados. É o que explica o poder que o juiz tem para determinar, de ofício, a ineficácia de certos atos do devedor (art. 129, parágrafo único), devendo o mesmo critério ser aplicado à consolidação substancial.

justificando-se a intervenção judicial, até mesmo de ofício, para exigir do grupo o tratamento unificado dos bens no âmbito de um plano unitário.

Na prática, todavia, acredita-se que serão raros os casos em que, presentes os requisitos para a consolidação substancial, a medida não venha a ser requerida pelos devedores ou credores, pelo administrador judicial ou ainda pelo Ministério Público, na condição de fiscal da lei. Aliás, é recomendável que o juiz aguarde ou provoque a manifestação dos atores do processo acerca da consolidação substancial, até como forma de angariar maiores elementos para subsidiar sua decisão.

3.8.1.1 Possibilidade de revisão pela AGC?

Embora o artigo 69-J da LRF prescreva que a consolidação substancial poderá ser determinada independentemente da realização de assembleia geral, Sérgio Campinho sustenta que o juiz, ao autorizar a medida, apenas emite um *juízo prévio* sobre o seu cabimento no caso concreto, enquanto a decisão final sobre a efetiva adoção do expediente "permanece privativa do juízo de conveniência e oportunidade a ser realizado por meio da deliberação do conclave de credores". Segundo o autor,

> [...] é perfeitamente factível que a assembleia geral de credores rejeite o plano unitário para determinar o seu desdobramento, com vistas a adotar o tratamento individualizado de ativos e passivos de cada sociedade integrante do grupo. A medida integra o exercício do juízo de conveniência e oportunidade que a ela cabe soberanamente realizar, inserindo-se na avaliação econômico-financeira do plano, no bojo do processamento de sua negociação. Sendo a determinação acatada pelos devedores, prossegue-se com o processamento da recuperação judicial[293].

Discorda-se desse posicionamento. A decisão judicial que determina a consolidação substancial não se sujeita à ratificação dos credores, coisa que, além de não contemplada em lei, é incompatível com a própria sistemática por ela prevista.

Uma vez operada a consolidação substancial pelo juiz, os credores se limitam a deliberar pela aprovação ou rejeição do plano unitário, não lhes sendo dado o poder de desfazer a consolidação substancial. Mesmo que os credores rejeitem o plano – decisão que importa a falência de todos os devedores sob consolidação substancial –, a medida continuará produzindo efeitos para fins de liquidação dos ativos dos devedores e determinação da ordem de pagamento dos credores[294].

---

293. CAMPINHO, Sérgio. In: TOLEDO, Paulo Fernando Campos Salles de (Coord.). *Comentários à Lei de Recuperação de Empresas*, cit., p. 515 e 521.
294. Confira-se o item 3.8.7.1.

Se o intuito do legislador fosse submeter a ordem de consolidação substancial à ratificação dos credores, logicamente teria previsto que a medida seria deliberada em assembleias separadas, compostas apenas pelos credores de cada devedor[295]. Porém, como a deliberação sobre o plano unitário é tomada num único conclave, indistintamente formado pelo conjunto de credores de todos os devedores (LRF, art. 69-L), o poder de influência de cada credor no resultado da assembleia é alterado, sendo esse um dos efeitos da consolidação substancial. Ou seja, se a deliberação dos credores é una, é porque a consolidação substancial já ocorreu. Logo, seria um contrassenso permitir que os credores, numa assembleia realizada sob a sistemática da consolidação substancial, pudessem recusar a aplicação da medida.

De toda forma, a eventual submissão da matéria à deliberação dos credores só seria possível no âmbito da consolidação substancial voluntária, e desde que os centros de imputação dos devedores estivessem suficientemente preservados, permitindo-se estabelecer o poder de influência de cada credor no resultado da deliberação. Não sendo possível distinguir as esferas jurídicas dos devedores, seria duvidosa a legitimidade dos conclaves para deliberar sobre a consolidação substancial. Ademais, caso a medida pudesse ser rejeitada pelos credores, os problemas decorrentes da impossibilidade de determinar os ativos e passivos de cada devedor ficariam sem solução.

3.8.2 Requisitos

Uma das maiores dificuldades que envolvem a consolidação substancial decorre da falta de critérios seguros para a aplicação do mecanismo, que vem sendo empregado, tanto no Brasil como em outros países[296], com base nos mais variados fundamentos e nas mais diversas circunstâncias.

Com a reforma operada pela Lei 14.112/2020, o legislador brasileiro procurou dar um norte para a utilização do expediente, cuja adoção passou a ser condicionada à verificação de uma série de requisitos.

De acordo com o artigo 69-J da LRF, o juiz poderá, de forma excepcional, independentemente da realização de assembleia geral, autorizar a consolidação substancial de ativos e passivos dos devedores integrantes do mesmo grupo

---

295. Tal como ocorre no diploma concursal australiano, nos casos em que a consolidação é determinada pelo liquidante e, depois, sujeita à confirmação dos credores, que deliberam sobre a medida em assembleias separadas (*vide* item 3.2.2.3).
296. Sheila Neder Cerezetti anota que, mesmo nos Estados Unidos, onde a consolidação substancial foi originalmente criada, a falta de certeza e consistência é problemática, especialmente porque os fatores considerados para a aplicação desse remédio ainda variam muito (Reorganization of corporate groups in Brazil, cit., p. 6).

econômico que estejam em recuperação judicial sob consolidação processual, apenas quando constatar a interconexão e a confusão entre ativos ou passivos dos devedores, de modo que não seja possível identificar a sua titularidade sem excessivo dispêndio de tempo ou de recursos, cumulativamente com a ocorrência de, no mínimo, duas das seguintes circunstâncias: (i) existência de garantias cruzadas; (ii) relação de controle ou de dependência; (iii) identidade total ou parcial do quadro societário; e (iv) atuação conjunta no mercado entre os postulantes.

Embora a norma tenha sido mal redigida e não forneça maiores critérios para subsidiar a decisão do juiz aceca da adequação do remédio, a criação de requisitos é, sem dúvida, um avanço, a fim de conter o emprego excessivo e indiscriminado de uma solução que deve ser reservada para hipóteses excepcionais.

3.8.2.1 Devedores em recuperação judicial sob consolidação processual

O primeiro requisito para a aplicação da consolidação substancial é que os devedores *estejam em recuperação judicial*, não tendo a lei contemplado o cabimento do recurso na recuperação extrajudicial ou na falência (omissão da qual este trabalho se ocupará mais à frente) nem a possibilidade de a medida ser estendida a outras empresas que não estejam em recuperação judicial.

Exige-se ainda que os devedores estejam em recuperação judicial *sob consolidação processual*, daí decorrendo que, para ser autorizada a consolidação substancial, deverão concorrer as condições exigidas para a formação do litisconsórcio ativo[297], a saber: (i) o requerimento conjunto de dois ou mais devedores para o processamento da recuperação judicial sob consolidação processual; (ii) o preenchimento individual dos pressupostos objetivos e subjetivos para a concessão da recuperação judicial por parte de todos os devedores; (iii) a integração dos devedores a um mesmo grupo econômico sob controle societário comum; e (iv) a efetiva ou potencial repercussão da crise entre os devedores[298].

Ao limitar a consolidação substancial aos devedores que estejam em recuperação judicial sob consolidação processual, a lei excluiu a possibilidade de haver a extensão da medida a devedores que não tenham ajuizado a ação, já que a propositura da recuperação em litisconsórcio ativo consiste numa faculdade dos devedores, não sendo dado ao juiz impor a ampliação do polo ativo[299].

A esse respeito, recorda-se que a lei brasileira não obriga à formação do litisconsórcio ativo na recuperação judicial, tampouco exige que ele seja com-

---

297. Cf. MITIDIERO, Daniel et al. Consolidação substancial e convenções processuais na recuperação judicial. *Revista de Direito Bancário e do Mercado de Capitais*, São Paulo, v. 20, n. 78, p. 222, 2017.
298. Sobre os requisitos para a consolidação processual, reporta-se ao item 2.4.2.
299. Sobre a natureza facultativa do litisconsórcio na recuperação judicial, *vide* o item 2.4.3.1.

posto por todas as empresas do grupo[300]. Inexiste, ademais, norma que autorize a compelir uma empresa a postular a recuperação judicial, ou que permita estender os efeitos da recuperação judicial requerida por uma empresa a outra.

Assim, se alguma dúvida havia sobre a natureza do litisconsórcio no âmbito da consolidação substancial[301], o artigo 69-J da LRF parece ter colocado uma pá de cal na controvérsia ao restringir a medida aos devedores que já estão sob consolidação processual, isto é, aos devedores que decidiram propor a recuperação judicial em conjunto, hipótese evidente de litisconsórcio facultativo.

3.8.2.2 Devedores integrantes do mesmo grupo econômico

O *caput* do artigo 69-J da LRF restringe a consolidação substancial a *devedores integrantes do mesmo grupo econômico*, percebendo-se nessa disposição um cochilo do legislador ao repetir exigência que já é feita para a admissão da consolidação processual. Como a lei determinou que a consolidação substancial somente poderá ser autorizada em relação a devedores que estejam em recuperação judicial *sob consolidação processual* – a qual, por sua vez, só pode ser deferida a devedores que integrem grupo sob controle societário comum (LRF, art. 69-G, *caput*) –, não havia necessidade de repetir que os devedores precisam integrar o mesmo grupo econômico.

É certo que a expressão "devedores integrantes do mesmo grupo econômico", contida no artigo 69-J, é mais ampla do que aquela empregada no artigo 69-G (que se refere a devedores que "integrem grupo sob controle societário comum"), pois pode haver grupo econômico mesmo sem controle societário comum. Isso poderia indicar que o alcance da primeira norma seria maior do que o da segunda, não fosse o fato de o artigo 69-J limitar a consolidação substancial aos devedores em recuperação judicial *sob consolidação processual*, para o que é necessário integrarem grupo sob controle societário comum. Logo, a diferença de

---

300. Diferentemente do que ocorre, por exemplo, na Argentina, em que o exercício da faculdade de formular o pedido de concurso preventivo em litisconsórcio obriga à inclusão de todas as empresas do grupo no polo ativo da ação (*Ley de Concursos y Quiebras*, art. 65).
301. Classificado por parte minoritária da doutrina e da jurisprudência como litisconsórcio necessário. Nesse sentido, confiram-se, no âmbito doutrinário, as ponderações de Marcelo Sacramone (*Comentários à Lei de Recuperação de Empresas e Falência*, cit., p. 604) e Daniel Mitidiero et al. (Consolidação substancial e convenções processuais na recuperação judicial, cit., p. 224) e, no âmbito jurisprudencial, as seguintes decisões do Tribunal de Justiça de São Paulo: 2ª Câmara Reservada de Direito Empresarial, AI 2170879-45.2019.8.26.0000, rel. Des. Maurício Pessoa, origem: 2ª Vara de Falências de São Paulo, j. 30.01.2020; 1ª Câmara Reservada de Direito Empresarial, AI 2050662-70.2019.8.26.0000, rel. Des. Cesar Ciampolini, origem: 9ª Vara Cível de Campinas, j. 07.08.2019; e 2ª Câmara Reservada de Direito Empresarial, AI 2151632-78.2019.8.26.0000, rel. Des. Grava Brazil, origem: 2ª Vara Cível de Itaquaquecetuba, j. 10.03.2020.

redação dos dois artigos não passa de um descuido do legislador, que não enseja consequências ou interpretações distintas[302].

3.8.2.3 Interconexão de ativos ou passivos

Ainda segundo o *caput* do artigo 69-J, a consolidação substancial somente poderá ser autorizada pelo juiz quando constatar a interconexão e a confusão entre ativos ou passivos dos devedores, de modo que não seja possível identificar a sua titularidade sem excessivo dispêndio de tempo ou de recursos.

Diferentemente do que uma primeira leitura poderia sugerir, a *interconexão* prevista nesse dispositivo se refere *aos próprios devedores* e não aos seus respectivos ativos ou passivos. Afinal, não faria o menor sentido que a consolidação substancial dependesse de os ativos dos devedores estarem conectados ou de que seus credores mantivessem algum tipo de relação entre si.

A exigência de *interconexão* reforça a ideia de que a consolidação substancial se reserva aos casos em que os devedores estão ligados de alguma forma uns aos outros. De toda forma, a disposição parece ser repetitiva e desnecessária[303], dado que a lei restringe o mecanismo da consolidação substancial a empresas em relação de grupo e, portanto, interconectadas em algum grau.

Assim, é difícil extrair algum sentido prático dessa expressão[304] (que não aparece em outras leis nem no direito estrangeiro) ou explicar a razão de ter sido prevista pelo legislador de forma cumulativa com a confusão de ativos ou passivos (pelo emprego da conjunção "e"), ainda mais porque, de certo modo, a confusão está compreendida na interconexão. Vale dizer, se os seus ativos e passivos se confundem, logicamente os devedores também estarão ligados entre si.

---

302. André Estevez e Caroline Klóss criticam o legislador, argumentando que a consolidação substancial deveria ser admitida em qualquer caso de confusão patrimonial entre devedores integrantes do mesmo grupo econômico, e não apenas em relação aos integrantes do mesmo grupo societário. Em abono do raciocínio, fazem um paralelo com a falência, que supostamente poderia ser estendida a outras empresas do grupo em relação as quais fosse constatada a confusão patrimonial, mesmo sem ligações societárias entre elas (ESTEVEZ, André; KLÓSS, Caroline. Recuperação judicial de grupos: apontamentos sobre a consolidação processual e substancial na reforma da Lei 14.112/2020. Disponível em: https://www.tjrs.jus.br/novo/centro-de-estudos/wp-content/uploads/sites/10/2021/04/RECUPERACAO-JUDICIAL-DE--GRUPOS.pdf. Acesso em: 28 abr. 2022). Registra-se, todavia, que o artigo 82-A da LRF, introduzido pela Lei 14.112/2020, passou a vedar a extensão da falência ou de seus efeitos, no todo ou em parte, aos sócios de responsabilidade limitada, aos controladores e aos administradores da sociedade falida, admitindo apenas a desconsideração da personalidade jurídica da sociedade falida "para fins de responsabilização de terceiros, grupo, sócio ou administrador por obrigação desta" (parágrafo único).
303. Para Maria Isabel Fontana, a interconexão constituiu termo inapropriado e sem qualquer conotação técnica ou jurídica, além de tratar-se de característica inerente aos grupos (O passo em falso do legislador com relação à consolidação processual e substancial, cit., p. 106).
304. Cf. ESTEVEZ, André; KLÓSS, Caroline. Recuperação judicial de grupos, cit., p. 13.

Por conta disso, parte da doutrina sustenta que os requisitos da interconexão e da confusão devem ser interpretados de forma alternativa, já que a exigência cumulativa de ambos tornaria inútil a previsão de interconexão[305]. No entanto, idêntico raciocínio permitiria concluir que a exigência de confusão é que seria inútil, já que compreendida na noção de interconexão. Afinal, se a confusão fosse desnecessária, bastaria que o legislador tivesse previsto a interconexão.

Ademais, considerando os fundamentos da teoria da consolidação substancial, calcados na existência de um embaralhamento jurídico entre os devedores, não parece adequado permitir que o juiz autorize o expediente simplesmente porque os devedores estão "interconectados", sem que exista algum grau de confusão entre eles. Por isso, sem negar a redundância da exigência de interconexão (mais reveladora da falta de técnica legislativa do que indicativa de algum outro pressuposto), rejeita-se a interpretação de que se trate de requisito alternativo ao da confusão.

3.8.2.4 Confusão de ativos e passivos

O principal requisito ao qual se subordina a consolidação substancial consiste na "confusão entre ativos ou passivos dos devedores, de modo que não seja possível identificar a sua titularidade sem excessivo dispêndio de tempo ou de recursos" (LRF, art. 69-J, *caput*). Essa disposição expressa, basicamente, que a imposição da consolidação substancial depende de haver intenso embaralhamento jurídico entre os devedores, de modo que não se possa distinguir com segurança seus respectivos direitos e responsabilidades[306].

---

305. Eduardo Secchi Munhoz pondera que a interconexão significa a exigência de vínculos entre os devedores. Já a confusão significa um passo além. Por isso, defende que os requisitos de interconexão e de confusão seriam alternativos, e não cumulativos, dado que interpretação diversa ensejaria a conclusão de que a lei conteria palavras inúteis (Consolidação processual e substancial, cit., p. 28).

306. Parte da doutrina, no entanto, tem criticado a exigência da confusão patrimonial como requisito para consolidação substancial, sustentando isso representaria uma involução do modo como a jurisprudência vinha tratando do tema. Para Sérgio Campinho, a consolidação substancial é uma ferramenta útil para lidar com a crise do grupo mesmo quando inocorrente a confusão patrimonial, podendo ser utilizada sempre que a solução para a crise da empresa plurissocietária exigir providência uniforme, com o tratamento unitário do passivo e do ativo do grupo, questão que diz respeito à racionalidade econômica da recuperação (CAMPINHO, Sérgio. In: TOLEDO, Paulo Fernando Campos Salles (Coord.). *Comentários à Lei de Recuperação de Empresas*, cit., p. 515). Em sentido semelhante se posicionou Eduardo Secchi Munhoz, sustentando que a consolidação substancial não dependeria de haver confusão patrimonial entre os devedores (Consolidação processual e substancial, cit., p. 28-29). Concorda-se que o tratamento conjunto ou uniforme dos devedores poderá ser a solução economicamente mais eficiente para a crise do grupo, independentemente de haver ou não confusão patrimonial. Entretanto, uma vez que seja possível distinguir os direitos e responsabilidades de cada devedor, essa solução deverá ser alcançada a partir da negociação entre os devedores e seus credores, e não imposta pelo juiz. A intervenção judicial prevista no artigo 69-J ou a modificação do modo de deliberação sobre o plano, com a reunião dos credores numa única assembleia, só se justifica quando

Naturalmente, a primeira reflexão sobre o tema remete à figura da confusão patrimonial prevista no artigo 50 do Código Civil, que autoriza o juiz a desconsiderar a personalidade jurídica para que os efeitos de certas obrigações da sociedade sejam estendidos aos bens particulares dos seus administradores ou sócios.

Essa modalidade de confusão é tradicionalmente associada aos casos em que os administradores e sócios utilizam os recursos da sociedade como se fossem seus[307], ou empregam os seus próprios bens como se fossem da sociedade, em desrespeito à autonomia patrimonial que justifica a existência da pessoa jurídica, enquanto técnica de separação de patrimônios. Trata-se, todavia, de apenas uma das possíveis formas de confusão patrimonial[308], como a recente inclusão do § 2º ao artigo 50 do Código Civil procurou aclarar.

Introduzido pela chamada "Lei da Liberdade Econômica"[309], esse dispositivo passou a definir a confusão patrimonial como a ausência de separação de fato entre os patrimônios, caracterizada por: (i) cumprimento repetitivo pela sociedade de obrigações do sócio ou do administrador ou vice-versa; (ii) transferência de ativos ou passivos sem efetivas contraprestações, exceto os de valor proporcionalmente insignificante; e (iii) outros atos de descumprimento da autonomia patrimonial. A definição é meramente exemplificativa, como se percebe pela referência genérica a "outros atos de descumprimento da autonomia patrimonial".

---

for necessária para lidar com a indefinição provocada pelo estado de embaralhamento jurídico dos devedores. Mesmo à falta da consolidação substancial, a implementação de uma solução global, coordenada ou unificada, continua à disposição dos devedores, que precisarão obter a concordância dos seus respectivos credores, como decorre do regime legal de separação patrimonial.

307. Por isso, a confusão patrimonial é comumente descrita como o estado de promiscuidade existente entre os patrimônios de duas pessoas, configurando a antítese da separação patrimonial (cf. SCALZILLI, João Pedro. *Confusão patrimonial nas sociedades isoladas e nos grupos societários*: caracterização, constatação e tutela dos credores. 2014. Tese (Doutorado) – Faculdade de Direito, Universidade de São Paulo, São Paulo, 2014. p. 81).

308. Embora o conceito geral de confusão patrimonial se relacione ao desrespeito à separação entre os patrimônios de dois ou mais entes, esse fenômeno pode ter alcance, objeto e causas completamente distintos, o que torna bastante difícil sistematizá-lo. Quanto ao alcance, a confusão patrimonial pode abranger todos bens e direitos das entidades, ou se limitar a somente a uma pequena parte deles. Quanto ao objeto, pode se referir aos direitos e responsabilidade em si, quando não seja possível atribuir sua titularidade a uma ou outra entidade, ou meramente à sua contabilidade, nos casos em que a falta ou incorreção da escrituração das entidades não puder ser suprida ou corrigida, tornando impossível ou simplesmente inviável distinguir os patrimônios individuais. Quanto às causas, pode decorrer do fato de os sujeitos atuarem como se fossem titulares de um patrimônio comum, ou então das relações entre as próprias entidades, ou delas com terceiros, quando se desenvolvem de forma anômala, sem respeito à independência patrimonial (por exemplo, nos casos de indevida transferência de fundos e ativos intragrupo, ou de recorrentes pagamentos das dívidas de uma entidade por outra, ou comprometimento dos ativos de uma pelas dívidas de outra) (Cf. FLORES SEGURA, Marta. *Los concursos conexos*, cit., p. 64-66).

309. Instituída pela Medida Provisória 881/2019, convertida na Lei 13.874/2019.

A confusão referida no artigo 69-J da LRF, todavia, possui uma dimensão mais ampla do que aquela descrita no artigo 50 do Código Civil, tendo como pressuposto um grau acentuado de embaralhamento, que atinge parcela considerável dos direitos e responsabilidade dos devedores. Uma confusão mínima, que afete uma pequena parte dos seus patrimônios, não deveria permitir a consolidação substancial. Tampouco se exige que a confusão afete todas as relações jurídicas dos devedores, mas é preciso que alcance uma parte significativa delas[310].

Além de compreender situações em que os devedores operam de forma embaralhada[311] (com um utilizando recursos do outro, transferido recursos para o outro ou realizando prestações que competiriam ao outro, tudo de forma irregular) ou deixam de zelar pela identificação dos seus respectivos patrimônios (por exemplo, por falta ou incorreção de escrituração e inventários), a confusão prevista na lei concursal também abrange outros casos em que as sociedades do grupo deixam de funcionar como centros autônomos de imputação, tornando inútil ou ineficaz a distinção entre elas[312].

Assim, não apenas a confusão patrimonial, em sentido estrito, mas também o *desvio de finalidade*[313] justifica a consolidação substancial, desde que, todavia, um ou outro ocorram de forma sistêmica, atingindo todo ou parte do grupo. Quando a estrutura plurissocietária é utilizada para o cometimento de fraudes[314]

---

310. Cf. FLORES SEGURA, Marta. *Los concursos conexos*, cit., p. 65.
311. Descrevendo exemplos do embaralhamento entre as empresas de um grupo, Gilberto Deon Corrêa Junior pondera que "não seria assim a simples existência de uma ou outra garantia cruzada que levaria à confusão patrimonial, mas sim um emaranhado de relações, que poderiam ir desde (i) a prática corriqueira de prestação de garantias cruzadas, (ii) a uma política de transferência de lucros para uma ou um grupo de sociedades, por meio de práticas como a transferência frequente de fundos entre devedores, por vezes associada a um descaso na cobrança de valores, a venda de parcela significativa da produção para empresas do grupo com preços e condições diversas de mercado, passando (iii) pelo pagamento de despesas de uma pessoa jurídica com o caixa da outras, a prestação de serviços pelos empregados de uma sociedade em atividade de outra ou a utilização de bens de um devedor pelo outro, até (iv) a existência de caixa único, com ou sem contabilidade segregada" (Anotações sobre a consolidação processual e a consolidação substancial no âmbito da recuperação judicial, cit., p. 331-332).
312. Confira-se NEDER CEREZETTI, Sheila Christina. Grupos de sociedades e recuperação judicial, cit., p. 774.
313. O parágrafo 1º do artigo 50 do Código Civil, introduzido pela Medida Provisória 881/2019, convertida na Lei 13.874/2019, define o desvio de finalidade como sendo "a utilização da pessoa jurídica com o propósito de lesar credores e para a prática de atos ilícitos de qualquer natureza".
314. Há muito a jurisprudência vem reconhecendo que o emprego da estrutura grupal para o cometimento de fraudes justifica a desconsideração da personalidade jurídica para que os efeitos das obrigações de uma sociedade sejam estendidos às demais sociedades integrantes do mesmo grupo. Nesse sentido, confira-se: "Grupo de sociedades. Estrutura meramente formal. Administração sob unidade gerencial, laboral e patrimonial. Gestão fraudulenta. Desconsideração da personalidade jurídica da pessoa jurídica devedora. Extensão dos efeitos ao sócio majoritário e às demais sociedades do grupo. Possibilidade. (...) Havendo gestão fraudulenta e pertencendo a pessoa jurídica devedora a grupo de sociedades sob o mesmo controle e com estrutura meramente formal, o que ocorre quando as diversas pessoas jurídicas do grupo exercem suas atividades sob unidade gerencial, laboral e patrimonial, é legítima a desconsideração

ou em qualquer outro caso em que é empregada de modo disfuncional, contrário às razões jurídicas e econômicas que justificam a existência de múltiplas organizações com personalidades distintas, o resultado será o embaralhamento dos seus respectivos direitos e responsabilidades.

Por isso, a exigência de que não seja possível identificar a *titularidade* dos ativos e passivos (sem excessivo dispêndio de tempo ou de recursos) não pode ser literalmente interpretada[315]. Normalmente, não é esse o motivo que impede distinguir os direitos e responsabilidades dos devedores, especialmente em grupos grandes e organizados, que mantêm em ordem sua escrituração e inventário[316]. O que produz a indeterminação, no mais das vezes, é a *confusão de esferas*, que impede a identificação das sociedades como centros autônomos de imputação, contrariando a função geral da personalização[317].

A confusão de esferas não pressupõe a promiscuidade patrimonial (embora também a compreenda), mas a impossibilidade de atribuir determinadas relações jurídicas somente a uma ou outra pessoa que integra o grupo[318]. É o que ocorre

---

da personalidade jurídica da devedora para que os efeitos da execução alcancem as demais sociedades do grupo e os bens do sócio majoritário. Impedir a desconsideração da personalidade jurídica nesta hipótese implicaria prestigiar a fraude à lei ou contra credores". (STJ, 3ª T., REsp 332.763/SP, rel. Min. Nancy Andrighi, j. 30.04.2002). Entretanto segundo o guia legislativo da UNCITRAL, o tipo de fraude que autoriza a consolidação substancial não é aquele que ocorre no dia a dia das sociedades, mas o que representa a completa falta de um objetivo comercial legítimo, que pode estar relacionado às razões em virtude das quais a empresa foi formada, ou à atividade que ela desenvolve (por exemplo, empresa que pratica esquemas de pirâmide) (*Legislative Guide on Insolvency Law*: Part three, cit., p. 63).

315. A respeito de idêntico requisito contido na lei concursal espanhola, Manuel Marquina Álvarez entende tratar-se de uma redundância, "puesto que la confusión de patrimonios ya implica em sí misma la imposibilidad o enorme dificultad de determinar quién es el titular de cada activo y de cada pasivo. Y resulta manifiesto que, en este caso de patrimonios confundidos, tratar de dirimir qué activos y pasivos corresponden a cada concursado implicaría una importante pérdida de tiempo y recursos" (*pois a confusão de patrimônios já implica em si mesma a impossibilidade ou enorme dificuldade de determinar quem é o titular de cada ativo e de cada passivo. E é claro que, neste caso de confusão de patrimônios, tentar distinguir quais ativos e passivos correspondem a cada concursado implicaria uma perda significativa de tempo e recursos*) (De los concursos conexos. In: PRENDES CARRIL, Pedro et al. (Dir.). *Comentario al texto refundido de la Ley Concursal*, cit., p. 303; tradução livre).

316. Conforme Eduardo Secchi Munhoz, "a dificuldade, relevante para a matéria, não está na identificação das 'titularidades', mas sim na verificação de que, em virtude do modo de atuação do grupo, os vínculos contratuais estabelecidos entre os seus integrantes e com terceiros são de tal ordem interconectados ou imbricados, que o seu tratamento de forma segregada no plano dependeria do dispêndio de recursos dissonantes e de uma solução adequada para a crise da empresa". Por isso, "cabe a consolidação substancial quando se verificar que a segregação dos ativos e passivos, no plano, em relação a cada uma das sociedades, geraria custos e esforços excessivos, que não trariam nenhum benefício aos credores e não favoreceriam a busca de uma solução coletiva e superior a todos" (Consolidação processual e substancial, cit., p. 29).

317. Conforme Fabio Konder Comparato, a função geral da personalização da sociedade consiste na criação de um centro de interesses autônomos, de modo que, se ela não funcionar como tal, esse centro deveria ser desconsiderado (*O poder de controle*, cit., 3. ed., p. 286).

318. Cf. ARRIBA FERNÁNDEZ, María Luisa de. *Derecho de grupos de sociedades*. 2. ed. Madrid: Civitas, 2009. p. 501. Para a autora, tanto a confusão de esferas quanto a confusão de patrimônios são modali-

quando as sociedades operam em constante desvio de finalidade, sem respeito aos legítimos objetivos e interesses particulares de cada uma delas.

Mantendo ou não uma aparência formal de separação e independência, as sociedades se comportam como se fossem uma única entidade, algo relativamente comum quando existe coincidência de sócios, administradores, estabelecimentos etc. Essa confusão de esferas compreende, ainda, os casos em que o controlador dirige as sociedades em violação das regras que disciplinam o governo dos grupos, sistematicamente favorecendo umas em prejuízo das outras, sem compensação adequada, fora das hipóteses autorizadas por eventual convenção.

Entre outras evidências, a confusão das esferas jurídicas se percebe pela inobservância de certas regras societárias[319] (notadamente daquelas que disciplinam o governo dos grupo), utilização da estrutura grupal para fraudar credores, inexistência de administração separada, ausência de escrituração regular, descontrole quanto ao inventário dos bens, emissão de faturas e administração de recebíveis, falta de registro regular de empregados, utilização de caixa único, compartilhamento de recursos sem contrato ou registro formal, celebração de negócios sem formalização por escrito, coincidência de estabelecimentos, além de outros fatores que indicam a disfunção estrutural do grupo societário.

Novamente, porém, cumpre esclarecer que não será qualquer abuso da personalidade jurídica que autorizará a consolidação substancial. A utilização dos ativos em desrespeito à separação entre as sociedades, a realização de negócios contrários ao objeto social das empresas ou mesmo o indevido favorecimento de uma sociedade pela outra não justificam, isoladamente, que o conjunto de todos os ativos e passivos dos devedores seja tratado como se pertencesse a um único devedor.

A consolidação substancial somente deverá ser determinada nos casos em que essas situações ocorrem de forma sistêmica, generalizada, tornando impossível ou simplesmente inviável a adoção de soluções pontuais, como a desconsideração de personalidade jurídica[320]. Ou seja, quando for possível determinar os

---

dades de confusão da personalidade jurídica (p. 498), que geralmente se apresentam conjuntamente (cf. SCALZILLI, João Pedro. *Confusão patrimonial nas sociedades isoladas e nos grupos societários*, cit., p. 81).

319. Cf. CORDEIRO, António Menezes. *O levantamento da personalidade coletctiva*, cit., p. 116.

320. Para determinar quando os atos que configuram abuso da personalidade para os fins do artigo 50 do Código Civil passam a justificar a consolidação substancial, é necessário examinar quando eles se tornam estruturalmente relevantes, isto é, "quando refletem uma negligência duradoura dos interesses individuais de cada entidade, com evidência do mal uso das personalidades jurídicas que deveriam ser autônomas ou da mistura dos seus bens. Quando for esse o caso, a consolidação substancial deve ser concedida". No original: *when it reflects a lasting neglect of each entity's individual interests, with evidence of a misuse of the legal personalities that should be autonomous or the intermingling of their assets. When that is the case, substantive consolidation should be granted* (NEDER CEREZETTI, Sheila. Reorganization of corporate groups in Brazil, cit., p. 13; tradução livre).

direitos e responsabilidades dos devedores, ainda que reconhecendo a comunhão em relação a parte deles, não se deverá recorrer à consolidação substancial.

Vale ressaltar, por fim, que a lei não exige essa impossibilidade seja absoluta. Basta que não seja viável distinguir os patrimônios de cada devedor *sem excessivo dispêndio de tempo ou de recursos*. Por exemplo, se a determinação das operações feitas por cada empresa do grupo exigir uma perícia contábil que levaria anos, não é razoável deixar devedores e credores tanto tempo esperando a sua conclusão. Da mesma forma que não seria aceitável consumir os ativos do grupo apenas para determinar o que é de quem, se dessa determinação não resultar nenhuma vantagem significativa para credores e devedores.

Diferentemente do que a interpretação literal do artigo 69-J poderia sugerir, a menção nele contida ao "excessivo dispêndio de recursos" não diz respeito apenas ao *custo financeiro* de eventual apuração da titularidade dos ativos e passivos, mas ao *sacrifício econômico* imposto a devedores e credores caso a formulação do plano de recuperação e a deliberação sobre ele tenham de obedecer às regras aplicáveis quando inocorrente a consolidação substancial[321]. Vale dizer, se a observância dessas regras prejudicar a recuperação do crédito e comprometer a preservação da empresa, a consolidação substancial seria jurídica e economicamente justificável.

Mesmo nesse caso, não se pode prescindir da existência de embaralhamento jurídico dos devedores, ao qual a consolidação substancial foi expressamente condicionada pela lei, nem deve o expediente ser empregado apenas para facilitar a aprovação dos credores.

3.8.2.5 Outros requisitos cumulativos

Além dos requisitos acima mencionados, a lei condiciona o emprego da consolidação substancial à verificação de ao menos duas das seguintes circunstâncias descritas nos incisos I a IV do artigo 69-J da LRF: (i) existência de garantias cruzadas; (ii) relação de controle ou de dependência; (iii) identidade total ou parcial do quadro societário; e (iv) atuação conjunta no mercado entre os postulantes.

Parece que o nosso legislador tentou trazer para o direito positivo a sistemática dos famosos testes desenvolvidos pelos tribunais norte-americanos, que procuram balizar a decisão do juiz acerca da consolidação substancial com base

---

321. Foi nesse sentido que decidiu a Corte de Apelação da 3ª Circunscrição dos Estados Unidos no emblemático julgamento do caso *Owens Corning*, reconhecendo que a consolidação substancial entre os devedores é cabível quando "seus bens e responsabilidade estão tão embaralhados que separá-los é proibitivo e prejudicial a todos os credores". No original: *their assets and liabilities are so scrambled that separating them is prohibitive and hurts all creditors* (419 F.3d 195, 211 (3d Cir. 2005); tradução livre).

na enunciação de uma série de condições a serem cumulativamente satisfeitas. O resultado, porém, não foi dos melhores.

Se a intenção era orientar os magistrados acerca das circunstâncias a serem consideradas na avaliação do cabimento da consolidação substancial, eventualmente indicativas da confusão patrimonial descrita no *caput* do artigo 69-J, elas poderiam ser descritas na lei de forma meramente exemplificativa[322], e não como requisitos indispensáveis à aplicação do instituto.

O próprio legislador parece ter se dado conta de que, se condicionasse a consolidação substancial ao preenchimento cumulativo de todas as circunstâncias, acabaria restringindo ou engessando demasiadamente o mecanismo. Por isso, resolveu limitar a exigência ao preenchimento cumulativo de apenas duas das quatro circunstâncias que descreveu. Ainda assim, é difícil depreender a lógica dessa disposição[323].

Os requisitos constantes dos incisos do artigo 69-J não indicam nenhum *critério* para determinar se a consolidação substancial seria ou não adequada (como as vantagens e desvantagens a serem consideradas[324], o modo como os devedores eram tratados pelos credores – *i.e.*, como entidades separadas ou como um todo unitário –, a inconveniência de outros mecanismos para lidar com abusos pontuais dos devedores etc.), nem invalidam o emprego de justificativas inadequadas, como meros benefícios para a administração do processo ou o favorecimento de determinada classe de credores.

Na verdade, os requisitos se limitam a enunciar circunstâncias relacionadas ao *entrelaçamento econômico* dos devedores, indicativo da mera existência de um grupo[325], as quais, se interpretadas literalmente, nada contribuem para identi-

---

322. Cf. MUNHOZ, Eduardo Secchi. Consolidação processual e substancial, cit., p. 29-30.
323. "Qual a lógica de se definir que, além do requisito previsto no *caput*, seria necessária a verificação de, no mínimo, dois outros, previstos nos incisos? Por que não um outro, ou todos cumulativamente? Por que dois?", pergunta-se Eduardo Secchi Munhoz, sem encontrar resposta para as suas pertinentes indagações (Consolidação processual e substancial, cit., p. 28).
324. Anotando a ausência de critério legal ligado à apreciação das vantagens ou desvantagens da consolidação substancial para os credores, Eduardo Secchi Munhoz afirma: "faz falta a indicação na lei de um requisito que tem sido muito realçado na realidade norte-americana, e que tem forte relação com a finalidade do instituto da recuperação judicial. Trata-se de verificar se a consolidação substancial, derivada do plano unitário, causaria, ou não, prejuízo a uma categoria de credores. Ou seja, se ficar demonstrado que o plano consolidado não causa prejuízo a certos credores (comparado a um plano que decorreria da segregação das sociedades) e que, por outro lado, traz benefícios ao conjunto deles, isso seria um fator para determinar a sua aceitação" (Consolidação processual e substancial, cit., p. 30).
325. O que torna os requisitos previstos nos incisos do artigo 69-J, se interpretados literalmente, completamente desnecessários, dado que o próprio *caput* do dispositivo já restringe a imposição da consolidação substancial à existência de um grupo econômico.

ficar o *embaralhamento jurídico* ao qual, nos termos do *caput*, se condiciona a consolidação substancial.

Nenhum dos elementos descritos nos incisos do artigo 69-J, isoladamente ou em conjunto, revela confusão patrimonial ou desvio de finalidade. Abstratamente consideradas, as circunstâncias de os devedores possuírem os mesmos sócios, manterem entre si relação de controle ou de dependência, atuarem conjuntamente num mesmo mercado ou prestarem garantias em favor uns dos outros indicam tão somente a possível existência de *integração entre as empresas*, mas não denotam disfunção societária alguma[326], não impedem a determinação dos direitos e responsabilidades de cada devedor, nem deveriam, por conseguinte, justificar o emprego da consolidação substancial[327].

Neste ponto, conclui-se que tais requisitos, além de não auxiliarem em nada a aplicação do remédio da consolidação substancial, ainda prestam o desserviço de confundir os juízes acerca dos pressupostos necessários à intervenção excepcional nas relações jurídicas. Melhor seria, portanto, que o legislador não tivesse acrescentado requisito algum àqueles descritos no *caput* do artigo 69-J, até porque, na prática, serão raríssimos os casos envolvendo grupos que não atenderão a pelo menos duas das circunstâncias enunciadas nos incisos desse dispositivo[328], caso literalmente interpretadas.

De toda forma, como *legem habemus*, cumpre à doutrina e à jurisprudência extrair o sentido das previsões contidas nos incisos do artigo 69-J, o que significa que elas deverão ser interpretadas em conjunto com a regra do *caput*, para a identificação dos pressupostos da consolidação judicial. Por conseguinte, tais circunstâncias cumulativas somente poderão justificar a imposição da medida

---

326. Cf. ESTEVEZ, André; KLÓSS, Caroline. Recuperação judicial de grupos, cit., p. 14.
327. Tais requisitos, abstratamente considerados, tampouco justificariam a desconsideração da personalidade jurídica prevista no artigo 50 do Código Civil, cujo § 4º proíbe que essa medida seja ordenada com base na mera existência de um grupo econômico, quando ausente abuso caracterizado pelo desvio de finalidade ou pela confusão patrimonial.
328. Fábio Ulhoa Coelho faz duras críticas à inutilidade dos requisitos cumulativos previstos nos incisos do artigo 69-J: "O art. 69-J é um despropósito, quando interpretado literalmente. No fundo, revela o completo desconhecimento do legislador de 2020 acerca da realidade dos grupos. Ninguém constitui um grupo de sociedades, de fato ou de direito, senão para desfrutar dos ganhos de sinergia. Sempre haverá, no grupo, as garantias cruzadas, relação de controle ou dependência e a identidade, ainda que parcial, de sócios referidas nos incisos I a III. A única característica que pode, ou não, se verificar num determinado grupo é a atuação conjunta no mercado, a que se refere o inciso IV. Economistas e administradores de empresa olhariam para nós, da área jurídica, com enorme estranheza, se disséssemos que, uma vez presentes duas das quatro hipóteses listadas, o juiz pode determinar a consolidação contra a vontade de devedor e credores. Eles se perguntariam 'em que planeta vivem esses senhores?' Afinal, simplesmente não existem grupos de sociedades sem as primeiras três das quatro características listadas pelo legislador de 2020" (COELHO, Fábio Ulhoa. *Comentários à Lei de Falências e de Recuperação de Empresas*. 14. ed. São Paulo: Ed. RT, 2021. p. 278).

quando puderem ser associadas a hipóteses de abuso da personalidade jurídica[329], compondo o quadro de disfunção estrutural ao qual se subordina a consolidação substancial. Ou seja, quando consistirem em indícios do desrespeito à separação entre os devedores e, assim, contribuírem para a avaliação do comprometimento da condição das sociedades enquanto centros autônomos de imputação.

3.8.2.5.1 Existência de garantias cruzadas

O inciso I do artigo 69-J se reporta à *existência de garantias cruzadas*, como são referidas aquelas prestadas reciprocamente entre os devedores, em que cada membro do grupo garante as obrigações dos demais.

Embora essa circunstância seja frequentemente invocada nas decisões judiciais como justificativa para a imposição da consolidação judicial[330], já se viu que a mera corresponsabilidade entre os devedores não gera nem reflete confusão patrimonial[331]. Logo, sendo possível discriminar as responsabilidades de cada devedor, ainda que solidárias, a existência de garantias cruzadas, abstratamente considerada, não deveria condicionar ou justificar a imposição da consolidação substancial.

No entanto, se as garantias foram prestadas ao arrepio das regras de governança do grupo, mediante indevido favorecimento de uma sociedade a outra, tal abuso poderá eventualmente indicar a ocorrência de disfunção societária ou crise estrutural do grupo[332], devendo ser considerado, em conjunto com outros elementos, na decisão acerca do cabimento da consolidação substancial. Somente assim é possível conferir algum sentido ao requisito em questão.

A norma não esclarece, porém, se as garantias cruzadas precisariam abranger todos os devedores ou se é suficiente que envolvam parte do grupo. Por outro lado,

---

329. Cf. COELHO, Fábio Ulhoa. *Comentários à Lei de Falências e de Recuperação de Empresas*, cit., 14. ed., p. 279.
330. Na recuperação judicial do grupo MORENO, o Tribunal de Justiça de São Paulo decidiu que as garantias cruzadas seriam indicativas de confusão patrimonial, também justificando a consolidação substancial porque os credores por ela beneficiados (e, portanto, conhecedores da existência do grupo empresarial) teriam "o peso de seus votos exponencialmente aumentado em caso de apresentação de planos independentes ou de votação individualizadas. Nesse cenário, fica evidente o prejuízo do restante dos credores que não possuem o mesmo poder de barganha para obtenção de garantias cruzadas que justamente desrespeitam a autonomia da personalidade" (TJSP, 2ª Câmara Reservada de Direito Empresarial, AgInt 2262738-45.2019.8.26.0000, rel. Des. Ricardo Negrão, origem: Vara Única de São Simão, j. 29.06.2020).
331. Confiram-se os itens 3.7.2, 3.7.3 e 3.2.8.4.
332. André Estevez e Caroline Klóss anotam que, apesar da inexistência de vedação legal a que as sociedades de um grupo prestem garantia em favor uma da outra, desde que observadas as regras de governança dos grupos, a existência de garantias cruzadas não compensadas é usualmente invocada pelos tribunais como indício de confusão patrimonial (Recuperação judicial de grupos, cit., p. 15).

embora exija que as garantias sejam *cruzadas*, ou seja, recíprocas, suscita dúvida em relação às garantias unilaterais, isto é, sem reciprocidade (p. ex., da *holding* em favor das subsidiárias). Seriam elas insuficientes para o preenchimento do requisito legal, como decorre da intepretação literal da norma?

Acredita-se que a resposta a essas questões depende de determinar se as garantias são sintomas ou evidências da disfunção societária. Em caso positivo, a falta de reciprocidade ou o fato de envolverem apenas parte do grupo não devem constituir impedimento à consolidação substancial, embora, a depender do caso, possam justificar a restrição da medida apenas em relação a determinadas sociedades (isto é, àquelas que não funcionam como centro autônomo de imputação).

3.8.2.5.2 Relação de controle ou de dependência

O inciso II do artigo 69-J indica, como requisito para a consolidação substancial, a *relação de controle ou de dependência* entre os devedores.

Em princípio, trata-se de disposição redundante, já que o *caput* desse mesmo artigo restringe a aplicação do remédio aos devedores que estejam em recuperação judicial sob consolidação processual, a qual, por sua vez, é limitada aos devedores que integrem grupo sob controle societário comum (LRF, art. 69-G). Ademais, a mera relação de controle ou de dependência não é indicativa de abuso da personalidade jurídica.

Somente quando o controle for exercido de modo abusivo, em desrespeito às regras de governança dos grupos e a ponto de comprometer a própria identificação das sociedades como centros autônomos de imputação, é que essa circunstância poderá justificar a imposição da consolidação substancial.

Por outro lado, a dependência a que alude o inciso em questão não é a mera dependência econômica que naturalmente resulta da integração das sociedades em relação de grupo, mas aquela estabelecida de forma disfuncional, mediante a ilícita submissão de uma empresa aos interesses da outra.

3.8.2.5.3 Identidade total ou parcial do quadro societário

O inciso III do artigo 69-J exige a *identidade total ou parcial do quadro societário*. Novamente, tal circunstância por si só não diz absolutamente nada. Assim, tal coincidência somente poderá justificar a imposição da consolidação substancial quando, de algum modo, for indicativa da confusão de esferas, especialmente quando o relacionamento entre as sociedades, ou a exploração conjunta de determinada atividade, for algo escondido ou dissimulado.

São relativamente comuns os casos em que os empresários se valem de sociedades diferentes para driblar obrigações fiscais (limitando o faturamento aos níveis que permitem o enquadramento tributário mais favorável) ou como instrumento para se furtar do cumprimento de suas obrigações para fornecedores e consumidores.

Quando uma sociedade vai mal, o empresário constitui uma nova sociedade, que passa a explorar a mesma atividade exercida pela anterior, ficando protegido, ao menos por certo tempo, das ações e execuções dos credores. Nessas hipóteses, um dos elementos que costumam ser considerados para apurar eventual sucessão fraudulenta consiste justamente na coincidência total ou parcial do quadro societário[333], ou na relação de parentesco entre os sócios de cada sociedade[334].

O inciso em questão não especifica, porém, se é necessário que todas as sociedades do grupo tenham pelo menos um sócio em comum, coisa que pode não se verificar no caso de estruturas verticais lineares (em que a sociedade "A" controla a sociedade "B", que controla a sociedade "C", e assim por diante) ou piramidais (em que "A" controla "B" e "C", que por sua vez controlam "D", "E", "F" e "G", e assim por diante), mesmo que as sociedades estejam indiretamente sujeitas ao mesmo controlador[335]. Quanto mais níveis houver, maior a chance de as sociedades não terem os mesmos sócios.

Como o fator determinante para a consolidação é a existência de disfunção estrutural em sociedades sujeitas ao controle comum, acredita-se que deve haver certa flexibilidade na interpretação do requisito em questão, que poderá ser

---

[333]. "[...] Sucessão empresarial devidamente comprovada – Restaurante e lanchonete – Fichas cadastrais que apontam similitude de endereços e atividades no mesmo ramo de atuação, além de identidade de um *mesmo sócio* no quadro de ambas as empresas – Registros na rede mundial de computadores a indicar que a nova empresa se apresenta ao público consumidor com o nome do restaurante executado – Efetiva constatação de confusão patrimonial entre as pessoas jurídicas – Demanda executiva que poderá prosseguir em face da empresa sucessora. [...]" (TJSP, 30ª Câm. Dir. Priv., AI 2254101-13.2016.8.26.0000, rel. Des. Marcos Ramos, origem: 33ª Vara Cível do Foro Central Cível de São Paulo, j. 02.08.2017).

[334]. "[...] Ação de execução por título extrajudicial. Incidente de reconhecimento de sucessão fraudulenta de empresas e de desconsideração da personalidade jurídica. Acolhimento. 1. Sucessão fraudulenta de empresas. [...]. Elementos dos autos convencendo plenamente de que as empresas em confronto se dedicam à mesma atividade empresarial, estão sediadas no mesmo endereço e têm *sócios ligados por estreito laço de parentesco (mãe e filho)*. Cenário deixando evidente a simbiose das empresas. Acertado o reconhecimento da fraude, para possibilitar o prosseguimento da execução contra a sucessora [...]" (TJSP, 19ª Câm. Dir. Priv., AI 2180961-04.2020.8.26.0000, rel. Des. Ricardo Pessoa de Mello Belli, origem: Vara Única de Fartura, j. 03.03.2021).

[335]. Por esse motivo, discorda-se de Marlon Tomazette quando, ao criticar a suposta redundância do inciso III do artigo 69-J da LRF, afirma que existência de controle comum pressupõe necessariamente a identidade de sócios (*Comentários à reforma da Lei de Recuperação de Empresas e Falência*. São Paulo: Foco, 2021. p. 48).

reputado atendido mesmo quando a coincidência do quadro societário não compreender todas as sociedades a serem alcançadas pela consolidação substancial.

3.8.2.5.4 Atuação conjunta no mercado entre os postulantes

O último inciso do artigo 69-J estabelece o requisito da *atuação conjunta no mercado entre os postulantes*. O vocábulo "postulantes", aqui, não deve ser atribuído aos eventuais requerentes da consolidação substancial, mas a todos os devedores, até porque, como já se viu, a medida poderá ser determinada até mesmo de ofício[336]. Interpretação diversa conduziria à absurda conclusão de que, na aferição do requisito, o juiz deveria se ater a apreciar a atuação conjunta apenas dos litisconsortes que eventualmente tivessem postulado a consolidação substancial, mesmo que os outros devedores também concorressem nas mesmas atividades, isto é, atuassem conjuntamente com os demais.

Por outro lado, a aferição do preenchimento do requisito não deve demandar que o juiz analise se os devedores efetivamente exercem suas atividades no âmbito do mesmo *mercado*, na acepção que a Lei de Concorrência[337] confere ao termo. Aparentemente, o termo foi empregado pelo legislador apenas para designar eventual atuação conjugada ou coordenada dos devedores, sendo indiferente, para os fins da consolidação substancial, que eles operem em mercados diversos.

Nesse sentido, se a empresa que atua exclusivamente na produção de milho fornece o insumo para outra empresa do grupo que produz ração para animais (empresas atuantes em mercados diversos), ainda assim poderá restar justificada a consolidação substancial se essa relação específica envolver uma disfunção societária relevante, por exemplo, pelo fato de a primeira ser indevida e sistematicamente constrangida pela segunda, sua controladora, a destinar-lhe a integralidade da sua produção por preço inferior ao de custo, sem nenhuma compensação.

Tem-se, portanto, que o requisito em questão também compreende, de maneira ampla, todos os casos em que os devedores atuam juntos sem observar os limites das próprias personalidades, dando causa à confusão patrimonial ou ao desvio de finalidade. De todo modo, vale outra vez ressaltar que a mera atuação conjunta dos devedores, quando não importe nenhum abuso ou disfunção, não justifica a consolidação substancial.

---

336. Confira-se o item 3.8.1.
337. Lei 12.529/2011.

3.8.3 Critérios determinantes

O legislador previu requisitos condicionantes da consolidação substancial, vinculados à constatação do embaralhamento entre os devedores que impeça distinguir os direitos e responsabilidades de cada um. Entretanto, foi lacônico quanto aos critérios a serem empregados pelo juiz para avaliar a adequação da medida, limitando-se a estabelecer que ela poderá ser autorizada *de forma excepcional*, quando não seja possível identificar a titularidade dos ativos e passivos dos devedores *sem excessivo dispêndio de tempo ou de recursos*.

A mera existência de desvio de finalidade ou de confusão patrimonial, como já se viu, não justifica o emprego da consolidação substancial, especialmente quando a impossibilidade ou dificuldade de distinguir os direitos e responsabilidades dos devedores se limitar a algumas relações jurídicas.

Como o efeito do abuso da personalidade jurídica acaba sendo a extensão da responsabilidade, num cenário ideal a consolidação substancial não seria necessária, bastando limitar esse efeito às relações jurídicas por ela afetadas, preservando-se os direitos dos credores sobre o patrimônio individual de cada devedor.

Noutras palavras, se fosse possível discriminar todos os casos de corresponsabilidade (ainda que por efeito de eventual desconsideração da personalidade jurídica) ou restringir a ineficácia da separação patrimonial apenas a determinado conjunto de bens, os concursos dos devedores poderiam ser conduzidos de forma separada ou segundo a disciplina da mera consolidação processual.

Assim, os conjuntos de credores de cada devedor votariam de forma separada acerca do plano de recuperação e, no caso de falência, concorreriam aos acervos individuais de cada devedor (ainda que alguns credores participassem, simultaneamente, de todos os concursos, ou que os bens precisassem ser divididos entre os devedores).

Há casos, porém, em que o nível de embaralhamento entre os devedores é de tal grau que torna impossível ou simplesmente inviável fazer essa discriminação. De modo geral, eles se associam às hipóteses em que a disfunção do grupo ocorre de forma sistêmica, generalizada, atingindo todas ou boa parte das relações jurídicas das sociedades que o integram. Tais circunstâncias indicam que a separação entre as personalidades jurídicas perdeu a sua utilidade legítima.

Não existe, todavia, nenhum critério definitivo para determinar quando os casos de abuso da personalidade jurídica – que, em princípio, poderiam ser tratados pela adoção episódica do mecanismo da desconsideração – passam a comprometer a própria identificação das sociedades como centros autônomos de imputação, nem para definir quando o remédio da consolidação substancial, de caráter geral, deve preferir a outros de aplicação pontual, limitada a certas relações jurídicas.

3.8.3.1 Excepcionalidade

Sob a perspectiva internacional, vem sendo observada uma certa tendência quanto à flexibilização dos critérios para a adoção da consolidação substancial, cada vez mais desprendidos da ocorrência de confusão patrimonial ou de desvio de finalidade. Da mesma forma que se passou com o mecanismo da desconsideração da personalidade jurídica, cujo emprego se difundiu além dos limites da teoria em que se assenta[338], a consolidação substancial tem deixado de ser uma exceção, sujeita a requisitos estritos, para se tornar um mecanismo de emprego habitual[339].

A lei brasileira, no entanto, expressamente estabeleceu que a adoção da consolidação substancial deverá ser excepcional (LRF, art. 69-J), o que indica a preferência do legislador nacional por soluções pontuais, que não afetam as demais relações jurídicas e preservam, tanto quanto possível, o regime ordinário de limitação de responsabilidades.

Ao dispor que o juiz *poderá* (e não que *deverá*) autorizar a consolidação substancial *de forma excepcional*[340], o legislador pretendeu frear o seu emprego generalizado (que já estava ocorrendo na prática)[341] e reforçar que, mesmo presentes todos os seus requisitos autorizadores, a imposição da consolidação substancial não é obrigatória, mas reservada aos casos em que for indispensável ou muito conveniente para lidar com o insuperável embaralhamento jurídico entre os devedores.

A opção do legislador foi acertada, pois a consolidação substancial é uma solução radical que interfere nas legítimas expectativas dos agentes de econômicos em relação à observância do regime de responsabilidade legal e, por conseguinte, da separação patrimonial entre os devedores[342]. Por implicar sacrifício dos direitos

---

338. Cf. ROJO FERNÁNDEZ RIO, Angel José. Los grupos de sociedades en el derecho español, cit. p. 464-465.
339. Cf. FLORES SEGURA, Marta. *Los concursos conexos*, cit., p. 396-397. Dados empíricos referidos anteriormente comprovam a larga utilização do mecanismo nos Estados Unidos, especialmente em reorganizações envolvendo grandes grupos (*vide* nota de rodapé n. 53).
340. Manoel Justino Bezerra Filho parece atribuir outro sentido à expressão, sustentando que a excepcionalidade se relacionaria com a possibilidade de o juiz deferir a consolidação substancial independentemente de autorização da assembleia, em oposição ao modo ordinário como ela deveria ser implementada, mediante aprovação dos credores: "[...] a lei, aparentemente, teria criado aqui duas possibilidades de admissão da consolidação substancial: (i) de forma excepcional, pelo juiz sem ouvir a assembleia e (ii) de forma ordinária, dependendo da decisão da assembleia" (BEZERRA FILHO, Manoel Justino. *Lei de Recuperação de Empresas e Falências comentada*. 15. ed. São Paulo: Ed. RT, 2021, n. 427).
341. Cf. Henrique Ávila. Recuperação judicial de grupos econômicos, cit., p. 286.
342. Como se viu anteriormente (item 3.7.4), ainda que existam credores que não confiem em tal separação, ou reconheçam o grupo enquanto unidade jurídica, dificilmente essa circunstância permitirá uma

de pelo menos uma parte dos envolvidos, o emprego desse remédio tende a gerar insegurança jurídica, não devendo ser adotado quando, apesar da confusão entre os devedores, forem viáveis outras soluções que permitam preservar tais direitos.

3.8.3.2 Excessivo dispêndio de tempo ou de recursos

Presentes os requisitos legais, como então determinar quando a consolidação substancial será adequada? O único critério expressamente previsto em lei se refere ao *excessivo dispêndio de tempo ou de recursos* para distinguir os ativos e passivos de cada devedor (art. 69-J), que se subordina à avaliação *subjetiva* do julgador. Mas como o juiz poderá determinar o que é excessivo? Excessivo em comparação a quê?

A resposta para essas perguntas exige recorrer aos objetivos do processo concursal, que são a preservação da empresa, a maximização dos ativos e a higidez do mercado de crédito. À vista deles, caberá ao juiz avaliar a adequação da consolidação substancial, que não se mede apenas em função do tempo ou do custo financeiro[343] demandados para distinguir os patrimônios de cada devedor, mas envolve a ponderação das vantagens e desvantagens do recurso para viabilizar a superação da crise do grupo e o pagamento dos credores.

Dificilmente, porém, será possível reduzir a decisão sobre a consolidação substancial a uma fórmula matemática, ou prendê-la a critérios rígidos, naturalmente incapazes de se adaptar a fenômeno tão plural e dinâmico como são os grupos. Está aí a jurisprudência norte-americana para provar o que se afirma, pois décadas lidando com o tema não foram suficientes para definir parâmetros que sirvam para todos os casos[344] e forneçam previsibilidade e segurança[345].

---

generalização, especialmente porque o concurso acaba atraindo credores dos mais diversos tipos, inclusive credores involuntários, que não fazem avaliação de risco alguma.

343. Embora a menção ao "excessivo dispêndio de recursos" contida no art. 69-J pareça se relacionar com o custo financeiro de eventual perícia (para apurar os ativos e passivos de cada devedor), interpretação teleológica dessa disposição conduz ao entendimento de que o legislador estava se referindo não apenas a isso, mas aos prejuízos que seriam suportados pelos envolvidos caso ausente a consolidação substancial, na linha de alguns dos testes desenvolvidos pela jurisprudência norte-americana, notadamente o teste *Owens Corning* e suas variações (confiram-se os itens 3.2.1.2.5 e 3.2.8.4).

344. O comentário de Edward J. Wes Jr. feito no final da década de 1970 continua atual: "although the consolidation process itself is relatively straightforward, determining whether consolidation is equitable is a given case is difficult. Unfortunately, both the case law and commentary are in utter confusion" (*Embora o processo de consolidação em si seja relativamente simples, é difícil determinar quando a consolidação é justa em um determinado caso. Infelizmente, tanto a jurisprudência quanto a doutrina estão em total confusão*) (Substantive Consolidations in Bankruptcy: A Flow-of-Assets Approach. California Law Review, v. 65, n. 3, p. 721, 1977; tradução livre).

345. Nesse sentido, referindo-se à jurisprudência norte-americana, Christopher W. Frost anota que "a doctrinal analysis of substantive consolidation can only provide an illustration of how difficult it is to predict instances in which it will be applicable" (*uma análise doutrinária da consolidação substancial*

Mesmo os "balancing tests" com maior adesão nos tribunais estadunidenses adotam premissas relativamente diferentes[346], tendo a doutrina observado o caráter *sui generis*[347] das decisões acerca da consolidação substancial, pois fundadas em critérios que parecem ter sido elaborados sob medida para o caso sob julgamento[348].

Alguns desses testes procuram associar o emprego da consolidação substancial à existência de benefício para todos os credores, ou à inexistência de prejuízo para nenhum deles[349]. É muito difícil, no entanto, pensar em situações assim justamente porque a consolidação substancial envolve uma solução generalista, que não distingue a situação particular de cada credor. No mais das vezes, parte dos credores efetivamente será prejudicada pela medida, senão economicamente, ao menos no tocante ao poder de influenciar a solução que será adotada para a crise do devedor em face do qual o seu crédito foi constituído[350].

---

pode apenas fornecer uma ilustração de quão difícil é prever os casos em que ela será aplicável) (Organizational Form, Misappropriation Risk, and the Substantive Consolidation of Corporate Groups. *Hastings Law Journal*, n. 44, p. 461, 1992; Tradução livre).

346. De modo geral, os testes aplicados pelos tribunais norte-americanos se decompõem em duas fases. A primeira procura identificar a existência de identidade substancial entre as entidades a serem consolidadas, enquanto a segunda visa determinar se a consolidação é necessária para evitar algum prejuízo ou promover algum benefício (cf. HIRTE, Heribert. Towards a Framework for the Regulation of Corporate Groups' Insolvencies, cit., p. 221). Entretanto, os testes variam em relação aos critérios para determinar se existe essa identidade bem como sobre a própria equidade da consolidação (isto é, quando ou benefícios e malefícios da medida autorizam ou impedem sua implementação). Além disso, enquanto alguns testes atribuem aos devedores o ônus de demonstrar a existência dos pressupostos necessários à consolidação, outros impõem aos credores o encargo de comprovar que eles não foram satisfeitos, ou que existe algum motivo para que seja respeitada a autonomia patrimonial entre os devedores a despeito da confusão entre eles.

347. Cf. CONTI, Joy Flowers. An Analytical Model for Substantive Consolidation of Bankruptcy Cases. *The Business Lawyer*, v. 38, n. 3, p. 857, 1985.

348. Expondo a variedade dos critérios adotados pela jurisprudência norte-americana e a avaliação estritamente casuística do cabimento da consolidação substancial, confiram-se, entre outros; SPRAYREGEN, James H. M. et al. The sum and substance of substantive consolidation. *Annual Survey of Bankruptcy Law*, v. 1, p. 3-4, 2005; PREDKO, Christopher J. Substantive consolidation involving non-debtors: Conceptual and jurisdictional difficulties in bankruptcy. *Wayne Law Review*, n. 41, p. 1.750, 1995. Em sentido contrário, afirmando que as cortes geralmente seguem uma abordagem uniforme em relação aos pedidos de consolidação substancial, confira-se: GILBERT, J. Stephen. Substantive Consolidation in Bankruptcy: A Primer. *Vanderbilt Law Review*, v. 43, n. 1, p. 220, 1990).

349. Em especial o teste "*Augie/Restivo*" e suas variações (confira-se o item 3.2.1.2.3), que são muito mais restritivos do que os demais testes, tornando bem mais difícil obter o deferimento da consolidação substancial nas cortes que os adotam (Cf. AMERA, Seth; KOLOD, Alan. Substantive consolidation, cit., p. 28).

350. Problema com o qual os tribunais norte-americanos pouco se ocuparam porque os planos, especialmente na reorganização dos grupos, acabam sendo confirmados por meio do *cram down*. Uma vez que o plano respeite a *absolute priority rule*, torna-se muito menos relevante o eventual prejuízo que a consolidação substancial enseja ao poder individual dos credores de influenciar o resultado das deliberações (afinal, para que o plano seja confirmado segundo o mecanismo do *cram down*, basta que apenas uma de quaisquer das classes o tenha aprovado).

É por isso que a consolidação substancial se subordina a um juízo de equidade, que não levará em conta apenas o direito individual de cada interessado, mas o conjunto de todos os interesses que gravitam em torno do concurso. Sob essa perspectiva, a consolidação substancial será justificável quando os objetivos do processo forem mais bem atendidos por uma solução de caráter geral do que por soluções particulares, sobretudo quando estas demandarem dispêndio de tempo e de recursos que comprometeria a consecução de tais objetivos.

No âmbito da recuperação judicial, as principais vantagens da consolidação substancial sobre as soluções de caráter individual são a redução dos custos de transação e o potencial ganho de eficiência de uma solução global não subordinada à consecução dos interesses de cada devedor individualmente considerado (sendo esse o traço que a distingue da solução global viabilizada no âmbito da mera consolidação processual, sujeita aos limites da subordinação de interesses aplicáveis ao grupo).

Deferida a consolidação substancial, a sistemática da negociação com os credores será tremendamente simplificada. Enquanto a adoção de uma solução global depende, no cenário de mera consolidação processual, da aprovação individual dos conjuntos de credores de cada devedor, com a consolidação substancial essa solução passa a exigir a aprovação de um conjunto só, tornando mais controlável e previsível o resultado da deliberação sobre o plano, que fica sujeito a menos variáveis[351]. Por outro lado, o ganho econômico de uma solução global poderá compensar os prejuízos dos credores desfavorecidos pela unificação dos patrimônios.

Todas essas vantagens deverão ser então sopesadas com as dificuldades, em termos de custo e de tempo, de aplicar soluções particulares para distinguir ou delimitar os direitos e responsabilidades dos membros do grupo, bem como com os potenciais prejuízos causados pela medida. Tanto maiores forem esses prejuízos em comparação às vantagens, menos indicada será a consolidação, que também não deve ficar restrita à remota possibilidade de não implicar prejuízo algum.

Frise-se, por fim, que a consolidação substancial não deverá ser aplicada por razões de mera economia processual, para simplificar a administração do processo, ou apenas para facilitar a obtenção das maiorias necessárias à aprovação do plano, e muito menos com o intuito de beneficiar ou desfavorecer determinados credores.

---

351. O que não significa, necessariamente, que isso sempre tornará mais fácil obter a aprovação do plano, pois, a depender das circunstâncias, a medida pode amplificar o poder de certos credores.

3.8.4 Efeitos da consolidação substancial na recuperação judicial

Presentes os requisitos legais, o juiz autorizará a consolidação substancial quando concluir que os devedores não funcionam como centros autônomos de imputação, de modo que a medida é a melhor forma de lidar com a crise do grupo e atingir os fins do processo concursal. Essa medida determina que os ativos e passivos dos devedores *serão tratados como se pertencessem a um único devedor* (LRF, art. 69-K, *caput*), o que enseja a produção de vários efeitos materiais e processuais relevantes.

3.8.4.1 Unificação patrimonial putativa

Operada a consolidação substancial, os ativos e passivos dos devedores serão tratados como se pertencessem a um único devedor. Isso significa que, para fins de formulação e de deliberação sobre o plano, as relações de natureza patrimonial passarão a ser imputadas ao grupo[352].

Como a lei não prevê a efetiva fusão dos devedores numa nova e única entidade, percebe-se que a unificação patrimonial que resulta da ordem de consolidação substancial é meramente pressuposta. Trata-se, pois, de uma consolidação putativa[353], que não desconstitui ou aglutina os patrimônios individuais dos devedores no plano da existência, implicando apenas uma *ineficácia transitória* da separação patrimonial entre eles.

Essa ineficácia, ademais, opera exclusivamente para os *fins do processo concursal*. A consolidação substancial determinada num processo de recuperação judicial não autoriza ao credor que move uma execução contra o devedor "A" pleitear a penhora dos bens do devedor "B", nem importa corresponsabilidade automática dos devedores por todas as dívidas dos outros.

Exceção feita à extinção dos créditos e garantias fidejussórias intragrupo, tratada a seguir, a lei não prevê a produção de efeitos da consolidação substancial para além do processo de recuperação judicial, o que realmente não parece possível, já que ela não resulta, em princípio, na modificação da estrutura jurídica das sociedades[354].

---

352. Ou ao conjunto de devedores alcançados pela ordem de consolidação substancial, quando se tratar de consolidação substancial parcial.
353. O que, no direito norte-americano, é denominado por *"deemed substantive consolidation"*. Confira-se o item 3.2.1.3 e a nota de rodapé n. 159.
354. Cf. CAMPINHO, Sérgio. In: TOLEDO, Paulo Fernando Campos Salles de (Coord.). *Comentários à Lei de Recuperação de Empresas*, cit., p. 515.

Assim, encerrada a recuperação judicial, cessam os efeitos da consolidação substancial[355], regendo-se os direitos e responsabilidades por ela atingidos segundo aquilo que tiver sido estipulado no plano unitário.

3.8.4.2 Conservação das personalidades jurídicas individuais

A ordem de consolidação substancial não importa extinção ou aglutinação das personalidades jurídicas dos devedores, cuja independência continua produzindo efeitos, notadamente *fora do processo*[356]. Ela atinge apenas um dos atributos da personalidade jurídica (a autonomia patrimonial), ensejando a ineficácia[357] da separação entre os patrimônios dos devedores para determinados fins vinculados ao processo concursal.

A despeito da consolidação substancial, os atos e negócios jurídicos continuarão sendo individualmente realizados pelos devedores, e não pelo grupo, da mesma forma que os direitos e obrigações permanecerão sendo incorporados aos seus respectivos patrimônios individuais. Mantêm-se, portanto, a autonomia e a separação patrimonial das empresas no desenvolvimento das suas atividades[358], naquilo que não se refere à recuperação judicial.

Isso não impede, porém, que o plano unitário preveja, *como meio de recuperação*, a fusão dos devedores numa nova sociedade ou mesmo a incorporação a um deles de todos os demais. Com a aprovação do plano e a concessão da recuperação judicial, a realização desse negócio jurídico promoverá a extinção das personalidades jurídicas dos devedores que se fundirem ou daqueles que se incorporarem a outro, operando-se uma efetiva unificação dos seus respectivos

---

355. No mesmo sentido advogado nesta obra, Carlos Alberto Garbi pondera que "a consolidação substancial é uma técnica utilizada somente para obter a recuperação do grupo de sociedades. Uma vez cumprido o plano de recuperação, aquela unidade do grupo determinada especificamente para o processo desaparece" (O grupo de sociedade e a insolvência: uma abordagem comparativa em face da Lei 14.112, de 24 de dezembro de 2020. In: MAIA DA CUNHA, Fernando Antonio et al. (Coord.). *Direito empresarial aplicado*. São Paulo: Quartier Latin, 2021. p. 117).
356. Mesmo no âmbito do processo concursal, a independência das personalidades dos devedores continua produzindo efeitos. A consolidação substancial não os impede, por exemplo, de postular individualmente no processo na defesa dos próprios interesses.
357. Fábio Ulhoa Coelho afirma que a ineficácia da autonomia patrimonial tanto pode configurar uma sanção jurídica destinada a coibir um ilícito, como nos casos de desconsideração da personalidade jurídica (o que qualifica de "ineficácia sanção"), quanto ocorrer "num quadro de generalizada e ampla licitude", quando não se trata de punição de nenhum ilícito, mas de "suspensão episódica da autonomia patrimonial na melhor alocação de custos" (esta uma "ineficácia simples"). Conclui ponderando que "a ineficácia da autonomia patrimonial das sociedades de um grupo abrangidas na consolidação substancial não é uma ineficácia-sanção; é, ao contrário, uma ineficácia-simples, algo que se justifica apenas por representar a melhor maneira econômica de superação da crise do grupo de sociedades" (*Comentários à Lei de Falências e de Recuperação de Empresas*, cit., 14. ed., p. 278).
358. Cf. GARBI, Carlos Alberto. O grupo de sociedade e a insolvência, cit., p. 117-118.

patrimônios numa mesma pessoa, efeito que perdurará para além do processo concursal.

3.8.4.3 Consolidação substancial parcial

A lei não exige que a consolidação substancial alcance todos os devedores, e o § 2º do artigo 69-L parece admitir a limitação da ordem ao prever que a rejeição do plano unitário implicará a convolação da recuperação judicial em falência *dos devedores sob consolidação substancial*. Se a medida devesse obrigatoriamente abranger todos os litisconsortes, bastaria ao legislador ter empregado o termo "devedores", sem necessidade do complemento "sob consolidação substancial".

Além disso, segundo os fundamentos que justificam a consolidação substancial, não faz sentido determinar sua extensão a sociedade que mantém a condição de centro de imputação autônomo, respeitando os limites da própria personalidade, ainda que integrante de um grupo econômico que sofre algum tipo de disfunção estrutural.

Por essas razões, conclui-se que a consolidação substancial deverá ser determinada apenas em relação aos devedores que efetivamente estiverem juridicamente embaralhados entre si, excluindo-se os integrantes do grupo cujos direitos e obrigações puderem ser distinguidos dos demais.

Quando a ordem abranger apenas parte dos devedores, haverá uma consolidação substancial *parcial*[359]. Nesse caso, caberá aos devedores sob consolidação substancial apresentar um plano unitário, que será submetido a uma AGC única, composta pelo conjunto indistinto de todos os seus credores. Já os demais poderão apresentar planos individuais (isolados ou coligados) ou um plano único, a serem submetidos a AGCs separadas, compostas apenas pelos seus próprios credores. Em relação a esses devedores excluídos dos efeitos da consolidação substancial, prossegue-se segundo a sistemática descrita para a mera consolidação processual.

3.8.4.4 Extinção das garantias fidejussórias e dos créditos intragrupo

Decorre da consolidação substancial que os credores serão tratados como se seus créditos tivessem sido constituídos em face de uma única entidade, enquanto os devedores serão tratados como se possuíssem patrimônio indiviso. Esse efeito logicamente compromete as garantias fidejussórias prestadas por um devedor em

---

359. Diz-se *parcial* por atingir apenas uma parcela dos devedores. Entretanto, em relação àqueles alcançados pela ordem, a consolidação será total. Sobre outras acepções de *consolidação substancial parcial*, confira-se o item 3.4 e as notas de rodapé n. 1015 e 1048.

relação às obrigações de outro devedor[360] (como fianças, avais e cauções), bem como os créditos detidos por um devedor contra o outro.

Embora o legislador pudesse ter se contentado com a ineficácia temporária dessas garantias para os fins do processo – o que não comprometeria sua utilidade para além dele, especialmente se o plano não modificar o valor ou as suas condições originais de pagamento[361] –, o § 1º do artigo 69-K prescreve que a consolidação substancial acarretará a *extinção imediata* das garantias, consequência que, em tese, perdura mesmo depois de encerrado o processo[362].

Essa mesma norma determina a extinção dos créditos detidos por um devedor em face do outro, porque a unificação patrimonial resultante da consolidação substancial implica a confusão entre credor e devedor desses créditos (CC, art. 381).

Novamente, a lei poderia ter se limitado a prever a ineficácia, já que, com o encerramento do processo de recuperação, essa confusão seria desfeita, permitindo o restabelecimento da obrigação (CC, art. 384)[363]. Nesse segundo caso, porém, a escolha do legislador é um pouco mais aceitável considerando que, em face da disfunção do grupo, a própria constituição desses créditos poderá ter sido arbitrária, especialmente se tiver resultado do indevido favorecimento de uma sociedade a outra.

De toda forma, a depender das particularidades do caso concreto, talvez seja possível interpretar a "extinção" determinada no artigo 69-K, § 1º, da LRF como mera ineficácia temporária[364], a fim de evitar certas injustiças, especialmente para

---

360. Já que, na garantia pessoal, o patrimônio do devedor responde enquanto universalidade (cf. CAMPINHO, Sérgio. In: TOLEDO, Paulo Fernando Campos Salles de (Coord.). *Comentários à Lei de Recuperação de Empresas*, cit., p. 520).
361. Imagine-se, por exemplo, que um credor seja titular de crédito contra o devedor "A", garantido pelo devedor "B", com vencimento no prazo de dez anos e constituído antes do ajuizamento do pedido de recuperação formulado por esses devedores sob consolidação processual. Imagine-se, ainda, que o juiz determine a consolidação substancial de "A" e "B", que propõem, em conjunto, um plano unitário sem modificar em nada as condições de pagamento daquele crédito. Imagine-se, por fim, que esse plano seja aprovado e que a recuperação judicial seja encerrada antes do vencimento do crédito. Percebe-se que, nesse caso, a garantia continuaria sendo útil ao credor, não se vislumbrando, a princípio, justificativa razoável para que seja definitivamente extinta.
362. Salvo se a própria decisão de consolidação substancial for reconsiderada pelo juiz ou revertida pela via recursal.
363. De acordo com o artigo 384 do Código Civil, "cessando a confusão, para logo se restabelece, com todos os seus acessórios, a obrigação anterior". Essa norma não tem o efeito de reconstituir obrigação definitivamente extinta pela confusão, aplicando-se aos casos em que a coincidência subjetiva entre as qualidades de credor e devedor for transitória (cf. TEPEDINO, Gustavo et al. *Código Civil interpretado conforme a Constituição da República*: Parte Geral e Obrigações. 3. ed. Rio de Janeiro: Renovar, 2014. v. 1. p. 691). De certa forma, é isso o que ocorre na recuperação sob consolidação substancial, já que, com o seu encerramento, a unificação patrimonial pressuposta para os fins do processo será desfeita.
364. Carlos Alberto Garbi sustenta que, de modo geral, a extinção das garantias fidejussórias previstas no artigo 69-K, § 1º, da LRF deve ser entendida apenas como ineficácia (O grupo de sociedades e a insolvência, cit., p. 117-118).

com os credores que não tiverem o valor ou as condições originais de pagamento dos seus créditos modificados pelo plano unitário e que, por conta disso, nem poderiam participar da votação (LRF, art. 45, § 3º)[365].

Note-se, por fim, que a consolidação substancial não afeta as garantias pessoais ou obrigações solidárias de terceiros[366], ou mesmo de devedores porventura não alcançados pela ordem de consolidação.

3.8.4.5 Preservação das garantias reais

Como as garantias reais se vinculam a bens específicos e não à universalidade do patrimônio do devedor que as tiver prestado, não há motivo para que elas sejam afetadas pela consolidação substancial. O § 2º do artigo 69-K endossa esse raciocínio ao prever que a consolidação substancial *não impactará a garantia real de nenhum credor*.

O mesmo dispositivo ressalva, todavia, que essa garantia poderá ser afetada *mediante aprovação expressa do titular*, em consonância com o que já dispunham os artigos 50, § 1º, e 163, § 4º (respectivamente aplicáveis à recuperação judicial e à falência), que condicionam a supressão da garantia real ou a sua substituição à aprovação expressa do credor que dela for titular.

3.8.4.6 Mudança de vetor e permissão de subordinação de interesses

Ao determinar que, em decorrência da consolidação substancial, os ativos e passivos de devedores serão tratados como se pertencessem a um único devedor, a lei opera uma *mudança de vetor*. Se, antes dela, o processo deve mirar a recuperação dos devedores individualmente considerados, com ela o foco passa ser o grupo.

---

365. O artigo 45, § 3º, dispõe que "o credor não terá direito a voto e não será considerado para fins de verificação de *quorum* de deliberação se o plano de recuperação judicial não alterar o valor ou as condições originais de pagamento de seu crédito". Esse dispositivo parte do pressuposto de que tal credor não teria interesse em se opor à concessão da recuperação judicial, já que as condições de pagamento do seu crédito não seriam alteradas. Esse pressuposto é incorreto porque, mesmo sem a alteração, a aprovação do plano poderá comprometer ou colocar em risco a capacidade do devedor de honrar a obrigação (cf. LOBO, Jorge. In: TOLEDO, Paulo Fernando Campos Salles de et al. *Comentários à Lei de Recuperação de Empresas e Falência*. 5. ed. São Paulo: Saraiva, 2012. p. 182). Assim, se a exclusão do direito de voto nesse caso já seria discutível, tal efeito parece inaceitável quando, em decorrência da consolidação substancial, houver a extinção da garantia constituída em face de algum devedor. Nesse caso, é evidente que o crédito terá sido afetado (ainda que não diretamente pelo plano), circunstância que justifica conferir direito de voto a esse credor.
366. Cf. CAMPINHO, Sérgio. In: TOLEDO, Paulo Fernando Campos Salles de (Coord.). *Comentários à Lei de Recuperação de Empresas*, cit., p. 520.

No contexto da mera consolidação processual, a finalidade imediata do processo é a recuperação individual de cada devedor, podendo a recuperação de outro devedor ou do próprio grupo funcionar como meio para a consecução desse objeto, isto é, como finalidade mediata do processo e do plano de recuperação. Operada a consolidação substancial, a finalidade imediata passa a ser a recuperação do grupo, pressupondo-se que os credores de todas as sociedades são, na verdade, credores do grupo. Ao menos para os fins do processo concursal, o grupo passa a ser tratado como se, a par da unidade econômica, também passasse a gozar de unidade jurídica.

As sociedades integrantes do grupo deixam de ser consideradas como entidades jurídicas autônomas, passando a ser tratadas como meros departamentos do grupo. O objetivo da recuperação passa a ser a recuperação do grupo, ao qual serão subordinados os interesses particulares dos devedores. Suspendem-se, *para os fins do processo*, os limites impostos pela lei ou pela convenção grupal à subordinação de interesses entre os devedores, ficando admitido o favorecimento de uma sociedade em prejuízo da outra[367].

Disso decorre que um devedor poderá assumir os pagamentos das dívidas de outro, ou que os ativos de um poderão reverter em favor dos credores do outro, independentemente de compensação, já que todos eles serão tratados como credores do grupo. Além disso, como meio de recuperação, será possível reorganizar as atividades do grupo, concentrando em determinado devedor as atividades que eram desenvolvidas pelos demais ou, ao contrário, dividindo-se entre eles as atividades que antes eram desempenhadas por um único devedor.

No limite, determinadas unidades do negócio poderão ser completamente sacrificadas para que o grupo sobreviva (p. ex., mediante a alienação de todos os ativos de determinado devedor), a fim de promover a preservação da empresa e gerar o maior valor possível para os credores. Aos acionistas prejudicados reserva-se apenas o direito de demandar contra o controlador e os administradores por perdas e danos, já que a lei nem sequer lhes confere o direito de voto na AGC (LRF, art. 43, *caput*)[368].

---

367. Ressalva-se, porém, que a subordinação de interesses admitida pela consolidação substancial não é absoluta, limitando-se à esfera jurídica particular das sociedades alcançadas pela ordem.
368. A lei concursal brasileira impede os acionistas do devedor de participar da AGC por pressupor haver conflito de interesses entre eles e os demais credores. A presunção (formal) desse conflito é, até certo ponto, compreensível no tocante ao acionista controlador, mas não em relação aos minoritários. Ademais, tal restrição ao direito de voto não se verifica na maioria dos diplomas estrangeiros, especialmente naqueles que concedem maior flexibilidade à composição das classes de credores, permitindo que os acionistas ocupem uma classe separada dos demais (cf. BUSCHINELLI Gabriel Saad Kik. *Abuso de direito de voto na assembleia geral de credores*. São Paulo: Quartier Latin, 2014. p. 95). A hipótese de consolidação substancial escancara a injustiça de alijar os acionistas minoritários da decisão quanto à

Tudo isso será definido a partir de um *plano unitário*, que discriminará os meios de recuperação a serem empregados para a recuperação do grupo e que deverá ser apresentado conjuntamente pelos devedores sob consolidação substancial (LRF, art. 69-L, *caput*).

3.8.4.7 Deliberações unificadas

Um dos efeitos mais relevantes da consolidação substancial no processo de recuperação judicial consiste na alteração da forma como será colhida a manifestação de vontade da coletividade dos credores nos casos em que sejam chamados a decidir qualquer questão, especialmente a aprovação ou rejeição do plano unitário.

Ordinariamente, num processo sob consolidação processual, a manifestação de vontade da coletividade de credores é determinada apenas em relação ao conjunto particular de credores de cada devedor. Existem, portanto, várias coletividades de credores, uma para cada devedor, que deliberam sobre as questões de interesse do processo concursal de forma autônoma e independente, inclusive em matérias de interesse de todo o grupo, como no caso de ter sido proposto plano único.

Com a unificação patrimonial decorrente da consolidação substancial, os credores dos múltiplos devedores passam a ser tratados como se fossem credores de um único devedor, com patrimônio indiviso. A partir de então, pressupõe-se a existência de uma única coletividade de credores, cuja manifestação de vontade é definida a partir de deliberações unificadas, em assembleia única que reunirá os credores de todos os devedores sob consolidação substancial.

A própria formação das classes da assembleia e a determinação dos quóruns de instalação e de deliberação ocorrerão em referência a esse conjunto unificado de credores, e não mais de modo separado por devedor.

Embora a lei só tenha contemplado a deliberação unificada dos credores para fins de votação do plano (unitário) de recuperação (LRF, art. 69-L), parece evidente que, uma vez operada a consolidação substancial, essa mesma sistemática deverá ser adotada em relação a todas as matérias de competência da assembleia geral de credores[369].

---

aprovação do plano de recuperação, dado que não terão, em tese, poder para impedir ou pelo menos refrear o sacrifício à sociedade de que participam em favor dos interesses do grupo.

369. De acordo com o artigo 35, I, da LRF, compete à assembleia geral de credores, no processo da recuperação judicial, deliberar sobre as seguintes matérias: (i) aprovação, rejeição ou modificação do plano de recuperação judicial apresentado pelo devedor; (ii) a constituição do Comitê de Credores, a escolha de seus membros e sua substituição; (iii) o pedido de desistência do devedor; (iv) a escolha do gestor judicial, quando do afastamento do devedor; e (v) qualquer outra matéria que possa afetar os interesses dos credores.

3.8.5   O plano unitário

Determinada a consolidação substancial pelo juiz, caberá aos devedores alcançados pela ordem apresentar um *plano unitário* (LRF, art. 69-L, *caput*), que tratará os seus ativos e passivos como se pertencessem a um único devedor.

Trata-se do principal efeito da consolidação substancial na recuperação judicial, que torna obrigatório[370] que a proposta para viabilizar a superação da situação de crise econômico-financeira seja articulada pelos devedores de forma conjunta, levando em consideração o grupo todo (mais precisamente, aqueles devedores alcançados pela ordem de consolidação substancial).

3.8.5.1   *Competência*

O artigo 69-L da LRF determina que, admitida a consolidação substancial, *os devedores apresentarão* plano unitário, indicando que esse ato deve ser praticado conjuntamente por eles[371].

Como a consolidação substancial implica a unificação dos patrimônios dos devedores para os fins do processo, logicamente será necessário unificar o poder de disposição sobre eles. Do lado dos credores, isso é feito a partir da realização de uma única AGC, que reúne os credores de todos os devedores sob consolidação substancial. Do lado dos devedores, à falta de solução explícita na lei, será preciso novamente recorrer aos fundamentos do instituto.

De certo modo, a consolidação substancial procura espelhar[372] a forma como as sociedades eram conduzidas *antes da recuperação judicial*. Mesmo que o plano seja apresentado pelos devedores em conjunto, opera-se um deslocamento da competência para determinar as suas cláusulas (ou pelo menos da posição de onde essa competência é exercida), que deixa a esfera

---

370. E não mais facultativo, como se dá no contexto da mera consolidação processual.
371. A lei não esclarece, todavia, se seria necessário algum tipo de acordo prévio entre os devedores, nem como, nessa hipótese, seria possível conciliar os seus interesses individuais com a obrigação de tratar os seus respectivos ativos e passivos como se pertencessem a um único devedor, a fim de estabelecer as cláusulas do plano unitário. O legislador não se preocupou com isso por pressupor que a influência do controlador será sempre suficiente para que esse tipo de indagação não apareça, como de fato não aparece, já que todas as empresas do grupo costumam estar representadas pelos mesmos advogados e são elas próprias que tomam a iniciativa de pleitear a consolidação substancial. Na prática, a ingerência do controlador sobre as sociedades do grupo se estende à recuperação judicial, inclusive na determinação das cláusulas do plano unitário.
372. Conforme Erasmo Valladão e Marcelo Adamek, a consolidação substancial "tem por objetivo constatar e fazer valer um estado de coisas que já está consumado: a confusão patrimonial entre sociedades do grupo" (*Assembleia geral de credores*, cit., p. 44).

individual de cada um deles para se submeter ao grupo, segundo a orientação do seu controlador[373].

Sem a consolidação substancial, a influência do controlador do grupo sobre a proposição do plano é exercida (ou deve ser exercida) de dentro para fora, isto é, internamente a cada sociedade e limitada pelos interesses individuais desta (ainda que admitido algum nível de subordinação por eventual convenção de grupo). Com a consolidação, essa influência passa a ser exercida, tanto fática quanto juridicamente, de fora para dentro, isto é do grupo para as sociedades que o integram, não mais contida por tais interesses individuais.

De outro modo não seria possível atender ao comando do legislador para que os ativos e passivos dos devedores sejam tratados como se pertencessem a um único devedor, ou mesmo viabilizar os ganhos econômicos do tratamento unitário da crise segundo os interesses do grupo.

Não se ignora a contradição de reconhecer a disfunção societária decorrente do eventual abuso do controlador e, ao mesmo tempo, validar o seu poder de fato para ditar as cláusulas do plano de recuperação do grupo todo[374].

Na verdade, tal solução se justifica apenas por razões estritamente pragmáticas, mirando os potenciais benefícios econômicos da solução global para tutela dos credores e demais *stakeholders*, ante a impossibilidade ou inconveniência de distinguir os direitos e responsabilidades de cada um dos devedores.

Uma possível resposta para esse nó de ordem jurídica e sobretudo moral pode ser o afastamento do controlador[375] e dos administradores da condução

---

373. É evidente que, mesmo as sociedades conservando a própria individualidade, elas também se submetem à influência do controlador no tocante à determinação das cláusulas do plano. Porém, salvo na hipótese de existir alguma convenção de grupo, essa influência é limitada pelos interesses particulares de cada sociedade. Com a consolidação substancial, admite-se que a influência do controlador seja exercida mirando, em primeiro lugar, a consecução dos interesses do grupo, mesmo que em prejuízo dos interesses particulares dos seus membros, ainda que à míngua de eventual convenção.
374. Esse aparente paradoxo foi discutido no item deste 3.6.3.
375. Registra-se a posição de Haroldo Malheiros Duclerc Verçosa, para quem o termo "devedor" constante do artigo 64 se refere exclusivamente ao empresário individual. Segundo o autor, só no caso de afastamento do empresário individual é que o juiz poderia nomear o gestor judicial; tratando-se o devedor de uma sociedade, caberia apenas o afastamento dos administradores, jamais da própria sociedade, tampouco do sócio controlador (O *status* jurídico do controlador e dos administradores na recuperação judicial. RDM, São Paulo, v. 143, p. 33-34, 2006). Em sentido oposto, Eduardo Secchi Munhoz defende que, por devedor, deve ser entendido sócio controlador, quando o primeiro for uma sociedade (MUNHOZ, Eduardo Secchi. In: SOUZA JUNIOR, Francisco Satiro de. In: TOLEDO, Paulo Fernando Campos Salles de (Coord.). *Comentários à Lei de Recuperação de Empresas*. São Paulo: Ed. RT, 2021. p. 177). Acabou prevalecendo na prática forense e na doutrina o entendimento de que a nomeação de gestor também é cabível quando o devedor for uma sociedade (entre outros, confira-se SACRAMONE, Marcelo. *Comentários à Lei de Recuperação de Empresas e Falência*, cit., p. 561), embora persista alguma controvérsia sobre a sua forma de atuação (de dentro ou de fora da estrutura

dos negócios sociais se suas condutas encerrarem alguma das hipóteses do artigo 64 da LRF[376], procedendo-se então à nomeação de novos administradores ou de um gestor judicial (art. 65), a quem se cometeria o encargo de apresentar o plano unitário[377].

Em tese, a nomeação do gestor pode ser conveniente porque ele não atua como representante dos interesses dos credores ou dos devedores, cabendo-lhe promover a consecução do interesse público que informa a recuperação judicial[378]. Deve agir, portanto, visando resguardar os interesses de todos aqueles envolvidos na recuperação, inclusive os acionistas[379] e *stakeholders*. Por colocar-se como um agente imparcial a serviço dos objetivos do processo concursal, sua atuação tende a reduzir determinados custos de transação, favorecendo a elaboração de um plano com menor desvio da ordem de prioridade dos créditos e, por conseguinte, a aprovação dos credores.

Não se advoga que isso seja apropriado em todos os casos, até porque, a depender do tamanho do grupo e do grau de complexidade dos seus negócios, poderá faltar ao gestor a capacidade de enxergar o todo e de propor soluções adequadas para lidar com a crise. Ainda assim, talvez se pudesse pensar, *de lege ferenda*, em alternativas para excluir do controlador do grupo (quando responsável por provocar a disfunção que tornou necessária a consolidação substancial) o poder de estabelecer as regras do plano unitário.

3.8.5.2 Conteúdo do plano

O plano unitário serve à recuperação do grupo, finalidade à qual se curvam os interesses particulares dos devedores.

---

societária), bem como sobre as restrições que sua nomeação ensejaria ao controlador. A esse respeito, Gustavo Lacerda Franco propõe que a nomeação do gestor judicial não comprometeria os direitos políticos do controlador, enquanto acionista, mas retiraria dele a prerrogativa de dirigir as atividades sociais e orientar o funcionamento dos órgãos da companhia (LSA, art. 116, "b") (*A administração da empresa em recuperação judicial*, cit., p. 229).

376. Em tese, os atos dolosos que encerram abuso da personalidade jurídica e causam prejuízo aos credores poderiam ser enquadrados na hipótese descrita no inciso III do artigo 64 da LRF.
377. Admitindo que a preparação e a proposição do plano de recuperação se inserem entre as competências do gestor judicial, confira-se Gustavo Lacerda Franco (*A administração da empresa em recuperação judicial*, cit., p. 229). O autor ressalva, porém, que eventuais previsões do plano com consequências para as relações internas da sociedade – ou até para as relações com outras sociedades – dependeriam de deliberação favorável da assembleia de acionistas. Em sentido contrário, Fábio Ulhoa Coelho defende que, mesmo com a nomeação do gestor, a apresentação do plano de recuperação compete aos administradores da sociedade (COELHO, Fábio Ulhoa. *Comentários à nova Lei de Falências e de Recuperação de Empresas*. 9. ed. São Paulo: Saraiva, 2013. p. 246-247).
378. Cf. MUNHOZ, Eduardo Secchi. In: SOUZA JUNIOR, Francisco Satiro; PITOMBO, Antônio Sérgio de Moraes (Coord.). *Comentários à Lei de Recuperação de Empresas e Falência*, cit., p. 308.
379. Cf. DIAS, Leonardo Adriano. In: TOLEDO, Paulo Fernando Campos Salles de (Coord.). *Comentários à Lei de Recuperação de Empresas*. São Paulo: Ed. RT, 2021. p. 447.

Diante desse objetivo, e considerando que a consolidação substancial implica tratar os ativos e passivos dos devedores como se pertencessem a um único devedor, conclui-se que o plano unitário poderá versar sobre a aplicação dos bens e direitos de quaisquer deles, bem como sobre a forma de pagamento de quaisquer credores submetidos aos efeitos da recuperação judicial. Além disso, como consequência da ineficácia transitória da separação patrimonial entre os devedores, seus recursos poderão ser indistintamente empregados para a satisfação dos credores de qualquer um deles.

Isso não significa que as prestações descritas no plano serão honradas *pelo grupo*. Na verdade, as prestações nele contidas serão satisfeitas pelos devedores individualmente[380] (ainda que de forma conjunta, se assim ficar estabelecido no plano). Conforme já se explicou, o mecanismo da consolidação substancial no direito brasileiro não confere personalidade jurídica ao grupo, nem extingue ou aglutina as personalidades dos seus integrantes, aos quais competirá a prática dos atos jurídicos destinados a dar cumprimento ao plano[381].

É preciso lembrar que a ineficácia da separação patrimonial que resulta da consolidação substancial não é definitiva, mas temporária, restrita e vinculada ao processo concursal. Encerrada a recuperação judicial, essa ineficácia desaparece, de modo que as relações jurídicas entre os devedores e seus credores passam a ser reguladas segundo aquilo que tiver sido previsto no plano unitário.

3.8.5.2.1 Requisitos gerais

Aplicam-se ao plano unitário os mesmos requisitos gerais exigidos em relação ao plano apresentado numa recuperação judicial proposta individualmente. Isso significa que ele deverá conter discriminação pormenorizada dos meios de recuperação a serem empregados e seu resumo, bem como ser acompanhado da demonstração de sua viabilidade econômica e de laudo econômico-financeiro e de avaliação dos bens e ativos dos devedores sob consolidação substancial, subscrito por profissional legalmente habilitado ou empresa especializada (LRF, art. 53).

---

380. Salvo se o plano previr a efetiva fusão dos devedores ou a incorporação a um devedor de todos os demais, caso em que as prestações serão honradas pela nova entidade a ser criada ou somente pelo devedor ao qual os demais se incorporarem.
381. Quem realizará o pagamento, alienará bens ou praticará quaisquer outros atos necessários para dar cumprimento ao plano são os devedores individualmente. Assim, por exemplo, se o plano unitário estipular a venda de um imóvel, quem promoverá a alienação será o devedor que figurar como seu proprietário no Registro de Imóveis, e não o grupo. Apenas ele transmitirá a propriedade, outorgando a respectiva escritura de venda e compra, e somente a ele serão imputados eventuais tributos incidentes sobre essa operação, ainda que, em caso de convolação em falência, a responsabilidade fiscal possa ser compartilhada com o restante do grupo, se o imposto não for pago.

Além disso, também deverá observar, quanto ao pagamento dos créditos derivados da legislação do trabalho ou decorrentes de acidentes de trabalho, os prazos e condições previstos no artigo 54 da LRF[382], independentemente de quem for o devedor ao qual esses créditos se referirem.

3.8.5.2.2 Requisitos específicos

Para além de viabilizar solução para o concurso de devedores cujas personalidades estão embaralhadas, o plano unitário serve para recompor a condição das sociedades como centros autônomos de imputação, reescrevendo os contornos das respectivas responsabilidades individuais e definindo, para o futuro, os direitos e obrigações de cada um. Se assim não fosse, a disfunção societária que deu causa à consolidação substancial acabaria se perpetuando[383], resultado inaceitável.

Daí a necessidade de o plano unitário (i) especificar as prestações a serem adimplidas por cada devedor, ainda que seja para estabelecer a solidariedade geral entre todos eles; e (ii) resolver os eventuais impasses relativos à titularidade dos ativos e passivos dos seus integrantes, especificando, em caso de dúvida fundada, a qual devedor eles pertencem ou serão atribuídos.

Trata-se de requisitos específicos do plano unitário, extraídos da interpretação finalística e sistemática das normas que disciplinam a consolidação substancial. Na hipótese de o plano apresentado pelos devedores deixar de atender a essas condições, cabe ao administrador judicial, em primeiro lugar, alertar o juiz dessa circunstância, para que determine aos devedores as correções necessárias.

3.8.5.2.3 Meios de recuperação

O plano unitário poderá contemplar quaisquer dos meios de recuperação previstos no artigo 50 da LRF, além de outros por ele não exemplificados. Ao disciplinar o modo de pagamento das dívidas, poderá prever descontos, parcelamentos, dilação de prazos etc., ou até mesmo a novação subjetiva das dívidas. Em princípio, não se vislumbra impedimento a que o plano cometa a cada um dos devedores o pagamento de conjuntos distintos de credores, que não necessariamente precisam ser os credores em face dos quais seus créditos foram originalmente constituídos[384].

---

382. Confira-se a nota de rodapé n. 581 do Cap. 2.
383. Ao autorizar a consolidação substancial, o que a lei faz é estabelecer um regime especial para lidar com os problemas *já produzidos* por conta da disfunção do grupo, o que não significa que esse instrumento possa ser empregado como instrumento de conservação dessa disfunção.
384. Evidentemente, deve haver algum critério objetivo para fazer essa alocação, que não pode ser realizada para conceder vantagens injustificáveis a determinados credores em prejuízo de outros.

Caso o plano preveja a alienação dos ativos de determinado devedor, não se exige que o produto dessa alienação seja exclusivamente revertido para pagamento dos seus próprios credores, tanto podendo ser aplicado para pagamento dos credores de outros devedores como para eventual financiamento das atividades destes.

O plano unitário também poderá contemplar quaisquer negócios *entre os devedores*, como a transferência de ativos, o compartilhamento de recursos, funcionários, tecnologia etc., não se sujeitando às regras que limitam a subordinação de interesses entre os membros do grupo, ressalvados os casos de abuso.

No entanto, os meios de recuperação que afetem as relações internas das sociedades – como a fusão, incorporação ou cisão das sociedades, a mudança dos seus administradores, a modificação dos órgãos administrativos etc. – continuam dependendo da deliberação favorável dos seus respectivos acionistas.

3.8.5.2.4 Solidariedade

Não existe nada na lei que determine a solidariedade entre os devedores no tocante aos compromissos ajustados no plano[385]. Como referido, o plano poderá cometer a cada devedor a obrigação de pagar conjuntos de credores distintos, sem estabelecer a solidariedade entre eles.

Ocorrendo a convolação da recuperação judicial em falência, seja por conta da rejeição do plano unitário, seja pelo seu descumprimento durante o prazo de fiscalização previsto no artigo 61 da LRF, a consolidação substancial continuará produzindo efeito, formando-se uma única massa, indistintamente composta pelos ativos e passivos de todos os devedores. Nesse caso, não subsistirá a alocação de direitos e responsabilidades definida pelo plano unitário.

Por outro lado, se os devedores derem regular cumprimento ao plano durante o prazo de fiscalização, e a recuperação judicial for encerrada (caso em que não poderá mais ser resolvida por meio da convolação em falência), cessam os efeitos da consolidação substancial. Assim, aprovado e homologado um plano unitário que estabeleça que o credor "A" será pago pelo devedor "B" no prazo de dez anos, somente "B" poderá ser demandado por tal obrigação após o encerramento da recuperação judicial, salvo se o próprio plano tiver estabelecido a corresponsabilidade dos demais devedores.

Com efeito, nada impede que o plano unitário preveja a solidariedade dos devedores, que tanto pode ser uma solidariedade geral, aplicável a todas as prestações assumidas em favor dos credores, como uma solidariedade restrita aos

---

385. A solidariedade, vale novamente lembrar, não se presume, resultando apenas da lei ou da vontade das partes (CC, art. 265).

créditos de determinada natureza ou aqueles originalmente constituídos em face de um ou outro devedor. A depender das circunstâncias, a estipulação de cláusula de solidariedade poderá ser necessária para viabilizar a obtenção das maiorias necessárias para a aprovação do plano, já que produz efeito mesmo depois de encerrado o processo concursal.

3.8.5.2.5 Ordem dos pagamentos

O plano unitário não precisará respeitar a ordem de pagamento dos créditos aplicável a falência, já que isso não está previsto na lei. Aliás, a prevalecer o mesmo entendimento vigente no tocante às recuperações ajuizadas individualmente, o plano poderá prever subclasses[386], disciplinando de modo distinto o pagamento dos credores de cada devedor[387], mesmo que detenham créditos da mesma natureza.

Conforme se já se observou[388], a recuperação judicial brasileira não contemplou a *absolute priority rule*, nem mesmo para fins de confirmação do plano por via do quórum alternativo impropriamente referido por *cram down*. Se a ausência da regra já é sentida na recuperação judicial que envolve um devedor só, a falta dela num cenário de consolidação substancial chega às raias do absurdo, especialmente considerando que a lei brasileira adota um sistema de classes rígido, que congrega créditos de natureza diferente[389] e que ocupam posições distintas na ordem de preferência legal[390].

---

386. Acerca do entendimento firmado a esse respeito pelo STJ, confira-se a nota de rodapé n. 220.
387. Nesse sentido, em parecer apresentado na recuperação judicial do grupo OI, Nelson Eizirik ponderou que um plano unificado, a ser submetido a uma única AGC, pode estabelecer diferenças entre os pagamentos dos credores segundo vários critérios, como o valor dos créditos, a dispersão geográfica e numérica dos credores, ou ainda a dependência operacional da sociedade em recuperação em relação a determinados credores (Litisconsórcio ativo na recuperação judicial. Possibilidade de apresentação de plano unificado com tratamento diferenciado aos credores. Possibilidade de realização de assembleia de credores unificada. Parecer não publicado datado de 08.09.2016).
388. Confira-se o item 3.6.3.
389. Critério que é duramente criticado pela doutrina por razões incontestáveis: "Ao distribuir os credores em classes, a lei incorreu num gravíssimo erro. Falo da inclusão, na mesma classe, dos credores quirografários e dos titulares de privilégio. Em tese, as classes deveriam agrupar os credores com interesses convergentes. [...] Os credores quirografários têm interesses diversos dos titulares de privilégio, especial ou geral. Enquanto estes últimos, exatamente por gozarem de preferência na falência, tendem a ser menos receptivos às propostas de alteração, novação ou renegociação de seus créditos no âmbito da recuperação judicial, os quirografários, em geral, se abrem mais facilmente a tais propostas. Isso porque a falência do devedor certamente impedirá que os quirografários tenham os seus créditos atendidos. Em outros termos, é muito diferente o risco de não recebimento do crédito que enfrentam os quirografários, de um lado, e os titulares de privilégio, de outro" (COELHO, Fábio Ulhoa. *Comentários à nova Lei de Falências e de Recuperação de Empresas*, cit., 9. ed., p. 150).
390. A heterogeneidade na composição das classes, criticada na nota anterior, foi parcialmente abrandada pela reforma operada pela Lei 14.112/2020, que eliminou a preferência dos créditos dotados de privilégio especial ou geral sobre os quirografários. Foram revogados os incisos IV e V do art. 83 da LRF (que referiam, respectivamente, os créditos com privilégio especial e geral), acrescentando-se a esse

Não há a menor dúvida de que a falta de homogeneidade das classes, que tende a ser ainda mais grave com a aglutinação de credores de devedores distintos, compromete a legitimidade da decisão. Afinal, não é justo submeter os dissidentes à vontade da maioria quando a decisão é tomada por um conjunto de credores com interesses assimétricos[391] (assimetria que pode ser potencializada pelas distinções feitas pelo plano de recuperação em relação aos titulares dos créditos de mesma natureza).

3.8.5.3 Prazo para apresentação

Indaga-se qual seria o prazo para apresentação do plano unitário de recuperação no caso de ser deferida a consolidação substancial.

Como a lei nada dispôs a respeito, deve prevalecer, em princípio, a regra que determina que esse prazo será contado da data da publicação da decisão que deferir o processamento da recuperação judicial[392]. Caso o ato tenha sido praticado em data diferente em relação a determinado devedor, a lógica manda computar o prazo da primeira decisão, já que a consolidação substancial implica, de alguma forma, a unidade jurídica do grupo.

Ainda assim, como a lei também não prevê um momento processual específico para o deferimento da consolidação substancial, poderá haver dificuldades de ordem prática que justifiquem a excepcional dilação do prazo para apresentação do plano unitário, especialmente quando a consolidação substancial for determinada em momento próximo ao do término do prazo para apresentação do plano[393].

No entanto, se o deferimento da consolidação substancial ocorrer a pedido dos próprios devedores, não deve haver surpresa, nem maiores dificuldades para

---

mesmo artigo o § 6º, que reza o seguinte: "para os fins do disposto nesta Lei, os créditos que disponham de privilégio especial ou geral em outras normas integrarão a classe dos créditos quirografários". Tal disposição é criticável, na medida em que rompe com a expectativa dos agentes econômicos em relação à prioridade previamente estabelecida, além de tornar inúteis inúmeras normas que visam conceder tratamento favorecido a determinados credores. Tampouco eliminou completamente a assimetria de interesses dos credores da classe III dado que nela permanecem os credores subordinados, que recebem somente depois dos quirografários.

391. Cf. TABB, Charles Jordan. *Law of Bankruptcy*, cit., 3. ed., p. 1094.
392. De acordo com o artigo 53, *caput*, da LRF, o plano de recuperação será apresentado pelo devedor em juízo no prazo improrrogável de 60 dias da publicação da decisão que deferir o processamento da recuperação judicial, sob pena de convolação em falência.
393. Seria conveniente que a lei tivesse previsto que, uma vez determinada a consolidação substancial pelo juiz, fosse concedido um novo prazo para a apresentação do plano unitário, ou pelo menos estabelecido um interregno mínimo de tempo entre a data do deferimento da consolidação substancial e o termo final para a apresentação do plano.

cumprir o prazo de apresentação do plano, o qual, em princípio, não deverá ser prorrogado[394].

Por outro lado, se a consolidação substancial for determinada de ofício ou a pedido de algum credor ou do Ministério Público em algum momento posterior ao do deferimento do processamento da recuperação judicial, o juiz deverá atentar para a eventual necessidade de conceder prazo adicional para a elaboração do plano unitário, sob pena de inviabilizar a recuperação do grupo.

Em tese, também é possível que a consolidação substancial seja determinada depois de apresentados os planos individuais de recuperação ou o plano único. Nesse caso, apesar da ausência de previsão legal, será obviamente indispensável a concessão de um novo prazo para a apresentação do plano unitário.

3.8.5.4 Convocação e dispensa da AGC

Se o juiz determinar a consolidação substancial, o plano unitário deverá ser submetido a uma única assembleia geral de credores para a qual serão convocados os credores de todos os devedores.

Em regra, essa assembleia será realizada presencialmente, mas o juiz poderá autorizar que ela ocorra de forma virtual, mediante sistema eletrônico que reproduza as condições de tomada de voto de uma assembleia presencial (LRF, art. 39, § 4º, II).

A doutrina tem se manifestado no sentido de que, à falta de objeção ao plano unitário, ele seria tacitamente aprovado, dispensando-se a realização de AGC[395], tal como ocorre na recuperação judicial ajuizada individualmente ou quando não tenha sido determinada a consolidação substancial pelo juiz.

Entretanto, da forma como foi redigido o *caput* do artigo 69-L, infere-se que a *convocação* da AGC é obrigatória, independentemente da eventual inexistência de objeção ao plano por parte dos credores. Essa interpretação, ademais, melhor se adéqua aos propósitos da lei, que visa à economia e à celeridade processual, até porque a completa inexistência de objeções seria praticamente impossível num cenário de consolidação substancial.

Por isso, entende-se que os artigos 55 e 56, *caput*, da LRF não devem ser aplicados, sendo desnecessária a concessão do prazo de trinta dias para a for-

---

394. Mesmo nesse caso, deve haver razoabilidade. Se a consolidação substancial for deferida, por exemplo, somente poucos dias antes do termo final do prazo para a apresentação do plano, é conveniente que o juiz conceda algum prazo adicional.
395. Cf. CAMPINHO, Sérgio. In: TOLEDO, Paulo Fernando Campos Salles de (Coord.). *Comentários à Lei de Recuperação de Empresas*, cit., p. 521.

mulação de objeções, que serviria apenas para retardar o processo sem a menor necessidade[396]. Ainda assim, deve ser dada ciência aos credores do recebimento do plano (LRF, art. 53, parágrafo único), garantindo-se a eles prazo suficiente para examinar as propostas e para que os devedores possam negociar consigo as cláusulas do plano.

De todo modo, conquanto a convocação da AGC seja obrigatória, dispensa-se a sua realização se os devedores demonstrarem a aprovação prévia dos credores ao plano unitário segundo o quórum previsto no artigo 45 da LRF, aqui apurado a partir do conjunto indistinto de credores de todos os devedores em relação aos quais foi determinada a consolidação substancial.

3.8.5.5 Composição da AGC e deliberação

Em razão da consolidação substancial, a deliberação sobre o plano unitário será submetida a uma assembleia única[397], para a qual serão convocados os credores de todos os devedores alcançados pela ordem[398] (LRF, art. 69-L, *caput*).

Por conseguinte, a composição das classes da assembleia tomará por base o conjunto de todos os credores sujeitos ao concurso, sem distinção em relação ao devedor ao qual se relacionam[399]. Isso fará com que sejam reunidos numa mesma classe credores de diferentes devedores. Assim, por exemplo, os credores quirografários dos devedores "A e "B" figurarão na mesma classe.

Da mesma forma, os quóruns de instalação e de deliberação serão verificados em referência a todos os credores que compõem essa assembleia, isto é, os credores de todos os devedores em relação aos quais tiver sido determinada a consolidação substancial (LRF, art. 69-L, § 1º). Em suma, os votos dos credores serão colhidos como se houvesse um único devedor[400].

A fim de determinar os participantes do conclave, a formação das classes e os quóruns de instalação, será necessário proceder à unificação das listas de credores

---

396. O que não impede os credores de tecer suas críticas ao plano, até mesmo por petição formulada no processo, para que delas tenham ciência os demais credores, caso pretendam antecipar argumentação que poderiam fazer mediante o exercício do direito de voz em assembleia.
397. Cf. COSTA, Daniel Carnio; MELLO, Alexandre Correa Nasser de. *Comentários à Lei de Recuperação de Empresas e Falência*. Curitiba: Juruá, 2021. p. 199.
398. A determinação de consolidação substancial costuma alcançar todos os devedores integrantes do polo ativo, mas não há impedimento de que a medida seja ordenada em relação a apenas parte dos devedores, expediente que se denomina de *consolidação substancial parcial*.
399. Cf. FONSECA, Geraldo. *Reforma da Lei de Recuperação Judicial e Falência*: comentada e comparada. Rio de Janeiro: Forense, 2021. p. 122.
400. Cf. BEZERRA FILHO, Manoel Justino. *Lei de Recuperação de Empresas e Falências comentada*, cit., 15. ed., n. 434.

que tiverem sido apresentadas pelos devedores ou elaboradas pelo administrador judicial, conforme a fase do procedimento de verificação dos créditos.

Após a realização da assembleia, a deliberação dos credores será submetida à homologação do juiz, a quem cabe verificar se foram respeitados os requisitos previstos para a realização da AGC única, bem como se os quóruns de instalação e deliberação foram apurados em referência aos credores de todos os devedores alcançados pela ordem de consolidação substancial.

3.8.5.6 Consequências da aprovação ou rejeição do plano unitário

Operada a consolidação substancial, os devedores alcançados pela ordem ficarão vinculados ao mesmo destino. Atingidos, na assembleia única, os quóruns de aprovação estipulados no artigo 45 ou, alternativamente, no artigo 58, § 1º, da LRF, cabe ao juiz conceder a recuperação judicial a todos os devedores. Do contrário, isto é, se o plano unitário for rejeitado, deverá convolar a recuperação judicial em falência dos devedores sob consolidação substancial (LRF, art. 69-L, §§ 1º e 2º). Para esta última hipótese, não há previsão legal de apresentação de plano alternativo pelos credores[401].

3.8.5.7 Descumprimento do plano unitário

A lei não disciplinou as consequências para o descumprimento do plano unitário. De toda forma, por coerência lógica, considerando que a lei previu que a reprovação desse plano enseja a falência de todos os devedores (LRF, art. 69-K, § 2º), só se pode concluir que o descumprimento de obrigação contida no plano unitário *durante o prazo de fiscalização judicial* previsto no artigo 61 da LRF acarretará a convolação da recuperação judicial em falência de todos os devedores.

Como a consolidação substancial implica a unificação dos patrimônios dos devedores *para os fins do processo concursal*, a convolação da recuperação judicial em falência fará com que seus bens respondam, indistintamente, pelas obrigações de todos eles, ordenando-se os pagamentos segundo a concepção de que as sociedades comungam patrimônio indiviso. A ineficácia da separação patrimonial entre os devedores persiste na falência, até porque a lei não contempla a reversão do efeito de unificação previsto no *caput* do artigo 69-K.

Esse entendimento se coaduna com a concepção do plano unitário como um contrato único, que coloca todos os devedores no mesmo polo da relação jurídica e

---

401. O § 2º do artigo 69-L da LRF é expresso ao determinar que a rejeição do plano unitário implicará a convolação da recuperação judicial em falência dos devedores sob consolidação substancial, previsão que parece excluir a incidência das normas do artigo 56, §§ 4º a 6º.

os vincula ao mesmo destino. Por isso, o inadimplemento de determinada prestação nele contida durante o prazo de fiscalização judicial afeta todos os devedores, e não apenas aquele que, individualmente, tiver deixado de honrar a prestação.

Uma vez decorrido o prazo de fiscalização fixado nos termos do artigo 61 da LRF sem que tenha havido descumprimento do plano unitário, caberá ao juiz decretar, por sentença, o encerramento da recuperação judicial. A partir de então, não será mais possível a convolação em falência, nem, portanto, a resolução da recuperação judicial, isto é, do contrato único entre os devedores e credores que resulta da sua concessão[402].

Depois de encerrada a recuperação judicial, qualquer credor poderá requerer a execução específica das obrigações assumidas no plano, ou mesmo formular novo pedido de falência (LRF, art. 62), mas apenas em face do devedor que tiver deixado de honrar a prestação que lhe aproveita, ressalvada a hipótese de o plano unitário ter estipulado a corresponsabilidade dos demais.

Note-se, novamente, que a unificação patrimonial decorrente da consolidação substancial é pressuposta apenas para os fins do processo concursal, a fim de lidar com a impossibilidade de distinguir um devedor do outro, sem implicar a efetiva fusão das suas personalidades jurídicas[403]. Por isso, exceção feita à extinção das garantias fidejussórias e de créditos detidos por um devedor em face de outro (que seria definitiva[404]), a consolidação substancial deixa de produzir efeitos após o encerramento do processo, até porque a lei não estabelece a solidariedade entre os devedores.

Assim, se os devedores lograram cumprir o plano durante o período de fiscalização judicial, presume-se que a disfunção societária que implicou a consolidação substancial foi corrigida, de modo que cada um deles reconstituiu a condição de centro autônomo de imputação. Seria contraditório permitir que os devedores continuassem gozando de personalidade jurídica independente, mas deixar uma sociedade eternamente vinculada a outra além dos limites contratualmente fixados no plano.

Portanto, se o plano unitário atribuiu determinada prestação a um único devedor sem estabelecer a solidariedade dos demais, eventual execução específica ou mesmo um novo pedido de falência fundado no inadimplemento de tal prestação somente poderá voltar-se contra esse devedor.

---

402. Contrato esse que não se confunde com os contratos eventualmente previstos ou celebrados em razão do plano, que continuam passíveis de resolução, mesmo depois de encerrada a recuperação judicial.
403. Salvo se a fusão ou incorporação dos devedores tiver sido prevista no plano unitário como meio de recuperação.
404. *Vide*, no entanto, a ressalva feita no item 3.8.4.4.

3.8.5.8 Semelhanças e diferenças entre o plano unitário e o plano único

De acordo com a reforma promovida pela Lei 14.112/2020, a formulação do plano único consiste numa faculdade dos devedores no âmbito da mera consolidação processual, ao passo que, se autorizada a consolidação substancial pelo juiz, os devedores necessariamente haverão de formular plano unitário.

A principal semelhança entre esses planos decorre do fato de ambos permitirem tratar da crise do grupo de forma global e unificada. Ademais, ambos consistem numa proposta única por parte de dois ou mais devedores, que se vinculam ao mesmo resultado no tocante ao pedido de recuperação judicial.

Se o plano único ou o plano unitário não forem aprovados, todos os devedores a ele submetidos terão a falência decretada, ao passo que, em caso de aprovação, a recuperação judicial deverá ser concedida a todos eles. Já o descumprimento de qualquer desses planos durante o prazo de fiscalização previsto no artigo 61 da LRF ensejará a convolação da recuperação judicial em falência de todos os devedores a ele sujeitos.

Os planos diferem, no entanto, quanto às finalidades. A finalidade imediata do plano único é a recuperação individual de cada devedor (podendo a recuperação de outro devedor ou do próprio grupo funcionar como meio para a consecução desse objetivo, ou seja, como finalidade mediata do plano). No plano unitário a finalidade imediata será a recuperação do próprio grupo.

Existe também uma diferença em relação ao modo como os patrimônios dos devedores serão tratados pelos planos. Enquanto o plano unitário admite tratar os ativos e passivos dos devedores como se pertencessem a um único devedor, o plano único deverá observar a separação entre os patrimônios de cada um dos devedores.

Outra diferença se refere à competência para a elaboração do plano. Embora resulte numa proposta conjunta, a competência para a formulação do plano único se defere individualmente a cada devedor e tem como vetor os seus interesses particulares, admitindo a subordinação de interesses apenas nos limites da lei, mediante adequada compensação, ou de eventual convenção de grupo. No caso do plano unitário, essa competência é deslocada para o próprio grupo, sob a orientação do controlador, passando a mirar os interesses do conjunto de devedores como um todo.

Finalmente, os planos se submetem a regimes distintos de aprovação por parte dos credores. O plano único deverá ser discutido em assembleias separadas, compostas apenas pelos credores de cada devedor (LRF, art. 69-I, § 2º, da LRF), só se reputando aceito se for aprovado em todas essas assembleias. Por seu turno, o plano unitário será submetido à deliberação de assembleia única, composta pelos credores de todos os devedores indistintamente considerados (LRF, art. 69-L, *caput*).

3.8.6 Diferenças entre a consolidação substancial e a desconsideração da personalidade jurídica

Conquanto os motivos que justificam a aplicação da consolidação substancial se aproximem daqueles que autorizam a desconsideração da personalidade jurídica prevista no artigo 50 do Código Civil, e ambos ensejem a ineficácia da autonomia patrimonial das sociedades, os dois institutos não se confundem[405].

Basicamente, a desconsideração permite estender os efeitos de certas e determinadas relações de obrigações aos bens particulares de administradores ou de sócios da pessoa jurídica beneficiados direta ou indiretamente pelo abuso. Já a consolidação substancial produz uma espécie de fusão entre os patrimônios das sociedades agrupadas, que passam a ser tratados, para determinados fins vinculados ao processo concursal, como se pertencessem a uma única entidade.

Enquanto o mecanismo da desconsideração tem aplicação pontual e opera em nível vertical, isto, na relação dos credores em face dos sócios e administradores da sociedade, a consolidação substancial consiste num remédio de caráter geral que opera em nível horizontal, na relação entre os credores das diferentes sociedades[406].

A desconsideração é realizada em relação aos credores individualmente considerados e depende de circunstâncias concretas da relação que cada um deles tenha com o devedor, operando-se em nível bilateral. Já a consolidação substancial, por ter caráter geral, não distingue a relação individual de cada credor com o seu respectivo devedor, ocorrendo de forma multilateral[407].

Além disso, a desconsideração da personalidade jurídica permite atingir os bens de sócios e administradores que não fazem parte do processo, ao passo que a consolidação substancial se limita a quem figura no concurso na condição de devedor. Por outro lado, a desconsideração só pode atingir os bens daquelas pessoas beneficiadas direta ou indiretamente pelo abuso, inexistindo a mesma restrição em relação à consolidação substancial, que poderá alcançar até mesmo o patrimônio das sociedades do grupo que foram prejudicadas pelo abuso a que submetidas.

---

405. No campo das metáforas, enquanto a desconsideração permite "levantar o véu" da pessoa jurídica para alcançar o que está sob ele, a consolidação substancial permite estender esse véu sobre todo o grupo.
406. Cf. BRASHER, Andrew. Substantive consolidation, cit. p. 7.
407. Cf. FLORES SEGURA, Marta. *Los concursos conexos*, cit., p. 354-355.

3.8.7 A consolidação substancial na falência

Embora a consolidação substancial tenha sido originalmente concebida[408] e seja primordialmente empregada, em outras legislações[409], para lidar com a *liquidação* de devedores que se confundem entre si, o legislador brasileiro, inexplicavelmente, limitou-se a dispor sobre a sua aplicação no processo de recuperação judicial, sem contemplar a adoção do mecanismo na falência.

A despeito da omissão legislativa, seria inconcebível restringir o instituto da consolidação substancial à recuperação judicial, já que as dificuldades e circunstâncias que justificam a adoção do expediente não desaparecem com a decretação da quebra das empresas. Com efeito, a impossibilidade de distinguir os direitos e responsabilidades dos devedores continuará exigindo, na falência, decidir entre uma solução global e soluções individualizadas, a fim de determinar quais ativos serão revertidos para o pagamento de quais credores, bem como a ordem de pagamento entre eles.

3.8.7.1 Convolação em falência por rejeição do plano unitário

A única referência à falência contida na seção da lei que trata da consolidação substancial se encontra no § 2º do artigo 69, que prescreve que a rejeição do plano unitário implicará a convolação da recuperação judicial em falência de todos os devedores sob consolidação substancial.

Em que pese a lei não disponha sobre a manutenção dos efeitos da consolidação substancial no caso de rejeição do plano unitário, tal evento não alteraria em nada a indeterminação que justificou a consolidação de patrimônios. Logo, não faria sentido algum que a consolidação substancial fosse desfeita.

Tanto é assim que a lei não contemplou a reversão dos efeitos da consolidação substancial (que, em princípio, continua operando até o encerramento do processo). Ademais, ao que tudo indica, a extinção das garantias fidejussórias e dos créditos detidos por um devedor em face de outro será definitiva.

Portanto, decretada a falência dos devedores sob consolidação substancial em razão da rejeição do plano unitário, liquidam-se os seus ativos e pagam-se

---

408. Confiram-se os itens 3.1 e 3.2.1.
409. A terceira parte do guia legislativo da UNCITRAL sobre direito de insolvência, editado em 2012, registrava que a consolidação substancial era tipicamente discutida no contexto da liquidação, e as legislações que a autorizam o faziam apenas nesse contexto (United Nations Commission on International Trade Law – UNCITRAL. *Legislative Guide on Insolvency Law*: Part three: Treatment of enterprise groups in insolvency. United Nations Publication, 2010. p. 60). Atualmente, com raras exceções, as poucas legislações que dispõem sobre consolidação substancial se limitam a autorizá-la em procedimentos de liquidação (confira-se o item 3.2.2).

os seus credores segundo a concepção de que todos eles, devedores, comungam um único patrimônio. Na prática, isso resultará na formação de uma *única massa falida*, que se refletirá na definição da ordem de pagamento dos créditos segundo a classificação determinada no artigo 83.

Assim, por exemplo, os créditos tributários detidos contra o devedor "A" serão preteridos, na ordem de pagamento, pelos créditos derivados da legislação trabalhista constituídos contra o devedor "B", da mesma forma que estes terão prioridade sobre os créditos quirografários detidos contra o devedor "A", já que todos eles serão tratados como se houvesse um único devedor.

Mesmo na falência, a consolidação substancial não impactará a garantia real de nenhum credor (LRF, art. 69-K, § 2º). Entretanto, como os créditos trabalhistas[410] preferem aos gravados com direito real de garantia (LRF, art. 83, I e II), estes serão preteridos por aqueles, ainda que se trate de credores trabalhistas de devedor diverso do titular do bem dado em garantia.

Além disso, os credores de dívidas solidárias de responsabilidade de dois ou mais devedores sob consolidação substancial concorrerão uma vez só ao acervo da massa, segundo a natureza e o valor do seu crédito, como se essas dívidas tivessem sido contraídas por um único devedor.

3.8.7.2 *Convolação em falência por descumprimento do plano unitário*

Os efeitos do descumprimento do plano unitário durante o prazo de fiscalização previsto no artigo 61 da LRF foram estudados no item 3.8.5.7, sustentando-se que, em face dele, caberá ao juiz decretar a convolação em falência de todos os devedores sob consolidação substancial.

Nesse caso, pelas mesmas razões deduzidas no item anterior, entende-se que a consolidação substancial continua produzindo efeito, de modo que a ordem de pagamento dos créditos na falência será estabelecida como se os ativos e passivos de todos os devedores pertencessem a um único devedor, tal como se passa na convolação em falência decorrente da rejeição do plano unitário.

Ressalva-se que, nesse caso, os credores terão reconstituídos seus direitos e garantias nas condições originalmente contratadas, exceção feita às de natureza fidejussória constituídas em face de algum dos devedores sob consolidação substancial, que serão extintas (LRF, art. 69-K, § 1º). Além disso, serão deduzidos os valores eventualmente pagos, bem como preservados os atos validamente praticados no âmbito da recuperação judicial (LRF, art. 61, § 2º).

---

410. Mais precisamente, os créditos derivados da legislação trabalhista, limitados a 150 salários mínimos por credor, e aqueles decorrentes de acidentes de trabalho (LRF, art. 83, I).

3.8.7.3 O litisconsórcio passivo na ação de falência

A formação do litisconsórcio passivo em ações de falência nunca foi objeto de maior interesse, dado que, na prática, ele acabava sendo formado ulteriormente, depois da decretação da quebra, mediante a extensão da falência ou dos seus efeitos às empresas do grupo econômico do devedor.

Porém, como a reforma promovida pela Lei 14.112/2020 passou a vedar a extensão da falência ou dos seus efeitos "aos sócios de responsabilidade limitada, aos controladores e aos administradores da sociedade falida" (LRF, art. 82-A), ao mesmo tempo que acolheu o mecanismo da consolidação substancial, acredita-se que pedidos de falência formulados contra mais de um devedor passarão a ser mais comuns.

Embora a lei não contemple essa possibilidade, não se vislumbra impedimento à formação de litisconsórcio passivo em ação de falência fundada nas circunstâncias que justificam a consolidação substancial. Neste caso, o autor da ação deverá demonstrar, na petição inicial, o preenchimento dos pressupostos legais específicos para a consolidação substancial, à semelhança do que se passa em relação ao pedido de desconsideração da personalidade jurídica (CPC, art. 134, § 4º).

Ao final da fase de conhecimento, o juiz poderá então decretar a falência de todos os devedores, acolher o pedido em relação a apenas parte deles, ou mesmo rejeitar integralmente o pedido.

Ao decretar a falência de mais de um devedor, parece lógico que, presentes os requisitos do artigo 69-J da LRF, naquilo que for pertinente, o juiz poderá determinar a consolidação substancial entre todos ou parte daqueles que forem declarados falidos.

Por outro lado, se não estiverem presentes os pressupostos da consolidação substancial ou se a medida for limitada a apenas parte dos devedores declarados falidos, caberá ao juiz determinar o desmembramento do feito em tantos processos quantos forem necessários (um para cada devedor não alcançado pela ordem de consolidação substancial), aplicando-se, por analogia, a regra do artigo 69-I, § 5º, da LRF.

3.8.7.4 Extensão da consolidação substancial e reunião de processos de falência

De acordo com o artigo 82-A da LEF, introduzido pela Lei 14.112/2020, passou a ser vedada a extensão da falência ou de seus efeitos[411], no todo ou em

---

411. Em oposição ao entendimento consolidado do Superior Tribunal de Justiça, que admitia a extensão da falência às empresas do mesmo grupo econômico do devedor (cf. ÁVILA, Henrique. Recuperação judicial de grupos econômicos, cit., p. 286).

parte, aos sócios de responsabilidade limitada, aos controladores e aos administradores da sociedade falida, admitida apenas a desconsideração da personalidade jurídica. Assim, nas hipóteses referidas nesse artigo, o juiz não poderá estender a falência, nem, por conseguinte, operar a consolidação substancial em relação a empresa que não tenha sido declarada falida.

Observa-se, no entanto, que a referida norma fez menção aos *controladores* do devedor, mas nada disse acerca das sociedades *controladas*, o que permitia argumentar, por interpretação *a contrario sensu*, que a extensão da falência ou dos seus efeitos ainda poderia ser operada em relação a estas últimas. Caso se admita tal hipótese, logicamente se haverá de aceitar a possibilidade de o juiz também determinar a consolidação substancial, uma vez que estejam presentes os pressupostos específicos para a implementação da medida.

A par dessa hipótese, se outra empresa do grupo for declarada falida num outro feito, e estiverem presentes os pressupostos para a consolidação substancial entre elas, não se verifica impedimento para que a medida seja determinada, caso em que os processos de falência haverão de ser reunidos.

3.8.8 Aspectos processuais

Ao regular a consolidação substancial, o legislador foi silente acerca de aspectos processuais relevantes ligados ao instituto. Enquanto alguns deles facilmente se resolvem pela interpretação sistemática do ordenamento, outros demandarão maior atenção dos Tribunais, de modo a evitar a insegurança jurídica e a violação dos princípios constitucionais do contraditório e da ampla defesa.

3.8.8.1 Momento

A lei não dispõe sobre o momento em que a consolidação substancial poderá ser determinada, ato que tem importantes implicações tanto para o processo quanto para o sucesso da recuperação judicial.

Sabendo-se que, ao menos em princípio, não cabe ao intérprete criar restrição não prevista na lei[412], conclui-se que a medida poderia ser determinada a qualquer tempo, desde que antes da sentença concessiva da recuperação judicial.

Como a concessão da recuperação judicial opera a novação das dívidas dos devedores nos termos propostos no plano, a posterior imposição da consolidação substancial (salvo no caso de decretação da falência) seria incompatível

---

412. *Ubi lex non distinguit nec nos distinguere debemus* ("onde a lei não distingue, não pode o intérprete distinguir").

com esse efeito, além de comprometer significativamente a segurança jurídica e a credibilidade do instituto.

Por outro lado, embora não seja vedado, reputa-se muito inconveniente determinar-se a consolidação substancial depois de realizada a deliberação dos credores sobre o plano de recuperação. Ainda que a novação dependa da homologação judicial, é evidente que a imposição da consolidação substancial depois de realizada a AGC compromete as negociações realizadas anteriormente e faz retroceder o processo, em prejuízo dos atos já praticados, inclusive do próprio conclave (ato mais importante do feito).

Tampouco se advoga que a determinação da consolidação substancial deva ocorrer concomitantemente ao deferimento do processamento da recuperação, mesmo quando a medida tenha sido requerida pelos próprios devedores. Nessa fase, qualquer avaliação tende a ser prematura, ainda mais porque não terá sido possível ouvir os credores e as impressões do administrador judicial (que é nomeado na própria decisão de deferimento do processamento da recuperação judicial)[413].

Mesmo que a eventual realização da constatação prévia possa subsidiar o juiz de elementos acerca do eventual embaralhamento jurídico entre os devedores, deve-se lembrar que essa é uma avaliação sumária, feita sem prévia ciência dos devedores e sem a observância das garantias inerentes ao contraditório e à ampla defesa, de modo que se reputa temerário embasar qualquer decisão apenas no resultado dessa constatação, mormente nos casos em que a medida não tenha sido requerida pelos próprios devedores.

Tudo isso considerado, parece que a melhor oportunidade para se determinar a consolidação substancial ocorre em algum momento entre a publicação do edital previsto no artigo 52, § 1º, da LRF (que dá ciência aos credores acerca do pedido de recuperação judicial) e o decurso do prazo para a formulação do plano de recuperação, que se encerra sessenta dias depois de publicada a decisão de deferimento do processamento (LRF, art. 53). Aliás, se a consolidação substancial já tiver sido requerida ou se sua aplicação estiver sendo aventada pelo juiz, seria conveniente que ele mandasse incluir nesse mesmo edital a previsão de prazo para eventual manifestação dos credores acerca da medida.

Supõe-se que, a essa altura, já terão sido trazidos ao processo elementos bastantes para subsidiar a decisão do juiz, de modo que ela nem será açodada nem comprometerá a marcha processual, em prejuízo dos atos já praticados. Dessa forma, a apresentação do plano unitário não demandará a reformulação

---

413. LRF, artigo 52, I.

dos planos anteriormente apresentados, permitindo que a negociação entre devedores e credores ocorra desde logo sob a perspectiva da unificação patrimonial.

Mesmo não tendo sido determinada a consolidação substancial durante o processo de recuperação judicial, não se verifica impedimento ou prejuízo a que a medida seja imposta aos devedores cuja falência venha a ser decretada em razão da rejeição dos seus respectivos planos de recuperação ou mesmo do plano único. Ao convolar em falência a recuperação judicial de dois ou mais devedores, se reputar presentes os pressupostos legais da consolidação substancial, o juiz poderá determinar a medida para fins de liquidação dos ativos e de ordenação dos pagamentos dos credores.

3.8.8.2 Contraditório e direito de defesa

Embora a lei também nada preveja nada a este respeito, reputa-se necessário conceder aos principais atores do processo a oportunidade de se manifestar sobre eventual pedido de consolidação substancial.

A gravidade da consolidação substancial exige especial cautela, sendo a providência necessária para subsidiar o juiz de maiores elementos acerca da necessidade e adequação da medida, bem como para garantir o respeito aos princípios do contraditório e da ampla defesa (CF, art. 5º, LV). Afinal, se a decisão acerca da consolidação envolve justamente a ponderação das vantagens e prejuízos aos direitos e interesses de devedores e credores, é impensável que a medida possa ser implementada sem que uns e outros tenham a possibilidade de se manifestar.

Mesmo tendo a prerrogativa de determinar a consolidação substancial de ofício, isso não significa que o juiz deva aplicar a medida sem considerar eventuais objeções daqueles diretamente afetados (devedores e credores), ou a avaliação dos agentes responsáveis pela fiscalização das atividades dos devedores e do cumprimento da lei (administrador judicial e Ministério Público).

Por aplicação analógica do artigo 10 do Código de Processo Civil[414], mesmo quando pretenda agir de ofício, caberá ao juiz conceder aos devedores e credores a oportunidade de se manifestar sobre a possível consolidação substancial, sendo ainda extremamente recomendável, conquanto não obrigatório[415], que colha o parecer do administrador judicial e do Ministério Público antes de formar sua convicção.

---

414. CPC, artigo 10. "O juiz não pode decidir, em grau algum de jurisdição, com base em fundamento a respeito do qual não se tenha dado às partes oportunidade de se manifestar, ainda que se trate de matéria sobre a qual deva decidir de ofício".
415. Dado que o tema da consolidação substancial não figura entre as hipóteses para as quais a lei prevê a manifestação obrigatória do administrador judicial ou do Ministério Público.

3.8.8.3 Natureza do ato judicial

Enquanto remédio de equidade disciplinado pelo artigo 69-J da LRF, a consolidação substancial é operada, em regra, por *decisão interlocutória* proferida no curso da recuperação judicial que tramita sob consolidação processual. Também será possível, no entanto, determiná-la na *sentença*[416] que convola em falência a recuperação judicial em trâmite sob consolidação processual, ou que acolhe o pedido de falência formulado contra mais de um devedor, em litisconsórcio passivo. Finalmente, pode-se cogitar da implementação da medida por decisão interlocutória que, concomitantemente, determine a extensão da falência ou dos seus efeitos a outra empresa do grupo[417] ou então a reunião de processos de falência envolvendo devedores distintos[418].

3.8.8.4 Recurso cabível

Da decisão que autorizar ou negar o deferimento da consolidação substancial no curso do processo de recuperação judicial caberá agravo de instrumento (LRF, art. 189, § 1º, II)[419], a ser interposto perante o Tribunal de Justiça. O mesmo vale para a hipótese de a medida ser determinada na sentença de decretação da falência, ato que também deve ser impugnado por agravo de instrumento (LRF, art. 100)[420].

O relator do agravo de instrumento poderá, liminarmente, conceder-lhe efeito suspensivo ou deferir a pretensão recursal em antecipação de tutela (CPC, art. 1.019, I), seja para sobrestar os efeitos da consolidação substancial que tenha sido deferida, seja para determinar a aplicação imediata da medida, quando tenha sido negada em primeiro grau.

---

416. Conquanto o artigo 100 da LRF se refira ao ato judicial que decreta a falência como "decisão" (ao dispor que "da decisão que decreta a falência cabe agravo"), a doutrina, de modo geral, atribui-lhe a natureza jurídica de sentença, por encerrar a fase cognitiva do processo (entre outros, confira-se: SACRAMONE, Marcelo Barbosa. *Comentários à Lei de Recuperação de Empresas e Falência*, cit., p. 766). Ademais, esse mesmo ato é referido por sentença no artigo 99 da LRF ("A sentença que decretar a falência do devedor...").
417. Caso isso seja reputado possível a despeito da regra contida no artigo 82-A da LRF, introduzido pela Lei 14.112/2020.
418. A possibilidade de promover-se a formação do litisconsórcio passivo na falência, a extensão da falência, ou a reunião de processos de falência envolvendo devedores distintos foram examinadas nos itens 3.8.7.3 e 3.8.7.4.
419. LRF, artigo 189. "Aplica-se, no que couber, aos procedimentos previstos nesta Lei, o disposto na Lei 13.105, de 16 de março de 2015 (Código de Processo Civil), desde que não seja incompatível com os princípios desta Lei. § 1º Para os fins do disposto nesta Lei: [...] II – as decisões proferidas nos processos a que se refere esta Lei serão passíveis de agravo de instrumento, exceto nas hipóteses em que esta Lei previr de forma diversa".
420. LRF, artigo 100. "Da decisão que decreta a falência cabe agravo, e da sentença que julga a improcedência do pedido cabe apelação".

Dados os limites deste trabalho, não se pretende aprofundar a análise dos efeitos produzidos pela consolidação substancial (ou da falta dela) por conta da eventual reversão da decisão de primeiro grau por via de recurso. Entretanto, não se pode ignorar a gravidade da medida para as negociações entre devedores e credores, dado que a consolidação substancial altera significativamente as regras do jogo, as expectativas e os comportamentos daqueles direta ou indiretamente envolvidos no processo.

Logo, a reversão de qualquer decisão a esse respeito exige cuidado excepcional, sendo aconselhável que seja determinado o sobrestamento imediato do feito quando houver chance razoável de modificação daquilo que foi decidido, evitando-se a futura declaração de nulidade de atos processuais e, principalmente, o comprometimento de negócios jurídicos realizados em razão do processo.

Além disso, para garantir a credibilidade do instituto da recuperação judicial, deverão ser preservados, tanto quanto possível, os atos e negócios jurídicos praticados de boa-fé, em respeito às regras vigentes ao tempo da sua conclusão[421], ainda que a decisão acerca da consolidação substancial venha a ser modificada em razão do provimento do recurso ao qual não se tenha dado efeito suspensivo[422].

3.9 CONSOLIDAÇÃO SUBSTANCIAL VOLUNTÁRIA

A reforma operada pela Lei 14.112/2020 se limitou a disciplinar a consolidação substancial *imposta* por decisão do juiz, nos casos de confusão entre os devedores, sem nada dispor sobre a possibilidade de a medida ser implementada por acordo entre devedores e credores.

Diante da omissão do legislador, poderiam eles celebrar um negócio jurídico que ensejasse a consolidação substancial? Essa consolidação substancial "voluntária" poderia produzir efeitos idênticos aos da consolidação substancial determinada pelo juiz? Como deveria ser a sistemática para a aprovação dessa modalidade de consolidação substancial e, por conseguinte, para a formulação do plano e para a deliberação sobre ele?

---

421. Sobre a necessidade de estabilidade jurídica, defendida pela chamada *mootness doctrine*, confira-se Eduardo Secchi Munhoz (*Mootness doctrine* e o direito brasileiro: preservação dos atos validamente implementados no âmbito da recuperação judicial. In: ELIAS, Luis Vasco. *10 anos da Lei de Recuperação de Empresas e Falência*: reflexões sobre a reestruturação empresarial no Brasil. São Paulo: Quartier Latin, 2015. p. 113-122).
422. Cf. FLORENTIN, Luis Miguel Roa. Diálogo entre a teoria geral do processo civil e a lei de recuperações judiciais e falência (Lei 11.101/2005): uma questão de instrumentalidade e efetividade. In: WAISBERG, Ivo et al. (Coord.). *Transformações no direito de insolvência*: estudos sob a perspectiva da reforma da Lei 11.101/2005. São Paulo: Quartier Latin, 2021. p. 398.

3.9.1 A posição de Sheila Neder Cerezetti

No artigo que "desvendou" o mecanismo da consolidação substancial para o Brasil, previamente à disciplina introduzida pela Lei 14.112/2020, a Professora Sheila Neder Cerezetti[423] sustentou que haveria duas modalidades de consolidação substancial: a obrigatória e a voluntária.

A *consolidação substancial obrigatória* seria aquela determinada pelo juiz nos casos em que os integrantes do grupo não se comportam verdadeiramente como centros de interesses autônomos, tornando inútil ou ineficaz a existência de múltiplas organizações societárias; já a *consolidação substancial voluntária* decorreria da proposta dos devedores e aceitação dos credores, a ser obtida em assembleias separadas, formadas apenas pelos credores de cada devedor[424].

Prossegue a autora sustentando que a consolidação substancial voluntária consistiria num meio de recuperação. Porém, por se tratar de um meio "estruturante dos demais" e que "define como os credores devem ser organizados para a tomada de decisão sobre os demais meios de recuperação", ela deveria ser submetida à deliberação dos credores previamente à apresentação do próprio plano[425].

Segundo a proposição, primeiro os credores deliberariam, separadamente, sobre a consolidação substancial proposta pelos devedores, sujeita ao mesmo quórum especial exigido para a aprovação do plano (seja o quórum ordinário do

---

423. NEDER CEREZETTI, Sheila. Grupos de sociedades e recuperação judicial, cit., p. 735-789. Antes desse ensaio, o único trabalho nacional sobre o tema encontrado nesta pesquisa consiste num artigo de Gilberto Deon Corrêa Júnior publicado vários anos antes da edição da Lei 11.101/2005, mas que se limita a expor o mecanismo da consolidação substancial segundo a disciplina do direito norte-americano (A consolidação substantiva no direito norte-americano, cit.).

424. "[...] se esta decisão dos credores é necessária e prévia à consolidação, ela precisa ser tomada em efetiva consideração das personalidades jurídicas das devedoras, vale dizer, em assembleias gerais de credores de cada uma das devedoras. Não podem os credores decidir sobre a consolidação em assembleia que já de antemão não distinga os créditos relativos a cada uma das recuperandas, sob pena de se alcançar resultado viciado e em desrespeito aos direitos de voto dos credores" (NEDER CEREZETTI, Sheila Christina. Grupos de sociedades e recuperação judicial, cit., p. 778-779).

425. "Na verdade, ao decidirem sobre a consolidação, estão os credores deliberando sobre um meio de recuperação judicial. Os meios de recuperação são geralmente previstos no próprio plano (art. 50), mas, como no caso, este meio é estruturante dos demais e, inclusive, define como os credores devem ser organizados para a tomada de decisão sobre os demais meios de recuperação, ele deve ser decidido anteriormente e, portanto, sob o mesmo quórum que os demais. [...] Uma vez adotada a consolidação substancial, seja por decisão judicial em caso de abuso da personalidade jurídica (consolidação obrigatória), seja por deliberação dos credores reunidos em assembleia geral (consolidação voluntária), as devedoras apresentarão plano de recuperação unitário, ou seja, um único documento a reger conjuntamente o pagamento dos passivos e a restruturação das devedoras, sem consideração aos distintos patrimônios e passivos de cada uma delas" (NEDER CEREZETTI, Sheila Christina. Grupos de sociedades e recuperação judicial, cit., p. 780 e 781).

artigo 45, seja o quórum alternativo do artigo 58, §§ 1º e 2º). Se a matéria fosse aprovada em cada uma das assembleias, os devedores então apresentariam um plano unitário. Depois disso os credores deliberariam sobre esse plano em outra assembleia, mas agora em conjunto[426], num único conclave, segundo a mesma sistemática que veio a ser prevista pelo legislador para a consolidação substancial determinada pelo juiz.

Os efeitos da consolidação substancial obrigatória e voluntária aparentemente seriam os mesmos, não fazendo a autora nenhuma distinção a respeito. Apenas os seus atos geradores seriam distintos, pois a primeira decorreria da decisão do juiz, em caso de disfunção relevante da estrutura grupal, enquanto a segunda seria implementada por acordo entre os devedores e seus respectivos credores. No mais, os resultados de ambas as formas de consolidação substancial seriam idênticos, inclusive quanto ao modo de deliberação dos credores acerca do plano de recuperação.

3.9.2 A posição de outros autores

Posteriormente ao artigo da Professora Sheila Neder Cerezetti, nenhum outro trabalho acadêmico se aprofundou na investigação da "consolidação substancial voluntária"[427]. Ainda assim, o expediente acabou sendo acolhido por parte da jurisprudência[428] e se difundiu na doutrina nacional, que atualmente a admite de forma praticamente unânime[429].

A doutrina diverge, contudo, sobre a dinâmica da sua implementação, sobretudo quanto à necessidade de submeter a medida à deliberação separada dos credores (em AGCs distintas, compostas apenas pelos credores de cada devedor) ou a uma deliberação unificada (em AGC única, composta pelos credores de todos os devedores), bem como quanto ao quórum de aprovação.

---

426. Cf. NEDER CEREZETTI, Sheila Christina. Grupos de sociedades e recuperação judicial, cit., p. 780-781.
427. Denominação que não foi encontrada na doutrina estrangeira, nem com outros termos.
428. A título ilustrativo, admitindo a viabilidade da consolidação substancial voluntária, confira-se: TJSP, 1ª Câmara Reservada de Direito Empresarial, AI 2028810-87.2019.8.26.0000, rel. Des. Cesar Ciampolini, origem: 2ª Vara Cível de São Bernardo do Campo, j. 23.10.2019.
429. Dos autores consultados, apenas Paulo Fernando C. S. de Toledo e Adriana Pugliesi parecem se opor à consolidação substancial voluntária, rejeitando a ideia de os devedores poderem formular um plano unitário: "de nossa parte, não temos dúvida em afirmar ser inaceitável a ideia de um plano unitário, sem disposições que distingam perfeitamente o tratamento de cada sociedade diante dos seus próprios credores, já que não há um passivo comum, uma vez que cada sociedade preserva sua personalidade jurídica e patrimônio próprio" (In: CARVALHOSA, Modesto (Coord.). *Tratado de direito empresarial*. São Paulo: Ed. RT, 2016. v. 5. p. 185).

3 • A CONSOLIDAÇÃO SUBSTANCIAL   395

A exemplo de Eduardo Secchi Munhoz[430] e Marcelo Sacramone[431], alguns autores se alinharam à posição da Professora Sheila Neder Cerezetti, sustentando que a consolidação substancial pode ser adotada mediante proposta dos devedores e aprovação dos seus respectivos credores em votações separadas[432], segundo o mesmo quórum exigido para a aprovação do plano de recuperação. Outros se limitaram a admitir a consolidação substancial voluntária mediante aprovação dos credores, mas sem se posicionar sobre como a matéria deveria ser deliberada[433] ou divergindo em relação ao quórum aplicável[434].

---

430. Para Eduardo Secchi Munhoz, "parece claro que a lei não excluiu a possibilidade da consolidação substancial voluntária, ou seja, que decorre de uma deliberação prévia nesse sentido dos credores, segundo o quórum do art. 45 da LRF, verificado em relação a cada uma das sociedades de forma separada. Afinal, se o quórum de aprovação observa a independência de cada pessoa jurídica, a aprovação de que seja examinado um plano unitário nada mais representa do que a vontade dos credores de aprovar um plano de recuperação com determinado conteúdo, que parte de uma visão consolidada das sociedades do grupo. Numa palavra, a consolidação substancial voluntária corresponde ao exercício do direito dos credores de determinar o conteúdo econômico e as características do plano de recuperação. Teria sido interessante, de toda forma, que a lei, ao cuidar da consolidação substancial, tivesse estabelecido essa distinção, que hoje deriva da doutrina e da jurisprudência" (Consolidação processual e substancial, cit., p. 27).
431. Segundo Marcelo Sacramone, "nada impede [...] que consolidação substancial seja deliberada pelos credores. Ainda que ausentes os critérios da disfunção das personalidades jurídicas, como acima especificados, os devedores poderão pretender a unificação dos ativos e passivos dos litisconsortes. Como qualquer outro meio de recuperação judicial proposto no plano de recuperação judicial, deverão os credores aceitar por deliberação assemblear dos credores de cada um dos litisconsortes, mediante a aprovação por quórum qualificado (art. 45). Trata-se de consolidação substancial voluntária, em que não há a confusão imprescindível para sua imposição obrigatória pelo Juízo, mas em que os credores voluntariamente concordaram com o referido tratamento" (*Comentários à Lei de Recuperação de Empresas e Falência*, cit., p. 603).
432. Para Henrique Ávila, embora a reforma operada pela Lei 14.112/2020 não tenha disciplinado a consolidação substancial voluntária, a medida seria possível por ausência de vedação expressa, dependendo de aprovação dos conjuntos de credores de cada devedor (Recuperação judicial de grupos econômicos, cit., p. 286). Maria Isabel Fontana afirma que "os credores podem optar pela consolidação substancial, por exemplo, se entenderem que de tal forma o grupo possui mais chances de superar a crise. Contudo, eventual deliberação nesse sentido deve respeitar a autonomia de cada sociedade e seus respectivos credores, de modo que a votação seja separada, por recuperanda [...]. Se pelo menos em uma das recuperandas a consolidação substancial não for aprovada pela maioria dos credores, caberá às recuperandas a apresentação de planos individuais ou plano único, com separação total de ativos e passivos" (*Recuperação judicial de grupos de sociedades*. 2016. Dissertação (Mestrado) – Faculdade de Direito, Pontifícia Universidade Católica de São Paulo, São Paulo, 2016. p. 64).
433. Confiram-se André Estevez e Caroline Klöss, que citam jurisprudência em favor da consolidação substancial voluntária (Recuperação judicial de grupos, cit., p. 12), e Gilberto Deon Corrêa Júnior, que a denomina de consolidação substancial *facultativa* (Anotações sobre a consolidação processual e a consolidação substancial no âmbito da recuperação judicial, cit., p. 323).
434. Para Pedro de Freitas Teixeira, a consolidação voluntária deveria ser aprovada por credores que representem mais da metade do total dos créditos presentes à assembleia, na forma do artigo. 42 da LRF (Recuperação judicial de grupos econômicos: consolidação processual e consolidação substancial. In: SALOMÃO, Luis Felipe et al. (Coord.). *Recuperação de empresas e falência*: diálogos entre doutrina e jurisprudência. Barueri: Atlas, 2021. p. 305).

Diferentemente dos outros autores, que aceitam a consolidação substancial voluntária por ausência de vedação legal, Manoel Justino Bezerra Filho[435] sustenta que o cabimento da medida poderia ser extraído de interpretação *a contrario sensu* do artigo 69-J da LRF. Ao dispor que o juiz poderá, *de forma excepcional*, independentemente da realização da assembleia, autorizar a consolidação substancial, a lei conduziria ao entendimento de que, de forma ordinária (ou não excepcional), a consolidação substancial deveria ser implementada mediante aprovação da assembleia geral de credores[436].

O próprio autor pondera, no entanto, que a realização de uma assembleia apenas para saber se há ou não autorização para a consolidação substancial (para só então ser admitida a apresentação de plano unitário de recuperação) ensejaria tumulto processual e enorme perda de tempo, inviabilizando essa solução.

Por fim, deve ser destacado o entendimento de Fábio Ulhoa Coelho[437], que afirma que os devedores poderão propor a consolidação substancial no próprio plano de recuperação, prevendo a ineficácia da autonomia patrimonial entre todos ou parte deles. Nesse caso, a AGC deveria ser formada por todos os credores das sociedades em relação às quais se pretenda promover a consolidação substancial:

> Quem define quais serão as AGCs é o devedor, no pressuposto de que a maioria dos credores (juntos) concordará com a avaliação de que não se trata de crise das sociedades de um grupo, mas sim de crise do grupo de sociedades. Se a maioria dos credores concordar com a avaliação das sociedades devedoras, segue-se a votação do plano com a consolidação substancial; se a maioria discordar dessa avaliação, a AGC prossegue desmembrada, conforme deliberação dela[438].

---

435. BEZERRA FILHO, Manoel Justino. *Lei de Recuperação de Empresas e Falências comentada*, cit., n. 427 a 429.
436. Percebe-se que o autor relaciona a excepcionalidade referida no artigo 69-J à possibilidade de o juiz deferir a consolidação substancial independentemente de autorização da assembleia, quando, na verdade, ela se relaciona a coisa diversa. Ao prever que o juiz poderá autorizar a consolidação substancial de forma excepcional, a intenção da lei foi salientar que esse recurso só deve ser empregado em situações extraordinárias, tanto no intuito de frear o seu emprego indiscriminado quanto para reforçar a ideia de que, mesmo presentes todos os requisitos autorizadores da medida, sua adoção não é obrigatória, mas reservada aos casos em for indispensável para lidar com o estado de confusão entre os devedores.
437. Fábio Ulhoa Coelho defende enfaticamente o cabimento da consolidação substancial por decisão dos credores, ponderando que "o modo economicamente mais racional para as sociedades de um grupo superarem a crise que o perpassa pode ser a ineficácia da autonomia patrimonial delas, ou de parte delas. O rearranjo patrimonial no interior do grupo é um meio de superação de crise econômica e pode se revelar, em determinadas ocasiões, a melhor alternativa para a realização das finalidades da LF. Trata-se de uma questão econômica, a ser decidida pelos credores em AGC, e não pelo juízo recuperacional" (*Comentários à Lei de Falências e de Recuperação de Empresas*, cit., 14. ed., p. 276).
438. COELHO, Fábio Ulhoa. *Comentários à Lei de Falências e de Recuperação de Empresas*, cit., 14. ed., p. 277.

O autor sustenta que os devedores teriam a prerrogativa de determinar as AGCs a serem realizadas. Assim, num grupo formado pelas sociedades "A", "B" e "C", pretendendo-se realizar a consolidação substancial de "A" e "B", preservando-se a independência patrimonial de "C", deveriam ser realizadas duas assembleias: uma formada por todos os credores de "A" e "B", acomodados conjuntamente nas respectivas classes, para a votação do plano que contempla a ineficácia da autonomia patrimonial dessas duas sociedades; e outra somente com os credores de "C", para votar o plano dela.

Ao final, justifica que não seria cabível a realização de AGCs autônomas para deliberar sobre a proposta de consolidação porque certamente a medida não seria aprovada pelos credores da sociedade por ela prejudicada. Conclui que uma deliberação assim seria inútil, não devendo ser realizada:

> Por que não cabe submeter a votação a consolidação substancial para AGCs autônomas de cada sociedade, no caso de crise do grupo? Porque os resultados dessas assembleias já são conhecidos de antemão: na AGC das sociedades em crise mais branda, a consolidação será rejeitada; nas das devedoras em crise mais acentuada, será aprovada. É irracional realizar os conclaves cujos resultados são antecipáveis. Por isso, a consolidação substancial será votada numa assembleia conjunta, que reúne a totalidade dos credores sujeitos de todas as sociedades envolvidas[439].

3.9.3 A consolidação voluntária como negócio jurídico processual

Alguns autores também aventaram que a consolidação substancial voluntária poderia ser concebida ou implementada como espécie de *negócio jurídico processual* atípico[440], segundo reza o artigo 190 do Código de Processo Civil:

> [...] versando o processo sobre direitos que admitam autocomposição, é lícito às partes plenamente capazes estipular mudanças no procedimento para ajustá-lo às especificidades da causa e convencionar sobre os seus ônus, poderes, faculdades e deveres processuais, antes ou durante o processo.

---

439. COELHO, Fábio Ulhoa. *Comentários à Lei de Falências e de Recuperação de Empresas*, cit., 14. ed., p. 277.
440. Para Daniel Mitidiero, Alexandre Faro, Karina Deorio e Cristiano Leite, "uma expressão óbvia das convenções processuais na recuperação judicial está na possibilidade de se estabelecer a consolidação substancial voluntária, inclusive com a previsão de ampla adaptação do rito daí oriunda. Não é um equívoco afirmar, portanto, que a consolidação substancial voluntária encontra um veículo processual apropriado na convenção processual (art. 190 do CPC)" (Consolidação substancial e convenções processuais na recuperação judicial, cit., p. 226). Nesse mesmo sentido, citando os autores acima, Ricardo Villas Bôas Cueva e Érica Ramos Mazzola afirmam que "a consolidação substancial pode também ser voluntária e previamente ajustada entre as partes por meio de convenção processual" (Consolidação processual e consolidação substancial. *Revista do Advogado*, São Paulo, n. 150, 2021. p. 245).

Diversas objeções podem ser opostas a esse entendimento, a começar porque a celebração de negócio processual em ação de recuperação judicial ou de falência é inviável ou, quando muito, extremamente restrita[441].

O artigo 190 do Código de Processo Civil concede apenas *às partes* o direito de acordar mudanças no procedimento para ajustá-lo às especificidades da causa, pressupondo assim um negócio jurídico celebrado entre o autor e o réu, que ocupam polos distintos da relação processual. No processo de recuperação judicial, todavia, apesar do antagonismo entre devedores e credores, não existe uma oposição de caráter processual. Os credores não são réus, nem são citados para a ação, não ocupando uma posição processual que lhes permita dispor sobre o procedimento[442].

Além disso, o mesmo dispositivo estabelece uma série de condicionantes para a realização dos negócios processuais atípicos, exigindo que o processo verse (apenas) sobre *direitos que admitem autocomposição*, o que não ocorre num processo concursal. Apesar do caráter marcadamente contratual da recuperação judicial, nem todos os direitos nela versados admitem autocomposição, especialmente diante de determinadas circunstâncias que obrigam o juiz a decretar a falência independentemente de qualquer acordo havido entre o devedor e os credores que compõem a AGC[443].

Finalmente, o artigo 190 do Código de Processo Civil exige, como requisito de validade do negócio processual, que as partes sejam *plenamente capazes*, o que exclui a possibilidade de que seja celebrado por absolutamente incapazes ou relativamente incapazes (CC, arts. 3º e 4º)[444], mesmo que regularmente representados ou assistidos[445]. Assim, ainda que os credores pudessem ser qualificados como *partes*, bastaria que entre eles houvesse um incapaz – o que não é raro de

---

441. Depois de ponderar que a Lei 11.101/2005 não admitiria alteração do seu procedimento (por disciplinar interesses que extrapolam os dos credores e do devedor), Marcelo Sacramone sustenta a possibilidade da celebração de *certos* negócios processuais na recuperação judicial e na falência, como para disciplinar a forma de cálculo dos prazos processuais, de comunicação dos atos ou para fixação de calendário processual (*Comentários à Lei de Recuperação de Empresas e Falência*, cit., p. 1098).
442. Procedimento que, vale lembrar, não se limita a tutelar os direitos e interesses deles, mas visa resguardar direitos de terceiros, inclusive da Fazenda Pública e de outros credores que não integram a AGC e não teriam voz ou voto em relação a eventual modificação do procedimento.
443. Como no caso de o devedor dar causa à liquidação substancial da empresa, em prejuízo de credores não sujeitos à recuperação judicial, inclusive as Fazendas Públicas (LRF, art. 73, VI).
444. A capacidade a que se refere o artigo 190 do CPC é a capacidade para os atos da vida civil, e não meramente a capacidade processual (cf. SICA, Heitor Vitor Mendonça. In: BUENO, Cassio Scarpinella (Coord.). *Comentários ao Código de Processo Civil*. São Paulo: Saraiva, 2017. v. 1. p. 190).
445. Cf. YARSHELL, Flávio Luiz. Convenção das partes em matéria processual: rumo a uma nova era? In: CABRAL, Antonio do Passo et al. (Coord.). *Negócios processuais*. 3. ed. Salvador: Juspodivm, 2017. v. 1. p. 85-86.

acontecer, especialmente entre os credores involuntários – para que a celebração de tal negócio processual fosse inviabilizada.

De toda forma, mesmo que todos esses obstáculos pudessem ser superados, admitindo-se então, a título argumentativo, a possibilidade de haver a celebração de um negócio processual atípico no bojo de um processo de recuperação judicial, ainda assim a consolidação substancial não poderia ser implementada por essa via.

A consolidação substancial está longe – mas muito longe – de se qualificar como um negócio jurídico processual, que tem por objeto promover modificações no *procedimento* e convencionar sobre os ônus, poderes, faculdades e deveres *processuais* das partes. A consolidação substancial não encerra mero procedimento nem se limita a atingir os direitos ou deveres processuais de devedores e credores. Ela implica a própria modificação dos direitos materiais dos envolvidos, daí derivando, vale lembrar, a própria denominação do mecanismo[446].

Conquanto a deliberação dos credores se insira no âmbito de um processo, não encerra mero ato procedimental. Eventual convenção poderia estabelecer, quando muito, outra forma de exteriorização desse ato, mas jamais atacar a essência do ato em si, muito menos para modificar o poder de influência de qualquer credor na determinação do sentido da manifestação de vontade da coletividade de credores, coisa que evidentemente se insere no âmbito do direito material[447].

3.9.4 A posição defendida nesta obra

Resumidamente, o atual posicionamento da doutrina sobre o tema da consolidação substancial voluntária é o seguinte: enquanto alguns poucos autores rejeitam completamente a possibilidade de operar-se a consolidação substancial por convenção entre devedores e credores, a maioria – que admite a validade de tal convenção – divide-se entre os que entendem que a deliberação sobre a matéria deve ser prévia à apresentação do plano (e submetida a votação separada dos conjuntos de credores de cada devedor) e os que advogam que essa deliberação deve ocorrer de forma unificada e realizada no contexto da votação sobre o próprio plano.

---

446. Deu-se ao mecanismo o nome de consolidação *substancial* ou consolidação *substantiva* justamente porque afeta o direito *substantivo*, isto é, o direito material dos envolvidos (confira-se o item 3.3).
447. Nesse sentido é a lição de Erasmo Valladão e Marcelo Adamek: "Não se trata, como querem alguns, de simples negócio jurídico processual: a uma, porque o que está em jogo ao se reconhecer essa atribuição a uma assembleia que reúne todos os credores do grupo, ou às assembleias de credores de cada sociedade do grupo, é submeter a questão ao princípio majoritário (exigindo negócios processuais a unanimidade das partes envolvidas), e, a duas, porque as relações jurídicas atingidas são eminentemente de direito material (titularidade de créditos sobre um patrimônio), e não de direito processual" (*Assembleia geral de credores*, cit., p. 47).

Além disso, os doutrinadores aparentemente pressupõem que a consolidação obrigatória e a consolidação voluntária produziriam os mesmos efeitos (já que ninguém cuidou de distingui-los), limitando-se a apontar que elas têm origem diversas, sendo a primeira imposta pelo juiz, à vista dos pressupostos previstos no artigo 69-J, e a segunda implementada por acordo entre devedores e credores, independentemente da presença tais pressupostos.

Ainda assim, fica a impressão de que, ao se referirem à consolidação substancial voluntária, alguns autores estão cogitando, na verdade, a mera formulação de plano único, sem pressupor a ineficácia da separação patrimonial que caracteriza a consolidação substancial. Ou seja, denominam de consolidação voluntária o que nem sequer configura, de fato, a consolidação substancial.

3.9.4.1 O respeito à separação patrimonial não inviabiliza uma solução global

O principal motivo que leva a doutrina a defender a consolidação voluntária tem a ver com a necessidade de lidar com a crise do grupo de forma global, pressupondo-se que isso só seria possível mediante a consolidação substancial.

Ocorre que a consolidação substancial não é simplesmente uma forma de lidar com a crise do grupo de modo unificado. Ela faz com que os ativos e passivos dos devedores sejam tratados como se pertencessem a um único devedor, tornando ineficaz, para os fins do processo concursal, a separação patrimonial entre eles (implicando subversão do regime de limitação de responsabilidade, derrogação das regras sobre a subordinação de interesses nos grupos, extinção das garantias e créditos intragrupo e alteração do poder decisório de cada credor no âmbito da AGC).

Além disso, é equivocado pensar que a consolidação substancial consista na única forma de viabilizar uma solução global para o grupo, ou que qualquer solução global necessariamente encerre consolidação substancial. São perfeitamente possíveis soluções conjugadas ou mesmo unificadas que permitem enfrentar crise do grupo de forma global, em atenção à unidade econômica que lhe é inerente, *sem desconsiderar a separação entre as personalidades jurídicas dos seus integrantes, nem desrespeitar os direitos dos credores*, notadamente a capacidade de influenciar a decisão sobre a aprovação do plano de recuperação.

É essa, aliás, a verdadeira vocação do plano único, que não deve ser reduzido à mera instrumentalização de propostas independentes num único instrumento, como curiosamente pretendem alguns dos mesmos autores que aceitam tranquilamente a consolidação substancial voluntária (solução muito mais drástica que implica ignorar complemente a separação patrimonial entre os devedores).

3.9.4.2 Obstáculos decorrentes do regime de governança dos grupos

A doutrina tampouco refletiu sobre a (in)compatibilidade da consolidação substancial voluntária com o regime de governança dos grupos, ao menos se concebida como medida que produz os mesmos efeitos da consolidação imposta pelo juiz.

De modo geral, sustenta-se que a consolidação substancial voluntária teria cabimento quando não estivessem presentes os pressupostos para a aplicação compulsória da medida (já que, em face deles, a consolidação seria obrigatoriamente imposta pelo juiz, independentemente de qualquer convenção). Seria aplicável, por conseguinte, aos devedores que funcionam como centros autônomos de imputação e, como tais, não se encontram juridicamente embaralhados.

Logo, para que esses devedores pudessem propor a própria consolidação substancial, seria necessário algum acordo entre eles nesse sentido, não apenas para ingressar com o pedido de recuperação em conjunto, mas para abdicar da própria independência patrimonial, cada qual permitindo que seus ativos e passivos fossem tratados como se pertencessem a uma única entidade (afinal, é esse o efeito primordial da consolidação substancial).

Parece evidente que um acordo nesses termos, em que as empresas abdicam da própria independência patrimonial, permitindo que seus ativos e passivos sejam tratados como se pertencessem ao grupo, sem nenhuma contrapartida ou compensação, viola a regra que proíbe esse tipo de subordinação nos grupos de fato (LSA, art. 245). O favorecimento entre as empresas sem compensação, vale lembrar, só é admissível nos grupos de direito (LSA, art. 265).

No âmbito do direito societário, a doutrina costuma ser extremamente ciosa da regra do artigo 245 da Lei das S.A., defendendo uma intepretação bastante limitada das noções de direção unitária, comutatividade e pagamento compensatório adequado nas relações entre as sociedades de um grupo de fato. Curiosamente, ao levar esse grupo para o processo concursal, não teve a menor dificuldade de admitir a consolidação substancial voluntária, muito embora ela autorize ampla subordinação dos interesses das sociedades. Se os doutrinadores tivessem se perguntado se a consolidação substancial poderia ser acordada *entre os devedores* antes de cogitarem da sua aprovação *pelos credores*, a resposta provavelmente teria sido negativa.

Alguns poderão argumentar, à semelhança do que se vê em tantos outros casos, que o artigo 47 da LRF, apontado como o "coração" da lei concursal, autorizaria afastar a aplicação da regra do artigo 245 da Lei das S.A. em favor de um bem maior, que é a preservação da empresa. Discorda-se desse raciocínio simplista, que parte do equivocado pressuposto de que a viabilização da recuperação judicial se sobrepõe a qualquer outro direito individual ou interesse social, ou de que a preservação da empresa só pode ser alcançada por essa via. Na verdade, o que faz o artigo 47 é irradiar valores que irão informar a interpretação e aplicação das normas no processo concursal, sem se sobrepor ou excluir outras de mesma hierarquia que possuem campo específico de incidência, como aquelas que regem o direito societário[448].

3.9.4.3 Outros obstáculos de ordem pública

Alguns efeitos produzidos pela consolidação substancial, como a subordinação dos interesses individuais dos devedores à preservação do grupo, a sujeição dos ativos de um devedor às dívidas dos demais e a extinção das dívidas intragrupo (tudo sem a exigência de contrapartida equivalente), são claramente incompatíveis com os acordos tolerados entre as sociedades integrantes de um grupo de fato, o que já seria suficiente para inviabilizar a consolidação substancial voluntária na imensa maioria dos casos.

Porém, mesmo que superados os obstáculos decorrentes do regime legal de governança dos grupos, a consolidação voluntária, tal como vem sendo concebida, esbarra em outros óbices de ordem pública.

O primeiro deles decorre de o ordenamento não tolerar, salvo nos casos em que expressamente permite, que as sociedades recusem a eficácia conferida pela lei à independência dos seus patrimônios ou à integralidade do capital social, ainda que contem com a concordância *de parte*[449] dos seus credores.

Mesmo nos grupos de direito, nos quais se admite ampla subordinação de interesses, a lei determina que cada sociedade conservará personalidade e patrimônios distintos (LSA, art. 266), o que é outra forma de dizer que eles não devem se misturar. Tamanha a preocupação do legislador com essa distinção que nem sequer a fusão de sociedades impede o credor anterior de pedir, em caso de falência da nova companhia[450], a separação dos patrimônios para que

---

448. Nesse sentido, confira-se Ricardo Tepedino (O direito societário e a recuperação judicial. In: VENÂNCIO FILHO, Alberto et al. (Org.). *Lei das S.A. em seus 40 anos.* Rio de Janeiro: Forense, 2016. p. 585-599).
449. Somente os créditos constituídos até a data do pedido de recuperação judicial se sujeitam aos seus efeitos (LRF, art. 49). Logo, apenas os titulares desses créditos participam da AGC e, por conseguinte, deliberariam sobre uma eventual consolidação substancial. No entanto, essa medida também afetaria, ainda que indiretamente, os direitos dos credores excluídos dos efeitos da recuperação judicial, que nem sequer poderiam participar da deliberação. Por isso, é duvidosa a legitimidade da AGC para decidir sobre a matéria, que atinge tão drasticamente direitos e interesses de terceiros.
450. Desde que ocorrida em até sessenta dias depois de publicados os atos relativos à fusão.

os créditos de cada sociedade fundida sejam pagos pelos bens das respectivas massas (LSA, art. 232, § 3º).

O segundo obstáculo refere-se à impossibilidade de operar-se, por convenção, um efeito específico da consolidação substancial, correspondente à unificação das deliberações dos credores. Como se sabe, determinada a consolidação substancial pelo juiz, o plano de recuperação e demais matérias passam a ser submetidos à deliberação de uma única assembleia (composta pelos credores de todos os devedores), resultando, portanto, na modificação da composição da AGC, das suas classes etc. Nada disso, no entanto, pode ser determinado por acordo entre devedores e credores.

As normas que regulam o modo como se determina a vontade da coletividade de credores são de *ordem pública*. Elas não versam sobre direito disponível, nem podem, por conseguinte, ser derrogadas mediante convenção. Tampouco eventual alteração dessas regras pela maioria poderia ser oposta aos credores dissidentes.

Tanto é assim que ninguém nunca sustentou que, por acordo entre devedores e a maioria dos credores, poderiam ser modificados a composição das classes da AGC ou os quóruns de aprovação das matérias. Como seria possível, então, modificar o modo de aprovação do ato mais importante do processo (que é o plano de recuperação) sem que exista qualquer autorização na lei a esse respeito?

O que se insere no âmbito da liberdade contratual e da autonomia privada são os atos e negócios jurídicos contemplados do plano de recuperação, e não a própria forma como ele será aprovado, que só é excepcionada (*pela própria lei*) no caso de o juiz determinar a consolidação substancial.

Por todas essas razões, para que se pudesse cogitar de uma consolidação substancial voluntária – repita-se, que produzisse efeitos idênticos aos da consolidação obrigatória –, seria necessário que a lei criasse uma exceção para permitir que devedores e credores pudessem convencionar a ineficácia da separação patrimonial entre as sociedades e modificar a forma de deliberação sobre o plano e demais matérias[451].

Contudo, não foi essa a opção do legislador, que excluiu do texto final da Lei 14.112/2020 as disposições constantes do anteprojeto elaborado pelo Grupo de Trabalho do Ministério da Fazenda (GT) que autorizavam que a consolidação

---

451. Discorda-se, por isso, do argumento de que a consolidação substancial voluntária, conquanto não expressamente permitida, não teria sido vedada. A vedação, no caso, decorre das próprias normas jurídicas que estabelecem a independência e separação patrimonial entre as sociedades, bem como daquelas que disciplinam o modo de deliberação dos credores, cuja incidência não pode ser derrogada por convenção entre os devedores e a maioria dos credores.

substancial fosse proposta pelos próprios devedores e submetida à aprovação dos credores[452].

3.9.4.4 Outra concepção de consolidação substancial voluntária – uma possível conciliação

O termo *consolidação substancial* é usualmente empregado, inclusive nesta obra, para se referir ao remédio judicial que declara que os patrimônios dos devedores devem ser tratados como se pertencessem a um único devedor. Entre nós, esse recurso vem sendo chamado de *consolidação substancial obrigatória*, adjetivação sem correspondência no direito estrangeiro que serve para distinguir a unificação patrimonial operada pelo juiz dos casos em que ela seria operada por convenção entre devedores e credores, o que foi denominado de consolidação substancial *voluntária*.

O ordenamento vigente, porém, não parece permitir que os mesmos efeitos dessa consolidação substancial "obrigatória" sejam produzidos mediante acordo entre devedores e credores. Por conta das restrições impostas pelo regime de governança dos grupos, das normas que garantem a separação patrimonial entre as sociedades e da disciplina cogente quanto à forma de determinar a vontade da coletividade de credores, não é dado aos participantes do processo concursal operar essa unificação patrimonial *putativa* para subordinar os interesses das sociedades aos interesses do grupo e sujeitar o plano de recuperação a uma deliberação unificada.

Isso não significa, todavia, que inexistam mecanismos que permitam uma solução coordenada ou mesmo uniforme para a crise dos devedores integrantes de um grupo. Eles são perfeitamente possíveis, porém dentro das regras que garantem a independência patrimonial e disciplinam o governo dos grupos, e sem prejuízo dos direitos individuais dos credores, sobretudo quanto ao poder de influenciar o resultado da deliberação sobre o plano (que sempre deve ser

---

452. Conforme exposto anteriormente, o *caput* do artigo 69-D do anteprojeto do Grupo de Trabalho, sem equivalente na Lei 14.112/2020, previa que o pedido de recuperação judicial sob consolidação processual poderia ser acompanhado de proposta de consolidação substancial de ativos e passivos de devedores quando a medida se mostrasse indispensável à superação da crise econômico-financeira. Nesse caso, os credores de cada devedor integrante do polo ativo do processo de recuperação judicial deliberariam sobre a proposta de consolidação substancial de forma independente, em assembleias distintas, somente se reputando a matéria aceita se aprovada em todas as assembleias, obedecido o quórum previsto no artigo 42 da Lei 11.101/2005, ou ainda quando tivesse sido aprovada por ao menos uma das assembleias e contasse com a manifestação favorável de credores representantes de pelo menos dois terços do valor de todos os créditos presentes nas assembleias, sendo de pelo menos um quinto na assembleia que a desaprovou.

determinado em função da natureza e valor do crédito relativamente ao devedor em face do qual ele for constituído).

Desde que respeitada a disciplina grupal, seja por autorização de eventual convenção, seja mediante contraprestações comutativas ou pagamento compensatório adequado, o plano poderá produzir *alguns resultados semelhantes* àqueles que seriam viabilizados pela consolidação substancial, como o compartilhamento de responsabilidades entre os devedores mediante a estipulação de garantias recíprocas.

Estipular a solidariedade entre os devedores no tocante às prestações assumidas para com os credores, sujeitando os patrimônios individuais de cada devedor às obrigações dos demais, é diferente de pressupor a inexistência de separação patrimonial entre as sociedades, embora, ao fim e ao cabo, as duas coisas gerem resultado parecido, sobretudo do ponto de vista econômico.

Também se reputa possível, em tese, que o plano de recuperação contemple a fusão dos devedores numa nova sociedade, ou mesmo a incorporação, por um determinado devedor, de todos os demais. Para isso, no entanto, seria necessária a aprovação do ato tanto internamente, no âmbito das assembleias de cada sociedade devedora[453], quanto em AGCs compostas exclusivamente pelos credores de cada devedor.

O resultado de tal operação consistiria na *consolidação real* dos patrimônios dos devedores numa única pessoa jurídica[454], o que faria desaparecer os problemas ligados aos potenciais conflitos de interesses entre as sociedades e permitiria que, posteriormente à fusão ou incorporação, as matérias fossem submetidas a uma única AGC, não por obra da ineficácia temporária que resulta da consolidação substancial, mas simplesmente porque os devedores passariam a constituir uma pessoa só.

Tais negócios seriam, portanto, uma forma de produzir alguns efeitos semelhantes aos da consolidação substancial, pois fariam com que os ativos de todos os devedores passassem a responder pelas dívidas de qualquer um deles. Em sentido *lato*, essas soluções unificadas poderiam ser referidas por *consolidação substancial voluntária*, embora, na verdade, não se confundam nem produzam os mesmos efeitos da consolidação imposta pelo juiz como remédio de equidade para a disfunção estrutural do grupo.

---

453. Garantindo-se aos sócios dissidentes o direito de recesso (LSA, art. 137, c.c. art. 136, IV, e CC, art. 1.077).
454. E não numa consolidação meramente putativa, como ocorre na consolidação substancial prevista no artigo 69-J da LRF.

CONSIDERAÇÕES CONCLUSIVAS

As principais economias mundiais enfrentam dificuldades semelhantes para lidar com a crise dos grupos. Embora as leis concursais da maioria dos países continuem tratando o devedor sob perspectiva unitária, sem considerar sua eventual integração a um grupo, está em curso movimento para ajustá-las às especificidades da empresa plurissocietária. Com a recente edição da Lei 14.112/2020, que entrou em vigor em 23 de janeiro de 2021, o Brasil passou a fazer parte desse movimento.

1. A EVOLUÇÃO DA JURISPRUDÊNCIA E A REFORMA DA LEI CONCURSAL

Pesquisa jurisprudencial conduzida no início deste trabalho examinou o modo como se desenvolveu a recuperação judicial dos grupos desde a edição da Lei 11.101/2005 até a reforma operada pela Lei 14.112/2020. Apurou-se que, superada a dificuldade inicial para lidar com o tema, a jurisprudência rapidamente evoluiu para acolher a formulação dos pedidos de recuperação judicial em litisconsórcio, mesmo à falta de previsão expressa na lei concursal.

Com o tempo, aprofundaram-se as reflexões sobre as consequências da pluralidade de devedores no mesmo processo e sobre os cuidados que precisariam ser tomados para garantir o respeito à independência patrimonial das sociedades. Com o auxílio da doutrina, os Tribunais passaram a atentar para o fato de que a mera admissão do litisconsórcio não permitia (ou não deveria permitir) que os devedores fossem tratados como uma única entidade com patrimônio indiviso.

Valendo-se das lições do direito norte-americano, que há muito tempo vem lidando com os concursos dos grupos, a jurisprudência começou a distinguir a mera cumulação subjetiva (a consolidação processual) do recurso que importa tratar os devedores como se possuíssem um único patrimônio (a consolidação substancial).

Surgiram, no entanto, inúmeras divergências sobre a composição do polo ativo, o juízo competente, o modo de verificação dos créditos e, sobretudo, quanto ao plano e à respectiva deliberação dos credores, todas traduzindo a dificuldade da jurisprudência de diferenciar as causas e as consequências do processamento conjunto da recuperação judicial de múltiplos devedores daquelas relativas à consolidação substancial.

Como a lei não fornecia respostas claras para várias dessas questões e a uniformização da jurisprudência parecia distante, fez-se coro para que a recuperação judicial dos grupos passasse a ser normatizada[1]. Em longo processo legislativo, que culminou na edição da Lei 14.112/2020, o tema ganhou particular atenção dos grupos de trabalho formados para propor alterações do diploma concursal.

A recuperação judicial dos grupos de empresas passou então a ser regulada pela introdução dos artigos 69-G a 69-L, que versam sobre a consolidação processual e substancial. A reforma incorporou algumas das práticas que já vinham sendo adotadas pelos Tribunais, estabelecendo critérios para orientar a conduta dos devedores, credores, administradores judiciais, juízes etc.

2. CONSOLIDAÇÃO PROCESSUAL

O grupo consiste num fenômeno marcado pela concorrência de pluralidade jurídica e unidade econômica, característica peculiar que desafia certos dogmas do direito societário, notadamente a autonomia das sociedades e a independência patrimonial. Afinal, mesmo conservando personalidades jurídicas distintas (vale dizer, mesmo configurando centros autônomos de imputação de relações jurídicas), os integrantes do grupo não são completamente independentes uns dos outros, nem jurídica nem economicamente.

A personalidade jurídica não é uma barreira intransponível, permitindo que certas relações jurídicas atravessem de uma sociedade para a outra. Em certas hipóteses, a mera integração de uma sociedade ao grupo a torna corresponsável pelas obrigações dos outros integrantes (como prevê a legislação no tocante a obrigações de natureza trabalhista, previdenciária, consumerista, ambiental etc.), o que acaba produzindo reflexos de ordem econômica.

Além disso, o próprio modo como operam os grupos e as causas que conduzem à sua formação (notadamente os ganhos gerados pela sinergia entre os seus membros) resultam na integração ou dependência econômica entre as sociedades, que poderá ser mais ou menos intensa.

Trata-se de reflexo inexorável da direção unitária, elemento central de identificação dos grupos e que não se restringe aos grupos de direito; a direção

---

1. Não sem crítica de parte dos profissionais da área, que defendia deixar a regulação do tema a cargo da jurisprudência e da doutrina.

unitária também se faz presente nos grupos de fato, sendo legitimamente exercida quando respeita as limitações que lhe são impostas pelo ordenamento[2].

Assim, seja por conta de determinados arranjos contratuais (notadamente aqueles que envolvem a prestação de garantias intragrupo), seja pelo modo como as atividades dos integrantes do grupo são desenvolvidas (em que uma interfere ou concorre para a do outro), seja ainda por obra das diversas exceções legais ao regime de limitação de responsabilidades aplicáveis aos grupos, a crise de um membro tende impactar os demais, em maior ou menor grau, podendo eventualmente exigir que todos tenham de se socorrer dos mecanismos preventivos da falência, de modo a reorganizar suas atividades e renegociar o pagamento das suas dívidas.

A depender das circunstâncias, o melhor modo de fazer isso será mediante o ajuizamento conjunto da recuperação judicial, que implica a chamada *consolidação processual*. Além da conveniência para a administração do processo e da economia de recursos decorrente da coordenação dos atos processuais, a consolidação processual permite uma visão global da crise do grupo, viabilizando soluções que prestigiam a eficiência econômica e favorecem a maximização dos ativos dos devedores, sem descuidar da independência patrimonial das sociedades.

2.1 Pressupostos

Ao regular a consolidação processual, o legislador brasileiro se preocupou em resguardar a independência dos devedores, sobretudo patrimonial, para evitar que eles sejam automaticamente tratados como uma entidade só (expediente que havia se tornado comum na prática forense, sobretudo pela falta de familiaridade dos operadores com as interações entre os direitos concursal e societário).

Como consequência dessa independência, exige-se que os pressupostos para a concessão da recuperação judicial sejam satisfeitos individualmente pelos devedores e que os procedimentos de verificação dos créditos, formulação do plano e deliberação dos credores sejam conduzidos em respeito à independência jurídica e à separação patrimonial entre as sociedades.

A par dos requisitos a que a lei expressamente condicionou a formação do litisconsórcio ativo, como a sujeição dos devedores a controle societário comum,

---

2. A proibição de favorecimento contida no artigo 245 da Lei da S.A. não veda a realização de negócios entre as sociedades integrantes de um grupo de fato (conquanto exija que sejam celebrados em condições comutativas ou mediante pagamento compensatório adequado), nem impede que o interesse do grupo seja ponderado no governo das sociedades. Mesmo à falta de convenção de grupo, o direito tolera estratégias que promovam a *conciliação dos interesses particulares* das sociedades com os interesses do grupo, visando à obtenção de ganhos para todos os envolvidos.

a consolidação processual só é admissível quando houver *repercussão da crise* entre as empresas do grupo, ainda que apenas potencial. Sem ela não se justifica sujeitar as sociedades saudáveis ao risco da decretação da falência, nem impor aos credores a submissão a procedimento que tende a ser mais complexo e permite a modificação da competência para o processamento da ação.

Por outro lado, a circunstância de algum dos membros do grupo não atender à exigência de mais de dois anos de atividade regular prevista no *caput* do artigo 48 não deve ser impeditiva à sua integração no polo ativo da recuperação judicial. Não, todavia, pelo fundamento adotado pelos Tribunais, que têm dispensado o cumprimento individual desse requisito quando o grupo o preencha (raciocínio em evidente descompasso com a autonomia *jurídica* das sociedades).

O requisito temporal previsto no *caput* do artigo 48 da LRF, que não encontra correspondência nas principais legislações estrangeiras, foi criado como espécie de condição moral numa época em que a concordata era vista com acentuado preconceito e os conceitos de empresa e empresário ainda se confundiam. Atualmente, não passa de um anacronismo que importa discriminação incompatível com a Constituição Federal, sobretudo por conferir indevida vantagem competitiva às empresas estabelecidas há mais tempo, em violação dos princípios da igualdade, da liberdade de iniciativa, da livre concorrência e do tratamento favorecido às empresas de pequeno porte.

2.2 Reflexos sobre o procedimento

A formação do litisconsórcio ativo na recuperação judicial gera consequências em relação à competência, ao juízo de admissibilidade, à nomeação do administrador judicial, à formação do comitê de credores, à verificação dos créditos e, em especial, sobre a formulação e aprovação do plano de recuperação.

As adaptações do procedimento viabilizam a coordenação dos atos do processo, que por sua vez contribui para a eficiência administrativa e econômica da recuperação judicial das empresas agrupadas. Todavia, ausente autorização para a consolidação substancial, elas devem ser compatibilizadas com o respeito à independência jurídica dos devedores, mesmo quando os planos de recuperação envolverem alguma solução conjunta ou conjugada entre eles.

2.3 Plano de recuperação e independência patrimonial

A necessidade de respeitar a independência jurídica dos devedores não importa ignorar a unidade econômica do grupo, nem desconsiderar os fatores que, por obra da lei ou do contrato, ensejam a extensão ou o compartilhamento das responsabilidades individuais entre eles. Embora a mera formação do litisconsórcio não produza efeitos materiais sobre os direitos e responsabilidades de credores, isso não significa que os devedores estejam impedidos de articular, por meio do plano de recuperação, soluções conjuntas ou coordenadas, visando ao tratamento global da crise do grupo.

Essa interpretação não é incompatível com a previsão de que os devedores deverão propor meios de recuperação específicos e independentes (LRF, art. 69-I, § 1º), que significa apenas que esses meios: (i) terão a finalidade imediata de promover a superação da crise econômico-financeira de cada devedor individualmente considerado (ainda que indiretamente viabilizada pela reabilitação de outros devedores ou do grupo); e (ii) não poderão desconsiderar a separação patrimonial entre os devedores[3].

Tal compreensão é de fundamental importância para conferir eficiência à recuperação judicial dos grupos sem recorrer ao excepcional expediente de tratar as empresas como uma entidade só, que importa a inconveniente subversão do regime legal de responsabilidades e o comprometimento das expectativas dos agentes econômicos. É assim que o direito de outros países lida com o tema, admitindo a formulação de planos conjuntos que não envolvem consolidação substancial.

No âmbito da mera consolidação processual, a *estrutura* do plano passa a desempenhar papel fundamental para viabilizar a superação da crise. O plano único e os planos coligados *por subordinação* (em que a eficácia do plano de um devedor fica subordinada à aprovação do plano de outro) ou *por dependência* (em que os devedores prometem prestação em favor de outro, por conta de outro, ou a celebração de negócios conjuntos) são instrumentos adequados para lidar com a crise do grupo porque permitem atrelar a recuperação de uma empresa à de outra, inclusive com medidas de socorro entre elas, que poderão operar em favor dos seus próprios interesses (especialmente quando houver dependência econômica insuperável).

O plano único não deve ser reduzido à mera formalização de propostas individuais e independentes num mesmo instrumento, como pretende a doutrina nacional[4]. A forma de instrumentalização do plano (em vários documentos ou

---

3. Embora não exista impedimento a que essa separação seja efetivamente desfeita mediante negócios que resultam na efetiva consolidação dos patrimônios, como a fusão dos devedores numa nova sociedade ou a incorporação a um deles de todos os demais (coisa que não se confunde com a consolidação substancial prevista na lei brasileira, que importa mera unificação putativa e temporária dos patrimônios, para fins vinculados ao processo concursal). Ainda assim, além da aprovação dos credores, esses negócios demandarão aprovação das assembleias gerais de cada sociedade.
4. Esse entendimento implica negar a verdadeira vocação do plano único enquanto meio capaz de atrelar a recuperação de uma empresa à de outra, quando a dependência econômica entre elas for de

em documento único) não determina se a proposta dos devedores será única ou não. O que determina se o plano será único, ou se serão vários, é a vontade dos próprios devedores, aos quais a lei garante, dentro dos limites da ordem pública, a livre escolha da estrutura e do conteúdo do negócio jurídico destinado à superação da crise que os acomete.

O plano de recuperação nada mais é do que uma proposta (negócio jurídico unilateral) que dá origem a um contrato (negócio jurídico bilateral), em que um dos polos é ocupado pelo devedor e o outro pelo conjunto de credores, cuja vontade é definida por deliberação da maioria. Nada impede – pelo contrário, a lei expressamente autoriza – que os devedores voluntariamente decidam se vincular *em conjunto* a uma mesma proposta (o plano único), que, uma vez aprovada em todas as AGCs, dará ensejo à formação de um *único contrato complexo* (que terá como partes, de um lado, todos os devedores, e, de outro, todos os seus credores).

Admitida a recuperação em conjunto, não faz sentido negar aos devedores o "sobreganho" de uma solução global para o grupo, mesmo quando inocorrente confusão entre eles.

Atendidas determinadas exigências específicas da lei quanto ao conteúdo do plano, a recuperação judicial permite a celebração dos mesmos acordos que poderiam ser celebrados fora do processo, inclusive com a estipulação de prestações conjuntas ou conjugadas pelos vários devedores. O que muda, basicamente, é que a novação operada dentro da recuperação dispensa a concordância de todos os credores, sendo suficiente a aceitação da maioria, observada a divisão de classes e os quóruns legais

Entretanto, as medidas conjuntas ou coordenadas entre os devedores deverão respeitar a sua independência jurídica e patrimonial, em obediência às regras de governança dos grupos e sem prejuízo do direito dos seus credores de influenciar o resultado da deliberação sobre o plano segundo a natureza e importância dos seus respectivos créditos tomados em consideração aos passivos de cada devedor individualmente considerado.

Percebe-se, assim, que os meios de recuperação se submetem a um duplo filtro. O primeiro é interno, relativo à observância dos limites à subordinação de interesses entre as sociedades do grupo (mais estreitos nos grupos de fato). O segundo é externo, sendo promovido pelos conjuntos de credores de cada devedor, que deliberam sobre as propostas em assembleias separadas[5].

---

tal intensidade que não admita soluções completamente isoladas ou quando isso for capaz de gerar maiores benefícios econômicos a todos.
5. A independência jurídica entre os integrantes do grupo só é respeitada quando as deliberações dos credores sobre qualquer assunto, mas especialmente sobre o plano de recuperação, são tomadas em

Por conta da crise que atinge o grupo, o sacrifício de uma sociedade em favor do grupo pode ser necessário e justificado quando atender aos interesses particulares da sociedade que socorre as demais (especialmente quando uma é completamente dependente de outra, ou está economicamente exposta às dívidas da outra).

A concepção do interesse particular e a avaliação da comutatividade nas operações intragrupo são influenciadas pela crise e pelas consequências da eventual reprovação do plano, admitindo-se a intervenção judicial apenas em hipóteses excepcionais, quando demonstrada a existência de prejuízo concreto (não compensado) para a sociedade que porventura tiver favorecido as outras.

3. CONSOLIDAÇÃO SUBSTANCIAL

Com a reforma operada pela Lei 14.112/2020, a lei concursal brasileira passou a ser uma das primeiras legislações do mundo a disciplinar a consolidação substancial em procedimento de reorganização de grupos[6], concebendo-a como um remédio condicionado à insuperável confusão patrimonial entre os devedores[7].

Desse requisito decorre que o mero *entrelaçamento econômico* das sociedades agrupadas, ainda que acentuado pela solidariedade derivada da lei ou do contrato, não justifica tratá-las como se compartilhassem o mesmo patrimônio, desde que seja possível distinguir os seus respectivos direitos e responsabilidades. O que autoriza a consolidação substancial é o *embaralhamento jurídico*, verificado nos casos em que as sociedades não se comportam como centros de interesses autônomos, tornando a separação patrimonial entre elas inútil ou ineficaz[8].

Não será qualquer abuso da personalidade que autorizará o juiz a determinar a consolidação substancial. Essa solução somente se justifica quando o desvio de

---

assembleias separadas, compostas exclusivamente de credores de cada devedor individualmente considerado. Mesmo no caso da formulação de plano único, a reunião dos credores de múltiplos devedores numa mesma assembleia importaria injustificada subversão do regime de separação de responsabilidades previsto na lei, sendo inadmissível fora das hipóteses excepcionais que autorizam o juiz a determinar a consolidação substancial.
6. Curiosamente, a lei deixou de contemplar a consolidação substancial na falência (para a qual esse mecanismo foi originalmente desenvolvido), o que não significa, porém, que não será aplicável a ela.
7. Ao condicionar a consolidação substancial à confusão patrimonial dos devedores, o legislador colocou o Brasil em linha com as legislações estrangeiras, buscando desfazer a confusão feita entre o mero intricamento econômico (que pode justificar o tratamento unificado da crise por acordo entre os devedores e seus respectivos credores) e situações de efetivo e insuperável emparelhamento jurídico (que exigem a imposição da consolidação da substancial, independentemente da vontade dos credores, justamente porque essa vontade não pode ser determinada com segurança razoável).
8. Destaca-se que esse raciocínio, endossado por outros fundamentos expostos neste trabalho, foi pioneiramente desenvolvido pela Professora Sheila Neder Cerezetti, a quem se rendem justas homenagens pela importância da sua contribuição para a compreensão e o aprimoramento do instituto.

finalidade ou a confusão patrimonial ocorrerem de forma sistêmica, atingindo todas ou boa parte das relações jurídicas dos devedores e tornando impossível ou simplesmente inviável o emprego de remédios pontuais, como a desconsideração da personalidade jurídica.

Além disso, ao prever o seu emprego em caráter excepcional, apenas quando não seja possível distinguir os direitos e responsabilidades de cada devedor *sem excessivo dispêndio de tempo ou de recursos*, o legislador subordinou a consolidação substancial à ponderação das vantagens e desvantagens que ela encerra, a ser realizada pelo juiz à luz dos objetivos da recuperação judicial e dos interesses que gravitam em torno dela.

As principais vantagens da consolidação substancial são a redução dos custos de transação, com a simplificação do procedimento de formulação e aprovação do plano, e o potencial ganho econômico de uma solução global não subordinada à consecução dos interesses particulares de cada devedor. A depender das circunstâncias, esses benefícios poderão compensar os prejuízos dos credores desfavorecidos pela unificação dos patrimônios, considerando o tempo e os recursos que seriam consumidos para distinguir os ativos e passivos de cada sociedade integrante do grupo.

Isso tem a ver não apenas com o custo financeiro de eventual apuração da titularidade dos ativos e passivos dos devedores, mas com o sacrifício econômico imposto caso inocorrente a consolidação substancial. Segundo esse raciocínio, a medida será justificável quando a falta dela prejudicar a recuperação do crédito e comprometer a preservação da empresa, o que não significa, porém, que poderá ser determinada independentemente da ocorrência de confusão patrimonial entre os devedores (requisito ao qual o expediente foi expressamente condicionado pela lei). No entanto, considerando a viabilidade de soluções de caráter global mesmo quando ausente a consolidação substancial, essa medida excepcional não deverá ser deferida apenas para facilitar a aprovação do plano.

Autorizada pelo juiz, a consolidação substancial implica a ineficácia da separação patrimonial entre os devedores para efeito de formulação e aprovação do plano de recuperação. Promove, pois, uma unificação patrimonial putativa, que não importa extinção ou aglutinação das personalidades jurídicas dos devedores, cuja independência continua produzindo efeitos dentro e fora do processo.

A consolidação substancial também opera uma mudança de vetor, permitindo que os recursos dos devedores sejam alinhados em torno da preservação do grupo, em prol da maximização dos ativos. Sob essa perspectiva será proposto um plano unitário de recuperação, que poderá dispor sobre os ativos e passivos dos devedores como se eles constituíssem uma única entidade, sem necessidade de observar, portanto, as regras que limitam a subordinação de interesses entre as sociedades do grupo[9].

Entretanto, isso não deve dispensar o plano de identificar as prestações assumidas isoladamente ou em conjunto por cada devedor, dado que a ineficácia patrimonial resultante da recuperação judicial é transitória e vinculada aos fins do processo concursal. Além de visar à superação da crise, o plano unitário se presta a recompor a condição das sociedades como centros autônomos de imputação, reescrevendo os contornos das respectivas responsabilidades individuais e definindo, para o futuro, os direitos e obrigações de cada uma delas. Com isso, evita-se a perpetuação da disfunção societária que deu causa à consolidação substancial.

O plano unitário de recuperação será submetido a uma assembleia única, indistintamente composta pelos credores de todos os devedores, à vista do que serão definidas as classes e determinados os quóruns de instalação e de deliberação. Inevitavelmente, o poder de influência dos credores no resultado da votação será modificado, tendo a sua importância aumentada ou diminuída, a depender das circunstâncias.

Nesse ponto, a sistemática da lei brasileira se ressente profundamente da rigidez das classes e da ausência da *absolute priority rule*, ainda mais porque a heterogeneidade tende a ser ainda maior com aglutinação dos credores de diferentes devedores. Em sendo admitida a criação de subclasses pelo plano unitário (para estabelecer critérios de pagamento diferentes conforme o devedor ao qual os créditos se refiram), a imposição da vontade da maioria poderá ser ilegítima ou injusta[10].

Da rejeição do plano unitário decorre a falência de todos os devedores, mesma consequência aplicável se houver o descumprimento do plano no prazo de fiscalização a que alude o artigo 61 da LRF. Em ambos os casos, a consolidação substancial continuará produzindo efeitos na falência, fazendo com que a liquidação dos ativos e o pagamento dos credores ocorram segundo a concepção

---

9. O deferimento da consolidação substancial opera um deslocamento da competência para determinar as cláusulas do plano (ou da posição de onde essa competência é exercida), que deixa a esfera individual de cada devedor para se submeter ao grupo, segundo a orientação do seu controlador. Essa solução procura espelhar a forma como as sociedades eram conduzidas antes da recuperação judicial, justificando-se por razões pragmáticas, à vista dos potenciais benefícios econômicos da solução global para tutela dos credores e demais *stakeholders*. Ainda assim, se a disfunção estrutural do grupo tiver decorrido de condutas previstas no artigo 64 da LRF, seria possível, em tese, a nomeação de novos administradores ou de um gestor judicial (art. 65), a quem se cometeria o encargo de apresentar o plano unitário.
10. Afinal, se os credores do devedor "A" integrarem a mesma classe dos credores do devedor "B", mas forem mais bem tratados pelo plano, poderá ser injusta, a depender das circunstâncias, a imposição da vontade dos primeiros (quando formarem maioria) sobre a vontade dos segundos.

de que os devedores comungam patrimônio indiviso. Isso resultará na formação de uma *única massa falida*, que se refletirá na definição da ordem de pagamento dos créditos.

Encerrado o processo de recuperação judicial, no entanto, o eventual inadimplemento de prestação individualmente imputada a determinado devedor somente autorizará a execução específica ou a formulação de pedido de falência contra ele, e não contra todos os demais.

3.1 Consolidação substancial voluntária

Embora a Lei 14.112/2020 tenha se limitado a prever a consolidação substancial por decisão do juiz, discute-se sobre a eventual possibilidade de os mesmos efeitos dessa medida serem produzidos a partir de convenção entre devedores e credores, o que vem sendo denominado de *consolidação substancial voluntária*.

Embora a grande maioria dos autores seja favorável à viabilidade dessa solução, ela esbarra em óbices de ordem pública, a saber: (i) a impossibilidade de as sociedades recusarem eficácia à própria independência patrimonial fora dos casos previstos em lei; (ii) os limites impostos à subordinação de interesses nos grupos de fato; e (iii) o caráter cogente das normas que disciplinam a manifestação de vontade da coletividade de credores.

Ainda assim, alguns efeitos semelhantes aos da consolidação substancial poderão ser alcançados por certos negócios jurídicos que fazem com que os ativos de todos os devedores passem a responder pelas dívidas de qualquer um deles, como a fusão das sociedades ou a estipulação de solidariedade entre todas elas, cuja validade depende, no entanto, da observância das regras que disciplinam o governo dos grupos. Em sentido *lato*, essas soluções unificadas poderiam ser referidas por consolidação substancial voluntária, embora seus efeitos não se confundam com os da consolidação substancial imposta pelo juiz para lidar com a disfunção estrutural do grupo.

3.2 Reflexões finais

Até a edição da Lei 14.112/2020, a consolidação substancial foi aplicada das mais diversas formas, para os mais distintos fins e segundo os mais variados critérios, inclusive, em muitos casos, sem nenhuma decisão judicial que a autorizasse. Embora a jurisprudência viesse depurando o instituto, ainda parecia longe de uniformizar o entendimento acerca de questões importantes, sobretudo quanto à competência e aos pressupostos para a sua adoção.

Por isso, a despeito das críticas que se lhe possa fazer, a nova legislação tem o mérito proporcionar alguma previsibilidade e segurança, especialmente ao solidificar o entendimento de que o mero ajuizamento da recuperação judicial em litisconsórcio não autoriza que os ativos e passivos dos devedores sejam tratados como se pertencessem a uma mesma entidade, deixando a consolidação substancial restrita aos casos de insuperável confusão entre as sociedades e subordinada à autorização do juiz.

O legislador fez bem ao destacar a excepcionalidade desse expediente, assim indicando que, mesmo quando verificado algum nível de embaralhamento jurídico entre os devedores, são preferíveis soluções pontuais, limitadas às relações jurídicas por ele afetadas, que não implicam modificação radical do regime ordinário de divisão e limitação de responsabilidades entre os integrantes de um grupo, nem atingem todos os credores e devedores indistintamente.

A imposição da consolidação substancial só será legítima quando a intensidade da confusão das esferas jurídicas dos devedores impedir que eles sejam identificados como centros de interesses autônomos, tornando inviável a negociação entre eles e os credores nos termos convencionais (isto é, com o respeito do poder de autodeterminação de cada devedor e dos seus respectivos conjuntos de credores). Se tal situação será evidente em determinados casos, na maioria das vezes exigirá uma avaliação complexa, sempre demandando cuidadosa ponderação das vantagens e desvantagens da medida.

O legislador, todavia, não forneceu maiores critérios para balizar a decisão do juiz acerca da adequação da consolidação substancial e, ainda por cima, prestou um enorme desserviço ao condicionar o expediente a requisitos que não denotam nada além da mera existência de um grupo, sem nenhuma utilidade para identificar a ocorrência de confusão patrimonial ou de desvio de finalidade. Com isso, abriu uma porta para que a medida seja determinada com fundamento em circunstâncias que nada têm a ver com o embaralhamento jurídico dos devedores, como já vinha sendo feito anteriormente à Lei 14.112/2020.

Existe, de fato, risco considerável de a consolidação substancial continuar sendo adotada sem maior critério, segundo justificativas genéricas ou associadas à mera existência de um grupo econômico, com base numa concepção distorcida do sentido e alcance do princípio da preservação da empresa.

A par da conveniência da medida para o controlador do grupo[11], não se deve ignorar que a consolidação substancial também é vantajosa para o próprio

---

11. Não é à toa que os próprios devedores – logicamente sob a influência dominante do controlador – costumam pleitear a própria consolidação substancial com base em argumentos ligados ao mero entrelaçamento econômico entre eles, mas que nada têm a ver com confusão patrimonial ou desvio

juiz, que fica dispensado de lidar com questões individuais de cada devedor. A consolidação substancial o poupa de apreciar diversos planos de recuperação, de conduzir distintas falências e de administrar, caso a caso, soluções específicas em relação aos direitos e responsabilidades que estejam embaralhados. É evidente, portanto, que os magistrados têm alguma simpatia por esse expediente[12].

Mesmo nos Estados Unidos, que conta com uma Justiça especializada em processos concursais, percebe-se o emprego expressivo da consolidação substancial (especialmente em reorganizações envolvendo grandes grupos) apesar da falta de uniformidade dos critérios adotados para autorizá-la e das acentuadas dúvidas que cercam a sua constitucionalidade, ainda não reconhecida pela Suprema Corte. Apesar de a jurisprudência proclamar a excepcionalidade do remédio, a doutrina já identificou uma tendência das Cortes de flexibilizar os critérios para o emprego da consolidação substancial, cada vez mais desprendidos da confusão patrimonial e do desvio de finalidade, com evidente prejuízo da segurança jurídica.

Voltando os olhos para realidade nacional, é preciso indagar: Será que o Brasil possui estrutura judiciária necessária para aplicar corretamente a consolidação substancial, de acordo com os seus propósitos e segundo os fundamentos que a legitimam? Nossos juízes dispõem da *expertise*, do tempo e dos recursos materiais e humanos exigidos para uma ponderação adequada dos pressupostos que autorizam a consolidação substancial, ou haverá uma repetição do que se viu em relação à desconsideração da personalidade jurídica, cujo emprego exagerado precisou ser contido por obstáculos processuais[13]?

Não se pode perder de vista que a lei vale no país inteiro e não é aplicada somente nas varas e câmaras especializadas, que ainda hoje se contam nos dedos. Com raras exceções, os juízes brasileiros não têm costume de lidar com processos concursais, que já são complexos mesmo quando envolvem um único devedor. Por isso, a despeito do acerto do legislador ao condicionar o emprego da consolidação substancial à confusão patrimonial, não será nenhuma surpresa se, na

---

de finalidade. Além dos ganhos econômicos viabilizados pela solução global, implementada a partir do plano unitário, a medida lhe é especialmente conveniente por: (i) autorizar a subordinação dos interesses particulares das sociedades em favor da preservação do grupo, independentemente de qualquer compensação; e (ii) facilitar a aprovação de medidas conjuntas ou coordenadas (que deixam de depender da aprovação individual dos conjuntos particulares de credores de cada sociedade).

12. Interessante análise econômica do comportamento dos juízes e dos fatores extrajurídicos que concorrem para as suas decisões pode ser conferida em POSNER, Richard. O que os juízes maximizam? *Para além do direito*. Trad. Evandro Ferreira da Silva. São Paulo: Martins Fontes, 2009. p. 116-154.
13. A par de garantir a observância dos princípios do contraditório e da ampla defesa, a criação do incidente de desconsideração da personalidade jurídica pelo CPC/2015 teve o evidente objetivo de tornar mais trabalhoso e burocrático o emprego do expediente (inclusive para os próprios juízes), o que contribui para reduzir a sua adoção exagerada.

prática, os juízes acabarem transferindo ao administrador judicial a ponderação acerca do cabimento da medida, deferindo-a sem maior exame crítico, apenas para simplificar a administração do processo.

Diante da importância da recuperação judicial para a higidez do mercado de crédito, são preocupantes os efeitos de segunda ordem que a generalização do emprego da consolidação substancial poderá causar à confiança dos investidores, à captação de recursos externos e ao fomento e custo do crédito. Por isso, tanto quanto possível, deverão ser prestigiadas (e viabilizadas) soluções que permitam o tratamento da crise do grupo segundo a unidade econômica que lhe é peculiar, porém sem infirmar a separação patrimonial entre as sociedades ou recorrer à consolidação substancial.

Por fim, não é o caso de propor, neste momento, nenhuma alteração da lei, nem se deve incorrer no equívoco de achar que todos os problemas jurídicos se resolvem com a sofisticação legislativa, muitas vezes pensada por especialistas para especialistas, sem ponderação da estrutura e do contexto em que as normas serão aplicadas.

A lei demanda tempo para ser estudada pela doutrina e testada nos tribunais antes de permitir a cogitação de qualquer aperfeiçoamento. Por ora, deve-se observar atentamente como as Cortes lidarão com a consolidação substancial à luz da nova legislação.

REFERÊNCIAS

ABRÃO, Carlos Henrique; ANDRIGHI, Fátima Nancy; BENETI, Sidnei. *10 anos de vigência da Lei de Recuperação e Falência*. São Paulo: Saraiva, 2015.

ABRÃO, Carlos Henrique; CANTO, Jorge Luiz Lopes do; LUCON, Paulo Henrique dos Santos (Coord.). *Moderno direito concursal*: análise plural das Leis 11.101/05 e 14.112/20. São Paulo: Quartier Latin, 2021.

ABRÃO, Nelson. *A continuação do negócio na falência*. São Paulo: Leud, 1975.

ABRÃO, Nelson. *Curso de direito falimentar*. 5. ed. São Paulo: Leud, 1997.

ABRÃO, Nelson. *Nova disciplina jurídica da crise econômica da empresa*. São Paulo: Rumo Gráfica, 1984.

ADAMEK, Marcelo Vieira von. *Responsabilidade civil dos administradores de S/A (e as ações correlatas)*. São Paulo: Saraiva, 2009.

AGUIAR DIAS, José. *Responsabilidade civil*. 12. ed. Rio de Janeiro: Lumen Juris, 2011.

AGUIAR JÚNIOR, Ruy Rosado de. O Poder Judiciário e a concretização das cláusulas gerais: limites e responsabilidade. *Revista da Faculdade de Direito da UFRGS*, Porto Alegre, n. 18, p. 221-228, 2000.

AIRES, Antônio; XAVIER, Celso; FONTANA, Maria Isabel. Recuperação judicial e falência de grupo econômico. In: ELIAS, Luis Vasco. *10 anos da Lei de Recuperação de Empresas e Falência*: reflexões sobre a reestruturação empresarial no Brasil. São Paulo: Quartier Latin, 2015.

ALMEIDA, Amador Paes de. *Curso de falência e recuperação de empresa*. 24. ed. São Paulo: Saraiva, 2008.

ALMEIDA, Marcus Elidius Michelli de. Aspectos da Crise das Empresas na Nova Economia. *Direito & Internet*: Aspectos jurídicos relevantes. In: DE LUCCA, Newton; SIMÃO FILHO, Adalberto (Coord.). São Paulo: Quartier Latin, 2005.

AMERA, Seth D.; KOLOD, Alan. Substantive consolidation: getting back to basics. *American Bankruptcy Institute Law Review*, v. 14, n. 1, p. 1-46, 2006.

ANDERSEN, Elaine M. One means one: the "per plan" approach to Section 1129(a)(10). Disponível em: https://proceedings.nyumootcourt.org/2021/04/one-means-one-the--per-plan-approach-to-section-1129a10/#_ftn1. Acesso em: 25 fev. 2022.

ÁNGEL DASSO, Ariel. *Derecho concursal comparado*. Bueno Aires: Legis Argentina, 2009. t. 1 e 2.

ARAÚJO, Danilo Borges dos Santos Gomes de; WARDE JR., Walfrido Jorge (Org.). *Os grupos de sociedades*: organização e exercício da empresa. São Paulo: Saraiva, 2012.

ARRIBA FERNÁNDEZ, María Luisa de. *Derecho de grupos de sociedades*. Madrid: Civitas, 2004; 2. ed. 2009.

ASAI, Daisuki et al. Japan. *The international comparative legal guide to*: corporate recovery & insolvency 2019. A practical cross-border insight into corporate recovery and insolvency work. 13. ed. London: Global Legal Group, 2019.

ASCARELLI, Tullio. O contrato plurilateral. *Problemas das sociedades anônimas e direito comparado*. Campinas: Bookseller, 2001.

ASCARELLI, Tullio. Premissas ao estudo do direito comparado. *Problemas das sociedades anônimas e direito comparado*. Campinas: Bookseller, 2001.

ASCENSÃO, José de Oliveira. *Direito civil*: teoria geral. Ações e fatos jurídicos. 3. ed. São Paulo Saraiva, 2010. v. 2.

ASQUINI, Alberto. Perfis da empresa. Trad. Fábio Konder Comparato. *Revista de Direito Mercantil, Industrial, Econômico e Financeiro*, São Paulo, n. 104, p. 109-126, 1996.

ASSIS, Araken de. In: ARRUDA ALVIM et al. (Coord.). *Comentários ao Código Civil*. Rio de Janeiro: Forense, 2007. v. 5.

ASSIS, Araken de. *Processo civil brasileiro*: Parte Geral. Institutos fundamentais. São Paulo: Ed. RT, 2016. v. 2, t. 2.

ASSOCIAÇÃO BRASILEIRA DE JURIMETRIA. *Observatório da Insolvência*: Fase 3: Falências no Estado de São Paulo. Disponível em: https://abjur.github.io/obsFase3/relatorio/index.html#sobre-este-documento. Acesso em: 09 abr. 2022.

ÁVILA, Henrique. Recuperação judicial de grupos econômicos: consolidação processual e consolidação substancial. In: SALOMÃO, Luis Felipe et al. *Recuperação de empresas e falência*: diálogos entre a doutrina e a jurisprudência. Barueri: Atlas, 2021.

AWATAGUCHI, Taro et al. Japan. In: BALMOND, Catherine et al. (Ed.). *Restructuring & insolvency 2021*. London: Law Business Research, 2020.

AXELROD, Brett A. U.S. Supreme Court dramatically curtails bankruptcy courts' powers. Financial Restructuring & Bankruptcy Department, 2011. Disponível em: http://www.foxrothschild.com/content/uploads/2015/05/alert_axelrod_stern_v-marshall_sept2011.pdf. Acesso em: 19 nov. 2017.

AYOUB, Luiz Roberto; CAVALLI, Cássio. *A construção jurisprudencial da recuperação judicial de empresas*. 3. ed. Rio de Janeiro: Forense, 2017.

AZEVEDO, Antônio Junqueira. *Negócio jurídico*: existência, validade e eficácia. 3. ed. São Paulo: Saraiva, 2000.

AZEVEDO, Luís André N. de Moura. O paradoxo da disciplina legal dos grupos de direito no Brasil sob uma perspectiva de direito e economia. In: ARAÚJO, Danilo Borges dos Santos Gomes de; WARDE JR., Walfrido Jorge (Org.). *Os grupos de sociedades*: organização e exercício da empresa. São Paulo: Saraiva, 2012.

BAIRD, Douglas G. Substantive consolidation today. *Boston College Law Review*, n. 47, p. 5-22, 2005.

BAROSSI FILHO, Milton. As assembleias de credores e plano de recuperação de empresas: uma visão em teoria dos jogos. *Revista de Direito Mercantil Industrial, Econômico e Financeiro*, São Paulo, v. 137, p. 233-238, 2005.

BAROSSI FILHO, Milton. Lei de Recuperação de Empresas: uma análise econômica baseada em eficiência econômica, preferências e estratégias falimentares. *Economic Analysis of Law Review*, Brasília, v. 2, p. 30-40, 2011.

BARROSO, Luís Roberto. *Curso de direito constitucional contemporâneo*: os conceitos fundamentais e a construção do novo modelo. 2. ed. São Paulo: Saraiva, 2010.

BATALHA, Wilson de Souza Campos; RODRIGUES NETTO, Silvia Marina L. Batalha de. *Falências e concordatas*. 3. ed. São Paulo: LTr, 1999.

BEDAQUE, José Roberto dos Santos. Discricionariedade judicial. *Revista Forense*, Rio de Janeiro, v. 354, p. 187-195, 2001.

BERNSTEIN, Donald; GRAULICH, Timothy; ROBERTSON, Christopher; GREEN, Thomas. United States. In: BERNSTEIN, Donald (Ed.). *The insolvency review*. 9. ed. London: Law Business Research, 2021.

BERTOLOTTI, Gianluca. Diritto societario della crisi e gestione della società per azioni. In: GARCIA BARTOLOMÉ, David; PACCHI, Stefania; PÉREZ DEL BLANCO, Gilberto. (Coord.). *Estudios sobre derecho de la insolvencia*. León: Eolas, 2016.

BESSONE, Darcy. *Do contrato*: teoria geral. 4. ed. São Paulo: Saraiva, 1997.

BEZERRA FILHO, Manoel Justino. *Lei de Recuperação de Empresas e Falências comentada*. 15. ed. São Paulo: Ed. RT, 2021.

BEZERRA FILHO, Manoel Justino. *Nova Lei de Recuperação e Falências comentada*. 3. ed. São Paulo: Ed. RT, 2005.

BIAVATI, Paolo. *Argomenti di diritto processuale civile*. Bologna: Università di Bologna, 2016.

BLUMBERG, Phillip I.; STRASSER, Kurt A.; GEORGAKOPOULOS, Nicholas L.; GOUVIN, Eric J. *Blumberg on corporate groups*. 2. ed. New York: Aspen, 2004. v. 1 e 2, e 2º Suplemento, 2011.

BOBBIO, Norberto. *O positivismo jurídico:* lições de filosofia do direito. Tradução e notas, Márcio Pugliesi, Edson Bini e Carlos Rodrigues. São Paulo: Ícone, 1995.

BOBBIO, Norberto. *Teoria do ordenamento jurídico*. Trad. Maria Celeste Cordeiro Leite dos Santos. 10. ed. Brasília: UnB, 1999.

BORTOLINI, Pedro Rebello. *Anotações sobre a assembleia-geral de credores na Lei de Recuperação de Empresas e Falências*. Dissertação (Mestrado) – Faculdade de Direito, Universidade de São Paulo, São Paulo, 2013.

BRASHER, Andrew Brasher. *Substantive consolidation*: a critical examination. 2006. Disponível em: http://www.law.harvard.edu/programs/corp_gov/papers/Brudney2006_ Brasher.pdf. Acesso em: 10 ago. 2017.

BRASIL. Conselho Nacional de Justiça – CNJ. *Justiça em números:* 2021. Disponível em: https://www.cnj.jus.br/wp-content/uploads/2021/09/relatorio-justica-em-numeros2021-12.pdf. Acesso em: 17 jan. 2022.

BRINDISE, Suzanne T. Choosing the "per-debtor" approach to plan confirmation in multi--debtor Chapter 11 proceedings. *Northwestern University Law Review*, Evanston, v. 108, n. 4. p. 1355-1384.

BRUBAKER, Ralph. On-Article III adjudication: bankruptcy and non bankruptcy, with and without litigant consent. *Emory Bankruptcy Developments Journal*, Atlanta, v. 33, 2016.

BUSCHINELLI Gabriel Saad Kik. *Abuso de direito de voto na assembleia geral de credores*. São Paulo: Quartier Latin, 2014.

BUSSI, Elaine Carnavale. A positivação da constatação prévia na Lei 11.101/2005. In: BERTASI, Maria Odete Duque; GIANSANTE, Gilberto (Coord.). *Reforma da Lei de Falência e Recuperação de Empresas*. Leme: Imperium, 2021.

CALÇAS, Manoel de Queiroz Pereira. Novação recuperacional. *Revista do Advogado*, São Paulo, n. 105, p. 115-128, 2009.

CALÇAS, Manoel de Queiroz Pereira. Reflexões sobre o litisconsórcio ativo entre empresas componentes de grupo econômico na recuperação judicial. In: YARSHELL, Flávio Luiz; PEREIRA, Guilherme Setoguti J. (Coord.). *Processo societário II*. São Paulo: Quartier Latin, 2015.

CÂMARA, Alexandre Freitas. *O Novo Código de Processo Civil*. 5. ed. São Paulo: Atlas, 2019.

CAMILO JUNIOR, Ruy Pereira. In: TOLEDO, Paulo Fernando Campos Salles de. *Comentários à Lei de Recuperação de Empresas*. São Paulo: Ed. RT, 2021.

CAMPANA FILHO, Paulo Fernando. *A recuperação judicial dos grupos societários multinacionais*: contribuição para o desenvolvimento de um sistema jurídico brasileiro a partir do direito comparado. 2013. Tese (Doutorado) – Faculdade de Direito, Universidade de São Paulo, São Paulo, 2013.

CAMPIGLIA, Américo Oswaldo. *Comentários à Lei das Sociedades Anônimas*. São Paulo: Saraiva, 1978. v. 5.

CAMPINHO, Sérgio. In: TOLEDO, Paulo Fernando Campos Salles de (Coord.). *Comentários à Lei de Recuperação de Empresas*. São Paulo: Ed. RT, 2021.

CAMPINHO, Sérgio. Recuperação judicial: consolidação processual e substancial. Parecer. *Estudos e pareceres*. Rio de Janeiro: Processo, 2021.

CAMPINHO, Sérgio. *Falência e recuperação de empresa*: o novo regime da insolvência empresarial. 4. ed. Rio de Janeiro: Renovar, 2009.

CAMPINHO, Sérgio; PINTO, Mariana. A responsabilidade dos administradores de sociedades integrantes de grupo de fato. In: ROSSETTI, Maristela Abla et al. (Coord.). *Governança corporativa*: avanços e retrocessos. São Paulo: Quartier Latin, 2017.

CARVALHO DE MENDONÇA, José Xavier. *Tratado de direito comercial*. 5. ed. Rio de Janeiro: Freitas Bastos, 1955. v. 8.

CARVALHO SANTOS, João Manoel de. *Código Civil Brasileiro interpretado*. 5. ed. Rio de Janeiro: Freitas Bastos, 1953. v. 3.

CARVALHOSA, Modesto. *Comentários à Lei de Sociedades Anônimas*. 6. ed. São Paulo, Saraiva, 2014. v. 2.

CARVALHOSA, Modesto. *Comentários à Lei de Sociedades Anônimas*. 6. ed. São Paulo, Saraiva, 2014. v. 3.

CARVALHOSA, Modesto. *Comentários à Lei de Sociedades Anônimas*. 6. ed. São Paulo, Saraiva, 2014. v. 4, t. 1.

CARVALHOSA, Modesto. *Comentários à Lei de Sociedades Anônimas*. 5. ed. São Paulo, Saraiva, 2014. v. 4, t. 2.

CARVALHOSA, Modesto; KUYEN, Fernando. *Tratado de direito empresarial*: sociedades anônimas. São Paulo: Ed. RT, 2016. v. 3.

CASTELLÕES, Leonardo de Gouvêa. *Grupos de sociedades*. Curitiba: Juruá, 2008.

CASTRO, Rodrigo Rocha Monteiro de; WARDE JÚNIOR, Walfrido Jorge; TAVARES GUERREIRO, Carolina Dias (Coord.). *Direito empresarial e outros estudos em homenagem ao Professor José Alexandre Tavares Guerreiro*. São Paulo: Quartier Latin, 2013.

CHAMPAUD, Claude. Les méthodes de groupement des sociétés. *Revue Trimestrielle de Droit Commercial*, Paris, Sirey, n. 4, p. 1003-1004, 1967.

CHAVINHO, Mateus Bicalho de Melo. *A teoria da aparência e seus reflexos no direito brasileiro*. 2. ed. Belo Horizonte: D'Plácido, 2021.

CLARO, Carlos Roberto. Apontamentos sobre o diagnóstico preliminar em recuperação judicial: abordagem zetética. In: ABRÃO, Carlos Henrique; CANTO, Jorge Luiz Lopes do; LUCON, Paulo Henrique dos Santos (Coord.). *Moderno direito concursal*: análise plural das Lei 11.101/05 e 14.112/20. São Paulo: Quartier Latin, 2021.

COELHO, Fábio Ulhoa. *Comentários à Lei de Falências e de Recuperação de Empresas*. 14. ed. São Paulo: Ed. RT, 2021.

COELHO, Fábio Ulhoa. *Comentários à nova Lei de Falências e de Recuperação de Empresas*. 9. ed. São Paulo: Saraiva, 2013.

COMPARATO, Fábio Konder. *Aspectos jurídicos da macroempresa*. São Paulo: Ed. RT, 1970.

COMPARATO, Fábio Konder. *O poder de controle na sociedade anônima*. 3. ed. Rio de Janeiro: Forense, 1983.

COMPARATO, Fábio Konder. *O seguro de crédito*: estudo jurídico. São Paulo: Max Limonad, ano não informado.

COMPARATO, Fábio Konder. Os grupos societários na nova Lei de Sociedades por Ações. *Ensaios e pareceres de direito empresarial*. Rio de Janeiro: Forense, 1978.

COMPARATO, Fábio Konder; REQUIÃO, Rubens. Anteprojeto de Lei de Sociedades por Ações. *Revista de Direito Mercantil, Industrial, Econômico e Financeiro*, São Paulo, n. 17, p. 111-126, 1975.

COMPARATO, Fábio Konder; SALOMÃO FILHO, Calixto. *O poder de controle na sociedade anônima*. 6. ed. Rio de Janeiro: Forense, 2014.

CONTI, Joy Flowers. An Analytical Model for Substantive Consolidation of Bankruptcy Cases. *The Business Lawyer*, v. 38, n. 3, p. 855-865, 1985.

COOPER, Neil H. *Insolvency proceedings in case of groups of companies*: prospects of harmonisation at EU level. European Parliament, Bruxelles, 2011.

CORDEIRO, António Menezes. *O levantamento da personalidade colectiva no direito civil e comercial*. Coimbra: Almedina, 2000.

CORDEIRO, António Menezes. A crise planetária de 2007/2010 e o governo das sociedades. *Revista Semestral de Direito Empresarial*. Rio de Janeiro, n. 4, p. 177-208, 2009.

CORRÊA JÚNIOR, Gilberto Deon. A consolidação substantiva no direito norte-americano. *Revista da AJURIS*, Porto Alegre, n. 73, p. 320-335, 1998.

CORRÊA JÚNIOR, Gilberto Deon. Anotações sobre a consolidação processual e a consolidação substancial no âmbito da recuperação judicial. In: WAISBERG, Ivo; RIBEIRO, José Horácio Halfeld Rezende (Coord.). *Temas de direito da insolvência*: estudos em homenagem ao Professor Manoel Justino Bezerra Filho. São Paulo: Iasp, 2017.

CORRÊA-LIMA, Osmar Brina. Equidade (julgamento *com* equidade e julgamento *por* equidade). *Revista da Faculdade de Direito da Universidade Federal de Minas Gerais*, Belo Horizonte, n. 37, p. 221-234, 2000.

CORRÊA-LIMA, Osmar Brina; CORRÊA-LIMA, Sérgio Mourão (Coord.). *Comentários à nova Lei de Falência e Recuperação de Empresa*. Rio de Janeiro: Forense, 2009.

COSTA, Daniel Carnio. Recuperação judicial de grupos econômicos conforme as novas regras estabelecidas pela Lei 14.112/20. *Migalhas*. 25 maio 2021. Disponível em: https://s.migalhas.com.br/S/0F8DB3. Acesso em: 25 maio 2021.

COSTA, Daniel Carnio. Varas de falência e recuperação de competência regional. *JOTA*, 1º nov. 2017.

COSTA, Daniel Carnio; FAZAN, Elisa. *Constatação prévia em processos de recuperação judicial de empresas*: o modelo de suficiência recuperacional (MSR). Curitiba: Juruá, 2019.

COSTA, Daniel Carnio; MELLO, Alexandre Correa Nasser de. *Comentários à Lei de Recuperação de Empresas e Falência*. Curitiba: Juruá, 2021.

COSTA, Guilherme. Constatação prévia. In: WAISBERG, Ivo; BEZERRA FILHO, Manoel Justino (Coord.). *Transformações no direito de insolvência*: estudos sob a perspectiva da reforma da Lei 11.101/2005. São Paulo: Quartier Latin, 2021.

COSTA, Ricardo Brito. Recuperação judicial: é possível o litisconsórcio ativo? *Revista do Advogado*, São Paulo, n. 105, p. 174-183, 2009.

COUTINHO DE ABREU, Jorge Manuel. Reformas e contrarreformas no direito das sociedades. *Revista de Direito Mercantil, Industrial, Econômico e Financeiro*, São Paulo, n. 163, p. 21-28, 2012.

CRASTE, Julie. *La* summa divisio *des sûretés pour soi et des sûretés pour autrui*. 2020. Tese (Doutorado) – Universidade de Paris I – Panthéon-Sorbonne, Paris, 2020.

CUEVA, Ricardo Villas Bôas; MAZZOLA, Érica Ramos Venosa. Consolidação processual e consolidação substancial. *Revista do Advogado*, São Paulo, n. 150, p. 240-246, 2021.

DE LUCCA, Newton; SIMÃO FILHO, Adalberto (Coord.). *Comentários à nova Lei de Recuperação de Empresas e de Falências*. São Paulo: Quartier Latin, 2005.

"Deemed" substantive consolidation: a new theory. *Carlson Dash Digest*, out. 2015. Disponível em: https://carlsondash.com/deemed-substantive-consolidation-a-new-theory/. Acesso em: 1º fev. 2022.

DEZEM, Renata Mota Maciel Madeira. *A universalidade do juízo da recuperação judicial*. São Paulo: Quartier Latin, 2017.

DEZEM, Renata Mota Maciel Madeira; BECKER, Joseane Isabel. A instauração do processo de recuperação judicial e a pertinência da perícia prévia: o juízo de insolvabilidade exigido pela Lei n. 11.101/05. In: WAISBERG, Ivo; RIBEIRO, José Horácio D. R.; SACRAMONE, Marcelo Barbosa (Org.). *Direito comercial, falência e recuperação de empresas*: temas. São Paulo: Quartier Latin, 2019.

DIAS, Leonardo Adriano. In: TOLEDO, Paulo Fernando Campos Salles de (Coord.). *Comentários à Lei de Recuperação de Empresas*. São Paulo: Ed. RT, 2021.

DIDIER JÚNIOR, Fredie. *Curso de direito processual civil*: teoria geral e processo de conhecimento. 11. ed. Salvador: Juspodivm, 2009.

DIDIER JÚNIOR, Fredie; BRAGA, Paula Sarno; BATISTA, Felipe Vieira. A recuperação judicial como jurisdição voluntária: um ponto de partida para estruturação do procedimento. *Revista do Ministério Público do Estado do Rio de Janeiro*, Rio de Janeiro, n. 79, p. 119-142, 2021.

DI MAJO, Alessandro. *I gruppi di imprese tra insolvenze e diritto societario*. Torino: Giappichelli, 2012.

DINAMARCO, Cândido Rangel. *Instituições de direito processual civil*. 6. ed. São Paulo: Malheiros, 2009. v. 2.

DINAMARCO, Cândido Rangel. *Instituições de direito processual civil*. 7. ed. São Paulo: Malheiro, 2017. v. 3.

DINAMARCO, Cândido Rangel. *Litisconsórcio*. 5. ed. São Paulo: Malheiros, 1997.

DINIZ, Gustavo Saad. *Grupos societários*: da formação à falência. Rio de Janeiro: Forense, 2016.

EIZIRIK, Nelson. *A Lei das S/A comentada*. São Paulo: Quartier Latin, 2011. v. 3.

EIZIRIK, Nelson. Litisconsórcio ativo na recuperação judicial. Possibilidade de apresentação de plano unificado com tratamento diferenciado aos credores. Possibilidade de realização de assembleia de credores unificada. Parecer não publicado apresentado na recuperação judicial do grupo OI datado de 08.09.2016.

ELIAS, Luis Vasco. *10 anos da Lei de Recuperação de Empresas e Falência*: reflexões sobre a reestruturação empresarial no Brasil. São Paulo: Quartier Latin, 2015.

EMBID IRUJO, José Miguel. Algunas reflexiones sobre los grupos de sociedades y su regulación jurídica. *Revista de Direito Mercantil, Industrial, Econômico e Financeiro*, São Paulo, n. 53, p. 18-40, 1984.

ENGRÁCIA ANTUNES, José Augusto Quelhas Lima. Estrutura e responsabilidade da empresa: o moderno paradoxo regulatório. *Revista da Escola de Direito de São Paulo*, São Paulo, v. 1, n. 2, p. 29-68, 2005.

ENGRÁCIA ANTUNES, José Augusto Quelhas Lima. *Os direitos dos sócios da sociedade-mãe na formação e direcção dos grupos societários*. Porto: Universidade Católica Portuguesa, 1994.

ENGRÁCIA ANTUNES, José Augusto Quelhas Lima. *Os grupos de sociedades*: estrutura e organização jurídica da empresa plurissocietária. 2. ed. Coimbra: Almedina, 2002.

ENGRÁCIA ANTUNES, José Augusto Quelhas Lima. The governance of corporate groups. In: ARAÚJO, Danilo Borges dos Santos Gomes de; WARDE JR., Walfrido Jorge (Org.). *Os grupos de sociedades*: organização e exercício da empresa. São Paulo: Saraiva, 2012.

ESTEVEZ, André; KLÓSS, Caroline. Recuperação judicial de grupos: apontamentos sobre a consolidação processual e substancial na reforma da Lei 14.112/2020. Disponível em: https://www.tjrs.jus.br/novo/centro-de-estudos/wp-content/uploads/sites/10/2021/04/recuperacao-judicial-de-grupos.pdf. Acesso em: 28 abr. 2022.

FELSBERG, Thomas Benes; BOACNIN, Victoria Vaccari Villela. Comentários aos artigos 26 a 34. In: TOLEDO, Paulo Fernando Campos Salles de. *Comentários à Lei de Recuperação de Empresas*. São Paulo: Ed. RT, 2021.

FERRARA, Francesco. *Teoría de las personas jurídicas*. Madrid: Reus, 1929.

FERREIRA, Waldemar. *Tratado de direito comercial*: o Estatuto da Falência e da Concordata. São Paulo: Saraiva, 1965. v. 15.

FERREIRA, Waldemar. *Tratado de direito comercial*: o Estatuto das Sociedades por Ações. São Paulo: Saraiva, 1961. v. 4.

FLORENTIN, Luis Miguel Roa. Diálogo entre a teoria geral do processo civil e a lei de recuperações judiciais e falência (Lei 11.101/2005): uma questão de instrumentalidade e efetividade. In: WAISBERG, Ivo et al. (Coord.). *Transformações no direito de insolvência*: estudos sob a perspectiva da reforma da Lei 11.101/2005. São Paulo: Quartier Latin, 2021

FLORES SEGURA, Marta. *Los concursos conexos*. Pamplona: Civitas, 2014.

FONSECA, Geraldo. *Reforma da Lei de Recuperação Judicial e Falência*: comentada e comparada. Rio de Janeiro: Forense, 2021.

FONTANA, Maria Isabel. O passo em falso do legislador com relação à consolidação processual e substancial. In: OLIVEIRA FILHO, Paulo Furtado. *Lei de Recuperação e Falência*: pontos relevantes e controversos da reforma. Indaiatuba: Foco, 2021. v. 1.

FONTANA, Maria Isabel Vergueiro de Almeida. *Recuperação judicial de grupos de sociedades*. 2016. Dissertação (Mestrado) – Faculdade de Direito, Pontifícia Universidade Católica de São Paulo, São Paulo, 2016.

FORGIONI, Paula A. *A evolução do direito comercial brasileiro*: da mercancia ao mercado. 2 ed. São Paulo: Ed. RT, 2012.

FRANÇA, Erasmo Valladão Azevedo e Novaes. *A sociedade em comum*. São Paulo: Malheiros, 2013.

FRANÇA, Erasmo Valladão Azevedo e Novaes. *Invalidade das deliberações de assembleia das S/A*. 2. ed. São Paulo: Malheiros, 2017.

FRANÇA, Erasmo Valladão Azevedo e Novaes; ADAMEK, Marcelo Vieira von. *Assembleia geral de credores*. São Paulo: Quartier Latin, 2022.

FRANÇA, Erasmo Valladão Azevedo e Novaes; ADAMEK, Marcelo Vieira von. O novo conceito de sociedade coligada na lei acionária brasileira. *Revista de Direito Mercantil, Industrial, Econômico e Financeiro*, São Paulo, n. 159-160, p. 39-52, 2011.

FRANÇA, Erasmo Valladão Azevedo e Novaes; ADAMEK, Marcelo Vieira von (Coord.). *Temas de direito empresarial e outros estudos em homenagem ao Professor Luiz Gastão Paes de Barros Leães*. São Paulo: Malheiros, 2014.

FRANÇA, Rubens Limongi. Responsabilidade civil e abuso de direito. *Revista do Advogado*, São Paulo, n. 19, p. 40-45, 1985.

FRANCO, Gustavo Lacerda. *A administração da empresa em recuperação judicial*: entre a manutenção e o afastamento do devedor. São Paulo: Almedina, 2021.

FRANCO, Gustavo Lacerda. A natureza negocial do plano de recuperação judicial e o descumprimento das obrigações nele assumidas em tempos de pandemia. In: VASCONCELOS, Ronaldo; PIVA, Fernanda Neves; ORLEANS E BRAGANÇA, Gabriel José de; HANEASAKA, Thais D'Angelos da Silva; SANT'ANA, Thomaz Luiz (Coord.). *Reforma da Lei de Recuperação e Falência*: Lei 14.112/20. São Paulo: Iasp, 2021.

FRANCO, Vera Helena de Mello; SZTAJN, Rachel. *Falência e recuperação da empresa em crise*: comparação com as posições do direito europeu. Rio de Janeiro: Elsevier, 2008.

FROST, Christopher W. Organizational Form, Misappropriation Risk, and the Substantive Consolidation of Corporate Groups. *Hastings Law Journal*, n. 44, p. 449-498, 1992.

GACOS, Alexander J. Reconciling the "per-plan" approach to 11 U.S.C. § 1129(a)(10) with substantive consolidation principles under in re owens corning. *Seton Hall Circuit Review*, New Jersey, v. 14. p. 294-316, 2018.

GADSDEN, James et al. Special report on the preparation of substantive consolidation opinions by the Committee on Structured Finance and the Committee on Bankruptcy and Corporate Reorganization. *The Business Lawyer*, v. 64, n. 2, p. 411-431, 2009.

GALGANO, Francesco. La empresa de grupo. In: ROITMAN, Horacio (Coord.). *Los grupos societarios*: dirección y coordinación de sociedades. 2. ed. Bogotá: Universidad del Rosario, 2012.

GARBI, Carlos Alberto. O grupo de sociedade e a insolvência: uma abordagem comparativa em face da Lei 14.112, de 24 de dezembro de 2020. In: MAIA DA CUNHA, Fernando Antonio; LAZZARESCHI NETO, Alfredo Sérgio (Coord.). *Direito empresarial aplicado*. São Paulo: Quartier Latin, 2021.

GARCEZ, Martinho. *Das nulidades dos atos jurídicos*. 3. ed. Rio de Janeiro: Renovar, 1997.

GARCÍA-ROSTÁN CALVÍN, Gemma. *El proceso concursal ante insolvencias conexas.* Valencia: Tirant lo blanch, 2015.

GARGOTTA. Craig A. Who are bankruptcy judges and how did they become federal judges? *The Federal Lawyer*, p. 11-12, 2020.

GILBERT, J. Stephen. Substantive Consolidation in Bankruptcy: A Primer. *Vanderbilt Law Review*, v. 43, n. 1, p. 207-243, 1990.

GINSBERG, Robert E. et al. *Ginsberg & Martin on bankruptcy.* 5. ed. Supl. New York: Wolters Kluwer, 2017. v. 1

GIORDANO, Andrea; TEDESCHI, Claudia. *Commentario al Codice della crisi d'impresa e dell'insolvenza.* Roma: Ad Maiora, 2021.

GOMES, Orlando. *Contratos.* 24. ed. Rio de Janeiro: Forense, 2001.

GONÇALVES NETO, Alfredo de Assis. Parecer não publicado (recuperação judicial do grupo OI). Curitiba, 2016.

GRAULICH, Timothy E. Substantive consolidation: a post-modern trend. *American Bankruptcy Institute Law Review*, v. 14, n. 28, p. 527-565, 2006.

GUATRI, Luigi. *Crisi e risanamento delle imprese.* Milano: Giuffrè, 1986.

GUERREIRO, José Alexandre Tavares. Parecer não publicado apresentado na recuperação judicial do grupo OI. São Paulo, 2016.

GUIDUGLI, João Henrique. *Controle externo contratual:* o desenvolvimento da empresa e os grupos de contratos sob o direito societário. São Paulo: Quartier Latin, 2006.

GUIMARÃES, Maria Celeste Morais. In: CORRÊA-LIMA, Osmar Brina; CORRÊA-LIMA, Sérgio Mourão. *Comentários à nova Lei de Falência e Recuperação de Empresas.* Rio de Janeiro: Forense, 2009.

GUMPELSON, Joanna et al. France. *The international comparative legal guide to*: corporate recovery & insolvency 2019. A practical cross-border insight into corporate recovery and insolvency work. 13. ed. London: Global Legal Group, 2019.

HANNOUN, Charley. *Le droit et les groupes de sociétés.* Paris: Librairie Générale de Droit et de Jurisprudence, 1991.

HARRIS, Jason. Corporate group insolvencies: charting the past, present and future of "pooling" arrangements. *Insolvency Law Journal*, Melbourne, v. 15, p. 78-99, 2007.

HARRISON, Julie Goodrich. Per-debtor vs. per-plan: evaluating accepting impaired classes under 11 U.S.C. § 1129(a)(1). Disponível em: https://www.nortonrosefulbright.com/en/knowledge/publications/02fac0d9/per-debtor-vs-per-plan-evaluating-accepting-impaired-classes-under-11-usc-1129a1. Acesso em: 25 fev. 2022.

HART, Oliver. Different Approaches to Bankruptcy. *Governance, equity and global markets, proceedings of the Annual Bank Conference on Development Economics in Europe.* Paris: La Docmentation Francaise, 2000.

HEREDIA, Pablo D. *Tratado exegético de derecho concursal.* Buenos Aires: Ábaco, 2000. t. 1.

HIRTE, Heribert. Towards a Framework for the Regulation of Corporate Groups' Insolvencies. *European Company and Financial Law Review*, v. 5, p. 213-236, 2008.

HOOF, Job van et al. Netherland. *The international comparative legal guide to*: corporate recovery & insolvency 2019. A practical cross-border insight into corporate recovery and insolvency work. 13. ed. London: Global Legal Group, 2019.

HOPT, Klaus J. Groups of companies: phenomenon, agency problems, and regulation. In: GORDON, Jeffrey N.; RINGE, Wolf-Georg. *The Oxford handbook of corporate law and governance*. Oxford: Oxford University Press, 2018.

IVERSON, Benjamin Charles; ELIAS, Jared A.; ROE, Mark J. Estimating the need for additional bankruptcy judges in light of the covid-19 pandemic. *Harvard Business Law Review*, v. 11, 2020.

JACKSON, Elizabeth. Understanding Wellness International Network, Ltd. v. Sharif: the problems with allowing parties to impliedly consent to bankruptcy court adjudication of Stern claims. *Brooklyn Journal of Corporate, Financial & Commercial Law*, New York, v. 11, p. 235-256, 2016.

JOSSERAND, Louis. *De l'esprit des droits et de leur relativité*: théorie dite de l'abus des droits. Paris: Dalloz, 1927.

JUNYENT BAS, Francisco; MOLINA SANDOVAL, Carlos A. *Ley de Concursos y Quiebras comentada*. 2. ed. Buenos Aires: Abeledo Perrot, 2009. t. 1 e 2.

KADISH, Allen G.; ADELSTEIN, Michael A. *Protecting the corporate creditor under the Bankruptcy Code*, n. 80. 2. ed. Arlington: The Bureau of National Affairs, 2012.

KELSEN, Hans. *Teoria geral do direito e do Estado*. Trad. Luís Carlos Borges. São Paulo: Martins Fontes, 2000.

KILIAN, John H. et al. *The Constitution of the United States of America*: analysis and interpretation. Washington: U.S. Government Printing Office, 2017.

KNORR, Maria Victória Mangeon; LONGO, Samantha Mendes. Reflexões sobre a consolidação processual e substancial na recuperação judicial. In: ALTOMANI, Mariana Gonçalves (Coord.); BIOLCHI, Juliana Della Valle (Org.). *Restruturação empresarial*: discussões práticas sobre recuperação judicial e falência. Curitiba: Juruá, 2021.

KOPPENSTEINER, Hans-Georg. Os grupos no direito societário alemão. *Miscelâneas do Instituto de Direito das Empresas e do Trabalho*, Coimbra: Almedina, n. 4, p. 7-33, 2006.

KOTHARI, Vinod; BANSAL, Sikha. Entity versus enterprise: dealing with insolvency of corporate groups. *SSRN*. Mar. 2019. Disponível em: https://ssrn.com/abstract=3350877. Acesso em: 15 abr. 2022.

LAMY FILHO, Alfredo; BULHÕES PEDREIRA, José Luiz. *A Lei das S.A.*: pressupostos, elaboração. 2. ed. Rio de Janeiro: Renovar, 1995.

LAMY FILHO, Alfredo; BULHÕES PEDREIRA, José Luiz (Coord.). *Direito das companhias*. Rio de Janeiro: Forense, 2009. v. 1 e 2.

LASPRO, Oreste Nestor de Souza et al. (Coord.). *Recuperação judicial e falência*: atualizações da Lei 14.112/2020 à Lei 11.101/2005. São Paulo: Quartier Latin, 2021.

LEVADA, Cláudio Antonio Soares. *O abuso e o novo direito civil brasileiro*. Jundiaí: UniAnchieta, 2007.

LEVADA, Filipe Antônio Marchi. *Garantias autoexecutáveis*. São Paulo: Ed. RT, 2022.

LO CASCIO, Giovanni. *Il concordato preventivo*. 10. ed. Milano: Giuffrè, 2017.

LOBO, Carlos Augusto da Silveira. In: LAMY FILHO, Alfredo; BULHÕES PEDREIRA, José Luiz (Coord.). *Direito das companhias*. Rio de Janeiro: Forense, 2009. v. 1.

LOBO, Jorge. *Grupo de sociedades*. Rio de Janeiro: Forense, 1978.

LOBO, Jorge. Grupos de sociedades. *Revista dos Tribunais*, São Paulo, n. 636, p. 25-43, 1988.

LOBO, Jorge. In: TOLEDO, Paulo Fernando Campos Salles de; ABRÃO, Carlos Henrique (Coord.). *Comentários à Lei de Recuperação de Empresas e Falência*. 5. ed. São Paulo: Saraiva, 2012.

LOTUFO, Renan. In: CAMBLER, Everaldo Augusto (Coord.). *Curso avançado de direito civil*: parte geral. 2. ed. São Paulo: Ed. RT, 2003. v. 1.

LUCENA, José Waldecy. *Das sociedades anônimas*: comentários à Lei. Rio de Janeiro: Renovar, 2012. v. 3.

MABEY, Ralph. The evolving bankruptcy bench: how are the "Units" faring? *Boston College Law Review*, Boston, v. 47, n. 1, p. 105-124, 2005.

MACHADO, Rubens Approbato (Coord.). *Comentários à nova Lei de Falências e Recuperação de Empresas*: doutrina e prática. 2. ed. São Paulo: Quartier Latin, 2007.

MAIA DA CUNHA, Fernando Antonio; LAZZARESCHI NETO, Alfredo Sérgio (Coord.). *Direito empresarial aplicado*. São Paulo: Quartier Latin, 2021.

MANGE, Renato; PICOT, Isabel. O direito falimentar brasileiro e o norte-americano. In: MARTINS, André Chateaubriand; YAGUI, Márcia (Coord.). *Recuperação judicial*: análise comparada Brasil-Estados Unidos. São Paulo: Almedina, 2020.

MANÓVIL, Rafael M. *Grupos de sociedades en el derecho comparado*. Buenos Aires: Abeledo-Perrot, 1998.

MARCONDES, Sylvio. Conflito de interesses entre a sociedade e seu administrador. *Problemas de direito mercantil*. São Paulo: Max Limonad, 1970.

MARCOS, Guillermo. *Concurso en caso de agrupamiento*: concurso del garante. Propuesta unificada. Consecuencias. Disponível em: http://www.estudiomarcos.com.ar/descargas/trabajos/Concurso%20del%20garante.%20Quiebra%20y%20propuesta%20unificada.pdf. Acesso em: 10 mar. 2022.

MARINO, Francisco Paulo de Crescenzo. *Contratos coligados no direito brasileiro*. São Paulo: Saraiva, 2009.

MARINONI, Luiz Guilherme; ARENHART, Sérgio Cruz; MITIDIERO, Daniel. *Código de Processo Civil comentado*. 4. ed. São Paulo: Ed. RT, 2018.

MARQUINA ÁLVAREZ, Manuel. De los concursos conexos. In: PRENDES CARRIL, Pedro; FACHAL NOGUER, Nuria (Dir.). *Comentario al texto refundido de la Ley Concursal*: comentario judicial, notarial y registral. Navarra: Aranzadi (Thompson Reuters), 2021.

MARTINS, André Chateaubriand; YAGUI, Márcia (Coord.). *Recuperação judicial*: análise comparada Brasil-Estados Unidos. São Paulo: Almedina, 2020.

MARTINS, Fran. *Comentários à Lei das S.A*. Rio de Janeiro: Forense, 1978. v. 2. t. 1.

MARZAGÃO, Lídia Valério. A recuperação judicial. In: MACHADO, Rubens Approbato (Coord.). *Comentários à nova Lei de Falências e Recuperação de Empresas*: doutrina e prática. 2. ed. São Paulo: Quartier Latin, 2007.

MAXIMILIANO, Carlos. *Hermenêutica e aplicação do direito*. 11. ed. Rio de Janeiro: Forense, 1990.

MELO, Cinira Gomes de Lima. *Plano de recuperação judicial*. São Paulo: Almedina, 2019.

MEVORACH, Irit. Appropriate treatment of corporate groups in insolvency: a universal view. *European Business Organization Law Review*, n. 8, p. 179-194, 2007.

MEVORACH, Irit. INSOL Europe's proposals on groups of companies (in cross-border insolvency): a critical appraisal. *International Insolvency Review*, 3. ed., v. 21, p. 183-197, 2012.

MICKLETHWAIT, John; WOOLDRIDGE, Adrian. *A companhia*: breve história de uma ideia revolucionária. Trad. S. Duarte. Rio de Janeiro: Objetiva, 2003.

MILANI, Mario Sergio. *Lei de Recuperação Judicial, Recuperação Extrajudicial e Falência comentada*. São Paulo: Malheiros, 2011.

MILLER, Robert. Nothing new: consent, forfeiture, and bankruptcy court final judgments. *Drake Law Review, Des Moines,* v. 65, n. 1, p. 89-177, 2016.

MINGUENS, Héctor José. *El grupo insolvente*. Buenos Aires: Abeledo Perrot, 2009.

MIRANDA, Cláudio Luiz de; DI BIASE, Nicholas Furlan. A recuperação judicial de incorporadoras imobiliárias à luz do regime do patrimônio de afetação. *Revista de Direito Recuperacional e Empresa*, v. 4, p. 1-24, 2017.

MITIDIERO, Daniel; FARO, Alexandre; DEORIO, Karina; LEITE, Cristiano. Consolidação substancial e convenções processuais na recuperação judicial. *Revista de Direito Bancário e do Mercado de Capitais* São Paulo, v. 20, n. 78, p. 219-228, 2017.

MOLINA SANDOVAL, Carlos A. *Concurso preventivo del garante*. Buenos Aires: Depalma, 2000.

MORAES, Antão de. Parecer. *Revista Forense*, Rio de Janeiro, v. 148. p. 64-76.

MOREIRA, Alberto Camiña. Poderes da assembleia de credores, do juiz e atividade do Ministério Público. In: PAIVA, Luiz Fernando Valente de (Coord.). *Direito falimentar e a nova Lei de Falências e Recuperação de Empresas*. São Paulo: Quartier Latin, 2005.

MOREIRA, Pedro Ivo Lins. Constatação prévia e a relação com a recuperação judicial. In: SALOMÃO, Luis Felipe; TARTUCE, Flávio; CARNIO, Daniel (Coord.). *Recuperação de empresas e falência*: diálogos entre doutrina e jurisprudência. Barueri: Atlas, 2021.

MORI, Celso Cintra. Pessoa jurídica: ficção e realidade. In: KUYVEN, Luiz Fernando Martins (Coord.). Temas essenciais de direito empresarial: Estudos em homenagem a Modesto Carvalhosa. São Paulo: Saraiva, 2012.

MORIMOTO JUNIOR, Antonio. *Limites da atuação jurisdicional nas sentenças determinativas.* 2014. Tese (Doutorado) – Faculdade de Direito, Universidade de São Paulo, São Paulo, 2014.

MULLENIX, Linda et al. *Understanding Federal Courts and jurisdiction.* New York: Matthew Bender, 2007.

MUNHOZ, Eduardo Secchi. Consolidação processual e substancial. *Revista do Advogado*, São Paulo, n. 150, p. 15-31, 2021.

MUNHOZ, Eduardo Secchi. Desconsideração da personalidade jurídica e grupos de sociedades. *Revista de Direito Mercantil, Industrial, Econômico e Financeiro,* São Paulo, n. 134, p. 25-47, 2004.

MUNHOZ, Eduardo Secchi. *Empresa contemporânea e o direito societário*: poder de controle e grupos de sociedades. São Paulo: Juarez de Oliveira, 2002.

MUNHOZ, Eduardo Secchi. Estrutura de governo dos grupos societários de fato na lei brasileira: acionista controlador, administrador e interesse de grupo. In: CASTRO, Rodrigo Rocha Monteiro de; WARDE JÚNIOR, Walfrido Jorge; TAVARES GUERREIRO, Carolina Dias (Coord.). *Direito empresarial e outros estudos em homenagem ao Professor José Alexandre Tavares Guerreiro.* São Paulo: Quartier Latin, 2013.

MUNHOZ, Eduardo Secchi. In: SOUZA JUNIOR, Francisco Satiro; PITOMBO, Antônio Sérgio de Moraes (Coord.). *Comentários à Lei de Recuperação de Empresas e Falência.* São Paulo: Ed. RT, 2005.

MUNHOZ, Eduardo Secchi. *Mootness doctrine* e o direito brasileiro: preservação dos atos validamente implementados no âmbito da recuperação judicial. In: ELIAS, Luis Vasco. *10 anos da Lei de Recuperação de Empresas e Falência*: reflexões sobre a reestruturação empresarial no Brasil. São Paulo: Quartier Latin, 2015.

NEDER CEREZETTI, Sheila Christina. *A recuperação judicial da sociedade por ações.* São Paulo: Malheiros, 2012.

NEDER CEREZETTI, Sheila Christina. Grupos de sociedades e recuperação judicial: o indispensável encontro entre direitos societário, processual e concursal. In: YARSHELL, Flávio Luiz; PEREIRA, Guilherme Setoguti J. (Coord.). *Processo societário II.* São Paulo: Quartier Latin, 2015.

NEDER CEREZETTI, Sheila Christina. Parecer não publicado, datado de 17.10.2016, apresentado no processo de recuperação judicial do grupo VIVER, processo 1103236-83.2016.8.26.0100, tramitado na 2ª Vara de Falências e Recuperações Judiciais de São Paulo.

NEDER CEREZETTI, Sheila Christina. Reorganization of corporate groups in Brazil: substantive consolidation and the limited liability tale. *International Insolvency Review.* p. 1-22, 2021. DOI: 10.1002/iir.1410.

NEDER CEREZETTI, Sheila Christina; FRANCO, Gustavo Lacerda; JUNQUEIRA, Gabriela de Oliveira. A recuperação judicial de sociedades de incorporação imobiliária com patrimônio de afetação. In: WAISBERG, Ivo; BEZERRA FILHO, Manoel Justino (Coord.). *Transformações no direito de insolvência*: estudos sob a perspectiva da reforma da Lei 11.101/2005. São Paulo: Quartier Latin, 2021.

NEDER CEREZETTI, Sheila Christina; SATIRO, Francisco. A silenciosa "consolidação" da consolidação consubstancial. *Revista do Advogado*, São Paulo, n. 131, p. 326-223, 2016.

NEGRÃO, Ricardo. O papel do Judiciário na homologação do plano. In: ABRÃO, Carlos Henrique; ANDRIGHI, Fátima Nancy; BENETI, Sidnei. *10 anos de vigência da Lei de Recuperação e Falência*. São Paulo: Saraiva, 2015.

NERY, Rosa Maria de Andrade. *Introdução ao pensamento jurídico e à teoria geral do direito privado*. São Paulo: Ed. RT, 2008.

NERY JUNIOR, Nelson; NERY, Rosa Maria de Andrade. *Código de Processo Civil Comentado*. 18. ed. São Paulo: Ed. RT, 2019.

NORTH, Douglass C. *Custos de transação, instituições e desempenho econômico*. Trad. Elizabete Hart. Rio de Janeiro: Instituto Liberal, 2006.

OLIVEIRA, Ana Perestrelo de. *Manual de* corporate finance. 2. ed. Coimbra: Almedina, 2017.

OLIVEIRA, Ana Perestrelo de. *Manual de grupos de sociedades*. Coimbra: Almedina, 2017.

OLIVEIRA FILHO, Paulo Furtado. Perícia prévia na recuperação judicial: a exceção que virou regra?. *Migalhas*. 2 maio 2018. Disponível em: https://www.migalhas.com.br/coluna/insolvencia-em-foco/279351/pericia-previa-na-recuperacao-judicial--a-excecao-que--virou-regra. Acesso em: 30 set. 2021.

OLIVEIRA FILHO, Paulo Furtado (Coord.). *Lei de recuperação e falência*: pontos relevantes e controversos da reforma pela Lei 14.112/20. Indaiatuba: Foco, 2022, v. 4.

PACHECO, José da Silva. *Processo de* recuperação judicial, extrajudicial e falência. 4. ed. Rio de Janeiro, 2013.

PAIVA, Luiz Fernando Valente de. Dez anos de vigência da Lei 11.101/2005: é hora de mudança? In: ELIAS, Luis Vasco. *10 anos da Lei de Recuperação de Empresas e Falência*: reflexões sobre a reestruturação empresarial no Brasil. São Paulo: Quartier Latin, 2015.

PARENTONI NETTO, Leonardo; GUIMARÃES, Rafael Couto. In: CORRÊA-LIMA, Osmar Brina; CORRÊA-LIMA, Sérgio Mourão. *Comentários à nova Lei de Falência e Recuperação de Empresas*. Rio de Janeiro: Forense, 2009

PARGENDLER, Mariana. How universal is the corporate form? Reflections on the dwindling of corporate attributes in Brazil. 58 *Columbia Journal of Transnational Law*, p. 1-57, 2019.

PARGENDLER, Mariana. *The fallacy of complete corporate separateness*. Disponível em: https://ssrn.com/abstract=3994854. Acesso em: 10 fev. 2021.

PAULUS, Christoph C. Group insolvencies: some thoughts about new approaches. *Texas International Law Journal*, v. 42, n. 3, p. 819-830, 2007.

PENTEADO, Mauro Rodrigues. *Consórcios de empresas*. São Paulo: Livraria Pioneira, 1979.

PENTEADO, Mauro Rodrigues. Disposições preliminares. In: SOUZA JUNIOR, Francisco Satiro; PITOMBO, Antônio Sérgio de Moraes (Coord.). *Comentários à Lei de Recuperação de Empresas e Falência*. São Paulo: Ed. RT, 2005.

PEREIRA, Caio Mário da Silva. *Instituições de direito civil*. 6. ed. Rio de Janeiro: Forense, 1995. v. 1.

PEREIRA NETO, Edmur de Andrade Nunes. Anotações sobre os grupos de sociedades. *Revista de Direito Mercantil, Industrial, Econômico e Financeiro*, São Paulo, n. 82, p. 30-38, 1991.

PETITPIERRE-SAUVAIN, Anne. *Droit des sociétés et groupes de sociétés*: responsabilite de l'actionnaire dominant. Retrait des actionnaires minoritaires. Geneve: Georg, 1972.

PINHEIRO FILHO, Francisco Renato Codevila. *A função do Poder Judiciário no processo de crescimento econômico brasileiro*: uma análise sobre os efeitos das decisões judiciais nas relações contratuais, à luz da nova economia institucional. Brasília: Conselho da Justiça Federal, 2017.

PINTO, Fabio Souza. O instituto da constatação prévia na recuperação judicial e sua positivação na Lei 11.101/2005. In: LASPRO, Oreste Nestor de Souza et al. (Coord.). *Recuperação judicial e falência*: atualizações da Lei 14.112/2020 à Lei 11.101/2005. São Paulo: Quartier Latin, 2021.

PLANK, Thomas E. The creditor in possession under the bankruptcy code: history, text, and policy. *Mariland Law Review*, Baltimore, v. 59, n. 2, p. 253-351, 2000.

PONTES DE MIRANDA, Francisco Cavalcanti. *Comentários ao Código de Processo Civil*. Rio de Janeiro: Forense, 1973. t. 2.

PONTES DE MIRANDA, Francisco Cavalcanti. *Comentários ao Código de Processo Civil*. Rio de Janeiro: Forense, 1974. t. 6.

PONTES DE MIRANDA, Francisco Cavalcanti. *Tratado de direito privado*. 2. ed. Rio de Janeiro: Borsoi, 1954. t. 3.

PONTES DE MIRANDA, Francisco Cavalcanti. *Tratado de direito privado*. 2. ed. Rio de Janeiro: Borsoi, 1954. t. 4.

PONTES DE MIRANDA, Francisco Cavalcanti. *Tratado de direito privado*. 2. ed. Rio de Janeiro: Borsoi, 1960. t. 30.

PONTES DE MIRANDA, Francisco Cavalcanti. *Tratado de direito privado*. 3. ed. Rio de Janeiro: Borsoi, 1972. t. 38.

PONTES DE MIRANDA, Francisco Cavalcanti. *Tratado de direito privado*. 3. ed. Rio de Janeiro: Borsoi, 1972. t. 50.

PONTES DE MIRANDA, Francisco Cavalcanti. *Tratado de direito privado*. 3. ed. Rio de Janeiro: Borsoi, 1972. t. 53.

PORTUGAL, Daniel Ochsendorf. Dados empíricos sobre os grupos de sociedades de direito de subordinação. *Res Severa Verum Gaudium*, Porto Alegre, v. 5, n. 1, p. 124-154, 2020.

POSNER, Richard. *O que os juízes maximizam? Para além do direito*. Trad. Evandro Ferreira da Silva. São Paulo: Martins Fontes, 2009.

PRADO, Viviane Muller. Análise do fenômeno dos grupos de empresas na jurisprudência do STJ. *Revista de Direito Bancário e do Mercado de Capitais*, São Paulo, n. 40, p. 97-120, 2008.

PRADO, Viviane Muller. *Conflito de interesses nos grupos societários*. São Paulo: Quartier Latin, 2006.

PRADO, Viviane Muller. Grupos societários: análise do modelo da Lei 6.404/1976. *Revista Direito GV*, São Paulo, v. 1, n. 2, p. 5-28, 2005.

PREDKO, Christopher J. Substantive consolidation involving non-debtors: Conceptual and jurisdctional difficulties in bankruptcy. *Wayne Law Review*, n. 41, p. 1741-1772, 1995.

PUGLIESI, Adriana Valéria. *A evolução do tratamento jurídico da empresa em crise no direito brasileiro*. 2006. Dissertação (Mestrado) – Faculdade de Direito, Universidade de São Paulo, São Paulo, 2006.

PUGLIESI, Adriana Valéria. *Direito falimentar e preservação da empresa*. São Paulo: Quartier Latin, 2013.

RAMALHO, Maria do Rosário Palma. *Grupos empresariais e societários*: incidências laborais. Coimbra: Almedina, 2008.

RASMUSSEN, Robert K. The Problem of Corporate Groups, A Comment On Professor Ziegel. *Fordham Journal of Corporate & Financial Law*, n. 7, p. 393-402, 2002.

REALE, Miguel. *Lições preliminares de direito*. 24. ed. São Paulo: Saraiva, 1999.

REALE, Miguel. Visão geral do novo Código Civil. *Revista de Direito Privado*, São Paulo, v. 3, n. 9, p. 9-17, 2002.

REFINETTI, Domingos; COELHO, Guilherme Gaspari. Consolidação substancial e recuperação judicial: um tema ainda tormentoso. *JOTA*, 6 out. 2018.

REQUIÃO, Rubens. *Curso de direito falimentar*. 4. ed. São Paulo: Saraiva, 1980. v. 2.

RESNIK, Judith. The mythic meaning of Article III courts. *University of Colorado Law Review*, Boulder, v. 56, n. 4, p. 581-617, 1985.

REZENDE, Chistiane Leles. *Pacta sunt servanda?* Quebra dos contratos de soja verde. 2008. Tese (Doutorado) – Faculdade de Economia, Universidade de São Paulo, São Paulo, 2008.

RIPERT, Georges. *Aspectos jurídicos do capitalismo moderno*. [Tradução]. Campinas: RED, 2002.

RODRIGUES, Silvio. *Curso de direito civil*. 19. ed. São Paulo: Saraiva, 2002. v. 4.

RODRIGUES, Silvio. *Direito civil*: Parte Geral. 34. ed. São Paulo Saraiva, 2007. v. 1.

RODRIGUES FILHO, João Oliveira. Reflexões sobre a recuperação judicial de sociedades de propósito específico e de patrimônios de afetação. In: YARSHELL, Flávio Luiz; PEREIRA, Guilherme Setoguti J. (Coord.). *Processo societário III*. São Paulo: Quartier Latin, 2018.

ROITMAN, Horacio (Coord.). *Los grupos societarios*: dirección y coordinación de sociedades. 2. ed. Bogotá: Universidad del Rosario, 2012.

ROJO FERNÁNDEZ RIO, Angel José. Los grupos de sociedades en el derecho español. *Revista de Derecho Mercantil*, n. 220, p. 457-484, 1996.

ROPPO, Enzo. *O contrato*. Trad. Ana Coimbra. Coimbra: Almedina, 1998.

ROSSETTI, Maristela Abla; PITTA, Andre Grunspun (Coord.). *Governança corporativa*: avanços e retrocessos. São Paulo: Quartier Latin, 2017.

ROTSZTAIN, Michael B.; e DE CICCO, Natasha. Substantive consolidation in CCAA restructurings: a critical analysis. In: SARRA, J. P. *Annual review of insolvency law*. Toronto: Thomson Carswell, 2004.

SACRAMONE, Marcelo Barbosa. *Comentários à Lei de Recuperação de Empresas e Falência*. 2. ed. São Paulo: Saraiva, 2021. E-book.

SACRAMONE, Marcelo Barbosa; NUNES, Marcelo Guedes (Coord.). *Direito societário e recuperação de empresas*: estudos de jurimetria. São Paulo: Foco, 2022.

SALES, Gabriela de Barros. A experiência da AGC do grupo OI e as inovações implementadas pelo administrador judicial. In: WALD, Arnoldo; LONGO, Samantha (Coord.). *Desafios e soluções da recuperação empresarial antes, durante e depois da Covid-19*. Porto Alegre: Paixão: Wald, 2020.

SALOMÃO, Luis Felipe; SANTOS, Paulo Penalva. *Recuperação judicial, extrajudicial e falência*: teoria e prática. 5. ed. Rio de Janeiro: Forense, 2020.

SALOMÃO, Luis Felipe; TARTUCE, Flávio; CARNIO, Daniel (Coord.). *Recuperação de empresas e falência*: diálogos entre doutrina e jurisprudência. Barueri: Atlas, 2021.

SALOMÃO FILHO, Calixto. *O novo direito societário*. 2. ed. São Paulo: Malheiros, 2002.

SAMPAIO DE LACERDA, José Cândido. *Manual de direito falimentar*. Rio de Janeiro: Freitas Bastos, 1972.

SANTOS, Maria Carolina Alves dos. A lição de Heráclito. *Trans/Form/Ação*, São Paulo, n. 13, p. 1-9, 1990.

SANTOS, Moacyr Amaral. *Comentários ao Código de Processo Civil*. Rio de Janeiro: Forense, 1977. v. 5.

SANTOS, Paulo Penalva. A consolidação substancial na recuperação judicial: a problemática do plano único. In: SALOMÃO, Luis Felipe; SANTOS, Paulo Penalva. *Recuperação judicial, extrajudicial e falência*: teoria e prática. 5. ed. Rio de Janeiro: Forense, 2020.

SCALZILLI, João Pedro. *Confusão patrimonial nas sociedades isoladas e nos grupos societários*: caracterização, constatação e tutela dos credores. 2014. Tese (Doutorado) – Faculdade de Direito, Universidade de São Paulo, São Paulo, 2014.SCOGNAMIGLIO, Giuliana. Interesse sociale e interesse di grupo. *Quaderni di Giurisprudenza Commerciale*, Milano: Giuffré, p. 115-134, 2009.

SEBASTIÁN QUETGLAS, Rafael. *El concurso de acreedores del grupo de sociedades*. 2. ed. Pamplona: Civitas, 2013.

SERVIÇO BRASILEIRO DE APOIO ÀS MICRO E PEQUENAS EMPRESAS (SEBRAE). *Sobrevivência das empresas no Brasil*. Brasília: Sebrae, 2016.

SHALSHI, Ali. *Corporate Insolvency and Governance Act 2020*. London: House of Commons Library, 2022.

SICA, Heitor Vitor Mendonça. In: BUENO, Cassio Scarpinella (Coord.). *Comentários ao Código de Processo Civil*. São Paulo: Saraiva, 2017. v. 1. p. 190.

SICA, Ligia Paula P. Pinto. A disciplina dos grupos empresariais e a Lei de Recuperação de Empresas em crise e Falências: um convite à jurisprudência. In: NEDER CEREZETTI, Sheila C.; MAFFIOLETTI, Emanuelle Urbano (Coord.). *Dez anos da Lei 11.101/2005*. São Paulo: Almedina, 2015.

SINGERMAN, Paul Steven; BATES, Douglas A.; BERGER SINGERMAN, P. A. Substantive consolidation in bankruptcy. *Thirty-First Annual Seminar on Bankruptcy Law of Southeastern Bankruptcy Law Institute*. Atlanta, 2005.

SOARES DE FARIA, S. *Da concordata preventiva da fallencia*. São Paulo: Livraria Acadêmica, 1932.

SOUZA JUNIOR, Francisco Satiro de. In: TOLEDO, Paulo Fernando Campos Salles de (Coord.). *Comentários à Lei de Recuperação de Empresas*. São Paulo: Ed. RT, 2021.

SOUZA JUNIOR, Francisco Satiro de. Parecer não publicado (Caso Incorporadora Atlântica). São Paulo, 2016.

SOUZA JUNIOR, Francisco Satiro de; PITOMBO, Antônio Sérgio de Moraes (Coord.). *Comentários à Lei de Recuperação de Empresas e Falência*. São Paulo: Ed. RT, 2005.

SPINELLI, Luis Felipe. *Conflito de interesses na administração da sociedade anônima*. São Paulo: Malheiros, 2012.

SPRAYREGEN, James H. M.; FRIEDLAND; Jonathan P.; GETTLEMAN, Jeffrey W. The sum and substance of substantive consolidation. *Annual Survey of Bankruptcy Law*, v. 1, p. 1-40, 2005.

SQUELLA, Agustín. Derecho natural y equidad. *Anuario de Filosofía Jurídica y Social*, Buenos Aires: Lexis Nexis, t. 2, p. 259-272, 1983.

SUPREMO TRIBUNAL FEDERAL. *Revista Trimestral de Jurisprudência*, n. 52, p. 119-120, 1970.

SZTAJN, Rachel. In: SOUZA JUNIOR, Francisco Satiro et al. (Coord.). *Comentários à Lei de Recuperação de Empresas e Falência*. São Paulo: Ed. RT, 2005.

SZTAJN, Rachel. Law and economics. *Revista de Direito Mercantil, Industrial, Econômico e Financeiro*, São Paulo, n. 137, p. 227-232, 2005.

SZTAJN, Rachel. Notas sobre as assembleias de credores na Lei de Recuperação de Empresas. *Revista de Direito Mercantil, Industrial, Econômico e Financeiro*, São Paulo, n. 138, p. 53-70, 2005.

SZTAJN, Rachel. Terá a personificação das sociedades função econômica?. *Revista da Faculdade de Direito da Universidade de São Paulo*, São Paulo, v. 100, p. 63-77, 2005.

TABB, Charles Jordan. *Law of Bankruptcy*. New York: The Foundation Press, 1997.

TABB, Charles Jordan. *Law of Bankruptcy*. 3. ed. St. Paul: West Academic, 2014.

TARTUCE, Flávio. *Manual de direito civil*. São Paulo: Método, 2011.

TEIXEIRA, Egberto Lacerda; GUERREIRO, José Alexandre Tavares. *Das sociedades anônimas no direito brasileiro*. São Paulo: José Bushatsky, 1979. v. 2.

TEIXEIRA, Pedro Freitas. Recuperação judicial de grupos econômicos: consolidação processual e consolidação substancial. In: SALOMÃO, Luis Felipe; TARTUCE, Flávio; CARNIO, Daniel (Coord.). *Recuperação de empresas e falência*: diálogos entre doutrina e jurisprudência. Barueri: Atlas, 2021.

TELECHEA, Rodrigo; SCALZILLI, João Pedro. Notas sobre a evolução do direito da insolvência nos EUA. In: MARTINS, André Chateaubriand; YAGUI, Márcia (Coord.). *Recuperação judicial*: análise comparada Brasil-Estados Unidos. São Paulo: Almedina, 2020.

TEPEDINO, Gustavo; BARBOZA, Heloísa Helena; MORAES, Maria Celina Bodin de. *Código Civil interpretado conforme a Constituição da República*: Parte Geral e Obrigações. 3. ed. Rio de Janeiro: Renovar, 2014. v. 1.

TEPEDINO, Ricardo. O direito societário e a recuperação judicial. In: VENÂNCIO FILHO, Alberto et al. (Org.). *Lei das S.A. em seus 40 anos*. Rio de Janeiro: Forense, 2016.

THEODORO JÚNIOR, Humberto. In: TEIXEIRA, Sálvio de Figueiredo (Coord.). *Comentários ao Novo Código Civil*: dos defeitos do negócio jurídico ao final do Livro III. Rio de Janeiro: Forense, 2003. v. 3. t. 1.

THOMAZ BASTOS, Joel Luis. Litisconsórcio ativo e consolidação substancial na recuperação judicial. In: ELIAS, Luis Vasco. *10 anos da Lei de Recuperação de Empresas e Falência*: reflexões sobre a reestruturação empresarial no Brasil. São Paulo: Quartier Latin, 2015.

TOLEDO, Paulo Fernando Campos Salles de. *A empresa em crise no direito francês e americano*. 1987. Dissertação (Mestrado) – Faculdade de Direito, Universidade de São Paulo, São Paulo, 1987.

TOLEDO, Paulo Fernando Campos Salles de. A necessária reforma da Lei de Recuperação de Empresas. *Revista do Advogado*, São Paulo, n. 131, p. 171-175, 2016.

TOLEDO, Paulo Fernando Campos Salles de. *O Conselho de Administração na Sociedade Anônima*. 2. ed. São Paulo: Atlas, 1999.

TOLEDO, Paulo Fernando Campos Salles de. Recuperação judicial de grupos de empresas. In: FRANÇA, Erasmo Valladão Azevedo e Novaes; ADAMEK, Marcelo Vieira von (Coord.). *Temas de direito empresarial e outros estudos em homenagem ao Professor Luiz Gastão Paes de Barros Leães*. São Paulo: Malheiros, 2014.

TOLEDO, Paulo Fernando Campos Salles de (Coord.). *Comentários à Lei de Recuperação de Empresas*. São Paulo: Ed. RT, 2021.

TOLEDO, Paulo Fernando Campos Salles de; ABRÃO, Carlos Henrique (Coord.). *Comentários à Lei de Recuperação de Empresas e Falência*. 5. ed. São Paulo: Saraiva, 2012.

TOLEDO, Paulo Fernando Campos Salles de; PUGLIESI, Adriana Valéria. In: CARVALHOSA, Modesto (Coord.). *Tratado de direito empresarial*. São Paulo: Ed. RT, 2016. v. 5.

TOMAZETE, Marlon. *Comentários à reforma da Lei de Recuperação de Empresas e Falência*. São Paulo: Foco, 2021.

TOMAZETE, Marlon. *Curso de direito empresarial*: falência e recuperação de empresas. São Paulo: Atlas, 2011. v. 3.

TUCCI, José Rogério Cruz e. In: MARINONI, Luiz Guilherme; ARENHART, Sérgio Cruz; MITIDIERO, Daniel (Coord.). *Comentários ao Código de Processo Civil*. São Paulo: Ed. RT, 2016. v. 8.

TUCKER, J. Maxwell. Grupo Mexicano and the death of substantive consolidation. *American Bankruptcy Institute Law Review*, v. 8, n. 2, p. 427-451, 2000.

TZIRULNIK, Luiz. *Direito falimentar*. 7. ed. São Paulo: Ed. RT, 2005.

UNITED NATIONS COMMISSION ON INTERNATIONAL TRADE LAW –UNCITRAL. *Legislative Guide on Insolvency Law*. Part two (Eligibility: debtors to be covered by an insolvency law). United Nations Publication, 2004.

UNITED NATIONS COMMISSION ON INTERNATIONAL TRADE LAW –UNCITRAL. *Legislative Guide on Insolvency Law*: Part three: Treatment of enterprise groups in insolvency. United Nations Publication, 2012.

VALPUESTA GASTAMINZA, Eduardo. *Guía legislativa de la Ley Concursal*. Texto comparado y comentado según la reforma de la Ley 38/2011. Barcelona: Bosh, 2012.

VALVERDE, Trajano de Miranda. *A falência no direito brasileiro*. Rio de Janeiro: Ariel, 1934. v. 3.

VALVERDE, Trajano de Miranda. *Comentários à Lei de Falências*. 4. ed. atual. por J. A. Penalva Santos et al. Rio de Janeiro: Forense, 2001. v. 2.

VALVERDE, Trajano de Miranda. *Sociedade por ações*. 2. ed. Rio de Janeiro: Forense, 1953. v. 2.

VASCONCELOS, Ronaldo; PIVA, Fernanda Neves; ORLEANS E BRAGANÇA, Gabriel José de; HANEASAKA, Thais D'Angelos da Silva; SANT'ANA, Thomaz Luiz (Coord.). *Reforma da Lei de Recuperação e Falência*: Lei n. 14.112/20. São Paulo: Iasp, 2021.

VERÇOSA, Haroldo Malheiros Duclerc. *Direito comercial*: teoria geral do contrato. 2. ed. São Paulo: Ed. RT, 2014. v. 4.

VERÇOSA, Haroldo Malheiros Duclerc. O *status* jurídico do controlador e dos administradores na recuperação judicial. *Revista de Direito Mercantil Industrial, Econômico e Financeiro*, São Paulo, v. 143, p. 21-38, 2006.

VIEIRA, Aline Mirna Barros. A teoria da consolidação nas recuperações judiciais de grupos econômicos de incorporação imobiliária, observadas as alterações advindas da Lei 14.112/2020. In: LUCCAS, Fernando Pompeu. *Reforma da Lei de Falências*: reflexões sobre direito recuperacional, falimentar e empresarial moderno. São Paulo: Ed. RT, 2021.

VIEIRA, Andréia Costa. *Civil law e common law*. Porto Alegre: Sergio Antonio Fabris, 2007.

VIGIL NETO, Luiz Inácio. *Teoria falimentar e regimes recuperatórios*. Porto Alegre: Livraria do Advogado, 2008.

VIO, Daniel de Avila. *Grupos societários*. São Paulo: Quartier Latin, 2016.

WAISBERG, Ivo; BEZERRA FILHO, Manoel Justino (Coord.). *Transformações no direito de insolvência*: estudos sob a perspectiva da reforma da Lei 11.101/2005. São Paulo: Quartier Latin, 2021.

WAISBERG, Ivo; RIBEIRO, José Horácio D. R.; SACRAMONE, Marcelo Barbosa (Org.). *Direito comercial, falência e recuperação de empresas*: temas. São Paulo: Quartier Latin, 2019.

WALD, Arnoldo. A empresa que financia outras do mesmo grupo não se caracteriza como instituição financeira. *Revista de Direito Mercantil, Industrial, Econômico e Financeiro*, São Paulo, v. 141, p. 275-289, 2006.

WALD, Arnoldo; EIZIRICK, Nelson. A designação "grupo de sociedades" e a interpretação do art. 267 da Lei das S/A. *Revista de Direito Mercantil, Industrial, Econômico e Financeiro*, São Paulo, n. 54, p. 51-66, 1984.

WALD, Arnoldo; LONGO, Samantha (Coord.). *Desafios e soluções da recuperação empresarial antes, durante e depois da Covid-19*. Porto Alegre: Paixão: Wald, 2020.

WALD, Arnoldo; WAISBERG, Ivo. In: CORRÊA-LIMA, Osmar Brina; CORRÊA-LIMA, Sérgio Mourão. *Comentários à nova Lei de Falência e Recuperação de Empresas*. Rio de Janeiro: Forense, 2009.

WAMBIER, Tereza Arruda Alvim. Estabilidade e adaptabilidade como objetivos do direito: *civil law* e *common law*. *Revista de Processo*, São Paulo, v. 172, p. 121-174, 2009.

WES JR., Edward J. Substantive Consolidations in Bankruptcy: A Flow-of-Assets Approach. *California Law Review*, v. 65, n. 3, p. 720-743, 1977.

WIDEN, William H. Corporate form and substantive consolidation. *The George Washington Law Review*, n. 75, p. 237-328, 2007.

WIDEN, William H. Prevalence of substantive consolidation in large bankruptcies from 2000-2004: preliminary results. *American Bankruptcy Institute Law Review*, p. 1-20, 2006. Disponível em: https://ssrn.com/abstract=878388. Acesso em: 9 dez. 2021.

WIDEN, William H. The reality of substantive consolidation: results from an ABI-Funded Empirical Study. *American Bankruptcy Institute Journal*, p. 59-60, jul.-ago. 2007.

WILHELM, Mara Denise Poffo; OLINDA, Carolina Merizio Borges de. Assembleia de credores virtual. In: ALTOMANI, Mariana Gonçalves (Coord.); BIOLCHI, Juliana Della Valle (Org.). *Restruturação empresarial*: Discussões práticas sobre recuperação judicial e falência. Curitiba: Juruá, 2021.

XIAOLIN, Li. Substantive consolidation of bankruptcy proceedings in China: a critical examination. *American Bankruptcy Law Journal*, Tulsa, v. 95, n. 3, p. 537-562, 2021.

YARSHELL, Flávio Luiz. Convenção das partes em matéria processual: rumo a uma nova era? In: CABRAL, Antonio do Passo; NOGUEIRA, Pedro Henrique (Coord.). *Negócios processuais*. 3. ed. Salvador: Juspodivm, 2017. v. 1.

YARSHELL, Flávio Luiz; PEREIRA, Guilherme Setoguti J. (Coord.). *Processo societário II*. São Paulo: Quartier Latin, 2015.

ZANCHIM, Kleber; TEIXEIRA, Bárbara. Consolidação substancial em *project finance*. In: OLIVEIRA FILHO, Paulo Furtado (Coord.). *Lei de Recuperação e Falência*: pontos relevantes e controversos da reforma pela Lei 14.112/20. Indaiatuba: Foco, 2022, v. 4.

Anotações